J. A. Popikofer

Geschichte der Stadt Frauenfeld

Von ihrer ältesten Zeit bis auf die Gegenwart

J. A. Popikofer

Geschichte der Stadt Frauenfeld
Von ihrer ältesten Zeit bis auf die Gegenwart

ISBN/EAN: 9783743469235

Hergestellt in Europa, USA, Kanada, Australien, Japan

Cover: Foto ©ninafisch / pixelio.de

Weitere Bücher finden Sie auf **www.hansebooks.com**

Gedruckt in der Anstalt von Gebr. C. u. N. Benziger in Einsiedeln.

Schloss Frauenfeld.

Geschichte

der

Stadt Frauenfeld

von ihrer ältesten Zeit bis auf die Gegenwart,

von

J. A. Pupikofer.

Mit einer Ansicht der Stadt vom Jahre 1762,
einem Plane der Ortsgemeinde und einer Ansicht des
Schlosses Frauenfeld.

Festschrift auf den hundertsten Erinnerungstag der Feuersbrunst
vom 19. Heumonat 1771.

Frauenfeld.
Gedruckt bei J. Huber.
1871.

Vorwort.

—

Der Verwaltungsrath der Stadtgemeinde Frauenfeld wollte die Säkular-Erinnerung des großen Brandes von 1771 durch eine Denk=schrift bezeichnen, deren Inhalt die Geschichte des städtischen Gemein=wesens sei, von seiner ersten Begründung an bis auf die Gegenwart, hat deßwegen den Unterzeichneten mit dem Auftrage beehrt, die Ge=schichte Frauenfelds zu bearbeiten und herauszugeben. Nicht ohne Bedenken übernahm ich die Aufgabe. War das alte Städtchen Frauen=feld und sein Gebiet auch auf einen kleinen Flächenraum beschränkt, so umfaßte seine Verwaltung dennoch alle Zweige eines geordneten Staatswesens, und seine Geschichte sollte die Entwicklung und Ge=staltung desselben durch einen Zeitraum von sechs Jahrhunderten ver=folgen und dem Leser zu klarer Anschauung bringen. Es galt hier nicht bloß, die Schicksale des kleinfügen Burgstädtchens in Gestalt einer Chronik oder in allgemeinen Umrissen darzustellen, sondern in dem kleinsten Rahmen ein charakteristisches Spiegelbild der vergangenen Jahrhunderte zu zeichnen. Nur von diesem Standpunkte aus erforscht und bearbeitet, konnte die Geschichte Frauenfelds einigen Werth er=halten wie für die Bewohner Frauenfelds und Thurgaus, so auch für einen weitern Leserkreis und als Beitrag zur Kultur= und Städte=geschichte überhaupt. In diesem Sinne aufgefaßt, hatte die Aufgabe ihre eigenthümliche Schwierigkeit, aber auch ihren besondern Reiz, der alle weitern Bedenklichkeiten überwog: war ja doch schon dem ehe=maligen Lateinschüler der graue, verwitterte Thurm und das Schloß Frauenfeld ein historisches Räthsel und fortan die Erforschung der Geschichte des Thurgaus eine Lieblingsbeschäftigung. Das Bestreben,

dem scheinbar unbedeutendsten Ereignisse oder Namen durch Zusammen=
stellung mit Verwandtem Bedeutung abzugewinnen, gab dann freilich
der Arbeit auch eine Ausdehnung, die ich nicht voraus sah.

Hinsichtlich der Sammlung des Stoffes habe ich Ursache, Herrn
Pfarrer Sulzberger in Sevelen meinen verbindlichsten Dank aus=
zusprechen, indem seine handschriftlich aus den Akten geschöpfte Kirchen=
geschichte der Gemeinde Frauenfeld mich der Mühe überhob, das Archiv
des evangelischen Theils der Stadtgemeinde speziell zu untersuchen.
Ebenso sage ich Herrn Pfarrer und bischöflichen Kommissär Kuhn
meinen aufrichtigsten Dank, daß er mir den ganzen ältern Urkunden=
schatz des katholischen Pfarrarchivs zu unbeschränkter Benutzung zustellte.

Nur die Freigebigkeit der Stadtverwaltung, deren Präsident, Herr
Regierungsrath L. Sulzberger, die erste Anregung zu dieser Arbeit
gegeben hat, ermöglichte es, die Kunstbeilagen beizufügen: die Druck=
photographie des Schlosses Frauenfeld, von den Gebrüdern C. und
N. Benziger in Einsiedeln, nach der Originalplatte Herrn Webers in
Frauenfeld; die Ansicht der Stadt Frauenfeld, kopirt durch Herrn
Zeichnungslehrer U. Schoop, aus einem Oelgemälde im Besitze des
Herrn Oberstlieutenant Neuweiler und lithographirt von Herrn Hurter
in Frauenfeld; den Plan der Ortsgemeinde Frauenfeld, ausgearbeitet
von Herrn Geometer Gentsch und lithographirt von Wurster & Comp.
in Winterthur.

Indem ich mich der Hoffnung hingebe, wenigstens in der Haupt=
sache der Absicht des städtischen Verwaltungsrathes entsprochen zu haben
und das von demselben mir geschenkte Zutrauen verdante, erlaube ich
mir noch, den Wunsch auszudrücken, daß die Lokalgeschichte Frauen=
felds dazu mithelfen möge, den Sinn für Geschichte und geschichtliche
Betrachtung des öffentlichen Lebens zu wecken, im Rückblicke auf die
Vergangenheit die Gegenwart nach Verdienst zu würdigen und das
Wohl der Zukunft durch gemeinnützige Thätigkeit zu fördern.

Frauenfeld, den 30. Juni 1871.

J. A. Pupikofer.

Inhaltsverzeichniß.

Erster Abschnitt.

Die Vorgeschichte Frauenfelds.

---

1. Geographische Lage und Naturbeschaffenheit des Bodens.

Frauenfeld, Hauptort des schweizerischen Kantons Thurgau, liegt auf dem südöstlichen Rande der durch die Vereinigung der Thur und Murg gebildeten Thalmulde, in gleicher Höhe über Meer mit dem Rhein bei seinem Einflusse in den Untersee. Der Horizont ist begrenzt nördlich durch den zwischen dem Thurthale und dem Untersee gelagerten Seerüden, südöstlich durch die Ausläufer des Immenbergs, südwestlich durch eine von der Höhe Hagenbuch bis Mörsburg ausgedehnte Hügelreihe. Nach Westen streift die Aussicht durch das breite Thurthal hinunter bis in das Schwarzwaldgebirge.

Der ursprüngliche städtische Theil von Frauenfeld, auf der rechten Seite des Murgflüßchens, 50 Fuß über der Thalsohle dieses Gewässers, sitzt auf einem Ausläufer des Molassen-Sandsteins, eines Felsengebildes, welches überhaupt als Unterlage der Bodenoberfläche der nordöstlichen Schweiz und als ein Niederschlag aus den Meeres- und Süßwasserfluthen zu betrachten ist, welche in uralten Zeiten dieses Gelände bedeckten. Oberhalb Frauenfeld, bei Espi und bei der Aumühle, tritt dieses Felsengebilde in schroffen Bänken zu Tage und es ist nicht zu verkennen, daß hier die Gewässer der Murg theils durch gewaltsamen Stoß, theils durch Auswaschung sich aus dem Murgthale in das Thurthal Bahn gebrochen haben. Das Riff, über welches die Murg bei dem Mühlewuhr herunter stürzt, ist nur noch ein schwacher Ueberrest

1

des Felsendammes, der einst das Murgthal schloß und die Gewässer der Murg zu einem Landsee aufstauchte. Der Straßendurchschnitt durch den sogenannten Hundsrücken hat Thonmergelschichten blos gelegt, die in manigfacher Abwechslung übereinander gelagert sich als Niederschläge jenes alten Sees darstellen.

Geologische Untersuchungen haben außer Zweifel gesetzt, daß, nachdem durch die Erhebung des Jura und der Alpen das zwischen diesen beiden Gebirgen liegende Mittelland zugleich aus dem Meere emporstieg, in einem darauf gefolgten Zeitraume unermeßliche Gletscher von den Quellen des Rheins, der Limmat, Aare und Rhone weit hinab bis an den Randen und an den Fuß des Jura sich ausdehnten. Die Molasse im Thurgau ist zu weich, als daß die Schliffe des Gletschereises an den Felswänden gegen die Verwitterung sich hätten erhalten können oder noch aufgezeigt werden möchten. Dagegen stammen die zahlreichen Blöcke von Kalkstein, Breccia, Gneis und Granit, die in den Thurmmauern des Schlosses Frauenfeld aufgeschichtet sind, unzweifelhaft aus dem Alpengebirge. Sie sind nicht durch Fluthen herunter geschwemmt, nicht durch vulkanische Kräfte herunter geschleudert, sondern durch das Gletschereis herunter getragen und in der Ebene abgelagert worden. Desselben Ursprunges sind auch die Sand- und Kiesbänke, welche am Fuße der Hügel bis zur Höhe von 40—50 Fuß ansteigen und die Thalmulde der Thur und Murg bis zu unergründeter Tiefe ausfüllen.

2. Erste Bewohner. Pfahlbauten.

Nach diesen Naturrevolutionen mögen Jahrtausende vorbei gegangen sein, bis die Bodenoberfläche in Folge klimatischer Erwärmung der nördlichen Erdhälfte mit Pflanzen bekleidet und von Thieren bevölkert wurde. Erst wie dieses geschehen war, konnte auch der Mensch eine wohnliche Stätte finden. Die ersten menschlichen Ansiedelungen waren die Pfahlbauten. Ein schwaches, sehr mangelhaft kultivirtes Menschengeschlecht, den Samojeden und Eskimos ähnlich, baute an Seeufern und in Sümpfen hölzerne Hütten auf eingerammte Pfähle, um vor den Ueberfällen der Raubthiere geschützt zu sein, und nährte sich kümmerlich von Fischfang und Jagd, wilden Früchten und den

Erträgnissen einiger Hausthiere, namentlich des Schweins. Diesem Menschengeschlecht waren die Metalle, Eisen, Kupfer, noch unbekannt. Scharf zugeschliffene Steine dienten ihm als Aexte, Hämmer und Messer. Mit gerundeten Steinen zerrieb es auf Flachsteinen die Körner des Hafers, um sich daraus rauhe Brotkuchen zu backen. Zwar war es im Besitze von Feuersteinen, die es zur Anfertigung von Schneidwerkzeugen verwendete, aber da ihm der Feuerstahl fehlte, mußte es das Feuer, wie die Wilden Amerika's und der Südinseln, durch Reibung von Holzstücken mühsam erzeugen. Bei Anfertigung von Töpfen wurde der Thon mit Kieselkörnern untermengt, um das Trocknen am Feuer zu fördern, dabei aber weder die Drehscheibe angewandt, noch der Brennofen, so daß das Geschirr der Härte entbehrt. Künstlicher waren die aus Leinfasern verfertigten Gewebe. Der dabei gebrauchte Webstuhl kommt in sinnreicher Vorrichtung dem Webstuhle späterer Zeit nahe. Ueberreste einer solchen Pfahlbaute haben sich in der Nähe Frauenfelds in dem Torfmoore des Egelsees bei Niederwil erhalten. Sie zeigen die Eigenthümlichkeit, daß zwischen den eingerammten, stehenden Pfählen reihenweise gelegte Pfähle, schichtenweise abwechselnd mit Schilf, Laub, Moos und Lehm, einen sogenannten Packbau darstellen, der den Hütten eine festere und trockenere Unterlage gewährte.

Man unterscheidet bei den Pfahlbauten drei Perioden: die Steinzeit, die Bronzezeit und die Eisenzeit. Zu der ältern oder Steinzeit rechnet man diejenigen Niederlassungen, in denen nur Steinwerkzeuge gefunden werden. Später als sie ist das Zeitalter, in welchem neben den Steinwerkzeugen auch solche sich finden, die aus Bronze (Kupfer und Zinn) gefertigt sind. Das Vorkommen von eisernen Werkzeugen weiset auf eine noch spätere Zeit zurück, die der historischen der gegenwärtigen Bevölkerung unmittelbar voranging. Da in der Niederlassung von Niederwil nur steinerne Werkzeuge aufgefunden worden, scheint zu folgen, daß die Bewohner derselben ihre Wohnungen verlassen haben, bevor die Bronzewerkzeuge in Gebrauch kamen, oder daß sie zu arm waren, sich solche anzuschaffen, oder zu friedsam und zu schwach, um solche durch Kriegsgewalt zu erobern.

Als aus dem Osten Asiens die Kelten einwanderten, wurden die Bewohner der Pfahlbauten verdrängt oder unterjocht, oder, wenn weder das Eine noch das Andere geschah, zur Veränderung ihrer hergebrachten Lebensweise verleitet. Besser als sie bewaffnet und körperlich kräftiger, führten die Einwanderer einen so nachdrücklichen Krieg gegen den Ur= wald und die Waldthiere, daß Viehzucht und Ackerbau Raum gewannen, Künste und Gewerbe sich vervielfältigten und die Erinnerung an die frühern ärmlichen Zustände sich nur noch in der Kinderphantasie und ihren Mährchen von lumpichten Erdmännchen, die dem Bauern viel= geschäftig und verborgen kleine Dienste erwiesen, sich forterhielt. Konnten ja doch die übrig gebliebenen Pfahlbauleute nur durch solche schmei= chelnde Dienstleistungen Gunst und Duldung erwerben.

3. Helvetier, Römer und Alemannen.

Aber erst mit der Einwanderung der Helvetier geht für uns die eigentlich geschichtliche Zeit auf. Die Helvetier werden auch den Kelten zugezählt, aber sie waren kriegerischer als ihre Brüder, die andern keltischen Völkerschaften. Ungefähr sechs Jahrhunderte vor unserer Zeit= rechnung sollen sie über den Rhein in das Alpenland eingedrungen sein und dadurch dem Lande ihren Namen gegeben und, indem sie ihre neuen Wohnsitze tapfer gegen andere Eindringlinge, die Rhätier und Germanen, vertheidigten, den Ruhm eines streitbaren Volkes sich erworben haben. Es ist hier nicht der Ort, die Erzählung zu wieder= holen, wie sie mit den Cimbern und Teutonen zum Eroberungskriege gegen Italiens Beherrscher sich verbanden und fünfzig Jahre später von den Römern besiegt wurden. Es hat sich auch kein Denkmal von ihnen in unsern Gegenden erhalten. Ihre Besieger dagegen, die Römer, vierhundert Jahre lang Beherrscher des Landes, haben in dieser langen Reihe von Jahren eine Kultur eingeführt, deren Spuren die gewalt= thätigsten politischen Umwälzungen nicht ganz zu vertilgen vermochten. Zwar ist eine von Tschudi (Gallia comata, p. 138) erwähnte und zu seiner Zeit geläufige Sage, daß die Kaiserin Helena zur Zeit der Erbauung von Pfyn in Frauenfeld gewohnt und die Stadt zu Ehren dieser frommen Frau den Namen Frauenfeld (Gynopedium) erhalten habe, in das Reich der Fabeln zu verweisen. Dagegen finden sich in der Umgebung allerdings manche Spuren einstiger römischer Herrschaft.

Einige hundert Schritte unterhalb Frauenfeld lief eine römische Heerstraße vorbei, welche von Windisch über Winterthur und Elliton nach Pfyn und Arbon führte. Noch widerstehen die Eichenpfähle einer über die Murg geschlagenen Brücke dem strömenden Gewässer und dient eine Viertelstunde weit die alte Römerstraße der Landgemeinde Langdorf als Feldweg. Westlich von Oberkirch, auf einer das Thurthal beherrschenden, aussichtreichen Höhe, wurden in jüngster Zeit (1840 und 1867) die Ruinen eines römischen Landhauses aufgedeckt, dessen marmorne Täfelungen auf einen bedeutenden Wohlstand des Besitzers zurückweisen. Es ist hohe Wahrscheinlichkeit, daß auch die Kirche Oberkirch wenigstens theilweise auf römische Substruktionen gebaut ist. Der Ort eignete sich trefflich zur Ueberschau über das Thurthal und die gegenüber liegenden fruchtbaren Gelände, und als Wachtposten zur Beobachtung eines feindlichen Heerzuges. Aber der römische Name des Ortes ist aus der Erinnerung verschwunden, und kein Ziegeleindruck, keine Steinschrift läßt errathen, wer von dieser Stelle aus die Befehle der römischen Regierung vollzogen habe. Nur so viel war aus den Ruinen zu erkennen, daß das Gebäude einmal zerstört und mit Benutzung der Trümmer wieder hergestellt und später zusammen gebrannt, das über den Grundmauern liegende Gestein aber in der Folge zum Bau der nahen Pfarrkirche verwendet worden sei.

Die Alemannen, welche im dritten und vierten Jahrhundert von Zeit zu Zeit über den Rhein und Bodensee hereinbrachen, die helvetischen und romanischen Einwohner beraubten, erschlugen oder als Gefangene fortführten, fanden hier von Seite der römischen Herrschaft um so weniger Widerstand, weil die Grenze zwischen der Provinz Rhätien und der Provinz des sequanischen Galliens sich bei Pfyn vorbeizog und die Statthalter der beiden Provinzen es an gegenseitiger, kräftiger Unterstützung des gemeinsamen Feindes fehlen ließen. Das Land war hiemit, als die Alemannen bei der sogenannten Völkerwanderung um 405 sich darin festsetzten, bereits so verödet, daß nur wenige Eigennamen, als Denkzeichen der frühern Bevölkerung, sich erhielten, Murg, Thur und Pfyn (aus Ad fines umgestaltet). Indem die Eroberer familienweise sich niederließen, gaben sie ihren neuen Wohnsitzen deutsche Namen, die sich meistens auf — ang, — wang oder — ingen endigen, z. B. Gachinwang oder Gachnang, Bewang,

Halbwangen und Halbingen (Halingen), Ittingen, Maßingen, Erchingen. Die mit Dorf, Hausen, Hofen, Wyl und Wylen, Hard u. s. w. zusammengesetzten Ortsnamen sind schon jüngern Alters, z. B. Langen- und Kurzendorf, Wellhausen, Ober- und Niederwilen, Murkhard, Tingenhard. Hard hießen sie eine größere, geschlossene Waldung. Hieraus ergibt sich, daß die so bezeichneten Gegenden damals noch nicht urbar waren. Hofen wurde in der Zusammensetzung häufig abgekürzt, z. B. Islikofen, Gerlichhofen, in Isliton und Gerliton zusammengezogen.

4. Der Hof Erchingen.

Das ganze Gelände vom Ausbruche der Murg an aus dem Murgthale bis an die Einmündung der Murg in die Thur gehörte zum Hofe Erchingen. Der Name Erchingen oder Erichingen weist auf einen Erich zurück, der als Familienhaupt mit seinen Angehörigen, Söhnen und Leibeigenen an der Murg sich niederließ. Er muß, aus der weiten Ausdehnung des ihm eingeräumten Besitzthums zu schließen, einer der ausgezeichnetern Alemannen gewesen sein. Wie an andern Orten, so wird auch in Erchingen die Anordnung getroffen worden sein, daß der Hofherr kleinere Abtheilungen seines Freigutes, sogenannte Huben, seinen Leibeigenen verlieh, und diese um den Hof herum sich anbauten und als Entschädigung dafür dem Hofherrn Hof- und Frohndienste oder Tagwen und Fruchtzinse leisteten. Immerhin aber blieb das eigentliche Eigenthumsrecht über den Herrenhof sowohl als über die Huben dem Hofherrn vorbehalten. Die Besitzer der Huben, Huber genannt, und ihre Nachkommen, die Hofjünger, hatten nur Nutznießungsrecht, so lange sie die Lehenzinse und Tagwen leisteten. — Bei der Bewirthschaftung des zum Hofe gehörigen Landes war die Viehwirthschaft noch in solchem Maße Hauptsache, daß nicht nur die entferntern Ländereien für Ochsen und Pferde als Weide benutzt wurden, sondern auch die Wiesen bis Ende Aprils und dann wieder nach der Heuernte für das Milchvieh und die Nachzucht offene Weide bleiben mußten. Ebenso diente das urbare Land, in drei wechselnde Zelgen, Kornzelg, Haberzelg und Brache abgetheilt, in der Zwischenzeit zwischen Ernte und Aussaat als Gemeinweide. Nur die zur Gemüse- und Hanfpflanzung bestimmten Pünten und die Wieseneinfänge waren von

dieser Viehtrift ausgenommen. Auch für die Span- oder Schweine-
weide waren abgesonderte Einzäunungen bestimmt.

Wenn unter den Bewohnern und Arbeitern des Hofes Streitigkeiten über die Zugehörigkeit der Grundstücke und ihre Benutzung oder
über gegenseitige Schädigungen und Frefel entstanden, so war der
Hofherr Richter. Nachdem er die Ansichten und Urtheile seiner Hof-
leute in offener Gerichtsversammlung angehört hatte, entschied er nach
eigenem Ermessen und büßte die Schuldigen. Er war es auch, der
in ähnlicher Weise die Hof- oder Gemeindedienste verlieh, den Förster,
den Viehhirten, den Weibel ernannte.

Unter solchen Verhältnissen lebten die Bewohner des Hofes Erchingen gegen ein halbes Jahrtausend lang, ohne daß nähere Kunde
von ihnen auf die Nachwelt gekommen ist, als die zuverläßige Thatsache, daß in dieser langen Zeit die Bewohnerzahl sich vermehrte und
allmälig durch Reutung die Waldung weiter zurück gedrängt wurde.
Unterdessen waren die Alemannen von den mächtigern Franken besiegt
und zur Annahme des Christenthums vermocht, ist wahrscheinlich auch
für die Leute des Hofes Erchingen die Kirche des heiligen Lorenz, auf
der Höhe, wo ehemals die römische Villa stand, aus deren Trümmern
errichtet und zur Unterhaltung derselben der Kirchenzehnten eingeführt
worden. Auch die Herrschaftsrechte kamen in andere Hände. Erchingen
war gegen Ende des IX. Jahrhunderts ein Reichsgut und Malstätte
der Grafen des Thurgaus, wie folgende Verhandlungen beweisen.

Als am 1. Mai des Jahres 860 der thurgauische Graf Adel-
bert in Erchingen Gericht hielt, wurde ein Vertrag genehmigt, laut
welchem ein gewisser Waltram sein Eigengut in Goldach gegen ein
anderes in Schlatt gelegenes Gut an das Kloster St. Gallen überließ.
Zwölf namentlich bezeichnete Zeugen waren die Gewährsmänner dieses
Vertrages. Am folgenden Tage, unter dem Präsidium des Centrichters
Lantfried, wurden die im Dorfe Keßwil gelegenen, von Puaso an das
Kloster St. Gallen vergabten Güter durch Muning und Hungoz ebenfalls in Erchingen zugefertigt, und diese Verhandlung überdieß durch
einundzwanzig Männer bezeugt, so daß mit Einschluß des Centrichters
und der beiden Vollmachtsträger Muning und Hungoz das Zeugniß
auf 24 Männern beruhte. Diese besondere Art der gerichtlichen Bekräftigung war jener Zeit eigenthümlich.

Bedeutsamer und folgenreicher für Erchingen und seine ganze Umgebung war eine andere, nur etwa zwanzig Jahre spätere Verhandlung. Der Bischof Chatolt von Novara sagt nämlich in einer Urkunde des Klosters Reichenau, Kaiser Karl (der Dicke) habe ihm, dem frühern Mönche der Reichenau, gnädigst das Bisthum Novara verliehen, und überdieß auf Bitten seines Bruders, des kaiserlichen Erzkanzlers Liutward, den Hof Erchingen geschenkt. Nun habe er mit Zustimmung Liutwards den Kaiser gebeten, zu gestatten, daß er zum Zeichen der Dankbarkeit für die im Kloster genossene Pflege und Erziehung den Hof Erchingen an Reichenau vergabe. Auf erhaltene Zustimmung des Kaisers habe er also den Hof Erchingen dem Kloster übergeben und mit dem Abte die Vereinbarung getroffen, daß alljährlich im Stifte Reichenau der Gedächtnißtag des Kaisers, nämlich der Tag seiner Krönung, am Epiphaniasfeste gefeiert, und nach seinem eigenen Ableben ebenfalls sein Todestag, und die Todestage der beiden Brüder, zu ihrem Seelenheile durch die üblichen Opfer und Gebete begangen werden.*)

So dankbar die beiden Brüder in dieser Schenkungsurkunde gegen den kaiserlichen Oberherrn sich geberden, so war es dennoch der Kanzler Liutward, der durch seine Hofkünste am meisten dazu beitrug, daß Kaiser Karl entsetzt und sein Neffe Arnulf an seine Stelle gewählt wurde. Arnulf bestätigte 888 die von seinem Vorfahren getroffene Verfügung, verzichtete auf alle den Hof Erchingen betreffenden Lehenrechte, eignete diesem Hof überdieß zwei demselben in frühern Zeiten entzogene, in Thundorf gelegene Huben zu, im ganzen Umfange, wie einst Graf Warin und sein Sohn Isenbart**) sie besessen hatten. Die Mönche von Reichenau blieben indessen ihrer Verpflichtung, die Gedächtnißfeier der drei Wohlthäter an drei verschiedenen Tagen zu begehen,

---

*) Diese nicht datirte Urkunde muß nach dem Jahre 878, da Kaiser Karl mit Liutward in Reichenau auf Besuch war, und vor 887, in welchem Jahre Liutward in Ungnade fiel, abgefaßt worden sein, und dürfte füglich in das Jahr 883 gesetzt werden, in welchem Jahre der Kaiser, ebenfalls durch Liutward bewogen, Pirningen an die Reichenau vergabte.

**) Ueber Warin und Isenbart, Grafen des Thurgaus, vergleiche man: Geschichte des Thurgaus, I, Seite 53 und 54.

nur so lange treu, bis Herrscher andern Stammes die Erinnerung an die Freigebigkeit der Nachkommen Karls des Großen verdunkelten; dann hielten sie es für genügend, für alle drei Todesfeiern den 13. Jenner anzusetzen.

Der Besitz von Erchingen hatte für das Kloster Reichenau um so größeren Werth, weil Erchingen den Stützpunkt für noch andere Besitzungen bildete, die es diesseits der Thur erwarb. Die wichtigste derselben ist Gachnang, ein Hof mit zehn daselbst und in der Umgebung gelegenen Huben, welche Arnulf seinem treuen Diener Diethelm 889 geschenkt hatte, Ellikon, Dynhard, Wellhausen mit Wellenberg, Thundorf und Lustdorf u. s. w. Das Stift Reichenau erhielt überhaupt durch Vergabungen und Kauf so großen Landbesitz, daß die Aebte und die Gesandten desselben auf ihren Reisen nach Rom jede Nacht auf einem ihrem Stifte gehörigen Hofe Herberge finden konnten. Von solchem Reichthum soll auch der ursprüngliche Name Sintlesau in Reichenau umgewandelt worden sein.

In welcher Weise Reichenau den Hof Erchingen verwaltete oder benützte, läßt sich nur aus spätern Zuständen vermuthen. Die Namen Langen-Erchingen und Kurzen-Erchingen, jenes auf der rechten, dieses auf der linken Seite der Murg, leisten den Beweis, daß der große Hof getheilt und jede Hälfte als selbständige Dorfmark eingerichtet, und früher schon auf dem Hofe Kurzen-Erchingen eine besondere Dorfkapelle erbaut wurde. In der Benennung Sedelhof*) ist ferner angedeutet, daß dieser Hof nicht an Hörige verliehen, sondern auf besondere Rechnung des Stiftes bebaut, als Herrenhof dem Stifte vorbehalten wurde. Die Benennung Ergeten bezeichnet ein Stück Land, das zwar gereutet, aber wegen geringen Ertrages und weiter Entfernung vom Hofe nicht weiter bebaut, sondern nur als Almend zur Viehweide benützt wurde. Damit hängt zusammen der Stammerau, in ältern Schriften Steinemer Au oder steinichte Au geheißen, angrenzend an die steinenen Aecker: Flurnamen also, mit welchen die frühesten Bebauer ebenfalls die damalige rauhe Beschaffenheit dieser Grundstücke bezeichneten. Nicht weniger klar ist endlich der Name Browenueld, Frauenfeld, ein durch Reutung der Waldung gewon-

---

*) Mißverstand machte daraus Schädelhof. Um 1730 schon wurde dafür Schönenhof gesetzt. Sedel ist das lateinische sedile.

nenes Aderland, das nicht zum Bauhofe Erchingen gehörte, vielmehr Sondereigenthum Unserer lieben Frau, der Schutzheiligen von Reichenau, war. — Diese durch den Volksmund überlieferten Eigennamen sind Urkunden, durch welche der Nachwelt angedeutet wurde, welche Veränderungen bei Vermehrung der Bevölkerung mit dem großen Hofgute Erchingen vorgegangen sind, bevor der Grund zur Erbauung der Stadt Frauenfeld gelegt wurde.

Zweiter Abschnitt.

Die Gründung Frauenfelds.

1. Der Schloßthurm ein Doppelthurm.

Der Schloßthurm von Frauenfeld ist das merkwürdigste Denkmal mittelalterlicher Baukunst in der ganzen Umgegend, und viel älter als die ersten Anfänge der Stadt. Er steht auf der rechten Seite der Murg, auf einer Felsenterrasse, ungefähr 60 Fuß über dem Flußbette erhoben. Als Hochwarte überschaut er nord- und westwärts die ganze Breite des Thurthales und seine Fortsetzung in das Rheinthal bis zu den Höhen des Schwarzwaldes. Den Grundriß des Thurmes zeigt Seite 11, Figur A.

Auf drei Seiten durch niedrigere Angebäude verhüllt, stellt sich nur von der Stadt her die nördliche Seite des Thurmes in ganzer Höhe und Breite dem Blicke des Beschauers dar, als ein riesenhafter, dunkler Steinkörper, zusammengesetzt aus so schweren, ungeschlachten Blöcken, daß man zweifelhaft wird, ob man sich mehr über die Kraft, die sie aus dem Thalgrunde heraufgeschleppt, oder über die Kunst, die sie aufgeschichtet und zusammengefügt hat, verwundern soll. Der Naturforscher sieht in diesen rohen Blöcken eine ganze Sammlung von Felsentrümmern, die der Murg- und Thurgletscher der Eiszeit aus dem

Alpengebirge herunter getragen hat. Nur der Thurm von Mammerts=
hofen zeigt noch größere Blöcke, dort von dem Rheingletscher abgelagert.

An der rauhen, gebuckelten Außenseite ist, mit Ausnahme der
Thür= und Lichtöffnungen, keine Spur vom Meißel bemerkbar. Auch
der Kantenbeschlag fehlt, der auf den Gebrauch des Senkbleies zurück
zu schließen gestattete. Dagegen bestehen die Seitenwände im Innern
aus glatt behauenen Sandsteinen, und die Thür= und Lichtöffnungen
in den obern Stockwerken zeigen eine kunstgerechte Steinhauerarbeit.
Der Kern der Mauer ist ein aus feingebranntem, mit Steinsplittern,
Geröllen und Flußsand bestehender Kalkguß, der die Außenseite und
Innenseite felsenfest zusammenkittet.

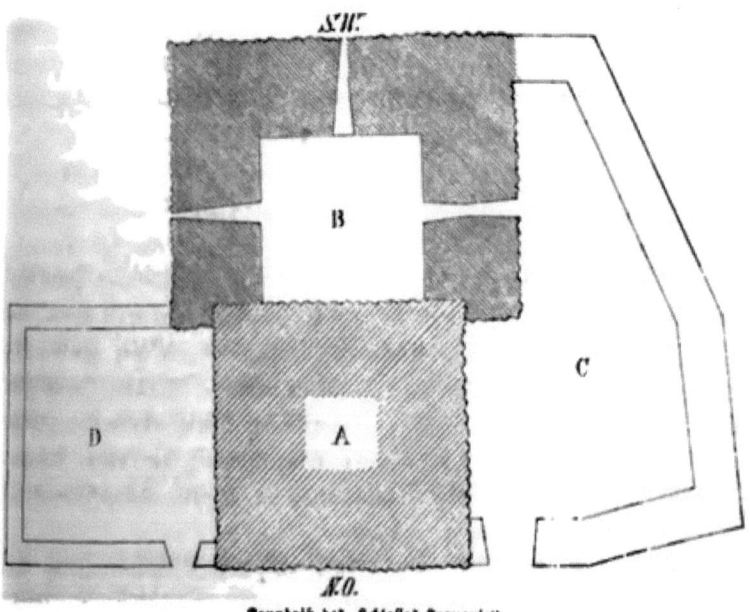

Grundriß des Schlosses Frauenfeld.

Am Boden, auf dessen Felsengrund der Thurm unmittelbar ohne
Sockel ruht, ist die Mauer, die herausragenden Steinbuckel mitgerechnet,
mehr als neun Fuß dick; die quadratische Seite 28—30 Fuß. Am
obersten Rande der Plattform, wo die Mauer nur noch 3′ 7″ Dicke
hat, mißt die quadratische Seite nur noch 26′ 1″. Die ganze Masse
bildet hiemit eine abgestutzte Pyramide.

Der Eingang in den Thurm ist auf der Ostseite angebracht, 26′ 5″ über der Bodenfläche. In das Gemach dieses ersten Stockwerkes ist in neuerer Zeit ein Gewölbe hinein gebaut und dadurch die Bodenöffnung, die in das untere Gelaß führte, verschlossen. Auch von diesem ersten Stockwerke in das zweite, 20′ 4″ höher, hinauf zu gelangen, hindert das Gewölbe. Um dahin zu kommen, muß man in den Dachboden des angehängten neuern Nebengebäudes hinauf steigen und eine ehemalige Lichtöffnung als Eingang in den zweiten Stock benutzen. Die Quadratseite dieses Raumes mißt 12′ 6″. Auf alle vier Seiten hinaus gehen Lichtöffnungen, die zugleich als Ausgänge auf eine um den Thurm laufende hölzerne Brücke oder Umgang dienten.

Mit Hülfe einiger in der Mauer angebrachter Stufen schwingt man sich 10′ 1″ höher auf den Oberboden oder die Plattform. Die sie umgebende Mauer bildet auf jeder Seite eine Brüstung von 8′ Breite und erhebt sich in ihren Eckzinnen noch 5′ höher, zur Stützung des auf ihr ruhenden Dachstuhls.

In dem südöstlichen Winkel dieses Oberbodens fand sich eine Oeffnung, durch welche hinunter in das zweite und durch dieses in das erste Stockwerk eine aus Tufstein gebaute, röhrenartige Leitung ging, die man bei näherer Untersuchung für einen Rauchfang erkannte und als deutlichen Beweis, daß im ersten Stockwerk ein Kochherd und vielleicht auch ein Ofen angebracht war. Ebenso leitet ein im Boden des zweiten Stockwerks eingefügter Deckstein zu dem Schluß, daß aus dem ersten Stock eine Treppe in den zweiten Stock hinauf geführt habe. Ueberhaupt ergibt sich aus der Beschaffenheit der dem Wohngebäude zugekehrten Seite, daß ursprünglich der Thurm als sogenannter Bergfried von allen Seiten frei stand.

Um so auffallender ist nun, daß auf der südlichen Seite ein zweiter Thurmstock angebaut ist, ganz ähnlicher Beschaffenheit, aber größeren Umfangs, wie S. 11, Fig. B zeigt. Indem nämlich die südliche Seite des ursprünglichen Thurmes um die Hälfte der Mauerdicke verlängert ist, hiemit eine Länge von 37—38′ erhalten hat, schließt sich an dieselbe ein quadratischer Bau an, dessen innere Seitenwände 17—18′, außen ebenfalls 37—38′ messen. Die Mauern haben eine Dicke von 9′, stehen auf dem natürlichen Felsengrunde; dieser ist aber im inneren Raume bis auf 8′ Tiefe ausgehauen und von drei Seiten her durch schmale, nach innen sich erweiternde Lichtscharten erhellt. Die Lichtscharte auf der westlichen Seite ist, wie die Vergleichung mit den Lichtscharten der Mittags= und Morgenseite zeigt, erst später zu einer Eingangsthüre erweitert worden.

Von außen gesehen sind die Lichtscharten 4' hoch über dem Boden angebracht. Die Höhe des Thurmstocks beträgt 26', erreicht hiemit die Höhe des Eingangs des ältern Thurmes. Die Spuren einer Fall= thüre in dem obern Boden bestätigen die Ansicht, daß man nur vom ältern Thurme her in den innern Raum dieses hintern Thurmstockes hinunter gelangen konnte. Ob dieser Raum, in der Höhe von 10' durch einen Boden in zwei Gelasse getheilt, ausschließlich zu Vorraths= behältern oder auch zur Bewohnung bestimmt war, ist durch kein Merkzeichen angedeutet; jedenfalls waren die Lichtscharten nicht geeignet, als Schießscharten benutzt zu werden; ein Bogenschütze hätte in den= selben die erforderlichen Handgriffe nicht ausführen können. Hingegen läßt der obere Boden des hintern Thurmstockes und seine hölzerne Konstruktion nicht zweifeln, daß über demselben eine aus Holz oder Riegelwerk gefertigte Wohnung bestanden habe.

Daß der westliche Theil des Schloßgebäudes (Fig. C) und die gesammte Bedachung noch späteren Ursprungs war, als der hintere Thurmstock, ist endlich aus dem Umstand ersichtlich, daß erst bei dem Anschlusse dieses neuern Bestandtheils das Bedürfniß befriedigt werden durfte, im Erdgeschoße einen Eingang in jenen Thurmstock, und zwar durch die von dem Anbau verdeckte Lichtscharte auszubrechen.

2. Zeitalter des Thurmbaues.

Keine Jahrzahl, keine Inschrift noch sonst ein anderes Merkzeichen, aus dem man das Zeitalter der Entstehung des Doppelgebäudes oder des eines Theiles desselben mit Sicherheit erkennen könnte, hat sich entdecken lassen. Die Uebung ist durch das Mittelalter hindurch all= gemein verbreitet gewesen, bei Mauerbauwerken die beiden Seiten der Mauern mit größerm Gestein so aufzuschichten, daß ihr Zwischenraum mit kleinern Steinen ausgefüllt und mit Mörtel überschüttet wurde. Dieselbe Bauart ist auch an römischen Bauwerken zu beobachten. Sie bietet daher keinen andern Anhaltspunkt, um das Zeitalter des Baues genauer festzustellen, als den, den die großen, rohen Steinblöcke gewähren. Diese beweisen, daß der Vorrath von Findlingen bei dem Bauunternehmen noch unberührt und in reichster Masse vorhanden war.

Wenn die Römer den Thurm aufgeführt hätten, so müßten sich von der nahen Römerstraße her Verbindungswege auffinden lassen, von welchen aber keine Spur vorhanden ist. Die auf die Römer folgenden Alemannen bauten keine Mauern, zerstörten sie vielmehr, wo sie solche fanden. Die fränkischen Herrscher verboten die Erbauung von Burgen, aus Mißtrauen gegen die Edlen. Erst die Einbrüche der Ungarn vor und nach dem Jahre 900 gaben Veranlaßung, feste Steinwehren anzulegen, Klöster und Herrschaftswohnungen mit Mauern zu umgeben, in größern Dörfern Bergfriede aufzubauen. Es ergibt sich daraus einige Wahrscheinlichkeit, daß der Abt von Reichenau, dessen Stift in Italien viele Lehen besaß, damals unter der Leitung eines italienischen Baumeisters, nach dem Vorbilde der dortigen normannischen Wachtthürme, den Thurm am Frauenfelde als Zufluchtsort für seine Hörigen zu Erchingen erbauen ließ, nicht um dieselben im Thurme selbst aufzunehmen, sondern sie vom Thurme herunter in der Abwehr des andringenden Feindes durch Geschosse zu unterstützen.

Indessen auch nach der Niederlage der Ungarn treten wieder ähnliche Nothstände ein. In den unter Heinrich IV. ausgebrochenen und unter seinen Nachfolgern fortgesetzten Reichskriegen und Partheiungen standen die Aebte von Reichenau und St. Gallen so feindselig gegen einander, daß sie gegenseitig ihre Besitzungen mit Feuer und Schwert verwüsteten, die Kriegerschaaren des Abtes von St. Gallen im Jahre 1079 sogar die Feste Kyburg und Ittingen zerstörten. Diese mit furchtbarer Erbitterung und Grausamkeit fortgesetzten Kämpfe konnten den Abt von Reichenau oder seinen Verbündeten, den Grafen von Kyburg, veranlaßt haben, an den Bergfried zu Frauenfeld den hintern Thurmstock anzubauen und eine Thurmwohnung auf demselben einzurichten. In den Jahrbüchern der Abtei St. Gallen, in welchen diese Fehden erzählt und die eroberten Burgen genannt sind, wurde der Thurm Frauenfeld wohl eben darum nicht erwähnt, weil sich der Feind von keinem Angriff auf denselben Erfolg versprach.

Unzuverläßige Nachrichten reden von zwei Rittern, Graf Cuno von Hohenfrauenfeld und Ritter Rudolf von Frauenfeld, die an dem

Turniere in Zürich im Jahr 1168 Antheil genommen haben sollen. Wenn sie zwei Frauenfeld unterscheiden, so könnte die eine dieser Burgen, rechts der nach Huben führenden Straße, im Burstel gestanden haben; denn Burstel ist der abgekürzte Name von Burgstall, Burg= stelle. Auch wurden nach zuverläßiger Beobachtung im Burstel be= hauene Mauersteine ausgegraben. Da aber keinerlei urkundliche Beweise vorhanden sind, daß damals Edle oder Grafen von Frauenfeld oder Hohenfrauenfeld gelebt haben, so können sie bei der Frage, ob einer von ihnen den Thurm Frauenfeld erbaut habe, nicht berücksichtigt werden. Nur das ist durch spätern thatsächlichen Bestand festgestellt, daß der Graf von Kyburg als Marschalch der Reichenau und Schirm= vogt der im Thurgau gelegenen Besitzungen des Stifts den Thurm Frauenfeld als Zubehör der Schirmvogtei inne hatte und darüber wie über sein Eigen verfügte.

3. Die Erbauung der Stadt Frauenfeld.

In der sogenannten Ritterzeit, als fast bei jedem größern Hof= gute oder Dorfe eine Burg sich erhob, war die Burg Frauenfeld zwar fester als manche andere, aber dennoch weniger beachtet, weil sie nicht als ein freier herrschaftlicher Wohnsitz galt, sondern als unmittelbares Eigen der Grafen von Kyburg.

Innerhalb der Grenzen der spätern Stadtgerichte von Frauenfeld standen die Burgen Straß, Blumenstein, Gerliton, Hungersbühl, und angrenzend an das Stadtgebiet die Burgen Gachnang, Hagenbuch, Sonnenberg, Wellhausen, Hühnerberg, alle lehenpflichtig nach Reichenau, so daß die Höfe Erchingen und ihre Nachbarschaft von einem Kranze kleiner Festungen umgeben und gegen feindliche Ueberfälle möglichst gesichert waren, im Falle der Noth auch den entfernten Besitzungen der Abtei Hülfe und Schutz gewähren konnten.

Der Gedanke lag nahe, die Kräfte dieser zerstreuten, kleinen Burg= festen in einen Mittelpunkt zusammen zu ziehen und gerade dadurch zu Angriff und Abwehr besser zu befähigen. Die Verbindung des Adels mit der städtischen Bürgerwehr hatte nicht blos in den Städten Freiburg, Bern, Burgdorf, Luzern, Zürich, Schaffhausen, Konstanz, sondern in nächster Umgebung auch in Winterthur, Dießenhofen, Wyl den Landesherren für Krieg und Frieden so große Vortheile geboten, daß der Graf von Kyburg als Schirmvogt der im Thurgau gelegenen Besitzungen der Abtei Reichenau dadurch auf den Gedanken geleitet werden mußte, zum Schutze derselben auch in diesem Theile des Thurgaus eine städtische Festung anzulegen. Für eine solche Anlage erschien der Felsenrain des Frauenfeldes als der geeignetste Ort. Der altersgraue feste Thurm auf demselben wartete ja schon lange auf eine solche Ergänzung.

Eine alte Sage schreibt die Erbauung von Frauenfeld nicht der politischen Berechnung zu, sondern einem Liebesabenteuer. Stumpf in seiner 1548 gedruckten Schweizerchronik hat jene Sage zuerst zur allgemeinen Kunde gebracht. „Stadt und Schloß Frauenfeld", heißt es dort, „soll Anfang, Namen und Erbauung haben von einem Weib und Gräfin von Kyburg, oder, wie gläublicher, von alten Winterthur, deren väterlich Erb und Eigenthum diese Gegend gewesen. Die soll sich vermählt haben einem Rittermäßigen von Sehen. Das wollten ihre Freund und Erben nicht für gut haben, daß die Gräfin die Stadt und Burg Frauenfeld um mehrer Beistands, Schirms und Rückens willen wider ihre erzürnte und aufsäßige Freunde übergab einem Abte in der Reichenau und empfieng die wiederum zu Lehen, wie denn bemeldeter Abt von Au noch heutigen Tages etwas Rechtung an dieser Stadt hat, also daß ihm auch die Burger und Einwohner etlicher Stücken halb huldigen."

Noch weiter ausgebildet erscheint diese Sage fast gleichzeitig auf den gemalten Glasfenstern, mit welchen die Stadt Frauenfeld Rathhaus und Schützenhaus zu zieren und benachbarte Städte und Schützengesellschaften zu beschenken pflegte. Das thurgauische Neujahrblatt von 1835 enthält die Nachzeichnung eines solchen in buntem Farbenschmelze glänzenden Kunstwerkes. Das Mittelfeld bildet das Wappen von Frauenfeld. In neun dasselbe umgebenden Feldern ist die Geschichte dargestellt. Im obern Felde nämlich reitet der Graf, mit dem Jagdfalken auf der Hand, begleitet von seiner Tochter und einer Zofe, auf die Jagd, und verfolgt einen von Hunden gehetzten Hirsch, während ein mit einem Jagdspieße bewaffneter Edelknecht die ihr Pferd zur Eile antreibende Grafentochter grüßt. Im zweiten Felde erklärt der Edelknecht der Jungfrau seine Liebe. Im dritten Felde wirbt er bei dem Vater um die Tochter, wird aber zurück gewiesen. Auf dem vierten Felde wendet sich die Gräfin fußfällig an den Abt der Reichenau, und im fünften Felde der Abt an den Grafen, beides mit so günstigem Erfolge, daß der Graf gerührt im sechsten Felde der liebenden Tochter den Schild von Frauenfeld als Zeichen der Lehenschaft übergibt. Im achten Felde endlich reitet die Gräfin, bereits wieder begleitet von ihrer treuen Zofe, in das Thor der Burg von Frauenfeld ein, deren Er= bauung im neunten untern Mittelfelde dargestellt ist. Alle diese Scenen sollen zur Erläuterung des Stadtwappens von Frauenfeld dienen, wie es nämlich gekommen sei, daß der Löwe von Kyburg und die Frau oder Patronin von Reichenau sich in die Herrschaft von Frauenfeld getheilt haben.

Daß die Liebe schon oft ähnliche Wunder zu Stande gebracht, gemeine Edelleute und Ritter, ja sogar Bauern mit Gräfinnen und Fürstinnen verbunden, Burgen und Städte erbaut habe, läßt sich nicht leugnen, und so könnte das auch bei Frauenfeld geschehen sein. Aber die Nebenumstände, welche in der Erzählung der Chronik und in den Bildern des Glasfensters zur Darstellung kommen, sind so verschieden, und die zwischen Kyburg und Reichenau bestandenen Verhältnisse so sehr im Widerspruche mit der wirklichen Geschichte, daß selbst der erste Gewährsmann Stumpf seine Zweifel hinter das ungewisse „soll" ver= birgt und den Vorgang in die dunkeln Zeiten der Grafen von alt Winterthur zurück zu schieben vorschlägt. Auch stimmt das alte Wappen= schild von Frauenfeld mit dem Sinne der Sage nicht wohl zusammen; denn dort kehrt die Frau dem Löwen sehr unfreundlich den Rücken, während sie erst im neuern Siegel umgewendet, den Löwen an gol= dener Kette führt. Daher sind denn auch die Heraldiker auf die schale Vermuthung verfallen, das Wappen von Frauenfeld sei nicht aus der sagenhaften Erzählung erwachsen, sondern die Erzählung hinein phan= tasirt worden, oder sei einfach nur eine von einem poetischen Kopfe erfundene Illustration des Namens Frauenfeld.

„Ein anderes Wappen", sagt Stumpf, „finde ich in den Wappen= büchern also: Eine gelbe Feldirung, darin sitzet ein Fräulein in blauer Kleidung auf einem grünen Wasen, hat beide Hände in dem Schooß übereinander gelegt, mit einem halben Löwen auf dem Helm. Etliche nennen sie von Hohen Frauenfeld." Auch dieß ist also ein sogenanntes redendes Wappen. In Siegeln hat es sich nirgends gefunden.

Wie bereits gezeigt worden ist, gehört die Erbauung des Schloß=
thurmes von Frauenfeld in das XI. Jahrhundert zurück, die Erbauung
der Stadt Frauenfeld dagegen in die Mitte des XIII. Jahrhunderts;
denn im Jahre 1255 wird in einer Urkunde des Klosters Töß der=
selben zum ersten Male urkundlich erwähnt. Allerdings ist im Laufe
der Zeiten Vieles entstanden und zu Bestand erwachsen, ohne daß
gleichzeitige Urkunden es verzeichnet hätten; allein es haben sich aus
den unmittelbar vorangegangenen Jahrzehnden so viele Urkunden von
Edelleuten und Klosterstiftungen erhalten, die mit den Umgebungen von
Frauenfeld in Berührung waren, daß es ganz unerklärlich wäre, wenn
Frauenfeld, hätte es schon bestanden, nicht auch irgendwie erwähnt wurde.
Auch die Archive der Stadt und der Stadtkirche geben keine ältere Spur
an die Hand. Hohe Wahrscheinlichkeit dagegen ist, daß die allgemeine
Verwirrung und Unsicherheit des sogenannten Zwischenreiches von 1250
bis 1274 zur Befestigung von Frauenfeld Veranlaßung gegeben habe.

Wenn man die ursprünglichen Anlagen mancher größerer und
kleinerer Städte betrachtet, so zeigen sich so enge, winklige Straßen
und Irregularitäten, als wenn der Zufall oder die sinnlose Willkür
die Gebäude zusammen gestellt, oder die Stadt aus einem Dorfe
erwachsen wäre. Im Grundplane von Frauenfeld dagegen erkennt man
sogleich vorsichtige und kluge Berechnung, den einheitlichen Gedanken
eines ordnenden Herrn und Gebieters. Der Grundplan ist nämlich ein
Parallelogramm, mit Einschluß der Gräben ca. 1000' lang und 500'
breit. Die im Geviert aufgestellten Häuserreihen umschließen eine Doppel=
reihe von Häusern, welche den innern Raum in der Längenrichtung
besetzen und auf solche Weise vier gerade Straßen bilden, die Vorder=
gasse und die Hintergasse und eine obere und untere Quergasse, laut
Steuerrodel von 1478 im Ganzen 118—120 Wohnhäuser zählend.
In dieses Viereck führten drei Thore: das untere Thor, neben dem
alten Burgthurme, der als Warte und Thorschutz diente, mit steiler
Auffahrt; das obere Thor, bei dem östlichen Ausgange der Vorder=
gasse, über dem gähen Absturz des Felsenrains, durch einen hohen
Wartthurm und vorliegenden Graben mit Fallbrücke bewehrt; das
Holderbergthor oder Holderthor, südöstlich bei der Hintergasse, eben=
falls mit Wartthurm und Fallbrücke versehen. Eine zur Befestigung
geeignetere Lage und Bodenbeschaffenheit hätte sich in der ganzen

Umgebung kaum finden lassen. Südwestlich und nordwestlich bildete der über die Thalsohle der Murg fünfzig bis sechzig Fuß erhabene Felsen= rain eine schon von der Natur vorgezeichnete Schutzmauer, und auf den entgegengesetzten nordöstlichen und südöstlichen Seiten bot der feste Lehmgrund des Bodens eben so große Vortheile zur Anlegung eines tiefen, vor Austrocknung gesicherten Wassergrabens. Abgesehen von dem Wasserreichthum des hart an dem südwestlichen Felsenrain vorbei= strömenden, zur Anlegung von Getreidemühlen und andern Wasser= werken geeigneten Murgflüßchens, ließ sich unschwer auch noch der für die Stadt selbst erforderliche Zufluß von Wasser herbeischaffen. Der von dem Abhange des Immenberg herunter fließende Trüffel= bach*) bedurfte nämlich einer Schwellung von nur wenigen Fußen Höhe, um dem Stadtgraben und der Stadt selbst zugeführt zu werden. Auf diese Weise war hiemit Alles vorhanden, was zur Beherbergung einer kleinen Militärkolonie im Sinne der damaligen Zeit nöthig war.

Vervollständigt wurde aber die Einrichtung noch durch die Zu= theilung eines kleinen Landgebietes. Zunächst bezeichneten die vier Kreuze das sogenannte Weichbild der Stadt, innerhalb dessen der Bürger alle ihm zugesicherten Vorrechte genoß und vermöge des Garten= rechtes namentlich von der Lehenfälligkeit des Grundbesitzes befreit war. Das eine dieser Kreuze stand nahe bei Langen=Erchingen (Schmiede Langdorf); das zweite an dem Scheidewege der nach Neuhausen und Huben führenden Straße; das dritte außerhalb der Ergaten, wo die Straße aus der Almend und von Aadorf in diejenige von Winterthur einmündete; das vierte an der rechten Seite der Murg, am Wege von der Stadt nach Kurzen=Erchingen. Außer diesem enge begrenzten Weich= bilde wurde der neuen Stadtgemeinde eine Markgenossenschaft und Feldflur angewiesen, die jenseits der Murg, an die Ergaten angeschlossen, über das Wannenfeld hinaus und längs der Murg unter die Höhen des Hehrenberg sich erstreckte, dem Bürger zum Getreidebau, zur Vieh=

---

*) Der Name Trüffelbach wurde von einem klugen Stadtverordneten des XVII. Jahrhunderts als Tröpflibach erklärt, weil ihm bei seinem Laufe vom Pfaffenholz herunter noch manche Tröpflein zufließen. Andere dachten an Trüffeln, die man ehemals in der Gegend gefunden haben möchte. Hieße er Träffenbach, so wäre dieser Name auf den Herrn Träffan zu beziehen, der unten in dem Kirchen= briefe von 1286 als einer der fünf Pfründenwähler von Frauenfeld genannt wird.

weide und Befriedigung des Holzbedürfnisses. Auch die Waldung des Burgerholzes bei Osterhalden wurde zu solchem Zwecke von Reichenau gegen eine Erkenntlichkeitsgebühr von einem Pfund Wachs der Stadt überlassen. Endlich wurde die Gerichtsbarkeit und das Mannschaftsrecht der Stadt auf eine Bannmeile erweitert, deren Umkreis von der Burg Hagenbuch nach Horgenbach und von da durch die Thurebene hin zwischen der Stadt und Langen-Erchingen hinauflief an den Stälinbuck, und östlich durch die Gerichtsherrschaften Herten, Wellenberg und Sonnenberg begrenzt war. Durch den Ausschluß von Langen-Erchingen war die Abrundung der Bannmeile unvollständig, daher zum Ersatze noch der Gerichtsbann von Felben dem Gerichtsbanne Frauenfeld zugetheilt. In Folge des Mannschaftsrechtes war die innerhalb des Gerichtsbannes wohnende Mannschaft der Stadt wehrpflichtig und zu allen darauf bezüglichen Diensten verbunden.

Indem, wie es scheint, der Graf von Kyburg und die Abtei Reichenau in vertragsmäßigem Einverständnisse die Angelegenheiten der neuen Stadtgemeinde ordneten, blieb der Abtei die herkömmliche Grundherrschaft und auch das Recht der Hörigkeit und Leibeigenschaft in der Stadt vorbehalten; dem Grafen dagegen gehörte die Vogtei und die Mannschaft. Beide bestellten zur Vollziehung der ihnen zustehenden Befugnisse besondere Beamte; der Abt einen Amtmann, der in Frauenfeld und in den benachbarten Besitzungen die Gefälle der Abtei bezog, der Graf einen Untervogt, als Vorstand und Beisitzer des Stadtrathes und Gerichtes, und einen Hofmeister zur Verwaltung der im kyburgischen Amte Frauenfeld, nämlich im untern Thurgau, zerstreuten Lehengüter und Erbzinse. Es geschah indessen wohl auch, daß beiderlei Aemter in derselben Hand vereinigt wurden.

In kirchlicher Beziehung blieb Frauenfeld Bestandtheil des Kirchspiels Erchingen zu Oberkirch und die Abtei Reichenau Decimator und Collator desselben.

4. Die erste Bevölkerung Frauenfelds.

Der Zweck, einen wehrhaften Platz zu gewinnen, mußte den Gründer von Frauenfeld bestimmen, namentlich eine Anzahl kriegsverständiger Männer, die ihm zugleich durch Lehenpflicht verbunden

waren, zur Ansiedelung in der Stadt aufzumuntern. Daß ihm das
gelang, daß manche Edelleute wohl auch freiwillig sich dazu anboten
und, ohne ihre Burgen auf dem Lande aufzugeben, in der Stadt
Häuser bauten, beweisen die Namen der Edlen von Wisendangen,
Gachnang, Wellenberg, Bongarten, Zum Thor, Münchwil und anderer,
die in den Urkunden als Bewohner und Bürger Frauenfelds vorkommen. Im Einverständnisse mit dem von dem Grafen bestellten
Vogte mögen sie es auch gewesen sein, welche durch ihr Gefolge von
Dienern und durch eine Auswahl tüchtiger Männer aus den niedrigen
Ständen der Gemeinfreien und Hörigen bald alle zu Hofstätten be-
stimmten Räume besiedelten und den gemeinsamen Wohnsitz mit Mauern
und Graben umzogen.

Als Anführer und Ordner hatte dabei der Vogt das Haupt-
geschäft. In einer Urkunde des Klosters Katharinathal 1261 als Zeuge
verzeichnet wird Wernher ehemals Vogt von Frauenfeld genannt, ohne
Angabe seiner Herkunft und seines Geschlechts. In ähnlicher Weise
wird des Rudolf von Wisendangen als ehemaligen Vogtes von Frauenfeld gedacht, als seine Söhne Jakob und Walter und sein Bruder
Bertold dem Kloster Fischingen 1270 mit Einwilligung ihres Lehenherrn, des Grafen Rudolf von Habsburg, den Hof Hattrushovin und
bald nachher dem Kloster Töß ein Gut zu Adlinkon verkauften. Damals
war also der zweite bekannte Vogt von Frauenfeld bereits todt, ein
unbekannter dritter, Namens Ulrich, war an seine Stelle getreten, und
erst auf diesen folgt dann Rudolfs Sohn Jakob, der sich nun Jakob
von Frauenfeld nannte und als einer der tapfersten Kämpfer und
Freunde des Königs Rudolf und seines Sohnes, des Herzogs und
Kaisers Albrecht, an der Spitze der Kriegerschaar von Frauenfeld sich
mancherlei Verdienste erwarb. Wahrscheinlich ist er derselbe, der 1286
Jakob im Thurme genannt und im Range dem Vogte Ulrich vorangestellt ist, und war sein Wohnsitz die Burg oder der Thurm Frauenfeld, erworben durch seinen Vater Rudolf von Wisendangen.

Neben dem Hofe des Thurms Frauenfeld lag östlich der Straßhof, fest gegründet auf der Fortsetzung des Felsenriffs, auf dem die
Burg stand. Straßhof hieß er wohl darum, weil ein Edler von
Straß ihn erbaute. Er war Freihof, wie die Burg, und als solcher
der Stadtpolizei nicht unterworfen, so daß ein Verbrecher, dem es

gelang, in denselben zu entfliehen, nicht weiter verfolgt werden durfte. Die Bestattung des Ritters Rudolf von Straß im Jahre 1265 in Oberkirch statt in Gachnang, der Pfarrkirche von Straß, mag als Beweis gelten, daß er in Frauenfeld gewohnt und den Straßhof gebaut hatte. Daß seine Nachkommen oder Erben ebenfalls den Straßhof bewohnten und fortan als ihren eigentlichen Familiensitz betrachteten, ist um so weniger zu bezweifeln, da sie ihren ursprünglichen Wohnsitz Straß zerfallen ließen und ihre dortige Gerichtsbarkeit an Frauenfeld überging.

Nördlich neben dem Thurme stand ein Gebäude, das in späterer Zeit von den Bewohnern der Burg als Scheune benutzt wurde, nach seiner Bauart aber ebenfalls ein Herrenhaus gewesen sein muß. Mehrere sorgfältig gearbeitete Fensterlöcher und besonders zwei alte kunstreich verzierte steinerne Thürbogen in der die Mitte des Gebäudes durchschneidenden Mauer weisen auf diese edlere Bestimmung hin.*) Von dem Schlosse durch den Graben getrennt, dagegen mit dem Stadtthor zusammenhängend, mag jenes Gebäude die Wohnung der Edlen Zum Thor gewesen sein. Die Edlen Zum Thor blieben, obwohl sie auch außerhalb Frauenfeld Burgen und Höfe besaßen, bis zu ihrem Erlöschen treue Burggenossen von Frauenfeld. Sie waren Erben der Edlen von Blumenstein.

Diethelm von Blumenstein ist 1230 mit andern Edelleuten in dem Schenkungsbriefe, mit welchem Graf Hartmann von Kyburg seiner Gemahlin Margaretha von Savoyen seine einträglichen Besitzungen als Heurathsgabe zusicherte, als Zeuge verzeichnet. Seine Burg lag zwischen Frauenfeld und Gachnang am Bergabhange und seine Güter begrenzten die Feldmark Frauenfelds von Frankenhausen an bis zum Hehrenberge. Da aber die Gerichtsbarkeit über diese Güter mit derjenigen von Frauenfeld verbunden wurde, ist anzunehmen, daß der Herr von Blumenstein ebenfalls in Frauenfeld Burgrecht besaß.

An der nordöstlichen Ecke der Stadt, bei welcher über den Festungsgraben der Trüffelbach in die Stadt hinein geleitet war und auch der Feind am leichtesten eindringen mochte, war ein starker Thurm errichtet, ein Burgsäß der Edlen von Gachnang, später der Gachnanger Stock

---

*) Neujahrblatt von 1835, Seite 15. Die eigentliche Schloßscheune stand noch 1515 neben dem Straßhofe, an das damalige Rathhaus anstoßend.

genannt. Während die Edlen von Gachnang ihre ursprüngliche Burg als Stammsitz beibehielten und unweit davon auch eine zweite Burg auf dem fester gelegenen Meiersberge errichteten, dürfte das Haus in Frauenfeld jeweilen von einem jüngern Mitgliede der Familie bewohnt gewesen und erst nach Erbauung des Burgsäßes Meiersberg ver= nachläßigt worden sein.

Noch früher als die genannten Edelleute wird der Ritter Bertold von Bongarten oder Baumgarten als Einwohner von Frauenfeld be= zeichnet. Im Jahre 1255 verkaufte er mit Einwilligung seiner Gattin und seiner Kinder an die frommen Schwestern des Klosters Töß einen bei Bersikon gelegenen Hof, Lehen von Graf Hartmann von Kyburg. Der ursprüngliche Sitz des Ritters und seiner Vorfahren ist in dem abgegangenen Hofe Baumgarten zu suchen, welcher mit dem Gute Mauren auf der linken Seite der Murg lag, der Burg Murkhard gegenüber. Seine Geschlechtsverwandten oder Nachkommen werden in der Folgezeit noch lange Jahre hindurch unter den Bürgern Frauen= felds genannt. In welchem Stadttheile aber ihr Steinhaus lag, ist nicht mehr auszumitteln.

Eben so unbekannt sind die städtischen Wohnsitze der Edlen von Altikon, von Wellenberg, von Spiegelberg, von Münchwil, die in Frauenfeld sich niederließen, sowie derjenigen Bürger, deren Namen zwar auch ein „von“ voransetzten, deren Adel jedoch zweifelhaft ist, wie von Herten, von Mettendorf, von Burg oder zur Burg, von Bus= lingen, von Sturzenegg u. s. w. Immerhin ist aus zahlreichen An= deutungen zu schließen, daß namentlich auf den bei den Thoren gelegenen Hofstätten Steinhäuser gebaut und von Edelleuten in Besitz genommen wurden, z. B. der Spiegelhof, vielleicht so geheißen von den Herren von Spiegelberg. Auch in den an der Stadtmauer der Vordergasse und der Hintergasse gelegenen Häuserreihen waren solche Steinhäuser und auch Thürme; z. B. der ehemalige Gefängnißthurm, damals zur Verstärkung der Vertheidigung gegen feindlichen Ansturm bestimmt.

Ein Kern adelicher Kriegsleute war für das städtische Gemein= wesen damals Bedürfniß; denn das Kriegshandwerk war fast aus= schließliches Vorrecht des Adels und der Ritterschaft. Die überlegene Kraft der Bürgerwehr aber bestand darin, daß der zu Pferd streitende

Edelmann und Streitführer im Kampfe von einer geschlossenen Schaar von Fußgängern begleitet und unterstützt war.

Daß die gemeinen Bürger, welche jedenfalls die Mehrzahl der Einwohner bildeten, meistens aus Hörigen der Abtei Reichenau bestanden, erhellt schon daraus, daß der Abt von Reichenau als Grundherr, d, h. als ursprünglicher Eigenthümer des Bodens, auf welchem die Stadt erbaut war, das Recht der Leibeigenschaft sich vorbehielt und dieses Recht gegen Jeden geltend machte, der sich nicht ausweisen konnte, frei geboren zu sein oder einem dem Abte befreundeten Herrn anzugehören. Diese Leute beschränkten sich natürlich darauf, hölzerne Wohnungen zu bauen, bis Einzelne durch errungenen Wohlstand sich besser einzurichten vermochten. Ihre Beschäftigung war die Landwirthschaft und das Handwerk.

Noch im Jahre 1266 wurde das thurgauische Landgericht auf der alten Malstätte zur Lauben bei Erchingen gehalten, zehn Jahre später dagegen in Frauenfeld; ein Beweis, daß hier bereits bequemere Einrichtungen für eine öffentliche Versammlung zu Gebote standen.

5. Die Stiftung der Nikolaikirche.

Bei der Gründung und städtischen Einrichtung Frauenfelds war für alle zur Abwehr fremder Gewalt erforderlichen Hülfsmittel Vorsorge getroffen, aber die kirchlichen Verhältnisse waren dieselben geblieben, wie von Jahrhunderten her. Die Pfarrkirche war fast eine halbe Stunde entfernt. Zu der Kapelle St. Johann, für die jenseits der Murg wohnenden Angehörigen der Pfarrgemeinde erbaut, war der Weg ebenfalls, namentlich durch die häufige Anschwellung des Gewässers, oft sehr erschwert oder fast unmöglich. Der nächtliche Thorschluß hemmte ebenfalls den freien Verkehr zwischen der gläubigen Herde und den Spendern des Heils. Eine der ersten Regungen des erwachten bürgerlichen Gemeinsinnes mußte also die Stiftung einer geistlichen Pfründe für die Stadtbewohner bezwecken. Im Jahre 1286 waren die Vorbereitungen dazu so weit gediehen, daß mit dem Abt von Reichenau, als dem eigentlichen Kirchherrn, ein Vertrag zu Stande kam und unter Mitwirkung der Herzoge Albrecht und Rudolf von Oesterreich, sowie des damaligen Kirchherrn Diethelm von Ramstein auf dem Schloſſe Sandegg am 10. Weinmonat abgeſchloſſen und beſiegelt wurde.

Dieſer Vertrag, das älteſte ſchriftliche Dokument der Stadt Frauen= feld, verbreitet über die damaligen kirchlichen und bürgerlichen Zuſtände, ſowie auch über die damalige Mundart und Schrift ſo viel Licht, daß es angemeſſen ſcheint, denſelben nach ſeinem vollſtändigen Inhalte, jedoch in verkürzter Geſtalt, nur mit buchſtäblicher Beibehaltung ſeines Schluſſes, hier beizurücken:

— In Gottes Namen, Amen. Da der Menſchen Gedächtniß ſchwach und unzuverläßlich und daher gut und nöthig iſt, Alles, was die Nachkommen wiſſen und halten ſollen, in Schrift zu verfaſſen, thun wir, Albrecht, Abt von Reichenau, Allen, die dieſen Brief leſen, kund, daß die Bürger von Frauenfeld, weil ſie zu ihrer Leutkirche ſo oft als ſich geziemte oder als ſie wünſchen mögen zu kommen, bald durch Geſchäfte bald durch Ungunſt der Witterung verhindert ſeien, durch geſammelte Almoſen und mit biederer Leut Hülfe zu der Kirche in der Stadt eine Pfründe geſtiftet haben, zuvörderſt zur Ehre Gottes, dann auch für ihrer Seelen Heil und zu beſſerer Gemächlichkeit, und zwar ſo, daß künftig auf alle Zeiten ein Prieſter angeſtellt werde, der auf dem zu errichtenden Altare täglich eine Meſſe ſinge oder ſpreche und auch häuslich in der Stadt wohne, erkieſet (um Zerwürfniſſe unter den Bürgern zu vermeiden) von fünf Bürgern, Herrn Jakob Im= Thurn, dem Vogt Ulrich, Bertold von Mättendorf, Heinrich von Altelikon und Träffan, oder, wenn ſie aus dem Leben ſcheiden, von ihren Nachfolgern, wobei namentlich von den Bürgern dem Herrn Jakob die Gnade angethan worden, daß nach ſeinem Ableben ſein älteſter Sohn und nach dieſem wieder deſſen älteſter Sohn in die „Kur" an ſeine Stelle treten, oder, wenn kein erwachſener Sohn eines verſtorbenen Kieſers vorhanden wäre, ſein nächſter Geſchlechtsverwandter, der dann, wie die andern Pfrundkieſer gethan haben, ſchwören ſoll, dem Inhalte dieſes Briefes nachzuleben. Es ſoll auch jedermänniglich wiſſen, daß die fünf Kieſer den Prieſter Heinrich von Au erkoren haben, der bis dahin als Stellvertreter des Kirchherrn zu Erchingen den Altar= dienſt verſehen und eidlich gelobt hat, keine Opfer oder Seelgeräthe für ſich zu behalten, ſondern dieſelben dem Kirchherrn zu übergeben, und zwar bei Verluſt ſeiner Pfründe, oder, wenn er von der Pfründe nicht weggewiesen würde, bei einer Buße von zwanzig Mark Silber, welche die Bürger dem Kirchherrn zu entrichten hätten. An die neue Pfründe soll auch kein Angehöriger des Gotteshauses Au, sei er Lehenzinser oder Leibeigener desselben, Mann oder Weib, mehr als ein Pfund Pfenning oder dessen Werth schenken, und auch dieß mit dem Vorbehalt, daß das Gotteshaus an seinen Rechten und an dem schuldigen Leibfall und Laß nicht verkürzt werde; namentlich soll man kein dem Gotteshause gehöriges, liegendes Gut, sei es klein oder groß, ohne des Abtes Willen an die Pfründe schenken oder verkaufen, mit Ausnahme einer Wiese, die bereits derselben überlassen ist, ebenfalls bei einer Buße von zwanzig Mark Silber, welche die Bürger in Monatsfrist dem Abte zu entrichten oder für deren Zahlung die Pfrundkiefer als Bürgen in der Stadt Winterthur so lange zu leisten hätten, bis die Zahlung erfolgte. Zum Zeugniß dieser von den Bürgern und von dem Gotteshause eingegangenen Verpflichtungen hängt Abt Albrecht von Au sein Siegel an den darüber abgefaßten Brief. Auch Herzog Albrecht und Herzog Rudolf von Oesterreich und Steier fügen auf Bitte ihrer lieben Bürger von Frauenfeld zu urkundlicher Bestätigung ihre Siegel bei. Diethelm von Ramstein, der Kirchherr von Erchingen, bezeugt, daß Alles, was in dem Briefe geschrieben stehe, mit seiner Zustimmung geschehen sei, mit seinem Siegel. „Wir die burger von Browenuält alle gemeinliche offenen alremänliche mit diesen brieue, das wir alles, daz an diesem brief geschriben staht, geordinot vnd gesezzet hein; daz veriehen wir hie offenlich, vnd bi dem eide, den wir gesworen hein, binden wir vns vnd vnser nachkommen, alles daz ze behaltene ane geuärde, daz an dirre schrift geofnet ist; vnd das daz war si vnd stäte belibe, so henchent vnser herren beide die herzogen von Oesterrich vnd von Stir dur vnser bätte vnd dur vnsern willen, als da vor geschriben stat, ir jnsigel an disen brief, vnd henchen och wir mit gemeinem rat vnser Stette jnsigel an disen brief ze einem vrkiunde alles dez so hie vor geschriben ist. Dirre brief wart gegeben offen der burc Sandegge, do von gottes gebiurte waren Tusent iar, zwehundert iar vnd sächs vnd achzig iar in dem manode, der heizet October an dem Donrestage vor sante Gallen tult" (10. Oct. 1286).

Die in der Urkunde erwähnten Siegel sind noch vorhanden. Dasjenige des Herzogs Albrecht, ein großes, rundes Reiterfiegel mit dem
österreichischen Schilde und Fähnchen, und mit dem habsburgischen
Löwen auf dem Halfe des Pferdes, hängt an einer blauen Seidenschnur. Ebenso das einfache Rundsiegel des Herzogs Rudolf mit dem
Habsburger Schilde. Der Kirchherr Diethelm führt in einem Rundsiegel als Wappen einen Steinbock und die Umschrift: S. DIET-
HELMI RECTORIS IN VLMA. Es hängt an einer gelben Seidenschnur; dagegen das Rundsiegel der Stadt Frauenfeld an einer rothen
Seidenschnur. Im Siegel von Frauenfeld kehren der Löwe und das
Fräulein einander den Rücken.

Aus der Umschrift des vom Kirchherrn zu Erchingen angehängten
Siegels ergibt es sich, daß er zugleich Kirchherr in Ulm war, also
seine Pfründe nicht selbst versah, sondern, wie auch in der Urkunde
angedeutet ist, durch einen Vikar besorgen ließ und den Ueberschuß der
Einkünfte ganz anders wo als auf seiner Pfarre verzehrte, ein Mißbrauch, dem damals besonders die einträglichen Pfründen ausgesetzt
waren. —

Ungeachtet der Abt sich gegen Verkauf oder Vergabung der dem
Kloster zugehörigen Lehengüter an die Kirche von Frauenfeld durch
Ansetzung von zwanzig Mark Silber verwahrt hatte, bewilligte er doch
schon am 25. Christmonat 1286, daß Heinrich Treffan den drei
Kirchen zu Frauenfeld, nämlich derjenigen der obern Kirche, derjenigen
der Stadt und derjenigen zu St. Johann (im Kurzdorf) 8 Pfund
Wachszins aus dem Zehnten zu Langen-Erchingen (Langdorf) vergabte.
Dieß geschah jedoch unter der Bedingung, daß er und seine Tochter
Elise noch lebenslang in der Nutznießung bleiben, nach ihrem Tode
nicht nur die acht Pfund Wachs alljährlich an die genannten Kirchen,
sondern auch vier Pfund an den Fronaltar der Kirche Reichenau ge-
zinset werden sollen. Dieser Wohlthäter der Kirche scheint der letzte
seines Geschlechts in Frauenfeld gewesen zu sein.

Die Ausstattung der Stadtpfründe wurde ferner dadurch ergänzt,
daß Arnold Langenauer und seine Frau das von ihnen lehenweise
besessene Haus der Komthurei Tobel in der Stadt sammt ihrem Eigen-
besitz zum Heile ihrer Seelen und als ein Almosen für 24 Pfund
Pfenninge, Constanzer Münze, dem Pfründer Heinrich und den

Pfrundpflegern verkauften, und der Komthur Bruder Heinrich von Löwenegg, sowie der Konvent zu Tobel, urkundlich seine Einwilligung dazu ertheilte, im Jahre 1295 am Hilariustage.

6. Der Niklaus-Markt.

Von alter Zeit her wurde in Frauenfeld im Dezember, am Montage nach Nikolaus, ein von der ganzen Umgebung stark besuchter Jahrmarkt gehalten. Für das Schutzgeleit, das den fremden Kaufleuten auf dem Stadtgebiete gewährt wurde, war die Berechtigung der Stadt verbunden, einen Monat vor und nach dem Jahrmarkt von allen ein- und durchpassirenden Waaren einen Zoll zu beziehen. Ein Freiheitsbrief für diesen Jahrmarkt und den Zollbezug kann nicht mehr aufgezeigt werden, obschon ein solcher bestanden haben muß; denn ohne landesherrliche Erlaubniß durften keine Jahrmärkte eingeführt oder Zölle erhoben werden. Wahrscheinlich ist der Nikolaimarkt so alt als die im Jahre 1286 geweihte Nikolaikirche zu Frauenfeld, und galt jener von den Landesherren gesiegelte Kirchenbrief zugleich als Indult für die Nikolaimesse. Für den kaufmännischen Verkehr erhielt der Jahrmarkt keine so große Bedeutung, als man anfänglich sich davon versprechen mochte; dagegen wurde er für die Umgebung ein Volks- und Jugendfest.

Der heilige Nikolaus, dessen Gedenktag auf 6. Dezember fällt, war nicht der heilige Papst Nikolaus, dessen Fest am 13. November gefeiert wird, sondern der griechische Bischof Nikolaus von Myra, dessen Leben in das vierte Jahrhundert gesetzt wird, sonst aber mehr im Gebiete der Sage sich bewegt, als in geschichtlich beglaubigten Thatsachen. Eine alte, in Reimen abgefaßte Legende erzählt von ihm:

Es sagt das buoch alsus,
Wär von kindes gebein
Er zeiget früh, was er wollte
Sin künftig Würdigkeit
Die zeigte er in der Wiege schon.

Das der werde Nikolaus
Gott lieb, küsch und rein.
Und wa er hin kommen sollte.
Und sin groß heiligkeit.

Als er Mann geworden, verwendete er seinen ererbten Reichthum am liebsten dazu, arme Leute heimlich und ungesehen zu beschenken. Zum Bischofe gewählt, war er der Armen Berather und Tröster und der Angefochtenen Schutz. Nach seinem Tode geschahen an seinem

Grabe mancherlei Wunderheilungen. Auf seine Fürbitte wurden manche kinderlose Eltern mit frommen Kindern beschenkt, manche fromme Kinder in Gefahren errettet und den trauernden Eltern wieder zugeführt. Daher wurde er als der milde Schützer der Kinder verehrt und wurde es vieler Orten Sitte, unter der Maske des heiligen Nikolaus an seinem Jahrestage die Kinder zu beschenken.

In Frauenfeld und in der Nachbarschaft wurde diese Kinder=bescheerung am Abend des Niklausmarktes gepflogen, aber freilich auch vielerlei Mummenschanz damit verbunden, um den lieben Kindern einen heilsamen Schrecken einzujagen. — Wohl ist also damals schon der Niklaus=Markt mit allerlei Kindertand besetzt gewesen und von der erwachsenen Jugend zu Lust und Tanz benutzt worden.

Dritter Abschnitt.

—

Frauenfeld unter den Herzogen von Oesterreich.

—

1. Erste Freiheiten der Stadt, ertheilt von den Herzogen von Oesterreich.

Eine so gemischte Bevölkerung, wie diejenige der Stadt Frauen=feld war, mußte sehr ungleiche Rechtsbegriffe aus der frühern Heimat in den neuen Wohnsitz mitgebracht haben. Nach den Gewohnheits=rechten der Edelleute war der älteste Sohn der Haupterbe des väter=lichen Besitzes und seine Geschwister hatten nur Antheil an dem ein=gebrachten Vermögen der Mutter. Die Inhaber von bäuerlichen Lehen, wenn sie auch nicht leibeigen waren, hatten die Befugniß nicht, ihre Lehen unter die Kinder zu theilen. Nur einer der Söhne konnte das Lehen übernehmen, und zwar nicht ohne Zustimmung des Lehenherrn und Lehenserneuerung, so daß die andern Geschwister auf ihren An=theil an der Fahrhabe beschränkt waren und die Töchter in der Regel mit der bei ihrer Verehelichung empfangenen Aussteuer sich begnügen mußten. Bei den Leibeigenen war von Alters her der Leibherr der ausschließliche Erbe des Eigenmannes und von seinem guten Willen hing es ab, was er nach Wegnahme des Leibfalls den Hinterlassenen des Verstorbenen an sich zu nehmen vergönnte. Hatten im Laufe der Jahrhunderte auch mildere Grundsätze Eingang gefunden, so war die Uebung doch wieder sehr ungleich, namentlich verschieden bei Gottes-hausleuten oder Angehörigen geistlicher Herren und Angehörigen von Edelleuten. Es mußte hiemit in Frage kommen, ob in jeder Familie das Recht ihrer ursprünglichen oder das Recht der neuen städtischen Heimat Anwendung finden solle. Da aber in Frauenfeld noch kein bestimmtes Erbrecht bestand, war es ein dringendes Bedürfniß, daß ein solches aufgestellt werde.

Es stand jedoch der Stadtbürgerschaft das Recht der Gesetzgebung nicht zu, namentlich nicht in Sachen, bei denen die Herrschaft betheiligt war, die als solche schon Anrechte auf die Hinterlassenschaft der Ver-storbenen machen konnte. Es war eine Vergünstigung, wenn sie erb-rechtliche Regeln und Vorschriften gab und für sich selbst auf willkür-liche Einmischungen und Forderungen verzichtete. Die Aufstellung eines Erbgesetzes von Seite der Herrschaft war hiemit eine Freiheit, die schriftliche Ausfertigung ein Gnadenbrief.

Einen solchen Gnadenbrief scheint die Bürgerschaft von Frauen-feld sich um Herzog Albert von Oesterreich verdient zu haben, als sie unter der Führung des Ritters Jakob von Frauenfeld, des Burgvogtes von Kyburg, 1291, und in den folgenden Jahren an der gegen den Abt von St. Gallen und die Stadt Wyl ausgebrochenen Fehde sich betheiligte. Von der Stadt Linz aus sandte er 1294, am 10. August, seinen lieben Bürgern von Frauenfeld einen Gnadenbrief, vermöge dessen Töchter und Söhne in die väterliche Hinterlassenschaft eintreten können.

Gehaltreicher ist aber der von Herzog Albrecht, nunmehr deutscher König geworden, zu Brugg am 15. April 1302 erlassene Freiheits-brief. In diesem Freiheitsbriefe sagt er: „Der Milde eines Fürsten ziemt es, die eifrigen Dienste seiner Getreuen freundlich zu bedenken und ihnen mit angemessenen Belohnungen zuvorzukommen, zugleich den zeitgemäßen Fortschritten und entsprechenden ehrenvollen Auszeichnungen eine ebenso gnädige wie vortheilhafte Bestätigung zu gewähren, damit sie aus der verliehenen besondern Gnade und liebreichen Vergünstigung erkennen, wie sehr sie vor Andern aus geschätzt seien. In Betracht also der steten und lautern Treue und der unermüdeten Dienstbereit= schaft, womit die weisen Männer, die Bürger von Frauenfeld, unsere Lieben und Getreuen, bei uns und unsern erlauchten Söhnen sich ver= dient gemacht haben, und weitere Verdienste werden erwerben und Ehre und Vortheil fortwährend vermehren können, haben wir den lieben Bürgern und der Bürgerschaft folgende Rechte, Gnaden und Freiheiten mit königlicher Gnade zugestanden."

Nach dieser pompösen Einleitung kommt der König zur Sache selbst und spricht:

„Erstens wollen und bestätigen wir, daß jeder in der genannten Stadt sitzende Bürger, der eine eigene Hofstatt in derselben hat, mit Vorwissen seines natürlichen und wahren Herrn, wenn er einem solchen eigen und von ihm nicht zurück gefordert ist, Jahr und Tag freien und ruhigen Wohnsitz haben mag und seinem Herrn nicht weiter ver= pflichtet ist, als daß nach seinem Tode das Besthaupt, sei es Schmal= vieh oder Zugvieh, dem Herrn als Leibfall zukomme."

„Ferner: Wer in der genannten Stadt unsern Söhnen eigen und schon Bürger ist oder künftig als solcher angenommen wird, soll nur die richtige und schuldige, auf seine eigenen und ererbten Güter treffende Vogtsteuer, ohne Zuschlag, zu zahlen gehalten seien; und wenn der Leute, welche unverbindliche und ungemessene Steuern zahlen, so viele unter die Bürger aufgenommen würden, daß ihre Steuer berechnungs= weise zehn Pfund überstiege, sollen aus der Zahl solcher Leute weiter keine Bürger mehr angenommen werden; wären aber solche angenommen und zugelassen, so sollen sie, wie bis dahin, des bürgerlichen Privi= legiums ungeachtet, die Steuer zu zahlen verbunden sein."

„Ferner: Wenn ein von unsern Söhnen belehnter Bürger in der vorbesagten Stadt, ohne Söhne zu hinterlassen, mit Tod abgeht, so mögen oder sollen die Tochter oder die Töchter, die aus rechtmäßiger Ehe erzeugt sind, in die von unsern gedachten Söhnen verliehenen Güter mit Sohnesrechten eintreten."

„Wir wollen auch und bestätigen mit diesem Ausspruche, daß jeder Bürger der Stadt Frauenfeld nirgend anderswo als an seinem Bürgerorte zu Recht stehen soll, über erhobene oder zu erhebende Klagen weltlicher Natur zu antworten; und daß er durch Niemand vor ein Gericht außerhalb der Stadt soll gezogen werden, es wäre denn erwiesen, daß den Klägern in der Stadt das Recht verweigert würde."

„Niemand also ohne Ausnahme soll diesen Concessionsbrief mit frevelhafter Absicht zu brechen oder zu bestreiten wagen. Wer es gleichwohl thäte, der wisse, daß er sich die Ungnade unserer Majestät zuziehen würde. Zum Zeugniß dessen haben wir diesen Brief ausfertigen und mit unserer Majestät Siegel bekräftigen lassen."

In diesem Freiheitsbriefe des Königs Albrecht fällt zunächst auf, daß er seine Söhne als Eigenthümer der Stadt bezeichnet und seines Brudersohnes Johann, dessen Vater Rudolf im Jahre 1286 mit Herzog Albrecht gleichen Rechtes war, nicht gedenkt. Bekanntlich hat diese Entäußerung von dem habsburgisch-kyburgischen Erbe den Herzog Johann zu dem verzweifelten Entschlusse gebracht, seinen Oheim, König Albrecht, zu ermorden. Dieser Erbstreit und seine Folgen sind indessen mehr Gegenstand der Reichsgeschichte als der Stadtgeschichte von Frauenfeld, daher hier nicht weiter zu erörtern.

Den Bürgern von Frauenfeld gewährte der zweite Freiheitsbrief Albrechts eine sehr bedeutende Erweiterung ihrer bürgerlichen Rechte. Zunächst wurden die noch leibeigenen Bürger vor willkürlichen Anforderungen ihrer Leibherren sicher gestellt. Dann wurden auch den Uebergriffen des Vogts hinsichtlich des Steuerbezugs Schranken gesetzt. Von großem Werthe mußte es für die Besitzer österreichischer Lehengüter sein, daß auch den Töchtern die Erbfolge in solche Lehen zugestanden wurde. Die wichtigste Bestimmung für die Bürgerschaft im Allgemeinen war aber die, daß die Bürger ihren besondern Gerichtsstand erhielten und vor kein auswärtiges Gericht gezogen werden durften. Sie wurden dadurch namentlich von der Jurisdiktion des thurgauischen Landgerichts befreit. Diese Befreiung war dann auch der maßgebende Grund zu der bevorzugten Stellung, welche Frauenfeld in den folgenden Jahrhunderten im Thurgau eingenommen hat. War es aber für die Bürgerschaft von Frauenfeld ein Gebot der Pflicht, die Freiheitsbriefe des Königs Albrecht als theure Kleinode zu bewahren, so lag in dem erworbenen rechtlichen Besitze zugleich eine Aufmunterung, ihre durch Ueberlieferung erhaltene und allmälig erweiterte Gemeindeordnung festzustellen und auszubauen, aus dem Stande der Bevormundung in eine grundsätzliche Rechtsordnung überzugehen. Ein großer Schritt zu diesem Ziele war die Stadtordnung von 1331.

2. Die Stadtordnung von 1331.

Im Jahre 1331 standen an der Spitze des städtischen Gemein-wesens von Frauenfeld: Bertold der Aegerder als Vogt, der Ritter Conrad von Wellenberg, der ältere, Conrad Sturn, Ulrich von Horgenbach und Heinrich Kupferschmid. Sie bildeten den Rath der Stadt, in ähnlicher Zusammensetzung, wie die Stell-vertretung der Stadt im Jahre 1286 bei Errichtung der Meßpfründe zu St. Nikolaus: der Vogt, von der Herrschaft Kyburg-Oesterreich gesetzt, als erstes Mitglied des Rathes ein Edelmann, die andern drei Rathsglieder aus der Bürgerschaft gewählt. Der Vogt Aegerder stammte aus einer Familie der Stadt Bern oder ihrer Umgebung.*)

Im genannten Jahre 1331 also, am St. Agathentag (5. Hor-nung), urkunden die erwähnten Vogt und Räthe, daß sich das Be-dürfniß ergeben, die alten und neuen Rechte und Satzungen der Stadt, die noch nie zusammengestellt und niedergeschrieben seien, in Schrift zu verfassen und dadurch manche Zweifel und Irrthümer zu beseitigen; es sei daher alles darauf Bezügliche mit Willen und auf Beschluß der Bürgerschaft in ein Instrument verfaßt worden.

Diese Stadtordnung ist als ein Spiegelbild der damaligen Zu-stände, Sitten und Gewohnheiten zu betrachten. Die lebendigste, mit den grellsten Farben der Gegenwart ausgeführte Schilderung könnte eine so klare Vorstellung von der damaligen Einrichtung und Lebens-weise nicht verschaffen, wie die einzelnen Satzungen, auf denen die Stadtordnung beruhte.

Bezeichnend ist schon, daß vorangestellt werden die Bußenbestim-mungen über Verwundungen, wie im alten alemannischen Rechte. Es folgt daraus, daß die Sitte der Männer, im täglichen Verkehre und

---

*) Kopp, II., 2., S. 250—286 und 287, wo Burkhard von Egerden als Vogt Ulrichs, Peters und Agnesens, der Kinder seines Bruders Johannes, 1263, genannt sind. Vgl. Geschichtsfreund XX, S. 142, und XXII, S. 291: Burkard Egerder zu Luzern, 1400, 19. September.

bei Versammlungen bewaffnet zu erscheinen und jeden Schimpf in handfestem Gemenge durch Schläge zu rächen, in Frauenfeld noch in guter alter Kraft bestand. Solche Ausbrüche des Zornes zu sänftigen, waren folgende Strafbestimmungen festgestellt:

Welcher Bürger oder Selder (Ansäße), der Bürgerrecht hat und Steuer oder Wachdienste leistet, den andern mit gewaffneter Hand böswillig verwundet oder unbewaffnet mit trockener Hand blutrünstig schlägt, ohne daß der Tod erfolgt, mag das Vergehen mit Geld büßen und hat die große Buße an die Herrschaft oder derselben Vogt und Pfleger zu bezahlen, nämlich fünf Pfund Pfenninge Constanzer Münze, an die Stadt ein Pfund, an den Verwundeten und Kläger drei Pfund Schmerzengeld und überdieß für den Schaden so viel, als der Kläger bei seinem Eid fordern zu dürfen glaubt oder biedere Freunde schiedrichterlich billig erachten.

Dieselbe Buße an den Vogt, an die Stadt und an den Kläger hat zu entrichten, wer dem Andern in böser Absicht in sein Haus eindringt, wer denselben Dieb, Bösewicht, Ketzer oder Meineidig schiltet. Wenn Einer aber ein Messer oder Schwert oder andere Waffen gegen seinen Mitbürger zückt oder mit ihm böswillig rauft, mit unbewaffneter Hand, mit Schlagen und Stoßen mißhandelt, namentlich ihn auf den Hals schlägt oder mit dem Fuße tritt und stößt, ist der Herrschaft um drei Pfund verfallen und der Stadt sowie dem Kläger drei Schillinge.

Anders stellen sich diese Strafmaße, wenn ein Fremder (Gast) mit einem Bürger streitig oder handgemein wird. In diesem Falle ist vorausgesetzt, daß der Fremde gegenüber dem Bürger im Unrecht sei, weil er den Stadtfrieden gebrochen habe.

Der Fremde, der in der Stadt einen Bürger schalkhaft oder unanständig mit Worten oder Werken ohne gegebene Veranlaßung beleidigt, und von dem beleidigten Bürger mit trockenen Streichen dafür gezüchtigt wird, ohne daß Blut fließt, hat nicht nur keinen Anspruch auf Schmerzengeld, sondern soll noch die Buße erlegen, in die der Bürger verfällt worden wäre, wenn er ohne gerechte Veranlaßung den Fremden mißhandelt hätte, nämlich der Herrschaft drei und der Stadt ein Pfund. Hat aber der Fremde, der dem Bürger schimpflich zugeredet und dafür Schläge bekommen hat, mit Fechten, Stechen und Schlagen zur Abwehr gegriffen, so daß sie beide einander gegenseitig schädigten, ohne daß es jedoch zum Todtschlage kam, so soll der Gast die für ein solches Vergehen angesetzte Buße für beide zahlen.

Nun folgen Bußenbestimmungen über Verletzungen des Flurrechtes.

Wer einen Bürger oder Ansaßen (Selber) in seinem Weingarten schädigt, der büßt es, hat er es bei Nacht gethan, mit fünf Pfunden an die Herrschaft und einem Pfund an die Stadt, hat er es bei Tage gethan, mit drei Pfunden an die Herrschaft und mit zehn Schillingen an die Stadt. Für eine nächtliche Schädigung im Kohlgarten, Baumgarten oder in einem Einsang ist die Buße ein Pfund zu Handen der Herrschaft und zehn Schillinge zu Handen der Stadt. Wurde der Frevel bei Tage verübt, so bezieht die Herrschaft zehn und die Stadt drei Schillinge.

Sehr einläßlich und genau sind in der Stadtordnung die Vorschriften über die Feuerpolizei. Die Stadt muß in dieser Beziehung sehr traurige Erfahrungen gemacht und große Schädigungen erlitten haben, bis sie von der Nothwendigkeit sich überzeugte, in solch' nachdrücklicher Weise zu mahnen und zu befehlen, daß man mit Feuer und Licht sorgfältig umgehe. Wohl hat man auch damals schon bei dem Eintritte der Nachtruhe den Nachtwächterruf hören können: „Versorget Feuer und Licht, daß uns Gott behüt." Daher nimmt auch die Stadtordnung so zu sagen einen neuen Anlauf, und schickt dem Abschnitte die Worte voraus: Wir haben auch eine Einung aufgesetzt über Feuer und Licht, — und ertheilt dann unter Strafandrohung gegen den Säumigen und Nachläßigen die ernstesten Anweisungen.

Bricht in eines Bürgers Hause Feuer aus und er oder seine Hausgenossen nehmen das zuerst wahr, sind aber nicht die Ersten, dem Feuer zu wehren, so soll der Schuldige das dem Herrn mit einem Pfund Pfennig bessern und ein Jahr lang von der Stadt ausgeschlossen sein, oder, wenn er die Buße nicht bezahlen kann, lebenslang die Stadt meiden. Dieselbe Strafe trifft jeden andern, der des Feuers Kraft ausbrechen sieht, aber nicht hinzuläuft und zu löschen beginnt. — Wer mit bloßem Lichte ohne Laterne in einen Stall oder Gaden, in welchem Heu oder Stroh liegt, hinein zündet, oder bei Licht ohne Laterne dreschet, oder in einem Hause zum Anzünden Stroh verwendet, oder an andere feuergefährliche, von der Feuerschau verbotene Orte Feuer bringt, hat seine Unvorsichtigkeit mit drei Schillingen zu der Stadt Handen zu büßen. Mit drei Schillingen wird auch der gebüßt, der einen irdenen „Gluthafen mit Hitze" auf die Diele stellt, ohne einen dicken, breiten Stein darunter gelegt zu haben; ebenso, wer gerösteten Flachs oder Hanf in ein Haus der Stadt legt und da zurüstet, „schwingt, bleuelt oder fichset." Drei Schillinge büßt auch, wer die von den Feuerschauern zur Gewahrsame vor Feuergefahr geforderten Aenderungen nicht auf den anberaumten Tag vollzogen hat, und die Feuerschauer werden verpflichtet, hierin strenge zu verfahren, Niemand zu Liebe noch zu Leide.

Die folgende Abtheilung der Stadtordnung handelt von den Gewerken, namentlich der Metzger und Bäcker, enthält also die ersten Grundlagen zur Gesundheits= und Marktpolizei. Die aufgestellten Vor=schriften bezwecken vor Allem aus, das Publikum vor Betrug und Unredlichkeit zu schützen und den Verkauf gesundheitsschädlicher Waare zu hindern, eine Vorsicht, die in einem wohlgeordneten Gemeinwesen zu den ersten Pflichten der Behörden zu rechnen ist. Die aufgestellten Verbote gewähren manche belehrende Blicke in die damalige Lebens=weise und Sitte, bringen auch Manches in Erinnerung, das in einer weiter fortgeschrittenen Zeit noch anwendbar wäre.

Den Metzgern wird gesagt: sie sollen also feil bieten und verkaufen, daß sie das schön „bergin" Fleisch auf den Fleischbänken zunächst dem Hause auflegen, das schön „galzin" Fleisch aber so entfernt von den großen Bänken, daß man zwischen hindurch gehen möge, das finnige Fleisch hingegen bei dem Bache. Tödten sie hufenkrankes oder lahmes oder sichtlich preßhaftes Vieh, so sollen sie das Fleisch vor dem Thore zum Kaufe ausbieten, über=haupt sollen sie jedem Käufer nur die benannte Art Fleisch geben und kein anderes unter demselben Namen, und die Mängel desselben ohne Rückhalt eröffnen. — Ferner sollen sie vom Anfange Brachmonats an das Vieh, dessen Fleisch sie am folgenden Tage verkaufen, nicht am vorhergehenden Abend schlachten. Wer diesen Vorschriften zuwider handelt, bezahlt der Herr=schaft ein Pfund Pfenning Buße und eben so viel der Stadt.

Träfe einen Metzger das Unglück, daß er ungeachtet sorgfältiger Be=sichtigung an der Zunge des Schweines keine Finnen wahrgenommen und ein Anderer, dem er das Fleisch als gesund verkauft hätte, fände Finnen in diesem Fleische, so ist der Metzger gehalten, einen Eid zu schwören, daß es aus Unwissenheit geschehen sei. Ueberdieß haben sämmtliche Metzger nach dem Weihnachtfeste am Ende des Jahres einen ihnen vorzusprechenden Eid zu schwören, daß sie die ihnen vorgeschriebenen Satzungen im Laufe des Jahres stets befolgt haben.

Den Bäckern wird gesagt: daß jeder Pfister, dessen Brot die Brot=schauer zu klein und leicht gefunden, von jedem Einschuß drei Schilling Pfenning Buße an die Stadt verfallen sei, er möge denn schwören, daß er an einem Broteinschuß nicht mehr gewinne, als vier Pfenninge und die Kleie. Die Brotschauer sollen auch vierzehn Nächte hindurch, ausgenommen eine, bei allen Pfistern nachschauen, und wenn sie an einem Laden Gebresten

seßen, und sie beide bei ihrem Eide davon überzeugt sind, sollen sie dem
Rathe den Bußfälligen anzeigen. Sie sollen aber keinen Pfister warnen,
wenn sie die Brotschau vornehmen wollen, dieselbe auch nicht bei allen
Pfistern an demselben Tage vornehmen. Würde ein Pfister ihnen über
diesem Geschäfte mit Worten oder Werken übel begegnen, so hätte er dem
Beleidigten drei Schillinge zu entrichten und eben so viel der Stadt.

Allen Kaufleuten und Verkäufern wird eingeschärft, daß, wer unrichtiges
Gewicht oder Maß gäbe, ein Pfund Pfenning Buße verfallen sei, sofern
nicht die Huld der Herrschaft einen Nachlaß gestatte.

Daß der Fremde bei Händeln und Raufereien innerhalb der
Stadt minderen Rechtes geachtet wurde als der Bürger, hat eine
frühere Bestimmung bereits festgestellt. Man wollte eben nicht gestatten, daß ein Fremder eine Ordnung störe, die ihn nichts angehe.
Aus gleichem Grunde forderte man, daß der Fremde, so lange er in
der Stadt sei, dem städtischen Rechte sich füge. Da nun aber der
Bürger leicht dem Fremden ungerechten Zwang anthun, ihn wegen
eingegangener Verbindlichkeit gleichsam als Stadtgefangenen festhalten
oder aus Neid aus der Stadt verscheuchen konnte, wurden zu Gunsten
des Gastes oder Fremden folgende Bestimmungen getroffen:

Wenn ein Bürger oder Einsaße der Stadt einem in der Stadt sich
aufhaltenden Fremden durch den Weibel im Begleite eines Bürgers die
Stadt verbietet, und der Fremde geht, um dem Rechte auszuweichen, aus
der Stadt, so ist er der Stadt und dem Vogte, jedem zwei Schilling Buße
verfallen. Will aber der Fremde seinem Gegner, dem Bürger, sich zu Recht
stellen, und dieser solches nicht annehmen, so mag er ohne alle Buße die
Stadt verlassen. In solchen dringlichen Fällen durfte, wenn der Vogt nicht
in der Stadt anwesend war, ein Weibel oder auch statt seiner ein Bürger
Gericht halten.

Ein eigenthümliches Zwangsverfahren gegen Schuldner und Bürgen
lag in der aus alter Zeit herstammenden Geiselschaft (Giselschaft). Bei
Verträgen wurde häufig dem verpflichteten Theile und seinen Bürgen
bei Eid und Ehre überbunden, im Falle die eingegangene Verbindlichkeit nicht zur festgesetzten Zeit eingehalten werde, in eine benachbarte
Stadt sich zu verfügen und dort in einer öffentlichen Herberge so
lange zu wohnen und zu leisten, bis den Forderungen des Klägers
Genügen geschehen sei. So wurden in dem Stiftungsbriefe von 1286
die Pfrundkiefer zur Leistung in der Stadt Winterthur verpflichtet,

bis die Buße der zwanzig Mark erlegt sei. Da solche Leistungen bei längerer Dauer zu großen Unzuträglichkeiten führen konnten, wurde verordnet:

Wer in der Stadt vor Gericht überwiesen wird, die Geiselschaft gebrochen zu haben, gibt der Stadt einen Schilling und dem Vogt einen Schilling, und soll diese Bußen vor Gericht erlegen. Wer erwiesener Maßen die Geiselschaft zum dritten Male gebrochen hat und daher von dem Kläger angefordert wird, die verbürgte Schuld selbst zu bezahlen, soll nach unserer Stadt Recht dieselbe so lange zu verzinsen haben, bis sie bezahlt ist.

Die Stadtordnung schließt endlich mit Aufzählung verschiedener anderer Satzungen, zu denen wohl gerade zur Zeit ihrer Abfassung besondere Veranlaßung gegeben war.

Wer seinen Harnisch am Tage der Waffenschau nicht in vollständiger Bereitschaft vorzeigen kann, bezahlt fünf Schillinge.

Wer den Stadtbach innerhalb oder außerhalb der Stadt aus seinem Rinnsal leitet oder einen Theil desselben nimmt, oder in der vordern Gasse oder im Ehegraben Stroh oder Unrath in den Stadtbach hinein stopft und ihn auf solche Weise aufschwellt, ist drei Schillinge verfallen.

Wer in den Brunnentrögen wascht oder etwas hinein gießt oder stößt, wodurch das Wasser verunreinigt wird, gibt der Stadt einen Schilling.

Wer Brennholz oder Dünger in der vordern Gasse länger als zwei Tage und eine Nacht liegen läßt, gibt der Stadt drei Schillinge.

Wenn der Vogt oder der Rath zu den vorgeschriebenen oder andern für die Stadt nöthigen Dingen Aufträge geben, soll Jeder, der dazu gewählt wird, Folge leisten, bei einer Buße von fünf Schillingen an die Stadt und eben so viel an den Vogt.

So oft Jemand die vorgeschriebene Ordnung im einen oder andern Punkte übertritt, so oft hat er die angesetzte Buße zu entrichten; und so oft er dem Weibel ein Pfand für die gestellte Forderung zu geben versagt, ist er zu einem Schilling Buße verfallen.

Die der Stadt schuldigen Bußen sollen vor allen andern Forderungen das Vorrecht haben.

Alle in dieser Stadtordnung angesetzten Bußen, Pfunde und Pfenninge sind in Constanzer Münze zu entrichten.*)

---

*) Nach altem Herkommen galt das Pfund 20 Schilling, der Schilling 12 Pfenning. Aus der Mark oder 16 Loth Silber sollten nach den Verordnungen des Kaisers Otto des Großen 240 Pfenninge oder 20 Pfund ausgemünzt werden.

3. Die Vogtei und das Amt Frauenfeld.

Die Herrschaft Kyburg ließ die Schirmherrschaft über Frauenfeld durch einen, wie sich von selbst versteht, von ihr gesetzten Vogt verwalten. Dieser Vogt war einerseits Vorstand des Verwaltungsrathes der Stadt, oder vielmehr mit einigen ihm von der Bürgerschaft beigegebenen Räthen berieth und ordnete er Alles an, was der Stadt Nutzen zu fördern und ihren Schaden zu wenden geeignet war; andererseits war er zugleich Gerichtsvogt, besetzte nach eigenem Gutfinden das Gericht und bezog zu Handen der Herrschaft einen Theil der Bußen und Strafgelder. Durch den Uebergang der Grafschaft Kyburg an die Herzoge von Oesterreich trat für letztere das Bedürfniß ein, ihre diesseitigen Gebiete unter die Aufsicht und Leitung von Landvögten zu stellen, die namentlich in Kriegs- und Lehensachen die Befehle der Herrschaft vollzogen. Im Verhältniß zu diesen Landvögten nahmen also die Vögte von Frauenfeld die Stellung von Untervögten ein.

Neben und in der Umgebung der Stadt lagen noch eine Anzahl Höfe und Dörfer, deren Bewohner nicht gleichen Rechtes waren, wie die Stadtbürger. Wohl standen auch sie unter dem Gerichtsstabe des Vogtes und seines Gerichtes; aber an dem Verwaltungswesen der Stadt und an der Besetzung des Rathes hatten sie keinen Antheil. Kurzdorf und die Höfe Huben, Brotegg, Thal und Rügerholz scheinen die ursprünglichen Bestandtheile dieses Stadtgerichtsbannes gebildet zu haben, so daß erst durch das Erlöschen der Herren von Blumenstein,

––––––––––––––

Allein im Laufe der Zeit wurde dem Silber so viel Kupfer zugesetzt, daß um das Jahr 1331 die Mark nur noch etwa den dritten Theil Silbers enthielt. Blieb also auch der Nennwerth der Münze gleich, so war doch ihr Gehalt auf 39 Prozent gesunken, oder 1 Pfund = Fr. 1. 63 Rp., 1 Schilling = 13½ Rp.; dennoch wurde z. B. 1357 ein Grundzins, der jährlich 2 Mütt Kernen Wylermaß ertrug, um 7 Pfund Pfenning verkauft, so daß der Geldwerth eines Mütts Kernen hiemit nur 42 Pfenninge betrug, oder 2 Schillinge und 2 Pfenninge. Die in der Stadtordnung bestimmten Bußenansätze von Schillingen und Pfenningen waren hiemit verhältnißmäßig gar nicht so unbedeutend.

Stälin II, S. 780: Eine feine Mark Silber ungeprägt = 480 Schillinge = 2 Pfund; geprägt = 512 Schilling = 42 Patzen und 8 Schillinge im Jahre 1240.

von Straß und von Wellenberg, also durch Rückfall an die Herrschaft oder durch Kauf, die Höfe und Dörfer Oberwil, Straß, Felben, Burg u. s. w. mit dem Stadtgerichtsbanne verbunden wurden.

Endlich wird in dem unter der Regierung des Königs Albrecht um 1303 abgefaßten österreichischen Urbar auch eine Amtei Frauenfeld aufgeführt. Es werden darin verzeichnet die Güter, Gülten, Steuern, Nutzungen und Rechte, welche die Herrschaft im Amte zu Frauenfeld hat. Aufgezählt werden aber nur die Dinghöfe Mülheim, Heschikofen, Lustdorf, Wetzikon, Horgenbach, Schwarzenbach, Aufhofen, Wellhausen, Gachnang, Erchingen, Mettendorf, Widen, Dietlingen, Neunforn, Uez=lingen, Osterhalden und Eitberg. Neben den jährlichen Lehenzinsen, die aus diesen Höfen floßen, werden auch die jährlich zu leistenden Steuern angegeben. So heißt es z. B. bei Wellhausen: Die vor=genannten Leute haben als Jahressteuer höchstens sechs Pfund, min=destens drei Pfund, ein Mal jedoch eilf und ein halb Pfund Constanzer Münze bezahlt; seither aber geschah dieß nie mehr und mag es auch nicht mehr geschehen, indem die Leute es nicht erleiden möchten. Frauen=feld selbst wird nicht als steuerpflichtig bezeichnet, so daß mit Grund anzunehmen ist, die Unterhaltung der Festungswerke sei in der Regel als Steuerersatz angesehen worden.

Bemerkenswerth ist noch in jenem Urbar, daß die Vogtleute von Mülheim und Lustdorf die Verpflichtung auf sich hatten, zwei Tagwen in der Herrschaft Weingarten zu Frauenfeld zu thun. Die Vogtleute von Horgenbach wurden nur für einen Tagwen in Anspruch genommen, ebenso auch die von Wellhausen; dagegen mußten die letzteren über ihren Tagwen hinaus ein oder zwei Fuder Stecken in der Herrschaft Weingarten zu Frauenfeld geben. — Dieser Weingarten ist wahr=scheinlich derselbe alt Wingert, der noch 1475 als ehemaliges öster=reichisches Lehen von dem eidgenössischen Landvogt dem Ulrich Capenler verliehen worden ist. Er maß drei Juchart und stieß an Mületobel und an Staubegg.

Ob nun diese und andere Zinse, Steuern und Erträgnisse von dem Vogte von Frauenfeld oder von den sogenannten Hofmeistern von Frauenfeld bezogen und der Herrschaft verrechnet worden seien, darüber wird keine andere Auskunft gegeben als diejenige, die in einer Bemer=tung des Steuerverzeichnisses liegt, daß nämlich Herr Heinrich selig

von Seheim zu der Zeit, da er Pfleger war, den Leuten von Heschi=
losen die Schafe= und Fischsteuer des erlittenen Thurschadens wegen
nachließ. Die Bezüger und Verrechner jener Gebühren hießen also
Pfleger, eine Benennung, die mit dem Namen Hofmeister gleiche Be=
deutung hat. Vermuthlich waren die Hofmeister von Frauenfeld die
Gefällverwalter des Amtes und führten daher diesen Namen.

Als Vögte sind in den Urkunden bis zum Jahre 1400 verzeichnet:

1260. Werner, Vogt von Frauenfeld.

1286. Ulrich.

1291 und 1313. Jakob von Frauenfeld, auch Vogt und Hof=
meister auf Kyburg.

1312. Burkhard Mißiger.

1328. Johannes von Frauenfeld.

1330 und 1331. Bertold der Egerder oder von Egerden.

1347. Johannes von Frauenfeld.

1348. Konrad Sturn.

1357. Heinrich Rüdlinger.

1364. Claus Symler.

1374. Ritter Johannes von Sehen.

1380. Jakob der Symler.

1395. Sifrit der Kersperger oder von Kersperg.

4. Reichenauisches Amt Frauenfeld.

Von dem kyburgischen oder österreichischen Amte Frauenfeld unter=
schieden ist das reichenauische Amt Frauenfeld. In dem reichenauischen
Amte Frauenfeld wurden Gefälle, Grundzinse und Zehnten bezogen,
die dem Stifte Reichenau aus Frauenfeld und aus der umliegenden
Gegend eigenthümlich zuflozen, nämlich aus Langdorf, Mülheim, Lust=
dorf, Mettendorf, Heschikofen, Horgenbach, Felben, Oberwyl, Bewangen,
Wetzikon, Thundorf, Aufhofen, Warth, Gachnang.

Zehnten lieferten noch im XVIII. Jahrhundert Mühlheim, Lust=
dorf, Frauenfeld und Warth; die andern aufgezählten Ortschaften
zahlten Grundzinse, die meisten nicht in Geld, sondern in Früchten,
Kernen, Roggen, Gersten, Erbsen, Haber, jedoch auch Pfeffer, Fische,
Eier und Wachs. Noch bedeutsamer mußten diese Erträgnisse im

XIII. Jahrhundert gewesen sein, bevor Reichenau dieselben durch Verkauf und Erbverleihungen schwächte.

Eine weitere Quelle von Einkünften waren die jährlichen Fastnachthühner und Fall und Laß der Leibeigenen. Das zweitbeste Stück Vieh war bei dem Tode eines leibeigenen Hausvaters, das zweitbeste Kleid bei dem Tode eines leibeigenen Weibes, und wenn keine Leibeserben vorhanden waren, der ganze Nachlaß dem Leibherrn verfallen. Ferner durfte bei hoher Strafe der Leibeigene keine fremde, nämlich einem andern Leibherrn gehörige Weibsperson ehelichen, wenn er nicht sie zuvor freigekauft und seinem eigenen Leibherrn zugeeignet hatte. Auch die Bewohner der Stadt Frauenfeld, so weit sie zum Hofe Erchingen gehört hatten oder nicht erwiesener Maßen als Eingewanderte einem andern Leibherrn pflichtig oder adelig waren, standen noch unter diesem Gesetze der Hörigkeit. Nur traten allmälig Milderungen ein. Es wurde für Fall und Laß eine mäßige Geldentschädigung angenommen, den Hörigen der mit Reichenau in Verbindung getretenen Gotteshäuser (laut Vertrag der dreizehnthalb Gotteshäuser) gegenseitige Verheurathung gestattet und namentlich die persönliche Unverletzlichkeit gegen rohe Willkür des Leibherrn gesetzlich gesichert. In diesen Beziehungen war besonders der Graf von Kyburg als Vogtherr von Frauenfeld auch Schirmherr der Bürger.

Der Abt von Reichenau legte großen Werth darauf, die durch die Einkünfte dieses Amtes sich aufhäufenden Vorräthe hinter den Mauern Frauenfelds geborgen zu wissen und sie gelegenheitlich auf dem dortigen Markte verwerthen zu können. Nicht weniger bedeutsam war der Vortheil, der dadurch der Bürgerschaft Frauenfelds erwuchs. Das reichenauische Amt mit seinen Vorräthen überhob sie der Mühe, eigene Fruchtmagazine anzulegen. Auch wurde in der Regel die Amtmannschaft einem Bürger übertragen, was jederzeit der begünstigten Familie reichlichen Unterhalt und einen Wohlstand gewährte, der mittelbar wieder dem Gemeinwesen zu Gute kam.

5. Gerichtsübung.

In der Regel war der Vogt ein Fremder, selten von edlem Geschlecht, wohl aber von freiem Stande, keinem Herrn durch Leibeigenschaft verpflichtet, denn nur von einem solchen Manne erwartete man, daß er unparteiisam richte. Weit entfernt aber, daß er nach eigenem Gutdünken ein Urtheil gebe, beschränkte sich seine Obliegenheit darauf, die Richter um ihr Urtheil zu fragen und das erhaltene Urtheil auszusprechen und zu vollziehen. Die Richter selbst aber urtheilten nach überlieferten, alten Gesetzen, Herkommen und Gewohnheiten ihres Landes oder Gerichtskreises. Zu diesem Zwecke hielt man auch strenge an den herkömmlichen Gerichtsgebräuchen.

Im Auftrage des Vogtes besorgte der Weibel die Auskündigung des angesetzten Gerichtstages durch öffentlichen Ruf in der Kirche und die Vorladung der angemeldeten Parteien in ihren Wohnungen. An dem zu den Gerichtsverhandlungen bestimmten Orte an der freien Reichsstraße war eine Schranke eingerichtet, gewöhnlich mit einem Dache versehen, eine sogenannte Laube. Auf die angesagte Tageszeit versammelten sich der Vogt und die Richter und nahmen innerhalb der Schranken auf Stühlen ihre Sitze ein. Dann fragte der Vogt die Richter an, ob es die rechte Tageszeit sei, die Gerichtsverhandlungen zu beginnen, und wenn das bejaht wurde, ließ er durch den Weibel das Gericht verbannen, das heißt, dem umstehenden Volke bei festgesetzten Bußen verbieten, durch Wort oder That das Gericht zu stören.

Die vorgeladenen Parteien durften ihr Anliegen nicht selbst vortragen, sondern mußten ihre Fürsprecher, und Weibspersonen noch ihren Vogt mitbringen, die, mit ihnen in die Schranken eingelassen, vor die Richter hintraten. Aufgefordert von dem Vogt, eröffnet der Fürsprech der Partei, welche das Gericht verlangt hat, den ihm gewordenen Auftrag und stellt die Rechtsfrage, auf deren Entscheidung er anträgt; wenn dieß geschehen ist, wird ihm, nach abermaliger Aufforderung, von dem andern Fürsprech geantwortet. Handelt es sich nur um Bestätigung eines Vertrages, über den die Parteien sich bereits geeinigt haben, so stellt der Gerichtsvogt an die Richter die Anfrage, was hierin Rechtens sei, und gibt dann diesem Urtheil Folge. Ist es aber um einen Rechtsstreit zu thun, so erweitern die Fürsprecher ihre Klagen und Antworten in Repliken, Dupliken und Tripliken, wie noch heut zu Tage, und dann erst kommen die Richter in den Fall, ihren Wahrspruch zu eröffnen. — Wie umständlich und vorsichtig dabei verfahren wurde, wenn es sich namentlich um Frauenrechte handelte, mag folgende Gerichtsverhandlung veranschaulichen.

Allen Denen, die diesen Brief ansehen, lesen oder hören lesen, künde Ich, Konrad Sturn, Vogt zu Frauenfeld, daß vor mich kam zu Frauenfeld, da ich öffentlich auf der Reichs Straße zu Gericht saß, Wilhelm von Ötenhusen, Bürger zu Frauenfeld, Frau Machtild, seine eheliche Wirthin, Johannes, Heinrich, Konrad, Machtild und Elisabeth ihre ehelichen Kinder an einem Theile; Heinrich der Wellhauser, Amtmann des ehrwürdigen meines gnädigen Herrn von Gottes Gnaden Abtes Eberhards und des Convents des Gotteshauses in der Reichenau, am andern Theil; und stellte sich die vorgenannte Frau Machtild mit ihrem Vogte Heinrich Rüblinger, der ihr über diese nachgeschriebene Sache mit ihres ehegenannten Mannes Willen mit Urtheil zum Vogte gegeben ward, und eröffnete mit ihrem Fürsprech und mit ihrem Vogt, sie möchte sich einigen ihr gehörigen Gutes entziehen an des vorgenannten Heinrichs Wellhausers Hand, der sich in des ehegenannten Abtes und Conventes statt gestellt hatte, und bat, ihr an einem Urtheile zu erfahren, wie sie sich des Gutes entziehen solle, daß es Kraft hätte nun und hienach. Also fragt ich Urtheile um, was darum Recht wäre. Da ward geurtheilt, daß sich der ehegenannte Wilhelm von Ötenhusen, der vorgenannten Machtild ehelicher Mann, seines Vogtrechtes zuerst an des Heinrichs Rüdlingers Hand entziehen solle, und daß derselb Heinrich Rüdlinger darnach die Frau Machtild aus den Gerichtsschranken führen und sie fragen solle, ob sie sich des Gutes willig und gern und ungezwungen entziehen wolle. Dieß that er, wie ihm geurtheilt war und kam mit ihr wieder in das Gericht und sagte bei seinem Eide, daß er sie drei Male gefragt habe, und versicherte, daß sie ihm gesagt hätte, sie wolle sich des Gutes willig und gern und ungezwungen entziehen. Darnach fragte ich abermals Urtheile um, was nun Recht wäre. Da ward geurtheilt, daß Frau Machtild, Heinrich Rüblinger ihr Vogt, Wilhelm ihr ehelicher Mann und ihre ehelichen Kinder alle zusammen sich des Gutes mit meiner Hand entziehen sollten mit genannten Worten an des Heinrichs Wellhausers Hand, wie es Gewohnheit und Recht sei. Da das geurtheilt war und Wilhelm von Ötenhusen seines Vogtrechtes sich verzichtet hatte, gingen Wilhelm von Ötenhusen, Frau Machtild mit ihrem Vogte, Johannes, Heinrich, Konrad,

Machtild und Elisabeth ihre ehelichen Kinder und verzichteten alle zusammen an des Heinrich Wellhausers Hand recht und redlich mit meiner Hand mit genannten Worten ohne alle Gefährde, anf ihren Hof zu Rapherswille gelegen zwischen den Höfen Bratswille (Frutwylen) und Mülberg auf dem Aichrain —, um 9 Mütt Kernen ewigen und jährlichen Zinses aus dem Zehnten zu Erchingen, der an den Spital von Reichenau gehört, und um des Gotteshauses Gütchen zu Mättendorf, das Heinrichs selig von Bilstein war. — Dem Briefe wurden die Siegel des Vogts, der Stadt Frauenfeld und des Heinrich Rüblinger angehängt, gegeben im Jahre 1348, am Montag vor Margarethen.

Da, wie dieses Beispiel zeigt, dem Vogt als Vorstand des Gerichtes nur oblag, den Gerichtsstab zu führen, das Gericht zu konstituiren und die von den Fürsprechen gestellten Anträge in Umfrage zu bringen, nicht aber von sich aus ein Urtheil abzugeben, konnte jeder Andere, den er dazu ernannte, seine Stelle vertreten. Es geschah daher oft, daß der Weibel oder gar der Stadtknecht anstatt des Vogtes Gericht hielt, nämlich im Namen desselben, ohne daß das Ansehen des Gerichtes darunter litt.

Lag eine Rechtsfrage vor, deren Entscheidung den Richtern zu schwierig oder unklar vorkam, so konnte sie an ein anderes Gericht gewiesen werden. In diesem Falle wurde herkömmlich der Rath von Constanz um ein Urtheil angerufen. Wenn die Richter sich in zwei Ansichten gegenüberstanden, konnte auch die eine Partei das Urtheil ziehen, d. h. sich auf ein anderes Gericht berufen. Später kam in Uebung, daß die Rathsglieder zu Hülfe gerufen, hiemit die Zahl der Richter für schwierige Fälle verdoppelt wurde. Eigentliche Appellationsgerichte sind noch spätern Ursprungs.

6. Die Freiheitsbriefe von 1368 und 1379.

Die Stadtordnung von 1331 war 37 Jahre lang die Richtschnur geblieben, nach welcher Vogt und Rath das Gemeinwesen verwalteten, als die Herzoge Albrecht und Rudolf von Oesterreich sich bewogen fanden, dieselbe theils zu bestätigen, theils zu ergänzen. In ihrem Ende Aprils 1368 zu Wien ausgestellten Freiheitsbriefe geben sie keine besondern Gründe an, die sie dazu veranlaßt hätten. Sie sagen nichts von Diensten, die ihnen von der Stadt Frauenfeld z. B. in den Fehden gegen Zürich erwiesen worden sein mochten, auch nichts von Bitten und Gesuchen, mit denen die Bürgerschaft oder ihre Abgeordneten eingekommen seien, sondern sie geben sich den Anschein, als ob einzig das Gefühl fürstlicher Pflicht, die Unterthanen zu schützen und ihr Gemach zu befördern, sie angeleitet habe, dem Vogt, dem Rath und den Bürgern von Frauenfeld die zugedachten Rechte, Gesetze, Freiheiten und Gnaden zu verleihen. Statt der Stadtordnung von 1331 zu gedenken und sie einfach zu bestätigen, wird der größere Theil derselben wörtlich in ihren Brief aufgenommen, aber durch einige für die Bürgerschaft allerdings sehr werthvolle Einschiebungen ergänzt.

Nicht unwichtig ist schon die Unterscheidung von Vogt, Rath und Bürgern, denn sie zeigt, daß die Beiräthe des Vogtes bereits zu einer gewissen Selbständigkeit gelangt und aus der Vormundschaft des Vogtes herausgetreten waren.

Eine Hauptbestimmung betrifft die Bestrafung des Todtschlags. Die Ahndung dieses Verbrechens bleibt zwar ein Vorrecht der Herrschaft, des Vogts und des Vogtgerichtes; aber der Stadt wird ein Antheil an der Buße eingeräumt. Der Todtschläger, der innerhalb des Friedkreises von Frauenfeld die Gewaltthat begangen hat, zahlt, sofern er Bürger ist, der Stadt an ihre Baukosten fünf Pfund Pfenning Buße und muß ein Jahr lang die Stadt meiden; das Doppelte aber der Fremde oder Gast.

Eine harte Strafe wird sodann auf nächtliche Schädigung der Weingärten gesetzt, nämlich fünf Pfund an die Herrschaft und ein Pfund an der Stadt Bau. Die doppelte Strafe trifft den Fremden. Dem Armen, der die Strafe nicht zahlen kann, soll die Hand abgeschlagen werden.

Wer ein Urtheil von Frauenfeld nach Constanz zieht (d. h., mit dem in Frauenfeld gefällten Urtheil unzufrieden, seine Streitsache neuerdings in Constanz anhängig macht), ist der Stadt fünf Pfund Buße verfallen und eben so viel dem Vogt.

Ueber kleinere gemeinbürgerliche „Gebresten" mögen Vogt und Rath Verordnungen machen, die Jedermann zu halten ebenfalls verpflichtet ist.

Diese von den österreichischen Fürsten gewährten Zugeständnisse genügten aber nicht lange. — Seit die Reichsregierung über die Land- und Stadtgerichte allgemeinere Hofgerichte erhoben hatte, und namentlich das für Schwaben bestimmte Land- und Hofgericht in Rottweil seinen Einfluß immer weiter ausdehnte, sogar nach andern als den herkömmlichen Gesetzen Rechtsurtheile fällte, war nicht bloß das Ansehen der alten Land= und Stadtgerichte beeinträchtigt, sondern auch der bescheidenste und friedlichste Bürger und Landmann der Gefahr ausgesetzt, von einem händelsüchtigen Gegner vor das Gericht in Rottweil geladen und, wenn er nicht Folge leistete, als rechtlos erklärt und als Geächteter seines Eigenthums und Lebens beraubt zu werden. Wie viele andere größere und kleinere Städte, so suchte auch Frauenfeld vor solchem Rechtszwange sich und seine Bürger und Gerichtsangehörigen zu wahren, erwarb daher einen vom 16. Oktober 1379 aus Prag datirten Befreiungsbrief, in welchem König Wenzel an die „Burgermeister, Schultheiß und Burger der Stadt Frauenfeld" die Gnade ertheilte,

daß künftighin Niemand, welcher Ehren und Würden er auch sei, sie insgesammt oder einzelne vor dem Hof= und Landgerichte zu Rottweil verklagen und dahin vorladen oder in die Acht verfällen lassen dürfe, sondern das Recht gegen sie vor ihrem eigenen Gerichte suchen solle, es wäre denn bewiesen, daß Richter und Rath von Frauenfeld ihm das Recht versagt hätten;

daß die Bürger von Frauenfeld die „Aechter (Geächteten) hausen und hofen und alle Gemeinschaft mit ihnen pflegen mögen", so daß, wer einem solchen Geächteten in Frauenfeld Gewalt anthue, für solche Gewaltthat nach der Stadt Herkommen bestraft werden solle.

Wenn mit dieser der Stadt Frauenfeld verliehenen Rechtsstellung noch der von dem Vogte Johannes von Sehen mit der Stadt St. Gallen 1374 geschlossene Vertrag zusammen gehalten wird, laut welchem Verbrecher, die innerhalb der alten Landgrafschaft Thurgau ergriffen werden, zur Beurtheilung dem Vogte von Frauenfeld eingeliefert werden sollen, so ergibt sich, daß Frauenfeld damals schon auf dem Wege war, als Mittelpunkt der thurgauischen Rechtsverwaltung anerkannt zu werden.

7. Bürgerliche Zustände.

Die Wirrnisse des Kampfes um die deutsche Krone zwischen den Herzogen Ludwig von Bayern und Friedrich dem Schönen von Oesterreich 1314—1347, die Verheerungen des schwarzen Todes und die gräßlichen Judenverfolgungen 1348, die Zürcher Mordnacht und die blutigen Anstrengungen Oesterreichs, den Bund Zürichs mit den

Eidgenossen zu sprengen und die eigenen Verluste an Mannschaft und Land zu rächen 1350—1355, können nicht spurlos an Frauenfeld vorüber gegangen sein; aber keine Feder hat verzeichnet, in welcher Weise diese Erschütterungen die Bürger Frauenfelds berührt und in welchem Maße sie namentlich an dem Rachekriege Oesterreichs und des thurgauischen Adels gegen die Zünfteherrschaft Zürichs Antheil genommen haben.

Daß aber in denselben Zeiten und überhaupt von der Regierungszeit des Königs Rudolf an bis auf den heißen Tag von Sempach und noch weiter hinaus die bürgerlichen Zustände Frauenfelds geeignet waren, mancherlei Volk zur Niederlassung in der kleinen wohlbewehrten Stadt anzulocken, davon geben namentlich die kirchlichen Vergabungsbriefe sattsame Beweise. Sie gewähren auch einige Einblicke in das bürgerliche Verwaltungswesen und in die zwischen den verschiedenen Klassen der Bewohner bestandenen Verhältnisse und den Personen- und Familienwechsel. Es ist allerdings gewissermaßen nur zufällig, daß diese und jene Geschlechtsnamen in öffentlichen Urkunden vorkommen; und man darf annehmen, daß manche Familie Jahrzehnde lang in Frauenfeld gewohnt hat, ohne daß ihrer in denselben gedacht wird. Aber in Ermanglung anderer schriftlichen Zeugnisse muß immerhin ein wenn auch unvollständiges Verzeichniß der bürgerlichen Familien jener Zeit der Wißbegierde willkommen sein.

Aus den von ihren Stammsitzen her benannten Geschlechtern sind genannt: von Altikon, Heinrich, 1286; von Bichelsee, Walter, 1374; von Bongarten, Bertold, 1255, und Heinrich, Johannes und Anna, 1333; von Buslingen, Hugo, 1350; von Gachnang, Hartmann und Walter, 1328, Hans Walter und Conrad, 1380; von Haldenwang, Bertold, 1312; von Landenberg, Anna, 1385, Hug nebst andern (s. unten); Hofmeister (s. oben); von Horgenbach, Conrad, 1331; ab dem Huse, Wilhelm, 1312*); von Lindenberg, Albrecht, 1380; von Mettendorf, Bertold, 1286, Conrad, Heinrich und Werner, 1312; von Münchwil, Johannes, 1359, Conrad, 1364; von Ochsenhard, Heinrich und Hermann, 1374; von Oetenhausen, Wilhelm, 1384; von

---

*) Hans ab dem Huse sagte 1386 den Eidgenossen ab. Tschudi, I, S. 524.

Spiegelberg, Heinrich und Walter, 1349; von Straß, Johannes, 1312, Eberhard, 1335; von Sturzegg, Johannes, 1357; von Toze, Ulrich, 1312; von Wellenberg, Konrad, 1330 und 1331, Rudolf, 1380.

Die Namen anderer bürgerlichen Geschlechter waren: Ammann, 1312 und 1374; Bachherr, 1376, 1397 und 1400; Begenhube, 1312; Benz, 1397; Bomgarter, 1374, 1387, 1398 und 1400; Breitfeld, 1312 und 1328; Betelhuser, 1400; Brisger, 1360 und 1393; Brunner, 1328; Cammerer, 1349; Federli, 1400; Falwer, 1328 und 1357; Fer und Verre, 1312 und 1382; Forster und Vorster, 1399 und 1400; Fuog, 1336, 1376, 1393; Fry, 1400; Hagenstaller, 1397; Hochhans, 1392, 1399 und 1400; Horwer, 1357; Jlnauer, 1397; Keller, 1380, 1384, 1397, 1400; Köler, 1397 und 1398; Kündigmann, 1387; Kupferschmied, 1331, 1349 und 1359; Langenauer, 1395; Meziger, 1312; Regelin, 1376; Ochsner, 1390; Rethase, 1300 und 1401; Rorer, 1400; Rueblinger, 1357, 1374, 1375, 1380, 1384; Rubi, 1400; Scher, 1357, 1382, 1400; Schlatter, 1400; Sigrist, 1359, 1374, 1380, 1384, 1396, 1397, 1400; Simmler, 1364, 1374, 1380, 1384, 1396, 1397, 1400; Spieltenstein, 1400; Strübli, 1396; Stubenwit, 1330; Sturn, 1328, 1331, 1348, 1400; Swegler, 1330, 1347; Tanmann, 1382, 1400; Torwärt, 1392; Treffan, 1286, 1292; Vögeli, 1400; Weibel, 1400; Wider, 1382, 1391; Winikofer, 1400; Wolf, 1312; Wüest, 1357; Jing, 1393, 1400; von Zürich, 1312.

Außer diesen mit eigener Wohnung angesessenen Bürgern gab es noch eine Klasse Einwohner, die zur Miethe wohnten, sogenannte Seldner.

Aus dieser im Verhältnisse zu dem geringen Umfang der Stadt sehr großen Zahl von Geschlechtern, die innerhalb 114 Jahren in Frauenfeld wohnten, kamen und wieder weggezogen oder ausgestorben sind, folgt, daß der Wechsel des Aufenthaltes damals überhaupt sehr häufig gewesen sein muß, daß der Aufnahme in das Bürgerrecht und dem Austritt aus demselben geringe Schwierigkeiten entgegenstanden, daß die Vortheile des Bürgerrechts keine große Anziehungskraft ausübten, daß endlich die in Frauenfeld niedergelassenen Familien keine so große Mitgliederzahl hatten, um, wie etwa anderwärts, auf die Begründung einer Familienherrschaft über die Bürger auszugehen, in

4

dieser Beziehung also der Ehrgeiz über wenige Hülfsmittel gebieten
konnte. Als Räthe genoßen das Zutrauen der Bürgerschaft 1312
Wilhelm ab dem Huse, Johannes Begenhube und Bertold von Halden=
wang; 1331 Konrad von Wellenberg, Konrad Sturm, Ulrich von
Horgenbach, Heinrich Kupferschmid; 1380 Heinrich Sigrist, Heinrich
Rüblinger, Rudolf Keller; 1397 Rudolf Keller, Hans Bachherr und
Hans Benz; 1400 Rudolf Keller, Hans Bachherr, Hans Scher, Hans
Sigrist, Hans Vögeli. Mit den Ehren der Pfrundkiefer und Pfrund=
pfleger waren betraut: 1286 Jakob der Hofmeister, Bertold von
Mettendorf, Heinrich von Altlikon und Treffan; 1376 Hans Fuog
und Hans Bachherr; 1393 Heinrich Zing und Werner Fuog. Ihre
Familien mögen also wohl unter der Menge anderer diejenigen gewesen
sein, die neben den Edlen und den Vögten den ersten Rang behaupteten.

Wird in Betracht gezogen, daß die einflußreichste Familie, die=
jenige der Hofmeister, seit der Mitte des Jahrhunderts in ökonomischen
Verfall gerieth und dadurch an Einfluß und Ansehen immer mehr
einbüßte, auch neben dem Vogte nur noch gemeinbürgerliche Räthe an
der Leitung und Verwaltung des Gemeinwesens Antheil nahmen oder
beigezogen wurden, daß sogar das Amt der Vogtei lange Jahre nicht
mehr von Edlen bekleidet wurde, sondern von Bürgern der Familien
Rüblinger und Simler, so erkennt man in allen diesen Erscheinungen
die Zeichen eines weit fortgeschrittenen Bürgerthums, das nur der
günstigen Zeitumstände bedurfte, um von der Vormundschaft frei zu
werden, unter welcher, es zur Zeit noch festgehalten war.

Das von König Wenzel erhaltene Privilegium und die Erfolge
der gegen den Kirchherrn erhobenen Rechtsübung konnten Ermunterung
sein, noch Größeres anzustreben, wenn nicht auf dem Wege der Gewalt,
so doch durch das Verdienst der Treue gegen die angeerbte Herrschaft
Oesterreich.

8. Ritter Johannes von Seeheim und die hohe Gerichtsbarkeit.

In den zwischen die Ertheilung der Freiheitsbriefe von 1368
und 1379 fallenden Zeitraum trifft ein von dem Vogte Ritter Johannes
von Seeheim mit der Stadt St. Gallen geschlossener Vertrag, der jene
beiden Freiheitsbriefe zugleich erläutert und ergänzt; denn diese Frei=

heitsbriefe sprechen wohl von der Bestrafung der Verbrecher und von
der nächst der Todesstrafe härtesten Art von Strafe, der Aechtung,
schweigen aber von der Gerichtsstelle, die schwere Verbrechen zu ahnden
berechtigt und schuldig sei.

Nun war zwar von alter Zeit her in der Grafschaft Thurgau
das Landgericht diese höchste Gerichtsbehörde. Wenn ein so geheißener
„schädlicher Mensch", ein Räuber oder Mörder oder Ketzer, der un=
natürliche Ausschweifungen trieb, die öffentliche Sicherheit gefährdete
oder schreiendes Aergerniß gab, sollten die Bewohner des niedern
Gerichts= oder Dorfbannes denselben greifen und ihrem Untervogte zu=
führen, und dieser sollte denselben dann vor das Landgericht stellen,
auf ihn klagen und so den schädlichen Menschen unschädlich machen
helfen. Wenn nicht auf solche Weise das Volk selbst Polizei übte,
konnte das boshafteste Gesindel ungestraft allen möglichen Unfug treiben.
Im weitesten Sinne galt die Regel: Wo kein Kläger ist, da ist kein
Richter. Da nun im Laufe der Zeiten die Grafschaft in eine fast
zahllose Menge Untervogteien und Gerichtsherrlichkeiten zersplittert ward,
der Abt von St. Gallen durch Erwerbung fürstlicher Rechte in seinen
thurgauischen Vogteien den landgerichtlichen Verband nicht mehr an=
erkannte, die Stadt St. Gallen vermöge ihrer erkauften Privilegien
ähnliche Vorrechte für ihre Vogteien ansprach, einzelne Freiherren ihre
richterlichen Befugnisse ebenfalls auf die peinliche Gerichtsbarkeit aus=
dehnten, dieses auch um so ungescheuter geübt wurde, weil dieselbe
Ordnungslosigkeit auch in den andern Gebieten des Reichs eingerissen
war, gab sich das dringliche Bedürfniß kund, dem großen Unfuge ab=
zuhelfen. Der Vertrag mit St. Gallen ist ein Beispiel, auf welchem
Wege man den Zweck zu erreichen suchte.*)

Der Ritter Johannes von Sehen nennt sich selbst Unterlandvogt
zu Turgau und Argau, anstatt des Grafen Rudolf von Habsburg, und
Vogt zu Frauenfeld. Am 19. Juni 1374 schließt er mit der Stadt
St. Gallen einen Vertrag, laut welchem sie alle schädlichen Leute auf

---

*) Vgl. (Wegelin) Bericht von der Kaiserlichen und Reichs Landvogtey in
Schwaben 1755, S. 59. Stälin, Wirtemb. Geschichte III, 278, Note 5. Die
Urkunde selbst ist in Zellweger's Geschichte des Kantons Appenzell abgedruckt,
Nr. 109. Osenbrüggen, E., Studien zur Rechtsgeschichte, 1868, S. 273 ff.

dem Lande innerhalb der Grafschaft, Diebe, Straßenräuber, Mörder, Ketzer fangen und in ihre Stadt führen mögen, jedoch dieselben dann dem Vogt von Frauenfeld oder einem Untervogte desselben aushändigen und vor ihm berechten sollen. Statt dessen könnte aber St. Gallen auch den Vogt von Frauenfeld zu sich einladen, daß er dort Gericht halte. In diesem Falle hätte ihm die Stadt St. Gallen von jedem Verurtheilten vier Gulden zu schenken und die Zehrung zu vergüten für ihn und vier oder sechs oder mehr Berittene, je nachdem die Sicherheit es erforderlich mache. Gelänge es nicht, die Beklagten zu überweisen, so hätte St. Gallen nicht nur diese Kosten für Zehrung zu entrichten, sondern darüber hinaus für jeden Beklagten dem Vogte 10 Gulden Buße zu zahlen.

Dieser Vertrag hat für Frauenfeld eine besondere Bedeutsamkeit, wiefern er, in Ermanglung anderer Nachrichten, den Beweis liefert, daß der Vogt von Frauenfeld, wenn er auch nicht selbst Vorstand des Landgerichts war, doch durch das Landgericht die hohe Gerichtsbarkeit in Frauenfeld ausüben ließ, hiemit Winterthur nicht ausschließliche Gerichtsstätte des Landgerichts in peinlichen Fällen war; oder, wenn es dieß bis dahin gewesen war, doch eine Verlegung der Landgerichtsversammlungen nach Frauenfeld eingeleitet wurde.

Welchen Werth die Bürgerschaft von Frauenfeld dieser Bevorzugung beimaß, legte sie dadurch an den Tag, daß sie den Namen des Ritters Johann von Sehen mit der Sage von der Erbauung der Burg und Stadt Frauenfeld verknüpfte. Sie hatte dazu um so entschiedenere Berechtigung, da erst um diese Zeit dem alten Thurme eine bequeme herrschaftliche Wohnung aufgesetzt und angebaut, vielleicht von Johann von Sehen das Werk begonnen, von den Herren von Landenberg aber ausgeführt und vollendet wurde.

Unter der Führung des Ritters Johann von Sehen nahm die Mannschaft Frauenfelds auch an den Feldzügen Oesterreichs Theil. Bei dem Feldzuge Oesterreichs gegen Luzern und die Eidgenossen wurde Frauenfeld mit dem zugehörigen Amte ebenfalls aufgeboten. Es war herkömmlich, daß die thurgauische Lehenmannschaft unter dem Fähnchen der Stadt Frauenfeld in's Feld ziehe; die Schaar dieses Fähnchens mußte hiemit bedeutend stärker sein, als Frauenfeld allein für sich zu leisten im Stande gewesen wäre. Sie kamen aber nicht in den Kampf.

Während Herzog Leopold mit der schwer bewaffneten Heeresabtheilung des Adels nach Sempach zog und dort den Tod fand, hielt sich der Freiherr Johann von Bonstetten mit der zweiten Heeresabtheilung in beobachtender Stellung im untern Aargau und an der Limmat. Wie der Hauptschlag geschehen war, löste seine Heeresabtheilung sich auf. Daher findet sich in dem Verzeichniß der bei Sempach gefallenen Streiter kein Zuzüger von Frauenfeld.

Zwei Jahre später, im Kriege gegen Glarus, zogen die Thur= gauer abermals unter der Führung des Johann von Bonstetten aus. Wie Winterthur, Dießenhofen, Stein und andere Städte, so hatte auch Frauenfeld seinen Absagebrief nach Glarus vorausgesandt. Das ganze Heer, unter dem Oberbefehl des Grafen Hans von Werdenberg, betrug 15,000 Mann Fußmannschaft und Reiter. Aber bei Näfels wurden sie von wenigen Hunderten so geschlagen, daß eine nur kleine Zahl das Leben rettete. Der Schlachtbericht Tschudi's sagt: „Von Frowenveld kamend um vierzig bei dem Wasser bei der Lind (Linth) unverr von einander, warend schier all in einer Farb bekleidt." So erschien auch dem Sieger die sorgfältige Ausrüstung lobenswerth, das treue Zu= sammenhalten im Tode als Zeichen muthvoller Besonnenheit.

Von den Rittern und Knechten fielen Ritter Albrecht von Landen= berg, Rudolf und Beringer von Landenberg und noch vier andere von Landenberg. Dieselben sieben von Landenberg wurden alle beieinander todt gefunden in einem Garten. Daß auch die Landenberg zu Wellen= berg und Frauenfeld unter denselben ihre Opfer zählten, ist nicht zu bezweifeln, aber die Jahrzeitenbücher von Frauenfeld wissen nichts zu berichten, daß für das Seelenheil der Gefallenen Stiftungen gemacht worden seien.

9. Das Schloß Frauenfeld und die Edlen von Landenberg.

Die Edlen von Landenberg, deren Stammsitz im obern Tößthale lag, bei Turbenthal, bewiesen seit den Zeiten des Königs Rudolf dem Hause Habsburg und Oesterreich die treueste Anhänglichkeit. In dem Kampfe Rudolfs gegen Ottokar von Böhmen war der Marschall von Landenberg der tapferste Anführer des Heeres. Der König Albrecht hatte ihm die Unterwerfung und Zähmung des aufständischen Adels in Krain und Kärnthen zu danken. Als wohlmeinende Räthe und beharrliche Verfechter der Rechte und Rechtsansprüche Oesterreichs fand Oesterreich die Landenberg immer zum Dienste bereit. Dadurch gelangten aber auch die Landenberg, obwohl ihrer Herkunft nach nur Edelknechte der Abtei St. Gallen, zu Ansehen und Reichthum, so daß sie die ältesten Freiherrengeschlechter in Schatten stellten. Im Thurgau besaß die Linie der Hohen-Landenberg von Greifensee bereits seit 1358 die Herrschaften Bichelsee und Sonnenberg. Ein anderer Ast von Hohen-Landenberg erwarb nun auch die Herrschaft Wellenberg und Besitzungen in Frauenfeld.

Im Jahre 1373 nämlich, als die Hofmeister von Frauenfeld so tief herunter gekommen waren, daß sie der werthvollsten Besitzungen zur Tilgung ihrer Schulden sich entäußern mußten, ertheilte Herzog Leopold von Oesterreich dem Herrn Hug von Hohen-Landenberg die Vollmacht, die im Jahre 1313 dem Vogte Jakob von Frauenfeld verpfändeten Dinghöfe Heschikofen und Wellhausen, die Weibelhube zu Uzwil, die Höfe zu Onwang, Mutzenbrunn und Welnau und den Kelnhof von Winterthur einzulösen und an sich zu bringen. Aus den kurzen Angaben des Urkundenauszugs läßt sich nicht ersehen, weder wie groß die auf diesen Lehen haftende Pfandschaft war, noch bis auf welche Zeit sie im Besitze der Hofmeister geblieben. Dagegen ist es Thatsache, daß der Dinghof Wellhausen damals bereits zur Herrschaft Wellenberg gehörte. Eben so gewiß ist es, daß der Edle Konrad von Wellenberg 1331 in Frauenfeld festen Wohnsitz hatte und daß nach Abgang der Edlen von Wellenberg die Herrschaft Wellenberg an Eberhard von Straß gekommen war. Von diesem Eberhard von Straß kauften nun die Söhne des Ritters Hugo von Landenberg, Hans, Hermann, Hug und Beringer, die Herrschaft Wellenberg und Eberhard gab seine Rechte an Abt Mangold von Reichenau zu Handen derselben auf. Der Lehenbrief wurde im Jahre 1385 an die neuen Besitzer ausgestellt.

Da auch die den Hofmeistern als österreichisches Lehen zuständig gewesene Grafenwiese, bei Frauenfeld gelegen, durch Eberhard von Straß an die Herren von Landenberg gekommen ist und um dieselbe Zeit die Herren von Landenberg als Besitzer des Thurmes zu Frauenfeld erscheinen, ergibt sich folgerichtig, daß mit der Herrschaft Wellenberg auch der Thurm von Frauenfeld sammt den zugehörigen Gütern von den Herren von Landenberg erworben worden sei.

Was später Schloß oder Burg Frauenfeld genannt wird, erscheint noch in Kaufbriefen von 1403 und 1412 unter dem einfachen Namen Thurm. Offenbar war nur auf dem hinter dem Thurme angebauten Stockgemäuer ein bescheidenes Gemach aufgesetzt, das einst Jakob im Thurme bewohnte. Für die reichen Herren von Landenberg war diese Wohnung ungenügend. Schon seit langen Jahren rüstete die Herrschaft Oesterreich gegen die Eidgenossen. Bei der Belagerung Zürichs waren die Schaaren der Waldstätte bis an die Grenzen des Thurgaus gestreift; hier mußte ihnen eine Schranke gestellt, hier ein Stützpunkt geschaffen werden, der dem österreichischen Heere bei wachsender Gefahr festen Halt gewähre: sollten also nicht die Herzoge von Oesterreich das Unternehmen, in Frauenfeld eine Burg herzustellen, gebilligt und unterstützt haben? Durch wen aber konnte das Werk besser ausgeführt werden als durch die Landenberg?

Leider geben weder die Geschichtbücher noch die Archive Auskunft, wie das geschah. Nur die spätgothische Wölbung des Eingangs weiset auf diese Zeit zurück und die Anno 1411 von der Bürgerschaft geführte Klage, daß die Stadt durch den neuen Burggraben von der Burg geschieden worden sei, stimmt damit zusammen.

Nicht bloß aber durch den Burggraben wurde der Thurm und das angebaute Herrschaftshaus von der Stadt geschieden, sondern auch durch eine äußere Hofmauer, welche von dem untern Stadtthore in der Richtung gegen das Holderthor bis an die Ringmauer des Straßhofes hinauf gezogen wurde und nur durch einen weiten Thorbogen in die Vordergasse der Stadt gegenseitigen Verkehr gestattete. Wer aus der Stadt in diesen äußern Hof eintrat, hatte zur Linken die Schloßscheune, zur Rechten ein Herrschaftshaus, wahrscheinlich dasjenige der Edlen Zum Thor, vor sich die Fallbrücke, welche den Eingang in den innern Burghof vermittelte.*)

---

*) Man vergleiche die Ansicht Frauenfelds von 1762. Die Stelle der ehemaligen Schloßscheune war damals schon Garten.

**10. Kirchliche Stiftungen Frauenfelds im ersten Jahrhundert nach der
Erbauung der Stadt. 1300—1401.**

Wie nach Erbauung der Stadt und der zu ihrer Sicherheit
erforderlichen Festungswerke die erste Unternehmung der Bürger die
Erbauung einer innerhalb der Ringmauern stehenden Kirche war, so
bethätigte sich der bürgerliche Gemeinsinn auch in der Folge gerne
durch Vergabungen an kirchliche Anstalten; denn auch die Sorge für
Erziehung und Unterricht und für die Armen und Kranken lag noch
fast ausschließlich in den Händen der Geistlichkeit. Auch wußte, wer
der Welt Güter hatte, die Furcht vor Tod und Hölle nicht besser zu
beschwichtigen, als durch Stiftung von Kirchenpfründen, Todtenmessen
und Armenspenden und durch Ausschmückung von Kirchen und Altären.
Edle und Unedle wetteiferten in diesen Bestrebungen. Vieles geschah,
ohne daß der Nachwelt schriftliche Kunde davon zu geben nöthig schien.
Nur die Vergabungen von sogenannten ewigen Zinsen wurden durch
Ausstellung förmlicher Urkunden gesichert. Diese Urkunden sind um
so schätzenswerther, weil sie neben den Namen der Vergaber auch noch
die Namen der als Zeugen oder Vögte mitbetheiligten, und zwar der
einflußreichsten damaligen Bürger überliefern.

Die bedeutendsten derselben sind:

1300 von Gretha Retthasin der Garten am Weier und ein Viertel
Kernenzins von des Cuni Metzgers Gut von Wetzikon, mit Aussicht auf
fernere drei Viertel Kernenzins für eine Jahrzeit und ein Viertel zu einer
Armenspende.

1312 von Conrad, Heinrich und Werner, Brüder, von Mettendorf, zu
Frauenfeld, und Vogt Burkard Meziger, vier Schillinge Pfenninge an die
obere Kirche, bezeugt und besiegelt im Namen der Stadt von den Räthen
Wilhelm ab dem Huse, Johannes Begenhube und Bertold von Haldewang,
in Gegenwart des Ritters Johannes von Straß, Ulrichs von Toze, Heinrichs
von Berre, Johannes des Ammanns, Conrads Breitfeld, Werners von
Zürich, Burkards Wolf.

1318 von Conrad Breitfeld, zu Frauenfeld Bürger, zu seinem und
seines Sohnes Johannes Seelenheile, jährlich 12 Pfund Wachs, nämlich
4 Pfund an den Liebfrauenaltar in Reichenau, 3 Pfund an die obere Kirche,

3 Pfund an die Kirche in der Stadt und 2 Pfund an die Kirche in Kurzen=
dorf, von Conrad Sturn, Bürger von Frauenfeld, und Conrad, Heinrich
und Walter Brunner und ihren Erben zu zinsen; ferner bei jeder Jahrzeit=
feier ein Mütt Kernen für die Armen.

1330 von Frau Margaretha, Conrads sel. Stubenwittes Wittwe und
ihren Söhnen Johannes, Conrad und Heinrich, durch die Hand ihres Vogts,
des Ritters Conrad von Wellenberg, ein Mütt Kernenzins aus ihrem Wein=
garten auf der Rüttinen an das Licht in der Kirche zu Frauenfeld, so jedoch,
daß davon dem Leutpriester zu Oberkirch und seinem Gesellen je drei Pfen=
ninge, dem Pfründer in der Stadt aber ein halbes Viertel Kernen gegeben
werden soll; bezeugt von dem Vogte Bertold von Egerden und besiegelt von
der Stadt, von Conrad von Wellenberg und von Johannes Stubenwitt.

1336 von Walter Fuog, Bürger zu Frauenfeld, jährlich aus dem Acker
bei dem Trüffelbach zu einer Jahrzeit für seinen Vater Rudolf ein halber
Mütt Kernen, aus welchem der Pfründer in der Stadt den armen Leuten
Brot backen soll, vorbehalten vier Brote für den Leutpriester bei Verkündung
der Jahrzeit und vier Brote für den Pfründer selbst.

1349 von dem Herrn Gottfried Schenk von Liebenberg durch seine
Vettern, die Brüder Heinrich und Walter von Spiegelberg, drei Mütt Kernen
jährlich, Wyler Maßes, nämlich ein Mütt an die Pfründe zu Frauenfeld,
ein Mütt zur Spende bei der Jahrzeit Herrn Heinrichs sel. des Meiers zu
Wellenberg, zwei Viertel für den Leutpriester zu Oberkirch, das eine für ihn
selbst und das andere zu einer Spende, zwei Viertel für den Leutpriester
zu Pfyn.

1359 von Heinrich Zehnder und seinen Schwestern Verena und Ger=
trud, an die Pfründe zu Frauenfeld 10 Pfunde Pfandschatz auf den Zehnten zu
Bongarten und Muren, mit der Bestimmung, daß zwei Viertel Kernen dem
Pfründer gehören, das übrige zur Hälfte bei der Jahrzeit ihres Vaters
Ulrich und ihrer Geschwister Johannes, Albrecht und Agnes, zur andern
Hälfte am Jahrtage ihrer Mutter Elisabeth als Spende verwendet werde,
dabei aber der Leutpriester vier Brote erhalte und sein Helfer zwei Pfen=
ninge; bezeugt durch den Vogt Rüdlinger und durch Hugo von Bußtingen,
Johannes Kupferschmid und Burkard Sigrist.

1359 von denselben, ihres eigenen Seelenheils willen, eine auf Brotegg
gelegene Pfandschaft an die obere Kirche, gefertigt zu Frauenfeld vor Gericht
unter der Laube durch Johannes von Münchwil anstatt des Vogtes Rüdlinger.

1359 von Frau Mechtild, ehelicher Wirthin des Heinrich Stehelin,
aus der an des Hofmeisters und des Burkards von Bewangen Garten

anstoßenden Scheune und Garten zwei Mütt Kernenzins, wovon zwei Viertel
dem Pfründer, ein Viertel dem Leutpriester gegeben, fünf Viertel für die
armen Leute gebacken werden sollen, vorbehalten jedoch, daß, wenn ein Tag-
meßpfründer angestellt würde, diesem von den fünf Vierteln eines zukomme; gefertigt vor Gericht unter der Lauben zu Frauenfeld durch den Vogt
Heinrich Rüblinger. (Laut Urkunde von 1473 war der sogenannte Tagmeß-
hof in Huben der Tagmeßpfründe gewidmet.)

1364 von Walter von Spiegelberg, zum Seelenheile seines Sohnes
Heinrich, an die Pfründe zu Frauenfeld zwei Mütt Kernengeld von der
Niederwiese, anstoßend an Treffans Wiese und an das Widem des Kurzen-
dorfs zu Erchingen; ferner ein Mütt ab dem Hof zu Rüti, genannt des
Goldschmids Gut, löslich mit 7 Pfund Pfenning; mit Bewilligung des
Lehenherrn Abts Eberhard und Convents zu Reichenau.

1364 von Margaretha, Bertolds des Müllers Wittwe, durch ihren Vogt
und Vetter Heinrich Imhof zu Velwen, zu ihrem und Rudolfs Schwertlers
und Bertolds Müllers Seelenheile, all' ihr Gut, liegendes und fahrendes,
davon zwei Viertel Kernen zur Vertheilung an die Armen; besiegelt von
dem Untervogt Conrad von Münchwil.

1382 von Margaretha Ferr und ihrem Vetter und Vogt Ulrich Scherr,
zu ihrem und ihrer Voreltern Seelenheile, zwei Mütt Kernenzins, nämlich
1½ Viertel von der Wasserstuben des Untervogts Symler, 2 Viertel von
dem Weingarten des Hans Kestenholz im Banholz, ½ Viertel von dem
Wiesli bei dem Banholz, 3 Viertel von Heinrich Tanmann und Kuni Wider
aus Garten und Scheune in der obern Vorstadt, 1 Viertel von Heinrichs
Ferren Wirthin aus einem Garten in derselben Vorstadt, Alles mit dem
Bedinge, daß die Kirchenpfleger am Tage nach Felix und Regula bei einer
Seelmesse zu Oberkirch dem Leutpriester ein Viertel, dem Pfründer ein
Viertel, dem Tagmesser ein Viertel, den Armen drei Viertel geben und
drei Viertel an den Kirchenbau verwenden sollen.

1383 von Adelheid Rüblinger, Wittwe Jakobs Rüblinger und ihrem
Vogte Heinrich Rüblinger 2 Mütt Kernen aus dem Acker zu den Tücheln,
zu einer Jahrzeit für sie und ihren seligen Ehemann, in der Meinung, daß
die Kirchenpfleger dem Leutpriester, dem Helfer, dem Pfründer in der Stadt
und dem Tagmesser jedem ein Viertel, den armen Leuten zu einer Spende
2 Viertel und an den Bau der Kirche in der Stadt 2 Viertel geben sollen.

1384 von derselben Adelheid, Wittwe des Jakob Rüblinger und ihrem
Vogte Heinrich Rüblinger dem ältern, ein Zehnten zu Langen-Erchingen
und vier Juchart Acker Gartenrecht, gelegen oberhalb der Stadt, übergeben

an die Räthe der Stadt Frauenfeld, Heinrich Sigrist, Ulrich Keller und Heinrich Zingg, mit der Bestimmung, daß diese Einkünfte von den Räthen verwendet werden sollen entweder an eine Pfründe zu Oberkirch, wenn eine solche innerhalb 10 Jahren errichtet werde, oder, wenn dieß nicht geschehe, an die zwei Pfründen der Stadt, oder auch nur an eine derselben, oder an die Kirche zu Frauenfeld, je nach Bedürfniß.

1385 von Herrn Eberhard von Straß und seiner ehelichen Wirthin Anna von Landenberg, um ihres Seelenheils willen, an die Kirche zu Frauenfeld zwei Tafelgemälde mit Heiligthümern, wogegen der Untervogt Heinrich Symler und die Räthe Heinrich Sigrist, Rudolf Keller und Heinrich Zingg und die Bürger alle der Stadt Frauenfeld geloben, dasselbe Heiligthum niemals der Kirche zu entfremden und „unsere Priester, unsern Schulmeister und unsere Schüler“ anhalten zu wollen, am Dienstag nach ausgehender Osterwochen dem Eberhard von Straß und seiner Wirthin eine Jahrzeit zu begehen.

1385 von dem Priester Nicolaus Rübger von Mößkirch, Pfarrherrn zu Oberkirch, der Zehnten hinter dem Langdorf zwischen der Straß und den Auen, der Zins und das Kernengeld aus dem Weingarten an der Banbalden (17½ Mütt Kernen und 20 Herbsthühner), den Zins und das Kernengeld von den Häusern und Hofstätten in der Ergeten und von des Kolers Wiese (4 Mütt und 1½ Viertel Kernen und 10 Herbsthühner); der Einfang, genannt Spanhards Acker, sammt dem Zinse von Hansen Bongarters Einfang unterhalb der Stadt (5 Mütt Kernen und 1 Pfund Pfenning); das Frechtgeld aus Langen-Erchingen (6¾ Mütt Haber); Haus und Hof zwischen des Frühmessers und des Sunnenmanns Häusern; ein Mütt Kernen aus dem Krautgarten vor dem Trüffelthor; Zinse und Zehnten aus dem Einfang zu Wähennußbomen (2 Mütt Kernen und 6 Herbsthühner), nebst andern in den Rödeln verzeichneten Gütern, sowie 1 Mütt Kernen zur Armenspende auf Johann Baptisten Tag und auf Mitfasten —; alles dieses zur Stiftung einer ewigen Messe zur Ehre der heiligen Dreifaltigkeit, unserer lieben Frau, des heiligen Michael, der heiligen Verena und aller andern Heiligen auf der Empore der Leutkirche, mit der Bescheidenheit, daß an diese Pfründe von den fünf Herren und Bürgern, die man Pfründenpfleger heißt, in Gemeinschaft mit dem Leutpriester ein Priester gewählt werden soll, der neben derselben keine andere Pfründe haben dürfe und wöchentlich zu Haltung von vier Messen auf der Empore der Leutkirche zu Oberkirch verpflichtet sei.

1397 von dem Tagmesser Herrn Hans Brißger, Bürger zu Frauenfeld, an die von ihm selbst besessene Tagmesserpfründe, zu seinem Seelenheile,

drei Viertel Kernenzins, nämlich 2 Viertel aus dem Hüpschenweiber Weingarten und 1 Viertel aus des Herrn Brißgers eigenem Weingarten bei des
Sigristen Ungernuß-Weingarten, mit dem Bedinge, daß bei seiner Jahrzeit
ein Viertel Kernen für die armen Leute gebacken und davon jedem zu Frauenfeld gesessenen Priester, sowie dem Meßmer, ein Brod gegeben, 2 Viertel
aber dem Tagmesser überlassen werden sollen.

1400 von Ulrich Schlatter, Bürger zu Frauenfeld, und seiner Hausfrau, zu ihrem Seelenheile als Seelgeräth und Almosen: a) zu einer Armenspende an ihr beider Jahrzeit ein Mütt Kernen, nämlich 2 Viertel aus dem
Milmenacker und 2 Viertel aus Klaus Webers Acker, oberhalb des Her-
wegs gelegen und unterhalb des Ackers der Senger; b) zum Kirchenbau in
der Stadt 2 Viertel Kernen aus des Bongarters Garten vor dem Holderbergthore am Weier; c) zwei Viertel Kernen von des Lantags Hause und
Hofstatt in der obern Vorstadt, wovon 1 Viertel dem Leutpriester (seinem
Helfer 6 Pfenninge), ½ Viertel dem Pfründer, ½ Viertel dem Tagmesser
zukommen solle; d) an des Herrn Niklaus Pfründe zu Oberkirch ein Mütt
Kernen, nämlich von Kuni Banwart 1¼ Viertel und ein Huhn, von Uli
Hofmann 1¼ Viertel und ein Huhn und 1 Viertel von Hans Hamer,
mit dem Bedinge, daß den armen Leuten zu einer Spend am Fronleichnams-
tag ein Viertel gegeben werde.

1401 von Margaretha Rethasin, Wittwe des Klaus Rethas, und ihrem
Vogte Benz Pfister zu ihrem Seelenheile an Herrn Niclaus Rüdger ein
Mütt Kernengeld von ihrem zwischen dem Münchwiler und des Spalten-
steins Häusern gelegenen Hause und Hofstatt, sammt dem Kohlgarten und
allem Hausgeräthe, Bettgewand, Häfen, Kessel, Kannen oder anderm Hausgeschirr, mit der Bescheidenheit, daß zwei Viertel armen Leuten als Spende
und davon dem Leutpriester drei Brote, dem Helfer zwei Pfenninge und
jedem Caplan zwei Brote verabreicht werden sollen; bezeugt von Vogt Sig-
frid Kersperger und Gericht.

Aus diesen Zeugnissen frommer Freigebigkeit ergibt sich, daß im
Laufe des ersten Jahrhunderts und einiger Jahrzehnde seit der Stiftung
der Frühmeßpfründe in der Nikolauskirche auch eine Tagmeßpfründe
in der Stadt und die St. Michaelscaplanei errichtet wurde.

Die Erwähnung eines Schulmeisters im Jahre 1385 läßt voraus-
setzen, daß auch für Jugendunterricht gesorgt, wenn nicht eine eigentliche
Schule, verbindlich für alle Kinder, doch denjenigen Eltern, die ihren
Kindern Unterricht wollten ertheilen lassen, dazu Gelegenheit gegeben
war. Seine Hauptverrichtung mochte freilich der Kirchendienst sein,

die Anleitung einer Anzahl Knaben zum Chorgesang. Schulmeister und zugleich Stadtschreiber war im Jahre 1400 Simon Sturn, ein Mann bedeutenden Einflusses, der sich auch eine selbständige bürgerliche Stellung zu verschaffen wußte. Im Jahre 1412 erwarb er ein reichenauisches Lehen zu Gerliton; 1417 erschien er als Mitglied der Pfrundpflege.

Bei den kirchlichen Vergabungen wurden häufig auch die Armen durch Spenden bedacht. Laut der Vergabungsurkunde von Wittwe Rüblinger von 1384 blieb die Austheilung der Spenden nicht den geistlichen Pfrundinhabern überlassen, sondern wurde wenigstens in einzelnen Fällen von dem Rathe geleitet. Es war dadurch also der Anfang zu dem Spendamt gelegt, das in den folgenden Jahrhunderten vorzugsweise die Unterstützung der in Frauenfeld und in den Gerichten ansäßigen Armen zum Zwecke hatte.

Im Jahre 1387 wird in einem Kaufbriefe ein Siechenacker genannt. Obwohl das eigentliche Siechenhaus erst 1540 gebaut und fundirt wurde, scheint hiemit schon anderthalbhundert Jahre früher eine Versorgungsanstalt für Sondersiechen bestanden zu haben.

Wenn der Rath es dem guten Willen der wohlgesinnten Bürger überlassen mußte, vorhandene Kirchen- und Armenstiftungen zu äufnen und neue zu begründen und ihm keine städtischen Quellen zu Gebote standen, selbst vieles dazu beizutragen, so hielt er sich doch berechtigt und verpflichtet, vorhandene Stiftungen und Gemeingüter vor Verschleuderung zu schützen. Dazu fühlte er sich namentlich gegenüber dem Kirchherrn Heinrich Tistel zu Oberkirch gedrungen. Während nämlich der Priester Niclaus Rüdger zu Oberkirch, ob als Helfer oder Vikar des Kirchherrn oder lediglich als Privatmann ist ungewiß, alle Kräfte aufbot, die neue Michaels-Caplanei auszustatten, trug der Kirchherr aus seinen stiftungsgemäßen Einkünften nicht nur nichts dazu bei, sondern entzog sogar dem Meßmer die Erträgnisse seines Kirchendienstes, so daß auf Klage des Rathes zu Frauenfeld der Bischof selbst interveniren mußte. Drei Domherren, Heinrich Goldast, der Domdekan, Albrecht von Beutelsbach, der Vikar, und Franz Murer, der Official, wurden abgeordnet, die Sache zu untersuchen und den zwischen dem Pfarrherrn Tistel und den Rathsherren Heinrich Zingg, Werner Fuog und den Bürgern und gesammter Gemeinde obwaltenden Streit zu entscheiden. Ihr Spruch setzte fest: daß der Meßmer den Kirchmeiern schwören soll, den Kirchenschatz (Kelche, Bücher, Meßgewand, Kerzen, Wachs) treu zu verwahren und zu besorgen, nach Herkommen die Glocken zu läuten, sich mit Schaufeln, Hauen, Pickeln und Seilen zu versehen, den Caplan zu St. Michael, Niclaus Rüdger, auf der Empore oder bei St. Stephans Altar bei der Messe zu bedienen; daß zwar alle Nutzungen des Meßmeramtes dem Pfarrherrn gehören, dieser auch den Meßmer setzen, aber auch löhnen solle, und wenn er solches unterlasse, die Kirchmeier die Besetzung der Meßmerstelle vornehmen und die Nutzungen des Meßmeramtes beziehen mögen; daß endlich den Kirchmeiern die Nüsse der auf dem Kirchhofe stehenden Bäume, sowie das Wachs und die Kerzen der Opfer zugehören, sie dagegen dem Kirchherrn und seinen Helfern auf ihre Bitten solches zu liefern verpflichtet seien. So geschehen am Agnesentag 1393.

Aber schon 1401, am 1. Mai, stand der Kirchherr Tistel wieder mit Vogt, Rath und Gemeinde von Frauenfeld vor bischöflichem Rechte. Der Abt von Reichenau als Collator und Decimator, oder an seiner Stelle der Pfarrherr, hatte die Obliegenheit, die Pfarrwohnung selbst in Bau und Ehren zu halten; aber lange schon war keine brauchbare Wohnung mehr vorhanden und vieles Andere seit langer Zeit so vernachläßigt, daß die Gemeindsgenossen die Schuld des Zerfalls nicht ganz dem zeitweiligen Kirchherrn aufbürden konnten und ihm daher gutmüthig einige Geldbeiträge anerboten, um den Pfarrhausbau zu erleichtern. Er jedoch wollte dazu nicht Hand anlegen. Endlich vermittelte und entschied Bischof Marquard, daß zu dem von der Gemeinde dargebotenen Gelde der Pfarrherr noch zwölf rheinische Gulden beifügen und bis zum Martinstage ein für ihn, seinen Helfer und Caplan und Knechte und Jungfrauen genügendes Haus bauen, selbst darin wohnen oder, wenn er wegen Krankheit, Krieg oder Feindschaft anderswo Unterkunft suchen müsse, die Kirche durch einen andern Priester besorgen lassen solle. Ferner soll statt der zwei verloren gegangenen Kelche der Pfarrherr einen neuen Kelch anschaffen und einen zweiten die Gemeinde; der Leutpriester den Caplänen in ihren Verrichtungen, besonders in Benutzung der Kelche und Meßgewänder, keine Schwierigkeiten machen; der Rath aber sein ungöttliches Gebot, nicht über eine gewisse Summe Opfergeld auf den Altar oder in die Büchsen zu legen, zurücknehmen

und kein an die Kirchen und an die Capläne geschenktes Gut zurück
zu ziehen sich erlauben.

Gerade diese vom Bischofe ausgesprochenen Befehle setzen voran=
gegangene starke Eingriffe in die kirchliche Autorität von Seite des
Rathes voraus, Eingriffe, die der Bischof wohl nur darum nicht stärker
rügte, weil der Pfarrherr und die geistliche Oberbehörde nicht zuvor
den Mißbräuchen selbst gewehrt hatten. Um ähnlichen Zerwürfnissen
auszuweichen, überließ der Nachfolger Tistels, der Kirchherr Graf Hans
von Fürstenberg, 1404, die Wahl des Meßmers dem Rathe und den
Kirchenpflegern.

Vierter Abschnitt.

—

Die Zeiten des Herzogs Friedrich von Oesterreich und der Reichslandvogtei. 1400—1439.

—

1. Der Ueberfall der Appenzeller und ein neuer Freiheitsbrief. 1407.

Gleichartige Gründe wie die, welche die Waldstätte zum Wider=
stande gegen Oesterreich getrieben hatten, reizten die Bergbewohner von
Appenzell zur Feindschaft gegen den Abt von St. Gallen. Appenzell,
Hundwil, Urnäsch, Gaiß, Teufen waren unmittelbare Angehörige des
Reichs und als solche demselben steuerpflichtig. Daß der deutsche König
ihnen keinen Vogt setze oder ihre Reichssteuer einem Herrn verpfände,
der dieselbe eigenmächtig steigere, hatten sie 1377 und 1378 um Auf=
nahme in den Bund von 16 schwäbischen Reichsstädten angesucht und
die gewünschte Zusage erhalten. Bald nachher aber wußte der Abt
Cuno von St. Gallen jene Vogteirechte sich anzueignen und er übte
dann einen so unleidlichen Zwang aus, daß die Appenzeller, von dem
Bunde der schwäbischen Reichsstädte preisgegeben, bei den Eidgenossen

von Schwyz und Glarus um Schutz und Hülfe sich bewarben, sie auch erhielten und bei Vögelinsegg die Kriegsschaaren des Abtes und seiner Verbündeten zurückschlugen. Dann griff auch der thurgauische Adel und der Herzog Friedrich von Oesterreich zu den Waffen für den Abt; aber die Appenzeller erfochten auch über sie den Sieg und überschwemmten mit ihrem Freiheitsjubel alles Land vom Fuße ihres Gebirges bis an den Bodensee und Rhein. Die Angehörigen des Abtes im obern Thurgau schwuren zu ihnen. Die feindlichen Edelleute erlitten Schädigung durch Raub und Brand, an Leib und Gut, schonten aber auch ihrer nicht, wenn einer in ihre Gewalt fiel.

Die Bürger Frauenfelds waren zwar von Herzog Friedrich nicht aufgerufen worden, mit in den Kampf gegen die Appenzeller auszurücken; es genügte, daß sie ihre Stadt als einen Stützpunkt kriegerischer Unternehmungen gegen die verhaßten Gebirgsleute bewahrten und vertheidigten.

Zu den erbittertsten Feinden der Appenzeller gehörten aber im thurgauischen Adel die Herren von Hohen-Landenberg, Besitzer der Herrschaften Sonnenberg, Bichelsee, Elgg, Wellenberg und des Schlosses Frauenfeld. Vermöge ihrer Geburt mit Haß erfüllt gegen die Bauernfreiheit, fahndete Hug von Landenberg im Solde Oesterreichs von Wellenberg aus das Thurthal hinauf, Beringer von Landenberg im Solde des Abtes, von Frauenfeld aus im Murgthale bis über die Glatt hinauf auf die streifenden Appenzeller und ihre Freunde. Als kühner und schlauer Parteigänger war ihr Vetter Heinrich der Münch von Gachnang den Landenberg überall gewärtig, wo es galt, die Gegner auszuspähen. Für das alles beschlossen die Appenzeller im Herbste 1407, Rache zu nehmen. Im August, als, wie das Frauenfeldische Jahrzeitenbuch sagt, zwischen dem Wallensee und Zürichsee außer der Stadt Rapperswil fast Niemand mehr bei Oesterreich blieb, durchzogen sie mit 11 Pannern, etwa 2000 Mann stark, die thurgauische Landschaft, eroberten und brachen die Burgen des Adels, lohnten den Widerstand mit Raub und Brand, legten Elgg in Asche, drangen bis Kyburg vor, suchten am 1. September auch Frauenfelds sich zu bemächtigen und wie ihnen das nicht gelang, verwüsteten sie schonungslos die Umgebung. Der Bürger, welcher dem Adel diente, galt ihnen als Feind der Freiheit. Zur Erinnerung hielten fortan am 1. September der

Kirchherr mit den Caplänen und dem heiligen Sakrament eine Pro-
zeſſion um die Stadt, worauf dann ein Amt folgte von Unſerer
lieben Frau.

Graf Hermann von Sulz, der Landvogt und Kriegsbefehlshaber
Oeſterreichs, gerührt von dem großen Schaden, der die Bürger von
Frauenfeld betroffen hatte, und wohl auch von der Beſorgniß ergriffen,
daß die Bürger zuletzt aus Furcht oder Hoffnung ſich dem Freiheits-
bunde der Appenzeller zuwenden möchten, ſtellte einige Tage nach dem
Abzuge des Feindes der Bürgerſchaft als Entſchädigung einen vom
2. Herbſtmonat 1407 datirten Freiheitsbrief zu.

„Ich Graf Hermann von Sulz, meiner gnedigen Herſchafft von Oeſterrich lantuogt, tuon kunt von der getrüwen Dienſt willen, ſo die fromen,
wiſen min beſondern guoten fründ, vogt, Schulthaiß, Rät vnd Burger gemainlich der Statt ze frowenfelt derſelben miner Herſchafft getan hand vnd
eſſt tuon ſollent vnd mügent, vnd beſunder vmb ir Manhait alz ſy vff hüt
diſen tag wider Switzer Appenzeller vnd jr aidgnoſſen behebt händ, davon
in groſſen ſchaden von Brandes wegen tugentlich gelitten vnd empfangen
ſind, deß ſy billich genieſſen ſond vnd von miner Herſchafft ergetzt ſöllend
werden. Daz Alles hab ich wol bekennt. Darumb ſo han ich den ſelben
vogt, Rät vnd Burgern gemainlich ze frowenfelt vnd allen jren nauchkomen
daſelbs an ſtatt vnd in namen miner gnedigen Herſchafft von Oeſterrich
vnd min ſelb die gnäd vnd fryhait getaun, das ſy füro aller über Stüren
eweklich von derſelben miner Herſchafft vnd jren erben vnd nauchkomen über
haben ſönd werden vnd darüber füro nichtz liden, vnd frye ſy ouch alſo
mit krafft ditz Briefs, vnd dartzuo ſoll ich ouch min beſtes tuon gegen miner
Herſchafft, daz ſy inen dis gnad vnd fryhait mit jren beſigelten Briefen be-
hütten vnd günden, ſo die ze Land koment aun verziehen. Mit vrkünd
beſigelt mit minem aigen anhangenden Ingeſigel der Brief Geben wart ze
frowenfelt an frytag nach Sant Verenentag in dem Jar, do man zalt nauch
Chriſti geburt vierzehenhundert vnd Siben Jare.“

Von welchem Werthe die Befreiung von Ueberſteuern geweſen ſei,
mag man aus dem Betrage jener Steuern ermeſſen, die den Lehenhöfen
des Amtes Frauenfeld unter König Albrecht aufgelegt zu werden pflegten.

Zu beachten iſt in dem Briefe des Grafen von Sulz auch das,
daß zum erſten Male des Schultheißen erwähnt iſt als des eigentlichen
Vorſtandes des Rathes und der Bürgerſchaft, die Vormundſchaft des
Vogtes hiemit wenigſtens in Verwaltungsſachen bereits beſeitigt war.

2. Nachwirkungen des Appenzellerkriegs. Der Schirmverein.

Durch die maßlosen Gewaltthätigkeiten der Appenzeller geschreckt, vertraute man den Bemühungen Zürichs und des Grafen von Toggenburg, die Uebermüthigen durch friedliche Ermahnungen zur Ruhe zu bringen, allzu wenig, um nicht auf eine Wiederholung jener wilden Streifzüge sich gefaßt zu halten. Beringer von Landenberg und einige seiner Vettern, verzweifelnd an seiner eigenen und seiner Freunde Widerstandskraft, nahm das Bürgerrecht Zürichs an, um hinter das Ansehen dieser Stadt sich zu bergen. Dasselbe geschah auch von der Stadt Winterthur. Graf Hermann von Sulz aber forderte die Angehörigen Oesterreichs in der Nähe und Ferne auf, Mannschaft nach Frauenfeld zu senden, um die Besatzung zu verstärken. Am 17. Weinmonat z. B. bat, mahnte und gebot er bei seines Herrn Huld und Gnaden, so hoch er konnte und durfte, daß Freiburg im Breisgau zwei wohlgerüstete Glefen, jede Glefe selbdritt mit Pferden zur Landwehr gegen den Muthwillen der Appenzeller nach Frauenfeld sende, wo sie bis Lichtmeß des folgenden Jahres in Besatzung liegen sollen. Am 16. Christmonat wiederholte er, unwillig, daß seinem frühern Gesuch nicht Folge geleistet worden sei, diese Mahnung um so dringlicher, weil überall verlautete, daß die Appenzeller zu einem neuen Kriegszuge gerüstet seien. Indessen bei der Belagerung der Stadt Bregenz ließen die Appenzeller von dem Bundesheere des Adels und der schwäbischen Städte sich überraschen; ihre Kraft und ihr Muth war gebrochen; sie mußten sich der Friedensverhandlung des Königs Ruprecht in Constanz unterziehen.

Der am 11. April 1408 von König Ruprecht ausgesprochene Friedensbefehl erklärte den von den Appenzellern mit ihren Nachbarn, namentlich mit der Stadt St. Gallen und den Gotteshausleuten von St. Gallen, geschlossenen Bund als aufgelöst, trat aber auf die Entschädigungsforderungen der Parteien gar nicht weiter ein, als so, daß er dieselben an richterliche Entscheidung zu bringen gebot. Er war auch insofern einseitig, daß Schwyz sich bewegen ließ, der schwäbischen Ritterschaft Frieden zu bieten, dagegen dieser unter dem Namen des St. Georgenschildes bekannten Ritterschaft keine Verpflichtung auferlegt wurde, gegen die Appenzeller Frieden zu halten. Dieß hatte die Folge, daß die Ritterschaft schon im Juni 1408 auf's Neue eine Vereinigung zu gegenseitigem Schutze gegen die Appenzeller einging und bald nachher diese Einigung noch erweiterte und dadurch die Besorgniß fortwährend unterhielt, daß der Krieg abermals mit gesteigerter Leidenschaft ausbrechen werde. Indessen hielten sich die Landenberg und der Münch von Gachnang gemäß ihrer dem Könige Ruprecht gegebenen Friedenszusage von dem St. Georgenschild ferne. Dem Beringer von Landenberg scheint namentlich der bürgerrechtliche Schutz Zürichs mehr Zuversicht verliehen zu haben, als der Trotz der Ritterschaft. Am meisten aber mochte zur Beruhigung der noch gährenden Elemente beitragen der Entschluß der Herzoge von Oesterreich, durch eine besondere Botschaft die noch hängenden Streitigkeiten untersuchen zu lassen und ihren treuen Angehörigen Schutz und Entschädigung für ihre erlittenen Verluste zu verschaffen.

Im Sommer 1409 nämlich ließen die Herzoge Lütpold, Ernst und Friedrich der Stadt Frauenfeld ein Schreiben zugehen, worin sie Schultheiß, Rath und Bürger versicherten, von ihrem treuen Verhalten wohl unterrichtet zu sein, dankend zu fernerer Treue mahnten, ihnen zugleich auch verkündigten, daß sie eine Botschaft herauf geschickt haben, um in Betreff des Markgrafen zu handeln, und Jemand nach Frauenfeld senden werden, die Stadt ihrer Treue wegen zu ergetzen. — Jener Markgraf war der Markgraf Bernhard von Baden, der in Verbindung mit dem Grafen Eberhard von Württemberg und siebenzehn Reichsstädten die österreichischen Angehörigen Schwabens wegen eines an den Kaufleuten der Städte begangenen Raubes befehdete. Wie leicht konnte dieser Krieg auch die dießseits des Rheins gelegenen Besitzungen Oesterreichs, namentlich auch Frauenfeld, gefährden! Jenes Schreiben hatte hiemit den Zweck, die Bürgerschaft Frauenfelds zum Vertrauen zu ermuntern, daß die Herrschaft Oesterreich sie nicht abermals einem kriegerischen Ueberfalle preisgebe.

Noch ein gefährlicheres Ungewitter drohte aber von Basel her. Katharina von Burgund, Gemahlin des österreichischen Herzogs Leopold, Inhaberin der ihr von ihrem Gatten verschriebenen österreichischen Güter im Elsaß, Suntgau und Breisgau, kündigte durch den Landgrafen Johannes von Lupfen zu Stühlingen und den Landvogt Hermann von Sulz der Stadt Basel den Frieden auf. Eine Privatfehde gegen Lütold Münch von Münchenstein gab den Vorwand dazu; in der Hauptsache aber sah es der Landvogt Hermann von Sulz darauf ab, die von der Stadt Basel erworbene Pfandschaft von Olten und den ihr vom König verliehenen Blutbann des Grafen Otto von Thierstein für Oesterreich zu gewinnen. Hundertsieben und nochmals hundertsieben und zwanzig Herren und Städte erklärten sich gegen die Stadt kriegsbereit. Aber auch Basel war gerüstet. Es hatte eine zahlreiche streitfertige Bürgerschaft und durfte überdieß auf Beistand von den befreundeten Städten der Eidgenossen hoffen. Bei diesen Aussichten soll es die Stadt Frauenfeld gewesen sein, welche die Einleitung zu einem Schirmvereine der österreichischen Städte des Thurgaus, Aargaus und Schwarzwaldes und des im Aargau gesessenen Adels getroffen habe. So vermuthet wenigstens der österreichische Geschichtschreiber Lichnowski, Bd. V, S. 135. Es wird daher gerechtfertigt sein, wenn diesem weitläufigen Schirmvertrage hier wenigstens auszugsweise eine Stelle eingeräumt wird.

Der Schirmverein gruppirte sich in drei Contraten oder Reviere: Schaffhausen, Winterthur, Rapperswil, Radolfszell, Dießenhofen, Frauenfeld und Aach bildeten die Contrate Thurgau mit dem Vororte Schaffhausen; Rheinfelden, Seckingen, Laufenburg, Waldshut, Totnau, Schönau und die Einungsmeister auf dem Schwarzwald die zweite Contrate mit dem Vororte Waldshut; Sursee, Zofingen, Aarau, Lenzburg, Bremgarten, Mellingen, Baden und Brugg mit dem Vororte Baden die dritte Contrate. Zu diesen Städten gesellten sich die Edlen, Ritter und Knechte des Aargaus, nämlich Graf Otto von Thierstein, Hemmann von Rinach, Rudolf von Hallwil, Rudolf von Büttikon, Rudolf von Hünenberg, Hemmann von Müllinen, die Ritter; und Hemmann von Liebegg, Rudolf von Baldegg, Hans Kriech, Thüring von Hallwil, Hans von Büttikon, Walter von Hallwil, Hans Konrad und Hans Rudolf (Matisen sel. Söhne) von Büttikon, Hemmann von Wolen, Petermann von Luternau, Albrecht Busingen, Wilhelm Graßler, Anton von Ostern und Hans Schultheiß, Vogt zu Lenzburg. Alle diese zur Herrschaft Oesterreich gehörigen Edlen und die vorgenannten Städte, von mancherlei Zugriffen geschädigt und von Kummer erfüllt, daß sie ihrer Herrschaft abgedrängt werden möchten, vereinigten sich,

zu gegenseitiger Hülfe folgende Mittel zu handhaben: Wenn einer von
ihnen, oder wer später zu ihnen träte, von Jemand angegriffen würde,
so soll er nach dem Rathe der andern Mitglieder des Vereins dem
Angreifer Recht bieten; schlägt dieser das Recht aus, so sollen die
Abgeordneten des Vereines zusammentreten und berathen, wie dem
Angegriffenen zum Recht verholfen werden möge, und sofern ihr Recht=
bieten auch nicht beachtet wird, die in der Contrate gesessenen Vereins=
glieder auffordern, zu frischer That zu eilen und nach Vermögen den
Angriff zu wenden. Gelingt dieß nicht, so ruft diese Contrate die
andern Contraten auch auf, so daß dann sämmtliche Contraten durch
ihre bevollmächtigten Botschafter weiter berathen und verfügen, was
nöthig ist, dem Angegriffenen Recht zu verschaffen. Bei solchem Zu=
sammentritte der Botschaften hat jede Stadt nur eine Stimme, mit
Ausnahme der Stadt Schaffhausen und der Gesammtheit der Edlen,
welchen je zwei Stimmen zukommen.

Bei dem Abschlusse dieses am 11. Jenner 1410 zu Stande ge=
kommenen, zunächst bis auf den St. Georgentag und dann noch zwei
Jahre verbindlichen Schirmvereines wurde die Billigung Oesterreichs
vorbehalten, diese aber noch an demselben Tage durch den Grafen
Hermann von Sulz im Namen der Herrschaft gewährt.

Während des Basler Krieges, der zu diesem Schirmvereine Anlaß
gegeben hatte, kam der jüngste jener österreichischen Brüder, Herzog
Friedrich, selbst in diese ihm bei der Landestheilung zugefallenen obern
Gegenden. Er nahm seinen Weg über Schaffhausen nach Baden.
Die Städte und Herrschaften wurden eingeladen, ihm ihre Wünsche
und Klagen schriftlich zu übersenden. In Frauenfeld geschah dieß
durch seinen Kammermeister und durch Herrn Burkart von Mansberg.
Vogt und Rath antworteten am 22. Juni 1411, in einer Weise, die
vermuthen läßt, daß es sich namentlich um eine Untersuchung über
das Benehmen des Landvogts Hermann von Sulz handelte und um
den Verdacht, daß ihm mehr persönlicher Vortheil als das Interesse
der Herrschaft angelegen sei. In dieser Beziehung erklärte aber das
Schreiben, mehr nicht mittheilen zu können, als schon in der Antwort
auf den von Petermann Melin überbrachten Brief des Herzogs ge=
schehen sei; über die Anrechte des Herzogs an die Stadt Laufenburg
und über den Geßler, Pfandherrn zu Grüningen, habe man in

Frauenfeld keine nähere Kenntniß. Ueber die eigenen „Gebresten" der Stadt Frauenfeld aber heißt es:

„Euer fürstliche Gnaden mögen wissen, daß an unserer Stadt eine Feste gelegen ist, die zu diesen Zeiten Beringer von Landenberg inne hat, welcher meint, daß sie nicht zu der Stadt gehöre. Dieselbe Feste hat nach außen hin eine Thüre, durch welche er Leute hinein bringen mag, viel oder wenig, was uns oft und viel große Mühe, Sorge und Ueberdrang verursacht und uns zu Klagen bei Euer Gnaden Land-vögten und Räthen veranlaßt hat, ohne daß der Sache abgeholfen wurde. Ferner thun wir Euer Gnaden zu wissen, daß die von Gach-nang, auf Meiersberg gesessen, in unserer Stadt ein Haus haben, an der Ringmauer gelegen, Burgsäß von Euer Gnaden, das bei einer Feuersbrunst nebst vielen andern Häusern der Stadt ausgebrannt ist und das herzustellen wir sie nicht bewegen konnten, so daß wir deß-halb in unsern Kriegen sehr viel Mühe und Sorge hatten und noch täglich haben, ob es zusammen falle. Dann müssen wir Euer fürst-lichen Gnaden vorbringen, daß unsere Vogtei vor Zeiten dem Hart-mann von Gehaim versetzt und nun in zwei Hände gekommen ist, die dann einen Vogt zu uns gesetzt haben, der uns in vorfallenden Sachen ohne Rath und Hülfe läßt. Auch der Herr von Münchwil hat von Euer fürstlichen Gnaden in unserer Stadt ein Burgsäß und richtet davon weder Steuer noch Wachten aus, wie doch seine Vorfahren ge-than; im Gegentheile haben der Graf Wilhelm von Montfort und Hans von Münchwil unsere Leute gefangen und mit Lösegeldern beschwert und haben wir mit ihnen nicht zum Rechte gelangen können, so daß wenn diesen unsern Beschwerden nicht abgeholfen wird, zu besorgen ist, daß wir zu Frauenfeld bei dem Unsern nicht bleiben mögen." —

Ob von Herzog Friedrich etwas beschlossen oder angeordnet worden, diesen unbehaglichen Zuständen seiner treuen Stadt Frauenfeld ab-zuhelfen oder nicht, ist nicht gemeldet. Wohl aber erreichte er den Hauptzweck seiner Reise. Mit friedsamer Beihülfe der Städte Bern, Luzern, Straßburg, Colmar und des Markgrafen Rudolf von Röteln wurde im Juli 1411, freilich zum Vortheile Basels, der Streit aus-getragen und damit auch der Schirmverein seiner Verpflichtungen überhoben.

3. Streitigkeiten mit den Herren von Landenberg und von Gachnang.

Wenn die Bürger von Frauenfeld erwartet hatten, daß Herzog Friedrich die Edelleute anhalten werde, über die gegen sie vorgebrachten Beschwerden ein billiges Abkommen einzugehen, so täuschten sie sich. Friedrich hatte so viele andere dringlichere Geschäfte und dabei so wenig ernsten Willen, daß wenigstens in Bezug auf die gegen den Burgherrn von Frauenfeld und die Herren von Gachnang gerichteten Hauptklagen nichts zur Sicherstellung vorgekehrt wurde. Der Burggraben zu Frauenfeld und das Ausgangspförtchen blieben fortbestehen und das Gachnanger Burgsäß in der Stadt drohte den Einsturz nachher wie vorher.

Indessen gewährte der Stadt einige Beruhigung, daß die Besitzer der Burg durch den gegen die Appenzeller geführten leidenschaftlichen Parteikrieg selbst erschöpft und entmuthigt waren. Im Jahre 1403 hatte Hug von Landenberg die unter dem Thurm gelegene und die äußere Mühle sammt Häusern und Gütern um 1100 Pfund Haller an den Junker Itel Egli verkauft, mit dem selbstverständlichen Vorbehalte, dieselben bei gelegener Zeit wieder zurückzukaufen; allein im Jahre 1412 erklärten Hermann und Beringer, die Brüder Hugs, daß sie auf das Recht des Wiederkaufs verzichten, und noch in demselben Jahre verkaufte Itel Egli beide Mühlen um 1250 Pfund an Adelheid von Eberhardswiler, und diese 1419 an Junker Ludwig Muntprat von Constanz. — Zu jener Verzichtleistung auf den Wiederkauf der Mühlen kam 1412 auch noch der Verkauf der reichenauischen Lehenzehnten rings um die Stadt und um Erchingen, genannt des Rüdlingers Zehnten. Hermann von Hohen-Landenberg, der denselben dem Heinrich Zingg, Bürger von Frauenfeld, verkaufte, glaubte dem Verkaufsbriefe die Bemerkung beifügen zu sollen, er habe das gethan, weil sein Bruder Hug selig ihm jenen Zehnten zur Sicherung für eine Bürgschaft als Pfand eingesetzt habe und er nur, um größern Schaden zu wenden, die Geldschuld abzutragen genöthigt sei. Sein Bruder Beringer erklärte sich ebenfalls damit einverstanden. Diese Geldbedrängnisse der Burgherren von Landenberg wurden noch durch den Aufwand gesteigert, mit welchem sie bei dem Constanzer Concil die Ehre ihres Standes in möglichst hohem Glanze zu entfalten sich bemühten. Unter solchen Umständen und bei der unglücklichen Wendung, welche das Schicksal des Herzogs Friedrich nahm, konnten die Herren von Landenberg nicht in Versuchung kommen, von den Vortheilen, die ihnen die Befestigung ihrer Burg versprach, zum Nachtheile der Stadt Gebrauch zu machen.

Anders gestaltete sich der Streit mit den Herren von Gachnang. Auf die von der städtischen Obrigkeit gegen die Herren von Gachnang in Anwendung gebrachten Rechtsbote und Zwangsmaßregeln wandten sich jene 1413 an das thurgauische Landgericht. Die Stadt verweigerte, vor dem Landgericht Antwort zu geben; denn vermöge der Bürgerrechtsverpflichtung sollten die Herren von Gachnang über das in der Stadt gelegene Bürgerpfand auch in der Stadt Recht nehmen. Ueberdieß wäre die Stadt privilegirt, daß Niemand sie oder ihre Bürger vor ein auswärtiges Gericht ziehen dürfe. Der Landvogt Frischhans von Bodmann, dem die Stadt ihre Weigerungsgründe vorbringen ließ, anerkannte dieselben wenigstens in so weit, daß das Landgericht die Weisung erhielt, in die Klage des Hans von Gachnang nicht einzutreten; er habe sich entweder unmittelbar an den König zu wenden oder an den Landvogt.

Ob die von dem Landrichter Konrad von Matzingen 1415 ausgegangene Mahnung an die Stadt Frauenfeld, Geächtete nicht aufzunehmen, auch in Beziehung zu den Herren von Gachnang gestanden habe, ist nicht zu ermitteln; dagegen dürften die von den Herren von Gachnang veranlaßten Citationen vor das Hofgericht in Rotweil und vor das westphälische Gericht denselben Streit betroffen haben.

4. Frauenfeld als Vogtei der Stadt Constanz.

Die Befürchtung der Bürgerschaft Frauenfelds, aus dem Verbande der österreichischen Herrschaft herausgerissen zu werden, ging von einer ganz andern Seite her in Erfüllung, als sie geahnt hatte. Was der Bund der Appenzeller nicht ertrotzt, die Eidgenossen vielleicht gewünscht, aber noch nicht zu erreichen gehofft hatten, das fiel der Stadt Constanz zu ohne Schwertstreich, nur durch den Zufall, daß für das große Concilium die Stadt Constanz als Versammlungsort ausgewählt ward.

Drei Gegenpäpste zumal stritten sich um die höchste Würde der Christenheit. Herzog Friedrich von Oesterreich wollte dazu beitragen, die Spaltung zu heben, indem er dem einen jener Päpste, Johann XXII. (XXIII.) sicheres Geleit nach Constanz verbürgte. Wie er sah, daß sich die Sache für seinen Schützling ungünstig anließ, verhalf er demselben zur Flucht. Dafür wurde er vom Kaiser Sigmund in die Acht, vom Concil in den Bann und all' seiner Güter und Rechte verlustig erklärt. Während, vom Kaiser aufgefordert, die Eidgenossen den Aargau, die Freiämter und die Grafschaft Baden in Besitz nahmen, besetzte der Burggraf Friedrich von Nürnberg im Namen des Königs und Reichs am Ostertage 1415 die Stadt Dießenhofen, rückte dann nach Frauenfeld vor und forderte die Stadt zur Uebergabe auf.

Durch den Eid dem Herzoge zu Gehorsam verpflichtet, weigerte sich die Stadt, ihre Thore zu öffnen, bis sie nach acht Tagen mit Gewißheit erfuhr, daß der Herzog selbst seine Unterthanen des Eides entbunden habe. Da schwur auch sie am 14. April 1415 an Kaiser und Reich. Dasselbe that die ganze thurgauische Landgrafschaft, Manche mit Hoffnung, Andere mit Furcht; denn Keiner wußte, in welches Herrn Hand der König sie verkaufen, verpfänden oder verschenken, oder wie ihnen vergolten werde, wenn etwa das Glück sich wieder dem Herzoge zuneigen sollte.

Einstweilen wurde die Landvogtei über die Landgrafschaft, das Landrichteramt und auch die Vogtei von Frauenfeld dem Edlen Hans von Bodmann übertragen. Aus seiner Amtsführung hat sich nur ein auf Frauenfeld bezügliches Aktenstück erhalten. Am 18. Juli schrieb er dem thurgauischen Landgerichte: Rath und Bürger von Frauenfeld hätten ihm vorgebracht, daß sie auf Klage des Hans von Gachnang auf folgenden Freitag nach St. Margaretha auf den Landtag nach Winterthur vorgeladen seien; er bitte aber, daß das Landgericht über sie nicht urtheile, sondern den Hans von Gachnang mit seiner Klage an den König weise oder an ihn, den Landvogt, indem Frauenfeld dem Könige verpflichtet sei und zugehöre.

Ein zweites Aktenstück ist von König Sigmund selbst oder auf seinen Befehl von seinem Schreiber Petrus Wacker, vom 23. Hornung

1418 aus Constanz datirt, an Vogt und Bürger von Frauenfeld gerichtet. In diesem Schreiben entbietet der König, daß Konrad Wagner
bei dem Hofgerichte über die Brüder Konrad und Rudolf Sneyder die
Acht ausgebracht habe, fordert hiemit die Bürgerschaft Frauenfeld auf,
die Geächteten weder zu hausen noch zu hofen, weder zu ätzen noch
zu tränken u. s. w.

Dieser Befehl stand in Widerspruch mit der von König Wenzel
ertheilten Freiheit, Geächtete zu beherbergen, somit darf angenommen
werden, daß Frauenfeld diesen Freiheitsbrief dem Könige vorlegen ließ
und die Sache damit erledigt war. Der Span mit Hans von Gachnang dagegen blieb unausgetragen.

Hätte Frauenfeld damals über größere Summen Baarschaft verfügen können, so wäre ihm Gelegenheit geboten gewesen, sich von der
alten Unterthänigkeit frei zu kaufen, wie manche andere Stadt damals
gethan hat; denn der König Sigmund brauchte Geld. Frauenfeld
unterließ es, die günstigen Zeitumstände zu benutzen. Dagegen machte
die Stadt Constanz davon Gebrauch. Am 20. October 1417 verkaufte nämlich König Sigmund die Vogtei der Stadt Frauenfeld um
1500 Gulden und das Landgericht im Thurgau sammt dem Wildbann um 1600 Gulden an die Stadt Constanz, Alles mit dem selbstverständlichen Vorbehalte, daß Constanz nicht größere Gefälle oder
Rechte anspreche, als Oesterreich genossen und bezogen habe. Auch die
Mannschaft (der Waffendienst) und die Landvogtei waren im Kaufe
nicht einbegriffen.

Als zwischen dem König und dem Herzoge eine Versöhnung zu
Stande kam, wurde dem Herzog die Mannschaft und Landvogtei
wieder überlassen, ihm auch erlaubt, seine andern verlorenen Rechte
und Herrschaften wieder an sich zu bringen. Am 11. Brachmonat 1418
wurde der Stadt Constanz sogar befohlen, dem Herzog Friedrich die
Vogtei Frauenfeld, die sie von ihm und dem Reiche inne habe, gegen
Zahlung der Pfandsumme zurück zu stellen. Constanz scheint aber
Schwierigkeiten gemacht zu haben; denn in einem Briefe vom 31. Heumonat 1418 schrieb Herzog Friedrich nach Frauenfeld: er sei mit dem
König vereinbart worden, daß, wer bei ihm, dem Herzog, bleiben wolle,
dem solle es gestattet sein; er hoffe also, daß Frauenfelds Bürger,

gemäß ihrem bisherigen treuen Verhalten, bei ihm bleiben werden; er
werde sie für ihren ausgestandenen Kummer ergetzen; er wäre selbst
nach Frauenfeld gekommen, müsse aber zu seinem Bruder und zu seinen
Vettern reisen, bitte daher, seinem Diener Heinrich von Gachnang in
Allem Glauben zu schenken, was er in seinem Namen anbringe. —
Diese Bitte des ehemaligen, jederzeit freundlichen, jetzt unglücklichen
Herrn mochte manches Bürgerherz mit Rührung erfüllt haben; allein
es stand ja nicht in der Macht Frauenfelds, zu entscheiden. Die Stadt
Constanz war jetzt Vogtherr; von ihr hing es ab, ob sie der vortheil-
haften Erwerbung sich wieder entäußern wolle. — Vermuthlich fehlte
es dem Herzog Friedrich, dem sein eigener Bruder, Herzog Ernst, den
Spottnamen Friedrich mit der leeren Tasche anhängte, an Geld, um
die Pfandsumme zu erlegen, und sollte Heinrich von Gachnang den
Bürgern Frauenfelds zumuthen, für den Herzog einzustehen, was sie
ebenfalls weder wollten noch konnten.

Jedenfalls war Heinrich von Gachnang nicht der geeignete Mann,
solche Unterhandlungen mit Erfolg zu betreiben. Unter dem Namen
des Münch von Gachnang hatte er sich zwar im Appenzeller Kriege
als tüchtiger Parteigänger bewiesen; aber die Herren von Gachnang
ließen ihr Steinhaus in der Stadt zerfallen und lagen darüber mit
der Stadt im Streite; ihre Sicherheit war durch die Vernachläßigung
jenes Gebäudes gefährdet. Wie konnte sie zu den Gegnern Vertrauen
fassen? Einstweilen blieb also die Vogtei Frauenfeld bei der Stadt
Constanz.

Immerhin mochte Frauenfeld, aus Rücksicht auf Herzog Friedrich,
einstweilen den Herren von Gachnang längere Frist gestattet haben.
Als aber der Forderung, daß das zerfallene Burgsäß wieder hergestellt
und die aufgelaufenen Steuern bezahlt werden, immer nicht entsprochen,
im Gegentheile durch gerichtliche Umtriebe erwidert wurde, griff endlich
1428 die Bürgerschaft zur Selbsthülfe und zog krieggerüstet nach Gachnang. Zwar wurde bei dieser Fehde kein Blut vergossen und kein
Feuer auf die herrschaftliche Wohnung auf Meiersberg geworfen; aber
einige Häuser wurden doch ausgeraubt und einige Männer als Gefangene mit nach Frauenfeld in Verwahrung geführt. Diese Männer
sollten dafür haften, daß die Herren von Gachnang oder die Herren

von Schinen, welche durch Kauf und Erbe in den Besitz der Herrschaft Gachnang eintraten, den Forderungen der Stadt Genüge leisten.

Ein noch in demselben Jahre zwischen Hans von Gachnang und Werner und Ulrich von Schinen einerseits, und Vogt, Rath und Bürgern von Frauenfeld andererseits gefällter gütlicher Spruch brachte den Handel wieder in's Gleichgewicht. Endlich fand er einen friedlichen Abschluß durch Herrn Ulrich von Schinen, der theils durch Erbe, theils durch Tausch die Herrschaft Gachnang erworben hatte. Er überließ 1448 sein städtisches Burgsäß, den Stock, an die Stadt Frauenfeld. Hans von Gachnang aber zog sich auf seinen Edelsitz Schlatt zurück. Seine Nachkommen verloren sich unter der bäuerlichen Landbevölkerung.

Inzwischen wurde das denkwürdige Ereigniß des Wechsels der Herrschaft noch durch große Verluste bezeichnet, welche die Bürgerschaft gleichzeitig durch die Pest erlitt. Der damalige Pfarrherr Bocenlander schrieb 1419 in sein Jahrzeitenbuch, er habe 400 Personen, die an der bösen Sucht gestorben, mit der heiligen Wegzehrung versehen, mit Ausnahme von zweien, welche allzu schnell dahin gerafft worden, so daß er ihnen den letzten Trost nicht mehr bringen konnte. Zum Gedächtniß an diese große Heimsuchung wurde in der Kirche St. Johann in Kurzdorf zu Ehren des heiligen Leibes und Blutes Christi und zum Heile der Abgestorbenen ein neuer Altar aufgerichtet.

5. Die Gesellschaften der Constabler. 1424 und 1440.

In eigenthümlicher Weise befriedigten die Männer jener ältern Jahrhunderte das Bedürfniß geselliger Unterhaltung; nicht in öffentlichen Gasthäusern oder Schenken, sondern in geschlossenen Vereinen, welche für ihre gemeinsamen Trinkstuben besondere Häuser erbauten und in denselben auf eigene Rechnung Wirthschaften unterhielten. Diese Vereine nannten sich Constafelgesellschaften.

Constafel oder Constabler hießen in den ältern Städten eigentlich diejenigen Bürger, die unter dem comes stabuli, Stallherrn oder Marschalk, im Felde zu Pferde dienten und bei den Geschossen und Gewerken beschäftigt waren, zum Unterschiede von den gemeinen Bürgern und Spießknechten. Sie waren entweder adelicher Herkunft oder durch Aemter und Reichthum vor andern Stadtbewohnern ausgezeichnet,

hielten daher auch gesellschaftlich zusammen und pflegten ihre besondern
Trinkstuben zu unterhalten, in denen der gemeine Bürger ausgeschlossen,
wohl aber der Geistlichkeit der Zutritt gestattet war.

Eine solche adeliche Stubengesellschaft hatte sich auch, wohl schon
in den ersten Jahrzehnden nach Erbauung der Stadt, in Frauenfeld
zusammengethan. Viele ehrwürdige und edle Herren und Priester und
auch gute Bürger zu Frauenfeld und andere aus der Nachbarschaft
hatten sich verbunden zu „Nutz Friedens und züchtigen Wandels, guter
Freundschaft und Gemachs", und ein Haus gebaut genannt der Herren
Trinkstube. Aber erst im Jahre 1440 fanden sie sich veranlaßt, die
Statuten ihrer Gesellschaft schriftlich verfassen und bestätigen zu lassen.

Mittlerweile war auch bei den gemeinen Bürgern und Handwerkern das bürgerliche Selbstbewußtsein erwacht. Der Adel sonnete
sich an seiner alten verglimmenden Herrlichkeit und verachtete die Handwerker und Gewerbsleute; daher entschlossen sich diese, eine eigene Trinkstube einzurichten. Sie nannten ihre Trinkstube zum Wildenmann,
setzten auch einen wilden Mann in ihren Wappenschild. Das Constafel-
buch hat den vergilbten Stiftungsbrief ihrer Gesellschaft in deutlicher
Abschrift der Nachwelt überliefert. Die Stifter sagen:

„Wir diß nachbenempten Heinrich Bachherr, Hans Meyerhofer,
Claus Weber, Hans Sauter, Hans Schmid, Haini Haußer, Cüni
Wanner, Haini Eßlinger, Hans Huber, Hans Hofstetter, Heini Frefel,
Ueli Dorner, Conrad Hägeli, Hans Fäderli, Hans Graaf, Hans Du-
meli, Heinzmann Pfeiffer, Hans Wäger, Hans Schalti, Hans Schlatter,
Claus Durs, Arbel Sentz, Uoli Graaf, Haini Klingler, diese ietz ge-
nampten Gsellen mit einandern sind alle gestifter gewesen des hauses
ond gesellschaft zum wilden Mann zu Frauenfeld ond hand dise ge-
stift ond diß haus angefangen zu äuffnen ond zu bauen, ond sind
Uoli Graaf ond Haini Klingler da zu Malen bauwmeister geweßen
des Jares als man zalt 1424."

Die hierauf folgenden Statuten, niedergeschrieben am 27. Brachmonat 1430 und gesiegelt von dem Vogte Hans Peyer von Hanbuel,
enthalten lediglich Vorschriften über die Aufnahme neuer Mitglieder,
die Anrechte der Söhne auf das Stubenrecht des Vaters, die Vermittlung von in den Zusammenkünften entstandenen Zänkereien durch
die Constafel u. s. w. Im besondern Sinne hießen nämlich Constafel

die Vorsteher der Gesellschaft, welche die Aufsicht über die Wirthschaft und über die zur Bedienung der Gäste angestellten Knechte führten. Irrthümlicher Weise nannte man sie auch Gustafel und sogar Christöffel.

Als im Jahre 1440 die Gesellschaft der Herrentrinkstube ihre herkömmlichen Gebräuche in Schrift verfassen ließ, nahm sie neben andern folgende Bestimmungen auf:

Um Genosse der Gesellschaft zu sein, muß man das Genossenrecht entweder ererbt oder erkauft oder durch Verpflichtung zu einem Jahresbeitrag oder Zins erworben haben. Alle Gustafel und Zinser sollen in einem Rodel verzeichnet werden. Die Stubenherren und Gesellen dürfen Keinem den Einkauf in die Gesellschaft gestatten, so lange ein Mitglied seine Zustimmung verweigert. Mißhell und Zank in der Stubengesellschaft zwischen Edlen, Priestern, Burgern, Zinsern oder Gästen werden durch Zureden der Mitglieder in Güte geschlichtet, oder wenn dieß nicht gelingt, nach Verhörung der Parteien durch die Gesellschaft innerhalb 14 Tagen endgültig entschieden, Scheltungen mit fünf Schilling Pfenning gebüßt. Wenn Gesellschaftsgenossen oder Gäste anfangen wörteln, kyben oder broblen, so daß Zank oder Hader zu entstehen droht, so ist es Pflicht jedes andern, ihnen bei ein Pfund Pfenning Frieden zu gebieten und dafür dem Unfolgsamen durch den Stubenknecht oder Gustafel Pfand abfordern zu lassen. Das Stubenrecht weltlicher Mitglieder vererbt sich auf den ältesten Sohn, dasjenige bepfründeter Priester auf ihre Nachfolger, jedoch so, daß ein neuer Kirchherr zu Oberkirch bei seinem Eintritte ein Pfund Häller erlegen und die geistlichen Herren an der Stuben Bau und Hitz und Steuern wie andere Gesellen zahlen sollen. Ein Einheimischer oder Fremder, der, ohne Stubenrecht zu haben, in der Trinkstube zehrt, hat die zweifache Uerte zu entrichten. Die drei Gustafel werden alljährlich acht Tage nach der Räthenschenke oder St. Hilari neu gewählt und übernehmen dann von den alten Gustaflern die Rechnung und alle Habe der Stuben, Rödel, Kannen, Trink- und Hausgeschirr, Tischtücher, Zwäheln, Teller, Gießfaß, Baarschaft, Schulden, Büchsen u. s. w. Mitglieder der Gesellschaft, wenn sie sich unbescheiden halten, mögen von der Gesellschaft für einen oder zwei, drei, vier Monate oder Jahre oder lebenslänglich ausgeschlossen werden. Zur Vermeidung von Unfugen und Gezänken ist besonders am frühen Morgen und in später

Nacht und zu Zeiten, da man billig Fried und Ruh und Gemach haben soll, der Besuch der Trinkstube nicht gestattet; auch junge Kinder und Frauen sind ausgeschlossen, ausgenommen, wenn die Herren und Gesellschafter Schimpf- und Schlegelspiel oder Tanz veranstalten.

Hätte sich der Rodel der Herrenstube erhalten, so würde man in demselben wohl noch manche Namen von Männern finden, die in der damaligen Zeit ausgezeichnet waren und in Aemtern und Ehren standen. Im Jahre 1416 waren Räthe Hans Töber, Konrad Schmid, Heinrich Sigrist; Pfleger Heinrich Bachherr, Klaus Juog, Heinrich Egger. Im Jahre 1430 wird Klaus Juog noch als Pfleger genannt. Im Jahre 1431 sind Räthe: Konrad Schmid, Haini Slachter, Uli Torner; im Jahre 1433 Konrad Schmid, Hans Töber, Konrad Werli, und 1432 neben ihnen Hans Rügger Pfleger. Unter diesen Männern, welche die höchsten Ehrenstellen der Stadt inne hatten, sind allerdings einige, wie Bachherr und Torner, die der Gesellschaft zum Wildenmann beitraten; die andern dagegen wären wohl im Verzeichnisse der Herrenstube zu finden gewesen.

Als die Gesellschaft vom Wildenmann die auf dem Unterthore gebaute niedere Stube bezog, wurde ihr der Name zur niedern Stube beigelegt, während die Herrenstube zur obern Stube genannt wurde.

6. Regierung und Verfassung um 1425.

Durch den Uebergang der thurgauischen Landvogtei aus dem Erbeigenthum des Hauses Oesterreich an Kaiser und Reich und den nachher eingetretenen Verlauf des thurgauischen Landgerichts und der Vogtei Frauenfeld an die Stadt Constanz sollte weder dem Grundherrn Frauenfelds, dem Abt von Reichenau, in seinen Rechten Eintrag geschehen, noch das von König Wenzel der Stadt Frauenfeld ertheilte Malefizrecht oder irgend ein anderes Privilegium derselben aufgehoben sein. Auf diese Weise geschah es, daß die Bürgerschaft Frauenfelds in die sonderbare Lage kam, zumal vier verschiedene Diensteide schwören zu müssen:

den ersten dem Reichslandvogte, als Stellvertreter des obersten Landesherrn, des Königs;

den zweiten dem Abte der Reichenau, als Grundherrn;

den dritten der Stadt Constanz, als Inhaberin der Vogtei Frauenfeld;

den vierten der eigenen Obrigkeit, Vogt und Rath der Stadt Frauenfeld.

Jede dieser vier Gewalten hatte ihre besondern Rechte und An= sprüche; sie waren aber nicht so scharf von einander ausgeschieden, daß sie nicht zuweilen ineinander übergriffen. Es lag daher für Frauen= feld der Wunsch nahe, die eigenthümlichen Rechte jeder einzelnen Herr= schaft in's Klare gestellt und genau abgegrenzt, die eigenen Rechte aber möglichst erweitert und gesichert zu wissen.

Diesem Wunsche entsprach zuerst der Reichslandvogt Johannes von Bodmann, Frischhansen seligen Sohn. Am Vorabend vor dem Tage Johannes des Täufers 1425 erklärte er, daß Vogt, Rath und Bürger von Frauenfeld Gebresten und Irrsal an Richtern und Recht= sprechern haben und daher wünschen, mit Erlaubniß des Königs ein geschworenes Gericht anzuordnen, was er ihnen denn auch mit Rath anderer Getreuen des Reichs zu thun bewilligt, so daß sie alljährlich das Gericht mit zwölf ehrbaren Männern besetzen und dem Vogte beigeben und in Sachen, die das Blut berühren, noch mit zwölf andern Männern aus der Stadt und vom Lande verstärken mögen. Ferner fügt der Landvogt hinzu, daß nur Bürger als Geschworne über Eigengut und Gartenrecht zu urtheilen befugt seien, und bei stößigen Urtheilen die Entscheidung nach altem Herkommen bei dem Rathe der Stadt Con= stanz nachgesucht werden solle. — Durch diese die Rechte der Bürger= schaft erweiternden, ihr also sehr erwünschten Vergünstigungen wurden offenbar die Rechte des Vogtes, mittelbar also die Vogteirechte der Stadt Constanz, insofern beschränkt, daß die Wahl der Richter nicht mehr der Willkür des Vogtes zustand, sondern der Vogt nur noch als Beisitzer des Rathes daran Theil hatte.

Zwei Jahre später, 1427 am 15. Herbstmonat, nahm der Abt Heinrich von Reichenau mit den Bürgern von Frauenfeld eine Revision seiner Rechte vor. Es zieme sich, sagt er in dem darüber ausgestellten Briefe, daß er denen, die zu ihm und zu seinem Gotteshause gehören, Gnade erzeige, damit sie ihm und dem Stifte weiterhin in Treuen ge= neigt seien. Er sei, fährt er fort, den Bürgern von Frauenfeld ver= pflichtet, sie nie zu verpfänden oder zu verkaufen, in keinerlei Weise;

sie aber als Gotteshausleute seien ihm und seinem Gotteshause nach dem Tode je des ältesten Gliedes einer Haushaltung einen Hauptfall schuldig, den sie jedoch um einen dritten Theil unter dem Werthe bei dem Amtmann lösen mögen. Wenn, heißt es endlich, ein Gotteshausmann eine Angehörige Oesterreichs geehlicht, habe bis dahin der Rath von Frauenfeld die darauf gesetzte Strafe bestimmt; das möge auch ferner geschehen, sofern Constanz das mit Oesterreich bestandene Verkommniß bestehen lasse; auch wenn die Stadt einen neuen Bürger angenommen und dieser zu der Gemeinde geschworen hat, wolle die Abtei daran ein Genügen haben und für sich keinen besondern Eid verlangen; endlich werde der Abt die erledigten Lehen, sofern nicht männliche Erben vorhanden sind, auf Frauen und Töchter übergehen lassen, doch müßten sie einen Lehentrager stellen.

Wiederum zwei Jahre später, am 27. Brachmonat 1427, setzte sich die Stadt Constanz mit der Bürgerschaft von Frauenfeld über die Vogteirechte auseinander. Constanz erklärte:

1. Weil die Vogtei Frauenfeld sammt der Landgrafschaft und dem Landgerichte des Thurgaus an die Stadt Constanz gekommen ist, wird Constanz die Stadt Frauenfeld bei ihren Rechten schützen und bleiben lassen.

2. Frauenfeld soll zu keiner Steuer oder Schatzung (Uebersteuer) getrieben werden.

3. Die Kriegsmannschaft Frauenfelds darf von Constanz nicht weiter zu gehen genöthigt werden, als daß sie des Morgens bei Sonnenaufgang ausziehe und Abends bei Sonnenschein wieder in Frauenfeld einziehen möge.

4. In Streitigkeiten wird Constanz der Stadt Frauenfeld nicht gegen ihren Willen seinen Schutz oder seine Vermittlung (Thädigung) aufdringen.

5. Würde Frauenfeld wieder von Oesterreich eingelöst, so soll der der Stadt Constanz geschworene Eid die Bürgerschaft von Frauenfeld nicht hindern, sich an Oesterreich zu ergeben.

6. In Bezug auf die in Frauenfeld vorfallenden Vergehen soll gelten, was bisher zwischen der Stadt und der Landgrafschaft Uebung war.

6

In diese Zeit fällt endlich auch die Grundbestimmung der Stadtverfassung. Bis dahin stand der Vogt mit einigen Räthen aus der
Bürgerschaft an der Spitze des städtischen Gemeinwesens; aber nirgends,
weder in der Stadtordnung von 1331 noch in dem Freiheitsbriefe
von 1368 war über die Wahl dieser Räthe eine Bestimmung getroffen,
noch weniger diesen Räthen irgend ein nicht vom Vogte abhängiges
Verfügungsrecht eingeräumt. Diesen Mangel ergänzte folgendes Statut:

An dem jährlichen Wahltage versammeln sich alle angesessenen
Bürger und zur Miethe sitzenden Einwohner (Selber), die zu der
Bürgerschaft geschworen haben, und wählen unter der Leitung des
Vogtes einen Schultheiß und nach ihm zwei Räthe; diese Dreiräthe
schwören den Bürgern Treue und Wahrheit, ihren Nutzen zu fördern
und ihren Schaden zu wenden. Hierauf treten Vogt, Schultheiß und
Räthe besonders und wählen noch andere aus den Bürgern zu Miträthen, die den Dreiräthen Gehorsam und Verschwiegenheit schwören:
ferner ziehen sie die etwa noch übrigen abgetretenen Räthe zu sich, um
mit ihnen gemeinsam die Stadtämter zu besetzen. Nachdem dieß geschehen ist, wird die allgemeine Huldigung geleistet. Alle Bürger,
Selber, Dienstknechte und was mannbar ist über vierzehn Jahr alt,
schwören dem Schultheiß und den Räthen gehorsam zu sein, der Stadt
Nutzen und Ehre zu fördern und Alles zu thun, was sie besser dünkt
zu thun als zu vermeiden. — Damit ist das Regiment für ein
Jahr besetzt.

Diese Wahlordnung blieb die Grundlage der Stadtverfassung für
alle spätern Jahrhunderte. Vieles in derselben mag schon ältere Uebung
gewesen sein; neu ist aber, daß an die Spitze der Bürgerschaft und
des Rathes ein Schultheiß gestellt ist, nach dem Beispiele der Stadt
Constanz und der Stadt Winterthur, nicht ein Bürgermeister, wie in
Schaffhausen, St. Gallen und Zürich. Eigenthümlich ist auch, daß
die Bürgerschaft auf die Wahl der Dreiräthe beschränkt ist und diese
Dreiräthe ihre übrigen Miträthe selbst erkiesen und Schultheiß und
Räthe dann alle andern Stadtämter besetzen. Dadurch, daß der Vogt
die Wahl leitet, nach späterer Bestimmung die Run, d. h. die geheime,
mündlich abgegebene Wahlstimme jedes einzelnen Wählers abnimmt
und das Wahlergebniß verkündet, ist endlich möglichst vorgebeugt, daß
nicht ein einzelner Bürger oder bisheriger Beamter auf ungebührliche

Weise seinen Einfluß geltend mache und die Wahlfreiheit der Bürger=
schaft beeinträchtige.

Es findet sich keine Spur, daß dieses Wahlstatut von einem der
drei Mitherren Frauenfelds förmlich bestätigt worden sei, wohl aber,
daß Constanz die Erwählung eines Schultheißen ungerne sah, weil
dadurch der Vorsitz des Vogtes im Rathe beseitigt wurde. Frauenfeld
hatte die Verwirrung und Zersplitterung aller Hoheits= und Herr=
schaftsrechte jener Zeit benutzt, um sich ein Selbstbestimmungsrecht an=
zueignen, das ihm vom Selbsterhaltungstrieb diktirt wurde. Zu spät
kam die Erinnerung der Stadt Constanz vom 12. Jenner 1454: da
man vernommen habe, daß die Bürgerschaft von Frauenfeld am Montag
nach Hilarius die Aemter besetzen wolle, so möge sie das Herkommen
bedenken, laut welchem in Frauenfeld ein Vogt sein solle, nicht ein
Schultheiß, und die Vogtei an die Stadt Constanz gehöre.

Wie die Uebung der spätern Zeiten bestätigt, wurde die Wahl
des Stadtgerichts und des Blutgerichts, das der Reichslandvogt der
Stadt bewilligt hatte, von dem aus der Bürgerschaft hervorgegangenen
Rathe besetzt; ebenso auch das geschworene Bürgergericht, dem die
Beurtheilung der Streitigkeiten über Eigengut und Gartenrecht aus=
schließlich darum zugewiesen wurde, weil diese Besitzungen nicht nach
den Regeln des gemeinen Rechtes, sondern nach den Rechtsgewohnheiten
der Stadt beurtheilt werden mußten.

7. Erweiterung der Stadtordnung von 1331 und 1431.

Ein Jahrhundert war vorüber gegangen, seit unter dem Vogte
Egerder die Uebungen, Rechte und Pflichten der Bürgerschaft in eine
umfassende Stadtordnung waren zusammengestellt worden. Seither
war der dem Vogte aus der Bürgerschaft beigegebene Rath der Vor=
mundschaft also entwachsen, daß das erste Mitglied desselben als
Schultheiß an die Spitze des Raths und der Bürgerschaft gestellt, zu=
gleich aber die Stadtordnung durch die Eintragung der unterdessen
zur Geltung gekommenen Vorschriften und Uebungen erweitert wurde.

Diese erweiterte Stadtordnung wurde durch Schultheiß, Rath und
gemeine Bürger der Stadt Frauenfeld gesetzt und eingeführt. Wiefern

„gemeine Burger" dazu mitgewirkt haben, ob in voller Bürgerversammlung darüber abgestimmt worden oder die Bürgerschaft durch eine von Schultheiß und Rath einberufene Auswahl der angesehenern Bürger vertreten gewesen sei, ist nicht gesagt. Das Letztere ist das Wahrscheinlichere. Indem der Rath, aus zwölf Mitgliedern bestehend, durch achtzehn von ihm ausgewählte Bürger sich verstärkte, konstituirte er sich als Großer Rath oder als Rath und gemeine Burger.

Die von Schultheiß und Rath und gemeinen Burgern umgearbeitete und erweiterte Stadtordnung wurde durch Voranstellung des Wahlstatuts eingeleitet und auf solche Weise gegen allfällige Einsprüche autorisirt.

Die in der Stadtordnung von 1331 enthaltene Strafbestimmung über den in der Stadt begangenen Todtschlag erhielt den Zusatz, daß sie auch auf Todtschläge, die zwischen Einwohnern Frauenfelds außerhalb der Stadt, in der Nähe oder Ferne vorfallen möchten, Anwendung finden soll.

Ein zweiter Zusatz verordnet, daß bei Ausbruch lebensgefährlicher Streitigkeiten (Stößen) Schultheiß, Räthe, Stadtweibel und jeder andere Bürger oder Einwohner den Streitenden bei 10 Pfunden Strafe, und wenn sie darauf vom Streit nicht ablassen, bei Leib- und Lebensstrafe Frieden zu gebieten verbunden seien.

Der dritte Zusatz verbietet, eines Andern Haus bei Nacht ohne dessen Wissen und Willen zu betreten, stellt aber die Bestrafung eines solchen Vergehens an Schultheiß und Rath.

Der vierte Zusatz verschärft die für unterlassene Feuerwehr angesetzte Strafe von zwei Pfund Pfenningen mit einjähriger Verweisung aus der Stadt.

In einem fünften Zusatze wird mit 10 Pfund Pfenningen Strafe bedroht, wer eine Tochter oder Wittwe der Ehe anspricht, ohne ihre Gelobung beweisen zu können, oder wer dazu rathet und hilft, daß eine Tochter oder Wittwe ohne Einwilligung ihrer Eltern und nächsten Verwandten eine Ehe eingehe.

Derselben Strafe unterliegt laut dem sechsten Zusatze, wer dem Andern sein Lehen entzieht, nämlich bei dem Lehenherrn das von einem Andern besessene Lehen fälschlich als erledigt ausgibt und für sich in Empfang nimmt.

Im siebenten Zusatze wird festgestellt, daß kein Hausbesitzer in der Stadt sein Haus an Jemand verkaufen dürfe, der nicht Bürger sei oder zur Stunde Bürger werden wolle und möge, und zwar bei Verlust des dritten Theiles des Hauses und Ungültigkeit des Kaufvertrages. Wenn aber Jemand Haus oder Güter an ein Kloster, Spital oder Herrschaft oder sonst an ewige Orte hingäbe, verkaufte oder vertauschte, wäre nicht nur der Kauf oder Tausch, sondern auch das Bürgerrecht des Schuldigen verwirkt. Wer durch Kauf oder Tausch ein Besitzthum erwirbt, soll es sich gerichtlich zufertigen lassen.

Weitere wahrscheinlich später angehängte Ergänzungen verbieten bei Gefängnißstrafe, innerhalb der Stadt oder der vier Kreuze ohne Erlaubniß des Schultheißen und Raths Fremden zu bleibendem Aufenthalte Herberge zu geben; fordern bei Verhandlung von Streitsachen im Rath den Ausstand der Verwandten der Streitparteien, sichern den in Streithändel verwickelten Bürgern, so sie es begehren, in der Nähe und Ferne auf ihre Kosten den Rechtsbeistand der Stadt zu, anerkennen nur die von Schultheiß und Rath bestätigten Vermächtnisse, verpflichten die Pfleger und Waisenvögte zur jährlichen Rechnungsablage auf die der Räthenschenke vorangehenden Wochen und geben weitläufige Vorschriften über den Bezug des Umgeldes. Nicht nur sollte aller von den Wirthen eingekellerte Wein verzeichnet und geschätzt, sondern wenn ein Faß Wein angestochen würde, der Wein durch den Stadtweibel ausgerufen und dann das Faß versiegelt werden und versiegelt bleiben, bis es leer sei, damit der Wirth nicht etwa dasselbe inzwischen wieder mit anderem Wein auffüllen und die Gäste oder die Umgelder betrügen könne.

Bei Strafe von zwei Pfund Pfenning wurde den Stadtbach oder Trüffelbach in seinem Laufe zu hemmen, und bei drei Pfund Pfenning nebst Schadenersatz einen Baumstamm aus dem Walde abzuschlagen verboten, und nicht nur dem Förster wurde solche Waldfrevel anzuzeigen überbunden, sondern auch jedem Andern, der zufällig Zeuge eines solchen Vergehens geworden ist, bei gleicher Strafe. Nach allen diesen Einschiebungen kommt die erweiterte Stadtordnung wieder auf die Metzger und Bäcker zurück, deren Handwerksbetrieb schon 1331 mehrfach geregelt worden war. Hier wird nun festgestellt, daß der Preis des Fleisches und des Brotes von den Fleischschauern und Brot-

schätzern angesetzt werden müsse. In Bezug auf die Arten Fleisch
wird unterschieden Schwein-, Rind-, Kalb-, Schaf- und Widderfleisch
und dabei verordnet, daß das Schönbäggis oder ausgemästete Rind=
fleisch auf die Fleischbank, das Nünis oder geringe Rindfleisch neben
die Fleischbank, das Schweinfleisch vor die Fleischbank, das finnige vor
den Bach gelegt, „was aber beinbrüchel oder aufhäls ist oder ansichtig
Presten hat", unter dem Thor verkauft werden soll.

Mit diesen und andern die Metzger= und Bäckergewerbe betref=
fenden Bestimmungen hängt zusammen, daß die Metzger gehalten waren,
ihr Fleisch auf der gemeinsamen Fleischbank bei dem Stadthause, nicht
in ihrer Wohnung, zum Verkaufe auszubieten, und die Brotlaube bei
dem Unterthore den Bäckern als Verkaufslokal angewiesen war. Man
wollte dem consumirenden Publikum die Möglichkeit verschaffen, die
unentbehrlichsten Lebensmittel nach ihrem Gehalte und Werthe zu prüfen.

In einem Anhange handelt die erweiterte Stadtordnung von dem
Schuldenbetrieb mit Botrechten, Pfandrechten und Gantrechten in einer
Weise, die offenbar auf das folgende Jahrhundert hinaus weiset, ihrem
Wesen nach aber aus älterer Zeit stammt. Schulden für Kaufmanns=
waaren oder andere Dinge, die sonst baar bezahlt zu werden pflegen,
werden mit Botrechten also beigetrieben, daß der Gläubiger bei dem
Rath oder bei dem Stadtgerichte dazu Erlaubniß einholt, hierauf dem
Schuldner durch den Stadtweibel bieten und nach zehn Tagen zum
zweiten Mal bieten läßt, nach abermals zehn Tagen der Rath den
Schuldner vorbescheidet und für seine Saumseligkeit büßt und, sofern
das nicht hilft, der Gläubiger den Schuldner in Gefangenschaft setzen
mag. Für Zinsschulden, die von Kauf, Erb und ähnlichen Ursachen
herrühren, kommt das Pfandrecht in Anwendung und zwar so, daß,
wenn die Schuld vom Rathe als berechtigt anerkannt ist, der Schuld=
forderer nach acht Tagen am Samstag durch die verordneten Schätzer
bei dem Schuldner so viele Pfande in die Schätzung nehmen läßt,
als wohl zur Deckung der Schuld genügen mag, nach Verfluß von
vierzehn Tagen dann der Schuldforderer die geschätzten Waaren zu
seinen Handen zu nehmen und damit nach Belieben zu verfahren
befugt ist.

Gantrecht auf Häuser und Grundbesitz wird bei dem Stadtgericht
erlangt, sofern die Schuldforderung erwiesen ist, und dann so vollzogen,

daß am folgenden Samstag über acht Tage durch den Weibel die Gant ausgerufen, jedoch drei Tage vor diesem Ausrufe dem Schuldner und den allfälligen Inhabern der Pfande dazu verkündet, nach der Versteigerung aber auch noch sechs Wochen und drei Tage zugewartet wird, bis die erstandenen Gegenstände vom Stadtgerichte eingehändigt werden. — Sollte ein Schuldner, nachdem sein Gegner vor Rath oder Gericht Botrecht, Pfandrecht oder Gantrecht erlangt hat, neuerdings Recht vorschlagen, so wird er ohne weitere Berücksichtigung in das Gefängniß gesetzt.

8. Fortwährende Aeufnung der kirchlichen Stiftungen während der Jahre 1400—1439.

Die heftigen Strömungen, von welchen in entgegengesetzten Richtungen durch die appenzellischen Freiheitskämpfe, durch die Verhandlungen des Kirchenconcils in Constanz und durch die reichsbürgerliche Vogtei der Stadt Constanz die städtische Obrigkeit in Bewegung gesetzt wurde, konnten die herkömmliche Neigung der Bürger Frauenfelds, zu Vermehrung kirchlicher Stiftungen neue Opfer zu bringen, nicht entmuthigen, scheinen dieselbe vielmehr noch mehr angefacht zu haben. Der Kampf für die Einheit der römisch-katholischen Kirche und des römisch-deutschen Reichs mochte ja unter der Leitung des himmlischen Ritters Michael und des ritterlichen Helden Georgs, des Drachentödters, am sichersten zum Siege führen. Sie waren auch die Lieblingsheiligen jener Zeit.

Zur Ergänzung der noch armen Michaelspfründe zu Oberkirch wurden beigetragen:

1406 von Abt Friedrich und Convent in Reichenau die Verzichtleistung auf die um vierthalb Pfund an die St. Michaelspfründe erkauften Lehenzehnten auf den Goldäckern, im Grüblin und auf dem Moose, welche im Namen der Hofmeisterin durch Kuno Siegfried bei dem reichenauischen Amtmann Wernli Fuog in Frauenfeld waren aufgesendet worden.

1409 von Niklaus Rüdger, als erstem Caplan der Michaelspfründe, das Vermächtniß seines Hauses und Hofes, sammt allen darin befindlichen Geräthen, Zeitbüchern, Bettgewand, Kultern, Leintüchern, Decklaken, Tischlaken, Weinfässern, Trögen, Kisten, Almärie (Küchenschrank), Bettstatten ehernen Häfen und Kessel, Pfannen, eichenen Gelten, Zübern, Kannen, andern schönen Hausgeschirr und allen Gütern und Zinsen, die der Besitzer bereits vergabt oder seither erworben hätte.

1410 von Hans Hofmeister und den Pfrundpflegern ein von Probst Rüdger in Ittingen um 16 Pfund Pfenning überlassenes Gütchen in Felben.

1413 von Vogt und Rath in Frauenfeld ein Mütt Kernenzins, den Ursula Hofmeister aus ihrem Weingarten und der Trotte zu Herten mit Einwilligung ihres Sohnes, Ulrich Hofmeister, um 8 Pfund Pfenning verkaufte.

1413 von Heinrich Zingg, dem ältern, der Zehnten von dritthalb Juchart Acker, gelegen oberhalb der Heerstraße, anstoßend an den Weingarten zu Wehennußböm, erkauft von Hans Fuog für 14 Pfund und 15 Schilling.

Nachdem die Michaelspfründe auf solche Weise ausgestattet war, kam die Reihe an die Georgenpfründe in der Stadt. — Als erste Schenkungen an dieselbe sind verzeichnet:

1416 von Hans Benz, Bürger zu Frauenfeld, ein Hof zu Wisenbangen, der 6 Mütt Kernen, 1 Malter Haber, 3 Hühner und 100 Eier zinsete und auf dessen Lehenrecht Abt Friedrich und Convent in Reichenau zu Handen der neuen Georgen-Caplanei um ein halbes Pfund Wachszins verzichteten.

1428 von dem Ritter Hans von Bonstetten, der zum Troste seiner Seele und auf Bitte von Vogt und Rath zu Frauenfeld seinem Lehenrechte auf dem von Hans Benz der Georgenpfründe geschenkten Theile des Widmergütchens entsagte.

1430 von den drei Räthen Hans Töber, Konrad Schmid und Heinrich Sigrist, und von Heinrich Bachherr und Klaus Fuog, als den fünf Pflegern und Aufsehern des Gotteshauses und der Pfründen zu Frauenfeld, sowie von Heinrich Egger, dem Pfleger der Georgenpfründe, ein zu Dietingen gelegenes Gut, genannt des Schwarzen Gut, Lehen von Ittingen, erkauft um 91 Pfund Häller und 1 Pfund Wachszins an die Kirche Stammheim.

1431 von Margaretha Hartengein, Wittwe des Klaus Weber, welche mit Zustimmung des Vogtes Hans Paier von Hanbuel, des Pfrundmeiers und Raths Konrad Schmid und der Räthe Henni Schlachter und Uli Torer den drei Pfründen in der Stadt, St. Georgen, St. Katharinen und der Tagmeßpfründe, all' ihr Eigen testirte, mit Ausnahme eines Weingärtchens und eines Aeckerleins.

Es versteht sich wohl von selbst, daß die durch die Räthe und Pfrundpfleger geleisteten Beiträge theilweise allerdings von ihnen selbst herrührten, größern Theils aber aus kleinern Opfergaben gesammelt waren, welche der gute Wille, ohne den Namen des Gebers zu bezeichnen, dargebracht hatte.

Bei solcher reger Bethätigung des Rathes und der Gemeinde, die kirchlichen Stiftungen und Güter zu pflegen und zu vermehren, war es also nur eine wohlverdiente Anerkennung, daß 1457 der bischöfliche Vikar, Domherr Nithart von Constanz, den Kirchherrn von Erchingen, der sich selbst Pfaff Jos von Matzingen zu Frauenfeld nannte, ermächtigte, mit Vogt und Rath gemeinsam die Kirchenrechnungen abnehmen zu lassen. Es kam dadurch mehr Einheit in die Verwaltung, als bei der Zersplitterung in die besondern Pflegschaften der einzelnen Pfründen möglich war. Es ist anzunehmen, daß Herr Jos selbst diese Maßregel hervorgerufen habe. Wie sehr ihm an dem ökonomischen Gedeihen der Kirchenangelegenheiten der Gemeinde gelegen war, hatte er in vollem Gegensatze gegen seinen frühern Vorfahren dadurch an den Tag gelegt, daß er die abermals baufällig gewordene Pfarrwohnung wieder ganz neu herstellte und sie bei dieser Gelegenheit so weit von der Kirche wegrückte, daß die alte Hofstätte zur Erweiterung des Kirchhofes benutzt werden konnte, vielleicht in naher Zeit auch zur Verlängerung des Kirchenschiffes benutzt wurde. Allerdings ist hierüber nichts aufgezeichnet, aber die Form des Thürbogens weist auf diese Zeit zurück. Für die Abtretung der Hofstätte ließ sich Herr Jos von der Kirchenpflege eine Entschädigung entrichten; daß die Gemeinde aber zum Pfarrhausbau einen Geldbeitrag geleistet habe, geht wenigstens aus der 1437 darüber ausgestellten Urkunde nicht hervor; der Pfarrhausbau war eine Obliegenheit des Pfarrherrn.

Fünfter Abschnitt.

Die Regierung des Herzogs Sigmund.

---

1. Zurücktritt Frauenfelds unter die Herrschaft Oesterreich.

Am 25. April 1429 ließ König Sigmund an Vogt, Rath und Stadt Frauenfeld die Weisung ergehen: nachdem er sie der Stadt Constanz anbefohlen, habe er derselben neuerdings aufgetragen, sie zu „verthädigen"; deßnahen soll Frauenfeld der Stadt Constanz „gehorsam und gefölgig sein", wie früher dem Landvogt, von des Königs und des Reichs wegen.

Nach dem Wortlaute dieser königlichen Erklärung wäre hiemit die Stadt Frauenfeld aus der Reichsvogtei der Landgrafschaft Thurgau ausgeschieden und als unmittelbare Municipalstadt von Constanz betrachtet worden. Durch dieses neue Verhältniß zu Constanz ließ sich aber Frauenfeld nicht abhalten, im Jahre 1434 den König und Kaiser Sigmund um die Bestätigung ihrer von der Herrschaft Oesterreich verliehenen Freiheiten anzugehen. Die Bitte wurde auch gewährt, ohne daß in dem neuen Freiheitsbriefe der Vogteirechte der Stadt Constanz Erwähnung geschah. Man will sich diese Widersprüche durch die Voraussetzung erklären, daß Frauenfeld, wenn es ihm nicht möglich war, zur unmittelbaren Reichsfreiheit zu gelangen, es vorgezogen hätte, unter die frühere Herrschaft Oesterreichs zurück zu kehren, statt der bürgerlichen Obervogtei der Reichsstadt Constanz unterthänig zu sein; und daß andererseits der König Sigmund durch seinen Erlaß von 1429 nicht sowohl die Stadt Constanz begünstigen, als vielmehr den Herzog Friedrich reizen wollte, durch eine gesteigerte Auslösungssumme die der

Stadt Constanz verkauften Rechte der Vogtei Frauenfeld und des Landgerichtes im Thurgau wieder an sich zu lösen. Allein Herzog Friedrich
konnte, im bittern Gefühle des ihm bei Anlaß des constanzischen Concils
wiederfahrenen Unrechts, sich nicht entschließen, mit dem Könige sich in
neue Unterhandlungen einzulassen und hinterließ die Aufgabe, dafür
Rache zu nehmen, seinen Erben. — Er starb am 24. Juni des
Jahres 1439.

Unterdessen war auch (1437, 9. December) König Sigmund mit
Tod abgegangen. Sein Nachfolger im Reiche, Albrecht II., Herzog
von Oesterreich, wurde schon 1439 frühzeitig ebenfalls vom Tode
ereilt und demselben Friedrich IV. von Oesterreich zum Nachfolger
gegeben. Diesem Könige Friedrich, dem Haupte des österreichischen
Hauses, der auch die Vormundschaft über Sigmund, den Sohn des
Herzogs Friedrich, führte, war es vorbehalten, den Kampf um die
verlorenen österreichischen Vorlande wieder aufzunehmen.

Nachdem König Friedrich im Herbste 1442 die Städte Zürich,
Winterthur, Bern, Freiburg, Basel in königlicher Würde besucht, mit
Zürich wegen der Grafschaft Kyburg ein Abkommen getroffen, durch
seine Leutseligkeit und Klugheit manches Herz gewonnen, am 24. November auch Rath und Bürger von Dießenhofen überredet hatte, die
Reichsfreiheit wieder aufzugeben und unter die Herrschaft Oesterreichs
zurück zu treten, benützte er seinen Aufenthalt in Constanz auch, der
Stadt die Verzichtleistung auf die Vogtei Frauenfeld und auf das
thurgauische Landgericht zuzumuthen. Da Frauenfeld bereits im Juli
1442 die Bestätigung seiner alten Freiheiten bei dem Könige nachgesucht und erlangt hatte, läßt sich vermuthen, daß bei diesem Anlaß
auch um Aufhebung der Verpflichtung an die Stadt Constanz gebeten
worden sei. Allein die Stadt Constanz konnte sich nicht entschließen,
dem Wunsche des Königs zu entsprechen. Wohl hätte der König sie
dennoch durch Erstattung der dem Könige Sigmund bezahlten Pfandsumme rechtlich dazu nöthigen können; er zog es aber vor, die an das
Reich gefallene Landvogtei mit einem österreichischen Landvogte zu besetzen und auf solche Weise die Landgrafschaft Thurgau sowohl als die
Stadt Frauenfeld wieder unter die Oberherrschaft Oesterreichs zu stellen.

Die Einsetzung eines österreichischen Landvogtes im Thurgau genügte, den Einfluß der constanzischen Vogtei über Frauenfeld so zu

beschränkten, daß ihr nur einige gerichtsherrliche Rechte und Einkünfte übrig blieben und dagegen das von der Bürgerschaft gewählte erste Mitglied des Rathes als Stadtschultheiß in allen Verwaltungsangelegenheiten als erste Magistratsperson anerkannt wurde. Allerdings machte Constanz noch 1454 gegen diese seine Vogteirechte beschränkende Neuerung Einwendungen; da aber der constanzische Untervogt die Stelle nur als Pachtung besorgte, ihr Ertrag sogar 1425 zur Hälfte an Hermann von Landenberg verpfändet war, die Landvögte des Kaisers und des Herzogs von Oesterreich auch lieber mit dem Stadtschultheißen als mit dem Vogt verkehrten, wurde das Schultheißenamt endlich Gewohnheitsrecht. Die von 1443 bis 1458 mit der Stadt Frauenfeld geführten Correspondenzen der Herzoge Albrecht und Sigmund und der benachbarten Städte und Edelleute werden zahlreiche Beweise dafür bieten. Indem Constanz es sich gefallen ließ, den Vogt aus einem dreifachen Vorschlag der Bürgerschaft von Frauenfeld zu wählen, die Bürgerschaft aber den Schultheiß alljährlich aus ihrer Mitte ernannte, ohne eine Bestätigung der Wahl einholen zu müssen, gelangte Frauenfeld zu einer Selbständigkeit, die der Reichsfreiheit jener Zeiten nahe kam.

2. Frauenfelds Betheiligung bei dem Kriege Oesterreichs gegen die Eidgenossen und Befestigung der obern Vorstadt. 1443—1446.

Die Verfügung, welche von König Friedrich über die Landvogtei des Thurgaus zu Gunsten Oesterreichs getroffen wurde, hatte ihren Grund nicht bloß in den alten Ansprüchen des Hauses Habsburg-Kyburg auf diesen Besitz, sondern eben so sehr in der Nothwendigkeit, Frauenfeld für Kriegszwecke in den bevorstehenden Kriegen gegen die schweizerische Eidgenossenschaft benutzen zu können.

Der König hatte nämlich bei seinem Aufenthalte in Zürich mit dieser Stadt die Verbindlichkeit eingegangen, gegen Abtretung der ihr verpfändeten Grafschaft Kyburg bei Fortsetzung des Krieges um die Erbschaft von Toggenburg den Zürchern Hülfe zu leisten. Die örtliche Lage Frauenfelds und der Landgrafschaft Thurgau brachte es also mit sich, daß namentlich auch von dieser Seite her der Angriff auf Schwyz und Glarus durch die dazwischen gelegenen Grafschaften Toggenburg und Kyburg unternommen werden sollte, im ungünstigen Falle freilich der Sieg des Gegners für den Thurgau und für Frauenfeld die verderblichsten Folgen haben mußte. Wer nicht durch die Zuversicht des österreichisch-zürcherischen Bündnisses geblendet war, sah diesem verhängnißvollen Kampfe mit banger Besorgniß entgegen.

Indem der König in seine österreichischen Erblande zurück kehrte, übergab er die Verwaltung der vorderen Erblande seinem Bruder Albrecht, Herzog von Oesterreich. Mit der Oberleitung des mit Zürich vereinbarten gemeinsamen Unternehmens gegen die Eidgenossen wurde der Markgraf Wilhelm von Baden-Hochberg, Herr von Grießenberg und Spiegelberg, betraut. Oesterreichischer Hauptmann in Zürich war Thüring von Hallwil, ein Hofbeamter und vertrauter Rath des Königs. Der Ritter Hans von Rechberg, Vogt von Laufenburg, sollte namentlich durch überraschende Streifzüge die Hauptmacht der Zürcher unterstützen und über den eigentlichen Kriegsplan derselben den Feind irre leiten. Als aber am 20. Mai 1443 der Friede aufgekündet war, erlitten schon am dritten Tage die Zürcher eine solche Niederlage, daß sie in ihre Stadt sich zurückzogen und ihr ganzes Landgebiet dem Feinde überließen. Hans von Rechberg suchte zwar den Zürchern dadurch Luft zu machen, daß er am 16. Juli durch einen Streifzug die Stadt Wyl überraschte und Schwyz durch einen Angriff von der Grenze des Toggenburgs her bedrohte. Allein die tapfere Gegenwehr der Bürger Wyls und der Landsturm der Toggenburger vereitelten sein Unternehmen. Der Sieg der Schwyzer und ihrer Eidgenossen bei St. Jakob an der Sihl zwang den Markgrafen, einen Waffenstillstand einzugehen, um größere Streitkräfte sammeln zu können.

Nach Ablauf des Waffenstillstandes, am 2. April des Jahres 1444, beeilten sich die Bürger von Wyl, verstärkt durch Schwyzer und Toggenburger, den ihnen von Rechberg zugefügten Schaden an den Besitzungen des Markgrafen und seiner Freunde zu rächen. Sie verbrannten ihm die Burgen Grießenberg und Spiegelberg und verwüsteten das dazu gehörige Gelände. Dasselbe widerfuhr dem bösen Beringer von Landenberg auf Sonnenberg. Diese Schädigungen zu vergelten, mußte der Markgraf verschieben. Seine ganze Aufmerksamkeit richtete sich auf die von ihm aus Frankreich zur Hülfe herbeigerufenen Armagnaken. Im Kampfe gegen 40,000 Mann dieser kriegserfahrenen Schaaren erlagen die 1600 Eidgenossen, die ihnen entgegen gezogen, am 26. August bei St. Jakob an der Birs. Die Belagerung Zürichs wurde aufgehoben und jeder Ort suchte seine Gewahrsame in der eigenen Heimat, bis die Armagnalen durch Vertrag bewogen wurden, wieder in das Elsaß und über den Rhein sich zurück zu ziehen.

Diese scheinbare Schwäche und Entmuthigung der Eidgenossen benützten die Freunde Oesterreichs, Städte und Adel, auf's Neue gegen sie zu waffnen. Die Zeit schien gekommen, dem verhaßten Bunde ein Ende zu machen. Unter denen, die den Eidgenossen Absagebriefe ein- sandten, waren auch Vogt, Rath und Gemeinde der Stadt Frauenfeld und ihre Bürger Rudolf von Landenberg zu Greifensee, Caspar Zum Thor und Heinrich Zum Thor, sein Sohn. Die Bürgerschaft von Frauenfeld war dazu durch das Burgrecht verpflichtet, welches diese Edelleute bei ihr genossen. Die Schädigungen, welche besonders dem Herrn der Burg Sonnenberg von Wyl aus widerfahren waren, for- derten Genugthuung, daher mußte auch die Fehde zunächst gegen Wyl gerichtet sein. Da jedoch in denselben Tagen vom Bischofe und vom Concilium von Basel und auch von einigen Reichsfürsten zwischen Oesterreich und den Eidgenossen Friedensunterhandlungen gepflogen wurden, blieb die angekündigte Fehde einstweilen aufgeschoben.

Dagegen ließ am 2. December 1444 Herzog Albrecht von Winter- thur aus an Burgermeister*), Räthe und Gemeinde zu Frauenfeld ein Schreiben abgehen, worin er ihnen ankündigte, er sei Willens, einen „gereisigen Zeug" in die Stadt zu legen; sie sollen demselben die Stadt öffnen und die Seinen daraus und darein ziehen lassen. Selbst- verständlich durfte Frauenfeld sich dessen nicht weigern. Indessen erkannten Rath und Gemeinde die große Gefahr, welcher sie dadurch ausgesetzt wurden. Immer noch war die österreichische Stadt Rappers- wil von den Schwyzern belagert. Auf großen Schiffen, die von Bregenz nach Diessenhofen geführt und von Diessenhofen zu Lande auf den Zürichsee geschafft wurden, und auf ungewöhnlich großen Flößen suchten die Oesterreicher und die Zürcher der Stadt Rapperswil sich zu nähern, sie mit Lebensmitteln zu versehen, sie zu entsetzen;

---

*) Ob diese Amtsbezeichnung mit Absicht gewählt wurde oder ein Kanzlei- versehen war, bleibt unentschieden.

mit denselben Mitteln und Waffen wiesen die Schwyzer ihre Angriffe zurück. Tägliche Ueberfälle und Raubzüge zu Wasser und zu Lande steigerten die gegenseitige Erbitterung. Niemand durfte zweifeln, daß der Krieg bald wieder auf allen Seiten ausbrechen werde. Frauenfeld hatte um so mehr Grund zu Besorgnissen, da man aus Erfahrung wußte, daß die Eidgenossen nicht gewohnt seien, einen erhaltenen Fehde-brief unerwidert bei Seite zu legen. Diese Besorgnisse wurde dem Herzoge Albrecht nicht verhehlt. Daher ließ er am 11. Jenner 1445 der Bürgerschaft von Stein aus mittheilen, als nunmehriger gewaltiger regierender Landesfürst habe er, auf vorgetragene Bitte, dem Vogt und Rath und der Gemeinde Frauenfeld die Erlaubniß gegeben, die obere Vorstadt mit Mauern und Graben zu befestigen und die der eigentlichen Stadt zustehenden besonderen Rechte und Freiheiten auf die Vorstadt auszudehnen.

Da diese Befestigung der Vorstadt das einzige Mittel war, zu verhüten, daß die in derselben befindlichen zahlreichen Gesindewohnungen, Scheunen und Ställe bei einem feindlichen Ueberfalle ausgeraubt und niedergebrannt werden, gestattete die drohende Gefahr keine Verzögerung. Schon seit längerer Zeit war die aus der Vorstadt gegen Langdorf hinausführende Straße mit einem Thorbogen, dem Trüffelthore, ver-sehen; es handelte sich also darum, auch noch Graben und Wall und Ringmauern zu errichten. Wie weit dieses Werk ausgeführt wurde, ist freilich nicht mehr zu erkennen. Da aber jeder Bürger zu Frohn-tagen verpflichtet war, konnte es ohne Erhöhung der Jahressteuer zu Stande gebracht werden. Die Rechnung enthält wenigstens keine darauf bezüglichen Angaben. Immerhin blieben von dieser Zeit an die Be-wohner der Vorstadt denjenigen der innern Stadt in Rechten und Pflichten gleich gestellt.

3. Frauenfeld im Kriege Oesterreichs gegen die Eidgenossen. Fortsetzung. 1445 und 1446.

Die gemessene, aber drohende Zurückhaltung, bei welcher besonders Bern seit dem Abzuge der Armagnaken beharrte, setzte den über-raschenden Streifzügen des Hans von Rechberg in jenen westlichen Ge-genden des Aargaus eine Grenze. Er unternahm daher seine Streifzüge nicht mehr auf eigene Fauſt fort, ſondern ſchloß ſich enger an die Zürcher an oder warf ſich mit ſeinem Reitertrupp in die Grafſchaft Kyburg und die Landgrafſchaft Thurgau, um von hier aus, verbunden mit den Bürgerwehren von Winterthur, Dießenhofen, Frauenfeld, die Fehde Zürichs gegen Schwyz und Glarus zu unterſtützen.

Noch hielt der Winterfroſt die Erde gefangen, als ſchon am 28. Jenner 1445 der unermüdliche Rechberger eine Schaar Fußvolk von Zürich, Winterthur und Frauenfeld um ſich geſammelt hatte und, von dunkler Nacht begünſtigt, unerwartet vor Wyl erſchien. Der Stadt durch Ueberraſchung ſich zu bemächtigen, gelang nicht; dagegen plünderten oder verbrannten ſie oberhalb Wyl Alles, was zu erreichen war, erſchlugen einige Männer, ſchleppten andere als Gefangene mit ſich und wandten ſich nach ſolchen Thaten, mit vieler Beute beladen, zur Rückkehr. Wie die von Wyl das ſahen, brachen ſie aus der Stadt, dem Feinde den Raub abzujagen. Hans von Rechberg aber ermunterte ſeine Leute, furchtlos und langſam über das Feld weiter zu ziehen, verſteckte ſich mit ſeinen Reiſigen und einigem Fußvolk hinter einem Zaun und Waldgebüſch und als die Verfolger eifrig vorbeirannten, fiel er auf ſie ein und brachte ihnen einen Verluſt bei, den er ſelbſt auf 50 Mann ſchätzte, der Gegner aber auf nur 12 Mann angab, nämlich zwei von Schwyz, vier Toggenburger und vier von Wyl. Unangefochten zogen dann Rechberg und ſeine Genoſſen mit ihrer Beute weiter, jeder in ſeine Heimat.

Als bei Anbruch des Frühjahrs Herzog Albrecht wieder in dieſen obern Landen erſchien, kündigte er am 25. März 1445 von Dießenhofen aus der Stadt Frauenfeld an, als gewaltiger regierender Landesfürſt werde er die Huldigung einnehmen; da er es aber nicht in eigener Perſon thun möge, ſende er zu ſolchem Zweck ſeinen Kammermeiſter, Andreas Holnegger. Man knüpfte an dieſe Thätigkeit die Erwartung großer kriegeriſcher Unternehmungen; allein man beſchränkte ſich den ganzen Sommer über auf kleine Fehden, bei denen fortwährend auf Seiten Oeſterreichs Hans von Rechberg die Hauptrolle ſpielte.

Am 27. April ſandten Werner von Schynen, Hauptmann, und Schultheiß und Rath von Winterthur einen Eilboten nach Frauenfeld und berichteten: an dieſem Tage bei Sonnenaufgang habe es mancher Orten an der Glatt oder anderswo gebrannt; die Leute ſeien von

Embrach, Korbas und der Umgegend hereingelaufen mit Geschrei, die Eidgenossen hätten sich in Baden gesammelt; was sie beabsichtigen, wisse man zwar nicht, indessen habe man sorgsame Wachen ausgestellt; auch Frauenfeld möge die Leute sammeln und beisammen halten. — Eine Täuschung oder ein Zufall gab zu dem blinden Lärm Veranlassung; wenigstens fand Herzog Albrecht kein Hinderniß, am 28. April durch jene Gegenden nach Zürich zu reisen und dort bei seinen Freunden fröhlichen Festlichkeiten beizuwohnen.

Dagegen dürfte wohl, ihm zu Gefallen, ein neuer Streifzug nach Wyl veranstaltet worden sein. Am 13. Mai nämlich sammelte sich von Winterthur, Frauenfeld, Dießenhofen, aus dem Kyburgeramt, aus dem Thurgau zahlreiche Mannschaft zu Pferd und zu Fuß, zogen bei Nacht vor die Stadt Wyl, schossen Feuerpfeile in die obere Vorstadt und brannten einige vor der Stadt gelegene Gebäude nieder, ohne etwas Weiteres zu erzwecken. Dann wiederholten sie diesen Ueberfall acht Tage später, durch Zürcher verstärkt und mit allerlei Sturmzeug versehen. Schon um Mitternacht begannen sie Feuer in die Stadt zu werfen und mit Büchsen zu schießen, trieben das auch bis zu Tagesanbruch fort, um bei der allgemeinen Verwirrung einer Feuersbrunst in die Stadt einzudringen. Allein die Bürger von Wyl hatten vorher Warnung empfangen und sich so gut auf den Angriff vorbereitet, daß die Stürmenden mit Steinen abgetrieben, die Steigleitern umgeworfen und die Gegner so lange hingehalten wurden, bis der Landsturm durch das Toggenburg Glarus und Schwyz herbei rief und den Feind zu eiligem Rückzuge nöthigte. Sein Verlust soll sich, die Verwundeten nicht gerechnet, auf 78 Mann belaufen haben.

Begierig, diesen Verlust wieder einzubringen oder vielmehr den Herrn von Toggenburg, Petermann von Raron, dessen Leute den Sturm auf Wyl vereitelt hatten, für seine Parteinahme zu strafen, ließen die Bürger von Winterthur, Frauenfeld, Dießenhofen und vieles Landvolk aus den Grafschaften Kyburg und Thurgau sich anreizen, am 11. Brachmonat abermals aufzubrechen. Aus dem Murgthale drangen sie, 600 Mann stark, durch die Letzinen bei Kirchberg, verbrannten zwölf Häuser, erschossen einen Mann und brachten mehreren andern Verwundungen bei, verweilten dabei aber so lange, daß unterdessen auf ergangenen Landsturm die herbei geeilten Schaaren der

Toggenburger vom zerstreuten abwehrenden Gefechte zu einem Hauptangriffe übergehen konnten und es ihnen gelang, dieselben in die Flucht
zu schlagen, mit einem Verlust von 75 Mann und des Fähnleins von
Winterthur. Unter den Erschlagenen waren 12 Bürger von Winterthur nebst ihrem Fähnchenträger. Auch drei Gefangene blieben zurück.
Daß Herr Petermann von Raron selbst bei dem Gefechte sich eingefunden, hatte ohne Zweifel zur Ermuthigung der Landsturmmänner
und zu ihrem Siege wesentlich beigetragen.

Dem über diesen Vorfall von Herrn Petermann an die schwy-
zerischen Hauptleute zu Pfäffikon abgestatteten Berichte ist beigefügt:
„Auf mein Befragen haben die Gefangenen ausgesagt, daß sie von
dem Könige große Hülfe erwarten dürfen, daß ihnen Euer neulich
gefaßter Anschlag wohl bekannt gewesen sei und sie sich darauf gefaßt
gemacht und, wären sie auf Euch gestoßen, Euch angegriffen hätten.“
Es ist damit offenbar der Streifzug gemeint, den die Schwyzer von
Pfäffikon aus unternehmen wollten, aber um der Friedensvermittlung
des Comthurs von Wädiswil und anderer Freunde willen einstweilen
verschoben, im Heumonat aber dennoch ausführten, so daß sie bis in
die Nähe von Zürich drangen. Die Erwartung, daß der König oder
Herzog Albrecht ein großes Heer herbeiführen werde, blieb eine durch
Hans von Rechberg bei den Zürchern unterhaltene Täuschung.

Während also am Zürichsee und an der Limmat bis nach Baden
und an der Glatt und Reuß die Feindseligkeiten fortdauerten, fanden
auch im Thurgau zwischen Wyl und den österreichisch gesinnten Burgherren fortwährende Neckereien statt. Die Geschichte von Wyl erzählt
eine Menge von kriegerischen Ueberfällen, welche von der Besatzung
und Bürgerschaft von Wyl auf einzelne Ortschaften des obern Thurgaus oder vom thurgauischen Adel auf Angehörige der Stadt Wyl
gemacht wurden.

Wie einzelne Männer auch bloß wegen verwandtschaftlichen Verbindungen mit den Eidgenossen befehdet wurden, zeigt das Beispiel
des Chorherrn Hans Gartenmann von Bischofszell. Junker Hug von
Hegi und Junker Beringer von Landenberg, beide in Frauenfeld gesessen, überfielen denselben und ließen ihn nicht wieder frei, bis er
ihnen vierundzwanzig Gulden zu zahlen versprach. Es geschah dieß
so sehr gegen Recht und Fug, daß am 11. August 1445 der Markgraf

von Hochberg, der Kanzler von Eich, die Ritter Bertold von Stein und Thüring von Hallwil als Machtboten des Herzogs Albrecht sich bemüßigt fanden, dem Herrn Hans von Klingenberg, Hauptmann zu Frauenfeld, und dem Vogt daselbst oder ihren Stellvertretern Befehl zu geben, den Chorherrn des Versprechens zu entledigen oder das Geld bei dem Vogte zu Handen des Herzogs zu hinterlegen.

Im Herbste 1445 entschlossen sich die eidgenössischen Hauptleute, durch einen Zug in die thurgauische Landschaft der Stadt Wyl und dem Herrn von Toggenburg für die im Sommer erlittene Unbill Genugthuung zu verschaffen. Von Schwyz 200, von Uri, Unterwalden und Zug je 100 Mann, verstärkt mit 300 Toggenburgern, am 4. September in Wyl versammelt, brachen sie am 5. September nach Frauenfeld auf, um diese Stadt büßen zu lassen, was sie in Vereinigung mit Winterthur und Dießenhofen der Stadt Wyl Böses zugefügt. Sie nahmen zwar nicht Zeit, die wohlverwahrte Stadt zu bestürmen oder zu belagern, sondern begnügten sich, die zu Frauenfeld gehörigen Dörfer und Höfe, namentlich Kurzdorf, Langdorf und Mettendorf, auszurauben und in Brand zu stecken, und eilten dann, ihre meistens aus Vieh bestehende Beute in Sicherheit zu bringen, über die Thur hinauf gegen Pfyn und Müllheim. Ueberall rief die Sturmglocke die Landleute zusammen. Die Bürger von Frauenfeld, unter ihrem Fähnchen geschaart, folgten dem Feinde, ihm die Beute abzujagen. Bei Pfyn erreichten sie ihn und scharmützelnd drängten sie, durch die Landsturmmänner verstärkt, die Nachhut über Mülheim hinauf bis in die Nähe von Wigoltingen, wo die feindliche Hauptmacht sich umwandte, die Verfolger zurückschlug und ihnen einen Verlust von mehr als 300 Mann beibrachte. Auch das Fähnlein von Frauenfeld ging verloren, um als Siegeszeichen in der Kirche von Schwyz aufgehängt zu werden. In Weinfelden hielten die Eidgenossen, und des folgenden Tages kamen sie, ohne weiter beunruhigt zu werden, wieder nach Wyl zurück.

Die auf diesem Zuge geschädigten Edelleute fehdeten die Stadt Wyl noch den ganzen Herbst hindurch und bis in den Winter hinein und wurden dafür wieder von denen von Wyl mit Brand und Raub heimgesucht; es ist aber keine bestimmte Anzeige vorhanden, daß Frauenfeld sich dabei betheiligt habe oder daß ihre Gegner bis nach Frauenfeld vorgedrungen seien. Dagegen war Frauenfeld einer andern Gefahr ausgesetzt, die mit diesem Kriege in keiner nähern Verbindung stand.

Schon am 3. December 1444 hatte das Landgericht Stühlingen die Anzeige gemacht, daß der Kuplin von Frauenfeld auf Klage Rudolfs Kornmesser von Schaffhausen in die Acht erklärt sei, in Frauenfeld daher nicht geduldet werden dürfe, wenn Frauenfeld nicht gefährden wolle, ebenfalls geächtet zu werden. Hier scheint man diese Drohung nicht beachtet zu haben; ebensowenig eine andere Vorladung vor das Hofgericht in Rotweil, auf die Klage der Frau Anna Thum, geboren von Aichelberg, und ihres Sohnes Albrecht Thum zu Neuenburg, Ritter, sich zu verantworten; daher denn wirklich über Rath und Bürger von Frauenfeld die Acht ausgesprochen wurde. Dadurch erhielt also Jedermann das Recht, an den Einwohnern Frauenfelds zu Hause und auf Reisen Gewalt zu üben, waren sie von jedem Verkehre abgeschlossen. Indessen stellte der Hofrichter Johannes von Sulz (auf wessen Verwenden ist unbekannt) am 13. August 1445 eine Urkunde aus, daß sie wieder aus dem Achtbuche gestrichen worden und ihnen erlaubt sei, mit Jedermann Gemeinschaft zu pflegen.

Im folgenden Jahre soll Hans von Rechberg nach zürcherischen Berichten mit Zürchern und Winterthurern am Karlstage (28. Jenner) 1446 gegen Wyl abermals einen Kriegszug ausgeführt haben, in ähnlicher Weise und mit demselben Erfolge, wie am 28. Jenner 1445. Man durfte sogar erwarten, daß Oesterreich bei den Vorbereitungen auf einen neuen Feldzug Frauenfeld zu einem Ausgangspunkte für größere Unternehmungen benutzen werde; denn am 10. Hornung 1446 zeigte Herzog Albrecht dem Schultheißen, Rath und Bürgern zu Frauenfeld an, daß er seinen Diener Werner von Schinen zum Hauptmann daselbst gesetzt habe, dem zu folgen er sie verpflichte. Allein der Sieg, den die Eidgenossen am 5. März bei Ragaz über Oesterreichs Kriegsmacht und Hans von Rechberg erfochten, führte endlich den Frieden zwischen Zürich und den Eidgenossen herbei. Kyburg, die Grafschaft, kehrte unter den Gehorsam Zürichs zurück; Winterthur und Thurgau sammt Frauenfeld blieben österreichisch.

Freitags den 11. Brachmonat 1446 ließ Herzog Albrecht von Constanz aus dem Hauptmann Werner von Schinen und dem Schultheißen und Rath von Frauenfeld melden, daß zwischen dem Hause

Oesterreich und den Eidgenossen, auch denen von Basel und Rheinfelden, ein Stillstand beliebt worden sei, angehend auf nächsten Sonntag mit Sonnenaufgang; die von Frauenfeld sollen also keinen Angriff
mehr thun, sondern „vernueglich" mit den Eidgenossen handeln und
auf benannten Tag alle Gefangenen ledig lassen.

In der Eidgenossenschaft jubelte alles Volk, daß der Friede mit
Zürich geschlossen, der eidgenössische Bund wieder hergestellt sei. Bei
den österreichischen Angehörigen war die Freude getheilt. Der arbeit-
same Landmann, der strebsame Bürger der Stadt, wie konnten sie
anders als Gott danken, daß sie nun wieder sicher ihrem Gewerbe
nachgehen durften! Bei Andern aber, namentlich bei dem Adel und
zum Theil auch bei den Städten, war der Aerger über das Mißlingen
aller zur Unterdrückung des eidgenössischen Bundes, der Bauernherrschaft,
gemachten Anstrengungen das überwiegende Gefühl.

Bereitwillig sandte Frauenfeld dem Ritter Hans von Klingenberg
auf sein Schreiben vom 1. August 1447 die Tarraßbüchse, Salpeter
und Schwefel, die er der Stadt in ihren Nöthen geliehen, wieder zurück auf seine Feste zu Stein. Sie durfte hoffen, derselben nicht
mehr zu bedürfen.

4. Bürgerliche Zustände.

Was die Bürgerschaft Frauenfeld während des fast dreijährigen
Krieges im Dienste der Herrschaft und zur Bewahrung ihrer Stadt
gethan, brachte ihr weder Sold ein noch Erweiterung ihres Gebietes;
förderte dagegen ihr inneres Wachsthum und den Wetteifer, nicht
hinter ihren benachbarten Schwesterstädten zurück zu bleiben.

Die Kräfte der damaligen Bevölkerung, sowohl in Bezug auf die
Zahl der streitfähigen Mannschaft als in Bezug auf den Vermögensbesitz, ergeben sich aus den Steuerrödeln, die von 1443 an bis in
den Anfang des folgenden XVI. Jahrhunderts glücklicher Weise sich
erhalten haben. Hinsichtlich der Mannschaft ist anzunehmen, daß jedes
Haus seinen Mann stellte, theils zum Kampfe gegen den Feind im
Felde, theils zur Vertheidigung der Stadt, im Ganzen hiemit ungefähr
120 Bewaffnete. Hinsichtlich des Vermögens bildeten den hauptsächlichsten Besitz die Häuser, die in der Nähe der Stadt gelegenen Grund-

stücke und die einzelnen Bürgern von fremden Gütern zukommenden Grund- und Fruchtzinse. Bewegliche Kapitalien waren bei der Geld- armuth und bei den unvollkommenen Verkehrsmitteln jener Zeit in ganz unbedeutendem Maße vorhanden. Da in Kriegsfällen bei der damaligen Art der Kriegsführung die Hauptaufgabe sich fast immer darauf beschränkte, den Gegner durch Raub und Brand zu schädigen oder bei Ueberfällen sich hinter die Mauern der Stadt zurück zu ziehen, der außerhalb der Mauern gelegene Besitz hiemit keines Schutzes genoß, der Eigenthümer allen Schaden selbst tragen mußte, wäre es höchst unbillig gewesen, einem solchen stets gefährdeten Besitz eine Steuer auf- zulegen; daher beschlug die Vermögenssteuer hauptsächlich den Werth der Häuser und der in denselben aufbewahrten Vorräthe. Dieses Eigen- thum war es, was von der Bürgerschaft mit gemeinsamer Kraft ver- theidigt, daher auch mit Recht zu gemeinsamer Steuer in Mitleidenschaft gezogen wurde.

Diese Häusersteuer scheint vom Ursprunge des städtischen Gemein- wesens an die Grundlage der Vermögenssteuer gebildet und schon damals anderthalb bis höchstens sechs Schillinge (später Batzen genannt) betragen zu haben. Nachher kam ein Zuschlag hinzu, der je nach dem übrigen Vermögen des Hauseigenthümers auf das Drei- und Mehr- fache gesteigert wurde. In den Kriegsjahren von 1443—1460 genügte dieses herkömmliche Steuersystem nicht. Die vermehrten Bedürfnisse forderten größere Geldopfer.

Alljährlich im Herbst wurde zur Bestreitung der städtischen Be- dürfnisse die Steuer bezogen, abwechselnd im einen Jahr „bei der Mark und nach Eiden", im andern Jahr „nach dem Dunt", d. h. nach freiem Ermessen des Bürgers, ein Verfahren, bei welchem Strenge, Billigkeit, Opferwilligkeit und Engherzigkeit in merkwürdiger Weise sich ausgleichen konnten.

Im Jahre 1443 wurde bei Eiden das Vermögen von 74 Steuer- pflichtigen auf 18,125 Pfund angegeben. Neben ihnen steuerten aber noch 104 (vermögenslose) Haushaltungen oder auf eigene Rechnung lebende Einwohner. Der ganze Ertrag der Steuer belief sich auf 98 Pfund. Diese 98 Pfund kamen im Geldwerth gleich 196 Mütt Kernen.

Als 1444 nach dem Dunk gesteuert wurde, gingen von 160 Haushaltungen der Stadt und Ergeten und von 23 Ansässigen der obern Vorstadt 156 Pfund und 18 Schillinge ein.

Im Jahre 1445 wurde nach der Mark und bei Eiden das Steuervermögen auf 18,707 Pfund angesetzt; die Steuer selbst ertrug 196 Pfund.

Nach dem Dunk steuerte man im Jahre 1446 166 Pfund; im folgenden Jahre nach der Mark, bei 19,471 Pfund Vermögen, 140 Pfund.

Unter den Bürgern erschienen im Jahre 1443 mit dem höchsten Vermögen:

Der Sigrist mit 1300 Pfund und einer Steuer von 5 Pf. 8 Sch. 4 Pfen.;

Uli Locher mit 1180 Pfund und einer Steuer von 4 Pf. 18 Sch. 4 Pfen.;

Uli Ammann mit 800 Pfund und einer Steuer von 3 Pf. 7 Sch. 8 Pfen.;

Klaus Juog mit 615 Pfund und einer Steuer von 2 Pf. 11 Sch. 3 Pfen.;

Uli Federlin mit 350 Pfund und einer Steuer von 1 Pf. 9 Sch. 2 Pfen.

Hiemit zahlte jedes Pfund einen Pfennig oder $\frac{1}{240}$ Pfund oder $1\frac{1}{6}$ vom Tausend.

Der Vermögensbesitz der eingebürgerten Edelleute war nicht eingeschätzt. Junker Beringer von Landenberg und Junker Hug von Hegi steuerten jeder 1 Pfund; ein zweiter Junker Beringer (von Landenberg) und die Frau von Hünenberg 16 Schillinge; Junker Rudolf von Landenberg 14 Schillinge; Junker Kaspar zum Thor 9 Schillinge; Junker Walter (von Blidegg zu Kefikon) 4 Schillinge. Ihr auswärtiger Besitz wurde selbstverständlich nicht mit Steuer belegt. In der Regel war auch ihre Jahressteuer vertragsmäßig festgesetzt und blieb sich gleich, wenn auch der Bürger vom Pfund nur $\frac{1}{2}$ Häller zu entrichten hatte, was z. B. 1451 geschah.

Neben diesen direkten Steuern bezog die Stadt das Umgeld, je zwei Maß vom Eimer oder 66$\frac{2}{3}$ vom 1000. Ihr damaliger Gesamtertrag ist leider nirgends verzeichnet. Nur aus den Besoldungsansätzen der Pfründen ergibt sich die Folgerung, daß der Verbrauch an Wein verhältnißmäßig groß war, die Verbrauchssteuer hiemit einen nicht unbedeutenden Theil der Stadteinkünfte bildete.

Diese Steuern, nebst den Frohntagwen der einzelnen Bürger, mußten hinreichen, die Vorstadt zu befestigen, die alten Mauern, Thore und Graben in wehrhaften Stand zu stellen und sich mit allem nöthigen Waffenzeuge, sofern es nicht zur persönlichen Bewaffnung gehörte, zu versehen.

Die Bevölkerung war sehr ungleicher Herkunft, ihre Geschlechts= namen sehr zahlreich; keine Familie durch die Zahl ihrer Familien= glieder überwiegend. Im Jahre 1443 sind verzeichnet:

2 Altikon (von), Ammann, Angres, Anshelm, Aulbrecht, Bach= her, 3 Basserstorf (von), Benz, Bongarten, Binder, Breitfeld, Brütten (von), Brys, Bürgi, Burg (zu der Burg), Egger, Eppenstein, Eß= linger, Ferer, 2 Frävel, Frankenhuser, Fridrich (Herr), Frischan, Fuog, 3 Gauchnang (von), Gensli, 3 Grauff, Groß, 2 Guldiner, Hainz, Hamer, Haffner, Hantschocher, 2 Harder, 2 Hochhans, Hoch= straßer, Hüpschenweider, 4 Holzer, Howenstein, 7 Huber, Isen= schmid, Jung, Junkher, 4 Kappenler, Karrer, 2 Keller, Klinger, Koler, Koch, Küng, Ladstein, Läfterli, Locher, Lupolt, Lutten= schlager, 2 Märk, Mauler (Maler), Mörikon (Mörikofer), Mörli, Mößli, Molli, 3 Morit, 5 Müller, Murkater, Oschwald, Ower, Pfnüsolt, Prüw, Rebmann, Renk, Rethas, Riest, Roß, Rüdger, Rüppli, Rütimann, Ruggstul, Ryber, Sänger, Scherer, Schinder, Schlatter, 2 Schmid, 4 Schmut, Schwarz, Sigrist, Söti, Specht, Stribel, Strübli, Stierli, Summer, Sunnenman, Tober (Töber), Torer, Tot, Tummelin, Bederli, Bischer, Vogt, Vorster, 2 Wagner, Wanner, 4 Werli, Winikofer, Wueft, Wutler, Wyder, Wydmer, Zimbermann, Zyper.

Von diesen 111 Familiennamen waren im Jahre 1460 nur noch 57 einheimisch*), an die Stelle der andern 54 waren 35 neue getreten, nämlich: Auberli, Bächi, Binther, Brofter, Brun, Brunner, Criftan, Eglin, Göt, Erzenholzer, Fuchser, Fuchter, Funfting, Eglin, Göt, Gaft, Hagenwiler, Hansel, Hettlinger, Hilpolt, Hügli, Hüsler, Kaufmann, Kunz, Läringer, Lachemann, Metzger, Offenburg, Pfister, Rifer, Stuckli, Schmidberg, Wirt, Ziegler.

---

*) Diese Namen sind im Verzeichnisse von 1434 mit gesperrter Schrift gedruckt.

Man kann daraus die doppelte Folgerung ziehen, daß auch damals die Bevölkerung nicht constant auf demselben Flecke saß, sondern den Wohnsitz häufig änderte, daß aber gleichwohl der Abgang häufiger aus der ältern Bevölkerung, als durch neue Einzüglinge ersetzt wurde. Noch ist aber von keinem Einzuggeld die Rede, das der Fremde zu bezahlen hatte. Erst im Anfange des folgenden Jahrhunderts wurde den Fremden ein Gulden für den Einzug auferlegt.

Obwohl die Bürgerschaft schwach war an Zahl wehrhafter Kräfte und ihr Besitz gering, ertrug sie doch ungerne die Beschränkung, die ihr die constanzische Vogtei auferlegte. Dem mächtigen Hause Oesterreich unterthänig zu sein, schien ihr ruhmvoll, aber einem von der größern Nachbarstadt Constanz gesetzten Vogte den ersten Sitz im Rathe einzuräumen, däuchte ihr schmählich. Sie forderte von dem Vogt Senger, Hofmeister genannt, da er Bürger war, wie von jedem andern Bürger Steuern und Wachtdienste und setzte ihn sogar, der Abmahnung der Stadt Constanz ungeachtet, in Verhaft. Nach des Sengers Tode mußte Constanz auch zugeben, daß der von dem Landvogt empfohlene und von der Stadt gewünschte Hans Hettlinger die Vogtstelle übernehme.

Den Nachbarn und den Herzogen von Oesterreich blieb diese Eifersucht nicht verborgen. Bei rechtlichen Forderungen wandten sie sich zwar immer noch an den Vogt und Rath der Stadt. Handelte es sich aber um eine Gefälligkeit, so begrüßten sie Schultheiß und Rath, und stets mit besserm Erfolg. Constanz schrieb daher am Samstage vor dem jährlichen Wahltag, dem Hilariustag des Jahres 1454: „Wir vernehmen, wie Ihr am künftigen Montag einen Schultheiß wählen und Euere andern Stadtämter besetzen wollet; Ihr solltet jedoch wissen, daß bei Euch ein Vogt sein sollte, nicht ein Schultheiß, und erinnern Euch daran und bitten, keine Neuerungen vorzunehmen, sondern Euch des Vogtes, dessen Wahl uns zukömmt, zu begnügen." Allein dieses freundliche Gesuch hielt die Bürger von Frauenfeld nicht ab, ihr erstes selbstgewähltes Rathsglied Schultheiß zu nennen; und da auch die Herrschaft Oesterreich ihr in diesem Ehrenpunkte nichts in den Weg legte, erwuchs die Uebung zur Rechtsgewohnheit, trat der Magistrat Frauenfeld auf dieselbe Rangstufe, die Winterthur, Dießenhofen und Wyl inne hatten.

5. Die letzten zehn Jahre der Regierung des Herzogs Sigmund. 1450—1460.

Was Herzog Albrecht von Oesterreich zur Behauptung der alten Erbgüter seines Hauses gegen die Eidgenossen und ihre Freunde unternommen hatte, war eigentlich im Auftrage des Königs Friedrich gethan worden, und für ihren Vetter, den Herzog Sigmund, Grafen von Tyrol, den Sohn des von König Sigmund so ungnädig behandelten Herzogs Friedrich. Dieser Herzog Sigmund, bevormundet von König Friedrich, residirte in Insprugg und lebte herrlich und in Freuden von den reichen Schätzen, die sein Vater im Alter zusammen gespart. Im Jahre 1450 aber lud ihn Herzog Albrecht ein, das kyburgisch-habsburgische Erbe seines Vaters in Besitz zu nehmen und so geschah es, daß Herzog Sigmund am 24. Juli desselben Jahres sich dem Schultheiß und Rath von Frauenfeld als nunmehrigen Herrn ankündigte.

Dieses Schreiben enthielt zugleich die Anzeige und Aufforderung: „Wir werden in Kurzem unsere treffliche Botschaft nach Freiburg im Uechtland senden, empfehlen euch daher und wünschen mit Ernst, daß ihr einen der trefflichsten aus euch mit unserer Botschaft hinsendet, um wenn nöthig unsere Sachen fördern zu helfen. Daran thut ihr gänzlich unser Meinung und Gefallen.“ Die Geschichtschreiber Freiburgs wissen nichts von einer solchen Botschaft, sondern berichten im Gegentheile, daß Herzog Albrecht, verzweifelnd, die Herrschaft Oesterreichs dort behaupten zu können, seine Rechte auf Freiburg an Savoyen verhandelt habe. Dem Herzoge Sigmund fehlte die Einsicht nicht, aber die Entschlossenheit, zu rechter Zeit in die Wirrnisse jener Stadt einzugreifen. Er lebte mehr dem Vergnügen, als den Regierungsgeschäften.

Wie bei der Sorglosigkeit des Herzogs Sigmund seine Angehörigen oft rathlos und schutzlos blieben, erfuhr auch die Bürgerschaft von Frauenfeld im Streite mit den bei ihr wohnenden Edelleuten, Hug, Hans und Rudolf von Landenberg und Hug von Hegi. Dem Herkommen zuwider verweigerten diese Herren, von ihren Häusern Steuern und Wachtdienste zu leisten, ihre Hausknechte der Stadt schwören zu lassen, sich selbst den Geboten des Rathes zu fügen. Wenn ein Bürger vor ihnen den Hut nicht abzog, fingen sie Händel an, forderten sogar, daß der Bürger selbst vor ihren Knechten den Hut ziehe, wollten als Freiherren behandelt sein. Nach langem Hader einigte man sich endlich 1454 auf guter Freunde Zusprache, den Zwist dem Landgrafen Heinrich von Lupfen und dem Propst Wilhelm von Ittingen zu schiedsrichter= licher Entscheidung zu übergeben.

Um genauere Einsicht in den Sachverhalt der beiderseitigen Klagen und Vorwürfe zu erhalten, ließ der Propst Wilhelm vor seinem Gericht zu Ittingen acht Zeugen einvernehmen, meistens frühere Knechte jener Edelleute; sie sollten bei Eiden sagen, was von Alters her Brauch und Uebung zwischen der Stadt und den in der Stadt ansäßigen Edlen gewesen sei. Sie bezeugten: zu ihrer Zeit hätten die Edlen den Feuerschauern der Stadt den Zutritt in ihre Häuser nicht ver= weigert; hätten die Knechte der Edlen, wie andere Einwohner, der Stadt Gehorsam geschworen, nur Ein Mal dem sich entziehen wollen, dann aber, wie man sie darum verhaften wollte, sich gefügt; ferner hätten die Bürger das Recht geübt, für hängende Schulden die Edlen zu pfänden, so daß z. B. vor dem Appenzeller Kriege einem Edlen ein Pferd, einem andern ein eherner Küchentopf vom Brunnen weg= genommen worden sei, was die Edlen zwar verdrossen, aber auch bewogen habe, mit der Stadt ein Uebereinkommen zu treffen und sich die Rechtsbote der Stadt um Schulden wie andere Bürger gefallen zu lassen; in Folge dessen habe einer der Zeugen, ehevoriger Weibel, im Straßhof sowohl als in der Burg Rechtsbote angesagt und sich durch die Drohungen des Junkers Rudolf von Landenberg nicht schrecken lassen; auch Steuern, Wachten und Tagwendienste hätten die Edlen wie andere Bürger von ihren Häusern zu leisten nicht mehr geweigert, seit Junker Ulrich Blarer von Constanz ihnen die Verpflichtung dazu erwiesen.

Was die Edlen diesem Zeugnisse ihrer Diener vor den Schieds= richtern entgegen gesetzt haben, ist nicht berichtet. Das Urtheil der Schiedsrichter aber war: was dießfalls geschehen, soll aufgehoben sein und von keinem Theile gegen den andern etwas unternommen werden, bis der Herzog Sigmund oder sein Bevollmächtigter in das Land komme und den Streit beilege.

Herzog Sigmund kam aber nicht und sandte auch keinen seiner Beamten, sondern schrieb am 11. Herbstmonat 1455 von Brixen aus an Hug von Landenberg: „Unsere lieben getreuen Schultheiß und Rath zu Frauenfeld haben uns berichtet, daß du etlicher Ansprüche wegen, die du an sie zu haben vermeinst, dich auf uns berufen habest und zuwider den ihnen vom Hause Oesterreich verliehenen Freiheiten ihre Rechtbote nicht achtest; wir stellen daher mit allem Fleiß das Begehren an dich, daß du dich ihrer Rechtbote genügen lassest; daran thust du uns ein gut Gefallen."

Ein anderer Vorfall des Jahres 1454 zeigt ebenfalls, wie schwer es hielt, mit dem Adel in Frieden zu leben. Ein in Frauenfeld als Gast sich aufhaltender Mann wurde von sechs andern Fremden dem Rathe verzeigt, gewisser Forderungen wegen, die Frau Agnes von Rosenegg, geboren von Bußnang, Erbin des Landrichters Ulrich von Hohenklingen, an denselben stellte. Sie verlangten, daß der Rath demselben einen Rechtstag ansetze, was dieser auch that, daher denn auch der Beklagte und die Kläger unterdessen in Verwahrung genommen wurden. An dem bestimmten Rechtstage erschienen nun aber noch fünf oder sechs andere Männer, die von der Frau von Rosenegg abgeordnet waren, und zugleich auch die Edlen Gorius von Roggwil und Jos von Hornstein mit ihren Gesellen von der Partei des Beklagten. Am ersten Tage der Rechtsverhandlung kam der Streit zu keinem Entscheid, wurde also auf den folgenden Tag verschoben und die beiden Edlen von Roggwil und Hornstein ritten aus der Stadt. Am Morgen des zweiten Tages erhielt der Rath Anzeige, daß sich in der Umgegend Volk herum treibe, namentlich der Herr von Roggwil dabei thätig sei. Der Rath faßte also Verdacht, daß es darauf abgesehen sei, dem Gerichte Gewalt anzuthun und ließ die Thore schließen, und dem Gerichte gelang es, den Streit in Güte beizulegen. Darüber ärgerlich erhob der Herr von Roggwil Klage bei dem Hofgericht zu Rotweil. Er behauptete, die Stadt Frauenfeld habe ihm das Recht versagt. Frauenfeld sandte den Hans Cappeler nach Rotweil, auf die Klage zu antworten. Dem Hofgerichte genügte aber diese Antwort nicht; es verlangte eine nähere Untersuchung und zwar sollte der Propst von Ittingen diese Untersuchung vornehmen und bei dem nächsten Hofgerichtstage darüber glaubwürdigen Bericht erstatten. Vermöge des Burgrechts, in dem Ittingen mit Frauenfeld stand, konnte der Propst dieses Geschäft nicht ablehnen. Es scheint aber, daß die gewissenhafte

Vollziehung des Auftrages auch dem Abenteurer Ritter Pilgrim von Heudorf den Vorwand gab, den Propst zu überfallen und das Stift hart zu schädigen.

Summarischer verfuhr der Rath gegen den Edlen Hans von Gachnang, seßhaft zu Schlatt, der vielleicht noch Anforderungen auf das ehemalige Burgsäß seiner Vorfahren in der Stadt Frauenfeld machte, immerhin der Stadt sich feindselig erwies und deßhalb aufgegriffen und in Gefangenschaft gelegt wurde. Als er dann der Stadt Urfehde schwur, ließ sie ihn laufen. Er aber verklagte sie bei der Vehme oder dem westphälischen Gerichte, das die Stadt 1456 zur Verantwortung vor sich beschied.

Gegen die geheime Gewalt der Vehme konnte nun freilich kein Bürgerrecht und keine Obrigkeit schützen. Was der Rath von Frauenfeld dagegen that, ist nicht bekannt. Zwar hatten schon 1438 die Eidgenossen bei 100 Gulden Buße verboten, das westphälische Gericht anzurufen um andere Dinge als um die heilige Ehe und um Wucher; aber dies Verbot kam der österreichischen Stadt Frauenfeld nicht zu Gute. In einem ähnlichen spätern Falle half sie sich gegen Klaus Böller von Engen, der sie ebenfalls wegen erlittener Gefangenschaft verklagt hatte, dadurch, daß sie durch die Freischöffen Konrad von Fulach, Heinrich von Fulach, Hans Hagmann und Franz Unger mit dem Böller sich vertragen ließ, demselben nämlich, damit er bei dem Vehmgerichte zu Limburg ihre Freisprechung auswirke, sechs Gulden bezahlte. Diese Verabkommniß siegelte Junker Konrad von Fulach 1459 am 7. August.

Obgleich Friede war, mußte man sich immer auf Krieg gefaßt halten. Der Ritter Hans von Klingenberg schrieb am 21. October 1454 an Schultheiß und Rath zu Frauenfeld und ersuchte sie, ihm zwei Hakenbüchsen, die Mödel zu denselben und 10 oder 12 Pfund Pulver zu leihen und nach Pfyn zu schicken, denn es sei ihm und seinem Vetter wegen Stein Warnung zugekommen. Am 29. December 1454 meldeten Eberhard von Boswil und Schultheiß und Rath zu Frauenfeld an den Ritter Hans von Klingenberg: die von Winterthur hätten Warnung erhalten, daß sich die Eidgenossen in Baden sammeln; ihr Vorhaben sei, nach Eglisau zu ziehen und vielleicht noch weiter; sie bitten ihn daher, sich sogleich nach Frauenfeld zu verfügen und alles Nöthige zu thun, um mit gesammelten Kräften zum Widerstand gerüstet zu sein, auch ihre Botschaft an den Herrn von Schinen nach Constanz zu übermitteln. Dieser Kriegslärm war nicht ganz unbegründet; das Absehen der Eidgenossen ging jedoch nur auf den Grafen Alwig von Sulz, Herrn zu Eglisau. In ernstere Berührung kam Frauenfeld mit Rapperswil. Dort war die Gemeinde entzweit; die eine Partei hielt treu an Oesterreich; die andere verdroß es, im langen Zürichkrieg so viel für die Herrschaft gethan und gelitten zu haben, ohne Dank und Entgeltung, wünschte daher an die Eidgenossen sich anzuschließen. Dieß zu verhindern, sandte 1457 Herzog Sigmund eine Besatzung dahin, namentlich auch Leute von Frauenfeld und aus dem Thurgau. Von diesem Zuge her blieb der Hauptmann Benz und seine Gesellen von Frauenfeld um 81 Gulden in dem Schuldbuche des Wirths Rudi, bis er am 14. Hornung 1456 freundlich gemahnet und mit Klage bedroht wurde.

6. Verpfändung an die Königstochter Herzogin Eleonora. 1458 und 1459.

Wenige Monate, bevor die Besitzungen des Herzogs Sigmund im Thurgau und zu Rapperswil durch den Plapperkrieg gefährdet wurden, hatte er seiner Gemahlin Eleonora, einer Tochter des Königs Jakob von Schottland, ihre Aussteuer auf seine diesseits des Bodensees liegenden Gebiete angewiesen. Sein an Schultheiß, Rath, Bürger und Einwohner zu Frauenfeld gerichtetes, aus Insprugg vom 16. August 1458 datirtes Schreiben meldet: Seine Liebe und Freundschaft zu seiner Gemahlin Eleonore von Schotten habe ihn bewogen, derselben die Stadt Frauenfeld auf ihr Lebtag zu verschreiben; da er nun Geschäfte halber nicht selbst dahin kommen könne, habe er, sie in Gelübd und Eid zu nehmen, die Edlen, den ehrsamen Jan von Vinstingen, Marschalch zu Lothringen, und Johann von Campedonorio, Präceptor des Hauses St. Antonio zu Isenheim, des Königs von Frankreich Räthe, und Werner von Zimmern, seinen eigenen Rath, geordnet, solche Gelübd und Eid zu Eleonorens Hand einzunehmen; hiemit sage er sie von ihrem frühern Eide ledig und los, jedoch so, daß, wenn seine Gemahlin mit Tod abginge, sie dem Hause Oesterreich sich nicht entfremden, wie ihnen Sigmund von Brandis und Benedetto Phorer das im Weitern zu erkennen geben werden.

Der über diese Verschreibung ausgestellte Hauptbrief zählt neben Frauenfeld noch auf: die Grafschaft Kyburg, Rapperswil, Winterthur, Diessenhofen, Grüningen, Thurgau, Rheinegg, das Rheinthal, Hohensax, Windegg, Sargans, Feldkirch, Montfort, Bregenz, Dorrenbirn, Füssach, Bludenz, Montafun und Freiburg im Uechtland. Es sollte dieses Leib= ding an die Stelle einer Rente von 10,000 Gulden treten, die der Herzogin vor zehn Jahren auf Güter im Tyrol waren angewiesen worden. Sonderbarer Weise waren dazu Pfänder ausgewählt, die seit fünfzig Jahren größern Theils schon durch die Appenzeller und andere eidgenössische Stände zeitweise besetzt und bei allfälligem Aus= bruche eines neuen Krieges mit den Eidgenossen der feindlichen Gewalt am meisten preis gegeben waren. Vielleicht erwartete aber Herzog Sigmund, daß das zwischen ihm, König Karl VII. von Frankreich und König Jakob von Schottland bei Anlaß seiner Verehelichung 1448 geschlossene Bündniß den Besitz jener Pfandschaften sichern und namentlich der Einfluß Karls VII. und die Scheu vor seinen Armagnaken die Eidgenossen abhalten werde, jene Eigenthumsrechte der Herzoge zu beeinträchtigen. Durch solche Schreckmittel ließen sich jedoch die Eid= genossen, und namentlich die Waldstätte, nicht abhalten, in der Fehde mit Constanz, im Plappertkriege, von der Landschaft Toggenburg aus mitten durch die Landvogtei des Herzogs nach Constanz zu ziehen, die Herrschaft Weinfelden zu brandschatzen und auf der Heimkehr die Stadt Rapperswil in Eid und Pflicht zu nehmen.

Obwohl auch die Stadt Winterthur von den heimkehrenden Krie= gern in gleicher Weise wie Rapperswil behandelt zu werden gefährdet war, erfuhr doch Frauenfeld keine Anfechtung; aber von anderer Seite drohte wohl noch Schlimmeres. Freiherr Albrecht von Sax, Herr zu Bürglen im Thurgau, Schwiegersohn und Neffe des reichen Junkers Mötteli, hatte der gegen Oesterreich mißgestimmten Bürgerpartei in Rapperswil, den sogenannten Türken, seine Hülfe geliehen; denn er glaubte durch das Hofgericht in Rotweil und durch König Friedrich in den Streitsachen der Mötteli Unrecht erlitten zu haben und suchte sich

nun durch die Besitznahme eines österreichischen Pfandes dafür Genugthuung zu verschaffen. Von Rapperswil aus schien es ihm nicht
unmöglich, sich eines der nächsten österreichischen Plätze, Winterthurs,
Dießenhofens oder Frauenfelds, zu bemächtigen. Der Hufschmid Klaus
Fuog, in rathloser Verzweiflung, daß ihm von der Herrschaft Oesterreich das Recht gegen seinen Schwager vorenthalten sei, schloß sich dem
Freiherrn bei seinen Unternehmungen gegen Frauenfeld an. Ihr Anschlag sollte am 4. Herbstmonat 1459 (am Tage Marcelli und Quintini)
ausgeführt werden. Zweihundert Mann hatten sich in der Nacht vor
dem untern Thore versteckt und harrten, bis die Thorwache den auf
die Arbeit ausgehenden Bürgern aufschließe. Einige Knaben aber,
welche zuerst in's Freie eilen wollten und die der Thorhüter durch das
Thürlein schlüpfen ließ, bemerkten sogleich einige fremde Gestalten,
erhoben erschrocken ein Geschrei, die Wache schloß eben so eilig wieder
das Thor und machte Lärm. Da die Bürger unverweilt herbeiliefen,
schien der Versuch, die Burg zu erklettern, nicht mehr räthlich. Ohne
etwas ausgerichtet zu haben, zogen die Fremden wieder ab. Nur einige
gefangene Arbeiter schleppten sie mit, ließen sie jedoch bald wieder los,
mit der Versicherung aber, was bei Frauenfeld nicht gelungen sei, werde
an einem andern Orte seinen Fortgang haben. Wirklich fahndete dnna
der Freiherr bei der Stromschnelle zu Dießenhofen auf den Grafen
Alwig von Sulz und die kaiserlichen Räthe, allein mit nicht glücklicherm
Erfolge, als bei Frauenfeld.

Jener Gefahr entgangen, faßten der Rath und die Bürgerschaft
den Beschluß, alljährlich bei Wiederkehr des verhängnißvollen Tages
in feierlicher Prozession einen Umzug um die Stadtkirche St. Nikolai
zu halten, ein Amt von U. L. Frau singen zu lassen und weder Spiel
noch Tanz zu gestatten.

7. Verwaltung und Vermehrung der Kirchengüter, von 1439—1459.

Als der Himmel bereits von den düstern Wolken des Krieges,
der zwischen Oesterreich und den Eidgenossen vorbereitet wurde, bedeckt
war, erhielt die Stiftung der Georgen-Caplanei ihre Vollendung.

Im Jahre 1444 bestätigten der Vogt und die Räthe von Frauenfeld die Widmung der bereits genannten und anderer von Edlen,
Bürgern und Nichtverbürgerten gemachten Vergabungen, nämlich:

Drei Malter Kernen und so viel Haber und 6 Schilling Geld Zins
aus dem Gut Herdern, 15 Mütt und 1½ Viertel Kernenzins aus der
äußern Mühle des Hans Jslikon, genannt Tumellin, ein eigenes, zwischen
dem Oberthore und St. Michaels Hause gelegenes Pfrundhaus, wohl 50
Pfund Pfenning werth, eine Holzmark im Oberholz, drei Vierling Weingarten auf der Staubegg u. s. w., wodurch die jährliche Gült der St. Georgspfründe auf 40 Pfund Häller oder 40 Stück zu stehen kommt, — Alles
mit dem Bedinge, daß der Priester wöchentlich wenigstens vier Messen halten
solle, namentlich wenn Vogt und Rath Geschäfte halber dessen bedürfen,
jedoch ohne daß andere Capläne in ihrer gewohnten Zeit gesäumt werden.

Es kann nicht auffallen, daß aus den Kriegsjahren, die nun
folgten, und die in so starker Weise die Kräfte des Gemeinwesens und
der einzelnen Bürger in Anspruch nahmen, keine neuen Vergabungen
gemeldet werden. Dagegen ist bemerkenswerth, daß dem Abte von
Reichenau, dem eigentlichen Pfarrherrn und Collator der Pfarrgemeinde
Frauenfeld, das rücksichtslose Vorgehen des Rathes in der Verwaltung
der Kirchengüter anfing unbequem zu werden; denn viele Pfründen-
zinse wurden von seinen Eigenleuten im Langdorf auf Lehengüter
gelegt, ohne daß seine Einwilligung dazu eingeholt worden war. Die
Forderung des Abtes, die auf solche Weise beschwerten Lehengüter
wieder von der Zinslast zu befreien, nöthigte den Rath, für die Interessen der in ihren Einkünften bedrohten Pfründen einzustehen. Endlich
kam 1458 zwischen dem Rathe und den Pfrundpflegern eines-, der
Bauernsame im Langdorf zweiten- und Abt Friedrich drittentheils,
unter dem Vorsitze des Bruders Johannes Pfuser von Norstetten,
Großkellers von Reichenau, durch die Schiedleute Hug von Hegi, Untervogt Burkhard Siglin in Reichenau, Leonhard Martin Ammann zu
Steckborn und Ammann Ulrich Strupler von Lustdorf ein Vergleich
zu Stande, laut welchem zwar den Pfründen die Zinse bleiben, die
von Frauenfeld aber die Bauern anhalten sollen, die übernommenen
Zinse innerhalb zehn Jahren wieder auszukaufen, und zwar jeden
Mütt Kernen mit sechs Pfund und den Eimer Wein mit vier Pfund
Pfenningen.

Den Schluß dieser Periode bildet noch ein Vermächtniß:

1459. Hans Hettlinger, Vogt von Frauenfeld, urkundet, daß vor Gericht daselbst, an offener, freier Königsstraße, Werli Totz von Frauenfeld und seine Hausfrau, Elsi Lütold, mit ihrem Vogte Ulrich Locher, durch ihren Fürsprech Hans Benz sich entschlossen erklärt haben, der obern Kirche 6 Pfund und der Capelle in der Stadt 6 Pfund zu vermachen, aus ihrem Hause, gelegen zwischen den Häusern des Heinrich Auberli und des Hans Kappeler.

Sechster Abschnitt.

Die Schirmherrschaft der Eidgenossen in den ersten vierzig Jahren ihres Bestandes. 1460—1499.

1. Der Uebergang Frauenfelds an die VII alten Orte der Eidgenossen.

Seit die freien Männer von Schwyz und Glarus den Appen= zellern im Kampfe gegen den Abt von St. Gallen ihren kräftigen Arm liehen und in der Fortsetzung desselben die fruchtbaren Gefilde des Thurgaus durchstreiften, erkannten sie auch, daß der Besitz der Rhein= grenze und der Bodenseeufer für sie zur Sicherung gegen die un= versöhnliche Rache Oesterreichs unentbehrlich sei. Der zeitweilige Abfall Zürichs und die Anstrengungen der österreichischen Herzoge, die ver= lornen Besitzungen wieder zurück zu nehmen, konnten jene Ueberzeugungen nur bestärken. Der hierauf geschlossene Friede war kein unübersteig= licher Wall. Bereits war er durch die Untreue von Rapperswil ver= letzt. Frauenfeld mit der Landschaft Thurgau mußte das nächste Opfer des verborgenen Grolls sein, der in den Herzen beider Parteien schlum= merte und nur auf Gelegenheit wartete, um in Flammen auszubrechen.

Herzog Sigmund durfte die an den Pfandschaften seiner Gemahlin Eleonore verübten Gewaltthätigkeiten nicht ungerächt lassen. Er forderte für die im Plapperkriege an seinen Unterthanen im Thurgau begangenen Frevel und für die Wegnahme Rapperswils von den Waldstätten Genugthuung und bedrohte sie mit dem Kirchenbanne seines Gönners, des Papstes Pius II. Für einen an zeitlichem Gut erlittenen Schaden ihr und ihrer Weiber und Kinder Seelenheil in Gefahr setzen zu wollen, schien den Gebirgsleuten eine des Herzogs unwürdige Kampfesweise und erbitterte sie. Wenige Monate später ereignete es sich, daß derselbe Papst Pius II. den Kirchenbann über den Herzog Sigmund auskünden ließ, weil er den Bischof von Brixen gefangen hielt, und daß die Gradner, ehemalige Freunde des Herzogs, welche die Stadt Eglisau erkauft hatten, um dort vor der Rache ihres beleidigten Herrn sicher zu sein, Fehde gegen denselben erhoben. Mit einer großen Zahl von Söldnern zogen die Gradner zuerst vor die Stadt Winterthur und forderten sie zur Uebergabe auf. Winterthur antwortete: ihre Stadt sei der Herzogin Eleonore als Morgengabe zugesichert; was ihr Gemahl gefehlt, möchten sie die Gattin nicht entgelten lassen, werden aber thun, was andere Städte, die ebenfalls der Herzogin verpflichtet seien. Nicht gerüstet, eine Belagerung der Stadt zu unternehmen, gaben sich die Gradner vorläufig mit jener Antwort zufrieden und richteten ihren Zug nach Frauenfeld. Aber auch hier ward ihnen dieselbe Antwort, wie vor Winterthur.

Unterdessen faßten, da Papst Pius erlaubt hatte, des bestehenden Friedens ungeachtet, den gebannten Herzog Sigmund zu bekriegen, auch die Eidgenossen der VII Orte den Entschluß, das Gebiet desselben zu überziehen und sandten ihre Hauptleute mit geordneter Mannschaft nach Frauenfeld hinaus. Bis zu ihrer Ankunft benutzten die Schaaren Gradners die Zwischenzeit, den Hug von Hohen-Landenberg zu Sonnenberg zu überraschen. Auch Bürger von Frauenfeld sollen sich ihnen aus altem Groll gegen den übermüthigen Junker angeschlossen haben. Hatte er sich ja doch gerühmt, ein Diener des Herzogs zu sein und unter diesem Vorwande geweigert, seine Burgrechtspflichten gegen die Stadt zu erfüllen. Der Aufforderung, die Burg zu öffnen, wollte Herr Hug nicht Folge leisten. Wie er jedoch sah, daß Anstalten gemacht wurden, den Fischteich abzugraben, rief er: er wolle schwören, zu thun, was andere Städte und Schlösser auch thun. Durch dieses Gelöbniß rettete er sein Eigenthum.

Die Stadt Frauenfeld aber unterhandelte mit den Hauptleuten der Eidgenossen über die Bedingnisse der Uebergabe. Die von Zürich, Luzern, Uri, Schwyz, Unterwalden, Zug und Glarus verhießen ihr, sie bei allen ihren Freiheiten, alten Herkommen, Satzungen und guten Gewohnheiten bleiben zu lassen und dessen Briefe und Siegel zu geben. Bis diese von ihren Obern ausgestellt seien, übernehmen die Bürg= schaft dafür Heinrich Effinger, Nikolaus Brennwald, Oswald Schmid, alle drei von Zürich, Heinrich Dietlin von Uri, Dietrich In der Halden von Schwyz, Heinrich Sulzmatter von Unterwalden, Rudolf von Lätten von Zug und Werner Aeblin von Glarus. Daraufhin schwur die Bürgerschaft von Frauenfeld mit allen ihren Angehörigen den Eid= genossen der VII Orte Treue und Gehorsam in allen Dingen, wie sie der Herrschaft Oesterreich und der Königstochter Eleonore von Schotten verpflichtet gewesen, doch vorbehalten die Rechte des Gotteshauses Reichenau. Am 26. September schwur auch die Landschaft Thurgau den VII Orten zu Handen des Schlosses und der Stadt Frauenfeld.

2. Das Verhältniß Frauenfelds zur Landgrafschaft.

Der Huldigungseid, der 1460 den Einwohnern des Thurgaus von den VII Orten auferlegt wurde, lautete:

„Alle, die in der Landgrafschaft Frauenfeld gesessen sind, sie seien Edel oder Unedel, die ob vierzehen Jahre alt sind, werden schwören den VII Orten, nämlich Zürich, Luzern, Uri, Schwyz, Unterwalden, Zug und Glarus, alle die Gerechtigkeit, so ein Haus Oesterreich bis dahin zu dem Schloß zu Frauenfeld gehabt hat, Treu und Wahrheit, Ihren Nutzen zu fördern und Schaden zu wenden mit guten Treuen und Ihnen gehorsam zu sein in allen ihren Sachen ungefährlich; auch der Stadt Frauenfeld, einem Schultheiß und Rath Treu und Wahrheit, ihren Nutzen zu fördern und Schaden zu wenden ungefährlich, und bei demselben Eid die von Frauenfeld und die Landgrafschaft helfen retten und zuziehen, was vonnöthen, doch dem Gotteshaus Reichenau an aller seiner

Gerechtigkeit, auch denen von Constanz an allen ihren Land=
gerichten und sonst Jedermann an seiner Herrlichkeit unschädlich,
als das von Alter hergekommen ist."

Nach der in dieser Huldigungsformel ausgesprochenen Ansicht war
hiemit das Schloß Frauenfeld der Mittelpunkt der Landesherrlichkeit,
an welchen zunächst die Stadt Frauenfeld verpflichtet war; sodann
Schultheiß und Rath der Stadt Frauenfeld die Behörde, durch welche
die Landgrafschaft Frauenfeld mit dem Schlosse in Verbindung stand.
So dachte man sich wenigstens das ursprüngliche Verhältniß der Grafen
von Kyburg und ihres Vogtes im Schlosse Frauenfeld zur Stadt
Frauenfeld und der Burg und Stadt Frauenfeld zur Landgrafschaft.
Von diesem Standpunkte aus waren hiemit alle andern unterdessen
eingetretenen Rechtsansprüche und Rechtsverbindlichkeiten jenem ältern
Hoheitsrechte unterzuordnen, nur mit dem Unterschiede, daß nicht der
wirkliche Besitzer der Burg Frauenfeld, sondern der Landvogt der
VII Orte in den Mittelpunkt gestellt war.

Die Bezeichnung Grafschaft Frauenfeld wird auch im Jahre 1463
von Zürich festgehalten im Entscheide eines über die Fischereirechte im
Flusse Thur entstandenen Streites. (Vgl. S. 122.)

Als der Landvogt Egolf Frig 1465 über die im Thurgau ein=
genommene Huldigung Bericht erstattete, sagte er: die Landschaft habe
geschworen, der Eidgenossen Nuß und Ehre zu fördern, ihren Schaden
zu wenden, ihres Amtes und Gerichtes Recht zu behaupten und ihrem
Vogte alle Rechtsame zu offenbaren, welche die Herrschaft Oesterreich
besessen; auch der Stadt Frauenfeld und ihrem Schultheißen und
Rath Treue und Wahrheit zu halten; ferner wenn sie Jemand ver=
dächtiger Weise fangen und außer das Gebiet der Eidgenossen weg=
führen oder sonst Gewalt üben sehen, ein Landgeschrei zu machen, den
Friedbrüchigen zu greifen und dem Vogte zu überliefern; keine fremden
Gerichte zu brauchen, mit Ausnahme des Chorgerichtes zu Constanz
und des Landgerichtes; unbillige Urtheile nur an die Eidgenossen zu
appelliren oder an ihren jeweiligen Vogt in der Landgrafschaft Frauen=
feld; endlich sich mit guten Waffen zu versehen und dem Aufgebote
des Landvogtes zur Rettung von Land und Leuten Gehorsam zu
erweisen.

Wie 1465, so wurde auch noch am 25. Hornung 1479 von der Tagsatzung zu Luzern beschlossen: Eine ganze Gemeinde in der Grafschaft Frauenfeld soll schwören, der Eidgenossen Nutz und Ehre zu fördern. Erst am 6. Dezember 1490 wurde dem Landvogt aufgetragen, zu ermitteln, ob die von Rickenbach und im Tänikerthal früher der Grafschaft Frauenfeld reisepflichtig gewesen seien. Diese Untersuchung war durch die beharrliche Weigerung der Gerichtsangehörigen des Abtes von St. Gallen und einiger Edelleute herbeigeführt worden, zur Grafschaft und Stadt Frauenfeld zu schwören, d. h. ihre Kriegsmannschaft unter die Fahne der Stadt Frauenfeld zu stellen. Da sogar Zürich dieselben begünstigte und das Mannschaftsrecht in Bürglen und Weinfelden für sich in Anspruch nahm, dann aber durch Ueberlassung der Mannschaftsrechte in Stammheim und Ossingen sich abfinden ließ, blieb einstweilen die Frage unerledigt.

Wenn auch bei dieser Wendung der Dinge manche Hoffnungen unerfüllt blieben, die sich an die Idee einer Grafschaft Frauenfeld angeknüpft hatten, fielen der Stadt Frauenfeld durch das landvögtliche Regiment eine Menge anderer Vortheile zu. Vor Allem aus war ihr von großem Werthe, in der Verwaltung ihres Gemeinwesens, in Gericht und Rath und im Kriegswesen vom Landvogteiamte in keinerlei Weise behindert oder bevormundet zu sein. Da die VII Orte der Reihe nach abwechselnd alle zwei Jahre einen Landvogt setzten und demselben seinen Sitz in Frauenfeld anwiesen, war Frauenfeld als Hauptort der Landgrafschaft der Mittelpunkt des amtlichen Verkehrs. Der Landvogt hatte in Frauenfeld noch nicht festen Wohnsitz. Er kam nur zu Verhandlungen von besonderer Wichtigkeit und bei feierlichen Anlässen und überließ die Behandlung der alltäglichen Geschäfte einem Landammann, der in der Regel Bürger Frauenfelds war. Im Jahre 1489 z. B. versah ein Beberli, im Jahre 1499 ein Rüttimann, dann 1505 Hans Rosenegger und 1508 Heinrich Rosenegger die Stelle des Landammanns, alle Bürger von Frauenfeld. Ebenso ließ der Landvogt die Landschreiber- und Landweibelstelle durch Bürger von Frauenfeld verwalten. In der Familie Locher erbte die Landschreiberstelle längere Zeit von Geschlecht zu Geschlecht, die Landweibelstelle in der Familie Weerli. Diese Landesbeamten, der Gesetze und Rechtsübung kundig, übten so entschiedeneren Einfluß, da der Landvogt mit den Rechten

und Uebungen der Landgrafschaft selten näher bekannt war und die
kurze Amtsdauer von zwei Jahren ihm keine Aufmunterung gewährte,
in irgend einer Weise in den herkömmlichen Gang der Landvogteiverwaltung einzugreifen.

3. Die Rechte und Verdienste des Stadtmagistrats. 1460—1500.

Die Führer der Bürgerschaft Frauenfelds haben die Zumuthungen
der Reisläufer Gradners mit solcher Entschiedenheit abgewiesen und
mit so viel Umsicht und Klugheit den günstigsten Zeitpunkt benutzt,
mit den Eidgenossen die Capitulation von 1460 abzuschließen, daß
man es wahrlich bedauern muß, die Namen jener Männer nicht mehr
zu kennen. Bei allen spätern Versuchen, die Rechte und Freiheiten
der Stadt einzuschränken, diente diese Capitulation den Nachkommen
als ein Schild, den sie dem übelwollenden Gegner nur vorhalten
durften, um sich gegen seine Angriffe zu schützen; denn die Eidgenossen
waren, laut der Uebergabsurkunde, nicht Herren der Stadt, sondern
ihre Schirmvögte, zu Schutz und Trutz gegen Jeden, der sie zu beeinträchtigen unternahm.

Die Bevölkerung Frauenfelds war noch zu sehr dem Wechsel
unterworfen und das Schultheißenamt noch zu sehr eine neue Schöpfung,
als daß die erste Magistratsstelle längere Zeit denselben Männern oder
derselben Familie wäre zugestanden worden. In der stark bewegten
Zeit wählte man den, der jeweilen im Rathe als der Klügste und in
der That als der Kräftigste und Entschlossenste bekannt war. Das
Jahr 1471 nennt den Heinrich Hochstraußer als Schultheiß, den Ulrich
Ammann als alt Schultheiß; in den Jahren 1469, 1476 und 1479
erscheint aber auch Ulrich Locher als alt Schultheiß und Georg
Rüttimann als Schultheiß; 1480 Hans Ammann als alt Schultheiß
und 1513 Hans Rüplin wieder als alt Schultheiß. Die eigentliche
Reihenfolge ihrer Amtsverwaltung läßt sich nicht mehr ausmitteln.
Ohne Zweifel aber waren es jene Männer, denen das Verdienst ge-
bührt, der Bürgerschaft nicht nur die ererbten Rechte gesichert, sondern
in Benutzung günstiger Umstände auch erweitert zu haben.

So nahe es gelegen hätte, nach dem Uebergange Frauenfelds an die VII alten Orte der Eidgenossenschaft, in Nachahmung der freien Volksverfassung der Gebirgskantone, auch in Frauenfeld ein freies Bürgerthum einzuführen, hielten doch Schultheiß und Rath an ihrer bevorzugten Stellung fest. Sie betrachteten sich als die eigentlichen Herren der Stadt und der Gemeindegüter. Dem gemeinen Bürger und dem zur Miethe wohnenden Niedergelassenen stand kein anderer Antheil am Stadtregimente zu, als daß er am jährlichen Wahltage den Schultheiß, den Statthalter und einen Mitrath ernennen half; so wie das geschehen und der neuen Obrigkeit der Eid der Treue und des Gehorsams geleistet war, trat er in den Stand der Unterthänigkeit zurück. Schultheiß und Rath, in Gemeinschaft mit dem Vogte, galten in solchem Maße als die Herren oder, nach damaliger Mundart gesprochen, als die Hehren der Stadt, daß die Namen Hehrenberg, Hehrensteg, Hehreneinfang sich bis auf unsere Zeit erhalten haben.

Im Jahre 1462 erwarb die Stadt durch Kauf von dem Abte Markus von Kreuzlingen den Hof und die Güter zu Murkhard und Mure, mit der Vogtei und allen Rechten daselbst, sammt der Vogtei Dingenhard, wie Abt Syfrid dieselben von Lütold von Regensberg gekauft hatte, also daß sie gut und stark zehntbar sind und daß von Mure jährlich ein Faßnachthuhn und zehn Pfenning zu Vogtrecht nach Wellenberg bezahlt und zwei Herbsthühner von dem Bruderhause und der Kapelle zu Murkhard zu Weglöse gehen sollen. Diese Besitzungen, auf beiden Seiten der Murg gelegen, kaufte die Stadt für zehn Pfund Heller ewigen Zinses, welche aus dem Hofe Murkhard und aus der Schloßmühle zu Frauenfeld jährlich durch zwanzig Mütt Kernen abgetragen werden sollten. — Um dieselbe Zeit wurde auch der Hof Betelhausen bei Niederwil dem Gerichtskreise Frauenfeld angeschlossen.

Noch bedeutsamer war 1467 der Ankauf der zur Burg Blumenstein gehörigen zwei Höfe Blumenstein und Frankenhausen, welche der Junker Kaspar Zum Thor für 300 Pfund Heller der Stadt überließ. Diese zwei Höfe stießen an die Flurmark der Stadt, wurden nun derselben einverleibt und zu diesem Zwecke dem Kirchherrn Meister Hans Wanger für den Zehnten zu Blumenstein 4 Juchart Ackerland in der Steinunder Au (Stammerau) abgetreten. Zwar wurden die großen Wiesen des Hofes Frankenhausen um 26½ Pfund Pfenning noch in demselben Jahre an den Vogt Hettlinger und an den Bürger Konrad Harder verkauft, jedoch mit dem Bedinge, daß sie nach der Heu= und Emdernte der Stadt offenes Trät sein sollen.

Eben so günstig für Frauenfeld gelegen war das Oberholz, an= stoßend an die Waldungen des Junkers Sixt von Schinen, Gerichts= herrn zu Gachnang, der Agathapfründe und des Klosters Feldbach, sowie an die Zelge des Dorfes Gerlikon. Es wurde der Stadt 1489 von den Bürgern Hans Sigrist dem ältern und jüngern für 35 Gulden abgetreten.

Durch diese Erwerbungen wurde die Stadt nicht nur mit aus= reichendem und überschüssigem Reichthum von Waldung versehen, son= dern auch der Weidgang so ausgedehnt, daß die Bürger in der Vieh= wirthschaft sehr gefördert waren. Für diese Nutzungsrechte hatte daher jeder in das Bürgerrecht eintretende Fremder ein Einzugsgeld von einem Gulden zu erlegen.

Die Gemeindeverwaltung machte aber von dieser Erweiterung ihres Flurgeländes auch noch Gebrauch zur Förderung des Weinbaues und der Weberei. Der darauf bezügliche Beschluß lautet: „Schultheiß, Klein= und Großer Rath, in Betracht, daß ein Theil der Almende, 44—45 Vierling groß, hinten an die Murg, oberhalb an die Land= straße (nach Adorf) anstoßend, in Ackerfeld verwandelt worden ist, aber wenig erträgt, auch die Bevölkerung sich gemehrt hat, läßt dieses Acker= feld vierlingweise zu Anpflanzung von Reben vermessen, ebenso unten am Murgstege Abtheilungen von je einem Viertel Hanfland ausscheiden und dieselben zur Verloosung den Bürgern anbieten, mit der Ver= pflichtung, sie vier Jahre lang anzubauen und vorher in keinerlei Weise zu veräußern.

Aus demselben Bestreben, den Wohlstand der Bürger zu erhalten und zu mehren, war 1462 eine schiedsrichterliche Auseinandersetzung mit der Gemeinde Langen=Erchingen über die Gemeingüter in der Auen hervorgegangen. Der Entscheid bestimmte, daß die von Frauen= feld Trätrecht haben sollen mit ihrem Vieh in den niedern Auen bis auf die Sandwiesen hinunter, die man die neuen Auen nennt; daß auch die von Erchingen so weit ihr Vieh weiden lassen mögen, und beide Theile bis an die Thur hinunter und hinter dem Schachen hin= auf bis an die Murg, aber nicht weiter; daß endlich beide Theile ihre solchen Wiesen auf Georgentag einzäunen, auf Jakobstag wieder öffnen und jeder Theil zu dem andern auf denselben Trät haben solle. Es waren dieß aus der ältern Zeit herstammende, in der ehemaligen Gemeinmark begründete Rechte, die auseinander zu scheiden die damalige Zeit noch keinen Sinn hatte.

Da die Gemeinweide Frauenfelds laut diesem Spruche bis an die Thur sich ausdehnte, hielt der Rath sich auch berechtigt und verpflichtet, die Wasserstraße der Thur für den allgemeinen Verkehr gegen die Fischereipächter der Herren Jakob und Sigmund von Landenberg in Schutz zu nehmen. Mit dem Prior von Ittingen und den Landsaßen des Thurgaus legte Frauenfeld bei der Regierung Zürichs 1463 Klage ein, daß jene Fischer bei Andelfingen und Altikon durch die in das Thurbett hinein gebauten Ueberschlachten die Schiffe und Flöße hemmen, wenn sie die Thur hinauf und hinunter fahren. Sie erwirkten den Spruch, daß der Eheruns (das gewöhnliche Fahrwasser) der Thur stets neun Fuß offen gehalten werden solle. Es war das von nicht geringer Wichtigkeit zu einer Zeit, da schwere Waaren, wie Eisen und Steinlasten, bei dem schlechten Zustande der Straßen nicht auf Lastwagen, sondern zu Schiffe versendet werden mußten.

Bei dieser Beschaffenheit der Straßen und andern Hemmungen des Verkehrs ist es daher auch begreiflich, daß, wie Frauenfeld 1492 einen Wochenmarkt einrichten wollte, die regierenden Orte die Ansicht aussprachen, es werde die Stadt mehr Schaden als Nutzen daraus ziehen. Verweigert wurde die Erlaubniß nicht. Manches muß versucht werden, bis Etwas gelingt.

4. Ausbürger. 1460—1500.

Eine Erweiterung über das Stadtgebiet hinaus gewann die Bürgerschaft durch den Eintritt zahlreicher Landsaßen in die Rechtsgemeinschaft der Stadt. Nach altem Herkommen nämlich nahm Frauenfeld nicht bloß Leute in das Bürgerrecht auf, die in Frauenfeld festen Wohnsitz hatten oder zu erwerben entschlossen waren, sondern auch solche, die auf dem Lande wohnen blieben, als sogenannte Ausbürger von Frauenfeld gewisser Begünstigungen theilhaftig zu werden wünschten und dafür

ein jährliches Bürgergeld zahlten. Anderswo nannte man solche Aus=
bürger auch Pfahbürger.*) Die nähern Bestimmungen über Rechte
und Pflichten dieser Ausbürger waren**):

1) Wer als Ausbürger angenommen werden will, gelobt, 5—10
   Jahre lang den ihm auferlegten Zins zu zahlen. Nach dieser
   Zeit mag er das Bürgerrecht aufkünden. Stirbt er als Aus=
   bürger, so erbt das Recht auf den ältesten Sohn.

2) Der Ausbürger ist in Frauenfeld zollfrei.

3) Kein in der Stadt wohnender Bürger und kein Ausbürger darf
   auf den Ausbürger weder in der Stadt und in den Stadt=
   gerichten noch vor dem Landgericht Arrest oder Verhaft legen,
   sondern er soll ihm vor das Gericht seines Wohnortes oder auch
   vor den Rath oder das Stadtgericht verkünden. In letzterm
   Falle soll der Angesprochene gehalten sein, Antwort zu geben
   und unter dieser Bedingung sein Leib und Gut geschont werden.

4) Verlangt ein Ausbürger von der Stadt Rath und Hülfe, so soll
   ihm unentgeltlich entsprochen werden, doch hat er den Rechts=
   beiständer zu entschädigen.

5) Kein Bürger darf Rechtsbeistand des Gegners eines Ausbürgers
   sein, ausgenommen, der Bürger sei jenem Gegner bis auf das
   vierte Glied blutsverwandt.

Im Wesentlichen bestanden neben der Zollfreiheit die in §§ 3, 4
und 5 bezeichneten Vortheile in dem Antheile des Ausbürgers an dem
Stadtprivilegium, daß kein Bürger vor fremde Gerichte gezogen und
durch Umtriebe vor dem Hofgericht in Rotweil in Schaden und Gefahr
gebracht werde, und daß er, wenn von andern Gerichten geächtet, in
Frauenfeld Schutz finde und Aufenthalt. Durch dieses Privilegium
wurde Frauenfeld gewissermaßen eine Freistätte gegen die Rechtsunsicher=
heit jener Zeit, ähnlich wie Zürich, Schaffhausen und andere größere
Städte.

*) Pfahbürger wurden sie ursprünglich darum genannt, weil sie auf Einzel=
höfen saßen, die zu keiner Dorfmark gehörten und solche Höfe durch Pfähle ein=
gezäunt werden mußten, wie jetzt wieder in Amerika die Farmen durch Zäunen
eingeschlagen sind.

**) Diese Redaktion ist zwar erst 1599 festgestellt worden, dem Inhalte nach
stammt sie aber offenbar aus dem XV. Jahrhundert.

Das noch vorhandene Verzeichniß dieser Ausbürger geht nur bis 1460 zurück. Am Gallustage dieses Jahres wurden als Ausbürger angenommen für 2 Pfund Pfenninge jährlichen Beitrages die gesammte Bauernschaft zu Eschenz und ebenfalls für 2 Pfund Junker Eberhard von Boswil zu Freudenfels, der alt, mit seinen Bauern, und für je 5—8 Schillinge 14 andere Landbewohner; im Jahre 1462 für 4 Gulden die Frau von Randenburg und für 5 Gulden die Karthause Jttingen mit ihrem Gotteshause und ihren Gotteshausleuten, auf zehn Jahre; ferner für 5—7 Schillinge 6 andere Landbewohner und in den folgenden Jahren bis 1499 noch über 50 Andere, theils Edle, theils Bauersleute, nicht blos aus der Nähe, sondern auch von Weinfelden, Bußnang, Alterswylen, Altnau, Lipperswylen u. s., w. aus dem untern und obern Thurgau.

Zwar hielten sich die Edlen von Landenberg anfangs nach dem Uebergange Frauenfelds an die Eidgenossen, über diese Umwandlung mißstimmt, in der Ferne, und erscheint 1461 nur noch ein Vetter der Linie von Landenberg=Sonnenberg, nämlich Rudolf von Landenberg=Greifensee, in den städtischen Verhandlungen; dagegen tauchen die Herren von Wellenberg, Hans und Konrad, wieder als Bürger von Frauenfeld auf (1478 und 1484) und nehmen die Edlen Eberhard von Boswil und die Münchwil in Frauenfeld Wohnung.

Zum Beweise, daß die zwischen den Edlen und der Bürgerschaft bestandene Spannung gehoben war, mögen außer den bereits angeführten mit der Stadt in Burgrecht getretenen Edeln auch noch die genannt werden, welche von 1463 an bis zu Ende des Jahrhunderts als Ausbürger Aufnahme fanden.

1463 wurde als Bürger für zwei Gulden jährlich bestätigt Junker Rudolf von Landenberg und seine Frau, die Usheimerin, mit dem besondern Bedinge, daß, wenn Junker Rudolf vor ihr mit Tod abginge und sie ein Haus in der Stadt kaufte, sie von dem Hause wie andere Bürger Dienste leisten und jährlich 1 Pfund Pfenninge zahlen solle.

1463 wurde ferner Hans von Landenberg, gen. Greßli, für 10 Schillinge angenommen.

1464 Junker Claus von Münchwyl für 2 Gulden nebst Dienstleistungen vom Hause.

1465 Junker Albrecht von Breiten-Landenberg zu Klingen und Jungfrau Grete von Münchwyl, im Beiwesen seiner Mutter, Frau Ursula von
Schinen, für 1 Pfund jährlich.

1469 Junker Albrecht von Landenberg zu Herdern, für 2 Gulden.

1471 Junker Balthasar Welter von Kesikon und seine Frau auf 10
Jahre, für 2 Gulden.

1471 Frau Barbara Zum Thor auf 5 Jahre, für 1 Gulden.

1472 Jungfrau Anli von Herdern, für 10 Schilling.

1473 Junker Hans von Hohen-Landenberg auf 5 Jahre, für 2 Gulden.

1475 Junker Heinrich Rugg von Ochsenhart auf 5 Jahre, für 1 Pfund.

1479 Junker Hans Konrad Egli von Herdern, auf 10 Jahre für 2
Gulden.

1489 Junker Beringer von der Hohen-Landenberg, für 10 Schilling,
„doch geht der Burg Geld dieses nichts an."

1489 Ritter Muntprat von Spiegelberg, für Steuern und Dienste von
seinem Hause an der Hintergasse auf der Ringmauer wie ein anderer Bürger.

1495 Frau Margaretha von Paier, geboren von Münchwil, des Junkers
Bernhard Paier Wittwe, sammt Steinegg, Leuten und Gütern, auf 10 Jahre,
für 1 Gulden.

Auch der Guardian und Convent der Franziskaner in Constanz
hatten sich in Frauenfeld ein Häuschen erworben. Statt der schuldigen
Steuern und Wachtdienste anerboten sie 1467 kräftige Fürbitte, großen
Nutz für das kleinfüg Geldli.

Des Ausbürgerrechts in Frauenfeld Genoß zu sein, scheinen
namentlich auch die in der Nachbarschaft bepfründeten Geistlichen be-
strebt gewesen zu sein. Es finden sich in dem Verzeichnisse derselben
im Jahre 1478 und zum Theile früher oder später: Meister Heinrich
Semli, Herr Cunrat von Wenge, Herr Friedrich von Bußnang, Herr
Hans von Grießenberg, der Propst von Pfyn (1484), Herr Hans von
Hüttwylen und seine Tochter, Herr Ulrich Keller von Grießenberg.

Indem diese Ausbürger, Landleute, Edle und Geistliche, in der
jährlichen Steuer, die ihnen auferlegt war, ungefähr gleich den Bürgern
gehalten wurden, ergab sich dadurch auch für die Bürger eine wesentliche Erleichterung. Selten wurde die Besteuerung nach Eiden in Anwendung gebracht, dagegen für die Einwohner der Stadt eine Häusersteuer eingeführt, verbunden mit einer Art Erwerbssteuer, die auf
sämmtliche Bewohner des Stadtbezirks verlegt wurde, aber in so

billigen Ansätzen, daß sie unter der zur Zeit der österreichischen Herrschaft bezahlten Summe blieb.

5. Betheiligung an eidgenössischen Kriegen.

Wenn die Bürger Frauenfelds unter der Herrschaft Oesterreichs
in beinahe fortwährender Kriegsbereitschaft sich halten mußten, um ihre
Stadt gegen feindliche Ueberfälle sicher zu stellen oder die Fehden der
Herrschaft und benachbarter Freunde ausfechten zu helfen, gestaltete
sich dieß Verhältniß unter der Herrschaft der VII Orte ganz anders.
An die Stelle der Privatfehden innerhalb des Gebietes der Eidgenossenschaft trat das eidgenössische Recht der Tagsatzungen der VII Orte.
Statt des engen Umkreises einer Tagreise, innerhalb dessen Frauenfeld
zu Felde zu ziehen hatte angehalten werden können, mußte nun die
Bürgerschaft und die wehrfähige Mannschaft ihres Landgebietes dem
unbedingten Aufgebote der VII Orte folgen, nicht blos bis an die
Grenzen des eidgenössischen Bundes, sondern so weit der Vertheidi-
gungs- oder Angriffskrieg dieß erforderte. Dafür erfreute sie sich aber
unter dem Schirme der Eidgenossen eines so mächtigen Schutzes, daß
sie aller ihrer Festungswerke hätte entbehren können und hatte sie Antheil an dem Ruhme der Tapferkeit, durch welchen die Eidgenossen vor
allen andern Völkerschaften Europas aus glänzten.

Die Verzeichnisse der Mannschaft, die Frauenfeld in die Kriege
der Eidgenossen als Hülfstruppen zu senden pflegte, sind nicht aufbewahrt. Ebenso ist nicht verzeichnet, bei welchen Anlässen die Wehrmannschaft Frauenfelds von den Eidgenossen aufgeboten worden. Die
Steuerrödel ergeben jedoch, daß die wehrfähige Mannschaft der Stadt
und ihres Gebietes ungefähr 100 Mann betrug, und spätere Nachrichten versichern, daß sie herkömmlich in zwei Auszüge von je 20
Mann, den Hauptmann nicht mitgezählt, eingetheilt war, und die
übrige Mannschaft den Landsturm bildete. Ferner muß angenommen
werden, daß, wenn die Nachbarstädte und Landschaften zur Kriegsfolge
aufgeboten wurden, Frauenfeld dieselbe Pflicht zu leisten hatte. Es
geschah dieß zuerst im Waldshuter Kriege 1468; dann im Kriege gegen
Burgund 1474—1478; ferner bei Anlaß des Rorschacher Kloster-

sturmes im Feldzuge gegen St. Gallen Stadt und Appenzell; endlich im Schwabenkriege.

Im Waldshuter Kriege, als wegen der den Städten Mühlhausen und Schaffhausen von Oesterreich widerfahrenen Bedrängnisse die Eidgenossen zu den Waffen griffen und zuletzt die Eroberung der Stadt Waldshut und des Schwarzwaldes anstrebten, beschränkte sich die dem Thurgau und der Stadt Frauenfeld zugewiesene Aufgabe auf die Bewachung der Rheingränze bis hinunter nach Dießenhofen. Als dann Herzog Sigmund die so gefährdeten österreichischen Besitzungen im Schwarzwalde und Breisgau dem Herzoge von Burgund verpfändete und nachher wegen der Einlösung dieses Pfandes die Eidgenossen in den Krieg gegen Burgund verwickelte, wurden aus dem Thurgau 150 Mann einberufen, wobei jedoch die mit der Mannschaft des Abtes von St. Gallen ausgezogenen Oberthurgauer nicht mitgezählt waren. Höchst wahrscheinlich war auch die von Frauenfeld gesandte Hülfstruppe in jenen 150 Mann nicht einbegriffen; denn auch im Waldshuter Kriege schon hatten sich die Auszüger der Landgrafschaft einen besondern Feld=hauptmann bestellt. In der Schlacht bei Murten dagegen war ohne Zweifel auch das Fähnlein von Frauenfeld unter den 2000 Zuzügern, die aus dem Thurgau, der Stadt und Landschaft St. Gallen und aus Toggenburg gesammelt, von dem Freiherrn Ulrich von Sax zu Bürglen befehligt wurden. In die Nachhut gestellt hatten sie keine Gelegenheit, bei dem Hauptangriffe sich auszuzeichnen, wurden aber auch bei der Hauptvertheilung der Beute nicht zugelassen.

Daß die Zuzüger von Frauenfeld auch an dem Feldzuge nach Lothringen Theil genommen und bei Nancy mitgestritten haben, ergibt sich aus folgendem Vorfalle. Es wird nämlich von einem Berner Chronisten erzählt, daß Georg Schryber von Frauenfeld und ein Schindler von Schwyz, beide aus ihrer Heimat verwiesen und in die Dienste des Herzogs von Burgund getreten, bei Annäherung der Eidgenossen ihren Kriegsdienst im Heere des Herzogs aufgekündet haben und ihren Landsleuten entgegen geeilt seien mit dem Anerbieten, sofern die heimatliche Obrigkeit sie begnade, in ihre Reihen einzutreten. Nach=dem sie die gewünschte Zusage, sich für sie zu verwenden, erhalten, hätten sie, des Landes kundig, den Führern so wichtige Dienste ge=leistet, daß ihnen, wenn auch nicht der Sieg, doch die Erhaltung vieler tapferer Männer, die sonst im härtern Kampfe hätten fallen müssen, zu verdanken war.

Nach den im Burgunderkriege gemachten Erfahrungen bedachten die VII Orte den Uebelstand, daß die Thurgauer theils mit der Mannschaft des Abtes von St. Gallen, theils unter der Anführung der Edelleute, theils mit den Fähnlein von Frauenfeld, Bischofszell, Arbon und Dießenhofen zu Felde ziehen. Man wußte, daß viele Edelleute noch an Oesterreich hingen und auch mit dem schwäbischen Bunde vom St. Georgen Schild im Einverständnisse waren; es konnte daher Gefahr bringen, den Gerichtsherren die Mannschaftsrechte zu überlassen. Im Februar 1479 wurde also von den Tagherren der VII Orte der Beschluß gefaßt und dem Landvogte zur Vollziehung übertragen:

Eine ganze Gemeinde (Gesammtheit) in der Grafschaft Frauenfeld soll schwören, "unserer Herren der Eidgenossen Nutzen und Ehre zu fördern, ihren Schaden zu wenden, den Geboten eines Landvogtes gehorsam zu sein, solche, die mit Beeinträchtigung oder Gefährdung der Rechte und des Eigenthums Anderer im Land herum ziehen, zu Handen des Landvogts habhaft zu machen. Beim Landgeschrei soll Jedermann zur Rettung von Leib und Gut herbei eilen, bei entstehendem Streit scheiden, Friede bieten und zu Recht stellen, Niemand ohne Wissen und Willen der Eidgenossen und ihres Landvogts in Kriege laufen." Dieser Eid soll dem Bischof und Stift von Constanz und den Aebten von St. Gallen und Reichenau an ihren Herrlichkeiten, Freiheiten, Gerichten, Zwingen, Bännen, Pfandschaften, Eigenthumsrechten und Herkommen unschädlich sein. — Diese Beschlüsse bezweckten, die Streitkräfte der ganzen Landvogtei unter eine gemeinsame Leitung zu stellen, hatten aber namentlich wegen den entgegenstehenden Mannschaftsrechten des Abtes von St. Gallen in seinen oberthurgauischen Gerichtsherrschaften nur den Erfolg, daß die Mannschaft der übrigen thurgauischen Gerichtsherren verpflichtet wurde, bei Kriegsfällen sich dem Kriegsfähnlein von Frauenfeld anzuschließen, der Beschluß aber nie zu durchgreifender Vollziehung gelangte.

Frauenfeld selbst ließ sich durch die Weigerung der Edelleute, den Eidgenossen zu schwören und ihre Mannschaft dem Fähnlein von Frauenfeld zuziehen zu lassen, in seinem Eifer nicht beirren, seine Wehrpflichten zu erfüllen. Durch Vermittlung des Bürgermeisters und Rathes der

Stadt Zürich übertrugen 1471 Schultheiß und Rath von Frauenfeld unter Verbürgung der Zahlungsleistung dem Plattner Hubenschmid in Zürich die Anfertigung von 40 neuen Krebsen (Ringelpanzern), theilweise mit Rückenstücken versehen, für die Bürger ihrer Stadt. Auch im Zielschießen suchte Frauenfeld es den Nachbarstädten gleich zu thun. Im Jahre 1483 wurde, wie der Berichterstatter sagt, in Frauenfeld ein zierliches Gesellschaftsschießen veranstaltet, das von vielen Ehrenleuten aus den benachbarten Städten und Landen mit Freuden und Kurzweil besucht wurde. Diese Waffenübungen hatten allerdings zunächst den Zweck, zur Vertheidigung des gemeinsamen Vaterlandes sich zu betüchtigen; aber nach den über Burgund errungenen Siegen wagte lange Zeit kein Fürst mehr, die Freiheit der Eidgenossen durch Waffengewalt zu beeinträchtigen oder die Sicherheit ihrer Unterthanen und Bundesverwandten zu stören. Nur 1490, bei dem durch den Klostersturm zu Rorschach veranlaßten Kriegszuge der Eidgenossen gegen die Landleute von Appenzell und die Bürger von St. Gallen, wurde die Waffenmannschaft wieder aufgeboten und sandte auch Frauenfeld pflichtschuldigst sein Fähnlein den Eidgenossen nach Rorschach zu. Um so leidenschaftlicher ergab sich bei solcher Friedensruhe die kriegslustige Jugend dem fremden Kriegsdienste.

Seit dem Burgunderkriege war der Waffendienst ein Handwerk geworden. Ueberall drängten sich Jünglinge und Männer, in auswärtigen Kriegen Ehre und Gewinn zu suchen. Während in den Kantonen die Reisläuferei auf die von ihrer Regierung bewilligten Kriegsdienste beschränkt wurde und nur den von ihnen mit Patenten versehenen Offizieren aus ihrem Gebiete Truppen zu werben erlaubt war, dehnten diese Offiziere sämmtlicher VII Orte diese Erlaubniß auf die gemeinsame Landvogtei Thurgau aus, und benutzten einzelne thurgauische Gerichtsherren ihre herkömmlichen Mannschaftsrechte, um für Frankreich, für Burgund, für Oesterreich, für Venedig, für Mailand, für den Papst Kriegsknechte zu werben. Den Angehörigen und Bürgern der Stadt war aber nicht erlaubt, in andere fremde Kriegsdienste zu gehen als diejenigen, für welche Schultheiß und Rath die Werbung bewilligt hatten. Wie die Mannschaft Frauenfelds in die Kriege der Eidgenossen unter ihren eigenen städtischen Feldzeichen auszog, so zogen die kriegs- und beutelustige Jugend Frauenfelds auch unter den schweizerischen Reisläufern im Solde fremder Fürsten unter Anführung ihrer heimischen Offiziere, und diese Offiziere blieben dem Rathe für die Leute, die sich ihnen angeschlossen hatten, verantwortlich. Während der Landvogt den Gerichtsherren das Recht bestritt, die Reisläufer zu bestrafen, blieb der Rath von Frauenfeld in der Ausübung dieses Rechtes unangefochten.

6. Zwistigkeiten über die Rechtsame der Stadt Constanz.

Hatte schon zur Zeit der österreichischen Herrschaft die der Stadt Constanz in Frauenfeld zustehende Rechtsame zu mancherlei Reibungen Anlaß gegeben, so konnten Streitigkeiten über den Umfang derselben unter der Herrschaft der Eidgenossen noch weniger vermieden werden. Die einen betrafen die Stadtvogtei, die andern den Gerichtsbann und die Einkünfte beider.

Nach dem Ableben des Untervogtes Hans Hettlinger war von Constanz im Einverständnisse mit der Bürgerschaft Frauenfelds Hans Hofmeister, genannt Sänger, Bürger von Frauenfeld, mit der Vogtei belehnt worden. Noch im Jahr 1476 versah Hans Hofmeister dieses Amt. Es ließ sich erwarten, daß sein Sohn oder Vetter, Kaspar Hofmeister ihm zum Nachfolger gegeben werde; bereits hatte Kaspar Hofmeister, 1484 auch das Amt angetreten, als von Constanz der alt Schultheiß Ammann dazu bestimmt wurde. Dieser Verfügung sich zu unterziehen, weigerte sich Frauenfeld aus dem Grunde, weil der alten Uebung gemäß die Stadt einen dreifachen Vorschlag aus ihren geschwornen Bürgern für die Vogtstelle zu geben berechtigt sei und Constanz bei der Vogtwahl diese Uebung nicht beachtet habe. Frauenfeld berief sich auf eine rechtliche Untersuchung durch die Eidgenossen. Diese suchten die beiden Parteien zu vermitteln; die Abgeordneten Frauenfelds wollten aber nicht darauf eingehen, sondern ritten unverrichteter Dinge von Baden weg nach Hause. Indessen gelang es nachher der eindringlichen Zusprache des Landvogts Aemps und des Landammanns Egger, die Bürger Frauenfelds zu der Erklärung zu bewegen, daß sie zu Ehren der Eidgenossen den von Constanz ernannten Vogt, Hans Ammann, sich wollen gefallen lassen. Wäre die eigentliche Absicht Frauenfelds gewesen, den Kaspar Hofmeister, genannt Sänger, an das

Amt zu fördern, so war sie freilich durch den Verfolg nicht gerecht=
fertigt. Dieser letzte Sprößling des einst so glänzenden Hauses der
Hofmeister war so tief verschuldet, daß sein Gläubiger Heinrich Roten=
gatter sein väterliches Erbe auf die Steigerung brachte und den von
ihm besessenen Pfarrsatz Kirchberg an die Gemeinde Thundorf ver=
kaufte. Andere österreichische Lehen der Hofmeister gingen auf Hans
Ammann und den Landschreiber Locher über.

Eine andere zwischen der Stadt Constanz oder vielmehr ihrem
thurgauischen Landgerichte und der Stadt Frauenfeld entstandene Streit=
frage war, ob Frauenfeld befugt gewesen sei, eine vor der Stadt ge=
fangene Weibsperson vor ihr Stadtgericht zu stellen, oder verpflichtet
sei, dieselbe der Stadt Constanz zu Handen des Landgerichts aus=
zuliefern. Frauenfeld wies aber auf seine alten Freiheitsbriefe zurück
und blieb bei seinem Rechte.

Von größerm Gewichte war das Zerwürfniß, welches zwischen
Constanz, der Stadt Frauenfeld und den VII Orten der Eidgenossen=
schaft entstand wegen den Erträgnissen der Landvogtei, der zwei Ober=
vögte der Stadt Constanz und des Vogtes oder Untervogtes von
Frauenfeld. Constanz besaß nämlich im Thurgau das Raitegericht
und die Vogtei Eggen und das Landgericht sammt dem Wildbann.
Da nun diese verschiedenen Gerichtsbarkeiten und Aemter vielfach in=
einander eingriffen und einander der Bußenbezüge halber in den Weg
traten, suchte man dadurch sich auszugleichen, daß man die sämmt=
lichen Erträgnisse zusammenwarf und dann vertheilte. Eine Rechnungs=
vorlage vom Jahre 1484 ergab:

daß Landvogt Ketzi 256 Gulden und 17 Mütt Haber eingenommen
hatte und der Reinertrag auf 89 Gulden sich belief, sein Stell=
vertreter, der Landammann, bei 45 Gulden Einnahmen über die
Kosten hinaus noch 4 Gulden zu fordern hatte;

daß die zwei Obervögte von Constanz bei 140 Gulden Einnahmen
noch einen Ueberschuß von 84 Gulden und 8 Kreuzern vorwiesen;

daß der Vogt oder Untervogt von Frauenfeld bei 159 Gulden Ein=
nahmen noch 66 Gulden zur Verfügung stellen konnte, jedoch noch
ein älteres Guthaben von 45 Gulden ausgerichtet werden sollte.

Der reine Ertrag dieser Einnahmen ergab 172 Gulden. Davon
erhielt Constanz 43, die VII Orte zusammen 129 Gulden.

Allein auch diese Verrechnungsweise zeigte sich nicht geeignet, die Anstände zu heben. Die Klagen der Landbevölkerung, daß das Landgericht seine Rechte in unbilliger und gewaltthätiger Weise ausbeute, nahmen kein Ende. Der Landvogt glaubte sich ebenfalls in seinen Rechten und Ansprüchen verkürzt. Der Landvogt Muheim von Uri verbarg seinen Unmuth nicht, klagte bei seinen Landsleuten in Uri über die unleidlichen Eingriffe der Stadt Constanz in die Herrschaftsrechte der VII Orte, fand auch in Unterwalden und Zug aufmerksames Gehör und Beifall. So geschah es denn, daß am Ende Jenner 1495 aus diesem Orte 600 Bewaffnete aufbrachen und bei tausend Thurgauer und Wagenthaler sich an sie anschloßen, um die Besitzungen der Stadt Constanz im Thurgau zu überziehen. Es ist kaum zweifelhaft, daß auch die Bürger der Stadt Frauenfeld geneigt waren, den Landvogt bei diesem Unternehmen zu unterstützen; indessen fehlt es an bestimmten Berichten. Begonnen wurde die Feindseligkeit damit, daß zwei Abgeordnete der Stadt Constanz auf ihrer Reise nach Zürich gefangen genommen wurden. Verzichtleistung auf das thurgauische Landgericht und 4000 Gulden Brandschatzung war die Forderung, der Constanz sich unterziehen sollte. Die Regierungen von Zürich, Bern, Luzern, Schwyz und Glarus drohten jedoch, gegen die bei Wyl sich sammelnden Rotten ihre gesammte Macht aufzubieten und hinderten dadurch, daß weitere Gewaltthat gegen Constanz geübt werde.

7. Theilnahme am Schwabenkriege von 1499.

Die Ursachen, die den Schwabenkrieg herbeiführten, lagen in der Weigerung der Eidgenossen, der durch den Kaiser Maximilian bewirkten revidirten Reichsverfassung beizutreten. Der Krieg hätte aber einen andern Verlauf genommen, wenn die VII Orte die Rechte der Stadt Constanz mehr geschont hätten und ihrer Neigung, mit den Eidgenossen in Verbindung zu treten, durch einige Zugeständnisse freundlich entgegen gekommen wären. Der Trotz des Landvogts Muheim trug nicht wenig dazu bei, daß Constanz in das den Eidgenossen feindliche Lager trat und im Kriege gerade von Constanz aus die größte Gefahr drohte.

Schon im April 1497 forderten die Eidgenossen ihre Bundesgenossen von Schaffhausen, Appenzell und St. Gallen und die gemeinsame

Herrſchaft Thurgau, namentlich auch Dießenhofen, auf, der ungetreuen Zeitläufe halber gutes Aufſehen zu halten und ſich mit Wehr und Waffen wohl zu verſehen. Als im Mai bekannt wurde, daß Conſtanz für die Partei des St. Georgenbundes ſich entſchieden hatte, wurde das Verbot, in fremde Kriegsdienſte zu laufen, verſchärft, vom Kriegs= rathe des Abtes von St. Gallen die Bewachung des Rheins und des obern Bodenſeeufers angeordnet und in Romanshorn ein Bollwerk zu errichten beſchloſſen, vom Landvogte des Thurgaus der Landſturm organiſirt, von allen Gemeinden eine Kriegsſteuer bezogen. Das Jahr 1498 verlief in ſteter Erwartung, daß der Krieg ausbreche, aber zweifel= haft blieb, von welcher Seite her der Angriff kommen werde. Un= geachtet der Zuverſicht, daß auch in dem bevorſtehenden Kriege die Tapferkeit der Eidgenoſſen den Sieg erringen werde, konnte möglicher Weiſe doch die Nothwendigkeit eintreten, das thurgauiſche Vorland dem Feinde preis zu geben; daher machte Frauenfeld ſich auf einen Ueber= fall gefaßt, ſammelte Vorräthe, ordnete die Gegenwehr, zog Erkundi= gungen ein. Erſt im Hornung 1499 glaubte man die Abſichten des Feindes ſo weit zu durchſchauen, daß man den Hof Schwaderloh auf der Waldhöhe oberhalb Conſtanz als Hauptſammelplatz für den Land= ſturm zu bezeichnen räthlich fand. Die Abgeordneten der Städte und Länder der Eidgenoſſenſchaft, am 27. Hornung in Frauenfeld ver= ſammelt, faßten daher den Beſchluß, dieſe vortheilhafte Lage durch einen ſtarken Kriegspoſten zu beſetzen. Neun Orte der Eidgenoſſen= ſchaft ſandten dahin je 100 Mann, um ein feſtes Lager zu beziehen; ihnen wurden 1000 Mann Thurgauer beigeordnet, und in abgeſon= derter Stellung das Fähnlein von Frauenfeld, unter der Führung des Hauptmanns Jakob Fehr.

Welchen Antheil die kleine Truppe von Frauenfeld an den zahl= reichen Vorgefechten, die dem Schlachttage des 10. Aprils von der Höhe des Schwaderlohs herunter, oberhalb Triboltingen, vorangingen, und am Schlachttage ſelbſt genommen habe, iſt nicht verzeichnet; eben ſo wenig iſt im Gedächtniß geblieben, wann das Fähnlein von Frauenfeld in ſeine Heimat entlaſſen worden ſei. Nur der Steuerrodel ſagt: am Montage nach Gallustag (21. Oktober) hat man die Reißſteuer an= gelegt, wie viel darauf gegangen vom Sonntage Jubica (17. März) bis auf jenen Montag, als die Eidgenoſſen vor Conſtanz wider den

Bund gelegen, 290 Pfund, 13 Schillinge und 2 Pfenninge. Es betrug dieß ungefähr das Dreifache der üblichen Jahressteuer.

Bei den Friedensunterhandlungen beharrten die Eidgenossen so hartnäckig auf der Forderung, daß ihnen das thurgauische Landgericht abgetreten werde, daß sie jeden andern Siegespreis ausschlugen. Um dieselbe Zeit, nämlich am 28. Oktober, versammelten sich die Boten der eidgenössischen Orte, um die von vielen Seiten her eingegangenen Forderungen und Klagen über erlittenen Schadenersatz oder ungelohnte Leistungen im Kriege zu verhören und auszugleichen, auch über die Theilung der Kriegsbeute und die Einrichtung des Landgerichts und seine Versetzung von Kreuzlingen nach Frauenfeld sich zu verständigen. Mit denselben und verwandten Gegenständen beschäftigte sich gleichfalls in Frauenfeld die Tagsatzung vom 6. Dezember 1499. Die besondern Angelegenheiten Frauenfelds aber wurden nicht berührt; namentlich des Vogteirechtes der Stadt Constanz zu Frauenfeld geschah gar keine Erwähnung, als wenn es sich von selbst verstünde, daß es in die Hoheitsrechte über die Landgrafschaft eingeschlossen wäre. In der Hoffnung, solcher Vogtei entledigt zu werden, sah sich Frauenfeld getäuscht: es mußte sich mit zwei der kleinsten Wagenbüchsen oder Kanonen begnügen, welche aus der errungenen Beute als Zeichen der Anerkennung treuer Mithülfe und als Gegenwerth für die getragenen Kriegskosten der Stadt überlassen wurden.

8. Kirchliche Stiftungen und Einrichtungen. 1460—1500.

Im Vergleiche mit den frühern Zeiträumen sind die Vergabungen an die Kirchen Frauenfelds in der ersten Periode der eidgenössischen Schutzherrschaft weniger zahlreich; nur vier solcher Schenkungsurkunden haben sich erhalten:

1461. Pfaff Wilhelm Jopp, Kirchherr zu Rickenbach, zur Zeit Caplan der Georgenpfründe, und seine Schwester, Ursula Jöllin, vergaben an diese Pfründe 100 Gulden, und weitere 100 Gulden in Gold zu zwei Jahrzeiten, welche jeweilen die eine Dienstags nach Johannes Baptista und Dienstags nach dem zwölften Tage zu Weihnachten von dem St. Georgen-Caplan unter Beihülfe des Kirchherrn, seines Helfers und des Caplans der Katharinenpfründe, des Tagmessers, eines Schulmeisters und eines Meßmers gefeiert werden sollen; bezeugt von Magister Johann Wanger, Dekan und Kirchherr zu Frauenfeld, von Junker Rudolf von Landenberg zu Greifensee und von Hans Hettlinger, dem Vogte von Frauenfeld.

1461. Für die von Ulrich Bißlin testirten 20 rheinischen Gulden kaufen die Pfrundmeier und Spendpfleger Ulrich Locher, Heinrich Hochstraßer, Ulrich Werlin, Ulrich Ammann und Hans Bachherr einen Mütt Kernenzins, der von einer an der Murg, der Wächenrüti gegenüber gelegenen, an die Mühlenwiese des Hans Tumeli geht.

1469. Der Tagmesser Conrad Schallenberg ordnet zu seinem Seelenheile an die Tagmeßpfründe seinen unten an die Heergasse, oben an den Guggernuß anstoßenden Weingarten, und seine vor dem obern Thore, an der in den Spanhardsacker führenden Gasse gelegene Wiese.

1476. Einen glänzendern Beweis frommen Sinnes gab Herr Melchior Zum Thor, dessen Voreltern das erste Aufblühen der Stadt gesehen hatten. Ein Sohn Kaspars und noch jugendlichen Alters, vergabte er unter Mitwirkung seiner verwittweten Mutter und mit Zustimmung seines Oheims, Hans Heinrich Zum Thor zu Lüssen, und des alt Schultheißen Ulrich Locher zu Frauenfeld, 1476 an die drei Kirchen zu Frauenfeld 6 Mütt Kernenzins, wovon 3 Mütt zu einer Jahrzeit in Oberkirch für Herrn Kaspar und seine Gattin Dorothea Zum Thor, ½ Mütt an die St. Johanneskirche, das übrige an die Kirche und die Pfründen der Stadt und zur Unterhaltung eines Lichtes in den Samstagsnächten auf dem Grabe der Eltern des Stifters dienen sollte.

Während bei diesen und den frühern Vergabungen als Zweck derselben lediglich der Unterhalt der Pfründer, der Kirchenbau, die Kirchenzierden und Altäre, die Seelmessen und die Armenspenden bezeichnet sind, erwarben sich 1466 die Kirchgemeinden Frauenfeld und Gachnang von dem bischöflichen Generalvikar von Constanz eine Abschrift des vom heiligen Vater den Eidgenossen aus besondern Gnaden 1464 verliehenen Butterbriefes. Vermöge desselben war es ihnen vergönnt, statt des schwer zu beschaffenden Speiseöls in der Fastenzeit mit Butter zu schmalzen und Käse und Zieger zu genießen, wie zu andern Jahreszeiten.

Im Jahre 1480 ertheilten auf Verwendung des Pfarrherrn Martin Kranz sieben Kardinäle der Laurenzenkirche zu Oberkirch hundert Tage Ablaß für Alle, die am Feste Mariä Verkündigung, am Ostermontage, am Laurentiustage und am Kirchweihfeste in der Laurenzenkirche von einer Vesper zur andern ihre Andacht verrichten. An diesen Gnaden Theil zu nehmen, versammelten sich von nun an bei jenen Festen in Oberkirch eine Menge christgläubiger Seelen. — Zu noch größerer Aufmunterung, diesen Gnadenort zu ehren und zu besuchen, fügte Bischof Hugo von Landenberg den hundert Tagen Ablaß für läßliche Sünden noch 40 Tage Ablaß für Todsünden bei.

Als 1487 nach dem Tode des Tagmessers Konrad Schallenberg sein Nachfolger, Ulrich Gut von Röthenbach, in Pflicht genommen wurde, mußte er versprechen, nicht nur die Orgel in der Kapelle zu Frauenfeld wohl zu besorgen, sondern auch ohne Kosten der Stadt Jemand anzustellen, der ihn noch besser in dieser Kunst unterrichte. „Wenn er dieß nicht thue oder gegen die Bürger und ihre Frauen und Kinder sich ungebührlich verhalte, mögen ihm die Pfrundwähler die Pfründe wieder entziehen." Daraus ergibt sich also eines Theils, daß die Gemeinde und die Pfrundwähler sich Befugnisse zuschrieben, die fast als Eingriffe in das geistliche Recht angesehen werden konnten; andern Theils, daß die Stadtkirche mit einer Orgel ausgerüstet war. Hatte etwa Konrad Schallenberg, der ja schon 1469 eine bedeutende Vergabung machte, diese Verschönerung des Gottesdienstes zu Stande gebracht?

Vielleicht stand damit auch die Errichtung der Lätarebruderschaft in Verbindung. Im Jahre 1487 traten nämlich der Dekan des geistlichen Kapitels, das bald als Frauenfelder, bald als Elggauer, bald als Gachnanger oder Wisendanger Kapitel bezeichnet wird, je nach dem Pfarrsitze des Dekans, mit andern seiner Kapitelsbrüder und mit Edlen und Bürgern zu Ehren der heiligen Dreifaltigkeit und der Jungfrau Maria in eine geistliche Bruderschaft zusammen, die ihr Jahresfest auf den Sonntag Lätare festsetzte und die Lätare=Caplanei zu Frauenfeld errichtete. Vom Papste genehmigt, erhielt diese Bruderschaft das Privilegium, in Zeiten des Interdicts stillen Gottesdienst zu halten und die Todten in geweihte Erde zu begraben. — Die Statuten dieser Bruderschaft wurden 1515 auf die Bitte des Dekans Bernhard Meiß, Pfarrers zu Elgg, des Caplans Heinrich Huber in Tänikon und des Landammanns Heinrich Rosenegger von Frauenfeld durch den päpstlichen Nuntius Ennius Philonardus bestätigt, derselbe

auch auf ihr Jahresfest siebenjähriger Ablaß verliehen. Bis dahin
hatte sich die Mitgliederzahl auf 40 Theilnehmer beiderlei Geschlechtes
vermehrt.

Siebenter Abschnitt.

—

Die Schirmvogtei der VII Orte und der III Städte, von 1499—1523.

- -

1. Ausgleichungen zwischen der Stadtregierung und der Landvogtei.

Durch den Frieden von 1499 waren die von der Stadt Constanz
besessenen Rechte des thurgauischen Landgerichts und der Stadtvogtei
Frauenfeld an die sämmtlichen X Stände der Eidgenossenschaft über=
gegangen. Nun erhob sich unter ihnen die große Frage, ob allen
Ständen gleiche Berechtigung in der Vogtei Thurgau zukomme? Die
drei Städte Bern, Freiburg, Solothurn hielten dieß für billig; die
VII Orte dagegen wollten in ihrer bisherigen Landvogteiregierung sich
nicht beschränken lassen. Diese Zwieträchtigkeit war für die Selbständig=
keit Frauenfelds vielleicht ein Glück; denn schon im Spätjahre 1499
war auf den eidgenössischen Tagsatzungen die Frage aufgetaucht, ob
es nicht zuträglich wäre, das Wochengericht Frauenfelds zwar fort=
bestehen zu lassen, seine Befugnisse aber zu beschränken, es den Dorf=
gerichten der thurgauischen Gerichtsherrschaften gleich zu stellen und die
Appellation von demselben dem Landgerichte zu überweisen, zugleich auch
das Malefizgericht von Frauenfeld mit dem Landgerichte zu verschmelzen.
Diese Aenderung hätte eine vollständige Umgestaltung der Stadtverfas=
sung nach sich gezogen. Da nun aber die VII Orte an ihrem seit

vierzig Jahren geübten Landvogteirechte fest hielten, durften sie folgerichtig auch die noch ältern Rechte und Privilegien der Stadt Frauenfeld und den ihr gegebenen Schirmbrief von 1460 nicht preis geben.
Die X Stände trafen endlich den Vergleich, daß die VII Orte die
Landvogtei wie bis anhin mit einem Landvogt besetzen, das Landgericht aber und die Stadtvogtei Frauenfeld von dem Landvogt im
Namen der X Orte durch einen Landammann verwaltet werden sollen.

Indem der Sitz des Landgerichts nach Frauenfeld verlegt wurde,
handelte es sich nun besonders darum, das Verhältniß des Landgerichts
zum Malefizgerichte der Stadt festzustellen.

Da das Landgericht gemäß herkömmlicher Rechtsübung auch in
der Beziehung ein Freigericht war, daß es jede Art von Rechtsklage
annahm und den Beklagten unter Androhung der Acht und Aberacht
der Vorladung zu gehorchen nöthigte, fand man diese Unbeschränktheit
im Widerspruche mit den Bedürfnissen der Zeit, überwies daher alle
kleinern Polizeiangelegenheiten und Streitigkeiten an die Dorfgerichte
der Gerichtsherren und constituirte das Landgericht zum Obergerichte
und Malefizgerichte, immerhin mit dem Vorbehalte, daß dem Landvogte noch bei Privatklagen eine freiwillige Gerichtsbarkeit, dem Syn-
dicate der regierenden Orte aber die höchste Entscheidung in Civil-
streitigkeiten zustehe.

Dabei blieb der Stadt Frauenfeld ihre besondere Stellung gewahrt,
daß ihre Angehörigen nicht vor dem Landgericht berechtet werden sollten,
sondern vor dem Stadtgericht, sie aber die Angehörigen der Landgrafschaft nicht vor dem niedern Gerichte ihres Wohnortes zu suchen gezwungen waren, sondern vor das Landgericht ziehen konnten.

Weil auch die Stadt Frauenfeld mit Stock und Galgen begnadet
war, hiemit ein eigenes Malefizgericht hatte, vereinbarten sich die X Orte
mit der Stadt, daß die Stadt bei der Besetzung des Landgerichtes
sechs, nach der Bestimmung des Syndicats von 1522 aber vier, dem
Landvogte gefällige Richter stelle, und der Landvogt denselben die
zur Ergänzung der Zwölf=Zahl weiter erforderlichen aus der Landschaft Thurgau gewählten Richter beifüge; hingegen wenn Blutgericht
gehalten werde, der Landvogt zu den zwölf Landrichtern noch zwölf
andere Richter aus Adel und Volk berufe; endlich Frauenfeld dem

Landvogte und Verhöramte seine Kriminalgebäude nebst Stock und Galgen zu benutzen gestatte.

Dabei war aber doch das Recht der Stadt Frauenfeld nicht verkümmert, ihr eigenes Malefizrecht auszuüben. Wenn es sich um die Beurtheilung eines im Gerichtsbanne Frauenfeld ergriffenen Verbrechers handelte, so stand die Untersuchung des Thatbestandes, die Aufnahme des Verhörs und die Entscheidung, ob auf Todesstrafe bei dem Blutgerichte oder auf unblutige Kriminalstrafe angetragen werden soll, dem Rathe zu. Bevor aber das Malefizgericht zusammen berufen wurde, mußte dem Landvogt von dem Ergebniß der mit dem Verbrecher vorgenommenen Verhöre und seiner Vergicht (Geständniß) Anzeige gegeben und auf sein besonderes Begehren Einsicht in die Akten verschafft werden. Machte der Landvogt keine Einwendung, so wurde in seinem und des Schultheißen Namen das Blutgericht versammelt. Der Stadtdiener im Mantel der Stadtfarbe berief das Gericht; der Landweibel übte das Amt des öffentlichen Anklägers aus. Wurde der Angeklagte des Todes schuldig erklärt, so stand dem Schultheiß und Rath noch das Begnadigungsrecht oder Milderung der Strafe zu. Bei Vollziehung der Todesstrafe erschien der Scharfrichter im Mantel der Stadtfarbe.

Das Vermögen eines von der Stadt berechteten Verbrechers wurde zwischen dem Landvogte und der Stadt getheilt.

Auch in Bezug auf das Kriegswesen behielt Frauenfeld seine Sonderstellung, so daß, obwohl der Landvogt für die Landgrafschaft und für Frauenfeld als gemeinsamer Befehlshaber galt, Frauenfeld dennoch sein besonderes Fähnlein führte und nicht verpflichtet war, mit den Edelleuten und Gemeinden der Landschaft in gemeinsame Verrechnung der Kriegskosten einzutreten. Daher nahm denn auch später Frauenfeld weder an den Verhandlungen der Gerichtsherrentage Theil, noch an den sogenannten Landsgemeinden, Versammlungen der Gemeindeabgeordneten.

Diese neuen organisatorischen Einrichtungen schlossen indessen wie eine Bestätigung alter Rechte, so auch zugleich eine Erweiterung und Beschränkung in sich: eine Erweiterung, wiefern die Bürgerschaft Frauenfelds im Landgerichte durch einige Richterstellen vertreten war; eine

Beschränkung, wiefern der Landvogt vermöge seiner Vogteirechte über die Stadt und ihr Gebiet in die bisherigen, zum Theile willkürlich eingeführten Uebungen der Stadtbehörden hemmend eingreifen und seinen Forderungen mehr Nachdruck geben konnte, als seine Vorgänger, die von Constanz gesetzten Vögte und Untervögte zu thun vermochten.

So lange die Landvögte nicht festen Sitz in Frauenfeld hatten und nur bei wichtigern Geschäften nach Frauenfeld hinaus ritten, die gewöhnlichen Geschäfte dagegen durch ihre aus den Bürgern von Frauenfeld gewählten Stellvertreter besorgen ließen, z. B. 1502 durch den Schultheißen Hans Sigrist den ältern, und in demselben Jahre, sowie 1515, durch den Landammann Hans Rütimann, 1503 durch den Landammann Heinrich Rosenegger, — so lange hatte die Stadt keine Ursache, über Anfechtung ihrer bürgerlichen Selbständigkeit von Seite der Landvögte zu klagen. Mehr Grund zu Besorgnissen erhielt sie, als die VII Orte dem Landvogte ein Haus in der Stadt anzuschaffen beschlossen und denselben verpflichteten, in Frauenfeld seine Wohnung aufzuschlagen. Die durch Erwerbung des Landgerichtes und die neu eingeführte Landesverwaltung entstandene Vermehrung der Verwaltungsgeschäfte stellten dieß als ein unabweisbares Bedürfniß heraus. Im Jahre 1504 machte der Landvogt Dominik Frauenfeld von Zürich den Antrag, eine zu solchem Zwecke geeignete Behausung mit Keller und Stallung in der Stadt, sammt einer Scheune und einem Krautgarten vor der Stadt, angeboten für 250 Gulden, anzukaufen, und im folgenden Jahre erhielt er Vollmacht, den Kauf unter möglichst billigen Bedingungen abzuschließen. Es war der am Holderbergthore gelegene Spiegelhof, die durch Alter ehrwürdige Wohnung der Hofmeister, deren Geschlecht in den Zeiten der Könige Rudolf und Albrecht der Stolz der Bürgerschaft, aber vor wenigen Jahren in Schwäche und Dürftigkeit erloschen war.

Um alle diese Einrichtungen zu treffen und die Anrechte der Stadt Constanz, der Edlen und Gerichtsherren, des Bischofs von Constanz und des Abtes von St. Gallen und ihrer Besitzthümer im obern Thurgau auseinander zu setzen und auszugleichen, die zahlreichen Appellationen streitender Privaten und Gemeinden zu erörtern, die Rechnungen der Amtleute zu prüfen, war es fast zur Regel geworden, daß die Abgeordneten der regierenden Orte sich jährlich ein oder zwei

Male in Frauenfeld zu mehrtägigen Tagsatzungen versammelten. Die Verhandlungen dieser Tagleistungen sind nicht mehr vollständig vorhanden; bruchstückweise noch diejenigen vom 15. Jenner und 29. Juni 1505, 13. Jenner und 28. Juni 1506, 20. Mai 1509, 6. Mai 1510. In den Tagsatzungsverhandlungen zu Baden vom 4. Juli 1508 ist zu lesen: Da man jährlich zu Frauenfeld Tag leisten soll und die einen Orte ihre Boten dahin schicken, die andern aber nicht, so soll an alle Orte die Aufforderung ergehen, die Tage fleißig zu besuchen; auch soll man berathen, ob man es bei einem Tage jährlich bewendet sein lassen oder ob man zweimal im Jahr dahin kommen wolle, was Einige auch für nothwendig achten. — Auf der am 20. Juli 1510 in Zürich gehaltenen Tagsatzung aber wurde entschieden: Nachdem früher beschlossen worden, alljährlich zur Auffahrtszeit einen Tag zu Frauenfeld zu halten, um die dortigen Angelegenheiten zu behandeln und von den Vögten des Thurgaus und Rheinthales Rechnung abzunehmen, hat man das einige Jahre versucht, jedoch gefunden, daß es mit besonders großen Kosten verbunden sei und deßhalb beschlossen, daß der Tag in Frauenfeld nicht mehr stattfinde und dessen Geschäfte auf der Jahrrechnung zu Baden vorgenommen werden sollen.

Da die Einnahmen der Landvogtei Thurgau in gewöhnlichen Jahren jedem Orte nur 18—19 Gulden eintrugen, die Entfernung aber um eine starke Tagreise größer war, machte die von den Prälaten, Edlen und gemeinen Landsaßen des Thurgaus am 1. Mai 1511 auf der Tagsatzung in Zug gegen jenen Beschluß vorgetragene Vorstellung und Bitte, der Appellationen wegen den Tag in Frauenfeld nicht eingehen zu lassen, wenig Eindruck. Als am 20. Mai die Bitte wiederholt und dabei verdeutet wurde, daß die Reisekosten der vielen Thurgauer, wenn sie in Baden Recht suchen und dort oft viele Tage warten müssen, bis sie vorgelassen werden, ungleich größer seien, als diejenigen der Tagherren, wenn sie nach Frauenfeld reisen, nahm man die Sache zwar in Bedenken; aber bis zum Jahre 1519 wurde keine Tagsatzung mehr nach Frauenfeld ausgeschrieben.

2. Kriegshülfe bei den Eidgenossen und Reisläuferei. 1500—1520.

Als nach dem Schwabenkriege die schweizerische Kriegsmannschaft, der einförmigen Landarbeit entwöhnt, den Werboffizieren aller krieg=führenden Nachbarmächte zulief, Friedrich Eggmann von Rorschach 1502 dem Markgrafen von Brandenburg nach Nürnberg, Melchior von Landenberg zu Mammern und Bernhard von Knöringen zu Sonnenberg 1505 dem Pfalzgrafen Ruprecht in die Pfalz, Eppo von Rheinach dem Herzoge von Württemberg namentlich auch aus dem Thurgau ganze Schaaren Leute zuführten, ist keine Spur vorhanden, daß Bürger von Frauenfeld solcher Verletzung der Ordnung sich schuldig gemacht hätten. Mehr scheinen die in Italien um den Besitz von Mai-land und Genua geführten Kriege und die im Dienste Roms 1507, 1508 und 1511 unternommenen Feldzüge sie angelockt zu haben. In Folge des eidgenössischen Aufgebotes von 1511 sandte die Stadt ihr Fähnchen den Eidgenossen zu, auf den Weg nach Savoyen; da jedoch der Krieg unterdessen geschlichtet worden, kam die Mannschaft schon 14 Tage nach ihrem Ausmarsche wieder zu Hause an und empfing von der Stadt einen Monatsold. Die freiwillige Theilnahme an dem von dem Freiherrn Ulrich von Sax und dem Kardinal Bischof Schinner von Wallis für Venedig und für den Papst zur Vertreibung der Franzosen aus dem Herzogthume Mailand geführten Feldzuge trug der Stadt Frauenfeld und ihrem Hauptmann Johannes Werli den reichen Dank des Kardinals ein. Werli brachte seiner Vaterstadt eine Fahne von Seidentaffet mit, auf welcher das städtische Wappen ge-zeichnet war, oben auf dem Glen ein goldenes Kreuz mit den Marter-werkzeugen Christi, dem Bildnisse der heiligen Veronika und den kreuz-weise verschränkten päpstlichen Schlüsseln geschmückt. Frauenfeld sollte, nach dem Willen seiner päpstlichen Heiligkeit, solches Kreuz, Schweiß-tuch und Schlüssel in goldener Farbe auf ewige Zeiten für sich und die Landgrafschaft in ihrem Feldzeichen führen und auf den aus-gezeichneten Segen derselben festes Vertrauen setzen.

Derselbe Hauptmann Hans Werli von Frauenfeld war aber auch 1514 einer der Anführer im Zuge nach Dijon in Hochburgund, als es darum zu thun war, den König von Frankreich zur Zahlung der den Eidgenossen versprochenen Gelder zu nöthigen, und die Hauptleute sich bestechen ließen, unverrichteter Dinge wieder heimzuziehen. Noch im Jahre 1533 zog Hans Schlipfenberg, Bürger von Zürich, den Landammann Martin Werli vor das Stadtgericht in Frauenfeld, wegen Soldrückständen, die er an desselben verstorbenen Vater, Hans Werli, zu fordern hatte.

In den für die Schweizer zuletzt unglücklichen Feldzuge von 1515 sandte Frauenfeld drei verschiedene Schaaren ab. Den ersten Zug führte als Rottmeister Gorius Rüplin an, 15 Mann, deren jeder vom Kriegsherrn zwei Monatsolde, weniger 10 Kreuzer, erhielt, nebst Antheil an 20 Gulden, welche die Stadt ihnen gab. Der zweite Zug, 29 Mann stark, diente 13 Wochen; Johannes Werli war Hauptmann, Konrad Vederli Fähnrich, Jakob Locher Schreiber. Auch Sigmund und Oswald Rüpli, Marx Werli, Sigmund von Landenberg, Ulrich Läringer und andere Söhne der ausgezeichnetern Geschlechter zogen mit. Jedem Gemeinen gab man für den Monat einen Gulden Sold und darüberhin wurden 50 Gulden von der Stadt unter sie vertheilt. Dem dritten Zuge, bestehend aus 26 Mann, von Klaus Klinger als Hauptmann und Heinrich Ber (Fehr) als Fähnrich angeführt, ließ die Stadt 60 Gulden vertheilen. Diese von der Stadt bezahlten Gelder scheinen als Prämie für die Freiwilligen ausgesetzt worden zu sein. Es fiel ihr aber zur Zeit allzu schwer, sie durch Steuerbezug aufzubringen, so daß 260 Gulden bei der Stadt Winterthur entlehnt werden mußten. Als daher im Jahre 1516 Landvogt Stocker den Eidgenossen die thurgauische Hülfsmannschaft zuführte, beschränkte sich Frauenfeld darauf, ihm auf Kosten der Stadt vier Mann mitzugeben.

Bei dem Zuge zu Herzog Ulrich von Württemberg hatte sich der Landweibel Hans Werli ebenfalls betheiligt. Oefters schon Anführer der Schaaren Frauenfelds, dürfte er manchen Mitbürger ihm zu folgen verleitet haben. Er wurde 1519 von den Eidgenossen stärker bestraft, als andere Hauptleute und Aufwiegler, nämlich mit 100 Gulden Buße und Verlust seines Amtes, konnte es jedoch erbitten, daß ihm nach Entrichtung der Buße, aus Rücksicht auf früher geleistete Dienste, das Landweibelamt verblieb.

Von Verlusten an Mannschaften ist in allen diesen Aufzeichnungen
keine Rede. Daß aber nicht alle Auszüger und Reisläufer mit heiler
Haut in die Heimat zurück gekehrt seien, mag aus der großen Zahl
von Wittwen und ledigen Töchtern, die in den Steuerverzeichnissen
aufgeführt sind, gefolgert werden. Das Menschenleben war den kriegs-
trunkenen Leuten so wohlfeil, daß man die im Kampfe Gebliebenen
zu nennen kaum der Mühe werth achtete.

Anders dachte der Schultheiß Vederli. Im Februar 1520 brachte
nämlich der Landvogt Wegmann, ein Zürcher, auf der Tagsatzung zu
Luzern vor, es habe Einer dem Vederli, der jüngst Schultheiß geworden,
zugeredet, er sei nicht so gut, daß er Schultheiß sein könne; denn er
habe einst gesagt: unser Herrgot sei zu Zeiten Meister; es wäre wäger,
der Teufel wäre Meister*); — man habe jedoch erfahren, daß Vederli
diese Aeußerung bald nach der mailändischen Schlacht gethan habe,
weil damals viele böse Händel vorgegangen seien, davon auch der Eidgenossenschaft wenig Glück erwachsen sei. Hierauf hat man solche Rede
lassen eine gute Sache sein und derselben halb den Schultheiß ungestraft und unangefochten gelassen und das Bessere geglaubt, ihm aber
durch den Landvogt empfohlen, sich zu mäßigen.

Was ohne solche, zum Theile vom schuldigen Gewissen datirte
Milde der Tagherren der Schultheiß zu erwarten gehabt hätte, konnte
ihm die Erinnerung an einen ältern Vorgang lehren.

Ein Mitbürger des Schultheißen, Benz, der zwanzig Jahre früher
der Gotteslästerung angeklagt, vielleicht nichts Aergeres gesagt hatte,
war des Todes schuldig erklärt und auf viele Fürbitte dahin begnadigt
worden, daß ihm der Scharfrichter die Zunge so weit abschneide, daß
er kein Wort mehr verständlich aussprechen könne.

---

*) Wahrscheinlich wollte er sagen: Unser Herrgott greife zwar von Zeit zu
Zeit in die Welthändel strafend ein; überließe er aber die Meisterschaft dem
Teufel, so würde dieser alle schlechten Leute zur Hölle führen und müßte es auf
der Welt besser werden.

3. Die Reissteuer von 1517.

„Im Jahre 1517, am Samstage vor Matthias, hat man die Reissteuer in Mailand erlitten, angelegt," — so lautet die Aufschrift einer von den Einwohnern Frauenfelds und seiner Gerichtsangehörigen bezogenen Kriegssteuer. Es handelte sich um einen Rest der Kosten, welche 1515 in dem Kriegszuge zum Schutze des Herzogthums Mailand aufgegangen waren, oder um den Schadenersatz für die Verluste, welche die ausgezogenen Kriegsleute in der fürchterlichen Schlacht bei Marignano am 13. und 14. September 1515 erlitten hatten.

Diese Kriegssteuer betrug zwar nur noch 13 Pfund und 14 Schilling; aber der Steuerrodel enthält ein vollständiges Verzeichniß der steuerpflichtigen Einwohner der Stadt und ihres Gebietes. Die Einwohner der Stadt sind auch gesöndert in solche, die innerhalb der Mauern, und solche, die in der niedern Vorstadt und in der obern Vorstadt saßen; ferner sind nicht bloß steuerpflichtige Männer oder Hausväter, sondern auch Frauen, Wittwen und Töchter mit als kriegssteuerpflichtig aufgeführt; endlich ist angemerkt, welche neu eingetretenen Bürger den Einzug zu entrichten hätten. Der Steuerrodel gibt hiemit eine nahezu vollständige Einsicht in den Bestand der damaligen Bürgerschaft, ein Namensverzeichniß der Männer, die in den nächstfolgenden Kämpfen der Reformation berufen waren, die auch für die Zukunft Frauenfelds höchst wichtigen Fragen entscheiden zu helfen.

In der Stadt wohnten 127 Familien; aber nur 94 derselben waren durch eigene Hausväter vertreten, 33 Familien theils ganz verwaiset oder unter Obsorge verwittweter Mütter.

In der niedern Vorstadt und Ergeten, wo vorzugsweise die Müller, Gerber und Färber ihre Gewerbe betrieben, zählte man unter 12 Steuerpflichtigen nur 1 Wittwe.

In der obern Vorstadt dagegen waren unter 21 steuerpflichtigen Haushaltungen sieben, die der väterlichen Fürsorge entbehrten.

Die gesammte Einwohnerschaft, aus 160 steuerpflichtigen Familien bestehend, war also auf 119 Hausväter zurückgeführt, 41 Familien der größern Zahl nach ohne Zweifel durch die Pest der Reisläuferei ihrer natürlichen Versorger beraubt.

Unter jenen 119 Hausvätern waren überdieß 17 Einzüglinge, neue Bürger, welche die in die Bürgerschaft eingerissenen Lücken ersetzten. Jeder zahlte als Einstand in die bürgerliche Gemeinschaft mehr nicht als einen Gulden.

Die Zahl der Steuerpflichtigen im übrigen Stadtgebiete belief sich auf 97; im Kurzdorf waren nämlich 29, in den äußern Höfen 58, in Felben 10. Auch 23 Bewohner von Ellikon wurden zur Steuer beigezogen; mit welchem Rechte, ist nicht erklärt.

Unter den Besteuerten der äußern Höfe ist auch die Frau ab der Burg Hagenbuch aufgeführt, belastet mit 4 Schillingen Steuer und 2 Gulden Zins. Zacharias Zur Burg, Bürger in Frauenfeld, zahlte ebenfalls die mittlere Taxe von 4 Schillingen. Ob die Bürger Zur Burg sich von der Burg Hagenbuch her so benannten, ist ebenfalls noch eine offene Frage.

Die damaligen Bürger Frauenfelds trugen folgende Geschlechts-namen:

Aerni, Ainshelm, Anstett, Armbruster; Benz, Boch, Brendli, Brisi, Bruwin; Cappeler, Conratli; Dißli, Egger, Egli, Engel, Engeli, Epper, Erzenholzer; Fehr, Fißli, Fuchs; Graf; Hagenwiler, Hamann; Henni, Hilti, Hofmann, Huggenberger; Jägk, Jägkli, Jerg, Jucker, Jurler; Kauf, Kawli, Keller, Kern, Klinger, Knebli, Koch, Kromer, Kürsner; Läfferli, Lampi, von Landenberg, Leringer, Locher; Märki, Maler, Margus, Meller, Mezger, Mörkofer, Müller, Muggensturm; Olbrecht, Oschwald; Pfawenschwanz, Pfiffer, Pur; Rethase, Rosenegger, Roß, Rueplin, Rüttimann; Sailer, Sattler, Saxer, Schlatter, Schlosser, Schmalholz, Schmid, Schmuz, Schinder, Schrofi, Schumacher, Sebach, Siz, Sonnenmann, Spül, Steinemann, Stierli; Tanner, Tischmacher, Tober, Tumeli; Veberli; Wälter, genannt Ryf, von Wellenberg, Werli, Widmer, Ziegler, Zorn, Zum Thor, Zur Burg.

4. Der Haushalt der Stadt und die Erbauung eines neuen Rathhauses und der Murgbrücke.

Bei schlechtem Haushalte scheut man die Rechnung. Es mochte hiemit als ein Zeichen guten Gemeindehaushaltes und eines günstigen Rechnungsergebnisses gelten, daß der Stadtschreiber Jakob Locher am Abende vor dem Martinstage des Jahres 1506 der Stadt Zinse und Renten, Gülten und Güter verzeichnete, zu der Zeit, da Hans Sigrist

Schultheiß war und Hans Vederli mit Hans Joner die ihm bei=
gegebenen zwei Räthe. Mit vielem Selbstgefühl nennt sich der Stadt=
schreiber an der Stirne seines Verzeichnisses ein Kind dieser Stadt;
denn vor ihm waren die Dreiräthe in der Regel bemüßigt gewesen,
eines fremden geschulten Mannes als Schreibers sich zu bedienen.

Als zinstragende Besißthümer der Stadt sind aufgezählt die beiden
Mühlen, die eine unter dem Thurme, mit 20 Mütt Kernen Zins, die
andere jenseits der Brücke, sammt der Walkmühle, mit 23½ Mütt
Kernenzins. Die Hanfäcker im Stammerau ertrugen 5 Mütt Kernen
Zins. Sechs Mütt Kernen und 5 Mütt Haber und 1 Pfund Pfen=
ning gab der Kelnhof in Islikon, der Wasserzins aus den Wiesen bei
der Stadt 2 Pfund, die Wiese zu Murkhard 3 Pfund, drei Wiesen
bei Frankenhausen 3 Pfund 5 Schillinge, und verschiedene andere
Zinse und Gülten so viel, daß das ganze Einkommen der Stadtgüter
ein Viertel weniger als 48 Mütt Kernen und 2 Mütt Haber, und
an Geld 18 Pfund 9 Schillinge und 31 Gulden 5 Behemsch (Groschen)
betrug, den Ertrag der Färberei und der Bleiche nicht eingerechnet,
ebenso nicht die Waldungen, und noch weniger die Stadtgebäude,
Thürme und Thore, die Erträgnisse des Zolls und der Jahressteuer.

Auf jenen Einkünften lasteten dann freilich auch manche Ver=
pflichtungen, z. B. 5 Pfund Zins, die man noch dem Kloster Kreuz=
lingen, 8 Pfund, die man dem Melchior Zum Thor schuldete, 18
Pfund Heller Leibding etlicher Klosterfrauen zu Töß und andere solche
Leibdinge, die mit dem Ableben ihrer Nußnießer erloschen, besonders
aber noch mehrere Zinse, welche die Stadt der Leonhardspfründe
zu vergüten hatte.

Immerhin aber war der Bestand des Stadtvermögens so günstig,
daß an die Erbauung eines neuen, geräumigen Rath= und Kaufhauses
gedacht werden durfte. Der Entschluß, diesen Bau auszuführen, fiel
in das Jahr 1513.

Ueber die Schwierigkeiten, welche, um einen größern Raum zu
gewinnen, beseitigt werden mußten, sagt ein Vertrag, der mit den
Besißern der Burg, Balthasar und Sigmund von Hohen=Landenberg,
und ihrem Vollmachtträger, dem Bürger Klaus Klinger, von dem Rathe
am 17. October 1513 abgeschlossen wurde: Da die Stadt den Bau
nicht leicht anders zuwege bringen konnte, denn daß sie die zum Schlosse

gehörige Scheune und Trotte an dem Dache und an andern Dingen
merklich wüsten und schadhaft machen mußte, ist auf ihre Bitte gestattet worden, daß sie den Bau unter der Bedingung vollführen
mochte, die entstandenen Schädigungen an der Scheune und Trotte
wieder auszubessern; da dieß jedoch bisher unterblieben ist, hat man
sich neuerdings verständigt, daß die Stadt den Eigenthümern 40 Gulden
bezahle und es denselben anheimgebe, jene Gebäulichkeiten wieder herzustellen oder ungemacht stehen zu lassen.

Das Rath- und Kaufhaus, ein hohes, dreistöckiges Gebäude, war
über die vom untern Thore zum Holderthore führende Straße gebaut
und ruhte mittagwärts auf der Einfassungsmauer des äußern Schloßhofes. Der untere Stock diente als Kaufhaus und das durch denselben führende Durchlaß als Fahrstraße.

Die anstoßende Scheune und Trotte im Schloßhofe wurde im
Verfolge abgetragen und dafür das am Thore stehende Herrenhaus
als Oekonomiegebäude benutzt.

Bald nach Erbauung des Rathhauses im Jahre 1520 trat die
Nothwendigkeit ein, auch eine neue Brücke über die Murg zu errichten,
zwar ein Holzbau, aber auf tief in dem lockern Grunde aufgemauerten
Pfeilern und Brückenköpfen. Da die Hülfsmittel der Stadt schon
durch den Rathhausbau und die großen Kriegskosten von 1515 erschöpft
waren, blieb nach Vollendung des Brückenbaues die Bürgerschaft mit
einer Schuld von 500 Gulden und 50 Pfund Pfenningen beschwert,
die sie nur langsam wieder abzutragen vermochte.

5. Spital und Spendamt.

Mit der Benennung Spital bezeichnet die neuere Zeit eine Heil-
und Versorgungsanstalt für Kranke überhaupt, namentlich für arme
und gebrechliche. In früheren Jahrhunderten war die ursprüngliche
Bedeutung des Wortes Hospital noch die vorherrschende, Herberge, Freiherberge. Da nächtlicherweile die Stadtthore geschlossen waren und die
Thorwache nur denen, die durch Wort und Wahrzeichen sich als Be-
freundete und Bekannte ausweisen konnten, das Thor aufschließen und
den Eintritt gestatten durfte, war der verspätete Wanderer der Gefahr
ausgesetzt, die Nacht unter dem freien Himmel zubringen zu müssen,

ohne Labsal und ohne Schutz gegen die Unbill der Witterung, wenn nicht das öffentliche Mitleid für eine Freiherberge, die ihm zu später Stunde noch offen stand, gesorgt hatte. Der eigentliche Sinn der Benennung Seelhaus, die auch in Frauenfeld zuweilen dem Spitale gegeben wurde, ist von der Sprachforschung noch nicht genügend erklärt.

Das Spital oder Seelhaus von Frauenfeld winkte dem von Winterthur herkommenden Wanderer zur Linken, unmittelbar vor der Murgbrücke. Die Erbauung oder älteste Stiftung desselben fällt in unbekannte Jahrhunderte zurück. Immerhin bestand es im Jahre 1508 schon als hergebrachte Einrichtung, unter der Aufsicht zweier Spital= pfleger; denn im genannten Jahre übergab der Landweibel Heinrich Joner, genannt Ruepli, zum Troste seiner Seele den Spitalpflegern Heinrich Engel und Thomas Kappeler an das Spital 10 Gulden, und die Spitalpfleger legten dieses Geld auf Zins dem Hans Aerni von Langen=Erchingen an. Die Spitalmeister werden auch in den Aemter= verzeichnissen des Rathes von 1520—1531 als Verwalter des Spital= vermögens und verpflichtete Aufseher und Ordner des Spitals auf= geführt. Ihr Amtsgeschäft war kein leichtes. Neben dem redlichen Wanderer drängte sich zuweilen auch zuchtloses Gesindel, das der Spitaler oder Hausvater und Knecht und Magd nicht genug in Ord= nung zu halten vermochten, in die Freiherberge ein, so daß die Spital= meister zur Hülfe gerufen werden mußten. Der Gesunde war zwar nicht befugt, mehr als eine Nacht im Spitale zuzubringen; aber armen Kranken und Kindbetterinnen wurde so lange Aufenthalt gestattet, bis sie ohne Lebensgefahr durch die „Bettelfuhr" auf dem Schub weiter gefördert werden konnten. Zu diesem Zwecke unterhielt der Spital auch eigene Pferde.

Neben dem erwünschten Obdache wurde dem Gaste im Spitale zu seiner Erquickung Abends und Morgens Habermuß und Brot, vorüberziehenden armen Reisenden Mittags ein Stück Brot gereicht. Konnte das Spitalamt den Bedürfnissen nicht genügen, so wurde das Spendamt in Anspruch genommen.

Das Spendamt verdankte seinen Ursprung den bei kirchlichen Ver= mächtnissen und Vergabungen zugleich für die Armen ausgesetzten Brot= spenden. Vergleicht man die zu diesem Zwecke in den Jahren 1300 bis 1400 gemachten häufigen Vergabungen mit denjenigen des darauf folgenden Jahrhunderts, so ist man versucht, zu vermuthen, daß entweder das Mitgefühl für die Armuth abgeschwächt oder durch die Einrichtung eines städtischen Spendamtes dem Bedürfniß Genüge verschafft worden sei. Die Spenden des Spendamtes bestanden in Brotlaiben von 3—6 Pfunden, die in der Regel nur den Hausarmen der Stadt und der Gerichte verabreicht wurden.

In den Verzeichnissen der Stadtämter, erst vom Jahre 1520 an vorhanden, gehen die Spendmeister den Spitalmeistern voran, vielleicht darum, weil das Spendamt älter war als das Spitalamt.

Da in dem Buche Zins-Spendgeld die eigentlichen städtischen Zinseinkünfte und eine Anzahl den Caplaneien St. Georgen und St. Leonhard zugehöriger Zinse in bunter Mischung zusammen verzeichnet sind, scheint daraus zu folgern, daß die Spendmeister auch die den Caplaneien obgelegenen Brotspenden besorgten.

In demselben sind auch die Leibgedinge eingeschrieben. Leute geringen Vermögens, dessen Ertrag zu ihrem Unterhalte nicht genügte, übergaben ihr ganzes Eigenthum der Stadt oder dem Spendamte, mit dem Bedinge, daß ihnen bis zu ihrem Tode der doppelte oder mehrfache Ertrag ihres Vermögens verabreicht werde. Dadurch waren sie nicht nur der Sorge eigener Vermögensverwaltung überhoben, sondern auch eines reichlichern Unterhaltes versichert. In der Regel war selbstverständlich das Leibgeding so bemessen, daß die bewilligte Rente den Vermögensstock nicht aufzehrte und dem Amte in dem zugefallenen Erbe ein Gewinn zu Gute kam.

Eine andere oder regelmäßige amtliche Armenpflege kannte das damalige Zeitalter noch nicht. Wer sich mit der Spende nicht behelfen konnte, war an den Bettelstab gewiesen.

6. Entstehung der Schützengesellschaft. 1523.

Zwar verwendete man schon im alten Toggenburger Kriege Schießpulver und Bleikugeln. Aber die Geschützröhren waren so schwerfällig und die Behandlung der Schießwaffen so sehr noch eine Kunstfertigkeit, daß ein besonders dazu eingeübter Schützenmeister aus einer Schießröhre in der Stunde kaum ein Halbdutzend Schüsse abzufeuern im

Stande war. Seither hatte die Kriegskunst so große Fortschritte ge=
macht, daß die Hakenbüchse und das Handrohr allmälig im Kriege
Pfeil und Bogen verdrängten und auch die ehemaligen Bogenschützen
bei ihrem Zielschießen der Büchse den Vorzug zugestehen mußten.

Eine Gesellschaft von eigentlichen Büchsenschützen trat in Frauen=
feld im Jahre 1523 zusammen. Die im Jahre 1592 angefertigte
Schützentafel hat ohne Zweifel die Verse, mit welchen sie die Errichtung
der Schützengesellschaft und ihre Zwecke in Erinnerung bringt, einer
ältern, der Stiftung nahezu gleichzeitigen Gedenktafel entlehnt:

> Als man zalt 1523 jar,
> die gesellschaft dozumal g'üfnet war;
> zum büchsenschützen wie man es nempt,
> sind sie allzeit gar hoch verruempt;
> es sei in sturm oder in schlachten,
> duent sie all zit ganz flissig wachen.

Wenn die Büchsenschützen hier sich hohe Berühmtheit zuschreiben,
darf man ihnen das nicht geradezu als Prahlerei ausdeuten; sie wollten
damit wohl nur andeuten, daß sie der Ehre, die ihre Väter bei dem
Wettschießen von 1483 erworben, durch dieses neue Unternehmen sich
würdig zu machen entschlossen seien.

Die Handrohre, in deren Gebrauch sie sich übten, waren so schwer,
daß auch der stärkste Mann kaum mit freier Hand sie zum Schuß zu
bringen vermochte, sondern das Rohr auf einen Schragen oder eine
Gabel, oder im Schießstande auf einen in die Wand eingeschlagenen
Pfosten auflegte. Der am Rohrschaft befestigte Haken, welcher der
Hakenbüchse den Namen gab, wurde in den Pfosten eingehängt, um
den Rückstoß weniger empfindlich zu machen. Das Geschoß konnte
daher füglich zur leichten Artillerie gerechnet und im Gefechte nur in
beschränkter Weise verwendet werden. Diese Aehnlichkeit ist noch auf=
fallender, wenn man in Betracht zieht, daß die Hakenbüchse mit der
Lunte entzündet werden mußte. Kraut und Loth, d. h. Pulver und
Blei, mit Lunte und Feuerzeug gehörten zur vollständigen Ausrüstung
des mit dem Handrohr versehenen Büchsenschützen; dabei konnte er
aber ohne festen Stützpunkt sein Ziel nicht firiren.

Wie die so wenig handliche Büchse erst nach einem Jahrhundert
brauchbarer wurde, sagt die Schützentafel in holperichten Versen:

— erstens mit Handrohren sag ich frei,
b'schach fünfzehnhundert zwanzig drei,
hernach aber als man pflegt zu zellen
sechszechen hundert und sechszechen,
die Obrigkeit befehlen thät
an b'hand zu nemmen die Muschget,
zwaren erstlich mit Springschlossen
und absechen si beschlossen;
doch sechszechen hundert zwanzig acht
dis form wurd ab gemacht,
dergestalt das jeder nach kriegsweiß
sein G'schoß zu brauchen sich befleiß,
nit nur um Kurzweil (wie man spricht)
sonder auch wider den feind hab b'richt.

7. Neuer Wetteifer kirchlicher Wohlthätigkeit.
1500—1520.

Zwischen der alten Pfarrkirche zu Oberkirch und der Stadtkirche hatte ein frommer Wetteifer sich ausgebildet, dem es gelungen war, bei jeder dieser Kirchen drei Priester zu unterhalten. Dieser Wetteifer war immer noch vorhanden, steigerte sich so mehr, je mehr durch die Reisläuferei einerseits viel fremdes Geld, anderseits viel Elend und Jammer in das Land kamen. Dem Drange, durch Spendungen und Heiligendienst sich zu entsündigen, verdankte Frauenfeld neben vielen andern Vergabungen die Stiftung der Pfründe St. Leonhard, einer neuen Pfründe zu St. Johann in Kurzdorf und die Erbauung der Beinhauskapelle in Oberkirch.

Die dem heiligen Leonhard und den Heiligen Sebastian, Rochus und Barbara geweihte Kapelle lag vor dem Trüffelthore, im sogenannten Algi. Ein mit dem Krebs behaftetes Weib soll durch ihr sehnsuchtsvolles Gebet zu dem heiligen Leonhard, dem Schutzpatron der in der Heidenschaft gefangen gehaltenen Christen, Heilung gefunden und dadurch Veranlassung zur Erbauung der Kapelle gegeben haben. Bereits waren auch Vergabungen an die Kapelle gemacht und zwei Pfleger dazu verordnet, der eine aus Frauenfeld, der andere aus Langdorf. Noch hatte aber die Kapelle keinen besondern Priester. Damit dieser

Mangel weniger fühlbar sei, wurden durch eine andere Vergabung die Mittel geboten, wenigstens durch einen bequemen Weg die Wallfahrt zwischen der Kapelle und der Mutterkirche zu erleichtern. Jedenfalls aber stand in Aussicht, daß in kurzer Frist auch eine Pfründe zu Stande komme.

1502. Ulrich Funsting von Langen-Erchingen widmete als Gottesgabe einen halben Mütt Kernenzins, ablösig mit 6 Pfund Pfenning, aus dem Weingarten Kumber bei Niederherten, und einen halben Mütt Kernenzins, ablösig mit 5 Pfund Pfenning, an das Meßmeramt zu Oberkirch, zu dem Zwecke, daß ein jeweiliger Meßmer den Fußweg von der Leonhardskapelle vor der Stadt Frauenfeld bis nach Oberkirch jährlich ausbessere, nämlich drei Tage selbander mit Roß und Karren, zwischen Ostern und Pfingsten, Werksteine und anderes Nothwendige zur Ausbesserung des Weges herbei führe, gemäß der Weisung der Vierer im Langdorf und des Caplans der St. Michaelspfründe.

1503. Heinrich Holzer von Langen-Erchingen und seine Hausfrau, Elsi Erni, verschreiben dem Heinrich Veren, Bürger zu Frauenfeld, und Hansen Vizli von Langen-Erchingen, beide Pfleger von St. Leonhard, aus ihren Gütern für schuldige 50 Gulden britthalb Gulden Zins und für 25 Gulden Hauptgut einen Gulden Zins und 5 Behemsch (böhmische Groschen).

1503. Junker Melchior Zum Thor stiftete zu seinem und seiner Voreltern Seelenheil ein Salve und eine Jahrzeit, die von dem Kirchherrn und seinem Helfer, den vier Caplänen und dem Caplane von St. Leonhard, sofern ein solcher wäre, sowie von dem Schulmeister, in der Nikolaikirche gesungen und gehalten werden solle, und zwar das Salve an allen hohen Feiertagen, die Jahrzeit an allen Fronfastentagen. Er wies dazu aus seinem Gut in der Ergaten jährlich 1 Gulden, 8 Schillinge und 6 Pfennige und 5 Viertel Kernen an.

1503. Dem neu gewählten Caplane der Katharinapfründe wurde die Pflicht überbunden, alle Montage zu Oberkirch Vigil und Amt vollbringen zu helfen, und so oft bei St. Nikolaus, zu Oberkirch, zu St. Johann oder zu St. Leonhard Meß, Vesper, Metti oder anderes Singen angeordnet wird, zu einem Schulmeister oder Provisor an das Buch zu stehen und den Chorgesang zu leiten.

Die Capelle St. Johann im Kurzdorf, bis dahin von dem Pfarrherrn in Oberkirch durch seinen Helfer besorgt, wurde um dieselbe Zeit mit einer besondern Pfründe ausgestattet. Schon im Jahre 1463 hatte der Dekan und Pfarrherr Magister Hans Wanger zu Oberkirch die aus dem Widem zu St. Johann an den reichenauischen Amtmann gehenden Zinse an sich gelöset, 5 Mütt Kernen, 2 Malter Haber, 12 Schillinge Geld und 2 Herbsthühner. Seit lange her sammelte und verwaltete ein besonderer Pfleger (z. B. 1476 Ulrich Kappeler) die an die Capelle gestifteten Vergabungen zum Unterhalte der Gebäulichkeiten und zur Gründung einer Pfründe. Letzterer Zweck war im Jahr 1512 erreicht; denn

1512 bezeugte Hans Joner, genannt Rueplin, des Raths zu Frauenfeld, daß Ulrich Keller, Bürger zu Frauenfeld, und sein Weib, Gretha Hagen, ihm, als Pfleger der neuen Pfründe in der Kirche St. Johann, für ein Leibbing von vier Mütt Kernen zwei Zinsbriefe überlassen habe, deren jeder 10 Pfund Pfenning Hauptgut betrug und einen Mütt Kernen zinsete.

Nachdem der untere Theil des Kirchspiels, die Nikolaikirche und St. Johannkirche, in solcher Weise bedacht war, wandte sich die Freigebigkeit wieder der alten Laurenzenkirche zu. Dort war ja die Begräbnißstätte für die ganze Gemeinde. Es lag in der Glaubensrichtung des damaligen Geschlechtes, die Gebeine der Todten aus den Gräbern zu sammeln und in Beinhäusern in geordneten Reihen aufzuschichten, damit sie unversehrt unter der Obhut des Erzengels Michael der Auferstehung warten mögen. Zur Erbauung der Gläubigen pflegte man wohl auch die Wände der Beinhäuser mit Darstellung der Büßungen des Fegefeuers und mit Scenen aus dem Todtentanz zu schmücken. Eine solche Beinhauscapelle wurde auch auf dem Kirchhofe Oberkirch errichtet.

1513. Heinrich Fehr, Bürger zu Frauenfeld, reichenauischer Amtmann, läßt durch den Landvogt Hans von Ainwil dem Priester Georg Junsting zu Bürglen 23 Pfund Pfenning Hauptgut zufertigen, mit der Bestimmung, daß die 23 Schilling Zins dem in dem Beinhause zu Oberkirch zu errichtenden Altare zukommen sollen.

1514. Der Stadtschreiber Ulrich Locher zu Frauenfeld, als Vogt seiner Base Ursula Ammann zu Schaffhausen, urkundet, daß ihre Mutter, Frau Anna Egli von Herdern, Wittwe des ehemals constanzischen Vogtes zu Frauenfeld, an eine Jahrzeit zu Oberkirch verordnet habe 10 Viertel Kernenzins und 25 Pfund Pfenning Hauptgut, und an die Bruderschaft Lätare 5 Pfund oder einen halben Mütt Kernenzins.

1515. Durch den Schultheißen Hans Joner, genannt Rueplin, zu Frauenfeld, wird bezeugt, daß der ehrwürdige Priester Georg Funsling auf den Fall seines Todes an den Altar des Beinhauses zu Oberkirch 489 Gulden und 43 Pfund Pfenning, 1½ Juchart Weingarten zu Niederherten und überdieß all' sein Gut, Liegenschaften und Fahrhabe vergabt habe, jedoch mit dem Bedinge, daß seinem Bruder Hänsli, wenn er sich wohl verhalte, 60 Gulden, und seiner Haushälterin als Leibbing 3 Mütt Kernen, 1 Mütt Haber und ein Saum Wein ausgerichtet werden sollen.

Nicht müde wurden die Seelen, durch fortwährend neue Opfer um die Gnaden des ewigen Heils sich zu bewerben; denn schon im Anfange des Jahres 1517 kündigten Schultheiß und Rath an, daß die von dem verstorbenen Leutpriester Martin Kranz begonnene Samm= lung zur Errichtung einer Caplanei bei St. Leonhard so weit gediehen sei, um die Stiftung in's Werk setzen zu können. Das Namens= verzeichniß der Beisteuernden ist nicht nur darum bemerkenswerth, weil sie auf die Dankbarkeit der Nachwelt Anspruch haben, sondern auch darum, weil es die Erinnerung an viele längst ausgestorbene Ge= schlechter erneuert.

Bei der Angabe ihrer Beiträge darf aber nicht vergessen werden, daß der damalige Geldwerth den gegenwärtigen wenigstens zehnfach überstieg:

Ritter Balthasar von Hohen=Landenberg im Schlosse und seine Gemahlin Veronica von Werdenstein steuerten bei an Hauptgut	50	Gulden.
Hans Lieber von Wart und seine Frau Verena Berlinger .	20	=
Thomas Müller in der äußern Mühle	25	=
Hans Kurtz von Pfyn und sein Sohn Großhans, 25 Pfd.*)	31¼	=
Hans Joner, genannt Rueplin, alt Schultheiß	25	=
Die Stadt	34	=
Ulrich Isenschmid im Kurzdorf	30	=
Frau Küngold von Hohen=Landenberg und ihr Sohn Hug Dietrich**)	200	=
Jerg Holzer . . . . 10 Pfd.	12½	=

Uebertrag   427¾ Gulden.

*) Das Pfund galt 20, der Gulden 15 Schillinge, die damals noch 12 Pfenninge zählten. Bei der spätern Münzverschlechterung fiel der Zürcher Schil= ling auf 6 Pfenninge und wurde der alte Schilling zum Batzen.

**) Anweisung auf ihre Wiese und ihr Haus am Weiher.

	Vortrag	427¾ Gulden.
Konrad Veberli	10 Pfd.	12½ ⸗
Rudolf Veberli	18 Pfd.	22½ ⸗
Hans Schmidmeister, Bürger zu Ueberlingen		50 ⸗
Frau Waldburg von Helmstorf (zu Grießenberg) . . .		50 ⸗
Hans Märki, genannt Margas, 9 Pfenning Zins . .		1 ⸗
Konrad Engel, 1 Schilling Zins		1¼ ⸗
Rudi Senn von Langen-Erchingen, 1 Mütt Kernen und 8 Schilling Zins		22½ ⸗
Hans Koch, der alte, 2 Mütt Kernen Zins		25 ⸗
Klaus Huber von Huben, 3 Viertel Kernen		9¾ ⸗
Martin Kappeler, 1 Viertel Kernen		3⅛ ⸗
Herr Balthasar von Hohen-Landenberg (nachträglich) 1 Mütt Kernen		12½ ⸗
Konrad Bühelmann von Ober-Neunforn, Ulrich Straß, Rudi Schlatter, Rudi Müller, Konrad Metzger von Wart, Hans Zünd von Hüttlingen, Heinrich Kauff von Wellhausen, je 1 Mütt Kernen		87½ ⸗
Martin Weber von Gachnang und Rudi Karrer, jeder ½ Mütt Kernen		12½ ⸗
Leonhard Schmutz und der junge Sigrist, jeder 2 Viertel Kernen		12½ ⸗
Jakob Locher, Stadtschreiber, 3 Viertel Kernen		9¾ ⸗
Jos Läringer und Heinrich Stoibli von Islikon, jeder 1 Viertel Kernen		6¼ ⸗
Rudi Schwitzer von Straß, 1 Malter Haber . . .		20 ⸗
Endlich zinsen die beiden der Pfründe gehörigen Wiesen 19 Schillinge und ist das zur Caplanei bestimmte Haus in Langdorf, am Dorfbach gelegen, auf 100 Gulden und 1 Vierling Weingarten auf 20 Pfund gewerthet . .		150½ ⸗
Die ganze Summe der Beiträge belief sich hiemit auf ein Capital von		936⅙ Gulden,

d. h. auf ein Jahreseinkommen von nahezu 67 Mütt Kernen.

Die Verpflichtung, die dem Caplan überbunden werden sollte, war, wöchentlich wenigstens vier Messen zu lesen, am Montag eine zu Oberkirch und jeden zweiten Sonntag eine zu St. Johann, die andern zu St. Leonhard, und zwar vor dem Fronamt, oder auch, wenn Schultheiß und Rath wegen Geschäften dessen bedürftig wären, eine Vormesse. Dann aber sollte er namentlich „unabbrüchig" alle Sonntage und alle hohen Festtage und in der Fasten am Montag, Mittwoch und Freitag nach der Tagmesse zu Frauenfeld in der Stadt in der St. Niklauscapelle predigen und das Wort Gottes verkünden. — Der Lehenherr, Abt in der Reichenau, und der Kirchherr Thomas Funk gaben zu diesen Beschlüssen ihre Zustimmung, und am 23. Jenner 1517 wurde die neue Caplanei und Prädicatur auch von Bischof Hugo von Constanz bestätigt.

An diese zu Gunsten der Stadt Frauenfeld gemachten kirchlichen Stiftungen reiht sich die Einrichtung eines Nonnenklösterchens in Murkhard. Laut des Kaufbriefes von 1462 war dort ein Bruderhaus an die Stelle der zerfallenen Burg getreten. Nun hatten Beghinenschwestern davon Besitz genommen, lebten in andächtiger Gemeinschaft, ohne bindende Ordensregel, daher mancherlei Verirrungen ausgesetzt. Der Comthur Konrad von Schwalbach zu Tobel, dessen Comthurei die Pfarre Wängi einverleibt war, glaubte nun ein gutes Werk zu thun, wenn er das in seinem Kirchspiel Wängi gelegene Schwesterhaus der dritten Regel des heiligen Franciscus unterstelle und unter der Bedingung, daß sich die Schwestern und ihre Mutter Vorsteherin derselben unterziehen, bestätigte er sie in dem Besitze und Genusse des Hauses. Die Urkunde, die er ihnen zur Bekräftigung des Uebereinkommens ausstellte, ist datirt vom Dionysiustage des Jahres 1522.

Achter Abschnitt.

—

Die Reformation.

—

1. Die Volksstimmung im Anfange der Reformation.

Die zahlreichen kirchlichen Stiftungen, welche von den Bewohnern Frauenfelds von Erbauung der Stadt an durch alle Jahrhunderte hindurch ausgestattet wurden, sind ein thatsächlicher Beweis, daß ihnen Religion und Gottesdienst als heilige und hochwichtige Angelegenheit am Herzen lag. Nicht nur wurden zahlreiche Caplaneien errichtet, auch die Kirchen wurden mit Gemälden ausgeschmückt; geweihte Wachslichter verbreiteten hellen Glanz um die Altäre; eine künstliche Orgel, von einem ausgezeichneten Organisten gespielt, regelte und unterstützte den Chorgesang und steigerte durch sanfte und bebende Töne die Andacht der betenden Menge. Als die Stadt Luzern im Jahre 1524 eine neue Orgel erstellen zu lassen beschloß, richtete sie an die Stadt Frauenfeld das Gesuch, ihrem Caplane Bernardin zwei Jahre Urlaub zu geben, damit er in die Stiftskirche Luzerns eine neue Orgel anfertigen könne, indem kein tüchtigerer Mann für ein solches Werk bekannt sei. Im Besitze eines solchen Werkes hatte Frauenfeld auch bereits vorgesorgt, daß ein geübter Prediger angestellt und dadurch den Forderungen eines zeitgemäßen Fortschrittes entsprochen werde. Hiemit schien Alles so bestellt, daß das allgemein sich verbreitende Geschrei nach einer kirchlichen Reformation wenigstens die Kirche Frauenfelds nicht berühren konnte.

Aber von Zürich aus, von Constanz und auch von St. Gallen aus erklärten die Anhänger Zwingli's und Luther's, daß gerade das, was dem Gottesdienste Glanz verleihe und das Ohr ergötze, nicht der rechte Gottesdienst sei, daß Sündenablaß, Verehrung der Heiligen, Anbetung des heiligen Sakramentes, Klostergelübde, Fastengebot, Priesterweihe mit dem Worte Gottes im Evangelio im Widerspruche stehe. Bereits 1522 hatten einige Nonnen in Tänikon, damals noch zur Kirchgemeinde Elgg gehörig, ihre Zellen verlassen, ohne daß ihr Beicht= vater, der Caplan Huber, von Frauenfeld gebürtig, es mißbilligte oder wehrte. In den benachbarten Gemeinden des Zürchergebietes wurde eifrig nach den Lehren Zwingli's gepredigt. Der Schaffner Jodocus Hesch in der Karthause Ittingen schrieb an seinen Freund, den ge= lehrten Arzt und Geschichtforscher Vadian in St. Gallen, bei Anlaß der ersten Disputation Zwingli's mit den Abgeordneten des Bischofs Hugo, im Jenner 1523: „Ich verlange sehr, zu hören, wie glücklich für Zwingli die Disputation ausgefallen sei; es gehen bei uns ver= schiedene Sagen, durch welche Zwingli, wie ich hoffe ohne Grund, in ein nachtheiliges Licht fällt; aber ein einziges Wort von Dir wird mir mehr gelten, als das Geschwätz aller Andern.“ Die Nachricht, daß der Abt Joner in Kappel 1523 in seinem Kloster sogar eine Schule zu Erziehung von Predigern nach Zwingli's Grundsätzen eingerichtet habe, konnte in seiner Vaterstadt bei seinen Verwandten Joner, genannt Kueplin in Frauenfeld, eines tiefen Eindrucks nicht ermangeln.

Bei den maßgebenden Kreisen des Oberamtes der thurgauischen Landvogtei blieb diese Bewegung der Geister nicht unbeachtet. Die reformatorischen Neuerungen, die namentlich in den der Stadt Constanz benachbarten Kirchen Ermatingen und Kurz=Rickenbach durch die Pre= diger eingeführt wurden, verpflichteten den Landvogt, den regierenden Orten Bericht zu erstatten und um Verhaltungsbefehle zu bitten. Schon im Wintermonat 1522 erhielt der Landvogt Muhheim den Auftrag, Diejenigen anzuzeigen, welche sich durch Wort oder That unehrerbietig gegen den Glauben und die Uebungen der Kirche beweisen. Im fol= genden Jahre wurde ihm befohlen, die ausgetretenen Nonnen von Tänikon als Eidbrüchige zu verhaften. Im Anfange des Jahres 1524 folgte die Anweisung, alle Diejenigen, welche das Fastengebot brechen, mit vierundzwanzig Stunden Gefängniß bei Wasser und Brot und fünf Gulden Buße bestrafen zu lassen. Man hat keinen Grund, zu zweifeln, daß der bejahrte Landammann Rosenegger, Statthalter des Landvogts, sowie der Landschreiber und der Landweibel, alle in Frauen= feld Bürger, die Ansichten ihrer gebietenden Herren und Obern theilten. Den Herren von Landenberg mußte die Autorität ihres Vetters, des

Bischofs Hugo, ebenfalls mehr gelten, als das Wort Zwingli's. Wer in Frauenfeld mit dem Landvogte und den Junkern von Landenberg in freundschaftlicher Verbindung stand oder von ihnen abhängig war, durfte bei Strafe, ihre Gunst zu verlieren, mit den Neuerungssüchtigen keine Gemeinschaft pflegen.

Der gemeine Bürger hörte so viel über die neue Art evangelischer Predigten reden, daß der Reiz der Versuchung, sie ebenfalls zu hören, nur um so größer war. So viele Pfarrer und Caplane, Bürger von Frauenfeld, wie der bereits genannte Caplan Huber in Tänikon, der Pfarrer Feer in Mülheim, der Pfarrer Alexander Schmutz von Leutmerken, neigten sich dem neuen Glauben zu, und gewannen bei ihren Verwandten im Zwiegespräche Beifall oder vorwurfsvollen Widerspruch, daß die brennende Lunte bereits über dem Zündpulver schwebte, um bei dem ersten Stoße die wilde Flamme zu entfesseln.

Um nicht selbst diesen Ausbruch zu fördern, dürften Bischof Hugo von Constanz und die Pfründenpfleger von Frauenfeld es als ein Gebot der Vorsicht betrachtet haben, einstweilen bei der Capelle St. Leonhard die stiftungsgemäße Anstellung eines Predigers zu unterlassen.

Es war im Volke eine Gährung eingetreten, deren Verlauf und Ausgang Niemand berechnen konnte.

2. Die Verletzung des Landrechts.

Als der Nachfolger des Landvogtes Muhheim, Joseph Am Berg aus Schwyz, bei seiner Regierung sich um die Landvogtei Thurgau bewarb, erhielt er das Amt nur unter der Bedingung, daß er die Lutherische Ketzerei im Thurgau ausrotte. Mit dem Tage St. Johannes des Täufers 1524 trat er die Stelle an und er versäumte nicht, die erste Gelegenheit zu benutzen, um seinem Versprechen Genüge zu thun.

Als ein Abtrünniger der Kirche und gefährlicher Ketzer war ihm Johannes Oechsli von Einsidlen verzeigt worden, dem das Stift Einsidlen die Pfarre Burg bei Stein übertragen hatte. Dieser Mann hatte, sein Ordensgelübde verachtend, im Sinne Luther's und Zwingli's zu predigen unternommen und großen Beifall gefunden, so daß nicht bloß die Angehörigen seiner Gemeinde, sondern auch vieles Volk aus den Nachbargemeinden und aus der Stadt Stein sich zu seinen Predigten drängten. Er stand auch in Verbindung mit Hans Wirth und Adrian Wirth, zwei Söhnen des Untervogts Wirth von Stammheim, die von der Zürcher Regierung nach Stammheim gesendet worden waren, statt des widerstrebenden Dekans Moser in Stammheim das evangelische Gotteswort zu verkünden und die Bilder aus der Kirche zu entfernen. Da Stammheim noch in das Gebiet des thurgauischen Landgerichtes gehörte, soll der Landvogt sich geäußert haben, er werde die beiden jungen Prediger zu Stammheim schon an den Schatten zu bringen wissen; bekannt war, daß der Pfarrer Oechsli von derselben Gefahr bedroht sei; daher hielten sich Stein, Stammheim, Nußbaumen und Burg gefaßt, den Landgerichtsdienern des Landvogts die Verhaftung ihrer Prediger mit Gewalt zu wehren und nöthigen Falls gegen dieselben den Landsturm aufzubieten. Das Volk glaubte sich dessen befugt; denn wer das Recht vertrösten konnte, durfte nach altem Rechte nicht gefangen gesetzt werden.

Aber am 7. Heumonat, in der Frühe, bald nach Mitternacht, schrie der Pfarrer Oechsli auf Burg um Hülfe. Die Landgerichtsknechte waren in seine Wohnung eingedrungen, bemächtigten sich seiner und schleppten ihn als Gefangenen mit sich fort über den Berg auf dem Wege nach Frauenfeld. Der Wächter auf der Burg Klingenberg hörte den Hülferuf des Pfarrers und gab das Zeichen zum Landsturm. Dem eidlich beschworenen Landgeschrei folgend, sammelte sich das Volk und verfolgte die Häscher bis an die Thur, ohne sie zu erreichen. Bei dem Kloster Ittingen machte es Halt, und erbittert über solche Verletzung des Landrechts verwüstete es in rachesüchtigem Muthwillen die Wohnung der Karthäuser und ihre Kirche. Je härter nun der Landvogt und die katholischen Orte gegen die vermeinten Urheber der begangenen Frevel verfuhren, desto tiefer drang das Gefühl unwürdiger Knechtung in die Herzen des Volkes. Auch die Stadt Frauenfeld fürchtete, daß, wenn den Landvögten ein so gewaltthätiges Verfahren gestattet sei, ihre eigenen Privilegien nicht werden geschont werden. Als die Gesandten der regierenden Orte am Ende Juli in Frauenfeld zusammen traten, um über die Führer des Landsturms und über die an der Karthause begangenen Frevel Gericht zu halten, wogte eine drohende Volksmasse um das Rathhaus und Ausschüsse der thurgauischen

Gemeinden, an ihrer Spitze die Ausschüsse von Frauenfeld, traten vor die versammelte Tagsatzung und bestritten dem Landvogte die Befugniß, in die geistliche Gerichtsbarkeit des Bischofs gewaltsam einzugreifen, die er durch die Gefangennahme des Pfarrers Oechsli verletzt habe. Zugleich klagten sie, daß der Landvogt die Mahnung, Friede zu halten, auch zu Gunsten von Unbekannten geltend machen wolle; daß ferner der Landvogt und die Gerichtsherren bei Leuten, die ohne Leibeserben gestorben, die ganze Fahrhabe, die Hälfte oder den dritten Theil als Leibfall fordern, was um so ungerechter sei, da es an der Zeit wäre, einmal den Leibfall und Laß ganz abzuschaffen; daß die Landgerichts= knechte, statt der Gerechtigkeit freien Lauf zu lassen, bei Streitig= keiten den Parteien keinen Aufschub gestatten, sondern bei 30 Pfund Buße nöthigen, unverweilt Antwort zu geben und ein Urtheil ergehen zu lassen; daß die Jagd, die beste Vorübung zum Kriege, verboten und sammt der Fischerei den Gerichtsherren vorbehalten sei; daß der Landvogt und die Gerichtsherren auf geheime, aus Haß und Neid ent= sprungene Angebereien hin, Leute vorladen und dieselben, ohne den Kläger zu nennen, bestrafen oder doch zu den Gerichtskosten verurtheilen: daß der Landvogt den Nachlaß lediger (unehelicher) Kinder, wenn sie auch von den Verwandten erzogen worden seien, ganz an sich ziehe und den Verwandten die Erziehungskosten zu ersetzen verweigere. Diesen Beschwerden fügten die Gemeindeausschüsse die Forderung einer Ent= schädigung bei für die bei dem Ittinger Sturm durch die Schuld des Landvogtes aufgelaufenen Kosten, Bestätigung des alten Vertrags, daß Niemand, der Tröstung geben könne, gefangen gesetzt werde, und Ab= stellung des Unfugs, daß, wer außer die Genossame heurathe, um fünf Gulden gebüßt werde, dagegen wer mit einer Weibsperson in Unehre lebe, unbestraft bleibe.

Den Oberherren gegenüber war das eine kühne, unerhörte Sprache. Die Gesandten der VII Orte beschlossen, ihren Regierungen davon Kenntniß zu geben. Den einen Zweck erreichten die Gemeindeausschüsse nicht, das Leben der vermeinten Urheber des Ittinger Sturmes zu retten. Zürichs Verwendung für die Angeklagten wurde von den Ge= sandten der Gebirgskantone mit Kriegsdrohungen erwidert, so daß es, eingeschüchtert, die in Zürich verwahrten und am stärksten Angeschul= digten den Eidgenossen zur Verfügung nach Baden zu stellen versprach.

den Untervogt von Stammheim und seine beiden Söhne und den Untervogt Mütimann von Nußbaumen. Am 19. August traten hierauf die X Orte in Baden zusammen und erklärten die beiden Untervögte und den Prediger Hans Wirth des Todes schuldig. Damit waren aber die kirchlichen Reformationsbestrebungen nicht gedämpft, vielmehr durch ihre Verbindung mit weltlichen Interessen gestärkt. Im Winter von 1524 auf 1525 wurde von den Gemeinden sogar der Plan aus= gebrütet, die Bewohner des Thurgaus und Rheinthals und die Gottes= hausleute des Stiftes St. Gallen in einen Bund zu vereinigen, und in der Besorgniß, daß durch die Zwietracht zwischen Zürich und den V Orten selbst die Eidgenossenschaft in Gefahr komme, wurde am Mittwoch vor Pfingsten 1525 den thurgauischen Gemeinden, wenn nicht Alles, was sie im Jahre vorher verlangt hatten, doch das Meiste und Anderes dazu einstweilen zur Probe auf ein Jahr zugestanden.

Was aber 1525 unter dem Eindruck des schwäbischen Bauern= aufstandes bewilligt worden war, das wurde von dem thurgauischen Adel nach Verfluß des Probejahres schon am 3. März 1526 bei einer Tagsatzung der IX Orte (ohne Zürich) wieder in's Recht gesetzt und im Herbste desselben Jahres, 13. September, zu Baden, großen Theils wieder die alten Verpflichtungen erneuert. Frauenfeld, obschon wegen seinen Stadtgerichten mitbetheiligt, war weder bei den Abgeordneten des Adels noch bei denjenigen der Landgemeinden vertreten, wohl aber Langdorf. Das im August 1525 von den Rathsboten der Stände Luzern, Schwyz, Unterwalden, Zug und Glarus zu Frauenfeld dekretirte Religionsedict, das allen Priestern gebot, nach herkömmlicher Weise Gottesdienst zu halten, und das von den Ständen im September an die Gemeinden gerichtete Mandat, bei den alten kirchlichen Gebräuchen zu bleiben, wurde zwar in den Constanz benachbarten Gemeinden oft und ungestraft verletzt; in Frauenfeld aber wußte namentlich der Land= ammann Martin Weerli als erster Rathgeber und als Stellvertreter des Landvogts den Neuerungseifer so zurück zu scheuchen, daß in den Jahren 1526 und 1527 der alte Zustand erhalten blieb.

3. Die Einführung der Reformation.
1528 und 1529.

Wie aber im Anfange des Jahres 1528 Bern sich für die Reformation erklärte und die reformirenden Orte mit Constanz in ein
christliches Burgrecht zu gegenseitigem Schirme ihrer Reformen eintraten,
ließen sich die der Reformation geneigten Geistlichen nicht mehr zurück
halten, die großen Angelegenheiten der Zeit zu besprechen. In Frauenfeld brachte der junge Prediger Caplan Ulrich Kappeler die Gemüther
in heftige Bewegung. Der Kirchherr Hans Frei zu Oberkirch predigte
so über Mord und Meineid, daß der Junker Hug Dietrich von Hohen-
Landenberg (Herr zu Herdern, in Frauenfeld seßhaft) denselben bei
dem Landvogte verklagte, als hätte der Prediger die Obrigkeit geschmäht.
Wie der Landvogt dem Junker die Schwierigkeit entgegenhielt, in solch'
bewegter Zeit gegen den Kirchherrn einzuschreiten, erklärte der Landenberg: So will ich den Pfaffen selber strafen. — Bald nachher liefen
vermummte Männer den Kirchherrn auf der Straße an; einer derselben
fuhr mit dem Degen auf ihn los, durchstach ihm zwar nur den Aermel,
aber als der Angegriffene den Arm sinken ließ und um Hülfe schrie,
nahmen die Gegner erschrocken die Flucht. Der Junker Landenberg,
der dem Verdacht nicht ausweichen konnte, sie gedungen zu haben,
entzog sich der Rache des Volkes dadurch, daß er sich zu seinem Vetter
Lanz auf Liebenfels in Sicherheit begab.

Besser unterrichtet und vorsichtiger als der Kirchherr Frei war
Magister Heinrich Feer, Bürger von Frauenfeld, Caplan der Michaelspfründe, früher Pfarrer in Mülheim und dort schon für die Reformation
entschieden; ebenso Johannes von Burg oder Zur Burg, Caplan bei
St. Johann in Kurzdorf, und Hans Sonnenmann. Traten sie auch
nicht schroff gegen die Gegner der neuen Lehre auf, so mehrte sich
doch zusehends die Zahl der Bürger, die nur auf eine günstige Wendung des in den VII Orten waltenden Kampfes warteten, um offen
sich für das Evangelium zu erklären.

Wie heftig die Gährung der Gemüther war, zeigen unter Andern
zwei im Frühjahre 1528 vorgefallene, in näherm Bezuge zu Frauenfeld stehende Ereignisse.

Im März 1528 reiste der Landweibel Marx Weerli*) von Frauen=
feld mit dem Landvogte Heinrich Wirz von Unterwalden durch Zürich,
wo er mit Hans Müller im Gasthause zusammen traf und im Ge=
spräche über Glaubenssachen demselben die Behauptung entgegen warf,
wer nicht glaube, daß Christi Fleisch und Blut in der Hostie des
Altars sei, der sei ein Ketzer. Der Landweibel erzählte dann in Schwyz
dem Landvogte Stocker, was zwischen ihm und dem Hans Müller
vorgefallen sei, und Stocker verbreitete es weiter, so daß dem Land=
vogte Wirz der Befehl gegeben wurde, so wie er nach Frauenfeld zurück
komme, den Müller zu verhaften. Dieß wurde aber auch in Zürich
bekannt. Wie nun auf der Rückreise der Landweibel, dem Landvogte
folgend, im Gasthause zum rothen Schwerte die Treppe hinaufstieg,
wurde er von vier Stadtknechten ergriffen und in seinem Unterwaldner
Amtsrocke in den Wellenberg geführt, fünf Wochen gefangen gehalten,
peinlich verhört und dann am 5. Mai mit dem Schwert hingerichtet.
Er war bei vierzehn Jahren zu Frauenfeld Landweibel gewesen, der
gemeine Mann hatte sich bitter über seine Amtsführung beklagt und
er reuete wenige Leute; aber eines eigentlichen Verbrechens hatte man
ihn nicht überweisen können. Diese Gewaltthat widerfuhr ihm, als
drei und dreiviertel Jahre seit der an den beiden Wirth von Stamm=
heim und dem Untervogt Rütimann von Nußbaumen vollzogenen
Blutrache des Ittinger Sturmes verflossen waren.

Wenige Wochen nach der Hinrichtung Weerlis, am Sonntage
nach Pfingsten, erhob sich bei Liebenfels ein heftiger Wortwechsel
zwischen dem jungen Lanz von Liebenfels und einem Bauern, dessen
Tochter jener geschwächt hatte. Ein Dritter lief hinzu und gebot ihnen
bei Eiden Frieden, wurde aber von dem Junker mit zwei Streichen
einer Hellebarde niedergeschlagen und getödtet. In andern Zeiten hätte
diese Blutthat wenig Aufsehen gemacht, nicht so jetzt. Der Landsturm
wurde in der ganzen Umgegend wach, so daß in kurzer Zeit 400,
Andere sagen 4000 Männer, versammelt waren, die des Todtschlägers
sich bemächtigten und ihn nach Frauenfeld brachten. Sie hatten in
Liebenfels auch Hugo von Landenberg aufgegriffen und führten ihn

---

*) Marx Weerli ist nicht zu verwechseln mit Martin Weerli, Landammann
schon 1527, dem Stamme der Herren von Gryssenberg, genannt Weerli, zugehörig.

mit nach Frauenfeld. Der junge Lanz wurde nachgehends durch seinen Vater von weiterer Strafe losgekauft. Hugo von Landenberg wurde sonst entlassen, mied aber freiwillig das Land.

Solche Vorgänge sind gewöhnlich Vorboten größerer Ereignisse; denn sie gehen aus dem Gefühle hervor, daß nur Gewalt zum Frieden führen werde. Dieses Gefühl erhielt neue Nahrung, als Zürich im August 4500 Mann in Bewegung setzte, um die Anhänger Zwingli's im Toggenburg gegen den Abt Geißberger von St. Gallen zu schützen. Es weckte aber auch die Spekulation; denn in Voraussicht, daß, wenn nach der knappen Ernte der Bürgerkrieg ausbrechen sollte, Mangel und Theurung entstehen müsse, brachten der Metzger Vitli von Zürich und Heinrich Aederli von Frauenfeld in der Mitte Octobers 150 fette ungarische Ochsen von Ulm her nach Zürich. Wirklich rathschlagten Zürich und Bern, ob nicht Unterwalden aus dem Bunde der Eidgenossen auszustoßen sei, darum, weil jener Stand die Leute von Brienz und von Haslithal zum Widerstande gegen die Reformatorischen Berns ermuntert und dadurch die Bundestreue gebrochen hätte. Die V Orte dagegen warfen den Zürchern vor, daß sie fortwährend Prädicanten in die gemeinsamen Vogteien, namentlich auch in die Landvogtei Thurgau, hinausschicken und die Unterthanen gegen ihre Herrschaften aufwiegeln, um ihren Miteidgenossen die Mitherrschaft zu entreißen.

In dieser Stimmung erschienen am 30. November 1528 die Sendboten der V Orte Luzern, Uri, Schwyz, Unterwalden und Zug in Frauenfeld, um zunächst die Bürger von Frauenfeld, dann auch die Gerichtsherren und die Gemeindeausschüsse der Landschaft zu ermahnen, daß sie bei dem alten Glauben bleiben und Leib und Gut zu ihnen setzen. Der Rath von Frauenfeld gab ihnen die verlangte Zusage. Als aber, obwohl ungeladen, auch die Botschaften von Zürich und Bern eintrafen, wurde bestimmt, daß auf Nikolaustag, 6. December, eine Landsgemeinde in Weinfelden versammelt werden solle, damit sie nach dem Vortrage der beidseitigen Parteien sich erkläre, wessen sich jeder Theil zu den Thurgauern zu versehen habe. Für die V Orte sprachen Heinrich Fleckenstein von Luzern und der Vogt Auf der Maur von Schwyz; ihnen entgegen besonders Rudolf Lavater, der Landvogt von Kyburg, jeder Alles aufbietend, um zu beweisen, daß das Recht auf seiner Seite sei und daß die Thurgauer am Besten für sich selbst sorgen, wenn sie sich vertrauend zu seiner Partei schlagen. Die Landsgemeinde entschied auf den Antrag des Gerichtsherrn Heinrich von Ulm zu Grießenberg: Bei dem göttlichen Worte wollen wir bleiben; was wir unsern Herren von Zürich versprochen, wollen wir halten, aber auch den andern VI Orten in Allem, was wir schuldig sind, gehorsamen; doch bitten wir unsere Herren der VII Orte, daß sie nicht zweiträchtig seien und unsere Antwort zu Gutem aufnehmen!

Als der Landvogt Stocker, der mit Johannes des Täufers Tag seine Regierung im Thurgau angetreten hatte, dieses sah und hörte, setzte er sich unmuthig auf sein Pferd und ritt in seine Heimat nach Zug. Jetzt stand den Gemeinden das Feld offen, in kirchlichen Dingen nach Belieben zu handeln. Die Bemühungen Einzelner, Geistlicher und Laien, bei'm Alten zu bleiben, brachen fruchtlos an der Uebermacht der Mehrheiten. Eine Gemeinde um die andere entfernte Bilder und Altäre aus den Gotteshäusern; Frauenfeld, eine der spätesten, erst am 26. April 1529. Dagegen scheint man in Frauenfeld, wenn nicht schon 1528 bei der Berufung des Peter Graf an die St. Agathapfründe, doch jetzt bei Abschaffung der Messe, Bestimmungen getroffen zu haben, welche Capläne sich der Predigt, welche dem Jugendunterricht sich widmen sollen. Dem Peter Graf, der bereits in Zürich als Lehrer gewirkt hatte, und dem Kaspar Leeringer an der Georgspfründe wurde die Schule als Wirkungskreis angewiesen, dem letztern mit der Verpflichtung, wenn er nicht selbst Unterricht gebe, einen Stellvertreter zu suchen und zu besolden.

Unterdessen hatte eine neue Versammlung der thurgauischen Gemeindeausschüsse einen Landrath gewählt und demselben aufgetragen, die allgemeinen Landesangelegenheiten zu berathen, die Verbreitung der Reformation zu befördern und Alles zu thun, was bei den eidgenössischen Ständen zur günstigen Erledigung der thurgauischen Beschwerden dienlich sein möchte, namentlich darauf hinzuwirken, daß das Landgericht nicht mehr ausschließlich in Frauenfeld, sondern abwechselnd in Frauenfeld und Weinfelden gehalten werde. Der Mann, welcher bei allen diesen Dingen an der Spitze stand, hieß Ulrich Tobler oder Tobner; aus welcher Gemeinde er aber gebürtig war und was später aus ihm geworden, hat die Zeit zu berichten vergessen.

Mittlerweile waren von den V Orten Verbindungen mit Oester=
reich angeknüpft worden und gelangte der Zwist der V Orte und der
zwei Städte Zürich und Bern zu einer solchen Schärfe, daß Zürich
den Beschluß faßte, Waffengewalt anzuwenden. Der Vogt Lavater
von Kyburg wurde mit 500 Mann nach Wyl und in das Rheinthal
hinauf entsendet, theils um einen Einfall von jenseits des Rheins her
abzuwehren, theils um den Abt von St. Gallen in Schranken zu
halten. Im Thurgau wurde der Landsturm in Bereitschaft gesetzt und
eine Truppe Mannschaft ausgehoben, die unter dem Fähnlein Frauen=
felds zu den Zürchern nach Kappel zog. Am Abend des Johann=
Baptistentages erging wirklich der Landsturm vom Rheinthale herunter
bis nach Frauenfeld, mit Hülferuf gegen den österreichischen Befehls=
haber Merk Sittich von Ems, der über den Rhein zu setzen Anstalt
mache; man fand jedoch keinen Feind und kehrte unverrichteter Dinge
wieder heim. An demselben Tage wurde auch zwischen Zürich und
den V Orten, nachdem sie bei Kappel und Baar 17 Tage einander
gegenüber gestanden hatten, noch einmal durch Bern und den Land=
ammann Aebli von Glarus vermittelt und ein Landfriedensvertrag zu
Stande gebracht. Der erste Artikel setzte fest, daß kein Glaubenszwang
Statt haben dürfe, daß in den Vogteien Niemand wegen der Weg=
schaffung der Bilder aus den Kirchen bestraft werden und daß es
künftig der Mehrheit der Gemeinden anheim gestellt sein solle, die
Messe beizubehalten oder nicht. Im neunten Artikel wurde den Thur=
gauern und andern Unterthanen, die den Zürchern zugezogen waren,
Straflosigkeit zugesichert. Der sechszehnte Artikel betraf namentlich die
Beschwerden der Thurgauer und ihre Bitte, nur gottesfürchtige, ehr=
bare, züchtige Leute auf die Landvogtei zu setzen, insonderheit an die
Stelle des Jakob Stocker einen andern Landvogt zu ernennen und
den Landammann Weerli seines Amtes sogleich zu entlassen, was denn
auch verheißen und mit der Zusage verbunden wurde, die ältern Be=
schwerden der Thurgauer ebenfalls ohne allen Aufzug zu erledigen.

Diese drei Artikel waren also die Grundlagen, auf welchen die
allerdings manigfach verwirrten Angelegenheiten des Thurgaus geordnet
werden sollten. Zu diesem Zwecke wurde auf den 27. Weinmonat
eine Tagsatzung nach Frauenfeld ausgeschrieben, hier den thurgauischen
Abgeordneten angezeigt, daß sie künftig dem an die Stelle Stockers

getretenen Landvogte Ziegerli zu gehorchen haben, denselben aber auch von den Gerichtsherren ein so großes Sündenregister vorgehalten, daß die Sendboten der Eidgenossen erklärten, vorerst ihren Regierungen darüber Bericht erstatten zu müssen. Damit war freilich den Beschwerden des Landes keineswegs abgeholfen. Das Landvolk war darüber sehr ungehalten.

4. Die Synoden in Frauenfeld. 1529 und 1530.

Die durch den Landfrieden vom 25. Brachmonat 1529 zugestandenen drei Artikel benutzte Zürich, das Reformationswerk im Thurgau zum vollständigen Siege zu führen, und gab als leitender Vorort dem Landvogte den Befehl, die sämmtlichen Geistlichen und auch Gemeindeausschüsse zu einer Synode nach Frauenfeld einzuladen. Da der Landvogt diese Zumuthung ablehnte, bestellte Zürich den alt Schultheiß Hans Mörikofer als Landammann oder Stellvertreter des Landvogts und schrieb am 23. Juli an Schultheiß und Rath von Frauenfeld, es soll in Abwesenheit des Landvogts der Landammann Mörikofer das Geschäft besorgen. Endlich übernahm es der vom Volke gewählte thurgauische Landrath, einen schriftlichen, von dem alt Schultheiß Mörikofer von Frauenfeld besiegelten Aufruf zum Besuche der Synode an alle Gemeinden nicht nur des Thurgaus, sondern auch an die Nachbarn im Rheinthal, in Appenzell, Stadt und Landschaft St. Gallen, Toggenburg und in der Grafschaft Kyburg abgehen zu lassen. Das Schreiben datirte vom Samstage nach Andreas (2. Dez.). Die Versammlung war auf den Lucientag (13. Dezember) 1529 angesetzt, und auf diesen Tag trafen bei fünfhundert Männer, Geistliche und Laien, etwa siebenzig, „die in dem Handel begriffen, die andern als Zuhörer", aus allen Gegenden, in welche die Einladung gesandt war, in Frauenfeld ein, um über die streitigen Glaubenslehren und Gebräuche Rath zu geben und zu empfangen.

Von Zürich erschienen die Prediger Meister Ulrich Zwingli, Konrad Pellican und Rudolf Seiler (Collin), nebst den Rathsherren Meier und Stoll; von St. Gallen die Prediger Schappeler und Zili; von Constanz Johannes Zwick. Auch der Abt Stoll von Fischingen, ein Verwandter Zwingli's, fand sich ein, der Comthur Schmid von Küsnacht

und der Comthur von Tobel, Konrad von Schwalbach. Unter der
Leitung dieser Männer wurden nun Berathungen gepflogen und Be=
schlüsse gefaßt über den Kirchenbann, die Wiedertaufe, das Abendmahl,
die Anstellung und Besoldung der Geistlichen, die Heiligentage und
das christliche Lehramt. Schließlich wurde über die Geistlichen eine
Censur vorgenommen, jeder nämlich verpflichtet, die ihm zu Ohren
gekommenen Irrthümer und Vergehungen seiner Amtsgenossen an=
zuzeigen, worauf diese, wenn sie sich nicht rechtfertigen konnten, einen
Verweis erhielten oder ihrer Stellen entsetzt wurden.

Diese erste in Frauenfeld gehaltene Synode hatte die Wirkung,
daß nun auch noch die einzig zurückgebliebene Kirchgemeinde Bischofszell,
ungeachtet des Widerspruchs einiger Stiftsherren, unmittelbar vor dem
Weihnachtsfeste ihre Kirche des Schmucks entledigte. In den Klöstern
war die Messe bereits beseitigt. Nur die Nonnen von Katharinathal
trotzten allen Neuerungsversuchen und hielten am alten Glauben fest.

Nun traten aber wieder die weltlichen Beschwerden des Land=
volkes in den Vordergrund. Es wurde darüber bei eidgenössischen
Tagsatzungen in Frauenfeld verhandelt, in der Mitte Aprils, im An=
fange Mai's und in der Mitte Julis 1530, und neben andern Be=
schlüssen festgestellt: daß zur Vermeidung von Parteilichkeit der Land=
vogt das Landgericht mit nur vier Richtern von Frauenfeld und acht
Männern der Landschaft besetzen solle, und unter diesen zwölf Richtern
höchstens vier Gerichtsherren oder Beamte und keine Anhänger des
alten Glaubens sein dürfen; ferner, daß an die 5000 Gulden Un=
kosten, welche nach der Behauptung der Gemeindeausschüsse und des
Landrathes in allen vorhergegangenen Verhandlungen aufgelaufen seien,
aus den Klostergütern 500 Gulden, von den 20 oder 21 Gerichts=
herren 2000 Gulden und aus den den katholischen Orten auferlegten
Kriegskosten 300 Kronen beizusteuern seien. Andere Anstände und
Wünsche, z. B. die Klostergüter zur Einrichtung einiger Schulen für
Studierende zu verwenden, blieben einstweilen darum verschoben, weil
die dabei so stark betheiligten V Orte keine Abordnungen gesandt hatten.

Mittlerweile war am 17. Mai unter Zwinglis's Leitung in Frauen=
feld eine zweite Synode gehalten und als die große Hauptsache die
biblische Wahrheit und Erkenntniß besprochen und manche irrige Schrift=
auslegung einzelner Geistlichen berichtigt worden. Der Schultheiß von

Frauenfeld, erhielt den Auftrag, in Verbindung mit den drei thur=
gauischen Capiteln eine Sittenordnung nach dem Muster der zürcherischen
zu entwerfen. Auch der Landammann Heinrich Engel (der an die
Stelle Weerlins getreten war) förderte die Zwecke der Versammlung,
die namentlich auch ihr Augenmerk auf den Wandel der Geistlichen
richtete. Dem Magister Heinrich Feer, Prediger in Frauenfeld, z. B.
wurde, ungeachtet seiner frühern Verdienste um die Reformation, ver=
merkt: an seiner Lehre werde Besserung gespürt, jedoch klage man,
daß eine Person zu ihm gehe, die ärgerlich sei; deßwegen soll er sie
meiden oder sie oder eine andere ehrliche Person ehelichen; thue er
das nicht, so werde ihm auf neue Klage das Predigtamt entzogen.
Indem die Synode ferner den Antrag wieder aufnahm, für Erziehung
von jungen Geistlichen Anstalten zu treffen, faßte sie den Beschluß,
sechs Knaben durch die Capitel auswählen und etwa vier derselben
dem Caplan und Prediger Peter Graf von Frauenfeld oder einem
andern gelehrten Manne in Zürich zu übergeben. Diese Beschlüsse der
Synode erhielten ihre Vollziehung durch den Landvogt Brunner von
Glarus, welcher bald nach dem Antritte seines Landvogteiamtes, im
Anfange des Heumonats 1530, ein Mandat auskünden ließ, dessen
Inhalt eine christliche Ordnung und Satzung war, im Wesentlichen
also eben das, was von der vorhergegangenen Synode war angeregt
und vorbereitet worden. Es gebot fleißigen Kirchenbesuch, Aufmerksam=
keit und Ruhe im Gottesdienst, gewissenhafte Verwaltung der Kirchen=
güter, Pflege der Armen, Vermeidung alles durch Fluchen, Schwören,
Trunkenheit, Prunksucht entstehenden Aergernisses, ermahnte die Ehr=
barkeiten (Vorsteher), solche Vergehen durch Ausschluß von dem Mit=
genusse der Gemeindegüter zu rügen, drohte mit zwei bis fünf Pfunden
Buße, warnte vor göttlicher Strafe, die alle Ungehorsamen treffen werde.

5. Neue Schuleinrichtungen.

Da in Folge der Reformation alle Caplaneien der Kirchen Frauen=
felds dem Schultheiß und Rath zur Verfügung gestellt waren, traf er
Veranstaltung, die lange ersehnte Schulreform einzuführen. Eine bessere
Verwendung als diese konnte nach der nunmehr herrschend gewordenen
Ansicht das frei gewordene Kirchengut nicht finden.

Nachdem Kaspar Leeringer auf seine inständige Bitte, ihn der Verpflichtungen des Schulamtes zu entlassen, durch Beschluß der regierenden Orte derselben enthoben war, scheint Hans Sonnenmann*) sie übernommen zu haben, der Inhaber der Katharinenpfründe, von Frauenfeld gebürtig. Gleichzeitig übernahm, vom Landvogte Bruner gefördert, ein schon seit mehreren Jahren in Zürich als Schulgehülfe erprobter Gelehrter, Petrus Dasypodius von Frauenfeld, als Provisor den Unterricht einer Oberklasse von Schülern, so daß auf solche Weise die Grundlage zu der längst gewünschten Gelehrtenschule gegeben war.

In welchem Maße Petrus Dasypodius der geeignete Mann war, einer solchen thurgauischen Gelehrtenschule vorzustehen, beweisen seine spätern Leistungen. Er war der Verfasser eines in der literarischen Welt jetzt noch geschätzten, unzählige Male aufgelegten und nachgedruckten Schulwörterbuches der lateinischen Sprache, des ersten zweckmäßigen Schulbuches dieser Art, zum ersten Male gedruckt in Straßburg 1535. Auch verdankt man ihm ein ähnliches griechisches Schulwörterbuch. Dasypodius war seines so fremde klingenden Namens ungeachtet von Frauenfeld gebürtig, hatte aber, der gelehrten Sitte seiner Zeit gemäß, seinen Familiennamen in die griechische Sprache übersetzt und hieß nun Dasypodius**). Nur so viel Zuverläßiges ist aus seinen jüngern Jahren

---

*) Als Inhaber des Hauses der Katharinenpfründe ist er im Steuerrodel von 1530 aufgeführt.

**) Daß Dasypodius von Frauenfeld gebürtig war, ist unbestritten; aber sein wahrer Geschlechtsname verbirgt sich hinter der griechischen Uebersetzung dasypodios, der Fußhaarige, ein Beiname des Hasen, dessen feinbehaarte Füße als Bürsten benutzt werden. — Wackernagel bestreitet daher die Meinung, daß Dasypodius eigentlich Tollfuß geheißen habe, und übersetzt einfach Hase. Ebenso Dr. L. Hirzel im Neuen Schweizer Museum, Jahrgang VI, Heft 2, 1866. Allein von einer in Frauenfeld eingebürgert gewesenen Familie Hase wissen die Archivschriften Frauenfelds nichts; dagegen erscheinen öfters Rethas oder Retthase. Siehe oben im Texte, Seite 49, 56, 60, 104 und 146. Im Steuerrodel von 1517 waren der Rethäsin 2 Schilling Kriegssteuer auferlegt. Ohne Zweifel war sie Wittwe, ihr Ehemann vielleicht in dem mailändischen Kriege gefallen, möglicher oder wahrscheinlicher Weise Petrus Dasypodius ihr Sohn, wegen seines Vaters den Zürcher Kriegsleuten empfohlen und zu den Studien herangezogen. Auch die Mutter der gelehrten Aerzte Timotheus und Theophil Mader war eine Rethas, vielleicht Schwester des Petrus Dasypodius. Ob der Name Rethas ursprünglich eine Abart Hase, etwa Riethase, bezeichnet habe, oder ein Spottname „Rette Hase" gewesen sei,

bekannt, daß er im Jahre 1526 an der Fraumünsterschule in Zürich einer der vier dort angestellten Lehrer und der nachherige große Gelehrte Conrad Geßner einer seiner dankbaren Schüler war, er selbst aber neben Bekleidung seiner Lehrstelle noch bei Pellicanus die Vorlesungen über das Alte Testament anhörte. Daß er dann im Herbste 1530 die Lehrerstelle in Frauenfeld bekleidete, ergibt sich aus einem vom 22. Oktober 1530 aus Frauenfeld datirten Begleitschreiben zur Copie eines Aktenstückes, die er im Auftrage des Landvogtes Brunner angefertigt hatte und an Zwingli übersenden sollte. Jenes Aktenstück bezog sich auf die bekannten thurgauischen Beschwerden und scheint Vorschläge zur Ausgleichung der zwischen den Gerichtsherren und den Gemeinden bestandenen Streitigkeiten enthalten zu haben. Dasypodius fügte die vertrauliche Bemerkung bei, der Landvogt sei etwas unmuthig, weil der Adel ihm vorwerfe, daß er zu sehr für die Bauern Partei nehme; Zwingli möge ihn daher bei gelegenheitlicher Besprechung ermuntern, sich um die Gunst des Adels nicht so viel zu kümmern. — Da er sich als ludimoderator unterzeichnet, ist die Vermuthung zulässig, daß ihm bei der Uebersiedlung nach Frauenfeld die Aussicht eröffnet wurde, bei einer projektirten thurgauischen Landesschule angestellt zu werden.

Ueber diese Landesschule war nun freilich bereits am 17. Herbstmonat von Zürich, Bern, Glarus und Solothurn Beschluß gefaßt worden. Den Vorschlag, zwei Klöster in Schulen umzuwandeln, um darin Geistliche zu bilden, fanden sie darum unzweckmäßig, weil Leute, die auf dem einsamen Lande erzogen seien, leicht allerlei Sonderbarkeiten

---

mögen Andere beurtheilen. Im Steuerrodel von 1530 erscheint Dasypodius nur als Herr Peter, bei Hans Maler, dem Besitzer des Hauses zum Hirschen.

Im Stadtgerichtsprotokolle Nr. 1 heißt es ferner: „1530, Herrn Peters halb ist von meinen Herren Schultheiß und Rat und ganzer gemaind beschlossen, daß er die summ gelts, wie man mit Herr Ulrich Kappeler bekommen sig, ußrichten oder järlich XX Gulden, so lang es minen Herren gesellig sie, geben sol —; ob aber ein Rat erkennen kann, daß er das gelt nit ußrichten könd, söllen mine Herren ein Insehen thun." Dann folgt: „Dem Provisor ist geordnet 2 Mütt Kernen, 1 Malter Haber und 7 Gulden von Herrn Caspars Pfrund; dazu solen im mine Herren 6 Gulden von Jarzitgütern dazu ußrichten, auch der Spendmeister im von jeder Spend vier brot, wie man's gemainiglichen macht, geben."

Wäre Dasypodius der 1524 resignirte Caplan Peter Hasenfraß oder der Caplan Graf gewesen, so hätte er jedenfalls diesen Namen anders gräcisirt.

annehmen und ihnen für die Geschäfte des Lebens eine gewisse Un-
behülflichkeit hängen bleibe; besser sei es, der Synode durch die Pfarrer
zwölf begabte Jünglinge von 13—16 Jahren vorschlagen zu lassen,
aus denen die Synode fünf und aus einem zweiten Vorschlage wieder
fünf auswählen und den Klostervögten zu einer jährlichen Unterstützung
von je 25 Gulden bezeichnen, und damit die jungen Leute in den
Stand setzen möge, die Schulen von Zürich, Bern, Basel, St. Gallen
oder Constanz zu besuchen. Wenn auch nicht auf dem angedeuteten
Wege durch die Synode, erhielten wirklich, ohne Zweifel durch Vermittlung des Landvogts Brunner und mit Zustimmung Zürichs, mehrere
Jünglinge die verheißene Unterstützung.

6. Der Rückschlag.

Seit dem 1529 bei Kappel zwischen Zürich und den V Orten
geschlossenen Landfrieden enthielten sich die letztern aller tiefern Eingriffe in die Reformation des Thurgaus. Sie begnügten sich, die
Gerichtsherren und Edlen bei ihren Rechten und Zinsen zu schützen
und überhaupt jeden Versuch zu politischen Reformen zurückzudrängen.
Selbstverständlich mißbilligten sie es auch nicht, daß der Landammann
Martin Weerli von Frauenfeld nie zu des Herrn Tisch gegangen,
vielmehr dem Evangelium immer hinderlich sei, dennoch das Landgericht präsidire. Als Zürich den Bündnern gegen Mailand im Müsser
Kriege Hülfe sandte, und im April 1531 die Thurgauer, auch Frauenfeld, im Ganzen mit 500 Mann, dem Aufgebote Zürichs folgten, ließen
die katholischen Orte das ohne Widerrede geschehen, rüsteten sich aber
im Stillen, um gefaßt zu sein, wenn Zürich sich etwa gegen sie wende
und sie zwingen wolle, auch in ihren Gebirgskantonen die Predigt
des Evangeliums und die Religionsfreiheit zu gestatten. Der Zumuthung Zürichs, den Friedensartikel der Religionsfreiheit nicht nur
auf die gemeinsamen Vogteien, sondern auch auf die katholischen Orte
selbst anwenden zu lassen, waren sie entschlossen, den äußersten Widerstand entgegen zu setzen, und keine Vermittlungsversuche der andern
Stände, selbst die drohende Stellung Berns nicht, konnte sie in diesem
Entschlusse wankend machen. Man stand am Vorabende eines zweiten
Religionskrieges.

Als nach der Rückkehr aus dem Müsser Kriege die Bürger von Frauenfeld hörten, daß der Ausbruch des Krieges nahe sei, bedachten sie, daß schon vor drei Jahren ein Ueberfall vom österreichischen Rheinthale her befürchtet wurde und jetzt wieder Grund genug zu ähnlichen Besorgnissen vorhanden sei. Geschah dieß, so mußte die ganze Wucht eines solchen Ueberfalles zunächst die Landschaft Thurgau und Frauenfeld treffen. Es wurden daher die altgewohnten Vertheidigungsanstalten zur Abwehr eines feindlichen Angriffes erneuert. Die zu solchem Zwecke getroffenen Anordnungen benutzten alle der damaligen Kriegskunst zu Gebote stehenden Mittel und Vortheile, führen daher zu interessanten Vergleichungen mit den Zuständen der Gegenwart. Der wesentliche Inhalt derselben ist:

1. Abends zur Zeit, da man die Lichter anzündet, werden die Thore und Vorthore geschlossen und bis zum Morgen nicht mehr geöffnet, es sei denn auf Erlaubniß oder Befehl des Schultheißen und in erwiesenem Nothfalle, und auch dann mit der Vorsicht, daß nur das Thorpförtchen als Einlaß benutzt und nur bekannten und unverdächtigen Leuten der Eingang gestattet werde.

2. Zweiundsiebenzig benannte Bewohner der Stadt sind verpflichtet, in Gesammtheit 150 Mütt Kernen ungesäumt mahlen zu lassen und das Mehl in ihren Häusern zur Verfügung bereit zu halten.

3. In den nächsten vier Tagen soll in jedes an der Ringmauer der Stadt liegende Haus eine gute Fahrladung „hämpfliger" (handgerechter) Steine oben in das Haus, und wenigstens vier Lasten auf die Stadtthore, und nach Bedarf auf die „Umgänge", geschafft werden.

3. Die Kellerlöcher und andere Oeffnungen in der Stadtmauer sollen vermauert oder mit eisernen Stäben verwahrt werden, namentlich im Straßhofe.

4. Man soll eine Tonne Pulver und zwei Zentner Blei ankaufen, die Harnische, Panzer und Gewehre beschauen und jeden, der nicht damit versehen ist, anhalten, innerhalb vierzehn Tagen seinen Harnisch zur Schau zu bringen.

5. Auf jedes Thor werden zwei Böcke und zwei neue Hakenbüchsen, auf die Burg ein Bock und eine Büchse, auf die Oberstube, auf den Umgang hinter der Kirche, auf den Umgang bei Herrn Sonnenmanns Hause (neben dem Gachnanger Stock) und auf den Henkerthurm eine neue und eine alte Hakenbüchse gestellt und zur Bedienung derselben die erforderliche Schützenmannschaft angewiesen.

6. Bei Tage und Nacht halten zwei Männer ohne Unterbruch unter Aufsicht von Schultheiß und Rath Scharwache, und je für zwei Häuser wird eine Frau bestimmt, als Nachtwache auszuschauen, ob etwas Verdächtiges sich kund gebe.

7. Halbstündlich kommen die Scharwachen vor das Burgthor und treten auf die Brücke und rufen die Thurmwächter. Geben diese keine Antwort, so werden sie sogleich zur Bestrafung verzeigt.

8. Wer auf den Glockenthurm befehligt ist, soll dort von der Betzeit Abends bis zur Betzeit Morgens auswarten, und wenn er etwas Gefährliches wahrnimmt, drei Streiche an die große Glocke schlagen. Wer dann nicht zu den Thoren oder anderswohin geordnet ist, hat bei Eiden mit Gewehr und Waffen auf dem Platz sich einzufinden, wo auch die große Schlange (Kanone) und die übrigen Wagenbüchsen aufgestellt sind.

In solcher Weise auf das Schlimmste gefaßt, sah Frauenfeld dem Entscheidungskampfe entgegen. Das Ungewitter brach jedoch nicht vom Rheine her ein, sondern entlud sich unmittelbar im Herzen der Eidgenossenschaft.

Im Anfange Oktobers erging von Zürich aus der Landsturm, mit der Nachricht, die katholischen Orte haben die Waffen ergriffen und den Krieg erklärt; Zürich rufe zur Hülfe auf. Frauenfeld und ganz Thurgau eilten zum Aufbruche. Aber kaum hatte Landvogt Brunner mit der zusammen gerafften Mannschaft die Landesgrenze erreicht, so kam ihnen die Kunde entgegen, daß die Zürcher am 11. Oktober bei Kappel geschlagen worden seien.

Durch diese Schreckensbotschaft ließen sich jedoch die versammelten Schaaren nicht abhalten, den Weg bis auf den Albis fortzusetzen. Hier stellten sie sich in Ordnung, die einen zu dem Fähnlein von Frauenfeld, die andern, von Steckborn und aus dem mittlern Thurgau, zu dem Fähnchen der Gemeinde Weinfelden. Nun forderte der Hauptmann Heinrich Fehr von Frauenfeld, daß Alle dem Feldzeichen von Frauenfeld folgen, wie von Alters her; der Hauptmann Hans Reinhard, genannt Aeberli, von Weinfelden, bestritt dieß. Die Noth drängte: es blieb keine andere Wahl, als die, jedem Häuflein anheim zu stellen, ob es dieser oder der andern Abtheilung sich anschließen wolle. Beide Abtheilungen wurden zusammen bald auf 1000 Mann, bald auf 1500 oder 1600 angegeben.

Bis zum 23. Oktober wurden allerlei Hin= und Herzüge ausgeführt; denn man wollte warten, bis die Berner losschlagen. Als dieß nicht geschah, wurden 4000, unter denen auch die beiden thurgauischen Fähnlein, beordert, auf dem Gubel, oberhalb Zug, eine feste Stellung einzunehmen. In der Nacht aber wurden sie überfallen. Die beiden thurgauischen Fähnlein, unter sich streitig, versäumten, auf den ersten Ruf den Angegriffenen zu Hülfe zu eilen; da erreichte der Feind auch sie. Im Ganzen wurden 800 Mann erschlagen, bei denselben sechs Geistliche aus dem Thurgau. Der Hauptmann Fehr von Frauenfeld und sein Beirath, Schultheiß Mörikofer, geriethen in Gefangenschaft. Der Erstere sah seine Heimat nicht mehr. Er starb in Luzern.

Nach solchen Unfällen der Zürcher war nun die Reihe an die V Orte gekommen, die Bedingungen des Friedens zu stellen. Er kam erst am 20. November zu Stande. Während andere gemeinsame Herrschaften wegen der Hülfe, die sie den Zürchern geleistet hatten, der strafenden Willkür der V Orte anheim gegeben wurden, beschränkte sich der Friedensvertrag hinsichtlich des Thurgaus auf die Forderung, daß die in Folge des Vertrags von 1529 eingeführten Aenderungen aufgehoben seien und die Pfarreinkünfte da, wo die Einführung der Messe von einer Mehrheit oder Minderheit der Stimmen wieder verlangt werde, nach der Marchzahl der Seelen getheilt werden sollen.

Auf der Tagsatzung zu Baden, am 18. Oktober, setzten dann die katholischen Orte auch den Beschluß durch, daß Landvogt Brunner, weil er durch seine Parteinahme für Zürich seinen den gesammten regierenden Orten geschwornen Eid verletzt habe, von der Landvogteiverwaltung abberufen und durch einen andern Landvogt ersetzt werden solle. Glarus fügte sich diesem Spruche und gab ihm für die noch übrige Amtsdauer den Bernhard Schießer zum Nachfolger.

Bei einer andern in der zweiten Woche des Jenner 1532 in Frauenfeld gehaltenen Tagsatzung, in welcher die gegenseitigen Rechtsverhältnisse zwischen den Gerichtsherren und den Unterthanen den Hauptgegenstand der Verhandlung bildete, wurde die weitere Unterstützung der studierenden Jünglinge dem Mitleiden der Klosterverwaltungen empfohlen; auf die Vorstellung der Stadt Frauenfeld, daß sie durch die theilweise Verlegung des Landgerichts in ihren herkömmlichen Rechten

12

gekränkt sei, dem Landvogte aufgetragen, das Landgericht in der Regel in Frauenfeld abhalten zu lassen.

Bei Streitigkeiten über die Tragweite des die Theilung der Kirchengüter betreffenden Friedensartikels galt die Ansicht, daß diese Bestimmung nur auf die eigentlichen Pfarreinkünfte Anwendung finde, nicht aber auf die Caplaneien, die an neuere Stiftungen dieser Art gemachten Vergabungen zwar von den noch lebenden Stiftern oder ihren Erben zurück gezogen oder zu andern Zwecken verwendet werden mögen, ältere Caplaneien aber ihrem stiftungsgemäßen Zwecke nicht entfremdet werden sollen.

7. Die Gegenreformation im Schulwesen.

Durch den Friedensschluß von 1531 und die daraus abgeleiteten Folgerungen war nun alles in Frage gestellt, was die für die kirchliche Neuerung entschiedene Partei in Frauenfeld umgestaltet oder neu eingerichtet hatte. Fortwährend hatte sich eine Anzahl der einflußreichsten und vornehmsten Bürger, besonders auch der Adel und die Beiräthe des Landvogts (Landammann, Landschreiber und Landweibel) der Theilnahme an allen jenen Neuerungen entzogen. Sie säumten daher auch nicht, die ihnen durch den Landfrieden an die Hand gegebenen Befugnisse zur Abschaffung aller zum Nachtheil der Kirchenpfründen eingeführten Neuerungen zu benutzen.

Eines der ersten Opfer des Parteikampfes war also Dasypodius und seine Schule. In der gegen einen feindlichen Ueberfall aufgestellten Instruktion steht er, als Herr Peter bezeichnet, an der Spitze derjenigen Bewohner, die Mehlvorräthe anzuschaffen hatten. Wohl hatte er selbst sich zu einem Vorrathe von 3 Mütt Kernen angeboten, eine im Verhältnisse zu Andern übergroße Leistung; wohl hatte jugendliches Feuer und leidenschaftliche Parteinahme ihn fortgerissen, manches zu sagen und zu thun, das beleidigte. Als nun das Schicksal gegen seine Partei entschieden hatte, konnte auch er sich nicht mehr halten. Er wurde zwar nicht eigentlich vertrieben, aber seine Schule schmolz auf drei Schüler zusammen und die zur Herrschaft gelangte Partei ließ ihm seine Freundschaft und Anhänglichkeit an den Landvogt Brunner durch manigfache Verunglimpfungen entgelten. In der Stadtrechnung, Donnerstags vor dem Dreikönigstage 1532 gehalten, ist notirt: „Man

soll dem Schulmeister, der Provisor gewesen ist, drei Mütt und drei
Viertel Kernen und zwei Malter Haber." Schon damals war er
hiemit des Amtes entlassen. Aber seine Freunde Bullinger, Blaarer,
C. Geßner u. A., die seine Kenntnisse und Lehrgabe zu schätzen wußten,
ruhten nicht, bis es im Herbste 1533 gelang, ihm eine angemessenere
Lehrstelle zu verschaffen. Sie fand sich in Straßburg, wo er, nachdem
er sich um die dortigen Lehranstalten und um die Sprachwissenschaften
unvergeßliche Verdienste erworben hatte, als Dekan des St. Thomas
Collegiums 1559 starb. Sein Sohn, Konrad Dasypodius, widmete
sich der Mathematik. Die von ihm construirte astronomische Uhr auf
der Domkirche zu Straßburg ist immer noch ein Denkmal seiner be-
wunderungswürdigen Einsicht und Combinationsgabe. — Was hätten
diese Männer unter günstigeren Umständen ihrer Vaterstadt leisten
können! —

Als nach dem Weggange des Dasypodius bald auch sein Schwager
Hans Sonnenmann eine Pfarrstelle im Gebiete der Stadt Zürich erhielt,
Peter Graf, der Inhaber der Agathapfründe, sein Schulamt niederlegte und als Prediger anderswo sein Unterkommen suchte, 1534,
stand der Schulunterricht in Frauenfeld ganz verödet. Eine ältere,
mit hinlänglichen Einkünften ausgestattete Schulstiftung war nicht vorhanden; das einfachste Mittel, dem Bedürfnisse der Schule zu entsprechen,
wäre also gewesen, die erledigte Caplanei wieder mit einem tüchtigen
Schulmanne zu besetzen. Allein die Bürger des alten Glaubens mutheten den Evangelischen zu, mit Hinsicht auf ihre nur provisorische
und ungewisse Pastoration und den Mangel einer Pfarrwohnung ihnen
die Agathapfründe zu überlassen, um statt des Hülfspriesters einen
eigenen Geistlichen anstellen zu können. Die Evangelischen aber meinten,
diese Pfründe sollte der Schule gewidmet bleiben und zum Unterhalte
eines gelehrten Schulmeisters, der ihrer aller Kinder Zucht und Ehr-
barkeit lehren könne, verwendet werden. Der Landvogt Edlibach von
Zürich, dem die beidseitigen Forderungen und Wünsche zur Entscheidung
vorgelegt wurden, fand laut seines im Anfange des Jahres 1534 gefällten Urtheils die Ansprüche der katholischen Partei in der Billigkeit
begründet, trug aber auch dem Begehren der evangelischen Partei in
so weit Rechnung, daß er erklärte: die bisher laut Uebereinkunft von
1531 aus den nicht besetzten Pfründen für die Schule verwendeten

Einkünfte sollen für den Unterhalt eines gemeinsamen Schulmeisters benutzt werden; beide Parteien sollen sich darüber zu verständigen suchen; wenn ihnen dieß aber nicht gelinge, mögen sie wieder an ihn sich wenden.

Wirklich gelang es ihnen nicht, sich in Güte miteinander zu vereinbaren; daher kam die Frage, was hinsichtlich eines Schulmeisters zu thun sei, 1536 zur Entscheidung an die regierenden Orte und diese fällten auf Grund des von Landvogt Edlibach gegebenen Spruches folgendes Urtheil: Die zu Frauenfeld sollen zwei Schulmeister haben, die ihre Kinder nach ihrer Väter Willen lehren. Besolden sollen sie dieselben aus den Zinsen der noch unbesetzten Caplaneien; reichen diese nicht aus, so hat jeder Theil den Rest aus andern Mitteln zu ersetzen.

Die Folge dieses Spruches war, daß für jede Religionspartei ein besonderer Lehrer angestellt und diesen Lehrern ein karger Gehalt angewiesen wurde, das Bedürfniß eines höhern Unterrichtes keine Berücksichtigung mehr fand, ein Ergebniß, das für beide in gleichem Maße nachtheilig war.

8. Die Gegenreformation im Kirchenwesen.

Zu noch weit heftigern Kämpfen als die Schule veranlaßte gleichzeitig die Auseinandersetzung der beidseitigen Forderungen hinsichtlich der Kirche und ihrer Einrichtungen.

Die für die Evangelischen im Allgemeinen günstige Bestimmung des Landfriedens, daß die Pfarrgüter nach Marchzahl der Seelen jeder Confession getheilt werden sollen, war 1531 in Frauenfeld nicht zur Ausführung gekommen, vielleicht darum, weil die Bürger sich durch ihren dem Abte der Reichenau als ihrem Herrn geleisteten Eid auch in Bezug auf seine Collaturrechte zu Oberkirch gebunden fühlten, vielleicht auch darum, weil der Pfarrherr in Oberkirch der Reformation sich gefügt hatte, und dann wohl auch darum, weil die Partei des alten Glaubens kaum 50 Seelen zählte und für ihren Gottesdienst in der Stadtkirche so bescheidene Forderungen machte. Da ferner die Verwaltung der Caplaneigüter in den Händen des Rathes war, dessen Mitglieder der größern Zahl nach der evangelischen Confession zugehörten, mochte es dieser Mehrheit als Gebot der Klugheit erscheinen, an dem kirchlichen Thatbestande nicht zu rütteln; denn es konnte ihr nicht unbekannt sein, daß die über die Bestimmungen des Landesfriedens gegebenen Erläuterungen in speziellen Fällen die Caplaneien von der Theilung ausgenommen und der Partei des alten Glaubens zuerkannt hatten, mit dem einzigen Vorbehalte, daß über die an neuere Caplaneien geschehenen Vergabungen von den Stiftern und ihren unmittelbaren Erben verfügt werden könne. Einstweilen hatte man also die Bepfründeten auf ihren Stellen belassen und sie nicht gehindert, die ihnen vor dem Landfrieden übertragenen oder freiwillig übernommenen Funktionen in Schule und Kirche fortzusetzen, nämlich Kaspar Leeringer bei St. Georg, Heinrich Feer bei St. Michael und Johann von Burg bei St. Johann als Prediger. Die Caplaneien St. Katharina und St. Leonhard, zur Zeit unbesetzt, dienten mit ihren Einkünften zur Bestreitung außerordentlicher Auslagen.

Schwerer hielt es, einen Pfarrgeistlichen zu gewinnen, der den Willen und die Geisteskraft hätte, die reformirte Lehre mit Erfolg zu bekämpfen und das Volk wieder zum Besuche des katholischen Gottesdienstes heran zu ziehen. Der Caplan Funsting in Oberkirch, der immer zur altgläubigen Partei gehalten und sein Möglichstes gethan hatte, dem Abfall zu wehren, war ganz bereitwillig, nicht nur Messe zu halten, sondern auch durch Predigt und Unterricht an der Wiederherstellung des katholischen Gottesdienstes zu arbeiten; der Pfarrherr Frei, der sich verehlicht hatte, gab sich Mühe, beiden Theilen gerecht zu werden, hielt zuerst den evangelisch Gesinnten eine Predigt und ließ dann die Messe folgen. Allein weder der Eine noch der Andere befriedigten. Durch seinen ordnungswidrigen Haushalt veranlaßte der Pfarrherr Frei sogar seinen Collator, den Abt von Reichenau, auf desselben Entlassung zu dringen. Abt Marcus klagte nämlich 1534: der Pfarrherr habe das Pfarrhaus, den Schopf, das Hofthor, die Badstube so vernachlässigt, daß ein Zimmer im Hause theilweise, die Badstube und der Schopf ganz eingefallen, der Schopf sammt dem Dach zur Heizung verwendet worden sei; eben so verwahrlost seien die Pfarrgüter und die Reben, die Gräben, die Zäune nicht unterhalten, der Dünger sogar und, was noch unverantwortlicher, ein Theil der Zehntenfrüchte und des kleinen Zehntens verkauft; er selbst und seine Frau seien leichtfertige und nichtsnütze Leute, die mit dem großen

Einkommen von etwa 300 Gulden darum nicht auskommen, weil sie alles vertrinken und verbrauchen; am letzten Fronleichnamstage habe er in seiner Predigt durch seine Auslassungen über den Papst und das Mönchswesen allgemeines Aergerniß gegeben u. s. w., so daß er nur zum Schaden seiner Pfründe und der Religion länger im Amte geduldet werden könne. Auf diese bei den regierenden Orten eingebrachte Klage erhielt der Landvogt Auftrag und Vollmacht, nähere Untersuchungen anzustellen und je nach dem Sachverhalte den Pfarrherrn zum Schadenersatze anzuhalten, zu strafen oder zu entsetzen. Hierauf wurde der Pfarrer wirklich von der Pfründe entfernt und zwischen den Katholischen und Evangelischen ein Vertrag abgeschlossen, vermöge dessen die Besetzung der Pfarrstelle zu Oberkirch den Katholischen anheim gegeben, den Evangelischen ebenfalls die Wahl ihres Prädicanten überlassen sein sollte. Der Abt Marcus weigerte sich jedoch, den Katholischen solchen Eingriff in sein Collaturrecht zu gestatten und besetzte die Pfründe selbst mit einem katholischen Pfarrherrn seiner eigenen Wahl. Zu spät drangen jetzt die Evangelischen auf eine Theilung des Pfrundeinkommens nach der Marchzahl der Seelen. Sie mußten sich damit zufrieden geben, daß nach Anweisung der X Orte vom 29. September 1534 und Spruch des Landvogts Sonnenberg der Abt auch noch einen Prädicanten wähle und aus der Pfarrpfründe demselben eine angemessene Besoldung gewähre.

Mit diesem Spruche des Landvogtes war der Streit noch nicht beseitigt. Der Abt wählte zwar einen Prädicanten; aber seine Wahl war so unglücklich, daß derselbe wegen seiner im Kloster Kreuzlingen gegen die Eidgenossen der VII Orte ausgestoßenen beleidigenden Aeußerungen gefangen gesetzt und auf der Tagsatzung vom 17. Jenner 1536 mit Landesverweisung bestraft wurde. Ein vom Abt ernannter Nachfolger konnte wegen Krankheit sein Amt nicht versehen. Dann unterließ der Abt, die Stelle zu besetzen, angeblich zuerst, weil er Keinen gefunden, eingestandener Maßen aber, weil er dem Pfarrherrn den ganzen Ertrag der Pfründe versprochen habe, um ihm den Unterhalt eines Helfers möglich zu machen. Auf solche Weise waren die Evangelischen genöthigt, sich abermals an die VII Orte zu wenden, welche endlich durch den Landvogt Zum Brunnen am Ende Juli 1537 den Evangelischen das Recht zusprachen, den Prädicanten selbst zu wählen, nur dürfe der Gewählte dem Abte nicht widrig sein. Dem Pfarrherrn von Oberkirch wurde auch die Verabreichung der früher bestimmten Besoldung zur Pflicht gemacht. Sie betrug nach frühern Bestimmungen jährlich 40 Gulden, 10 Mütt Kernen, 3 Malter Hafer und 1½ Saum Wein.

Neben diesen das Pfarrpfründeinkommen und die Pfarrwahlen beschlagenden Streitigkeiten hatte man sich gleichzeitig über andere Verwicklungen auseinander zu setzen, nämlich über die Benutzung der Kirchengebäude und die Besetzung der Caplaneien.

Sowie der katholische Gottesdienst in der Stadtkirche wieder mit den erforderlichen Geräthen und Ausschmückungen versehen und nach der Entlassung des zweideutigen Pfarrherrn Frei ein amtseifriger Priester angestellt wurde, mußten zwischen den beiden Confessionen in Bezug auf die Benutzung der kirchlichen Räumlichkeiten sowohl als über die der einen und andern Confession zu ihrem Gottesdienste festgesetzten oder nöthigen Stunden Mißhelligkeiten entstehen. Die Evangelischen wollten sich in ihrer vor und seit 1531 gewohnten Uebung nicht beschränken lassen; den Katholiken genügte das Wenige nicht, das jene ihnen anerboten; beide hielten es für ihre Gewissenspflicht, ihren Vortheil zu behaupten. Auch über diese Angelegenheit wurde also Entscheidung bei den regierenden Orten gesucht und von der Partei des alten Glaubens die bereits in Rechtskraft erwachsene Erläuterung in Anspruch genommen, daß die Nikolaikirche als ursprüngliche Capelle stiftungsgemäß dem alten Ritus gewidmet bleiben müsse. Dieß war auch die Ansicht des angerufenen Richters, der am 2. Juli 1536 den Ausspruch gab: daß die Evangelischen auf dem neuen Glauben in Zukunft ihre Tauf- und Nachtmahlshandlung und andere sonn- und festtäglichen Aemter in der alten Pfarre zu Oberkirch begehen sollen, und nur an Werktagen, jedoch ohne die Katholiken des alten Glaubens zu stören, in der Nikolaikirche Predigtgottesdienst halten dürfen, den Katholiken aber auch das Begräbnißrecht sammt der Verrichtung der zugehörigen kirchlichen Feierlichkeiten in Oberkirch vorbehalten sei. Die Streitenden wurden überdieß ermahnt, von nun an freundlich und friedlich sich gegeneinander zu betragen.

So wohl gemeint aber diese Mahnung war, so wenig war der gefällte Spruch geeignet, die Parteien zufrieden zu stellen. Auf das

Drängen beider Theile mußte schon am 22. August 1536 nochmals darüber eingetreten werden, und nun wurde den Evangelischen die Leonhardscapelle als Taufcapelle eingeräumt, den Katholiken aber die Errichtung eines Altars in Oberkirch, zum Zwecke der Begräbnißfeierlichkeiten, bewilligt; das letztere immerhin mit der angehängten Bedingung, daß jeweilen nach Vollendung der Feier die heiligen Geräthe wieder in die Sakristei geschafft werden. — Dieser Spruch schien den Evangelischen einigen Ersatz für ihren Ausschluß aus der Stadtkirche gewähren zu sollen. Aber die Gegenpartei faßte das nicht so auf. Georg Funfting, der 1515 Vergabungen zu Errichtung einer Weinhauspfründe in Oberkirch gemacht hatte, erklärte 1537, daß er von dem Rechte, diese Vergabungen zurück zu ziehen und anders zu verwenden, keinen Gebrauch machen, sondern seine Stiftung vielmehr bestätigen und erweitern wolle. Nachdem alle Altäre in der Gemeinde Frauenfeld zerstört und die Gülten etlicher Caplaneien von den Weltlichen zu ihren Handen gezogen worden, widmete Funfting zu der von ihm begründeten frühern Stiftung noch 300 Gulden Hauptgut und 9 Goldgulden und 11½ Münzgulden Zins zu dem Zwecke, daß in der St. Lorenzkirche, auf der Abseite von den Männerstühlen, wo vorher St. Josen Altar gestanden, wieder ein Altar erstellt und dazu eine Pfründe errichtet werde. Die darüber ausgestellte Urkunde siegelten der Landvogt Zum Brunnen, der reichenauische Amtmann Sigmund Rueplin und der Landammann Heinrich Feer; es scheint, daß das Ansehen dieser einflußreichen Männer, deren Hülfe und Gunst auch in andern Dingen unentbehrlich war, die Evangelischen bewog, die Vollziehung dieser Stiftung wenigstens in so weit geschehen zu lassen, daß zwar der Altar an die bezeichnete Stelle gesetzt, die Messen dagegen in Frauenfeld gehalten werden. Dabei wurde wohl auch in Betracht gezogen, daß, wenn dem Willen des Stifters nicht in vorgeschriebener Weise Statt gegeben würde, die Caplanei mit ihren Einkünften in eines der V katholischen Orte versetzt, hiemit der Gemeinde Frauenfeld entfremdet worden wäre. Damit trat dann auch für die nächsten zwei Jahrzehnde ein Zustand kirchlicher Verträglichkeit ein, der den Stadtbehörden gestattete, ihre Aufmerksamkeit wieder dem Haushalte des Gemeinwesens zuzuwenden.

9. Rechtsverhandlung über die Hauptmannschaft.

Im Jahre 1524 machte Frauenfeld mit den Abgeordneten der Landschaft Thurgau Gemeinschaft, als es sich darum handelte, die gewaltthätigen Uebergriffe des Landvogtes Am Berg und seiner Amtleute in die Schranken zu weisen. Als dann aber die thurgauischen Gemeinden ihre Ansprüche auf Glaubensfreiheit auch auf das politische Gebiet ausdehnten, Zehntenfreiheit, Jagdfreiheit, Befreiung von der Leibeigenschaft, überhaupt Aufhebung aller Feudallasten verlangten, wollten Schultheiß und Rath sich bei solchem Streite gegen die Gerichtsherren nicht mehr betheiligen. Selbst Gerichtsherr über die zur Stadt gehörigen Gerichte hätte Frauenfeld eher Grund gehabt, auf die Seite der thurgauischen Gerichtsherren zu treten; aber auch dessen enthielt es sich, um durch sein Verhalten zu zeigen, daß es nicht zum Thurgau gehöre. Diese Sonderstellung Frauenfelds hatte schon im Schwabenkriege die Mannschaftscontingente der Landschaft Thurgau und der Stadt Frauenfeld auseinander gehalten; dasselbe wiederholte sich 1529 und 1531 in den Auszügen nach Kappel und führte dann 1532 zu einer Rechtsverhandlung vor dem Landvogte Schießer.

Frauenfeld beschwerte sich, daß die Thurgauer ein eigenes Fähnlein aufgeworfen und aus ihrer Mitte Hauptleute gesetzt hätten; es sei das eine Neuerung, entgegen der von der österreichischen Herrschaft herstammenden Berechtigung Frauenfelds. Auf die Forderung der Beklagten, daß für diese Behauptung gültige Beweise gegeben werden, erzählten die Anwälte Frauenfelds die Vorgänge bei Schwaderloh und wie damals die Thurgauer, in Ermanglung eines eigenen Landzeichens und Siegels, mit einem erdichteten Schilde, nämlich demjenigen des Thurlindengerichtes, unter einem gewissen Stäubli aufgezogen seien und sich neben das Fähnlein von Frauenfeld gestellt hätten, aber nach der Schlacht dieses Fähnlein unterdrückt worden sei. Die Thatsache, meinte Frauenfeld, sei Beweis genug für sein Recht, so lange die Gegenpartei kein besseres Recht darthun könne. Auf die Erklärung der Gemeindeabgeordneten, daß sie den Entscheid dem Landvogte anheimstellen wollen, wenn auch Frauenfeld es thue, vermittelte der Landvogt, daß vorerst zwei von den Gemeinden zu bestellende Männer die weitern Rechtsbeweise von Frauenfeld einsehen sollen, zeigte Frauenfeld, daß im Jahre 1460 alle Mannschaft der Landvogtei zu Stadt und Schloß Frauenfeld geschworen und daß 1448 und 1449 Oesterreich seinen Aufruf um Beistand an Schultheiß, Rath und Gemeinde Frauen= feld gerichtet habe, daß endlich auch die Thurgauer immer unter der Hauptmannschaft und dem Fähnlein Frauenfelds ausgezogen, nur etwa von dem Landvogt der Oberbefehl übernommen worden sei. Auf diese Erörterungen hin entschied nun der Landvogt auch am 30. Mai 1532 zu Gunsten Frauenfelds.

10. Das Gemeinwesen während der Reformationsbewegungen.

Die Bewegungen der Reformationszeit waren so vielseitig und drangen so tief in alle Verhältnisse ein, daß alle andern Geschäfte in den Hintergrund traten und über die unterdessen vorgegangenen Ver= änderungen des eigentlichen bürgerlichen Gemeinwesens sehr wenig zu berichten ist. Regelmäßige Rathsprotokolle wurden noch nicht geführt. Bei den häufigen Aenderungen im Personale der Behörden mögen auch viele Schriften verloren gegangen sein.

Das Auffallendste ist wohl, daß sich aus den Reformationsjahren nicht einmal die Folgereihe der Schultheißen und der Dreiräthe, dieser Führer des Gemeinwesens, ausmitteln läßt. Im Jahre 1523 be= kleideten diese Stellen Hans Stierli, Rueplin und Feer. Im Jahre 1524 war Hans Joner, genannt Rueplin, Schultheiß, Jakob Locher Stadtschreiber, Hans Mörikofer Spendmeister; 1525 Hans Stierli, 1527 Heinrich Federlin, 1533 wieder Hans Stierli Schultheiß. Welche Männer aber in den Zwischenjahren, besonders in den entscheidenden Jahren von 1528 bis 1532, an der Spitze der Behörden gestanden und für welche der beiden streitenden Religionsparteien sie sich ent= schieden haben, ist eine Frage, die unbeantwortet geblieben ist. Nur Wahrscheinlichkeit ist, daß der 1529 als alt Schultheiß aufgeführte, von Zürich vorübergehend zum Landammann ernannte Hans Möri= kofer im vorangegangenen Jahre an der Spitze des Rathes stand. Erst mit dem Jahre 1534 beginnt ein vollständiges Verzeichniß der Schultheißen und ihrer beiden Miträthe. Sie waren damals Heinrich Federli Schultheiß, Jakob Locher, Stadtschreiber und Zacharias Zur

Burg; 1535 Jakob Locher, Heinrich Federli, Zacharis Zur Burg; 1536 Heinrich Federli, Zur Burg, Heinrich Kappeler; 1537 Jakob Leeringer, Federli, Zur Burg.

Freundlich tritt aus dem Dunkel, das in den Zwanziger Jahren über den bürgerlichen Zuständen waltet, der Bericht hervor, daß im Jahre 1522 auf Kosten der Stadt auf dem Thurme das Storchennest aufgemauert und daß 1528 und 1530 die Straßen der Stadt bis zu der obern Vorstadt gepflastert worden seien. Letzteres war eine Neuerung, der sich noch wenige Landstädte unterzogen hatten.

Unerquicklicher ist der Streit mit der Nachbargemeinde Langdorf über die Errichtung eines Schweißbades im Jahre 1535. Abt Marcus in Reichenau stellte bei dem Rathe von Frauenfeld das Ansuchen, einem Einwohner von Langdorf, der ein Krautbädli errichtet habe, solches nicht zu hindern, sondern von den angelegten Rechtsboten ab= zustehen. Der Rath nahm aber keine Rücksicht auf diese Empfehlung des Abtes. Im Gegentheile, er wendete sich an die X Orte der Eid= genossen, welche auf einem Tage in Luzern, am 13. März 1535, folgenden Entscheid gaben: Auf Klage der Stadt Frauenfeld, daß die im Langdorf errichtete neue Badstube der seit länger als Menschen= gedenken bestehenden Badstube von Frauenfeld Eintrag thue und im Widerspruch sei mit dem Gerichtsherrenvertrage von 1532, vermöge dessen keine neuen Schmidten, Badstuben u. s. w. ohne Bewilligung des Oberherren errichtet werden dürfen, mit Bezug auch auf das Gebot des Landvogtes, daß der Besitzer jener neuen Badstube Niemand, der außer seinem Hause wohne, darin baden lassen dürfe, wird be= schlossen, daß die von Langen=Erchingen mit ihrer Badstube stille stehen und die von Frauenfeld bei ihrer alten Badstube geschützt sein sollen.

Ein bedeutsames Ereigniß für Frauenfeld war endlich der Ankauf des Schlosses durch die regierenden Orte, im Jahre 1536. Hatte früher die städtische Obrigkeit bei dem Herzoge Friedrich von Oester= reich sich beschwert, daß die Herren von Landenberg den Thurm durch Mauer und Graben von der Stadt abgeschnitten haben, so mußte sie jetzt geschehen lassen, daß die Burgfeste in den unmittelbaren Besitz der regierenden Orte übergehe. Von jetzt an schlugen die Landvögte mit ihren Familien jeweilen auf eine Amtsdauer von zwei Jahren ihren bleibenden Wohnsitz im Schlosse auf. Gegenüber diesem Landvogte trat die höchste Würde der Stadtobrigkeit, Schultheiß und Rath, in den Schatten.

11. Bewilligung des Brückenzolls.

Durch die Stürme der Reformationsjahre war der ökonomische Zustand des Gemeinwesens vielfach geschwächt. Für die Kriegsrüstungen und die drei Auszüge nach Kappel, in den Müsserkrieg und wieder nach Kappel, und für mancherlei Gesandtschaften und andere außergewöhnliche Geschäfte, reichten die regelmäßigen Einkünfte nicht hin. In manchen Fällen konnte man zwar die Erträgnisse der unbesetzt gebliebenen Pfründe von St. Leonhard für allgemeine Zwecke verwenden; wie aber nach Einführung des Landfriedens von 1531 die Stiftungsgüter wieder ausgeschieden werden mußten, erschien der Vermögensstand der Stadt entblößt und hülfsbedürftig. Lasteten ja doch die vor anderthalb Jahrzehnden für den Brückenbau gemachten Schulden noch auf ihr.

Um die Bürger nicht mit harten Steuern zu beschweren, wandten sich Schultheiß und Rath schon im März 1535 um Erleichterung an die Eidgenossen. Durch ihre Abgeordneten gaben sie dem Schultheißen und Rath von Luzern zu bedenken, daß die Stadt Frauenfeld drei Brücken zu unterhalten habe, eine derselben vor kurzer Zeit mit einem Aufwande von etwa 800 Gulden neu gemacht worden sei, eine andere zur Herstellung wieder 300 Gulden erfordere, die Stadt hiefür keine Fondationen besitze, auch keine Weggelder beziehen dürfe, daher sich zu der Bitte gedrungen fühle, daß ihr der Bezug eines Brückenzolls bewilligt werden möchte. Der Landvogt, ein Luzerner, Christoph von Sonnenberg, unterstützte ihre Bitte; allein wie das Gesuch an andere Stände gebracht wurde, verweigerte Glarus seine Zustimmung. Nach wiederholten andern Versuchen, mit ihrer Bitte durchzudringen, treten die Abgeordneten von Frauenfeld 1538 in Baden vor die Tagherren und der Landvogt Mansuet Zum Brunnen von Uri empfiehlt ihr Gesuch und sagt: nicht nur sei Frauenfeld durch den Brückenbau belastet, sondern auch die Straßen grundlos und Verbesserung derselben dringende Nothwendigkeit, aber Frauenfeld durch Steuern für Brücken,

Brunnen u. s. w. so bedrückt, daß manchem Besteuerten beim Blicke
auf seine hungernden Kinder die Augen übergehen*); man möge also
für Brücken und Straßen den Zoll bewilligen. Dieser Antrag wurde
von den Tagherren heimgenommen und von den Ständeregierungen
genehmigt; doch hätte Zürich die Kosten für die Straßenverbesserung
lieber den Klöstern und der Landvogtei überbunden.

Durch Vergünstigung der VII Orte vom 10. Mai 1538 erhielt
also Frauenfeld die Berechtigung, von jedem geladenen Wagen einen
Constanzer Batzen, von einem Karren einen Kreuzer, von einem un-
belasteten Pferd, von einem Ochsen, Rind und Kuh einen Pfenning,
von einem Schaf und Schwein einen Häller Zoll zu beziehen; jedoch
sollen davon ausgenommen sein die VII Orte und ihre Angehörigen,
mit Einschluß der Vogteien Utznach und Gaster, immerhin mit der
Beschränkung, daß auch sie zwei Monate lang vor dem Nikolausmarkt
und zwei Monate lang nachher den angesetzten Zoll, sowie auch den
herkömmlichen Kaufhauszoll entrichten sollen und andern Nachbarn
vorbehalten bleibe, allfällige entgegenstehende Berechtigungen geltend
zu machen.

Bei solchen Ausnahmen und Beschränkungen bestand der ganze
Gewinn der verliehenen Begünstigung in der Erweiterung des vier-
monatlichen alten Nikolai-Marktzolles auf das ganze Jahr, doch ausschließlich zum Nachtheil der Nachbarn im Toggenburg, St. Gallen
und Thurgau. Dieß führte Verwicklungen herbei, die zweifelhaft
machten, ob der Schaden nicht größer war als der Vortheil, den
man sich von dem neuen Zollrechte versprochen hatte.

12. Siechenhaus und Spital.

Da die Reformation nach den Grundsätzen Zürichs die Güter der
kirchlichen Stiftungen theilweise zu Armenunterstützungen verwenden
ließ, nun aber in Frauenfeld die Caplaneipfründen wieder ihrem ursprünglichen Zwecke zurück gegeben wurden, mußte der Mangel an
Hülfsmitteln, dem Elende der Armen und Nothleidenden Hand zu

---

*) Der Mütt Kernen galt damals 1 Gulden; 800 Mütt Kernen wären =
6080 Sester jetzigen Schweizermaßes oder 1216 Zentner.

bieten, doppelt empfindlich sein. Das Spendamt war für einheimische Arme bestimmt, Fremden gab der Spital wenigstens nothdürftige Unterkunft; aber für Kranke, namentlich für die damals sehr zahlreichen Sondersiechen, war in keinerlei Weise gesorgt, der Gesunde hiemit in steter Gefahr, mit denselben in Berührung zu kommen und von der scheußlichen Krankheit angesteckt zu werden. Dieß bedenkend, faßten Schultheiß und Rath und die Bürgerschaft im Jahre 1540 den Entschluß, ein Haus für die Sondersiechen und Feldsiechen oder Aussätzigen zu bauen und sich um Beiträge bei den Nachbarn, namentlich bei den Eidgenossen, zu bewerben. Gab es ja doch fast keine größere und kleinere Stadt, die nicht ihr Siechenhaus hatte. Ein Platz dazu war bereits zur Verfügung, eine große schöne Wiese vor der Ergelen an der Straße nach Winterthur, Bauholz zur Genüge in der Stadtwaldung. Es fehlte nur noch an der erforderlichen Aussteuer zur Unterhaltung.

Im Februar 1540 trugen die Abgeordneten von Frauenfeld zu Baden den Eidgenossen vor, daß sie keine Wohnung für Sondersiechen haben; man habe einigen dieser Unglücklichen in Bürgerhäusern Herberge verschafft, nun sei aber auch ihr junges Volk also presthaft worden, daß zu Abwendung weiterer Ansteckung die abgesonderte Versorgung der Siechen dringendes Bedürfniß geworden sei; sie bitten hiemit um Unterstützung, den Bau eines Siechenhauses außerhalb der Stadt ausführen zu können. Die Gesandten der eidgenössischen Orte zeigten sich nicht abgeneigt, dieser Bitte zu entsprechen; allein bei einer folgenden Versammlung, im April, konnte man sich noch nicht einigen, aus welchen Mitteln ein Beitrag zu dem lobenswerthen Unternehmen beschafft werden möchte. Als dann im Juni der Landvogt berichtete, der Bau sei begonnen und so weit vorgerückt, daß man die Kosten der Ausführung auf 1000 Gulden schätzen könne, auch sei ein Brunnen dabei angelegt und eine Wiese zur Benutzung angewiesen, so daß nichts Anderes mehr fehle, als theilnehmende Unterstützung der von den Bürgern für diese wohlthätige Anstalt gemachten Anstrengungen, wurde zuerst der Antrag gestellt, die Einkünfte des Klösterchens Kalchrain, das nur noch von Einer Nonne besetzt sei, hiefür zu verwenden, dann aber beschlossen, für jedes der regierenden Orte zwanzig Gulden aus den Klostergütern als Beitrag an das Siechenhaus zu Frauenfeld verabreichen zu lassen. Diesem wohlwollenden Beschlusse wurde dann aber am 9. Dezember 1543 doch noch die Verpflichtung beigefügt: weil die Eidgenossen die thurgauischen Gotteshäuser angehalten haben, an das Siechenhaus zu Frauenfeld beizusteuern, solle man auch ihre Presthaften und Aussätzigen, wenn sie im Siechenhause sich verpfründen wollen, um einen billigen Pfenning annehmen.

Wie stark die Beiträge gewesen seien, die von den thurgauischen Gotteshäusern an das Siechenhaus abgegeben wurden, ist im Archive der Stadt nicht verzeichnet. Daß aber das Siechenhaus seinen Zweck erfüllte, möchte uns die Anerkennung beweisen, die ihm der Junker Gorius von Ulm, Herr zu Wellenberg, zollte, indem er 1570 bei dem Rathe die Erklärung niederlegte, daß seine Schwester, sofern sie kinderlos sterbe, dem Siechenhause 200 Gulden werde ausrichten lassen.

Während auf solche Weise die Obrigkeiten das Siechenhaus zum Gegenstande ihrer Vorsorge machten, wandte sich die Privatwohlthätigkeit der ältern Spitalstiftung und Armenherberge zu. Voran steht die Vergabung des Meisters Alexius Schyterberg, eines Zürchers, der im Anfange der Reformation als Prediger die Kirchgemeinde Laufen besorgte, später nach Ueberlingen übersiedelte. Hatte dieser Mann in irgend einer Lebensnoth freundliche Aufnahme im Spitale von Frauenfeld gefunden oder hatte er sonst die Beobachtung gemacht, daß hier eine Gabe vorzugsweise gut angewendet sei, man weiß es nicht. In seiner letzten Willensäußerung aber beauftragte er seine Testamentsvollstrecker, den Dr. Johann Lyb, Domherrn zu Constanz, und Gallus Hübler, Stadtammann zu Ueberlingen, um Gottes Willen und zum Heile seiner Seele die ihm zugehörigen Güterzinse in Seuzach, sammt Hauptbrief, den Spitalpflegern in Frauenfeld zu übergeben. In der Spitalrechnung von 1553 stehen diese Einkünfte allen andern voran; sie waren die Grundlegung des Spitalkapitals. In demselben Jahre, 1553, ließ Kaspar Zum Thor, der letzte Sprößling dieses altehrwürdigen Geschlechtes, in hohem Greisenalter dem Rathe seine letzte Willensverfügung zur Bestätigung vorlegen. In derselben bedachte er das Spital oder das Siechenhaus, welche dieser Anstalten dessen am meisten bedürfe, aus den Trümmern seines Vermögens noch mit fünfzig Gulden.

Andere Wohlthäter des Spitals waren der Landschreiber Hans Locher, der einen Mütt Kernenzins, Uli Luder, der einen halben Mütt,

Sebold Frei (Zur Burg) von Frauenfeld, der 10 Gulden, Agatha Büßli, geborne Breitfelder, welche ebenfalls 10 Gulden, die Landenberg'schen Erben, welche durch den Schultheißen Martin Weerli 20 Gulden vergabten. Dazu kam 1579 noch ein Vermächtniß des Scherrers Balthasar Mader von 170 Gulden. Mit den ältern Capitalien und spätern Schenkungen und Ersparnissen wuchs das zinstragende Vermögen des Spitals bis zum Jahre 1569 auf 8449 Gulden an, zu einer Zeit, da das Viertel Kernen 5 Batzen galt.

Neunter Abschnitt.

Von der Reformation bis zum Verschlusse des Bürgerrechts.

---

1. Die Behörden und Bürger.

Als die Reformationsstreitigkeiten sich durch den Landfrieden von 1531 und die darauf erfolgten Verträge so weit abgeklärt hatten, daß beide Parteien entweder auf die Herstellung der alten Einheit ganz verzichteten oder die Ausgleichung der Gegensätze von einer künftigen allgemeinen Kirchenversammlung erwarteten, konnten auch Schultheiß, Räthe und Bürger ihre Aufmerksamkeit wieder mit ungetheilter Kraft dem Gemeinwesen zuwenden, um die unterdessen erlittenen Schäden auszubessern.

Erst jetzt, seit nämlich fortlaufende Protokolle über die Rathsverhandlungen geführt wurden, erhält man auch eine nähere Einsicht in das Getriebe der Behörden, den Geschäftskreis, in welchem sie sich bewegten, die Uebungen und Gewohnheiten, nach welchen sie sich richteten, ihr Verhalten zu der gemeinen Bürgerschaft und die übrigen

Angehörigen der Stadt und ihres Gebietes, ihre Aemter und Gemeinde-
gutsverwaltung.

Es zeugt von einer ruhigen, vertragsamen Gesinnung der Bürgerschaft, daß von 1537 an bis 1542 abwechselnd Jahr um Jahr die
Schultheißen Heinrich Federli und Jakob Leringer an die Spitze des
Rathes gestellt wurden und Zacharias Zur Burg, genannt Frei, als
Drittrath von 1534 bis 1542 das Zutrauen der Bürgerschaft beibehielt. Als 1543 der Landammann Martin Werli als Schultheiß
gewählt wurde, wechselte in gleicher Regelmäßigkeit das Schultheißenamt zwischen ihm und Federli wenigstens bis 1555. Von da an ist
das Verzeichniß der Dreiräthe durch eine Lücke unterbrochen; aber von
1559 an bis 1565 wechseln wieder Laurenz Koch und Jakob Enginer
oder Engeler im Schultheißenamt miteinander ab. Wie der alt Schultheiß Jakob Leringer noch von 1543 an bis 1549 als Drittrath oder
Statthalter diente, so folgte ihm in dieser Stelle Jakob Egli, wahrscheinlich bis über 1562 hinaus, bis der Stadtschreiber Jakob Locher
ihn ersetzte.

Im Jahre 1566 muß etwas Außerordentliches geschehen sein.
Nicht nur bleiben die Namen der Dreiräthe verschwiegen, sondern laut
Abschied vom 25. November 1567 zu Luzern wurde der Schultheiß
Märchi von den katholischen Orten seiner Stelle entsetzt. Die Archivschriften Frauenfelds wissen aber von diesem Ereignisse kein Wort zu
berichten; sie bezeichnen im Gegentheile den Thomas Fehr als Schultheiß und Enginer und Jakob Locher als Beiräthe, und lassen bis 1574
diesen katholischen Locher und den reformirten Thomas Fehr, genannt
Brunner, in der Schultheißenwürde regelmäßig abwechseln.

Im Jahre 1575 nahm zum ersten Male Laurenz Koch den Schult-
heißenstuhl ein, den er bis 1585 mit Locher, von da an bis 1609
mit Sebastian Engel abwechselnd bekleidete. In dieser langen Reihe
von Jahren war Drittrath oder Statthalter von 1569 an Egli und
von 1583 an bis 1598 Sebolt Frei (Zur Burg). Koch und Frei
waren die letzten Bürger ihres Geschlechtes. In die Stelle Frei's
rückte Kaspar Müller ein, dessen Geschlechtsverwandte und Nachkommen
lange Jahre die höchsten Würden zu bekleiden bestimmt waren.

Der Schultheiß und seine zwei Beiräthe, genannt die Dreiräthe, die eigentlichen Leiter und Regenten des kleinen Freistaates

und erſten Glieder des Rathes, hatten ſich als beſondern Geſchäftskreis das Vormundſchaftsweſen, das Steuerweſen und die Erbſchafts-
theilungen vorbehalten, waren in ſtreitigen Fällen Vermittler und gaben
gütliche Entſcheide, die an den ganzen Rath gezogen werden mochten.

Der Kleine Rath, etwa auch der innere und der engere Rath
genannt, zuſammengeſetzt aus den Dreiräthen und acht, ſpäter neun,
zu Miträthen berufenen Bürgern, war die oberſte Verwaltungs- und
Polizeibehörde der Stadt. Er beſetzte die Aemter der verſchiedenen
Verwaltungszweige, ließ ſich von ihnen Bericht und Rechnung erſtatten,
verfügte über die Verwendung der Gemeindegüter. Als Polizeibehörde
war er zugleich Vermittler und Richter und Unterſuchungsrichter über
alle in der Stadt und auf dem Stadtgebiete vorkommenden Privat-
ſtreitigkeiten ſowohl als über Rechtsverletzungen vom kleinſten Waldfrefel an bis zum Diebſtahl, Raub und Todſchlag, und bis auf das
Blut. Da ſtets zahlreiche Thurgauer vor dem Oberamte des Landvogtes Rechtshändel führten und dieſe Rechtshändel am Wirthstiſche
Zänkereien zu erzeugen pflegten, hatte vermöge des Territorialrechtes
der Rath der Stadt fortwährend eine Menge von ſolchen Zänkereien,
Schmähungen und Beſchimpfungen auszutragen. Der Kleine Rath bedurfte wöchentlich einen Tag, um alle laufenden Geſchäfte zu bewältigen.

Der Große Rath, eine Erweiterung des Kleinen Rathes durch
Beiziehung von achtzehn von ihm ſelbſt aus der Bürgerſchaft aus-
gewählten Bürgern, hiemit aus dreißig Mitgliedern beſtehend, hatte
keinen beſtimmt abgegrenzten Geſchäftskreis, ſondern wurde vom Kleinen
Rathe in ſchwierigern Rechtsfällen, bei beharrlichen Scheltungen und
tiefer eingreifenden Verfügungen über Gemeindegüter berufen. Im
Verfolge ſuchte der Große Rath ſeine Befugniſſe zu erweitern, was
ihm namentlich zeitweiſe und dann gelang, wenn der Kleine Rath in
ſeinen Anſichten auseinander ging.

Bei Streitigkeiten über kirchliche Güter und Rechte pflegten die
evangeliſchen und katholiſchen Räthe geſonderte Berathungen. Dieß
führte zur Conſtituirung der beiden Communen oder des evangeliſchen
und des katholiſchen Kleinen und Großen Rathes und ihrer Pfleg-
ſchaften. Dieſe Communalräthe ſtellten ſich zu ihren glaubensverwandten
Mitbürgern in ähnliche Verhältniſſe, wie Schultheiß und Räthe zur
ganzen Bürgerſchaft.

Das Stadtgericht, von dem Vogte, nämlich im Namen des Landvogtes von dem Landammann, manchmal in des letztern Auftrag sogar vom Stadtknechte oder Weibel präsidirt, bestand aus zwölf von dem Kleinen Rathe gewählten Mitgliedern, die in der Regel zugleich Mitglieder des Kleinen oder des Großen Rathes waren. Die Polizeigerichtsbarkeit des Kleinen Rathes hatte das Stadtgericht auf die Beurtheilung von Streitigkeiten über „kanntliche" Schulden und auf Kauffertigungen beschränkt.

Alle diese Behörden, mit Ausnahme der Dreiräthe, waren keiner Erneuerungswahl unterworfen. Jeder Rathsherr oder Richter blieb lebenslang im Genusse seines einmal erlangten Ehrenamtes, wenn nicht etwa die Beförderung auf die Schultheißenstelle ihn veranlaßte, die niedrigere Stelle abzugeben, oder ein schreiendes Vergehen ihn aus der Behörde auszutreten zwang.

Auf dem Landgebiete ließ der Rath durch drei Vögte Aufsicht üben. Jeder hatte die Frevel und Vergehen, die in den ihm zugetheilten Höfen und Dorfschaften vorfielen, dem regierenden Schultheißen zu verzeigen. Das Richteramt und die Handhabung der Polizei kam ausschließlich den Stadtbehörden zu. Der Rath entschied über die Aufnahme neuer Bürger in die Dorfgemeinden Kurzdorf, Felben, Straß, Gerlikon, Niederwil und Oberwil, setzte das Einzugsgeld fest und bezog die Hälfte desselben zu Handen der Stadt. Jede Gemeinde hatte zwar ihren selbstgewählten Dorfführer oder Dorfmeier; dieser sollte aber die Gemeinde nur mit Erlaubniß des Schultheißen versammeln und am Bertholdstage mußte eine Abordnung des Rathes, ein Dorfherr, den Verhandlungen beiwohnen.

Den eigenen Mitbürgern gegenüber benahmen sich die Räthe ebenfalls wie unverantwortliche und gnädige Oberherren. Sie entschieden, ohne die Bürger um ihre Zustimmung zu fragen, über die Aufnahme neuer Bürger. Sie erließen Gebote und Verbote und Mandate und andere gesetzgeberische Akte vermöge eigener Machtvollkommenheit, soweit nicht das Schirmrecht der VII Orte sie beschränkte. Die Gemeindegüter benutzten, verwalteten sie, ohne dem gemeinen Bürger darüber Rechenschaft zu geben, und wenn sie den Bürgern Bauholz oder Brennholz oder Pflanzland bewilligten, so geschah es lediglich nach eigenem Ermessen, bald mehr, bald weniger oder gar nichts, so daß z. B.

1582 beschlossen wurde, den außer den Thoren angebauten Bürgern
kein Holz mehr verabfolgen zu lassen. Der Rath setzte die Taglöhne
für die Arbeiter, die Preise der Lebensmittel, des Brotes, des Fleisches
fest und bestrafte die Ungehorsamen, die für gute Arbeit oder Waare
mehr forderten oder bezahlten, als die Taxe bestimmt hatte. Das
ganze bürgerliche Leben war durch Schultheiß und Rath bevormundet.

2. Hauptmannschaft und Waffenrüstung.

Im Anfange des Jahres 1542 sandten Schultheiß und Rath
der Stadt Frauenfeld in die regierenden Orte eine Bittschrift des In=
halts: Das vielfache Tagen der Gerichtsherren des Thurgaus und ihre
Botschaften nach Baden setzen Frauenfeld in Besorgniß, es sei etwas
auf ihre Stadt abgesehen; den Thurgauern sei zwar erlaubt worden,
des Erbrechtes wegen die Gemeinden zu versammeln, aber in diesen
Zusammenkünften seien auch andere Sachen besprochen worden; wie
man vernehme, sei beabsichtigt, die thurgauische Kriegsmannschaft der
Hauptmannschaft Frauenfelds zu entziehen und unter eigene Fahne
zu stellen; wolle man das Recht Frauenfelds, die Thurgauer um Geld=
schulden vor das Landgericht zu citiren, nicht mehr gelten lassen; werde
der von den Eidgenossen der Stadt Frauenfeld bewilligte Zoll in Frage
gestellt; verlange man für die von Frauenfeld behaupteten Vorrechte
und Freiheiten rechtliche Beweise; — durch alles dieses fühle sich
Frauenfeld zu der Bitte gedrungen, nicht etwa hinterrücks einen Ent=
scheid zu fällen.

Die Besorgnisse Frauenfelds waren wirklich nicht unbegründet.
Am 31. Oktober 1542 erschienen zu Baden vor den Gesandten der
VII Orte im Namen der Gerichtsherren und der Landschaft Joachim
von Rappenstein, genannt Mötteli, zu Pfyn, Friedrich von Haidenheim
zu Klingenberg, Heinrich von Ulm zu Grießenberg, Wilhelm von Landen=
berg, Vogt zu Güttingen, und Jakob Egli von Berg und klagten: sie
seien im abgewichenen Jahre aufgefordert worden, unter den Haupt=
leuten und dem Fähnlein von Frauenfeld gegen Rotweil zu ziehen,
da Frauenfeld doch über sie nichts zu gebieten, sie selbst auch der
biberben Leute genug haben, um in Kriegssachen das Nöthige an=
zuordnen und ihre Hauptmannschaft selbst zu bestellen; gerne wollen

sie dem Oberbefehl des Landvogtes gehorchen, wenn er mit in den
Krieg ziehe, aber schmählich sei es für sie, sich unter das Fähnlein
Frauenfelds verstoßen zu lassen. Von Frauenfeld standen den Klägern
gegenüber: Der Schultheiß Heinrich Federli, der Landschreiber Hans
Locher, die Rathsglieder Martin Weerli, Kaspar Engel und Lorenz
Koch. Für ihr altes Recht legten sie wieder die Beweise vor, die
zehn Jahre vorher den Landvogt Schießer bewogen hatten, für sie zu
entscheiden. Aber die Edlen erwiderten: nicht bloß vor Schwaderloh
seien die Thurgauer mit eigenem Fähnlein und Hauptmann erschienen,
sondern auch im St. Galler Kriege; in letzterm Kriege sei Hans von
Landenberg zu Klingenberg Hauptmann gewesen; auch im Wald=
mann'schen Auflauf seien die Weinfelder mit eigenem Fähnlein aus=
gezogen u. s. w. Auf diese Reden und Gegenreden verordneten nun
die VII Orte: Wenn Krieg erwachsen sollte, sei der Landvogt Haupt=
mann, dem Alle zu gehorchen haben; ziehe aber der Landvogt nicht
mit zu Felde, so sollen die von Frauenfeld und die von der Land=
grafschaft ihre besondern Hauptleute und Fähnlein haben, den VII Orten
aber vorbehalten sein, an die Stelle der mißbeliebigen Hauptleute andere
zu setzen; inzwischen habe jeder Theil seine aufgewandten Streitkosten
selbst zu tragen.

Nach diesem verdrießlichen Ausgange des Rechtsstreites blieb den
Bürgern Frauenfelds zu ihrer Rechtfertigung nichts übrig, als durch
ihre stete Kriegsbereitschaft zu zeigen, daß sie es wenigstens verdient
hätten, mit der Führung der thurgauischen Wehrmannschaft betraut
zu werden. Solches ließen sie sich denn auch angelegen sein. Als
z. B. die freie Reichsstadt Constanz 1548 von österreichisch-spanischer
Kriegsmannschaft bedroht war und man Ursache hatte, zu fürchten,
daß auch ein Einfall in die thurgauische Landgrafschaft erfolgen möchte,
wurde in Frauenfeld Waffenschau gehalten und mehr als sechszig
Männer der Stadt verpflichtet, mit Harnischen sich zu versorgen, so
daß, die Mannschaft von Felben nicht mitgerechnet, hundert Geharnischte
aus Frauenfeld und den Stadtgerichten in das Feld geführt werden
könnten. Für den Waffenbedarf sorgte Hans Hofmann, Platner von
Lindau, der 1552 eine Baliermühle zur Anfertigung von Harnischen
in der Ergeten errichtete.

Die Geschlechtsnamen der Männer, welche Harnische zu tragen verpflichtet wurden, hießen: Albi, Dißli, Egli, Engeler, Epper, Federli, Feer, Frei, Gügeli, Hamann, Hug, Kappeler, Kammeli, Kauf, Knobel, Koch, Kürsner, von Landenberg, Leringer, Locher, Möritofer, Moßner, Müller, Pfister, Rueplin, Schmalholz, Schmid, Schmuß, Spörli, Syß, Tumeli, Vogt, Wagner, Weerli, Wuest, Zorn.

3. Der Zoll und der Neumarkt.

Der zweite Rechtsstreit, der von den Gerichtsherren und Gemeinden des Thurgaus im Jahre 1542 gegen Frauenfeld angesponnen und bei den regierenden Orten anhängig gemacht wurde, war gegen den 1538 der Stadt bewilligten Zoll gerichtet. Sie hatten darüber mit dem Abt von St. Gallen und mit seinen Angehörigen im Toggenburg ein Einverständniß getroffen. Zuerst, schon im Februar, klagten die Abgeordneten des Abtes und der Gemeinden der Grafschaft Toggenburg, daß der 1538 aufgerichtete Zoll zu Frauenfeld eine Neuerung sei und sie sehr beschwere; denn er betreffe vorzugsweise ihre Säumer, die den Wein von Schaffhausen her beziehen und den Weg über Frauenfeld benutzen müßten. Die Abgeordneten von Frauenfeld antworteten: für ihr Recht des Zollbezugs spreche eines Theils die 1538 von den Orten ertheilte Bewilligung, andern Theils das damals von einigen Toggenburgern gegebene Versprechen, einen Beitrag zu leisten, wenn die Wege gebessert werden. Da das Versprechen nicht eingehalten worden sei, werden die Toggenburger billiger Weise als Entschädigung den Zoll entrichten müssen. Auf diese Rechtfertigung hin wurden die Toggenburger abgewiesen, zwar dem Abte für die Abtei und den Hof Wyl die Ausnahme zugestanden, im Uebrigen aber empfohlen, Frauenfeld nicht weiter in seinem Rechte zu beunruhigen.

Auf der im Juni 1542 gehaltenen Tagsatzung zu Baden griffen die Thurgauer einen andern Grund auf, den sie gegen den Zoll von Frauenfeld in das Feld führten. Die regierenden Orte, sagten sie, hätten bei der Bewilligung des Zolls für ihre Angehörigen die Zollfreiheit vorbehalten. Nun haben auch die Thurgauer das Glück, Angehörige der regierenden Orte zu sein; hiemit komme der Stadt Frauenfeld die Befugniß nicht zu, sie, die Thurgauer, mit Zoll zu belasten.

Dieser Logik konnten die Tagherren nicht widerstehen. Was auch Frauenfeld dagegen einwendete, dem Begehren der Thurgauer wurde entsprochen. Diesen Verlust suchte Frauenfeld in anderer Weise wieder einzubringen, nämlich durch die Errichtung eines Herbstmarktes, des so geheißenen Neumarktes. Die Abgeordneten der Stadt, der Landschreiber Ulrich Locher und der Rathsherr Rudolf Federli, wirkten 1568 bei der Tagsatzung die Bewilligung aus, daß dieser neue Markt auf einen der Stadtobrigkeit beliebigen Tag gestellt und in gleicher Weise, wie bei dem Nikolaimarkte, ein Monat lang vor und nach dem Markte Zoll bezogen werden dürfe. Auf solche Weise wurde der Zollbezug wenigstens auf die Monate des stärksten Verkehrs ausgedehnt.

Wie erwartet werden durfte, erhoben sich gegen dieses Privilegium abermals Klagen, und zwar wieder von dem Abte und der Stadt Wyl, aber auch von dem Lande Appenzell. Nicht nur gaben sie am 3. November 1570 den Eidgenossen zu bedenken, daß sie mit ihnen verbündet und daß die Toggenburger, ebenso wie Utznach, mit Schwyz und Glarus verlandrechtet seien, also gleiche Rechte beanspruchen können, wie die unmittelbaren Angehörigen der Stände, sondern sie rügten auch, daß Frauenfeld vier Monate hindurch, je einen Monat vor und nach den beiden Märkten, den Zoll beziehe, während doch früher das Zollrecht auf zwei Wochen vor und nach beschränkt gewesen sei. Frauen= feld dagegen berief sich auf die Thatsache, daß 1543 nur die Abtei und der Hof Wyl berücksichtigt worden seien und der kleinfüge Zoll jährlich kaum 30 Gulden abtrage, — worauf die hohe Versammlung zu dem Schlusse kam: da es sich im Grunde um ein Weggeld handle, ohne welches Frauenfeld die Straße nicht unterhalten könnte, sei der Abt ersucht, gütlich von seiner Beschwerdeführung abzustehen.

Der Abt jedoch wollte diese Sprache nicht verstehen; daher fällten die Tagherren am 5. Juli 1571 den gütlichen Entscheid: Frauenfeld möge 15 Tage vor und nach dem Neumarkt (damals Montag vor Michaelis Tag) und zwei Monate vor und nach dem Nikolaimarkte von denen von Wyl und Toggenburg den Zoll beziehen, und zwar für einen beladenen Wagen einen halben Batzen, von einem Karren einen Kreuzer, von einem Saumroß einen Pfenning, von einem un= geladenen Karren oder Saumroß nichts, von einem Pferd, Ochs, Rind, Kuh einen Pfenning, von einem Schafe, Schwein, Ziege einen Heller.

4. Das Erbrecht der Stadt Frauenfeld. Abzug.

Der erste Freiheitsbrief der Stadt Frauenfeld, von Herzog Albrecht von Oesterreich 1294 ertheilt, bewilligt, daß die Töchter und Söhne zu gleichen Theilen ihre Eltern beerben. Vorher war diese Gleichberechtigung noch nicht rechtlich anerkannt, konnten die Töchter mit der ehelichen Aussteuer abgefunden und von allen Anrechten auf die Verlassenschaft ihrer Eltern ausgeschlossen werden, wie das bei dem Adel üblich war. Andere Ungleichheiten bestanden hinsichtlich der Behandlung der Kindskinder, die bald durch ihre Oheime und Basen vom Erbe der Großeltern ganz ausgeschlossen wurden, bald nach Köpfen statt nach Stämmen theilten. Eben so ungleich wurden die Wittwer und Wittwen behandelt, die nach dem Tode des Ehegatten an den einen Orten das ganze Vermögen lebenslänglich in Besitz behielten, an andern Orten mit den Verwandten oder Kindern in eine Erbtheilung eintreten und sich dabei mit einem Kindestheile begnügen mußten oder sich eines bevorzugten Antheils erfreuen durften u. s. w.

Wie seit 1294 das Erbrecht in der Bürgerschaft Frauenfelds sich gestaltete, darüber haben sich keine bestimmten Nachrichten erhalten. Große Uebelstände aber waren jedenfalls in der herkömmlichen Uebung. Denn im Jahre 1541 heißt es in den Verhandlungen einer Tagsatzung der VII Orte: „Als dann die von Frauenfeld der Erbfällen halb bisher ein schwer Stadtrecht gehabt, davon ihnen viel Stöß, Spänn und Rechtfertigungen entstanden und erwachsen sind, haben unsere Herren auf einem Tage zu Baden dem Schultheißen und Rath zu Frauenfeld ernstlich empfohlen, solcher Erbfälle halber etliche Artikel zu stellen."

Es scheint in der Absicht der Tagsatzung gelegen zu haben, das Erbrecht von Frauenfeld mit demjenigen der Landgrafschaft in Uebereinstimmung zu bringen; denn zu gleicher Zeit wurden die in den verschiedenen Herrschaften des Thurgaus üblichen ungleichen Erbrechte abgeändert und ein allgemeines Erbrecht eingeführt. Abgeordnete von Frauenfeld nahmen wirklich auch an den Vorberathungen über diese Abänderung Theil, konnten sich aber mit den Ansichten der Gerichtsherren und Gemeindeausschüsse nicht vereinbaren. Schultheiß und Rath

entwarfen ein Stadterbrecht, das weniger von den bisherigen Rechts=
bestimmungen abwich, und erlangten zur Einführung desselben die
Zustimmung der VII Orte.

Aber nicht lange stand es an, so zeigten sich bei einigen Erb=
fällen die Bestimmungen des neuen Erbgesetzes in mehreren Beziehungen
ungenügend, so daß der Rath sich bewogen fand, eine Revision des=
selben vorzunehmen und 1566 den VII Orten zur Bestätigung vor=
zulegen. Die hauptsächlichsten Bestimmungen dieses Erbgesetzes waren:

1. Alle Kinder, Söhne und Töchter, erben zu gleichen Theilen,
sofern nicht Vater oder Mutter oder beide Eltern einzelnen Kindern ihres
Wohlverhaltens wegen einen Vortheil zugesichert haben.

2. Kindeskinder erben das Betreffniß, das ihren verstorbenen Eltern
zugefallen wäre.

3. Eltern erben ihre ohne Leibeserben und ohne Geschwister ver=
storbenen Kinder und Kindeskinder, die sie im Armuthsfalle zu erhalten
pflichtig wären. Wären die Eltern und Großeltern eines solchen Kindes
nicht mehr am Leben, so fällt das Erbe der Vatermaag zu bis auf den
vierten Grad, mit Ausschließung der Muttermaag.

4. Eheliche Geschwister erben ihre ohne Leibeserben gestorbenen Ge=
schwister.

5. Der überlebende Ehegatte bleibt lebenslänglich im Nutznießungs=
besitze des Vermögens des gestorbenen Ehegatten.

6. Dem überlebenden Ehegatten liegt die Pflicht ob, die Kinder zu
erziehen und auszusteuern.

7. Wittwer oder Wittwen, die mit ihren Kindern das vom ver=
storbenen Ehegatten herrührende Vermögen theilen, beziehen einen Kindes=
theil als Eigen.

8. Ist bei solchen Theilungen nicht mehr alles von den Ehegatten
zusammengebrachte Vermögen vorhanden, so wird der Verlust auf beide
Theile gleich verlegt.

9. Ist ein Vorschlag vorhanden, so soll die überlebende Ehefrau
denselben mit den Kindern theilen; der überlebende Ehemann dagegen bleibt
im lebenslänglichen Besitze des Vorschlags. Haben aber zwei Ehemenschen
kein Vermögen zusammen gebracht, so fallen von dem gemeinsam erworbenen
Vermögen dem überlebenden Ehegatten zwei Dritttheile zu.

10. Kinder der ersten Ehe erben bei Theilungen mit Stiefgeschwistern
voraus den aus dieser Ehe herrührenden Kindestheil und den Vorschlag.

11. Die bei Eingehung der Ehe versprochene Morgengabe soll bei der Erbtheilung voraus abgegeben werden.

12. Haben Geschwister miteinander getheilt und einige derselben ihre Antheile wieder zusammen geworfen und gemeinsames Hauswesen geführt, so erben diese einander.

13. Stiefgeschwister erben einander, wenn keine rechten Geschwister vorhanden sind.

14. Ordnungsgemäß aufgerichtete Eheverträge bleiben in Kraft.

Allerdings ergaben sich aus einigen Bestimmungen dieses Erbrechtes, namentlich aus § 5, oft sehr drückende und nachtheilige Folgen, besonders bei zweiten Heirathen; aber einmal festgestellt, blieb er unabänderliches Gesetz.

In einiger Verwandtschaft mit dem Erbrecht stand das Abzugsrecht. Von jedem Vermögensbesitz, der durch Erbe oder Verkauf der Stadt entfremdet wurde, fiel ein Theil der Stadt anheim, als Entgelt für den Verlust, welchen die Stadt durch solche Entziehung an Steuergut erlitt oder als Entschädigung für die Anrechte, welche die Stadt auf ein voraussetzlich unter ihrem Schutze erworbenes Vermögen zu haben glaubte. In der Regel wurde der zehnte Theil Abzug gefordert, zuweilen weniger, zuweilen gar nichts, je nach Uebung und Verträgen, die man mit den Städten und Orten, wohin das Vermögen gezogen wurde, eingegangen hatte. Gegenüber einigen Städten und Landschaften verzichtete man auf den Abzug von „verfangenem Gute", gegenüber andern wurde alles weggezogene Vermögen ohne Unterschied verabzugt.

Da dieses Abzugsrecht als allgemeines Gemeinderecht Geltung hatte, erlangte Frauenfeld für sich die Bestätigung desselben in den Jahren 1532, 1552, 1598 und wiederholt in den folgenden Jahrhunderten. Der Abzug war die bedeutendste Quelle der Stadteinkünfte.

Abzugsfreiheit galt gegenüber der Landschaft Thurgau mit Ausnahme der äbtisch St. Gallischen Gerichte, z. B. Romanshorn; ebenso gegenüber Basel, Glarus, Lenzburg, Luzern, Nidwalden, Schwyz, Stadt St. Gallen, Winterthur, Wyl, Zug. Fünf vom Hundert bezogen und zahlten Appenzell, Bremgarten, Obwalden, Zürich; sechs Schaffhausen; zehn Bischofszell, Dießenhofen, Stein u. s. w.

5. Der große Vertrag.

Mit dem Namen des großen Vertrages wurde ein Uebereinkommen bezeichnet, das seit 1558 für alle spätere Zeit die kirchlichen Verhältnisse der beiden Confessionen regulirte.

Als der evangelische Prediger Heinrich Feer, der auf der ehemaligen Michaelispfründe saß, mit Tod abging, erwachte der seit 1536 in Schlummer versunkene Streit über die Pfrundgüter mit neuer Heftigkeit. In Erinnerung, daß laut den Erläuterungen zum Landfrieden die ältern Caplaneien ihren ursprünglichen Bestimmungen gemäß Meßpfründen bleiben sollen, forderten die Katholiken, daß die nun erledigte Michaelispfründe wieder mit einem Meßpriester besetzt werden solle. Die Evangelischen dagegen, die seit der Reformation in dem Besitze derselben nie gestört worden waren, glaubten ein Recht daran gewonnen zu haben, schon in Folge der Verjährung, dann aber auch vermöge der Vertragshandlung von 1535; denn damals sei dem Begehren, daß das Pfarrgut nach Verhältniß der Seelenzahl getheilt werden solle, von dem Collator entgegen gehalten worden, daß sie schon zwei Prädicanten haben, hiemit bereits mehr besitzen, als die Abchurung der Pfarrpfründe ihnen eintragen könnte; auch sei bei dem Spruche des Landvogtes Zum Brunnen die Michaelspfründe ihnen geblieben, und wenn sie dieselbe jetzt abtreten müßten, könnten sie keinen zweiten Prediger mehr unterhalten, was bei der zahlreichen Bevölkerung der Gemeinde von großem Nachtheile und gegenüber den zahlreichen Stiftungen der kleinen Bevölkerung der katholischen Gemeinde als eine große Unbill erscheinen müßte und sie berechtigte, auf die Theilung der Pfarrpfründe zurück zu kommen.

Mit diesen Vorstellungen traten die beiden streitenden Parteien wieder vor die Sendboten der regierenden Orte. Der Bischof von Constanz, nun auch Herr der Reichenau, ließ als Collator der Pfarrpfründe durch seinen Abgeordneten, den Vogt Segesser, sein Recht ebenfalls geltend machen und erwirkte einen Aufschub bis zur nächsten Tagsatzung. In der Zwischenzeit suchten aber der Landvogt Gallati und Landammann Gilg Tschudi, der berühmte Historiker, eine gütliche Uebereinkunft anzubahnen. Tschudi reiste selbst nach Markdorf, um mit dem Bischofe Christoph persönlich zu unterhandeln. Er stellte ihm vor, daß die Pfarrpfründe 170 Stücke ertrage, während der Prädicant nur 70 Stücke habe, bei Vornahme einer Theilung nach der Seelenzahl dem Prädicanten 170 Stücke zufallen und der Pfarrpfründe nur 70 Stücke bleiben werden. Er gab ihm ferner zu bedenken, daß, wenn er nicht zu einer gütlichen Ausgleichung Hand biete und die Alt- und Neugläubigen in Frauenfeld vollends einander in die Haare wachsen, man dem Bischofe das anrechnen könnte u. s. w. Als der Bischof hierauf den Obervogt Adam Angerer von Reichenau und den Amtmann Rüeplin in Frauenfeld beauftragte, die Vorschläge Tschudi's näher zu prüfen und ein Uebereinkommen zu versuchen, kam ein Vertrag zu Stande, der am 22. Oktober 1558 den regierenden Orten zur Genehmigung vorgelegt werden sollte. Im Namen der Gemeinden erschienen dabei und erklärten sich damit einverstanden von katholischer Seite der Landschreiber Hans Locher, Kaspar Engel und Jakob Feer; von evangelischer Seite Lorenz Koch, Konrad Mörikofer, Jakob Neuwyler, alle Mitglieder des Rathes der Stadt; ferner Martin Kappeler für Kurzdorf und Rudolf Joner für Herten und die Höfe. Ihrem Gesuche, dem Vertrage die Genehmigung zu ertheilen, wurde entsprochen.

Ein wesentliches Verdienst dieses Vertrages bestand darin, daß nicht nur die Hauptfrage, die zu dem Streite Veranlaßung gegeben hatte, zur Entscheidung gebracht, sondern auch manche andere bis dahin in unbestimmter Schwebe gebliebene Angelegenheit erörtert und dadurch künftigen Zerwürfnissen möglichst vorgebogen wurde.

Die wesentlichsten Bestimmungen der letztern Art waren:

Auf Grund früherer Verträge bleiben die Pfrundeinkünfte von St. Leonhard der evangelischen, diejenigen von St. Katharina der katholischen Schulmeisterei zuständig, werden die Caplaneipfründen laut Stiftungsbriefen von drei katholischen und drei evangelischen Stadtbürgern besetzt, denen bei Vergebung der Michaelispfründe auch der Pfarrherr beiwohnt. Die Wahl der evangelischen Geistlichen steht bei drei evangelischen und zwei katholischen Bürgern. Die Evangelischen dürfen in den letzten Tagen der heiligen Woche den katholischen Gottesdienst in der Nikolauskirche nicht durch Glockengeläute belästigen, mögen aber wohl in St. Lorenzen und St. Johann das Geläute brauchen. Sie sollen auch dem Meßmer der Nikolauskirche gestatten, für das

Wetter zu läuten bei Tag und Nacht. Die Katholiken mögen auch in Zukunft aus den Zinsen des Kirchengutes für den Organisten und aus den Zinsen der Caplaneigüter die nöthigen Ausgaben beziehen, doch soll von dem gemeinsamen Kirchengute von keinem Theile ohne Wissen des andern Theils etwas verwendet und weder bei diesem Kirchengute noch bei dem den Evangelischen ausschließlich zugehörigen Gute der St. Johannkirche das Hauptvermögen geschwächt werden.

In Bezug auf die Michaelispfründe und die Besoldung des Prädicanten setzte der Vertrag als selbstverständlich voraus, daß die Michaelispfründe stiftungsgemäß als Meßpfründe zu betrachten sei, dagegen sollten dem Prädicanten in der Stadt neben den vom Land=vogte Zum Brunnen zuerkannten 40 Gulden, 10 Mütt Kernen, 3 Malter Hafer und 1½ Saum Wein noch 25 Gulden aus dem Pfarr=gute von St. Lorenzen zu Oberkirch abgegeben, dem Prädicanten im Kurzdorf neben dem Ertrage der St. Johannpfründe (auf 40 Gulden angeschlagen) aus den Caplaneigütern noch 30 Gulden angewiesen werden. Wenn die Evangelischen einen friedliebenden geschickten Prä=dicanten bekommen, wollen die Katholiken überdieß zu besserer Erhaltung bürgerlichen, freundlichen Willens demselben eine Zulage von 4 Mütt Kernen aus dem Einkommen von St. Leonhard zu geben gestatten. Endlich wird der Collator ersucht, dem Prädicanten in der Stadt den Straßhof als Wohnung einzuräumen oder eine andere gebührliche Be=hausung anzuweisen.

Dem diesen Vertrag bestätigenden Beschlusse der VII Orte ist beigefügt: Aller Unwille und Rache wegen dieses Streites soll todt sein. Beide Religionsverwandte sollen in Zukunft einander nicht auf unfreundliche Weise gedenken, sondern einander wie vorher alle bürger=liche Verwandtschaft, Liebe und Freundschaft beweisen. Mit Ausnahme dieser wohlgemeinten Erinnerung behauptete aber Zürich später, dem eigentlichen Inhalte des Vertrages seine Zustimmung verweigert zu haben.

6. Huldigung und Freikauf aus der Leibeigenschaft.

Während Frauenfeld mit eigentlicher Eifersucht seine Selbständig=keit gegen jeden Schein von Abhängigkeit namentlich dem Landvogtei=amte gegenüber zu wahren beflissen war, lastete auf den Bürgern noch

das alte Gesetz der Hörigkeit. Jeder Einwohner, der bei seiner
Einbürgerung oder Niederlassung in Frauenfeld keinem andern Leibherrn pflichtig war, wurde durch seinen Wohnsitz auf dem Boden
Frauenfelds Leibeigener des Abtes von Reichenau. Ausnahmen von
dieser Regel fanden nur statt für Edelleute und für solche Bürger,
die sich frei gekauft hatten und sich an eine Kirche oder an den Spital
als Hörige ergaben.

Unerträglich war diese Last allerdings nicht. Ein Fastnachthuhn
jährlich oder dessen Geldwerth, eine Ledigung bei der Verehelichung,
der Leibfall und Laß im Tode oder eine sehr billige Auslösung genügte
dem Leibherrn oder seinem Amtmann. Der Leibherr mochte wohl seinen
Hörigen verkaufen; den Hörigen berührte dieß jedoch nur insoferne,
als er seine Verpflichtung nun an einen andern Herrn abzutragen
hatte und dieser ihm keine härtere Last aufbürden durfte. Einige
Bürger gelangten sogar zu Ehren und Rechten, die sonst nur Freien
und Edlen gewährt wurden. Joachim Joner, genannt Ruepli, kaufte
1566 die Gerichtsherrlichkeit Kefikon und trat dadurch in die Reihe
der thurgauischen Gerichtsherren ein. Hans Locher, Mitglied des Raths
und Obervogt von Lommis, wurde 1569 aus päpstlicher Autorität
zum comes palatinus (Pfalzgraf) ernannt und damit auch bevollmächtigt, päpstliche Notare zu brevetiren und uneheliche Kinder ehelich
zu sprechen. Seinen Sohne, Ulrich Locher, Schultheiß, begnadete später
(1595) Papst Clemens VII mit einem Adelsbrief. Obschon hiemit
die reichenauische Hörigkeit nur noch ein Schatten der frühern Leibeigenschaft war, hing an ihr dennoch eine gewisse erbliche Schmach.
Der Freie und Edle stand vermöge seiner Geburt schon ohne alle andern
Vorzüge hoch über dem tüchtigsten Hörigen.

Unter den Hörigen Frauenfelds sind nicht nur Handwerker und
gemeine Bürger aufgezählt, sondern auch die höchsten Beamten, ihre
Frauen und Kinder: die Töchter des verstorbenen Schultheiß Engel,
der Schultheiß Fehr, genannt Brunner, der Landammann Ludwig
Weerli, der reichenauische Amtmann Joachim Joner, genannt Rueplin
(als Hofjünger des Kelnhofes Pfyn), Sebolt Zur Burg, genannt Frei
u. s. w. Es genügte, daß eine Mutter, Großmutter oder eine andere
Ahnin eine Unfreie war, um alle von ihr abstammenden Nachkommen
in die Reihe der Hörigen zu stellen.

So lange das Stift Reichenau selbst frei war, erlaubte es die dankbare Anhänglichkeit an die siebenhundertjährige Herrschaft nicht, den alten Verband zu lösen. Seit aber Bischof Hugo von Landenberg sich die Vogtei über die Reichenau angemaßt und seine Nachfolger die Abtei dem Bischofsstuhle einverleibt hatten, ertrugen die Hörigen der Abtei diese Entfremdung nur ungerne. Früher hatten die Bürger jedem neuerwählten Abte, der ihnen ihre reichenauischen Lehen bestätigte, mit Freuden gehuldigt. Im Jahre 1542 aber fügte der Abt-Bischof der Eidesformel den Zusatz bei: „und so ein Herr und Bischof zu Constanz über kurz oder lang mit Tod abgehen würde, daß ihr nichts dester minder bei jetz gethanem Eid uns uf ein andern zukünftigen Herrn der Reichenau aller Gestalt wie vermerkt beleiben und verbunden sein sollen." Diesen Zusatz zu beschwören weigerten sich die Räthe und Bürger; denn sie wollten die Einverleibung der Abtei in die Bischofswürde nicht verewigen helfen. Sie brachten ihre Bedenken auch an die regierenden Orte, welche am 10. Hornung 1542 entschieden, daß die von Frauenfeld dem Bischofe als Abt der Reichenau schwören sollen, wie von Alters her.

In demselben Jahre, als in Oberkirch die Pfarrscheune zusammen gestürzt war und der Pfarrwohnung dasselbe Schicksal drohte, so daß beide neu erbaut werden mußten, gingen die Beamten des Bischofs so sparsam zu Werke, daß Schultheiß und Rath gegen die Dürftigkeit solcher Gebäulichkeiten Einsprache erheben zu sollen glaubten; denn die reichen Einkünfte der Pfarrzehnten stehen damit in keinem Verhältnisse. Die bischöflichen Amtleute erwiderten spöttisch: Wenn die Eidgenossen fordern, daß sie dem Pfarrherrn von Frauenfeld einen Burgstall bauen, werden sie es sich müssen gefallen lassen; aber in eine schiedsrichterliche Verhandlung mit der Stadt Frauenfeld werden sie nicht eintreten, auch den Wohnsitz des Pfarrherrn nicht von der Mutterkirche weg in die Stadt verlegen.

Auch 1565 erhoben sich wegen der Huldigung dieselben Anstände wie 1542.

Diese Vorgänge weckten bei Schultheiß und Rath den Wunsch, die Verbindung mit Reichenau zu lösen und zunächst von der schmählichen reichenauischen Hörigkeit sich frei zu kaufen. Der Abt-Bischof, in die deutschen Kriegshändel verwickelt, bedurfte Geld. Seine Amtleute trugen ihm vor, daß die Stadt Frauenfeld für die Entlassung aus der Leibeigenschaft 300 Gulden, der Amtmann Rueplin für den Straß= hof zu Frauenfeld 400 Gulden anerbiete. Beide Anerbietungen wurden angenommen; nur machte der Bischof den ausdrücklichen Vorbehalt, daß ein Bürger von Frauenfeld, wenn er aus der Stadt ziehe und anderswo sich niederlasse, wieder als Höriger dem Stift anheim falle und daß in allen andern Beziehungen die Einwohner Frauenfelds bei ihren Pflichten gegen Reichenau behaftet bleiben.

Das Lösegeld des Freikaufs aus der Leibeigenschaft wurde nicht aus dem Gemeingute bezahlt, sondern auf die Bürger, ihre Frauen und Kinder verlegt, nach Maßgabe des Ertrages, den die Fastnacht= hühner und Todfälle möglicher Weise dem Leibherrn abgeworfen hätten. Der höchste Beitrag fiel auf die zahlreichen Familien der Kappeler, für 13 Pflichtige 59 Gulden.

Bis zum Jahre 1590, da der Bischofssitz wieder erledigt wurde und der neue Bischof Andreas die Huldigung wieder einfordern ließ, schien den bischöflichen Amtleuten die Erinnerung an die frühern Vor= gänge entschwunden gewesen zu sein; denn sie wollten in der Eides= formel die Bürger wieder mit „Eigenschaft" verpflichten. Man hielt ihnen aber den Auslösungsact und den für Aushändigung der 300 Gulden ausgestellten Empfangschein entgegen, und als sie dennoch auf dem Ausdrucke Eigenschaft bestanden, demselben aber einen andern Sinn unterlegten, wurde nach langer Erörterung endlich der Eid geleistet, mit dem Vorbehalte, daß das Wort Eigenschaft weder die Stadt Frauen= feld noch die Hoheit der regierenden Orte berühre. Die persönliche Freiheit der Bürger wurde fortan nicht mehr bestritten.

Aber nur die Stadtbürger konnten diese Freiheit genießen. Die Gerichtsangehörigen blieben nicht allein Hörige ihrer angebornen Leib= herren, sie wurden noch strenger als früher zur Entrichtung der Schirm= hühner an die Stadtobrigkeit angehalten. Als einige dieser Leute der Forderung sich nicht fügen wollten, beschloß der Große Rath 1570: der Schirmhühner halben soll man einen um den andern fragen, ob er wider meine Herren sein wolle oder nicht, damit meine Herren sich weiter zu verhalten wissen. Es geschah dieß freilich vorzugsweise darum, dem Landweibel der Landvogtei den Vorwand zu benehmen, daß diese

Leute Hörige des Landvogts seien, sie hiemit vor einer schwerern Be-
lästigung zu verwahren: denn kein Bauer sollte nach den damaligen
Staatsgrundsätzen ein freier Mann sein oder heißen.

7. Erwerbung der Herrschaft Lommis und die Herren von Gryffenberg, genannt Weerli.

Daß die Stadtregierung von Frauenfeld seiner Zeit die dargebotenen Anläße benutzte, ihr Gebiet zu erweitern, ist ganz erklärlich.
Wie sie aber auf den Gedanken verfallen konnte, die für sie ganz ent-
legene Herrschaft Lommis im Jahre 1575 anzukaufen, ist ein Räthsel.
Die Rathsprotokolle geben darüber keinen Aufschluß. Nur die Geschichte
der Herren von Gryffenberg, genannt Weerli, Bürger von Frauenfeld,
mögen eine Unterlage für Vermuthungen bieten.

Schon im XVI. Jahrhundert werden in Frauenfeld verbürgerte
Weerli genannt. In weitern Kreisen waren bekannt der Landgerichts-
weibel Hans Weerli (1500, 1519, 1520), Hauptmann der Mannschaft Frauenfelds in den Kriegszügen nach Italien 1512 und 1515;
Marr Weerli, wahrscheinlich sein Sohn, Gerichtsanwalt 1514 und
1515, auch Theilnehmer am Kriegszuge von 1515, als Landweibel
und Gegner der Reformation 1528 in Zürich hingerichtet. Gleichzeitig
mit diesem Marr Weerli war bei dem landvogteilichen Oberamte in
Frauenfeld angestellt, und zwar als Landammann, Martin Weerli.
In einem Kaufbriefe von 1527 wird er genannt der fürneme Martin
Weerli, Bürger zu Frauenfeld, Landammann. Er war 1531 ver-
ehelicht mit Margaretha Huntpiß von Waltram und Schwager Fried-
richs von Haidenheim, Herrn zu Klingenberg und Gaudenzen von
Castelmur, führte im Siegel gewöhnlich nur ein lateinisches W, im
Jahre 1557 aber den Greifen der Herren von Gryffenberg, genannt
Weerli. Dieses Gryffenberg lag laut einer Urkunde von 1552 bei
Buchschoren. Ein Wolf Walter von Gryffenberg lebte um 1494. Die
Familien des Hans und Marr Weerli und des Martin Weerli scheinen
hiemit verschiedenen Herkommens gewesen zu sein.

Der Landammann Martin Weerli war schon seines Amtes wegen
ein Mann von großem Einflusse. Als 1564 drei Klosterherren von
Rheinau, Bernhard Escher, Hans Diebold Weerli und Christoph Müller,

unzufrieden mit der neuen Abtwahl das Kloster verließen und mit
vielen Briefen und Geldern nach Radolfzell zogen, wurde der Land=
ammann Weerli mit dem zürcherischen Bürgermeister von Cham ab=
geordnet, die Flüchtlinge zurück zu holen, wohl vorzugsweise auch darum,
weil der Herr Diebold Weerli sein Vetter oder Sohn war. In gleicher
Verwandtschaft stand er mit Peter von Gryffenberg, der auch Bürger
von Frauenfeld war und 1557 ebenfalls den Greifen im Siegel führte.
Eben so nahe mochte ihm Ludwig Weerli stehen, der mit andern Offi=
zieren der französischen Schweizertruppen 1561 bei der eidgenössischen
Tagsatzung Hülfe suchte wegen Geldern, die sie dem Könige von Frank=
reich angeliehen hatten.

Im Jahre 1559 war Wolf Walter von Gryffenberg, genannt
Weerli, Bürger von Frauenfeld, theils durch Kauf, theils durch Erbe
in den Besitz einer Hälfte der sonst den Edlen Muntprat von Spiegel=
berg gehörigen Herrschaft Lommis gekommen. Noch 1566 war er
Besitzer dieser Güter, baute aber um dieselbe Zeit auf einem rauhen
Hügel oberhalb Ermatingen eine Herrschaftswohnung, die er Wolfen=
berg oder Wolfsberg nannte. Ein Prozeß, in den er sich mit den
Muntpraten von Spiegelberg wegen Lommis verwickelte, wurde 1567
von der Tagsatzung an ein Schiedsgericht gewiesen. Dieß scheint den
Herrn Wolf vermocht zu haben, seine Rechte an Matthäus Arnolt von
Rotenfels abzutreten, von dem sie an seine Wittwe und an ihren
Bruder Dr. Schweickart in Augsburg vererbten, bis sie 1575 durch
Kauf an die Stadt Frauenfeld übergingen.

Um die Summe von 12,500 Gulden, für die Frauenfeld die
Herrschaft Lommis übernahm, entrichten zu können, sandten Schultheiß
und Rath den Diener des Schultheißen Jakob Locher, den Substituten
Hainle, nach Basel, der in vier verschiedenen Posten ein Anleihen von
4300 Gulden erhob und dafür alles Eigenthum der Stadt Frauen=
feld sammt der Herrschaft Lommis verpfändete. Am 9. November 1577
stellte sich Hans Melchior Weerli, Landammann, Bürger von Frauen=
feld, vor dem Abt Joachim von St. Gallen, um sich im Namen von
Schultheiß und Rath mit der Herrschaft Lommis belehnen zu lassen.

Um die für die Herrschaft Lommis übernommenen Verpflichtungen
zu erfüllen, war Frauenfeld genöthigt, weitere 1200 Gulden in Con=
stanz und im Jahre 1580 noch 800 Gulden von Frau Elsbeth,

Wittwe des Edlen Ulrich von Breiten-Landenberg, zu entlehnen. Zugleich wurde aber mit Junker Wolf unterhandelt, der noch 4900 Gulden auf Lommis stehen hatte. Die Herrschaft wäre von ihm auch wieder übernommen worden, wenn er für die Gerichtsherrlichkeit Landetswyl und für sein Gut Wolfsberg einen Käufer gefunden hätte. Endlich trat Dietbold Weerli, der unterdessen zur Würde eines Abtes von Rheinau empor gestiegen war, in's Mittel, kaufte Lommis an sein Stift und setzte die Stadt Frauenfeld in den Stand, sich ihrer Schulden wieder zu entledigen. Es geschah dieß durch den alt Schultheißen und Seckelmeister Engel 1598.

Die Brüder Wolf Walter von Gryffenberg, genannt Weerli, auf Wolfenberg, und Wolf Adam von Gryffenberg, genannt Weerli, besaßen in Frauenfeld zwei Häuser, das eine in der Vordergasse, das andere in der Hintergasse, genossen auch die Gunst von Schultheiß und Rath in solchem Maße, daß der eine in den großen Rath, der andere in das Stadtgericht gewählt wurde. Die dankbare Erinnerung an ihre Mutter, Veronica von Hohen-Landenberg, wollte gegen die Söhne nicht undankbar sein. Aber das mütterliche Erbe verschwand aus den Händen der Söhne wie Wasser. Schon 1590 verkaufte Wolf Walter sein Haus sammt Nebengebäuden und Brunnen, in einem Einfang von Mauern umschlossen, sammt dem anstoßenden Baumgarten, zwei Juchart groß, vor dem Holderthore zu Frauenfeld gelegen, landenbergisches Gut, ferner vier Juchart Holz zu Meiensberg und einen Zinsbrief von 15 Goldgulden aus Gyrsberg um 2020 Gulden an Hektor von Beroldingen zu Gachnang. Wolfsberg und Landetswylen waren bereits an Rheinau verpfändet. Endlich sah er sich sogar gezwungen, sein Wohnhaus in der Stadt loszuschlagen und sich in das verlassene Schwesternhaus Rollenberg zurück zu ziehen. Sein Bruder Adam fand als Herrschaftsverwalter in Baduz Unterhalt. In Frauenfeld behielt nur Wohnung und Bürgerrecht ein außerehelicher Zweig, der Glaser Greifenberg, zuletzt Landgerichtsknecht und Gefangenwart in dem Thurme neben dem Gryffenbergischen Hause.

8. Sittliche Zustände. Mandate. 1556—1610.

Das Recht, Gebote und Verbote zu geben, sie allgemein ver-
binblich zu erklären und die Uebertreter zu bestrafen, besaßen Schultheiß
und Rath vermöge der Malefizgerechtigkeit. Sie ließen ihre Gebote
und Verbote bald durch Stadtboten und Weibel ausrufen, bald durch
schriftlichen Anschlag am Rath= und Kaufhaus verbreiten, bald bei
Gemeindeversammlungen und in den Kirchen auskünden. Am meisten
Aufmerksamkeit nahmen aber die eigentlichen Mandate in Anspruch.

Das älteste Mandat, das sich erhalten hat, stammt aus dem
Jahre 1556, ausgegangen des Gotteslästerns und anderer Artikel
halben, und zwar mit Bewilligung des Landvogtes Jakob Schider.
Indem in diesem Mandat der Rath die damals herrschenden Laster
und Unsitten tadelt und verbietet, zieht er den Schleier zurück, hinter
welchen das Vorurtheil von der guten alten Zeit die damaligen Mängel
und Fehler zu verstecken pflegt, spricht sich aber auch zugleich ein sittlicher
Ernst aus, dem die Nachwelt ihre Achtung nicht versagen darf.

Wie die Aufschrift des Mandates andeutet, wurde vor Allem aus
die Gotteslästerung gerügt und mit scharfen Strafen bedroht. Wer
bei Gottes Leichnam, Wunden, Leiden, Marter schwört oder andere
solche üppige böse Schwüre ausstößt, was bisanhin aus schändlicher
Gewohnheit in allgemeinem Brauche gewesen, oder wer dem Andern
Siechtage und Krankheit anwünscht, der soll auf der Stelle den Erd=
boden küssen oder für jeden Fluch und Schwur einen Schilling Buße
entrichten, und Jeder, der den Andern so hart und beharrlich fluchen
und schwören gehört hat, soll bei Leib, Ehr und Gut denselben dem
Bußenmeister verzeigen.

Das zweite Laster, gegen welches das Mandat in den Kampf
trat, war die Spielsucht. Von Etlichen, sagt es, sei das Spielen auf
Gewinn, besonders nächtlicher Weile, in solchem Unmaß getrieben worden,
daß nicht nur Mancher das Seine verspielt habe, sondern daraus auch
viele böse Schwüre, Gotteslästerungen, Streitigkeiten, ja Todschläge
entsprungen seien; daher denn festgesetzt und geboten werde, daß keinerlei
Spiel, weder kleines noch großes, auf Würfel oder Karten, auf der
Trinkstube oder anderswo gebraucht, noch von den Wirthen gestattet

werden solle, bei zehn Schilling Strafe, wenn ein gemeiner Bürger, bei doppelter Strafe, wenn ein Rathsherr das Verbot übertritt. Wenn jedoch fremde Herren und andere Ehrengäste kommen, mögen sie wohl miteinander um einen Heller oder Pfenning Kurzweile treiben.

Drittens ist das Zutrinken und Ueberfüllen bisanhin von Alten und Jungen so geübt worden, daß daraus oft große Unruhe, Gottes= lästerung und andere Uebel entstanden sind; solch' ungebührliches, un= ziemliches und unmäßiges Trinken soll Jedermann abthun, keiner den andern wider seinen Willen zu trinken nöthigen, bei einer Buße von zehn Schillingen für den, der trinkt und für den, der ihn zu trinken nöthigt, und bei zwei Pfund Buße für den einen und andern, wenn der Trunk wieder ausgebrochen wird.

Indem das Mandat viertens die Verunreinigung der Brunnen mit sechs Pfenningen Buße belegt, warnt es noch vor nächtlichen Un= ruhen; denn bishin sei in den Wirthshäusern ein großes Unmaß getrieben worden mit langen Schlaftrünken und in den Gassen un= züchtiges Wesen und ungebührliches Jauchzen, Schreien, Sumeren, Singen und Toben. Hiemit soll kein Wirth oder Weinschenk nach neun Uhr Abends den Gästen mehr Getränk verabreichen, und Jeder= mann still und züchtig nach Hause gehen und sich zur Ruhe legen.

Dieses im Herbst 1556 veröffentlichte Mandat wurde von Zeit zu Zeit erneuert und nach Umständen auch erweitert. Bei dem Jahres= schlusse von 1559 fand der Rath sich besonders durch die herrschende drückende Theurung bewogen, das Verbot der späten und langen Schlaftrünke und des nächtlichen Schreiens, Tobens, Sumerns und Tanzens auf den Gassen zu wiederholen, indem solche Ausschweifungen nicht bloß Aergerniß erzeugen, sondern Armuth pflanzen. Zu diesen Uebeln rechnet er auch die in den Fastnachttagen und zu andern Zeiten gewöhnlichen Mummereien und den dabei getriebenen manigfaltigen Unsinn, dessen man sich künftig ebenfalls enthalten solle. Bei dem folgenden Jahresschlusse von 1560 mahnt er, die außerordentlichen Vorgänge, die am hohen Himmel und auf der Erde sich gezeigt haben, als Verkündboten göttlicher Strafen zu betrachten und alle Morgen bei dem Schalle der Betglocke um Abwendung derselben auf den Knieen Gebete zu thun. Im Herbste 1578 fordert er strengere Feier des Sonntags und der Feiertage und verbietet namentlich, vor Beendigung der Aemter und der Predigt auf den Brunnen das Küchengeschirr zu scheuern oder zu waschen, die Kramladen zu öffnen u. s. w., erneuert aber zugleich auch die Verbote der Feldfrevel und die Feuerordnung und rügt den Muthwillen, womit meisterlose Buben und Mädchen die Ziegel auf den Dächern der Thorbrücken und die Kirchenfenster beschädigen. Im Herbste 1583 wird die strengere Beobachtung der Sonn- und Feiertage neuerdings eingeschärft, besonders den Müllern, Fischern, Jägern und Gewerbsleuten, unter Hinweisung auf die für Entheiligung der Sonntage und Feiertage angesetzten Bußen, empfohlen, an diesen Tagen ihre Werktagssünden durch christlichen Gottesdienst zu sühnen. Noch strengere Befehle gab der Große Rath im Herbste 1589. Er forderte, daß von jeder Haushaltung wenigstens die zwei ältesten Personen in der vom Pfarrherrn oder Prädicanten angesetzten Zeit den Gottesdienst besuchen sollen, daß bis nach Verrichtung des durch die große Glocke bezeichneten täglichen allgemeinen Morgengebets kein Kaufladen und keine Werkstatt geöffnet und daß alles Spiel und alles Jauchzen und Singen auf der Gasse unterlassen werde. Alle diese, namentlich durch die Furcht vor pestartigen Krankheiten veranlaßten Mandate, sowie diejenigen von 1587, 1592, 1593, 1594 beweisen nur, daß es für eine Regierung, die keine andern Mittel als Mahnungen, Drohungen und Strafen zur Verfügung hätte, unmöglich wäre, ihre Angehörigen aus dem Geleise übler Gewohnheiten heraus auf bessere Wege zu führen.

Neben den Mandaten gewähren auch die Rathsprotokolle, besonders diejenigen des Großen Rathes, einen sehr unerfreulichen Einblick in die Sittenzustände jener Zeit. Abgesehen von den kleinen Freveln und Diebstählen, die besonders in den häufigen Jahren des Mißwachses und der Theurung in Wald und Flur verübt und vom Kleinen Rathe abgestraft wurden, fielen in den Wirthshäusern und Schenken eine Menge Schlägereien oder sogenannte Storceien vor. Am Auffallendsten war die fast allgemeine üble Gewohnheit verbreitet, sich wegen der geringfügigsten Mißbeliebigkeiten mit Scheltungen zu überhäufen. Bei der harmlosesten Unterhaltung konnte ein sonst ruhiger Gesellschafter ganz unerwartet in die Erklärung ausbrechen: Wenn du das sagst, so lügst du wie ein Dieb und Schelm, wie ein Mörder und Ketzer, — wenn es ein Weibsbild betraf, so hieß es: Du sagst das wie eine

Lügnerin und Diebin, wie eine Hure oder Here. Dieß waren Schel=
tungen, von denen man nur durch einen Richterspruch vor dem Großen
Rathe sich ledigen konnte. Gewöhnlich hieß es dann freilich: die
Scheltung sei nur bedingt ausgesprochen worden; beide Theile wurden
also, nachdem sie sich genügend verantwortet, ihrer Ehren verwahrt
und der Beklagte zur Bezahlung des Rathsgeldes, 2—4 Gulden, wenn
Schwüre mit unterlaufen waren, noch zu einer Buße verfällt. Aber
die große Menge solcher Scheltungshändel und Ehrenkränkungen ist
weniger ein Zeichen empfindlichen Ehrgefühls als der Sittenrohheit.

9. Confessionelle Reibungen.

Wie die frühern zwischen den beiden Confessionen geschlossenen
Uebereinkommnisse die Formel angehängt hatten, daß sie bis zu einem
christlichen Concilium Geltung haben sollen, so war auch dem Vertrage
von 1558 beigefügt, er gelte nur, bis eine christliche Vereinigung zu
Stande komme. Nun war jenes Concil, das eine solche Vereinigung
der christlichen Völker des Abendlandes bezweckte, schon seit 1545 in
Trient versammelt, setzte seine Arbeiten mit einzelnen Unterbrechungen
bis 1563 fort; statt aber die gehoffte christliche Vereinigung zu Stande
zu bringen, blieb es dabei stehen, den Fluch über alle Andersgläubigen
auszusprechen. Je eifriger dann, mit diesem Fluche bewaffnet, namentlich
die Ordensgeistlichen sich bemühten, die Irrenden wieder in den Schaaf=
stall der katholischen Kirche hinein zu treiben, desto entschiedener erhoben
die Gegner Protest gegen solchen Zwang und Fluch. So brach überall,
wo die Reformation Eingang gefunden hatte, und auch in Frauenfeld,
von Zeit zu Zeit wieder neuer Hader aus, auf Kanzeln, auf Straßen
und in Gesellschaftskreisen, über Glaubenssachen, über Kirchengüter,
oft über nichtige Dinge aus blinder Parteisucht.

Diese Zerwürfnisse und Streitigkeiten in ihren Einzelnheiten näher
zu bezeichnen und gleichsam aus der Vergessenheit neu herauf zu
beschwören, ist zwar sehr unerquicklich; allein sie gehören der Geschichte
an und sollen der Nachwelt zur Warnung dienen, dürfen daher nicht
verschwiegen werden.

Man warf den Geistlichen und Predigern vor, daß sie es seien,
die den Frieden stören. Der Gelehrte Tobias Egli, der 1558—1561

die evangelische Pfarre Frauenfeld versah, mußte seines Eifers wegen sein Amt verlassen. Aber dem katholischen Pfarrer Dietrich Hertrich, der 1548—1569 von Oberkirch aus seine Herde weidete und dessen Leichenreden gerne auch von Evangelischen gehört wurden, geschah dasselbe. Er hatte freilich eine Tochter, zu der er sich auch offen bekannte, indem er sie förmlich als Erbin einsetzte. Abgerufen von seiner Pfarre wurde er aber, weil er zu lau sei und zu viel mit dem Prädicanten verkehre.

Laut Vertrag von 1558 sollten bei der Besetzung der Caplaneien zwei evangelische, bei der Besetzung der evangelischen Predigerstellen zwei katholische Wähler beigezogen werden. Allein die Caplaneien wurden vergeben ohne Rücksprache mit den Evangelischen, und bei Vacanzen der Predigerstellen wandten sich die Evangelischen nach Zürich.

Bei den Vertragsverhandlungen von 1558 wurde, da dem evangelischen Prediger die Wohnung der Michaelpfründe entzogen war, dem Bischofe als Collator empfohlen, demselben als Ersatz für seine Anrechte an dem Pfarrhause zu Oberkirch den Straßhof (neben dem Rathhause) einzugeben; er that es aber erst nach wiederholten Mahnungen der Eidgenossen, und als der Pfarrer bat, ihm statt des kalten Hauses eine bessere Wohnung anzuweisen, wälzte der Bischof dem Pfarrer von Oberkirch die Pflicht auf, dem Prediger jährlich 5 Gulden für Hauszins zu entrichten.

In der zweiten Hälfte des XVI. Jahrhunderts sank der Geldwerth, zum Theil in Folge der Münzverschlechterung, so, daß die frühern Besoldungssummen nicht mehr ausreichten. Der Prediger Peter Ribi, Nachfolger des Tobias Egli, klagte, daß er bei einem Einkommen von 95 Gulden und 5 Mütt Kernen das Vermögen seiner Frau zusetzen müsse, um leben zu können; seine Cötualen ersuchten daher die Verwalter der Leonhardspfründe, demselben eine Zulage zu gewähren, wurden jedoch abgewiesen, mit dem Bedeuten, sie hätten sich ja mit den Gehaltsbestimmungen von 1558 zufrieden gegeben. Sie konnten das nicht widerstreiten, legten daher 1563 den Cötualen eine jährliche Communicantensteuer auf, jedem Mann einen Batzen, den Frauen und Knechten je einen Groschen, jeder Magd zwei Kreuzer. Obwohl diese Anlage den Unterschied des Vermögens in keinerlei Weise berücksichtigte, zahlten die Leute die kleine Beisteuer ohne Widerstreben, weil sie den Pfarrer liebten; aber die Unbill schmerzte und ärgerte sie, auf solche Weise von dem Mitgenusse gemeinsamen Gutes aus- geschlossen zu sein. Die Seelenzahl der Evangelischen in der ganzen Kirchgemeinde zu Stadt und Land wurde auf nahezu 1200 angegeben; es dürften hiemit etwa 500 zu Erlegung jener Beiträge angesprochen worden sein.

Ein neuer Span des Zerwürfnisses war die Einführung des neuen Kalenders. Wenn die Evangelischen bei der Feier ihrer Fest- tage nach dem alten, die Katholiken nach dem neuen Kalender sich richteten, verursachte dieß in der gemeinsamen Kirche, wenigstens an den Wochentagen, häufige bald absichtliche, bald unabsichtliche Störungen. Die Parteien schienen jetzt ihre Rollen vertauscht zu haben; diejenigen, welche sonst des alten Glaubens sich rühmten, neugläubig geworden zu sein. Diese Entdeckung gemacht zu haben, zog aber dem Pfarrer Imminger (1580—1585) so großen Haß zu, daß ihm Holzblöcke und Schusterleiste in die Fenster geworfen wurden und in Folge des Schreckens seine Frau an einer Frühgeburt starb.

Als das Capuzinerkloster errichtet wurde (1595), besorgten die Evangelischen, daß ihnen dadurch mancher Abbruch zugefügt werden möchte; die katholischen Orte gaben ihnen jedoch die beruhigende Ver- sicherung, daß der Capuzinerorden friedfertiger Natur sei, jedenfalls aber jede Religionspartei das Recht habe, neue Gotteshäuser zu errichten, die katholische und die evangelische. Es ließ sich dagegen nichts ein- wenden; der Klosterbau nahm seinen Fortgang und die Capuziner hielten ihren Einzug, mit ihnen aber auch die Proselytenmacherei. Die Capuziner konnten in ihren Predigten sich nicht enthalten, zur Erbauung und Glaubensstärkung der katholischen Gemeinde den Glauben der römischen Kirche zu erheben und als den allein seligmachenden zu preisen und dagegen den Glauben der Evangelischen als den großen Irrthum zu bezeichnen, der die Kirche verwirrt habe. Es geschah das in der drastischen Weise jener Zeit. Wer nicht glaube, was die Kirche glaube, der sei, erklärten sie, des Teufels. Welch' Entsetzen mußte bei einem solchen von der Kanzel herunter geschleuderten Verdammungs- urtheil damals, als bei Katholischen und Evangelischen die vermeinten Teufelsdiener, Hexen, Zauberer und Ketzer, zum Scheiterhaufen ver- urtheilt wurden, jeden Andersgläubigen erfassen! Begreiflich, daß diese den Vorwurf auf die Gegner zurück schleuderten, in einzelnen Fällen auch die Obrigkeit einschreiten und des gestörten Friedens wegen der heftigste Capuzinerprediger entfernt werden mußte.

Durch die Schmähungen auf den Glauben der Evangelischen, der mit dem mildesten Ausdrucke Bettlermantel gescholten wurde, und durch die Mandate der Landvögte Laab und Frei, welche 1596—1600 verboten, in der Fastenzeit Fleisch auszuwägen, ließen sich die Evangelischen nicht zur Rückkehr in die katholische Kirche bewegen; im Gegentheile wurden sie nur um so beharrlicher und entschlossener, an ihrem Glauben festzuhalten. Nachdem sie die Hoffnung verloren gegeben, aus den alten Pfrundgütern mehr zu erhalten, als die Verträge ihnen zugesichert hatten, begannen sie, durch Benutzung und Vermehrung der eigenen Kräfte sich auf festen Fuß zu stellen. In den großen Opfern, welche ihre katholischen Mitbürger für die Einführung der Capuziner und für die Herstellung der Kirchenzierden brachten, lag für jene eine Aufforderung, ihr Bekenntniß ebenfalls durch Thatbeweise an den Tag zu legen.

Im November klagten sie zwar in Zürich über mancherlei Beeinträchtigung, die sie aus Friedensliebe erdulden, über die vertragswidrige Schmälerung der ihren Geistlichen aus den alten Pfrundgütern zuerkannten Besoldungsbeiträge, über die Eingitterung der Chöre und Altäre, wodurch die Räumlichkeiten der Kirchen zu Oberkirch und in der Stadt beengt werden; sie fügen aber bei, es genüge, dieß im Vertrauen klagen zu dürfen, sie verzichten also, um Streit und Unheil zu verhüten, auf den Wunsch, daß daraus eine weitere Verhandlung entstehe; denn sie hatten bereits einen andern Weg betreten, sich eine erträglichere Lage zu verschaffen.

Es hatten sich nämlich einige der angesehensten Bürger der evangelischen Confession, Schultheiß H. Koch, K. Müller, genannt Maler, Heinrich, Jakob und Ulrich Möritofer, Heinrich und Martin Engeler und der Schulmeister Lorenz Wuest, alle des Raths, zusammen gethan, einmal die Schmach zu heben, daß ihr Prediger in der Stadt zur Miethe wohnen müsse und dafür nur mit fünf Gulden entschädigt werde. Sie erwarben 1595 durch Kauf von ihren gelehrten Mitbürgern Theophil Mader, Professor der Medizin in Heidelberg, und seinem Bruder, Timotheus Mader, Arzt in Schaffhausen, im Namen

der St. Leonhardspfründe und der evangelischen Gemeinde derselben
Vaterhaus, gelegen bei dem Holderthore, um 675 Gulden, und
widmeten dasselbe zum evangelischen Pfarrhause. Sie thaten das im
Vertrauen, daß ihre Mitbürger und Glaubensgenossen mit ihnen in
die Schuld einstehen und freiwillige Beiträge leisten werden, was denn
auch erfolgte. Die Stadtbewohner steuerten 207 Gulden 2 Batzen,
die Vorstädte mit den Höfen 13 Gulden 13½ Batzen, Langdorf
24 Gulden, Kurzdorf 10 Gulden 7 Batzen. Auch von außen her
floßen Gaben; vom Gerichtsherrn W. Wambolt zu Pfyn 11 Gulden;
vom Gerichtsherrn Stocker von Neunforn 16 Gulden; von Junker
Walter von Hallwil zu Salenstein und Blidegg 20 Gulden; von Jakob
von Ulm zu Wellenberg und seinen zwei Brüdern 20 Gulden und
8 Batzen; von J. H. von Ulm zu Grießenberg 8 Goldgulden; von
der Stadt St. Gallen 30 Gulden und von einigen Bürgern der Stadt
St. Gallen 83½ Gulden. Zürich erscheint zwar im Verzeichnisse nur
mit 5 Gulden von H. J. Schmid, hat aber ohne Zweifel ebenfalls
Hülfe gereicht. Die Namen dieser Geber sind eben so viele Zeugnisse,
daß in den Bekennern der evangelischen Kirche das Gefühl der Gemein=
schaft nicht weniger lebendig war, wie bei der entgegengesetzten Confession.

10. Neue katholische Stiftungen. Capuzinerkloster.

So vortheilhaft in Vergleichung der Volkszahl die mit den Evan=
gelischen von 1532—1537 gemachten Verträge und Theilungen für
die Katholiken auch waren, so konnte doch bei den Freunden der früher
bestandenen und hergekommenen kirchlichen Einrichtungen, im Hinblicke
auf so manche Verluste, ein gewisses Mißbehagen nicht ausbleiben. Je
inniger sie an ihrem alten Glauben hingen, desto mehr mußte sie der
Wunsch beleben, das Verlorene wieder zu gewinnen oder durch Anderes
zu ersetzen.

Es ist bereits bemerkt worden, daß schon 1537 durch die Stif=
tung des Priesters Georg Funsting wieder eine neue Caplanei, zwar
zunächst für Oberkirch, errichtet, dann aber auf die Nikolaikirche in
Frauenfeld übertragen wurde. Da ungefähr gleichzeitig nach der
erzwungenen Entfernung des zweideutigen Pfarrherrn Frei ein für den

alten Glauben entschiedener Priester angestellt wurde, gewann auch der
katholische Gottesdienst eine würdigere Gestalt.

Als 1558 der Inhaber der Michaelspfründe, Heinrich Feer, der
bis dahin der evangelischen Religionspartei als Prediger gedient hatte,
mit Tod abging, versäumten es die Katholiken nicht, ihr auf die
Erläuterung des Landfriedens von 1531 begründetes Anrecht auf die
ältern Caplaneistiftungen zur Geltung zu bringen. Die Einwendungen
der Gegenpartei, daß sie nur in der Voraussetzung, diese Pfründe
behalten und für sich verwenden zu dürfen, die frühern Verträge eingegangen seien, vermochten nichts gegen den Eifer, der alten Kirche
wieder zu ihrem Rechte zu verhelfen. Allerdings führte dieß, wie
später gezeigt werden wird, zu Spannungen und Streitigkeiten, die in
das bürgerliche Einvernehmen beider Parteien wieder starke Störungen
brachten und selbst manchem Katholiken schmerzlich sein mußten.

In dieser Beziehung harmloser war eine neue Caplaneistiftung
des reichenauischen Amtmanns Joachim Joner, genannt Rueplin, zur
Ehre der heiligen Dreieinigkeit, Mariä und Johannes, im Jahre 1580.
Zwanzig Jahre lang gelobte er jährlich 100 Gulden an ein Hauptgut
zu legen und dasselbe durch Zinse so lange aufwachsen zu lassen, bis
es zur Unterhaltung eines Caplans genüge. Als Wohnung desselben
bestimmte er einstweilen ein ebenfalls von ihm zu solchem Zwecke an-
gekauftes Haus in der Vorstadt, bis Gelegenheit sich biete, ein anderes
in der Vorstadt zu erwerben. Zu einer Jahrzeit für ihn und seine
zwei Frauen sollte noch ein halber Mütt oder drei Viertel Kernen
jährlich angewiesen werden. Dabei behielt er sich vor, daß ihm und
nach seinem Tode jeweilen dem ältesten seines Stammes, oder nach
dem Erlöschen seines Stammes dem ältesten Mitgliede der Familie
Locher die Collatur zustehen solle. Endlich verordnete er, daß, wenn
eine Glaubensänderung einträte, von den Zinsen der Pfründe die eine
Hälfte für die Armen und Siechen, die andere Hälfte zur Unterstützung
von Familiengliedern des Stifters, etwa Studierende, oder auch zur
Aeufnung des Fonds verwendet werden solle. Durch diese Stiftung
und andere der Kirche und ihrem Gemeinwesen erwiesene Dienste erwarb
sich Rueplin die Auszeichnung, daß der päpstliche Stuhl 1624 ihn
und alle seine rechtmäßigen Nachkommen für rechte, wahre, rittermäßige,

aller adelichen Freiheiten und Stiftungen auf ewig fähige, edle Römer erklärte und mit seinem eigenen Wappenschilde beschenkte.

Aber tiefer als diese Caplaneistiftung griff die Errichtung des Capuzinerklosters in das Leben der Gemeinde ein. Sie war das Werk des Landschreibers Ulrich Locher. Schon sein Vorgänger, Hans Locher, hatte 1569 als Zeichen der Anerkennung seiner Verdienste um die Kirche von Papst Pius V. das Diplom eines päpstlichen Notars erhalten; noch größere Auszeichnung gewährte Papst Clemens VII. dem Ulrich Locher 1595, durch Verleihung eines Adelsbriefes und Wappens. Denn er und seine Gattin, Margaretha Stucki von Zürich, kinderlos und für die Erhaltung und Verbreitung der katholischen Kirche voll Eifers, hatten nicht nur ihre auf ihrem Gut Haselberg (in ältern Schriften Heidelberg genannt), mittäglich vor der Stadt gelegene Hofstätte und Garten zur Erbauung eines Klosters für Capuziner vergabt, sondern auch andere Glaubensgenossen für denselben Zweck zur Darbringung der zum Bau erforderlichen Opfer gewonnen. Jodocus Muntprat hatte 5000 rheinische Gulden dazu beigetragen.

Für die bei dieser Stiftung bewiesene Thätigkeit und Hingebung erhielt der Landschreiber Ulrich Locher die bereits erwähnte Ehrenauszeichnung der päpstlichen Heiligkeit, sowohl für sich als für die Nachkommen seiner Brüder; dagegen nahm er sich dann sehr zu Herzen, daß seine evangelischen Mitbürger ihm ihr Vertrauen entzogen, so daß der Cardinal Paravicini sich bewogen fand, ihn durch ein Trostschreiben wieder aufzurichten.

Das Capuzinerkloster war ein so bescheidener Bau, daß er nur für einige Patres Raum gewährte. Die Unterstützungen, die sie aus der nächsten Umgebung erhielten, blieben bei der dünn gesäeten katholischen Bevölkerung auch so beschränkt, daß sie der jährlichen Beiträge von 50 Gulden aus dem Rechnungsertrage der X Orte und einer jährlichen Holzlieferung von 20 Klaftern aus der reichenauischen Amtsverwaltung zu Frauenfeld nicht entbehren konnten. Gleichwohl betrieben die frommen Väter ihre Aufgabe gleich von Anfang an mit so großem Eifer, daß sogar ihre Freunde sie zur Mäßigung zu mahnen und auf Abberufung ihres ungestümsten Predigers Cyprian zu bringen sich veranlaßt fanden. Je mehr sie sich Mühe gaben, den Glauben der

Evangelischen zu verdächtigen und zu untergraben, um sie zu sich herüber zu ziehen, desto mehr gaben die Prädicanten der Evangelischen sich Mühe, ihre Leute im Bibelglauben zu befestigen. So viel wurde erzweckt, daß hinfort kein Protestant mehr eine katholische Predigt und kein Katholik mehr eine protestantische Predigt anhören konnte, ohne sich zu ärgern und in seinem Glauben sich verletzt zu fühlen.

11. Bürger und Ausbürger.

Das Bürgerrecht in Frauenfeld war theils ein ausübendes, theils ein ruhendes Recht; ein ruhendes für den Abwesenden, der, obschon durch Geburt Bürger, dennoch zu den Ausbürgern gezählt wurde, ein ausübendes für den, der in der Stadt oder obern Vorstadt saß, Steuern bezahlte, Wachtdienste und Stadtfrohnen leistete. Diese Dienste konnten zuweilen beschweren, wie z. B. 1570, als bei einer starken Anschwellung der Murg durch Hochgewitter die Murgbrücke so stark beschädigt wurde, daß zwei hölzerne Joche verloren gingen und sechs Tage lang sämmtliche Einwohner frohnen mußten. Diese Opfer wurden aber durch die Vortheile des Genossenrechtes weit überwogen. Nach ältern Vorgängen kam der Rath den Bürgern bei den allgemeinen Nothständen der Unfruchtbarkeit und Theurung 1570 durch Verleihung von Pflanzland zu zwei Jahresnutzungen zu Hülfe. Austheilung von Brennholz an die Bürger hatte häufig Statt, Bauholz erhielt Jeder, der dessen bedurfte; der Weidgang stand jedem Viehhalter offen. Leichter als in den Dörfern fand der Handwerker in der Stadt Arbeit und gute Löhnung. Gerne zahlte daher der neu eintretende Bürger die Einzugsgebühr. Sie betrug für Ausbürger und Söhne ehemals angesessener Bürger 10 Gulden, wurde aber bald auf 50 Gulden gesteigert; für einen Fremden 100—200 Gulden.

Als Ausbürger, die, aus fremdem Aufenthalte zurückkehrend, wieder in Frauenfeld sich niederließen, sind neben andern genannt: 1579 Hans Auberle von Zürich, 1590 Wolf Walter von Greifenberg, 1591 Christoph Giel von Gielsberg. Der Letztere hatte das Bürgerrecht aus Aerger und im Zorn aufgegeben und die Stadt verlassen, diesen unbedachten Schritt aber bereut, wurde daher einstweilen nur als Ansaße wieder aufgenommen.

Als Fremde, die das Bürgerrecht um die höhere Einzugsgebühr erlangten, sind verzeichnet: 1570 Konrad Sulzberger von Weckingen, dessen Sohn, Stephan Sulzberger, sich im folgenden Jahrhunderte bedeutenden Einfluß in der Bürgerschaft errang, 1578 Heinrich Frid, 1590 Felix Teucher von Steckborn, der Stammvater dieses bürgerlichen Geschlechtes in Frauenfeld, 1600 Michael Meier von Ratolfszell.

Die erhöhten Einzugsgelder und die Forderung, kein von einem Bürger bereits besetztes Gewerbe zu betreiben, hielt Manche ab, in das Bürgerrecht einzutreten. Willkommen war, wer versprach, sich bei Sterbensläufen oder in Stadtdiensten als Wächter gerne brauchen zu lassen, wie des Ausbürgers Kürsinger sel. Söhne, die 1583 wieder unentgeltlich als Bürger anerkannt wurden, und der Seiler Konrad Rogg von Jsni, der 1588 als Anfaße Aufnahme fand, als einziger Meister seines Handwerks sich unentbehrlich machte und neben seinen eigenen Kindern seine Stiefkinder so gut erzog, daß ihm zum Dank das Bürgerrecht geschenkt wurde.

Die alten Ausbürgerrechte konnten mit dem neuen freiern Stadtbürgerrechte sich nicht mehr wohl vertragen. Der von den regierenden Orten aufgestellte und von den Landvögten und Gerichtsherren strenge durchgeführte Grundsatz, daß jeder nicht adeliche Landsaße im Thurgau einen Leibherrn haben müsse oder der Hörigkeit des Landvogtes verfalle, bildete nun zwischen der angesessenen freien Bürgerschaft Frauenfelds und ihren bisherigen in der Landvogtei Thurgau wohnenden Ausbürgern eine Scheidewand. Eine Vereinigung dieser Verhältnisse war daher geboten. Die Lösung der Aufgabe übernahm der Schultheiß Koch, ein Mann, dem an unermüdlicher Thätigkeit für das Wohl seiner Vaterstadt Wenige gleich kamen. Viel Zeit und Mühe mußte von ihm aufgewandt werden, um mit allen einzelnen im untern und im obern Thurgau zerstreut wohnenden Ausbürgern über die zahlreichen Ausstände ihrer jährlichen Ausbürgersteuern abzurechnen und die Bezahlung beizutreiben. Im Jahre 1571 wurden z. B. dieser Erstanzen wegen 36 Schuldner vor das Landgericht geladen und zur Bezahlung verfällt. Im Jahre 1596 verzeichnete Schultheiß Koch bei Abschluß seiner Rechnung an erhältlichen und zweifelhaften Ausständen der Ausbürger noch 1724 Gulden, 5 Schillinge und 4 Pfennige. Die meisten dieser Schuldner verweigerten die Bezahlung und verzichten damit auf

das von ihren Voreltern ererbte Recht. Andere, welche die Schuldforderung anerkannten und bezahlten, lehnten doch eine für sie lästige
Verbindlichkeit für die Zukunft ab, traten hiemit ebenfalls zurück, so
daß nur wenige Familien übrig blieben, denen als bisherigen Ausbürgern das Recht zugesichert blieb, gegen einfache Entrichtung des
Einzugs als wirkliche Stadtbürger einzutreten. Als solche sind die
Kauf in Wellhausen genannt.

Noch 1580, 1581 und 1582 waren drei Ausbürgerrechtsverträge
abgeschlossen worden. Im ersten dieser Verträge, getroffen mit dem
Edlen Albrecht von Breiten-Landenberg, Gerichtsherrn zu Herdern, verpflichteten sich Schultheiß und Rath der Stadt Frauenfeld, dem Herrn
von Landenberg, wenn er innerhalb oder außerhalb derselben Rechts-
hülfe bedürfe und darum ansuche, auf seine Kosten einen Rechtsbeistand
an die Hand zu geben, und keinem Bürger oder Einsaßen von Frauenfeld zu gestatten, der Gegenpartei beiständig sein. Ferner gestatten sie,
daß er seine außerhalb der Stadt und ihren Gerichten ansäßigen
Schuldner, sofern er sie in der Stadt und ihren Gerichten betrete,
sammt ihrer Habe möge verhaften und seine Forderung in gebührender
Zeit vor dem Stadtgerichte verrechnen und entscheiden lassen. Auch
wird ihm die Zollfreiheit in der Stadt und ihrem Gebiete zugestanden.
Dagegen soll der Herr von Landenberg, wenn ein Bürger oder Einsaße von Frauenfeld an ihn eine Anforderung zu machen hat und
ihm durch den Stadtweibel verkündet, in der Stadt gehorsam Recht
geben, das bedungene jährliche Ausbürgergeld entrichten, zehn Jahre
lang den Vertrag halten, und wenn er von demselben zurück tritt,
zugleich den Brief zurück geben.

Desselben Inhalts ist der 1581 dem Junker Benedikt Stocker,
Gerichtsherrn zu Ober- und Unterneunforn, ertheilte Bürgerrechtsbrief.

Der dritte Bürgerrechtsvertrag 1582, mit der Carthause Ittingen
abgeschlossen, war die Erneuerung einer ältern zwischen Frauenfeld und
Ittingen bestandenen Verbindung. Im Frühlinge des genannten Jahres
trat nämlich im Auftrage des Vaters Priors und Convents von Ittingen
der Ammann desselben, Heinrich Haag von Ueßlingen, vor Schultheiß
und Rath und hielt einen Vortrag folgenden Inhalts: Bis vor kurz
verflossener Zeit habe die Stadt und Bürgerschaft von Frauenfeld und

das Gotteshaus Ittingen mit ganz besonderer Neigung und Freundschaft zusammen gute Nachbarschaft gehalten, so daß man nur mit
Vergnügen daran sich erinnere und nicht minder der Hoffnung auf
weitere Fortdauer solcher Freundschaft sich getrösten dürfe. Damals
habe das Gotteshaus in Frauenfeld ein Haus besessen und einem
Bürger verliehen und die Stadt dagegen das Gotteshaus in ihr Burgrecht aufgenommen; nun habe das Gotteshaus seines bessern Nutzens
wegen jene Behausung verkauft, sei jedoch nicht gesonnen, auf solche
Weise sich von der Stadt zu söndern, sondern wünsche, sie fortzusetzen
und zu mehren, wie das Sprichwort sage, daß ein guter Freund und
Nachbar mit dem andern Liebe und Leid tragen solle. Deßwegen ge-
lange er im Namen seines gnädigen Herrn zu Ittingen an Schultheiß
und Rath mit dem ernstfleißigen Begehren und Ansuchen, sie, die
Herren und ihre Nachkommen und ihr Gotteshaus in das Burgrecht
der Stadt auf ewige Zeit aufzunehmen und als Bürger zu erkennen,
wogegen sie erbötig seien, die unter den Vorfahren des jetzigen Herrn
Priors aufgelaufenen Burgrechtgelder unverzüglich und voraus zu entrichten und dann auch für sich selbst und ihre Nachkommen ein Burg-
recht- oder Satzgeld zu erlegen, wie das bei der Annahme von Bürgern
der Stadt Gebrauch und Herkommen mit sich bringe. Neben diesem
Satzgelde versprechen Prior und Convent den Herren Schultheiß und
Räthen und allen Angehörigen gemeinsamer Stadt Frauenfeld, in
guter Nachbarlichkeit sich gnädig, günstig und willig zu erzeigen, so
daß, ob Gott will, Frauenfeld ihren gnädigen und günstigen Willen
spüren und empfinden möge.

Auf diesen Vortrag des Ammanns von Ittingen erwogen Schultheiß und Rath, daß in Wahrheit nicht nur ihnen zu ihrer Zeit, sondern
auch ihren lieben Voreltern vor vielen unvordentlichen Jahren die
regierenden Herren des Gotteshauses Ittingen viel Gnaden, Gunst,
Zucht, Ehren, Liebes und Gutes bewiesen und erzeigt, auch in allen
gebührlichen Dingen jederzeit ihnen und ihren Gerichtsunterthanen
ehrlich entgegen gekommen und Beistand geleistet haben, und das eben
so in künftigen Tagen, wie sich nicht bezweifeln lasse, thun können
und werden und durch Anerbietung und Erlegung des aufgelaufenen
Satzgeldes bewiesen haben, beschlossen daher, denselben nicht nur in
ihrem Begehren zu willfahren, sondern, wo es immer sein möge, zu

noch mehr Diensten sich geneigt und schuldig zu erkennen, nahmen hiemit den vielgenannten Herrn Prior und sein Convent und Gotteshaus in der Stadt Burgrecht und besondern Verspruch, Schutz und Schirm als getreue liebe Bürger auf und an, also und dergestalt, daß sie und ihre Nachkommen und das Gotteshaus Ittingen „aller unserer Stadt Frauenfeld Freiheiten, Rechte, Gerechtigkeiten wie andere unserer eingesessenen Bürger brauchen und sich deren in allweg behelfen und erfreuen mögen, ohne Eintrag und ungehindert unser und unserer Nachkommen und sonst allermänglichs."

Diese gemüthliche und wortselige Verhandlung wurde zu bleibendem Andenken in die darüber ausgestellte Pergamenturkunde verschrieben und durch die angehängten Siegel der Stadt und des Gotteshauses bekräftigt am 4. März des Jahres 1582. Diese Urkunde, auf ewige Zeiten gestellt, blieb und erhielt sich auch in Kraft, bis die Ewigkeit der Stadtverfassung in den Wellen der Revolution von 1798 untersank. Alljährlich beriefen Prior und Convent Schultheiß und Rath der verbürgerten Nachbarstadt zur Theilnahme an St. Laurenzen Kirchweih nach Ittingen, und was Küche und Keller vermochte, wurde aufgewendet, um die alte Freundschaft immer lebendig zu erhalten. Nur Ein Mal erlitt das Verhältniß eine vorübergehende Störung. Als im Jahre 1743 bei einem Fallimente die Behörde der Stadt Frauenfeld eine von der Carthause Ittingen eingegebene Schuldforderung nicht in die privilegirte erste Klasse der Stadtbürger setzen wollte und auf Erinnerung des Priors nur aus Billigkeitsgründen die 400 Gulden ausrichten zu lassen befahl, wollte der Vater Prior sich nicht auf die Billigkeit verwiesen sehen, sondern beharrte auf dem Rechte von 1582, belangte 1746 den Rath vor Syndicat und erwirkte ein Urtheil, demzufolge die Billigkeit gestrichen und der Stadt die Prozeßkosten überbunden wurden.

Auch das Burgrecht mit der Herrschaft Neunforn wurde unterhalten bis 1798. Die bei dem Bürgerrechtsvertrage 1582 bedungene Verpflichtung, daß in Kriegsfällen die Mannschaft von Neunforn sich unter das Feldzeichen Frauenfelds stellen müsse, konnte aber freilich seit 1619 nicht mehr festgehalten werden. — Das Bürgerrecht mit der Herrschaft Herdern blieb auf die Zeitdauer von 10 Jahren beschränkt und erlosch um 1580.

Im Jahre 1599 beschlossen Schultheiß und Rath, zwar die bestehenden Burgrechte und Ausbürgerrechte fortbestehen zu lassen, aber
in keine neuen Verträge solcher Art mehr sich einzulassen. Ausbürger
nannte man fortan nur noch diejenigen Bürger und Bürgerssöhne,
die auswärts sich niedergelassen hatten und für die „Aufenthaltung"
ihres Bürgerrechtes eine jährliche Bürgertaxe bezahlten.

Unter diesen Ausbürgern sind auch zwei Söhne des Scherers
Balthasar Mader und seine Ehefrau, Maria Rethas, verzeichnet. Timotheus Mader, Doctor der Medicin und Professor auf der Universität
Heidelberg, und Dr. Theophil Mader, 1591—1599 Stadtarzt in Schaffhausen. Dem erstern wurde 1585 von seiner Vaterstadt der erste
Urlaub bewilligt, dem zweiten 1590, und jeweilen auf Begehren um
drei Jahre verlängert. Aber weder der Eine noch der Andere kehrte
in seine Vaterstadt zurück, um sein Leben am Orte seiner Geburt zu
beschließen. Timotheus starb kinderlos in Schaffhausen 1599, Theophil 1604 im Alter von 64 Jahren.

12. Verschließung des Bürgerrechtes und erneuerte Stadtordnung. 1606—1609.

Gegenüber der Bereitwilligkeit, mit welcher Bewerber um das
Bürgerrecht in Frauenfeld bis dahin Aufnahme fanden, befremdet ein
von dem Kleinen und Großen Rath am 25. August 1606 gefaßter
Beschluß, an einem frühern Beschlusse festzuhalten, nämlich keine neuen
Bürger mehr anzunehmen, daher das Bürgerrechtsgesuch des jungen
Joachim Kluftiger, gebornen Bürgers zu Wyl, abzuschlagen, überdieß
alle Hintersaßen wegzuweisen, endlich auch nicht zu gestatten, daß
Hintersaßen oder Fremde, welche Bürgerstöchter ehelichen, ihre Hochzeit-
feier in Frauenfeld begehen.

Die nächste Veranlaßung zu diesem Beschlusse hatte offenbar das
Bürgerrechtsgesuch Kluftigers gegeben. Er war Anfaß. Er wollte eine
Bürgerstochter ehelichen. Er saß im Hause seiner künftigen Schwieger-
mutter und nahm mittelbar Antheil an allen nur einem Bürger zustehenden Nutzungen der Genossengemeinde. Er betrieb unter der Hand
eine Schenkwirthschaft, ohne Weinumgeld zu entrichten. Das waren

Vorwürfe, die auf ihm ruhten, aber doch nicht Gründe genug, eine ganze Klasse von Einwohnern fortzuweisen und sogar den Zutritt zum Bürgerrecht auf ewig zu verschließen.

Der grelle Rathsbeschluß blieb nicht ohne Anfechtung. Um Kluftiger sammelte sich eine Partei, die sein Gesuch vor die Bürgerschaft bringen wollte und die Mehrheit der Bürger für sich zu haben behauptete und dem Rathe zumuthete, seinen Beschluß zu ändern. Der Rath dagegen beharrte auf seiner Forderung, daß Kluftiger wegziehe. Kluftiger setzte sich über das Gebot des Rathes weg, wandte sich sogar an die regierenden Orte; aber zuletzt mußte er dennoch weichen.

Neben Kluftiger wurden im August 1608 zwölf Ansaßen und ihre Familien zu diesem harten Loose verurtheilt. Nur die beiden Edelfräulein von Ulm und von Peyer, die Handwerker eines von keinem Bürger betriebenen Gewerbes, die Rebleute, die wenigstens zwei Juchart Reben zu bebauen hatten, blieben als Ansaßen geduldet.

Diejenigen Bürger, welche aus irgend einem Grunde, sei es wegen künftiger Verwandtschaft, sei es durch Geschenke gewonnen, sei es der Religion wegen, um die geringe Zahl der katholischen Bürger zu verstärken, mit Kluftiger gehalten hatten, ließen sich unschwer bereden, dem Fremden, der sich in das Bürgerrecht eindrängen wolle, liege nicht der Nutzen der Stadt am Herzen, sondern der eigene Vortheil, daher es auch für die schon eingesessenen Bürger klüger sei, diesen Vortheil für sich selbst zu behalten, als ihn mit Fremden zu theilen. Auf solche Weise wurde der vielleicht nicht ganz vorbedachte Beschluß des Rathes zum festen Grundsatze, daß das Bürgerrecht auf alle Zeiten geschlossen sein solle.

Bei allen diesen durch den Kluftiger'schen Handel herbeigeführten Erörterungen wurden aber auch Dinge berührt, die das Ansehen und die herkömmlichen Befugnisse der Behörden selbst in Frage stellten. Daher beauftragten Schultheiß und Kleiner und Großer Rath am 13. Oktober 1609 ihre einsichtigsten und erfahrensten Mitglieder, eine Ordnung zu entwerfen, durch welche größerem Uebel vorgebeugt werden möge. Ausgewählt wurden dazu aus dem Kleinen Rathe Schultheiß Engel und die Rathsherren Rueplin, Hurter, Leringer, Dietrich, Locher (Landschreiber), Adam von Gryfenberg; aus dem Großen Rathe Hans Ludwig Rueplin, H. Müller, P. Egger, H. Kappeler und H. Engel.

Aus den Vorberathungen dieser Männer ließen am 19. Juli 1609 die Räthe eine erneuerte Stadtordnung hervor gehen, die in ihrem Vorworte auf folgende Weise gerechtfertigt wurde:

Nachdem eine gute Zeit her, unangesehen etlicher guten Polizeien, zwischen dem Rath, den Burgern und den Unterthanen, große Mißbräuche, Ungehorsam, Widerwillen entstanden und fast aller Unterschied zwischen Obrigkeit und Unterthan beiseite gesetzt und dadurch die Nothwendigkeit herbei geführt worden ist, solchen Uebergriffen Schranken zu setzen, haben Schultheiß und Klein- und Großräthe am 14. Juni aus ihrer Mitte einen Ausschuß bestellt, das „politische Werk" der Stadt Frauenfeld nach bestem Verstande zu erdauern und wo etwas Ordnung und Polizei in Ungehorsam gerathen ist, dasselbe wieder zu erneuern und zu erbessern.

Diese verbesserte Ordnung schärft nun nicht bloß ein, wie alljährlich am Wahltage der gewählte Schultheiß mit aufgehobener Hand der Stadt, und die Bürgerschaft und Einwohnerschaft dem Schultheißen schwören soll, sondern enthält neben andern auch folgende Vorschriften:

1. Der Kleine Rath solle über alle Anstände und Streitigkeiten, mit Ausnahme von Malefiz, Erbe und Eigen, urtheilen, und den Großen Rath nicht versammeln, es handle sich denn um eine wichtige Sache oder 3—4 Malefizfälle.

2. Im Sommer soll von halb sieben bis sieben, im Winter von halb acht bis acht Uhr in den Rath geläutet und der Rathsherr, der nach dem Geläute nicht anwesend ist, um 3 Schillinge (Batzen) gebüßt werden, ehrbafte Hindernisse vorbehalten. Dasselbe gilt von dem Stadtgerichte, zu dem Nachmittags von ein bis halb zwei Uhr geläutet wird.

3. Weder der Schultheiß allein noch die Dreiräthe zusammen dürfen die Beschlüsse des Kleinen und des Großen Rathes mindern oder mehren.

4. Die Räthe sollen auch nicht über Schulden und andere dem Gerichte zukommende Sachen entscheiden.

5. Alle wegen Ungehorsam vor Rath fallenden Geldstrafen werden in eine Büchse gelegt und am Ende des Jahres gleichmäßig vertheilt.

6. Hinsichtlich der Stellung der Kundschaften soll vor Rath und Gericht keiner länger als drei Rathstage aufgehalten werden, laut der von den sieben Orten gegebenen Satzung. Augenscheine soll man nicht ohne hohe Nothwendigkeit vornehmen.

7. Betreffend das Ungeld, die Müller, Bäcker, Metzger und andere Gewerbe, bleibt es bei den bestehenden Verordnungen, jedoch mit der Erläuterung:

a) daß der Zapfenwirth nicht mehr als 1, der Schildwirth nicht mehr als 2 Pfenninge auf die Maß Wein schlage;

b) daß bei Gastmählern, bei welchen gutes Voressen, Suppe, Fleisch, Mittelessen, Braten, Zieger, Käse, nebst Früchten aufgetischt werden, die Zeche für eine Person nicht höher angesetzt werde, als:

wenn die Maß Wein 6 Pfenning, das Pfund Fleisch 9 Pfenning, der Mütt Kernen 4 Gulden 5 Schilling gilt, — 13 Kreuzer,

wenn der Preis des Weines höher steht, — je nach Verhältniß, — 15, 17, 18 Kreuzer;

c) daß der Wirth nicht selbstgebackenes Brot oder selbsteingeschlachtetes Fleisch auftische, sondern seinen Bedarf von den Bäckern und Metzgern beziehe;

d) daß die Bäcker, wenn der Kernen 2 Gulden gelte, um 2 Pfenninge 20 Loth Brot zuwägen, — bei einem Kernenpreise von 2¼ Gulden 18 Loth, — bei einem Kernenpreise von 2½ Gulden 16 Loth, — hiemit, wenn der Mütt auf 20 Gulden steigen sollte, um 1 Kreuzer nur noch 2 Loth Brot gegeben würden;

e) daß die Müller ihren Kunden geben, was sich gebührt, und von dem in der Mühle verkauften Getreide den Zoll zu Handen der Stadt beziehen;

f) daß auch die Metzger sich ordnungsgemäß halten und den Heimischen und Fremden gut Gewicht und Währschaft geben.

Zehnter Abschnitt.

—

Die Zeiten der Pest und des deutschen dreißig-jährigen Krieges.

—

1. Die Stadtregierung und das Landvogteiregiment.

An die Spitze der Stadtobrigkeit wurde 1610 nach dem Tode des Schultheißen Koch als evangelischer Schultheiß Kaspar Müller (seit 1599 Statthalter) und nach dessen Ableben Joachim Dietrich berufen, der bis 1615 mit dem katholischen Schultheißen Engel im Amte wechselte. Auf Dietrich folgte Heinrich Mörikofer (seit 1610 Statthalter) und schon 1618 Stephan Sulzberger, der bis 1631 das Amt versah, während auf katholischer Seite 1621 Schultheiß Locher eintrat. Mit dem Jahre 1631 wurden beide Stellen neu besetzt, durch Werner Hurter und Kaspar Müller, als deren Statthalter Engel genannt ist. Sie blieben in ungestörter Wechselfolge am Ruder, bis 1652 an die Stelle Hurters der Stadtschreiber Johann Melchior Locher gewählt wurde.

In diesem halben Jahrhundert hatten Schultheiß und Rath oft einen schweren Stand. Die Pest von 1611 und 1629 lichtete seine Reihen und riß wiederholt die erfahrensten Rathsglieder weg. Die Organisation der thurgauischen Wehrverfassung brachte Frauenfelds Selbständigkeit sehr in's Gedränge. Von 1632—1639 maßte sich der Große Rath eine Art Vormundschaft über den Kleinen Rath an. Endlich machte das Landvogteiamt in die Rechte und Freiheiten der Stadt Eingriffe, die zurück zu weisen die unverdrossenste Klugheit und Festigkeit des Rathes in Anspruch nahm.

Bei den mit dem Landvogteiamte sich erhebenden Streitigkeiten war das Verdrießlichste das, daß die eigenen Bürger, die im Dienste der Landvogtei standen, mit dem Beispiele vorangingen, die Vaterstadt in ihren Rechten zu kränken: der Landammann Johannes Rueplin, genannt Joner, der Landschreiber Ulrich Locher und der Landweibel Heinrich Rueplin, genannt Joner. Als Diener ihrer gnädigen Herren und Obern, des Landvogtes und der VII und X Orte, meinten sie so hoch zu stehen, daß sie ihrer Vaterstadt den Bürgereid nicht mehr schwören dürften. Demgemäß enthielten sie sich am allgemeinen Schwörtage der Einwohner Frauenfelds 1604 und 1605 des Eides, der sie zum Gehorsam gegen Schultheiß und Rath verpflichten sollte.

Den Rath befremdete dieses Benehmen. Landvogt Helmli von Luzern war damals Landvogt; ihm bezeugte der Rath seine Verwunderung und er versprach, mit seinen Amtleuten zu reden, dieselben zur Erfüllung ihrer Pflichten anzuhalten, sogar, zur Vermeidung der Kosten, bei der Tagsatzung der regierenden Orte selbst eine Einfrage zu thun. Dem Rathe kam diese Zuvorkommenheit des Landvogtes etwas verdächtig vor. Indem er sich die Verwendung des Landvogtes verbat, erklärte er, mit Gelegenheit die regierenden Orte selbst von der Sache in Kenntniß setzen zu wollen. Aber der Landvogt kam dem Rathe zuvor und wirkte bei der Tagsatzung den Beschluß aus, daß die Amtleute allerdings der Stadt nicht schwören sollen. Nun beeilte sich auch der Rath, die Tagherren über das Verhältniß jener Amtleute, seiner Mitbürger, zur Stadt aufzuklären. Schmerzlich war es ihm, zu hören, wie diese Mitbürger auf die eigene Vaterstadt die Anlage warfen, zum Nachtheile der regierenden Orte sich ungehörige Rechte angemaßt, namentlich die Rechte des Landammanns als Gerichtsvogtes geschmälert zu haben. Durch scharfe Gegenrede gegen solche Anschuldigung gelang es den Abgeordneten der Stadt, die Tagherren zur Abänderung jenes Beschlusses zu bewegen. Am 14. Juli 1606 wurde festgesetzt: Die Amtleute, wenn sie in den Rath oder an Stadtämter gewählt werden, sind gehalten, wie andere Räthe der Stadt zu schwören, doch vorbehalten den höhern Eid der Eidgenossen; die Stadt ist nicht verbunden, ihre Räthe, wenn sie bei dem Landvogte als Amtleute eintreten, im Rathe beizubehalten; in wichtigen Angelegenheiten mag das Stadtgericht noch zwölf Räthe beiziehen, nicht aber die Beurtheilung an Schultheiß und Rath übertragen.

Es war dieser Vorgang nur ein Vorspiel zu dem, was nach zwei Jahrzehnden geschah, als 1612 die Landschreiberstelle, statt wie bis

dahin einem Bürger von Frauenfeld, dem Johannes Würz von Unterwalden und nach seinem Abgang 1628 dem Franz Reding von Biberegg
von Schwyz übertragen und sodann in der Familie Reding erblich
wurde, auch die Amtmannschaft der Reichenau an die Würz überging.
Nicht nur waren dadurch zwei einträgliche Aemter der Bürgerschaft
entzogen, sondern die neuen Inhaber derselben, als Bürger mit-
regierender Orte, erhoben den Anspruch, als Gäste oder Ehrenbürger
der Stadt von Vermögenssteuern, Anfaßengeldern und andern auf
Bürgern und Anfaßen lastenden Verbindlichkeiten verschont und dennoch
bei allen Ehrenanläßen gastfrei gehalten zu werden. Wohl konnte der
Rath nicht widersprechen, daß ihr Verhältniß zur Stadt ein anderes
sei, als dasjenige eines gewöhnlichen Anfaßen, hätte sich daher gerne
durch das anfänglich verheißene jährliche Geschenk von Wildprät bei
der Räthenschenke entschädigen lassen; wie aber dieses ausblieb und
die Steuern und der Zoll beharrlich verweigert, von den beiden Herren
sogar Bürgerhäuser gekauft und gegen das den Bürgern und der
Stadt zuständige Zugrecht Proteste erhoben wurden, fühlte sich die
Bürgerschaft in ihren Rechten sehr gekränkt.

2. Die Freundschaft des Landvogtes.

Da bei allen Anständen, welche Frauenfeld mit der Landschaft
Thurgau und ihren Gerichtsherren und Gemeinden oder mit den Amtleuten des Landvogteioberamtes durchzufechten hatte, der wesentliche
Entscheid von dem Landvogte und von seiner Berichterstattung an die
regierenden Orte abhing; da ferner die abgetretenen Landvögte, wenn
sie in ihre Heimat zurück gekehrt waren, als Mitglieder der Räthe
ihres Standes oder als Tagherren vorzugsweise ihren Einfluß bei der
Beurtheilung thurgauischer Angelegenheiten geltend machen konnten,
hiemit sehr viel darauf ankam, ob sie mit einer günstigen oder ungünstigen Stimmung ihre landvogteiliche Residenz verlassen hatten, —
wandten Schultheiß und Räthe und die Bürgerschaft von Frauenfeld
alle möglichen Mittel auf, die Freundschaft des jeweiligen Landvogtes
zu gewinnen und zu unterhalten.

Ein vorzügliches Hülfsmittel, den Einbrüchen der Landvogtei-
gewalt in die Rechtsame der Stadt vorzubeugen, waren schon die

Ehrenbezeugungen, mit welchen bei dem zweijährigen Wechsel des Amtes der neue Landvogt von Schultheiß und Rath bei seinem Aufritte oder Aufzuge empfangen wurde. Die drei Rathshäupter, gefolgt von allen leibeskräftigen Rathsgliedern, ritten dem ankommenden Landvogte bis an die Gebietsgrenze entgegen und bewillkommten ihn mit den redseligsten Wünschen und Anerbietungen, unter dem Donner von mancherlei Geschütz, mit Pfeifen und Trommeln führten sie den hochedlen Gönner durch das mit schmucker Kriegsmannschaft besetzte Stadtthor ein vor seine künftige Amtswohnung. Dann folgte zu Ehren des neuen Nachbars und Gönners bald desselben Tages oder wenn vorgesehen war, daß die Reisestrapazen den Herrn ermüdet hätten, am folgenden Tage auf Kosten der Stadt ein Festessen, bei dem besonders am Ehrentische der Gastwirth alle zu seiner Verfügung stehenden Lederbissen aufbot. Diese Ehre zu erwidern, erbat sich dann auch der Landvogt die Ehre, an einem dritten oder vierten Tage, je nachdem ein gebotener Fasttag es zuließ, die Gäste des ersten Tages ebenfalls zu bewirthen.

Es muß zugegeben werden, daß namentlich bis zum Jahre 1612, vielleicht noch länger, kein so großer Aufwand getrieben wurde; denn im genannten Jahre wurde das Festessen dem Wirthe um 6 Schillinge für die Person verdungen und 1620 um 7 Batzen; dagegen 1636 schon um 18 Batzen. Im Jahre 1644 aber belief sich die Rechnung des Gastwirthes für das im Auftrage der Stadt dem Landvogt gegebene Festessen auf 549 Gulden.

Bei der Räthenschenke nach der Bestellung des Rathes wurde der Tisch des Landvogtes zum Danke für seine amtliche Mitwirkung, wie die Protokolle öfters melden, ebenfalls nach Kräften ausgezeichnet. Bei der Mahlzeit des Endschießens hatte man dazu noch um so mehr Grund, weil der Landvogt eine Schützengabe zu leisten pflegte, hiemit als Gast nicht übergangen werden durfte. Feierte der Landvogt ein häusliches Fest, so unterließ er nicht, die Räthe zur Theilnahme einzuladen, und der Rath benützte pflichtschuldigst diese Gelegenheit, den gebotenen Ehrenanlaß durch werthvolle Denkzeichen zu verdanken.

Lange vor dem Schlusse der zweijährigen Amtsdauer des Landvogts mußte im Rathe über die Letze verhandelt werden, mit welcher man dem Landvogte den Dank für seine der Stadt erwiesenen

Gefälligkeiten bezeugen wolle. Ein Festessen war selbstverständlich wieder
unbedingte Pflicht. Damit war aber noch ein Abschiedsgeschenk zu verbinden. Ueblicher und ehrenhafter Weise sollte das ein silberner Becher sein.
Aber wie schwer sollte er werden? Wäre vielleicht dem Landvogte besser
gedient mit Silbergeld oder Goldstücken, damit er sich ein Trinkgeschirr
nach eigener Auswahl anschaffe? Durfte man erwarten, daß der Landvogt
künftig noch etwa als Abgeordneter seines Standes bei Tagsatzungen
und Syndicaten auf die Geschicke von Frauenfeld Einfluß haben
werde? Alles das wurde erwogen; für jede Verletzung eines Stadt-
privilegiums einige Loth Silber in Abzug gebracht, für jede erwiesene
Begünstigung einige Dukaten zugelegt. Das alles konnte der Landvogt
voraussehen. Man hatte auch keine Scheu, während seiner Amtsführung bei gegebenen Anlässen ihm unverholen zu verdeuten, daß
man, je nach seinem Benehmen, sich bei der Letze mit dem Abschiedsgeschenk einrichten werde. Wenn diese Erinnerung keinen Eindruck
machte, so berief man sich auf den Syndicat und auf die Ständeregierungen; und nicht selten gelang es, freilich mit ungleich größern
Kosten und Taxen, die Anmaßungen des Landvogtes durch Syndicats-
entscheide oder durch eine Mehrheit von Standesstimmen zurückzuweisen.

Wie die bereits erwähnten Beispiele zeigen, steigerten sich die für
die Ehrenmähler des Landvogts gemachten Ausgaben von einem Jahr-
zehend zum andern. Den Bechern und ihren Aequivalenten setzte man
ebenfalls von Zeit zu Zeit etwas bei. Die von den demokratischen
Ständen gesandten Landvögte mutheten dem Rathe der Stadt Frauenfeld sogar zu, ihnen bei ihrem Abgange das Geleit zu geben bis nach
Hause. So geschah denn, daß nach dem Bauernkriege von 1652, als
die regierenden Orte die Einladung an die Unterthanen ergehen ließen,
ihre Beschwerden und Wünsche einzugeben, die Stadt Frauenfeld die
Veranlaßung ergriff zu bitten, daß man ihr vergönne, die Ehrenmähler
und Letzenen der Landvögte zu moderiren. Es wurde keine Einwendung dagegen erhoben, um so weniger, da Frauenfeld für das den
regierenden Ständen zugesandte Truppenkontingent seine Kassen erschöpft
und sich um seine Schutzherren wirkliche Verdienste erworben hatte.

Am 2. Juni 1654 wurde also in Bezug auf das Letzemahl des
abziehenden Landvogts Würz von Unterwalden im Rathe beschlossen
und protokollirt: Es fehlt an Geld, dem Landvogt das Letzemahl zu

geben; es ist ihm also zu verdeuten, daß er Geduld haben möge und daß er jederzeit der Stubengesellschaft etwas verehrt habe.

In derselben Rathssitzung wurde weiter beschlossen: Da die Auf= rittmähler geschmälert worden, soll künftig nur noch der Kleine Rath Theil nehmen. Am 21. Juni heißt es dann aber: Laut Schreiben des Vororts Zürichs sollten zwar bei dem Aufritte des Landvogts beide Mahlzeiten abgeschafft sein, daher soll die Abendmahlzeit des ersten Tages unterbleiben; da aber auf den folgenden Tag die Mahl= zeit bereits verdungen ist, läßt man sie zu Ehren des Landvogts vorgehen. — Bei dem Aufritte soll auch nur mit Doppelhaken, nicht mit Stücken geschossen werden.

3. Crucifix= und Kirchenstreit.

Als die Partei des neuen Glaubens auf den Sonntagsgottes= dienst in der Nikolauskirche verzichtete, machte sie zur Bedingung, daß in der Pfarrkirche Oberkirch die Kreuze und Bilder und andere solche heilige Geräthe nach ihrem Gebrauche bei Todtenmessen wieder in die Sakristei verschlossen werden. Sie verlangte das darum, weil nach reformatorischen Grundsätzen das Heilige nicht in Bildern dargestellt werden dürfe; und dann auch darum, weil Gefahr war, daß bilder= feindlicher Eifer leicht an jenen Geräthen sich vergreifen und dadurch der Friede zwischen beiden Confessionen gestört werden möchte. Später erschien diese Beschränkung den Katholiken als eine unzeitige Schwäche, die sich ihre Vorfahren gegen Recht und Billigkeit hätten gefallen lassen. Oeftere Versuche, jene Vertragsbedingung in Vergessenheit zu bringen, scheiterten an der Wachsamkeit der Gegner.

Aber im Dezember 1606 berief der Landvogt Schmid Abgeord= nete der Evangelischen zu sich und in Gegenwart des Landammanns Rueplin und des Landschreibers Ulrich Locher hielt er denselben die von den Katholiken eingegangenen Klagen vor. Die erste und gewich= tigste dieser Klagen war: Der Prädikant Val. Schaad habe letzthin in Oberkirch dem Meßmer geboten, zwei auf dem Altare stehende Crucifixe zu entfernen, und als der Meßmer, von anderer Seite ge= warnt, dem Befehl nicht Folge leistete, selbst Hand angelegt, wie er denn überhaupt durch sein Betragen zu erkennen gebe, daß er ein

Blutbad anrichten wolle. An diese Vorwürfe lehnten sich andere an, daß nämlich einige Evangelische über die von Kapuzinern vorgenommene Teufelsbeschwörung in der Person der Jungfrau Peyer von Schaffhausen Spott getrieben; ein Evangelischer gesagt habe, wer katholisch werde, sei des Teufels; von einem Langdorfer gesagt worden sei, wenn es einmal in der Stadt losgehe, werden die Langdorfer es mit den Katholiken bald ausmachen und alle erwürgen u. s. w. Endlich, fügte der Landvogt bei, hätten die Evangelischen unwahre Berichte nach Zürich geschrieben, daher er sich bemüßigt sehe, über alles dieses an die katholischen Orte Bericht abzustatten. Als die evangelischen Abgeordneten baten, das nicht zu thun, vielmehr ihnen Zeit zu geben, um die ihnen vorgebrachten Klagen der Gemeinde mitzutheilen, anerbot der Landvogt, das Geschehene auf sich beruhen zu lassen, wenn man künftig die beiden Kreuze auf dem Altare stehen lasse. Die Abgeordneten wollten das aber nicht versprechen, verlangten Abschrift der Klageartikel und, da ihnen dies nicht gewährt wurde, erschienen sie im Anfange Jenners wieder vor dem Landvogte, erinnerten an den alten Vertrag und wie sie erst vor kurzer Zeit die Einschirmung des Altars in der Nikolauskirche und die Restauration einiger Malereien in Oberkirch gestattet und dagegen die Zusage erhalten hätten, sie künftig mit Neuerungen verschonen zu wollen; über andere Klagen können sie darum nicht eintreten, weil die Schuldigen nicht genannt seien; übrigens könnten auch sie Gegenbeschwerden erheben, z. B. daß sie bei der Besetzung von Kaplaneien nicht laut Vertrag von 1558 beigezogen werden, daß der Priester in Oberkirch Bilder habe festnageln und die wegen Mangel an Platz in die Kirche gestellten Sitzbänke habe aus der Kirche entfernen lassen; des Friedens wegen hätten sie dazu geschwiegen und so hoffen sie, der Landvogt werde auch sie mit der Klage bei den V Orten verschonen.

Da der Landvogt ihnen diese Bitte verweigerte, berichteten sie diese Vorgänge an den Vorort Zürich. Dann wurde der Landvogt Schmid dem Streite durch den Tod entrückt und erst im Frühjahr 1608 sein Stellvertreter Jakob Steiger beauftragt, dem Prädikanten und den Stadtabgeordneten einen Verweis zu geben, dem erstern, weil er die Crucifixe vom Altare genommen habe, den andern, weil die auf den Gräbern aufgesteckten Kreuze umgerissen und zerschlagen worden

seien, was aber behufs Bestrafung der Thäter noch näher zu unter=
suchen sei.

Diese Untersuchung wollte das Landvogteiamt dem Landgerichte
zuweisen. Darüber entspann sich aber ein neuer Span. Die Evange=
lischen behaupteten, es sei dies eine Verletzung der Stadtfreiheiten und
mutheten den Katholiken zu, sich gemeinsam mit ihnen zur Wahrung
dieser Freiheiten zu verbinden; diese wollten sich aber nicht darauf
einlassen. Dagegen gelang es, den Beweis zu erstellen, daß die auf
den Gräbern der Söhne des Wolf Adam Weerli von Gryssenberg und
anderer Katholiken gestandenen Kreuze von den auf dem Kirchhofe
weidenden Ziegen des Pfarrherrn umgestoßen worden seien.

Ungeachtet nun selbst Landammann Rueplin wünschte, daß die
Angelegenheit nicht an die regierenden Orte gebracht würde, sandte
der Landvogteiverwalter dennoch seinen Bericht an die V Orte ein.
Dasselbe thaten dann auch die Evangelischen Frauenfelds bei Zürich.
Auf Zürichs Rath wurde zwar Steiger nochmals ersucht, von der
Weisung an das Landgericht abzustehen; wie dies aber nichts fruchtete,
gab Zürich den Evangelischen die Zusicherung, ihnen mit Rath und
That, Gut und Blut Hülfe leisten zu wollen.

Darüber verstrichen abermals mehrere Monate, bis im November
Gesandte der IV Orte auf einer Durchreise nach St. Gallen einige
Tage in Frauenfeld sich aufhielten und den Rath aufforderten, Aus=
schüsse zu ihnen in das Schloß zu schicken. Diese Ausschüsse erschienen
nicht zur bestimmten Stunde, angeblich wegen des Gottesdienstes, und
als sie endlich sich einstellten, waren die Gesandten verreist. Im fol=
genden Sommer kam eine Vorladung zur Verantwortung vor der
Tagsatzung nach Baden. Gleichzeitig verbreitete sich das Gerücht, daß
die Evangelischen mit dem Plane umgehen, die Katholiken in Frauen=
feld bei Nachtzeit zu überfallen, die Nachbarn von Elgg auf den ersten
Mahnruf zu ihrer Hülfe herbeieilen werden und Hans Erni in Langdorf
das Crucifix unter eine Bank geworfen habe. Die V Orte, durch solche
Berichte beunruhigt, schickten daher eine besondere Gesandschaft nach
Zürich, um die Gesinnung dieses Standes zu erkundigen und ließen
sich das Versprechen geben, daß die Sache näher untersucht werden
solle. Diese Untersuchung fand denn auch durch zwei Abgeordnete
Zürichs und den Landvogteiverwalter in Frauenfeld statt, ergab aber

nichts anderes, als daß einige Wirthshausprahlereien zu dem blinden
Lärm Anlaß gegeben hätten. Im Vertrauen auf Zürichs Beistand
folgten also die evangelischen Ausschüsse Frauenfelds der Vorladung
nach Baden. Ihre katholische Gegenpartei war durch Landammann
Rueplin und Landschreiber Ulrich Locher vertreten. Heftig sollen die
Gesandten der katholischen Orte sich ausgesprochen haben, besonders
wegen der Verachtung, die ihren Abgeordneten in Frauenfeld wider=
fahren sei. Bei solch' gereizter Stimmung mußte jedoch der Vorort
den Gang der Verhandlungen so zu lenken, daß die Sache auf die
bereits anderer Geschäfte halber nach Frauenfeld angesetzte Tagleistung
der X Orte verschoben wurde.

Diese Tagleistung ging in der Mitte Oktobers vor sich. Die
evangelischen Ausschüsse ließen auf die harte Klage über ihren Unge=
horsam durch ihren Wortführer Christoph Möritofer sich demüthigst
entschuldigen, bei den Gesandten der IV Orte im November vorigen
Jahres nicht frühe genug sich eingefunden zu haben, und gelobten,
künftig und zu allen Zeiten ihren Herren und Obern auf jeden Wink
gewärtig zu sein; dagegen beharrten sie bei der Behauptung, daß es
wider ihre Stadtfreiheiten streite, die Hauptklage durch das Landgericht
untersuchen zu lassen. Dadurch erreichten sie vorläufig so viel, daß
der Antrag der IV Orte, sie des Ungehorsams wegen mit 300 Gulden
Strafe zu belegen, in Minderheit blieb, und in der zweiten Sitzung des=
selben Tages diese Strafe zu zahlen denjenigen zuerkannt wurde, welche
die Bilder und Kreuze in Oberkirch weggerissen und in die Sakristei
gelegt hatten. Dabei wurde jedoch der Nachlaß dieser Strafe in Aussicht
gestellt, sofern die Evangelischen ganz auf die Nikolauskirche in Frauen=
feld verzichten und es sich gefallen lassen, daß ihnen eine eigene Kirche
erbaut oder das Algikirchlein (Leonhardskapelle) dazu eingerichtet werde.

Als dann aber am folgenden Sonntag bei der gemeinsamen
Mahlzeit die Standesgesandten einander die Akten vorwiesen, auf die
sie ihre abgegebenen Voten begründet hatten, und die katholischen
Gesandten Einsicht in die von Frauenfeld nach Zürich abgegebenen
Schriften erhielten, bedauerten sie, diese Eingaben nicht früher gekannt
zu haben, so daß dann in der Sitzung des folgenden Tages Schult=
heiß Helmli selbst den Antrag stellte, jene Strafe der 300 Gulden
nachzulassen und die andern Gesandten der V Orte zu Ehren der

evangelischen Gesandten dem Antrage zustimmten, damit die Evangelischen in Frauenfeld dem Wunsche und Anerbieten ihrer katholischen Mitbürger, die Kirche betreffend, desto lieber entsprechen. Nur sollten die Evangelischen unterdessen auch sich's gefallen lassen, daß in Oberkirch ein Kreuz auf dem Altar stehen bleibe.

Der Antrag, den Evangelischen gegen Verzichtleistung auf die Nikolaikirche eine andere Kirche anzuweisen, war von ihnen mit nur halber Freude aufgenommen worden; denn eines Theils schien es ihnen schimpflich, ihre Anrechte auf die Kirche in der Stadt aufzugeben und sich in das Algikirchlein außerhalb der Vorstadt verweisen zu lassen; andern Theils betrachteten sie sich immer noch als Miteigenthümer der Kirchengüter, weßwegen sie die aus denselben für einen Kirchenbau aufzuwendenden Kosten nicht als Geschenk ihrer katholischen Mitbürger ansehen und verdanken können. Nach ihrer Meinung wäre ihren gerechten Ansprüchen erst genügt, wenn ihnen für ihre Verzichtleistung auf die gemeinsame Nikolauskirche eine andere Kirche innerhalb der Stadt sammt Glockenthurm und Glocken erstellt und wenn zugleich die Kirchengüter von St. Laurenzen in Oberkirch, St. Nikolaus in der Stadt und St. Johann in Kurzdorf zwischen den beiden Religionsparteien getheilt würden. Diese Anforderungen schienen aber sogar dem Gesandten Zürichs zu hoch gestellt, so daß er rieth, vor der Hand eine glimpfliche Antwort zu geben und einstweilen alles zu verhüten, was das gute Einvernehmen mit den Katholiken wieder stören könnte.

Kaum hatte aber die Zürcher Gesandtschaft bei Hause von der glücklichen Beseitigung des Crucifixstreites Bericht abgestattet, als wieder Klagen laut wurden, daß der getroffenen Abrede mit den Kreuzen in Oberkirch nicht nachgelebt werde, daß die Evangelischen zum Schimpf der katholischen Orte den Nachlaß der Buße der Uebermacht Zürichs zuschreiben, daß in der Nikolauskirche zu Frauenfeld einige Kirchenzierden verletzt worden seien, daß die Katholiken sogar mit dem Plane umgehen, den Chor in der Nikolauskirche durch ein Gitter abzuschließen und dasselbe auch in Oberkirch geschehen solle. Wirklich hatte der Landvogt in der Hitze zu solcher Eingitterung vorläufig Erlaubniß gegeben. Im April 1610 wurde den Evangelischen auch von den katholischen Orten durch den Landvogt eröffnet, die Strafe von 300 Gulden sei nur unter der Bedingung geschenkt, daß sie über den angetragenen Kirchenbau einen billigen Vertrag eingehen und die ge= troffene Abrede in Bezug der Crucifixe und Kirchenzierden u. s. w. genau beobachten. Sie sandten daher wieder zwei Abgeordnete nach Zürich, ihr neues Leid zu klagen.

Wenige Wochen nachher, im März 1610, brach aber auch in Gachnang ein Crucifixstreit aus. Da ein Theil der dortigen Kirch= gemeinde in den Kanton Zürich hinein reicht, strömte eine so große Masse zürcherischer Angehöriger herbei, daß der entstandene Tumult seine Wogen bis in die katholischen Orte trieb und nahezu ein Religions= krieg entbrannte. In Frauenfeld fürchteten die Katholiken, daß, was früher als leeres Gerücht bezeichnet worden, nun doch zur Wahrheit werde. Der Landammann und der Landschreiber packten ihre Kostbar= keiten zusammen, um sie nach Konstanz in Sicherheit zu bringen; allein die Evangelischen ließen durch ihre ausgestellten Wachtposten die Wagen zurückhalten und sicherten den Geängsteten Schutz zu. Dieses Zwischenereigniß brachte in das Unternehmen der Eingitterung des Kirchenchors in Frauenfeld einigen Verschub; im Mai 1611 riefen aber die Evangelischen schon wieder die Hülfe Zürichs, die Katholiken die Hülfe der V Orte an, so daß jeder Theil zwei Abgeordnete nach Frauenfeld sandte, von dem Streitgegenstande Einsicht zu nehmen und wo möglich eine Aussöhnung zu Stande zu bringen. Auch ihnen erschien der Bau einer besondern evangelischen Kirche als das einzige Mittel friedlichen Zusammenlebens der beiden Confessionen; bis aber darüber und über eine Theilung der Kirchengüter etwas festgesetzt werden könne, sollten folgende Vergleichspunkte geeignet sein, ein erträgliches Verhältniß einzuhalten: 1) Der Choreinschluß in der Nikolaikirche mag stattfinden, jedoch soll während des evangelischen Gottesdienstes der Chorgatter offen stehen und ältern Leuten im Chor Platz zu nehmen vergönnt sein; 2) in den Glockenthurm wird von der Straße her eine Thüre angebracht und den Evangelischen ein Schlüssel zum Thurme und zum Chorgitter zugestellt; 3) bezüglich der St. Laurenzen= und St. Johann= kirche und der Verwaltung der Kirchengüter bleibt es bei den alten Verträgen; 4) bei dem Eintritte eines neuen Prädicanten erhalten die Evangelischen aus dem Kirchengute 15 Gulden an die Aufzugskosten; 5) den Evangelischen wird aus dem Ertrage der Kirchengüter eine neue Kirche gebaut und dagegen den Katholiken die Nikolaikirche überlassen;

6) die Auszüge der Knaben mit Fähnchen sollen nicht auf Tage katholischer Prozessionen angesetzt werden; 7) die aufgelaufenen Streitkosten werden aus dem Kirchengute bezahlt.

Dieser Vergleich bedurfte, um Gültigkeit zu erhalten, der Zustimmung der eidgenössischen Tagsatzung im Juni 1611. Allein die Pest, der schwarze Tod genannt, verscheuchte die Standesgesandtschaften, so daß sie nicht mehr Zeit nahmen, sich auf das Frauenfelder Geschäft einzulassen. Erst am 16. Juli 1616, nachdem entgegen der Protestation der Evangelischen und Zürichs ein Epitaph eines Junkers von Breiten-Landenberg zu Spiegelberg auf einem Altar in Oberkirch aufgestellt war, kam man wieder auf jenen Vergleich von 1611 zurück, ließ jedoch einige Abänderungen zum Nachtheile der Evangelischen von Frauenfeld einfließen. Dann wurde im Mai 1617 die Eingitterung des Chors bewerkstelligt.

Gewissermaßen eine Ergänzung dazu war die Einrichtung eines Stationsganges. Bei der Wiederkehr der Pest, die im Jahre 1629 wieder große Verwüstungen herbeiführte und namentlich die angesehnsten Häupter der katholischen Confession, Landammann Rueplin und Landschreiber Ulrich Locher, dahinraffte, hoffte die katholische Partei den Zorn des Himmels durch Errichtung von den sieben Kreuzestafeln des Leidens Christi an dem Kirchwege nach Oberkirch und häufige Bittfahrten zu besänftigen. Zu rechter Zeit aber für die Erhaltung des Friedens bedachten sie, daß an diesem, namentlich von den Evangelischen benutzten Kirchwege diese Stationsgemälde nicht nur ungerne gesehen, sondern auch gegen frevelhafte Hände fast unmöglich zu schützen wären; daher wurde einem von der Schloßmühle längs der Murg zum Kapuziner-Kloster führenden Wege der Vorzug gegeben. Immerhin ließen aber die Evangelischen das nicht geschehen, ohne wieder Einsprache gegen solche Neuerung zu erheben. Erst dem abtretenden Landvogte Galati und dem neu eintretenden Landvogte Escher gelang es, die Evangelischen zu beruhigen und die Vollendung des Stationsweges zu ermöglichen.

4. Die Verwüstungen der Pest.

Pestartige Krankheiten, die von Zeit zu Zeit langsamen Schrittes durch alle Länder zogen, waren ein trauriges Erbtheil nicht bloß des finstern Mittelalters, sondern auch noch des sechszehnten und siebenzehnten Jahrhunderts. Sterbensläufe hieß man diese Tod verbreitenden Seuchen. Die Todtenbücher verzeichneten in solchen Jahren die zweifache, ja dreifache Menge der Durchschnittszahl Derjenigen, die bei regelmäßigem Lebensverlaufe dem unvermeidlichen Tode verfallen wären.

Ueber die Verwüstungen, welche die Pest in Gestalt des schwarzen Todes um 1348 in Frauenfeld angerichtet habe, sind keine genauern Berichte vorhanden. Im Jahre 1419 soll die Pest im Kirchspiele Frauenfeld 400 Menschen hingerafft, der Verlust sich aber bald durch neue Einwanderungen ersetzt haben. Um 1515 fürchtete man weniger die Opfer, welche die Pest forderte, als die von den Reisläufern aus den italienischen Feldzügen heimgebrachte Lustseuche; aber 1566 fand sich der Rath bewogen, einem von Gerlikon gebürtigen armen Ansaßen vor andern aus längern Aufenthalt zu vergünstigen, weil er in den letzten Sterbensläufen sich dienstwillig habe gebrauchen lassen. Im Jahre 1594 verordneten Schultheiß und Rath: Da in diesen traurigen Sterbenszeiten die ausgegangenen Gebote bei Etlichen wenig erschossen, sei neuerdings eingeschärft, daß Leute, in deren Häuser solcher Prästen eingedrungen, eine Woche bis vier Wochen lang nicht unter die Gesunden gehen, auch bei dem Kirchenbesuche hinten in der Kirche sich halten, die Todten auch nicht an den Brunnen, sondern in fließendem Wasser, in der Murg, waschen sollen.

Obwohl der schwarze Tod von 1348 im Wesentlichen dieselbe Krankheit war, wie die Beulenpest von 1566, 1594 und den folgenden Jahren, hatten sich doch die Krankheitserscheinungen geändert. Die Beulenpest überfiel auch plötzlich und ungeahnt mit heftigem Fieber und Schwindel, so daß der Kranke oft nach wenigen Tagen oder Stunden verschied; wenn er aber diesen Anfall aushielt, so bildeten sich namentlich zwischen den Rippen und am Unterleibe tiefe Eitergeschwüre aus, die durch Ergießung in das Blut den Tod herbei führten. Wenn sie geöffnet und der Eiterzapfen heraus gerissen wurde, so war Hoffnung, zu genesen; aber nur stärkere Naturen erholten sich von der Entkräftung, andere schmachteten in langwierigem Siechthum dahin. Als die Pest im Jahre 1611 mit ungewöhnlicher Heftigkeit auftrat, wußten Schultheiß und Rath am 5. August und 3. September kein besseres Mittel dagegen zu ergreifen, als die Erneuerung der in frühern Pestzeiten veröffentlichten Mandate. Diese schrieben vor, daß Morgens, Mittags und Abends Jeder niederknie und bete, was ihn Gott ermahne; zum Andern, daß ein Mensch, der mit der leidigen Krankheit behaftet worden ist und wieder davon genesen, noch vier Wochen lang weder mit andern Leuten wandeln, noch sie zum Stillstehen nöthigen oder ihnen nachgehen, sondern sich in seiner Wohnung eingezogen halten, und wenn er seine Bedürfnisse bei dem Bäcker oder Metzger hole, ja nicht in das Haus eintreten, sondern anklopfen und sich den Bedarf durch Fenster oder Thüre heraus reichen lassen soll. In gleicher Weise war den Scherern und Barbieren, die bei den Kranken die Stelle der Aerzte vertraten, untersagt, in den Wirthshäusern und bei öffentlichen Zechen sich zu setzen oder mit andern gesunden Leuten zu wandeln. Endlich wurde festgesetzt, daß alle Personen, die Nachts gestorben sind, Morgens 8 Uhr, und diejenigen, die den Tag über gestorben sind, Abends 5 Uhr begraben werden sollen. Die Hausvaterstelle im Spitale erhielt Joachim Lemann, mit dem besondern Bedinge, daß er die Leichname aus dem Spitale zu Wagen ausführe und ihm für jede Person 5 Schillinge oder Batzen vergütet werden. Dieselbe Löhnung wurde jedem der vier Männer ausgesetzt, die eine Leiche zu Grabe trugen, dem Todtengräber aber für Grab und Sarg 10 Schillinge, und dem Krankenwärter für jede Nacht ein Gulden.

Die Anzahl der in Frauenfeld von der Pest hingerafften Opfer dürfte die doppelte bis dreifache Zahl der gewöhnlichen Sterbefälle nicht überstiegen haben. In den benachbarten Pfarrgemeinden wenigstens beschränkte sich die Zahl der Sterbefälle auf dieses Maß. Das Schreckenhafteste war, daß sie sich auf wenige Monate zusammen drängten, daß die Krankheit den Menschen plötzlich ergriff und die Heilkunst keine erprobten Heilmittel oder Präservative darbot.

Ein einziger Arzt praktizirte damals in Frauenfeld, Meister Jos Lindauer von Zürich. Im September 1612 wurde gegen ihn vor Rath geklagt, daß er seine Hülfeleistung zu theuer bezahlen lasse, ihm daher befohlen, sich für den Gang mit einem halben Gulden zu begnügen.

Mit noch stärkerer Heftigkeit breitete sich die Pest wieder aus im Winter 1628 auf 1629. Schultheiß und Rath, im Einverständnisse mit dem Landvogte, suchten das Uebel durch eine Verordnung zu beschränken, welche vor Allem aus die beidseitigen Geistlichen anwies, sich miteinander zu verständigen, was zur Abschaffung von Lastern, Beförderung christlicher Liebe und bußfertigen Lebens und Milderung des göttlichen Zornes zu thun sei. Dann wurde zur Berichtigung irriger Ansichten über das Wesen der Krankheit der Satz aufgestellt, nicht die Luft sei vergiftet, sondern die Ansteckung erfolge durch Berührung der Kranken oder von ihnen verunreinigter Kleider, Tücher und Geräthe, daher die sorgfältigste Reinlichkeit empfohlen, das Ausschütten des Unraths auf die Gassen, die Verunreinigung der Brunnen und des Stadtbaches strenge verboten, den Thorwächtern aufgetragen, Leuten aus inficirten Orten den Eintritt in die Stadt zu wehren und solche, die sich nicht wollen abweisen lassen, zur Bestrafung mit fünf Pfund Pfenning oder einer Stunde Trülle zu verzeigen. Mit derselben Strafe wurden die bedroht, welche selbst schon angesteckt waren oder in Häusern wohnten, in denen Kranke lagen, wenn sie, über die Straße gehend, bei Andern stille standen und den Begegnenden nicht auswichen. Als ein heilsames Mittel gegen Ansteckung wurde angerathen, die Wohnzimmer täglich einige Male zu beräuchern und zu beflammen, den Meßmern auch zur Pflicht gemacht, jederzeit eine halbe Stunde vor Anfang des Gottesdienstes die Kirche durch Beräucherung und Beflammung von unreinen Dünsten zu befreien. Dabei sollte aber strenge darauf gehalten werden, daß Kranke und Genesende latholischerseits nur die Frühmesse besuchen, evangelischerseits auf der Empore Platz nehmen und erst nach Entfernung der übrigen Kirchgenossen das Gotteshaus verlassen.

Zur Bestattung der Todten war die Mittagsstunde bestimmt. Die gewöhnliche Mittagglocke um 11 Uhr galt als erstes Zeichen; um halb zwölf Uhr ertönten dann alle Glocken zu allgemeinem Grabgeläute. Die Särge durften nicht getragen, sondern mußten auf Wagen bis an den Kirchhof gefahren werden, und zwar nicht durch die Stadt, sondern auf Umwegen neben der Stadt vorbei. Es hat sich dieß dem

Gedächtniß so fest eingeprägt, daß das über die Staubegg führende Flursträßchen das Peststräßchen genannt wurde bis auf diesen Tag. Die Zahl der Todten, die 1629 im Kirchspiele Frauenfeld der Pest zum Opfer fielen, wurde auf 400 Personen angegeben.

Neben Scherern und Barbieren und dem Bruchschneider Lindauer, die ihre berufsmäßigen ärztlichen Dienste verrichteten, machte sich auch der Stadtbaumeister Neuweiler durch Verabreichung von Arzneien und Krankenbesuche verdient.

5. Vermächtnisse in den Jahren der Pest und ihre Verwendung.

Wie nach römisch-katholischen Grundsätzen jeder Sterbende durch das heilige Sakrament vor ewigem Schaden verwahrt werden soll, so war auch in die evangelische Kirche die Ansicht übergegangen, daß die Geistlichen in Krankheiten und Sterbensnöthen ihren Pfarrkindern mit Rath, Trost und Gebet zu Hülfe kommen müssen. In den Pestjahren von 1611 und 1629 wetteiferten die Geistlichen beider Confessionen, diese ihnen obliegenden Pflichten gewissenhaft zu erfüllen. Indem sie die Entmuthigten und Verzweifelnden zum Gottvertrauen ermunterten, den Kranken in ihren letzten Willensverfügungen Beistand leisteten und aus dem Schatze ihrer Erfahrungen oft auch die zweckmäßigsten Rathschläge zur Milderung oder Heilung der Krankheit gaben, erwarben sie sich die dankbare Anerkennung ihrer Pfarrgenossen.

Diese Dankbarkeit wurde namentlich durch zahlreiche Geschenke und Vermächtnisse theils an die Geistlichen selbst, theils an die Pfrundgüter und Kirchen, oder an das Spital und Siechenhaus bezeugt. Auf evangelischer Seite wurde aber dabei vorzugsweise Bedacht genommen, die spärlichen Besoldungen der Geistlichen zu verbessern. Beispiele sind aus dem Jahre 1611: Die letztwillige Verfügung der Ehefrau des Heinrich Dietrich vom 19. September, daß jedem Prädicanten ein Saum rothen Weins, den Sondersiechen zwei Eimer, dem Spitale ein halber Eimer gegeben werden soll; das Vermächtniß des Wagners Hans Kappeler, der am 29. Oktober jeder evangelischen Pfründe, derjenigen nämlich in der Stadt wie derjenigen im Kurzdorf, 100 Gulden.

und jedem Pfarrer ein Faß Wein schenkte; die Vergabung eines Stücks Reben für jeden Pfarrer, durch Christoph Mörikofer; die Vergabung von 50 Gulden an jeden der beiden Pfarrer. Es vergabten ferner: Schultheiß K. Müller 250, Statthalter Engel 150, Bauherr Neuweiler 150, Stadtschreiber Kappeler 60, Adam Kappeler, Statthalter Möri= kofer, Hans Vorster je 100, Heinrich Seiler 150 Gulden. Die Zinse sämmtlicher Legate von 1611 und 1629 betrugen für den Stadt= pfarrer 56 Gulden, nebst 4 Mütt und 1 Vierling Kernen und einer Viertelsjuchart Reben. Ueberdieß hatten die Landleute begonnen, den Pfarrer in der Ernte mit einer Korngarbe zu beschenken. In gleichem Maße wurde das Pfarreinkommen in Kurzdorf gesteigert. Immerhin blieben aber die Pfarreinkünfte so ärmlich, daß Zürich sich bewogen fand, aus seinen eigenen Stiftsgütern dem Pfarrer in Kurzdorf 40 Gulden jährliche Zulage zu bewilligen.

Ein anderer Theil der Vermächtnisse und anderer Vergabungen wurde 1615 zur Erbauung des baufällig gewordenen Pfarrhauses in Kurzdorf und 1625 zur Reparatur des dortigen Kirchthurmes ver= wendet. Zu ersterm Zweck steuerte Zürich 53 Gulden bei.

Auf katholischer Seite waren Beispiele von Vergabungen während der Sterbensläufe: Ulrich Leeringer, der dem Pfarrherrn zu Oberkirch einen Saum, den Capuzinern einen Eimer Wein und der Lätarepfründe 50 Gulden schenkte; Frau Agnes Hurter, geborne Harder, von welcher im Jahre 1611 angewiesen wurden 400 Gulden an den Liebfrauen= altar in der Stadtkirche, 200 Gulden für ein ewiges Licht, 400 Gulden zu einem Studienfonde, 200 Gulden an den Spital, 200 Gulden den Sonderfiechen, 100 Gulden den Capuzinern, der Stadtkirche ein Ornat, von 250—300 Gulden an Werth. Es werden ferner neben einer Menge kostbarer Ornate, Gefäßen und anderer Kirchenzierden aufgezählt die an die Nikolaikirche gestifteten 29 Jahrzeiten von den Familien Locher, Hurter, Rueplin, Engel, Leeringer, auch von Rudolf von Breiten= Landenberg zu Spiegelberg, Christoph Giel von Gielsberg und seiner Frau Elisa Muntprat von Spiegelberg und Andern. Die Kinder des Landschreibers Franz Reding zahlten 800 Gulden für die Erlaubniß, daß ihr Vater in der Nikolaikirche ein Begräbniß erhalte.

Nicht alle in den Pestzeiten gemachten Vermächtnisse blieben ohne Widerspruch der betheiligten Erben; besonders wurde dasjenige des

Chriſtoph Möritofer von den Erben angefochten und in Folge eines
langjährigen Prozeſſes auch geſchmälert. Nur der damals herrſchende,
namentlich auch von Zürich feſtgehaltene Grundſaß, daß, was zu
frommen Stiftungen vergabt ſei, nicht zurück genommen werden dürfe,
hielt bei dieſen und andern ſolchen Fällen die Willensverfügung des
Teſtators aufrecht. Indeſſen nahm der Rath Veranlaßung, zu ver-
ordnen, daß in Zukunft das Zeugniß eines Geiſtlichen und anderer
zufällig anweſender Perſonen zur Gültigkeit eines Teſtamentes nicht
genüge, ſondern jedes Teſtament vom Stadtſchreiber angefertigt und
vom Rathe beſtätigt ſein müſſe.

6. Das Genoſſenrecht der Bürger und das Zugrecht.

Zur Zeit des Bürgerrechtsverſchluſſes beſtand die Bürgerſchaft aus
Gliedern folgender Geſchlechter:

Aberli oder Auberli, Albrecht, Arni oder Erni, Bachmann,
Bommer, Bonaker, Dietrich, Döucher, Egger, Engel, Engeler, Jäderlin
(Vederlin), Feer, Fehr (genannt Brunner), Frei, Gamper, von Giels-
berg, von Gryfenberg, Hofmann, Huber, Hurter, Joner (genannt
Rueplin), Jurler, Kappeler, Keller, Knecht, Knobel, Koch, Leeringer,
Lieber, Locher, Mader, Märki, Meier, Möritofer, Müller (genannt
Maler), Müller, Näff, Neuwiler, Olbrecht (genannt Seuzacher), Pur,
Rueplin (von Pfyn), Sarer, Schlatter, Schmuß, Schueplin, Schurter,
Seiler, Spörlin, Steinimul, Stierli, Strupler, Sulzberger, Syß (Seiß),
Traber, Tummeli, Vogel, Vogler, Weerli, Welter, Wueſt. Rogg, der
Seiler, ſchlüpfte ſo zu ſagen noch während des Thorſchluſſes ein. Die
Engel zählten fünf Häupter, die Hurter drei, die Kappeler ſechs, die
Leeringer drei, die Locher vier, die Möritofer ſechs, die Müller fünf,
die Rueplin vier, die Vogler fünf.

Jene Erblichkeit des Bürgerrechtes vollzog ſich jedoch nur allmälig
für die, welche, die Vaterſtadt verlaſſend, auswärts ſich niederließen.
Um im Beſiße ihres Bürgerrechtes geſichert zu ſein, mußten ſie vom
Rathe Erlaubniß haben, ſich auswärts aufzuhalten, und jährlich eine
Taxe für die „Aufenthaltung“ des Bürgerrechtes entrichten. Manche
ausgewanderte Bürger verſäumten dieß. Dieſes Verſäumniß und die
Verwüſtungen der Peſt erklären es, daß in kurzer Zeit viele jener

bürgerlichen Geschlechtsnamen aus den Bürgerverzeichnissen verschwinden. Manche scheinen aber auch aus ihrem Häuserbesitze und dadurch aus ihrer Heimat verdrängt worden zu sein und damit ihr Bürgerrecht verloren zu haben.

Im Jahre 1478 belief sich die Häuserzahl innerhalb der Thore, ohne die öffentlichen Gebäude, auf 118—120, im Jahre 1604 die Zahl der Häuserbesitzer auf 106; es mußten also 8—10 Häuser entweder abgegangen sein, oder einzelne Bürger waren in den Besitz mehrerer Häuser gekommen. Wirklich war das eine und das andere geschehen. Kaspar Müller, genannt Maler, z. B. besaß in der Stadt außer dem von seinem Vater ererbten Hause zum Hirschen noch drei andere Häuser und eine Hofstätte in der Hintergasse; Heinrich Hurter und Werni Hurter jeder zwei Häuser; Schultheiß Engel drei Häuser und ein halbes. In der Folge steigerte sich dieses Mißverhältniß noch mehr. Im Jahre 1628 waren nur 93 Hauseigenthümer und 32 Häuser waren ungetheiltes Erbe, im Jahre 1631 sogar nur 86 Hauseigenthümer und dagegen 41 Häuser ungetheiltes Erbe. Es war verboten, Häuser an Fremde, Nichtverbürgerte zu verkaufen, ohne zuvor die Erlaubniß dazu bei dem Rathe eingeholt zu haben, und wenn eine solche Erlaubniß nachgesucht wurde und kein Bürger aufzufinden war, der das verkäufliche Haus um die von dem Fremden angebotene Summe übernahm, so konnte der Rath sich leichter entschließen, das Haus auf Rechnung der Stadt zu übernehmen, als dasselbe in den Besitz eines Nichtbürgers übergehen zu lassen. Wenn aber letzteres noch geschah, so blieb den Bürgern die ewige Zugsgerechtigkeit vorbehalten. In Folge dessen konnte jeder Bürger dem fremden Eindringling das Haus gegen Erlegung der Ankaufssumme und Entschädigung für die darauf verwendeten Verbesserungen abfordern, und war der Fremde verpflichtet und gezwungen, dem Bürger zu weichen.

Offenbar war durch diese Zugsgerechtigkeit der zum Verkaufe seines Hauses genöthigte Bürger in seinem Besitzrechte benachtheiligt. Er konnte bei so beschränkter Concurrenz der Kaufliebhaber selten oder nie den vollen Verkaufswerth erzielen. Allein die bürgerliche Genossenschaft ging von der Ansicht aus, daß kein einzelner Bürger volles Eigenthumsrecht auf sein Haus habe. Da die Stadt jedem Bürger, der ein Haus bauen oder eine Reparatur desselben vornehmen wollte, zwei Dritttheile des benöthigten Holzes unentgeltlich und den übrigen dritten Theil um einen billigen Ansatz verabreichte, war die Genossenschaft gewissermaßen Mitbesitzerin sämmtlicher Privathäuser, die Zugsgerechtigkeit also rechtlich begründet. Da endlich die Häuserpreise gerade in Folge jener Beschränkung des Verkaufs sehr niedrig standen, war jedem jüngern Bürger die Erwerbung einer eigenen Wohnung sehr erleichtert, dem vermöglichen Bürger aber ein Anreiz gegeben, sein Capital lieber auf Häuserpfande in der Stadt anzulegen, als auf Güterpfande innerhalb oder außerhalb der Stadtgerichte.

Manche Bürger machten sich das freilich noch in anderer Weise zu Nutze. Zu größerm Wohlstande gelangt, fühlten sie das Bedürfniß, bequemer zu wohnen, ihre Häuser zu erweitern. Bei ihren Bauunternehmungen verschmolzen sie daher zuweilen zwei, drei Hofstätten. Es scheint dieß schon geschehen zu sein, als die zwei großen Rueplinschen Höfe an der Ringmauer des obern Theils der Vordergasse erbaut wurden. Derselbe Fall trat ein, als die reichenauische Amtmannschaft einem Mitgliede der Familie Würz von Rudenz aus Unterwalden zufiel. Dem Verwalter der reichenauischen Gefälle die Niederlassung in der Stadt zu verweigern und den Ankauf eines Wohngebäudes zu verwehren, durfte der Rath aus mehrfachen Gründen nicht wagen. Er hätte dadurch den Stand Unterwalden beleidigt, die Achtung gegen die alte Grundherrschaft Reichenau verletzt, im glücklichsten Falle die Verlegung der Amtmannschaft auf außerstädtisches Gebiet, vielleicht nach Langdorf, veranlaßt, hiemit der Stadt die Mitbenützung der reichenauischen Fruchtvorräthe abgeschnitten. Dadurch sah er sich also gedrungen, dem fremden Amtmann zu gestatten, daß er in der Hintergasse drei Häuser erwerbe und die drei Hofstätten mit einem nach damaligem Urtheile palastähnl'chen Wohnsitze überbaute. Dasselbe geschah bald nachher bei dem Uebergange der thurgauischen Landschreiberei an die Familie Reding von Biberegg von Schwyz. Zwei Häuser wurden geschliffen und auf ihren Hofstätten die Landeskanzlei, oben an der mittlern Häuserreihe der Vordergasse, erbaut. Dem einflußreichsten Landvogteibeamten durfte man den Wohnsitz und Hausbesitz in der Stadt nicht verweigern.

Indem sich auf solche Weise die Zahl der Wohnungen in der Stadt verminderte, vermehrte sich die Häuserzahl vor den Thoren. Für

Leute, die Weinbau und Ackerbau oder sonst ein größeres Gewerbe betrieben, war hier mehr Raum verfügbar. Vor dem untern Thore und in der Ergeten bestanden um 1630 bereits 17, vor dem Holder=thore 6 Häuser, und vor dem Trüffelthore konnte das von einem Herrn von Landenberg erbaute hohe Haus zum Algi ebenfalls wie ein Anfang zu einer neuen Vorstadt betrachtet werden. Die Gasthäuser zum Kreuz in der Ergeten, zum Löwen vor dem untern Thore und zum Engel vor dem Holderthore waren nicht nur vielfach besuchte Herbergen für Fremde, sondern auch beliebte Vergnügungsorte der Stadtherren.

7. Der Haushalt der Stadt.

Neben der Handhabung der niedern und höhern Polizei und der damit verbundenen richterlichen Funktionen hatten Schultheiß und Rath auch das ganze Verwaltungswesen unter ihrer Obhut. Es war dieß sogar die schwierigere Aufgabe.

Die bedeutendsten Theile der Gemeindegüter bestanden in den Almenden und Waldungen. Da die Almenden zur Viehweide bestimmt waren, hatte jeder Bürger nach Verhältniß seines Viehbesitzes eine größere oder kleinere Nutzung von diesem Theile des Gemeindegutes. Der Ansaße zahlte für jedes Stück Vieh, das er mit der gemeinen Herde auf die Weide treiben ließ, eine kleine Abgabe; die Stadt setzte und besoldete den Viehhirten; der Kühheißer regelte den Weidgang nach der Aenderung der Jahrzeit. Alles dieß war durch das Her=kommen so bestimmt und abgemessen, daß der Gedanke ferne lag, die alte Uebung anders gestalten zu wollen.

Anders verhielt es sich mit der Waldung. Die ausgedehnten Stücke Waldung, Eichholz, Burgerholz, Schollenholz, Oberholz, und die an dem Hofe Murkhard anstoßenden Gehölze Bongarten, Heilig=land und Altholz, zusammen 750—800 Jucharten bedeckend, konnten zwar mehr als den Bedarf an Bau= und Brennholz liefern, aber die Benutzung war nicht gehörig geregelt. Das stand zwar fest, daß der Besitzer einer alten Hofstätte, eines Hauses oder einer Scheune in der Stadt oder Vorstadt das Anrecht auf das benöthigte Bauholz hatte und ihm dieses aus der Gemeindewaldung ohne Entgelt abgeliefert werden mußte; daß er und andere Bürger, die keine Häuser hatten, den täglichen Holzbedarf aus der Gemeindewaldung beziehen können und dürfen, war ebenfalls zugegeben; aber die manigfaltigen Mißbräuche, die dabei mit unterliefen, zu beseitigen, war eine Aufgabe, die zu lösen in jener Zeit zu den Unmöglichkeiten gehörte, denn das Forstwesen lag nicht nur in Frauenfeld, sondern überall noch in bewußtloser Kindheit.

Abgesehen von kleinern Reparaturen der Gebäulichkeiten, wofür wenige Holzstämme genügten, wurden zu einzelnen Bauunternehmungen 30—100, ja 200 und mehr Stämme bewilligt. Zuweilen wurde aber der Bau gar nicht oder nur theilweise ausgeführt, im letztern Falle das Holz anderswie verwendet oder gar verkauft. Es war das eine Täuschung des öffentlichen Vertrauens, ein großartiger Holzfrevel, daher die Verordnung gerechtfertigt, daß, wenn eine Bitte um Bauholz bei dem Rathe eingereicht werde, der Bauherr oder der Werkmeister das wirkliche Bedürfniß des Bittstellers untersuchen und darüber Bericht erstatten und dem Bittsteller auferlegt werden soll, vorerst den dritten Theil des erforderlichen Bauholzes auf eigene Kosten anzukaufen und auf den Werkplatz schaffen zu lassen. Wenn auf solche Weise der wirkliche Entschluß, den Bau zu unternehmen, dargethan war, glaubte der Rath, den unentgeltlichen Bezug der andern zwei Theile des Holzbedarfs aus der Stadtwaldung unbedenklich bewilligen zu dürfen. Ob der Bauunternehmer aber nur das eigentliche Stammholz, oder auch das Abholz und Geäste beziehen dürfe, hing von dem Entscheide des Rathes ab.

Ein Hauptgebrechen bei solchen Holzanweisungen war, daß das benöthigte Holz bald da bald dort im Walde gefällt wurde und auf solche Weise überall Lücken im Holzbestande geöffnet wurden, in denen der Wind sich verfing. Es ist in den Rathsprotokollen häufig von Sturmwinden die Rede und von Tausenden von Stämmen, die dadurch niedergeworfen worden seien. In solchen Fällen ließ der Rath das Holz durch gedungene Taglöhner ausscheiten und klafterweise gegen Erlegung der Kosten unter die Bürger austheilen. Im Jahre 1571 kamen 85 Klafter zur Vertheilung, für welche der Empfänger je zwei Schillinge zu bezahlen hatte; im folgenden Jahre 184 Klafter für je zwei Batzen. Manche baten sich statt des Scheitholzes ganze Stämme aus, vielleicht um den Arbeitslohn selbst zu verdienen, vielleicht des leichtern Transportes wegen; denn eine Ladung Scheitholz z. B. aus dem Heiligland längs der Murg, zum Theile im Flußbette der Murg in die Stadt hinunter zu führen, war stets in Gefahr, umgeworfen zu werden und im Wasser verloren zu gehen.

Das so geheißene unschädliche, nämlich abgestandene dürre Holz und das Gesträube und Gebüsch war Freibeute für jeden Bürger, der sich desselben bemächtigen wollte. Der Ansaße mußte geloben, weder in Holz noch Feld schädigen zu wollen; im Walde durfte er zwar die abgefallenen Aeste sammeln, aber Axt oder Gertel mit in den Wald zu nehmen, war ihm nicht erlaubt. Allein weder die Bürger noch die Ansaßen hielten sich durch diese Vorschriften strenge gebunden. Auch aus den angrenzenden Ortschaften wurden viele Einbrüche in die Stadtwaldungen gemacht. Obwohl nur zwei Holzförster angestellt waren, der eine für die Waldungen bei Murkhard, der andere für das Eichholz, Burgerholz, Schollenholz und Oberholz, ihnen hiemit viele Holzfrefel entgehen mußten, wurden doch eine Menge Holzfrefel verzeigt. Es geschah, daß selbst Bürger mit Wagen zu Walde fuhren und unschädliches Holz sich aneigneten. Es gab Holzfrefler, die geflissentlich hin und wieder kleine und größere Stämme anhieben oder schälten, um, wenn sie abdorrten, mit Fug dieselben fällen zu dürfen. Die Klagen über Holzverwüstungen verhallten im Rathe. Das Vorurtheil, daß der Wald Gemeingut und Waldfrefel kein Diebstahl sei, nährte die Frechheit und lähmte selbst die Behörde. Dieselben Mißbräuche dauerten auch im folgenden Jahrhunderte (1600—1700) noch fort. Bei diesem Mangel aller Forstwirthschaft zog also der einzelne Bürger sowohl als das Gemeinwesen aus den Waldungen einen verhältnißmäßig dürftigen und meistens nur zufälligen Nutzen.

Zwischen den Jahren 1630 und 1640 wurden bei Murkhard und im Luedem einige Stücke Reben angelegt, zugleich eine Stadtkellerei eingerichtet. Es war vorzüglich der Bauherr M. Neuwyler, der dieses Unternehmen betrieben und geleitet hatte. Es ist aber nicht ersichtlich, ob dieß mehr zum Vortheile oder Nachtheile des Stadtärars gereichte; denn bei Abendtrünken und Ehrenränken wurde der Stadtkeller zu häufig in Anspruch genommen und bei Vornahme der Kellerrechnungen mußte für Schwanung zuweilen übermäßig viel in Abzug gebracht werden.

Auch der Ertrag der Zölle und Weggelder war gering. Im April 1611 ließen Schultheiß und Rath den VII Orten vorstellen, daß seit dem gütlichen Spruche von 1511 der Zoll jährlich zwölf, höchstens achtzehn Gulden abwerfe, lange große Theurung geherrscht habe, die Straßen jetzt übel verkarret, vor etwa fünf Jahren für Steinpflasterung bei 500 Gulden aufgewendet worden seien, die Straßen sich auf etwa zwei Stunden weit erstrecken, die Städte Wyl, Winterthur, Stein ihren Zoll gesteigert haben, Frauenfeld daher um die Vergünstigung bitte, einen höhern Zoll beziehen zu dürfen. Da zweifelhaft war, ob die Orte die Bitte gewähren werden, sandte Frauenfeld Abgeordnete von Ort zu Ort. Sie erreichten ihren Zweck. Man erlaubte, die Zollansätze zu verdoppeln. Aber die Abgeordneten Ludwig Joner, genannt Rueplin, und Melchior Locher hatten dafür 300 Gulden und 5 Schillinge Ausgaben zu verrechnen.

Die unbedeutenden Ergebnisse dieser Zollsteigerung wurden noch verkümmert durch die 1611—1615 wiederholt gegen dieselben erhobenen Einwendungen der Aebte von St. Gallen und Fischingen, die zwar die 1611 von den VII Orten zugestandene Erhöhung der Zollansätze nicht zu stürzen vermochten, dagegen für das Amt Tanegg die Begünstigung herbeiführten, daß die Bewohner dieses Amtes, wenn sie die Brücken nicht brauchen, bei dem Herkommen bleiben mögen. Erst die erneuerte Zollordnung von 1635 ließ einen etwas größern Ertrag erzielen, als die alte Römerstraße bei St. Otilien abgegraben und dadurch der Waarenzug durch die Stadt geleitet, die Zolltaxe für einen Wagen kaufmännischer Waaren auf 5 Batzen, für einen Karren auf 10, für einen Wagen Wein auf 4, für ein beladenes Saumpferd und für einen Mütt Kernen auf 1 Kreuzer festgesetzt wurde.

Die Markt- und Kaufhauszölle bewegten sich gleichfalls in sehr bescheidenen Maßen; die erstern in den Jahren 1638—1649 bei 25—51 Standhaltern zwischen 13—18 Gulden Ertrag von jedem Markttage. Im Jahre 1606 betrug der Kernenzoll im Kaufhause 13 Mütt, die in andern Jahren bis auf 20 Mütt anstiegen.

Den ältesten und zwar unveränderlichen Einnahmposten bildete die sogenannte Stadtvogtei mit 45 Mütt Kernenzinsen aus den Lehen der beiden Mühlen und aus den an einzelne Bürger verliehenen Hanfäckern und Reben. Auf diese Zinse waren aber die Besoldungen der

Beamten angewiesen. Die beiden Schultheißen und der Statthalter bezogen (1637) jeder 12 Mütt Kernen, der Baumeister 3½, der Spendmeister 1¾, das Forstamt 2¼, zusammen 43½ Mütt, so daß nur ein kleiner Rest für andere Bedienstete übrig blieb. In den Jahresrechnungen wurden aber diese Einnahmen und Ausgaben nicht aufgeführt.

Die Sitzungs- oder Satzgelder der Räthe betrugen von jedem gefällten Spruche zwei, vier oder mehr Gulden, je nach Verhältniß der darauf verwendeten Mühe und Zeit, und wurden unter die Rathsglieder vertheilt, fielen also nicht in die Stadtrechnung, wohl aber die Bußen und Strafgelder, die der Bußenmeister zu beziehen und an das Seckelamt einzuzahlen hatte. Eine Haupteinnahme des Seckelamtes bestand ferner aus den Umgeldern, zwei Maß vom Eimer des ausgeschenkten Weines der Gast- und Schenkhäuser. Diese Einnahmen, sammt Zöllen, Einzugsgeldern, dem Ueberschuß der Steuern und andern zufälligen Einnahmen, betrugen in gewöhnlichen Jahren 900 bis 1000 Gulden, aus denen die städtischen Ausgaben bestritten werden mußten. Die außerordentlichen Einnahmen von Erbabzügen, großen Kriminalstrafen, Vermögens-Confiscationen hingerichteter Verbrecher konnten diese Summe allerdings verdoppeln und vervielfachen, waren aber selten. Jene bescheidenen Zahlen der Jahreseinkünfte machen also begreiflich, daß der Rath zuweilen in Verlegenheit war, wenn er dem Landvogte die Letzikronen entrichten oder außerordentliche Baubedürfnisse befriedigen sollte.

Die Bürgersteuer war noch wesentlich Boden- und Hofstättesteuer. Schultheiß Müller war z. B. für das Haus zum Adler zu 5, Statthalter Engel für sein Haus zu 7, Stadtschreiber Locher zu 5 Batzen angelegt. Am Ende des Jahres wurde jeder Steuerpflichtige vor die Rechnungskommission geladen, um seine Löhnungen für die der Stadt erwiesenen Dienste mit seiner schuldigen Steuer ausgleichen zu lassen. Nur das Gesammtergebniß dieser Abrechnungen wurde dann als eigentlicher Steuerertrag verzeichnet. Auf solche Weise konnte geschehen, daß bei der Gesammteinnahme von 920 Gulden in der Seckelamtsrechnung von 1670 der Steuerertrag nur 238 Gulden stark verzeichnet ist.

Bei diesem Sachverhältnisse muß man darauf verzichten, auch nur annähernd in runden Zahlen den Vermögensstand und die Steuerkraft Frauenfelds in jener Zeit auszudrücken.

8. Waffenbereitschaft während des deutschen dreißigjährigen Krieges 1618—1648.

Als nach der Erhebung des Churfürsten Friedrich von der Pfalz zum König von Böhmen der Kaiser alle österreichischen Kräfte an der Donau und am Oberrhein aufbot, das verlorene Königreich wieder zu gewinnen und dem Herzog von Bayern die Pfalz als Lehen übergab und auf solche Weise der Krieg sich bis an die schweizerische Rheingrenze verbreitet wurde, erkannten die Eidgenossen die Nothwendigkeit, zur Beschützung ihrer Grenze Hochwachten zu errichten, den Landsturm zu organisiren und die Bevölkerung zu Waffenübungen aufzufordern. Wie in der Landschaft Thurgau gerüstet wurde, so wurde auch in Frauenfeld die fast vergessene Kriegsordnung wieder zur Hand genommen. Im Herbstmonat des Jahres 1619, bei der Besetzung der Kriegsämter, wurde der Landammann Rueplin zum Hauptmann der Mannschaft bestellt, ihm der Statthalter Dietrich als Lieutenant beigegeben und die andern Offiziersstellen paritätisch besetzt, so daß nämlich zwei Fähnriche und zwei Wachtmeister, von jeder Religionspartei einer, jährlich mit einander wechselten. Bei der Musterung im Mai 1620 fanden sich 83 gerüstete Männer ein, nämlich 14 mit Harnischen, 27 mit Hakenbüchsen und Musketen, 42 mit Spießen und Hellebarden, in zwei Haufen geordnet, unter dem Schützenhauptmann Wendel Locher und unter dem Spießenhauptmann Enoch Mörikofer. Unter ihren Befehlen standen sechs Rottmeister, drei aus der Stadt und drei aus den Stadtgerichten.

Aber noch mehr als das Kriegsgewitter von jenseits des Rheins schreckten Kriegsdrohungen aus dem eigenen Lager der Eidgenossen. Die VII regierenden Orte geriethen unter einander in eine solche Spannung, daß ein neuer Bürgerkrieg unvermeidlich schien. Im Hinblicke auf die manigfaltigen Zerwürfnisse, mit denen seit dem Landfrieden von 1531 die beiden Confessionen gegenseitig sich ereifert hatten, wäre es ein leichtes gewesen, die eidgenössische Parteiung auch jetzt unter die Bürger Frauenfelds zu verpflanzen. Da faßten aber Schultheiß und Räthe und Bürger in Gegenwart des Landvogts C. E. von Roll am Sonntag nach Bartholomäus 1622 den eidlichen Beschluß, beiderseitig

der Religion halb sich unangetastet zu lassen, keinem Theile der VII
Orte zu helfen, sondern bei einander mit Leib und Gut stille zu sitzen,
weder Baarschaft noch Silber oder Früchte aus der Stadt zu fleuchen,
dagegen einfallendes fremdes Volk abzuwehren. Wenn einer mit seinem
Leibe abträte, sollte er des Bürgerrechtes verlustig sein.

Diese Gefahr ging vorüber, aber in Deutschland dauerte der Krieg
fort und in gleicher Weise für die Schweiz die Nothwendigkeit der
Waffenbereitschaft. So, wie eine Insel vereinzelt, außer Verbindung
mit der Wehrverfassung, die in der Landvogtei eingerichtet wurde,
durfte Frauenfeld, als Sitz der Landesregierung, nicht bleiben, das
sah die Stadt wohl ein. Ohne Widerrede ließ sie also es sich gefallen,
bei der Abtheilung des Thurgau's in acht Landsturm=Quartiere mit
dem Quartiere Tänikon in Verbindung gesetzt zu werden und zur Errichtung gemeinschaftlicher Hochwachten und Warten Hand zu bieten.
Als solche Warten wurden bestimmt: Die Stadtkirche Frauenfeld, die
Laurenzenkirche in Oberkirch und die Kirche in Kurzdorf; als Hoch=
wachten: die Höhen auf der Platten bei Nieder=Herten, auf dem Ur-
blatt bei Dingenhard und auf der Burg bei Amwangen. Dort auf den
Kirchthürmen sollten die angestellten Pfarrer mit zwei Gehülfen in der
Stunde der Gefahr die Sturmglocken in Bewegung setzen, auf den
Höhen aber die Hochwächter Pechpfannen anzünden und durch Feuer
und Rauch das Landsturmzeichen in die rückwärts gelegenen Theile des
Quartiers verpflanzen. Die Mannschaft der Quartierabtheilung Frauen=
feld war beordert, sich bei dem Stadtpanner unter die Befehle des
Wacht= und Wartemeisters Landweibel Engel zu stellen und in einen
ersten Auszug und zweiten Auszug zu ordnen. Jenen ersten Auszug
sollte der Wachtmeister C. Müller sogleich dem Ort des feindlichen
Einbruchs zuführen; R. Rogg zur Krone, der andere Wachtmeister,
unterdessen den zweiten Auszug als Nachhut bereit halten.

Indem die Stadt diese unvermeidliche Verbindung mit dem
Quartiere Tänikon einging, wies sie die Zumuthung ab, ihre Mann=
schaft unter die Führung des Quartierhauptmanns zu stellen oder
überhaupt mit den acht Quartieren in ein Rechnungsverhältniß zu
treten. Während jedes Quartier seine besondere Quartierfahne führte,
behielt Frauenfeld sein hergebrachtes Feldzeichen bei und bewahrte sich

den Vorzug, daß der Landvogt dasselbe als seine Leibfahne ansah.
Die rege Thätigkeit, mit welcher die Stadt für die Ausrüstung und
Uebung ihrer Mannschaft sich anstrengte, verdiente solchen Vorzug.
Sie hatte 1628 die schwerfälligen Hakenbüchsen und Handrohre abge-
schafft und die Zahl der Musketiere vermehrt. Im Jahre 1629 bestand
der erste Auszug ihrer Mannschaft aus 190, der zweite aus 265
Mann und noch blieben 537 Mann übrig, die bei einem allgemeinen
Landsturm verwendet werden konnten.

Bei dem Einbruche des schwedischen Generals Horn am 8. September (28. August) 1633 war auch eine Schaar Mannschaft von
Frauenfeld in der Nähe der Stadt Stein diesseits der Brücke postirt.
Der Wachtmeister Konrad Rogg zur Krone hatte sie am Tage vorher
auf Anordnung des Quartierhauptmanns Rueplin dahin geführt. Dies
gab Anlaß zu der Sage, Rogg trage nicht geringe Schuld daran, daß
die Schweden bei Stein die Brücke überschreiten und auf dem schweizerischen Seeufer die Stadt Constanz erreichen konnten.

Die Frage, ob General Horn die schweizerischen Wachtposten getäuscht und so überrascht habe, daß sie außer Stande waren, die
Brücke zu sperren, oder ob der thurgauische Oberstwachtmeister Kesselring, sei es auf höhern Befehl, sei es im verrätherischen Einverständniß
mit Horn oder in unverantwortlicher Pflichtversäumniß, jeden Versuch
unterlassen habe, den Uebergang der Schweden über die Brücke zu
hindern, wurde damals vielfach erörtert. Von den katholischen Orten,
namentlich von der Regierung des Standes Schwyz, wurde alle Schuld
auf Zürich und Zürichs Parteigänger Kesselring geworfen. Beachtens-
werth ist daher das Zeugniß des Wachtmeisters Rogg.

Adam Egloff von Gottlieben behauptete nämlich in Gegenwart
ehrenhafter Herren und Bürger in- und außerhalb der Stadt Constanz,
der Kronenwirth Rogg sei eine nicht geringe Ursache gewesen, daß die
Schweden die Brücke von Stein überschreiten und nach Constanz gelangen konnten. Für diese mehr als schimpfliche Nachrede zog Rogg
den Egloff vor das Gericht Emmishofen und dann vor das Oberamt
des thurgauischen Landvogts Johann an der Alment; und hier gab
Rogg folgenden umständlichen Bericht: Am Tage vor der Ankunft der
Schweden sei er von dem Quartierhauptmann Joh. Ludwig Joner
genannt Rueplin befehligt worden, die vorhandene Wache an einen

bestimmten Ort aufzuführen; nachdem er dieses ins Werk gesetzt, habe
er bei schon einbrechender Dunkelheit nach Hause zurückkehren wollen;
da er aber vernommen habe, daß laut eingelaufenen Berichtes gegen
Morgen schwedisches Volk werde über die Rheinbrücke bei Stein in
das Land eingelassen werden, habe er pflichtgemäß etwas länger ver=
weilt und heller nachgefragt; so wie er in Erfahrung gebracht, daß es
sich wirklich so verhalte und daß dem General Horn und seiner Armee
zu Roß und zu Fuß der Durchpaß bewilligt sei, habe er sich zu Pferd
gesetzt und angefangen, den ihm untergebenen Leuten Befehl zu geben,
sobald sie fremdes Volk gewahr werden, Sturm zu schlagen; darüber
sei ihm jedoch von einigen namhaften Personen geantwortet worden,
es möge sich Jemanden gelüsten lassen, bei ihnen eine Glocke anzu=
ziehen; wer sich dessen unterstehe, den werden sie zu Boden schlagen.
Hierauf, erzählt Rogg weiter, sei er in finsterer Nacht nach Hause
geritten, um dem Herrn Landvogt davon Anzeige zu machen, habe
aber aus sich selbst überall auf dem Wege den ausgestellten Wacht=
posten befohlen, wenn sie fremdes Volk wahrnehmen, sogleich Sturm
zu schlagen, ohne weitere Befehle abzuwarten. Zu Hause angelangt,
habe er sogleich alles dem Landvogte entdeckt; dieser habe ihn auch
bald wieder abgefertigt und ihm noch einige Leute beigegeben; wie sie
aber den ihnen bezeichneten Ort erreicht, hätten schon mehrere Tausend
Mann die Brücke passirt gehabt und seien das Land hinaufmarschirt;
somit seien er und seine Begleiter mit ihren vom Landvogte erhaltenen
Aufträgen zu spät gekommen.

Da der Landvogt selbst Zeuge für den letztern Theil der Aussage
Roggs war, so blieb kein Grund zu weiterm Verdachte übrig.

Dieser Vorgang und die Belagerung von Constanz hatte aber
neuerdings die Ueberzeugung befestigt, daß man besonders auch im
Thurgau alle Ursache habe, den jenseits des Rheins und Bodensee's
herum tummelnden Heeren ein stetes Mißtrauen entgegen zu setzen.

Gegen Constanz war Vorsicht doppelt nothwendig, weil die öster=
reichische Besatzung nun eine Art Gegenrecht erlangt, sich dasselbe zu
erlauben, was der schwedische Feldherr zu thun kein Bedenken getragen
hatte. Vor allem aus schien eine straffere Concentration der thurgaui=
schen Streitkräfte geboten und in näherer Beziehung auf Frauenfeld
eine Aenderung im Verhältnisse der Stadtfahne zum Quartier Tänikon,

in dem Sinne nämlich, daß der neugewählte Quartierhauptmann sich zu dem Stadthauptmann schlage und beiderlei Mannschaft ein Corpus bilde, wie von Alters her. In diesem Sinne faßten wenigstens der Stadtrath und der Stadtschreiber als Protokollführer die Sache auf. Demgemäß ernannte also am 26. September 1634 der Landvogt in Anwesenheit beider Stadtschultheißen den Quartierhauptmann; dieser ersuchte dann Schultheiß und Rath, die übrigen Aemter zu besetzen, was sie dann aber dem Quartierhauptmann nach eigenem Gefallen zu thun überließen, immerhin mit dem Vorbehalte, daß dies den Freiheiten der Stadt unschädlich sein soll. Endlich fügt zu besserer Erläuterung der Protokollist bei: Es wurde also zwar eine Aenderung, nicht aber eine Sönderung gemacht.

Es hält schwer, diese sonderbare Verquickung zu begreifen. Es scheint sich im Wesentlichen darum gehandelt zu haben, beiderlei Mannschaften, diejenige des Quartiers Tänikon und diejenige der Stadt, unter eine gemeinsame Hauptmannschaft zu stellen; und damit die Stadt sich desto eher diese Neuerung gefallen lasse, schmeichelte man ihr mit der Hoffnung, ihre frühere Hauptmannschaft über das untere Thurgau wieder herzustellen.

Mit dieser Hoffnung hing vielleicht auch der Eifer zusammen, womit der Rath den Vorschlag auffaßte, einen Waffenvorrath anzulegen. Statthalter Engel trug nämlich dem Rathe vor, wie in Stein, wenn ein Bürger ohne männliche Leibeserben sterbe, seine Oberwehr, Harnisch und Muskete in das Zeughaus abgegeben werde und dieses Beispiel Nachahmung verdiene. Am 29. Jenner 1634 wurde dieser Vorschlag dem Kleinen und Großen Rathe zu weiterer Erwägung vorgelegt und hierauf der Beschluß gefaßt: Da das Zeughaus mit Ober= und Unterwehren schlecht versehen ist, soll künftig jeder neu gewählte Schultheiß und Statthalter vier Musketen auf das Zeughaus geben, jedes neugewählte Mitglied des Kleinen Rathes und des Gerichts eine Muskete, jedes neugewählte Mitglied des Großen Rathes eine Hellebarde oder einen Spieß; auch sollen Ober= und Unterwehr eines ohne männliche Leibeserben gestorbenen Bürgers dem Zeughause verfallen sein.

Noch in demselben Jahre wurde das Zeughaus in Folge jenes Beschlusses mit einigen Waffenrüstungen bereichert und daher das dort aufgespeicherte Getreide in das Gesellschaftshaus der Oberstube hinüber geschafft. Vier Jahre später mußte sogar zur Aufbewahrung der kurzen Wehren dem Zeughause ein neues Gemach aufgesetzt werden. Im Jahre 1641 dagegen änderte man jenen frühern Beschluß wieder dahin ab, daß die neugewählten Rathsglieder und Richter für jede in das Zeughaus zu liefernde Muskete fünf Gulden entrichten sollen. Die Vergütung für einen Spieß oder eine Hellebarde betrug 24 Batzen, für einen Harnisch 5 Gulden.

Daß die im obern Murgthale wohnenden Angehörigen des Quartiers Tänikon dem mit Frauenfeld verabredeten Vergleiche von 1634 sich nicht hatten fügen wollen, wurde von der Stadt nicht beklagt; im Gegentheile fand sie gerade darin einen neuen Grund, sich der Quartiersteuern zu weigern und in der Ausbildung ihres Wehrwesens ihre Ueberlegenheit über die schlaffe Ordnung der Landmiliz an den Tag zu legen. Bei der Reorganisation ihrer Wehrmannschaft im Jahre 1643 konnte schon das Ebenmaß ihrer Eintheilung Verwunderung erregen: neun Rotten von je 29 oder 28 Mann sammt je einem Rottmeister, nämlich je zwei Rotten für den ersten, für den zweiten und für den dritten Auszug und vier Rotten für den letzten Auszug, im Ganzen 257 Mann, mit 197 Musketen, 4 Schlachtschwertern, 13 Harnischen, 24 Spießen und 55 Hellebarden. Schon diese Verhältnisse zeigten, daß die damaligen neuesten Kriegserfahrungen dabei waren zu Rathe gezogen worden. Die freiwillige Schützengesellschaft, unter Oberaufsicht des Rathes, war der Mittelpunkt, in welchem die sonntäglichen Uebungen im Zielschießen in der Stadt und in den Landgemeinden sich zusammenschlossen.

Auf solche Weise der eigenen Führung und Verwaltung hingegeben und dieser Selbständigkeit sich freuend, hörten 1648 Schultheiß und Rath nicht ohne Sorge, daß der Landvogt mit dem Gedanken sich beschäftige, eine neue Eintheilung der Quartiere zu veranstalten und die Stadt oder doch einen Theil der Stadtgerichte mit hereinzuziehen. Glücklicher Weise erschallte aber die Kunde, daß in Deutschland der Friede hergestellt sei und wandte sich die öffentliche Aufmerksamkeit andern Fragen zu. Mit Arbon, Bischofszell, Dießenhofen und Steckborn behielt Frauenfeld die bisherige ausnahmsweise Stellung gegen die Landquartiere bei, mit der 1649 dem Landvogte von den regierenden Orten bewilligten Auszeichnung, daß die Mannschaften von

Frauenfeld und Steckborn im Kriegsfalle die Leibwache des Landvogtes bilden sollen.

Diese Entscheidung war insoweit für Frauenfeld von großem Werth, als die Stadt dadurch der Verbindlichkeit enthoben war, mit den Quartierhauptleuten, als Wortführern der Landschaft Thurgau, in ihren Streitigkeiten gegen die Gerichtsherren und in andern Händeln gemeinsame Sache zu machen. Sie entging dadurch zahlreichen Verwicklungen und vielfachen Geldopfern.

9. Armennoth.

Schon im vorangegangenen Zeitraume hatte sich die Menge fremder Bettler so vermehrt und hielt es so schwer, dieselben in ihre Heimat zu verweisen, daß der Spitaldiener im Jahre 1600, um einiger dem Spitale überlästigen Gäste sich zu entledigen, dieselben in Säcke schob und im Marktgewühle zu Constanz aussetzte, freilich ohne seinen Zweck zu erreichen.

Zu den manigfaltigen Sorgen und Mühen, welche der deutsche dreißigjährige Krieg für die Gebiete der Eidgenossenschaft herbei führte, gehörte auch der Unterhalt einer alles bisherige Maß überschreitenden Menge von Flüchtlingen, Bettlern und Landstreichern. Der Ueberdrang war um so größer, da noch die Ansicht herrschte, die Bittenden abzuweisen sei heidnisch, und jeder Gemeinde überlassen war, dem Mißbrauche des Almosens nach eigenem Gutfinden in ihrer Gemarkung zu wehren. Wie sich Frauenfeld dabei verhielt, gibt ein Mandat vom 26. Mai 1624 zu erkennen.

Jedermann weiß, sagt das Mandat, daß an Sonntagen und Wochentagen das heilige Almosen von den Armen mit großem Getöse, ja bisweilen mit Schlägen, Gotteslästern und Fluchen eingezogen wird, und daß die meisten dieser Armen starke und gesunde Leute sind. — Diesen Mißbrauch abzustellen, ist verordnet:

1. Das Almosen wird wöchentlich am Sonntage durch den Ausmeister und Förster, wie von Alters her, von Haus zu Haus gesammelt, dann in Anwesenheit zweier Rathsglieder hinter der Kirche ausgetheilt; dabei werden die, welche sich wohl selbst mit Arbeit ernähren können, nicht nur weggewiesen, sondern noch in anderer Weise bestraft.

2. Nicht die geringste Ursache dieses Ueberlaufs ist, daß auch die Spend am Sonntag ausgetheilt worden ist; daher soll sie von nun an wieder am Mittwoch ausgetheilt werden, zuerst den Hausarmen in der Stadt, dann den Gerichtsangehörigen, endlich den Fremden.

3. Nachdem geklagt worden, daß seit einiger Zeit im Spitale die Landstreicher, besonders vorgebliche Soldaten, mit ihren Dirnen oft acht und mehr Tage sich aufhalten, den Armen das Ihrige aus dem Mund reißen und dagegen banketiren, fressen, saufen, fluchen und schwören, wird den Pflegern aufgetragen, solche Leute jeweilen am Morgen fortzuschicken. Wenn diese landstörrischen Leute vorgeben, daß sie als Soldaten von der Obrig= keit Gewalt haben, Geflügel und Hühner zu entwenden und damit die Ein= fältigen täuschen, so sollen sie, soferne sie bei solcher That ergriffen werden, mit Gefängniß büßen.

4. Da die Harzer im Ruegerholz, in beiden Espi, Aumühle, Hungers= bühl, Huben, Ober=Bühl großen Schaden anrichten, wird verboten, ihnen länger als eine Nacht Herberge zu geben.

Wie aus § 1 dieses Mandates hervorgeht, war es alter Brauch, daß das Almosen von Stadtdienern in den Häusern gesammelt und dann den Bedürftigen ausgetheilt wurde, hiemit der Straßen= und Hausbettel abgeschafft war. Diese wöchentliche freiwillige Armensteuer war Bedürfniß, weil weder das Spendgut für die Armen der Gemeinde, noch das Spitalgut für die Fremden ausreichte. Als die Einrichtung getroffen wurde, daß der Bettelvogt das Wochenalmosen einziehen und mit seiner Handglocke jeweilen die Hausbesitzer mahnen solle, wurde es Schellengeld genannt.

Wie aber die freiwillige Steuerabgabe bald ermüdet, so geschah es auch damals. Manchen wurde die versprochene Leistung schwer, weil eigene Noth sie drückte. Andere glaubten ihre Gaben selbst aus eigener Hand zweckmäßiger verwenden zu können u. s. w. Da auf solche Weise das Schellengeld sparsamer zu fließen begann, die Zahl der Armen sich nicht verminderte und man dem Haus= und Straßen= bettel schon der öffentlichen Sicherheit wegen nicht freien Lauf gestatten durfte, faßten Schultheiß und Rath im März 1632 den Beschluß, daß das Wochenalmosen wieder von Haus zu Hause durch die Schelle eingefordert werden solle.

Im Jahre 1634, am Ende des Monats Mai, trugen die Spital= pfleger dem Rathe vor, daß sie seit zwei Monaten 90 Gulden aus=

gegeben und nur 32 Gulden Schellengeld eingenommen haben. Im Jahre 1636 ertrug das Schellengeld 190 Gulden, nebst 25 Gulden Jahresbeitrag vom Landvogt, im Jahre 1637 aber 260 Gulden, nebst 17½ Gulden vom Landvogt, die Ausgaben dagegen im erstern Jahre 295, im zweiten 352 Gulden. Den Ausfall deckte das Spitalgut. Diese Verhältnisse der öffentlichen Betheiligung blieben sich auch in den folgenden Jahren ungefähr gleich; denn für die beiden Jahre 1642 und 1643 wurden zusammen 469 Gulden Schellengeld verrechnet. Dagegen fand sich der Rath 1648 gedrungen, abermals zu neuer Entrichtung des Schellengeldes aufzumahnen. Dasselbe wiederholte sich 1653.

10. Malefiz-Prozesse.

Das Verfahren im Malefiz- oder Kriminalprozeß erreichte seine schärfste Ausbildung in dem glaubenseifrigsten Jahrhunderte des deutschen dreißigjährigen und des schweizerischen Vilmerger Krieges. Auch die Stadt Frauenfeld theilte die herrschenden Ansichten der Zeit nicht bloß in Bezug auf die Verbrechen des Raubes und des Mordes und anderer krimineller Thätlichkeiten, sondern auch in Bezug auf Zauberei und Lästerung und ihre grausame Bestrafung.

Die Verbrechen waren zahlreicher als je. Die Menge Gesindels, welches bei der äußerst mangelhaften Polizei aller Staaten das Land bettelnd durchstreifte, war oft durch Hunger zu Diebstahl und Raub gezwungen. Die kriegerische Verwilderung ausgerissener Soldaten kannte, wenn etwas zu gewinnen war, kein Erbarmen, steigerte sich oft zur Mordlust.

Der Glaube an den Teufel und an die unwiderstehliche Macht teuflischer Zauberei beherrschte die Gemüther des Volkes und der Obrigkeit. Wer nicht an den Teufel und seine Zaubermacht glaubte, wurde dem Gottesleugner gleich gestellt, galt als ein Ketzer. Die gedankenlose Einfalt, die Jugend mit Erzählungen von Hexen, Gespenstern und allerlei Teufelsspuck zu unterhalten, verlor sich in die Phantasien dieser Wunderwelt, und was sie träumte, erschien ihr als Wirklichkeit. Habsucht, Neid, Haß, unsittliche Gelüste oder unbezähmter Vorwitz verführten Viele, mit dem Teufel ein Bündniß einzugehen, um mit seiner Hülfe das Unmögliche zu erlangen.

Solche Verirrungen und Verbrechen zu entdecken und zu bestrafen, war die Aufgabe des Malefizes. Außer dem hohen Thurme auf dem Oberthore war der am Gryfenberg'schen Hause stehende Thurm an der Hintergasse zu Gefängnissen eingerichtet; in letzterm Gebäude auch eine Reichskammer, mit allen nöthigen peinlichen Instrumenten versehen, um die Gefangenen zum Geständnisse ihrer Uebelthaten zu zwingen. Zuerst wurde nämlich der durch den Stadtknecht oder durch Landgerichtsknechte eingebrachte Gefangene im Auftrage des Rathes durch drei Rathsherren gütlich verhört. Man fragte ihn, warum er meine, eingesetzt worden zu sein; er solle Gott und der Obrigkeit zu Ehren die Wahrheit sagen. Wenn er die richtige Antwort gab, so mußte er erzählen, wie er zu seinem Vergehen gekommen sei, wie er es vollführt habe. Gab er die entsprechende Antwort nicht, so brachte man ihn durch Suggestivfragen auf die Fährte, ob er denn nicht zu dieser oder jener Zeit da oder dort gewesen sei, dieß oder das gehört, gesehen, gethan, geredet habe. Von dem Erfolge dieses ersten gütlichen Verhörs erstatteten die drei Verhörrichter dem Rathe Bericht und Antrag, ob die Verantwortung oder das Geständniß genüge, oder ein peinliches Verhör vorgenommen, der Scharfrichter beigezogen, durch härteres Gefängniß, Schmälerung der Nahrung, durch Prügel, durch Einschraubung der Daumen, durch Einschnürung der Glieder, bei beharrlichem Schweigen oder Leugnen durch Aufziehen (Aufhängen vermittelst eines unter den Achseln durchgezogenen Seiles und Anhängung von Gewichtsteinen an Füßen und Händen), durch Zwicken mit Zangen das gewünschte volle Geständniß erzwungen werden solle. Selten hielt der Unglückliche diese stufenweise verschärften Qualen aus, ohne nicht nur seine Verbrechen zu gestehen, sondern sich noch ganz anderer unerwarteter, selbst unwahrscheinlicher Vergehen schuldig zu bekennen. Behauptete er, ungeachtet vorwaltender Inzichten, seine Unschuld, hielt er alle Marter schweigend aus, so fiel er in den Verdacht, durch Zauber und Teufelskunst für den Schmerz unempfindlich geworden zu sein, wurden hiemit alle erdenklichen Mittel angewandt, diesen Zauber zu lösen.

Die Geständnisse der Unholdinnen oder Hexen. bald durch die ersten Drohungen schon erschreckt, bald durch die Folter bezwungen, waren, mit unbedeutenden Abweichungen, übereinstimmenden Inhaltes.

Der böse Geist sei, erzählte eine solche Unholdin, in Gestalt eines Roß-
buben im Tingenharder Tobel zu ihr gekommen, habe mit ihr Unzucht
treiben wollen und ihr allerlei versprochen, sei aber von ihr abgewiesen
worden. Nachher sei er ihr im Ochsenfurter Tobel begegnet, in einem
grünen Kleide, habe sie überredet, ihm seinen Willen zu thun, ihr
zugemuthet, Gott den Allmächtigen und das ganze himmlische Heer
zu verleugnen und ihm allein zu folgen, ihr auch Geld gegeben, das
aber, wie sie es besichtigt, nur Roßkoth gewesen sei. Ferner habe sie
von ihrem Buhlen ein Häfelein grüner Salbe erhalten, mit welcher
sie ein Haselrüthchen bestreichen mußte, um mit dem Rüthchen das
Vieh schlagen und verderben zu können; zwei Pferde, ein Schwein,
ein Kalb, eine Ziege verschiedener Eigenthümer habe sie auf solche
Weise gelähmt und zu Grunde gerichtet. Andere Unholdinnen gestanden nicht nur, auf ähnliche Weise verführt worden zu sein und
Menschen und Vieh in Krankheit und Tod gebracht zu haben, sondern,
mit der Teufelssalbe bestrichen, durch das Kamin hinaus auf den Heu-
berg zu den Herentänzen des Satans gefahren zu sein. Wenn, sagten
sie ferner, ihre Rüthchen und die von dem leidigen Feind gegebenen
schwarzen oder grünen Pulver nicht jederzeit die zugesagte Wirkung
gehabt hätten, so sei eine Besegnung, gegen die auch der Satan nichts
vermöge, das Hinderniß gewesen. Das Alles wurde von den Unholdinnen so umständlich, mit solcher erfahrungsgewissen Ueberzeugung
ausgesagt, daß die Richter, in demselben Aberglauben befangen, in die
vorgebliche Wahrheit keinen Zweifel setzten.

Wurde die Vergicht der Gefangenen dem Rathe dann vorgelegt,
aber nicht todeswürdig erfunden, so ließ der Rath gegen Beschwörung
einer Urfehde, d. h. des Gelübbdes, die erlittene Gefangenschaft nicht
rächen zu wollen, den Gefangenen entweder frei oder verurtheilte ihn
zum Pranger, zur Ausstäupung oder Landesverweisung. Im entgegengesetzten Falle wurde dem Landvogte davon Mittheilung gemacht, damit
er entscheide, ob weiter inquirirt oder das Landgericht als Malefiz-
und Blutgericht im Namen des Landvogts und des Schultheißen einberufen werden solle. Die Verhandlungen des Malefizgerichtes waren
öffentlich. Jedermann fand Zutritt, besonders die Kinder.

Wenn das Gericht unter dem Vorsitze des Landammanns versammelt, durch den Landweibel als verbannt erklärt und der Malefikant

vorgeführt war, traten der Landweibel im Namen der VII (X) Orte
und der Großweibel anstatt des Schultheißen und Rathes der Stadt
Frauenfeld vor das Gericht und sprachen: Wir klagen auf diesen gegen=
wärtigen armen Menschen und achten, es solle laut seiner Vergicht
über ihn gerichtet werden nach Reichsrecht, nach kaiserlichem Recht und
nach Größe der That.

Nach Verlesung der Vergicht wurde die Anklage wiederholt und
dann antwortete der Inquisit durch seinen Fürsprech: er sei der Ver=
gicht geständig, seine begangene Missethat sei ihm herzlich leid; er
begehre deßwegen nichts anderes, als daß ein ehrsamer Rath gegen
ihn in Gnaden prozediren und verfahren wolle.

Hierauf erklärten die Ankläger wieder, daß sie bei ihrer Klage
bleiben, es aber wohl leiden mögen, wenn ein ehrsamer Rath dem
armen Menschen Gnade mittheilen wolle.

Nun entfernten sich die Zuhörer, der Landammann fragte die
Richter um ihre Ansicht, sprach das Urtheil aus und ließ dasselbe
sofort auskünden.

Ging das Urtheil auf einfache Todesstrafe durch Enthauptung,
so lautete es: Ein ehrsam Malefizgericht hat erkannt, daß der arme
Mensch dem Meister (Scharfrichter) L. in seine Hand überantwortet
werde dergestalt, daß er ihm die Hände auf den Rücken binde, ihn
auf die gewöhnliche Richtstätte geleite, daselbst ihm das Haupt ab=
schlage also, daß zwischen dem Haupt und Körper ein Karrenrad gehen
möge, und wenn er solches verrichtet hat, soll der arme Mensch hie
zeitlich gebüßt haben. So aber Jemand seinen Tod, Schand und
Schmach rächen wollte, soll derselbe in seine Fußstapfen gestellt werden,
wie auch sein Hab und Gut den Obrigkeiten zuerkannt sein.

Ging das Urtheil auf den Tod durch den Strang, so wurde
vorstehende Formel dahin abgeändert, daß es z. B. hieß: dergestalten,
daß der Nachrichter dem armen Manne die Hände auf den Rücken
binden, die Augen verbinden, ihn rücklings die Leiter hinaufführen und
an den lichten Galgen hängen solle, also, daß der Wind oben und
unten durchgehen möge.

Zum Tode durch das Rad wurde ein Raubmörder verurtheilt:
dergestalt, daß der Nachrichter ihm die Hände auf den Rücken binde,
ihn also gebunden auf die Schleife lege, den Kopf hinunter hängen

laſſe, ihm mit glühenden Zangen ſechs Griffe thue, zwei vor dem
Rathhauſe, die andern zwei vor dem Kopfhäuslein, die letzten zwei
auf der Richtſtatt, und wenn das geſchehen, ihn auf die Breche binde,
ihm ſeine vier Glieder je zwei Male abſtoße, zuvor aber ihm die rechte
Hand abhaue, alsdann ihn auf das Rad flechte, dann in das Feuer
werfe, zu Pulver und Aſche verbrenne und endlich die Aſche alſo verwahre, daß Menſchen und Vieh davor behütet ſeien.

Die Here verfiel dem Feuertode, dergeſtalt, daß der Nachrichter
ſie auf die gewöhnliche Richtſtatt führe, ſie auf die Leiter binde, ſie
lebendig kopfüber in das Feuer werfe, zu Pulver und Aſche verbrenne
und die Aſche ſo verwahre, daß Vieh und Leute davor behütet ſeien.

Zur Ehrenrettung des Rathes darf nicht unerwähnt bleiben, daß
er in der Regel von ſeinem Begnadigungsrechte Gebrauch machte, die
einfache Enthauptung in Landesverweiſung mit Pranger und Stäupung
umwandelte, andere Todesſtrafen um einen Grad milderte, ſogar bei
Klagen auf Hexerei, ſtatt die Verhöre zur Vorunterſuchung zu ver-
anſtalten, dem Ehemann der Beklagten den Rath und die Weiſung gab,
mit ſeinem Eheweibe wegzuziehen.

Zwei Richtſtätten hatte Frauenfeld, die Hauptgrube außerhalb
dem Siechenhauſe und das Hochgericht bei St. Ottilien an der alten
Römerſtraße. Die Leichname der Enthaupteten wurden auf dem Tieben-
äckerli bei St. Johann beſtattet, die Ueberreſte der andern Uebelthäter
unter dem Hochgerichte verſcharrt. Die Habe der Hingerichteten wurde
vom Staate zu Handen genommen und zwiſchen der Stadt und dem
Landvogte getheilt.

Aus den Jahren 1606—1650 ſind noch etwa 40 verſchiedene
Malefizverhandlungen, die zu Todesurtheilen führten, in den Archiven
Frauenfelds vorhanden; eine ungleich größere Zahl überlieferte zum
Verbrechertode die Landvogtei, ohne durch den vorgeblichen heilſamen
Schrecken bemerkbare Beſſerungen zu erzwecken.

11. Die Erbauung der evangeliſchen Kirche.

Als der Gedanke zum erſten Male ernſtlich beſprochen wurde, die
bürgerliche Einigkeit durch Errichtung einer beſondern evangeliſchen Kirche
herzuſtellen, mußten die Wortführer das Unternehmen als eine ganz

leichte Sache darzustellen. Die Evangelischen wählen eine dazu geeignete
Stelle aus und die Katholiken, als Uebernehmer der alten Kirche,
tragen die Baukosten der neuen Kirche: wer sollte noch an der Möglichkeit zweifeln, das Werk zu Stande zu bringen? Dennoch gingen
dreißig Jahre vorbei, bis der Rathschlag zur Reife gedieh. Es mußten
noch mancherlei Störungen bei der Benützung der gemeinsamen Kirche
eintreten, bis die Evangelischen sich mit dem Gedanken vertraut machen
konnten, das gewohnte Heiligthum ihrer Väter ihren andersgläubigen
Mitbürgern zu überlassen, dieselben nach dem langen Glaubensstreite
gleichsam als Sieger anzuerkennen.

Aber auch die trüben Zeitereignisse erschwerten wie den Entschluß,
so auch die Ausführung. Zum dritten Male machte der schwarze Tod
seinen Gang durch die Stadt und durch die Landgemeinde, so daß die
Bevölkerung zu einem Häuflein zusammen schwand, das bei den Wochenpredigten in der Nikolaikirche, auch wenn der Chor gesperrt blieb,
den Evangelischen noch Raum genug gewährte. Die Hauptführer der
bisherigen Streitigkeiten waren von der Pest dahin gerafft und das
jüngere Geschlecht war verträglicher. Aller Augen blickten über den
Rhein hinüber, wo seit 1618 ein wilder Krieg bald den Evangelischen,
bald den Katholischen den Sieg verleihen zu wollen schien und möglicher Weise einen Entscheid herbei führte, der auch in der Eidgenossenschaft die Verhältnisse der Glaubensparteien anders gestaltete. Abwarten
was die Zeit bringe, galt auch damals schon als feine Klugheit.

Ein Vorfall in der Charwoche des Jahres 1639 drängte aber
zur Entscheidung. Das Osterfest fiel für beide Konfessionen auf dieselben Tage, nach dem alten und nach dem neuen Kalender. Als der
gemeinsame Meßmer bereits das zweite Zeichen zum Beginne des
Wochengottesdienstes der Evangelischen geläutet hatte und namentlich
schon viele Landleute des Augenblickes harrten, in die Kirche eintreten
zu können, eilte der Frühmesser herbei, zog mit eigener Hand die Glocke
und las die Messe. Wenn je, so war jetzt große Gefahr, daß die
Evangelischen zur Gewalt griffen. Sie unterdrückten den Zorn, wandten
sich aber an Zürich und fragten, ob sie wirklich auf Unterstützung zu
einem Kirchenbaue hoffen dürfen, und Zürich unternahm es, zunächst
mit Luzern darüber in Berathung zu treten.

Zugleich wandten sie sich an die katholischen Vorgesetzten, mit dem Gesuche, ihnen zum Ankaufe der Wohnung des Junkers Wolf Melchior Weerli von Gryfenberg behülflich zu sein, sofern die Herren und Obern der regierenden Orte gestatten, auf dieser Hofstätte die längst gewünschte evangelische Kirche zu errichten; und die katholischen Vorgesetzten versprachen, ihr Möglichstes dafür zu thun. Da jedoch der Junker von Gryfenberg sich nicht bewegen ließ, sein Haus ab= zutreten, benutzte Schultheiß Müller am 14. Februar 1640 die sich darbietende Gelegenheit, das nebenanstoßende, eben so gut gelegene Haus des verstorbenen Stadtschreibers Ulrich Locher, sammt Mobiliar, für 2500 Gulden anzukaufen; auch wurde unverweilt mit der Schleif= sung dieses Hauses begonnen.

Erst nach allen diesen Vorbereitungen setzte man die Gemeinde von diesen Vorgängen in Kenntniß, zuerst, am Ostermontag, diejenige der Stadtbewohner, hierauf am Auffahrtstage diejenige von Langdorf und auf den Höfen. Beide gaben ihre freudige Zustimmung und versprachen, nach Kräften mitzuhelfen; die von Langdorf und auf den Höfen jedoch in der Voraussetzung, daß ihre Anrechte an Oberkirch unverändert festgehalten werden. Aehnliche Erklärungen wurden auch von den Kirchgenossen in Kurzdorf und entferntern Ortschaften ab= gegeben, so daß am Pfingstmontag eine freiwillige Steuer gesammelt werden konnte, die in der Stadt 2974½, in Kurzdorf 171, in Lang= dorf 473 und in den übrigen zu den Stadtgerichten gehörigen Höfen Straß, Horgenbach, Betelhausen, Dingenhard, Gerliken, Burg, Nieder= wyl, Oberwyl, Rosenhuben, Mesenriet, Tüschen 244, im Ganzen 4006¾ Gulden ertrug. Ein aufmunternder Beweis guten und freu= bigen Willens in jener geldarmen Zeit, immerhin aber unzulänglich für ein so großes Bauunternehmen. Die Regierung des Standes Zürich, welche man davon in Kenntniß setzte, rieth daher, ja nicht weiter zu gehen, bevor man sich der 1609 von den katholischen Mit= bürgern verheißenen Hülfe versichert und einen Bauplan und Kosten= anschlag gemacht habe. Dieser Erinnerung, vorsichtig zu Werke zu gehen und lieber noch einen Aufschub eintreten zu lassen, wurde ent= gegen gehalten, daß die Verzögerung leicht durch Sterbensfälle den Verlust von versprochenen Beiträgen nach sich ziehe und überdieß die Bewilligung von Beiträgen aus den Kirchengütern bei den Katholiken höchst unwahrscheinlich sei. Gleichwohl wurde in dieser Beziehung ein Versuch gemacht; in Antwort darauf erklärten aber die katholischen Vorsteher, wenn sie auch dazu bereitwillig wären, so dürften sie zu solchem Zweck nicht über Kirchengüter verfügen, ohne die Erlaubniß der V Orte und des bischöflichen Ordinariats; überdies sei die Abrede von 1609 durch die Beschlüsse von 1616 unverbindlich geworden. Ueberzeugt, daß von dieser Seite nichts zu hoffen sei, mußte man sich also auf den Vorbehalt beschränken, im Falle die evangelische Kirche durch Brand oder andere Unfälle Schaden leiden sollte, bis zu ihrer Wiederherstellung wieder nach bisheriger Weise die Nikolaikirche be= nutzen zu dürfen. Ein von den Räthen beider Konfessionen am 24. Dezember 1640 vereinbarter Vertrag beseitigte alle bisherigen Schwierig= keiten und Bedenken.

Auffallender Weise verweigerten jetzt die V Orte ihre Zustim= mung. Unterm 11. April 1641 ließen sie an Schultheiß und Räthe beider Religionen in Frauenfeld die Erklärung abgehen, bei genauerer Erwägung hätten sie aus verschiedenen Gründen gefunden, es sei besser, diesen neuen Kirchenbau zu unterlassen und sich gegenseitig, wie bisher, friedlich zu betragen. In Frauenfeld war man durch diese Erklärung der V Orte um so mehr überrascht, da gleichzeitig mit den Zurüstungen zum Kirchenbau auch Vorbereitungen gemacht worden waren, an die Stelle des unzulänglichen Kapuzinerklösterchens ein neues Gebäude aufzuführen und von evangelischer Seite gegen diese Neuerung keine Einsprache erhoben und auch sonst den V Orten keinerlei Veranlaßung gegeben wurde, in so später Stunde von ihren bisherigen Ansichten, Wünschen und Zusagen abzugehen.

Nun entschloß sich aber auch Zürich, allen seinen Einfluß zum Schutze Frauenfelds aufzuwenden. Es wurde mit evangelisch Glarus und Bern Rath gepflogen, den V Orten das dem Landfrieden zuwider= laufende Benehmen vorgehalten, die Evangelischen in Frauenfeld auf= gemuntert, ihre Bauarbeiten ebenso fortzusetzen, wie das auf der andern Seite bei dem Kapuzinerkloster geschehe. Auf einer im Februar 1642 nach Frauenfeld angesetzten Konferenz der regierenden Orte wurde die Beaugenscheinigung der Lokalitäten vorgenommen und acht Tage lang Besprechungen gehalten, durch Stimmenmehrheit den Evangelischen bei hoher Strafe die weitere Zurüstung der Baumaterialien verboten, von

Zürich und Glarus ebenso die Vorarbeiten im Kapuzinerkloster untersagt, also auf beiden Seiten die Arbeiter verabschiedet. Unverweilt
wandte sich Zürich nach dem ungünstigen Ausgang der Frauenfelder
Konferenz durch eine besondere Abordnung nach Bern und in Folge
dessen dieser Stand an Freiburg und Solothurn, die ja auch an den
Verhandlungen von 1595 und 1609 Theil genommen hatten; auch
Schaffhausen wurde über die Sachlage unterrichtet; einstweilen aber nach
gemeinsamem Rathe dieser Stände der Erfolg einer mündlichen Besprechung der V Orte mit Zürich bei der Jahrrechnung zu Baden abge-
wartet. Hier meinten die Gesandten der V Orte, ihre Regierungen
möchten den Kirchenbau in Frauenfeld bewilligen, wenn die Kirche,
wie das Kapuzinerkloster, außerhalb der Stadtmauern errichtet würde;
aber Zürich erklärte, sich darauf nicht einlassen zu können. Abermals
ging ein halbes Jahr vorbei, bis im Dezember 1642 die Katholiken
von Frauenfeld selbst bei einer Tagsatzung in Baden bei den V Orten
mit der Bitte einkamen, das Verbot des Kirchenbaus zurückzunehmen.
Dasselbe geschah im März von den unparteiischen Orten Bern, Freiburg und Solothurn. Endlich nach allen diesen Umtrieben kam man
überein, auf der Jahrrechnungstagsatzung über den Handel entweder
gütlich sich zu verständigen oder ein schiedsrichterliches Verfahren einzuleiten. Es wurden auch Abgeordnete beider Parteien Frauenfelds
zur Vernehmlassung nach Baden vorgeladen.

Entgegen der Ansicht Zürichs, welches die Streitfrage des Kirchenbaues zuerst vorzunehmen beantragte, wurde erst nach Abwandlung
der allgemeinen oder politischen Angelegenheiten am 17. Juli darüber
eingetreten, von den V Orten der Vergleich vom 24. Dez. 1640 und
3. Jenner 1641 einer nähern Prüfung unterworfen und an demselben
getadelt, daß die Evangelischen nicht auf die Kirchengüter und Kaplanei-
pfründen ganz verzichtet und zugleich sich verpflichtet hätten, in Oberkirch
nie einen besondern Prädikanten anzustellen; statt fünfzehn Jahre lang
den Mitgebrauch der Glocken der Nikolaikirche zu gestatten, hätten
fünf Jahre genügt; die Verwaltung der Kirchengüter von St. Laurenzen
und St. Nikolaus hätten statt unter den gemeinsamen Schirm der
beiden Religionsparteien unter hochobrigkeitlichen Schirm gestellt, die
Benutzung der erkauften Hofstätte zum Kirchenbau verweigert, dagegen die
Theilung des Kirchhofes in Oberkirch ausbedungen und den Evangelischen

eine landesfriedliche Benützung der neuen Kirche überbunden werden sollen. In solchem Sinne wurde ein neuer Vertrag entworfen und jenem Vergleiche gegenübergestellt.

Diesen Entwurf anzunehmen, erklärten aber die evangelischen Abgeordneten von Frauenfeld als unmöglich. Auch ihre katholischen Mitbürger erkannten, daß der Schirm der V Orte in der Verwaltung der Kirchengüter eine härtere Fessel für sie wäre, als die Gemeinschaft mit den Evangelischen. Von jetzt an waren beide einig in dem Entschlusse, für den Vergleich von Neujahr 1641 einzustehen. Die harten Worte, mit welchen ihr Eigensinn angefahren wurde, nahmen sie geduldig hin, reducirten in ihrem Vergleiche die für den Gebrauch der Glocken bedungenen 15 Jahre auf 10 Jahre und änderten einige andere Bestimmungen mindern Belanges und baten dann inständigst um Genehmigung ihres erneuerten Vergleichs. In feierlicher Procession suchten sie die einzelnen Standesgesandten in ihren Privatwohnungen auf, dankten den einen für ihre bereits ausgesprochene Zustimmung ersuchten die andern um gütige Fürsprache bei ihren Oberherren. Luzern, Uri und Glarus gaben günstige Antwort, Unterwalden und Zug ermunterten zu hoffen, nur Abyberg von Schwyz hielt an der Forderung fest, daß die Kirche nicht in der Stadt gebaut werden dürfe. Indem Alle sich vorbehielten, ihren Standesregierungen Bericht zu geben, war es nun Sache des Vororts Zürich, die widersprechenden Stimmen auf dem Wege weiterer Unterhandlungen auszugleichen. Mit der Erlaubniß Zürichs, den Kirchenbau und den Klosterbau fortzusetzen, kehrten die Abgeordneten Frauenfelds erleichterten Herzens nach Frauenfeld zurück.

Die Freude über die Beseitigung der von den V Orten dem Kirchenbau in den Weg gelegten Einsprache war nun freilich sehr getrübt durch die Wahrnehmung, daß die letzten Reste der von der Gemeinde zusammengelegten Baarschaft durch die langwierigen Verhandlungen in Baden vollends aufgezehrt seien. Man war gezwungen, eine neue Sammlung zu veranstalten und zugleich auch der Mithülfe der Landbewohner des Kirchspiels neuerdings sich zu versichern. Ein mit der obern Gemeindeabtheilung unterm 16. August 1643 abgeschlossener Vertrag, laut welchem auch nach Vollendung des Kirchen-

baues Taufen, Eheeinsegnungen und Leichenpredigten in Oberkirch statt
haben, auch alle Monate eine Sonntagspredigt und acht Tage später
eine Kinderlehre gehalten und jederzeit den Kranken und Schwachen
von den Geistlichen Trost und Zuspruch durch Hausbesuche gewährt
werden solle, zerstreute die während der weitläufigen und langen Rechts=
übung aufgeschossenen Zweifel und Bedenken. In allen Herzen erwachte
wieder der freudige Muth, das durch die Hülfe Gottes wider Ver=
hoffen vieler Menschen und trotz der Widerwärtigen gerettete Unter=
nehmen ins Werk zu setzen und zu vollenden.

Was lange ein unüberwindliches Hinderniß schien, war nun ein
reiches Förderungsmittel geworden. In der ganzen Eidgenossenschaft
hatte man mit Spannung dem Ausgange des Streites entgegen ge=
sehen. Die Bewohner der evangelischen Kantone und ihre Verbündeten
waren mit lebhafter Theilnahme für die Glaubensgenossen Frauenfeld=
erfüllt; ihnen Handreichung zu bieten, erschien Allen als gemeinsame
Pflicht. Wer kam, um die milden Beiträge einzunehmen, durfte des
Willkommensgrußes gewiß sein. Davon war man auch in Frauenfeld
überzeugt. Daher anerboten sich die ersten Stadtbeamten und die an=
gesehensten Bürger, je zwei und zwei in der Eidgenossensch ft evange=
lischer Confession von Ort zu Ort und von Stadt zu Stadt zur
Sammlung der Liebesgaben herum zu wandern und reich beschenkt
kamen sie in ihre Heimat zurück.

Die Stadt Zürich hatte zuvorkommend schon eingesandt	1000	Gulden,
Die Landschaft Zürich fügte bei	2072	„
Von Bern Stadt und Land wurden gesteuert . .	1570	„
„ St. Gallen	1085	„
„ Appenzell	300	„
„ Glarus	397	„
„ Bündten	248	„
„ Aargau	199	„
„ Waadt	136	„
„ Schaffhausen und Stein	318	„
„ Genf	145	„
„ Murten und Umgegend	119	„
„ Mülhausen	240	„
„ Basel	200	„

Von dem Gubernator L. von Erlach und den Offizieren
der Besatzung zu Breisach . . . . 130 Gulden.
„ thurg. Gemeinden, Geistlichen und Gerichtsherren 1868 „

Mit Einschluß von 3008 Gulden, die in der Gemeinde Frauen=
feld zusamengebracht wurden, belief sich die ganze verwendbare Summe
auf 11,656 Gulden

Obwohl diese Beiträge alle Erwartung überstiegen, waren doch
in Bezug auf Bauplan zwei Forderungen maßgebend: hinreichender
Raum für die zahlreiche Bevölkerung der Stadt= und Landgemeinde,
und möglichste Einfachheit. Nur der Thurm sollte hoch und fest genug
sein, um eine Hauptglocke von 40 Zentnern und angemessenem Bei=
geläute zu tragen. Am 18. December 1643 schloß man mit den
Baumeistern die Verträge ab, nämlich mit Georg Scharpff und Hans
Singer aus dem Lechthal für die Maurerarbeiten, mit Martin Hilde=
brand für die Steinhauerarbeiten, und mit Heinrich Weerli von Sir=
nach für die Holzarbeiten. Die Herbeischaffung des Materials blieb
Leistung der Gemeinde. Als Bauaufseher wurden ernannt: der Statt=
halter Heinrich Engel, der Spendmeister Heinrich Kappeler und die
Baumeister Kaspar Müller und Melchior Neuwiler.

Am 26. März 1644 wurde der erste Grundstein gelegt und am
14. December 1645 hätte die Kircheinweihung stattfinden können, aber
man zog vor, dieselbe auf den Fast= und Bettag den 21. December
anzusetzen. Als Festprediger sandte Zürich den beliebten und gelehrten
Prediger Felix Wyß. Er sprach am Vormittag über 1. Petri II, 5,
„Auch ihr, als lebendige Steine, bauet euch auf zum geistlichen Hause
und zum heiligen Priesterthume, zu opfern geistliche Opfer, die Gott
angenehm sind durch Jesum Christum.“ Im Mittagsgottesdienste be=
handelte der Stadtpfarrer Georg Geyer, Flüchtling aus der Pfalz,
Matthäus XXI, 13.: „Mein Haus soll Bethaus heißen.“ Die Abend=
predigt, wieder von Felix Wyß gehalten, über die Worte Psalm
LXXXIV: „Wie lieblich sind deine Wohnungen, Herr Zebaoth“ pries
mit freudigem Danke den Segen, mit welchem Gott die ihm gebrachten
Opfer bei dem glücklich vollendeten Kirchenbau begleitet habe und den
Er bis in die fernste Zukunft über alle, die dazu beigetragen haben,
über Kinder und Kindeskinder, ausgießen werde.

Kein Mißton störte die Andacht des Festtages. Zu steter Erinnerung an diese Festfeier wurde der jährliche Kirchweihtag auf den
Sonntag der heiligen Dreifaltigkeit angesetzt, welcher auch die Kirche
gewidmet wurde.

Das Geläute kam schon 1647 zu Stande, bestehend aus fünf
Glocken von 315, 674, 1206, 2142 und 4000 Pfunden, gegossen
bei Peter Füßli in Zürich.

12. Vollendung des Capuzinerklosters und Reparatur der Nikolaikirche.

Gleichzeitig mit dem Bau der evangelischen Kirche wurde auch
der Bau des Capuzinerklosters wieder aufgenommen und um so nachdrücklicher gefördert, weil die Capuziner während des Stillstandes der
Bauarbeiten in Privathäusern wohnen mußten, somit in der regelmäßigen Ausübung ihrer Ordenspflichten manigfach gehindert waren.
Wem sie die Hülfe zu danken hatten, daß das Klostergebäude neu
aufgeführt werden konnte und wie hoch der Bau zu stehen kam, konnte
nicht in Erfahrung gebracht werden. Da die Patres in der Regel
aus den katholischen Kantonen und dortigen Klosterschulen nach Frauenfeld gesandt wurden, stammte wahrscheinlich auch der größere Theil
der Beiträge zur Herstellung der Gebäulichkeiten aus jenen Gegenden
und von den V katholischen Orten.

Sowie dann nach Vollendung des Kirchenbaues die Evangelischen
die Mitbenutzung der Nikolaikirche aufgegeben hatten, schritten die Katholischen im April 1646 zur Reparatur der nun ausschließlich dem
katholischen Gottesdienste gewidmeten Kirche. Wie vor ihnen die Evangelischen, so sammelten nun auch sie Beisteuern bei ihren Glaubensgenossen, sowohl bei den Klöstern, Genossenschaften und Privaten des
Thurgau's, als bei den katholischen Orten, Städten und Landschaften
der Eidgenossenschaft. Der Ertrag dieser Steuern belief sich auf 2479
Gulden. Da Chor und Thurm sich noch in gutem Zustande befanden,
waren das Langhaus oder Schiff der Kirche und die Ausschmückung
der Altäre die Hauptgegenstände, denen die Sorgfalt sich zuwandte.
Für die zahlreiche Priesterschaft waren vier Altäre Bedürfniß, der

Hochaltar, errichtet von der Gemeinde, ein Seitenaltar von der Familie Locher, der dritte von dem Caplane Melchior Engel, der vierte von Joachim Rueplin. Während dieser Bauveränderungen wurde die bis dahin von den Evangelischen als Taufkirche benutzte Kapelle St. Leonhard von den Katholischen zu demselben Zwecke gebraucht.

Die neue Einweihung der Nikolaikirche verrichtete der Weihbischof Franz Johann von Schönau von Konstanz Sonntags den 7. Juni 1648. Er weihte sie wieder zur Ehre des heiligen Nikolaus, des Erzengels Michaels und der Heiligen Laurenz, Sebastian, Rochus, Katharina und Anna. So glänzend wurde die Einweihungsfeierlichkeit begangen, daß der Aufwand auf 300 Gulden zu stehen kam.

Da die jährliche Kirchweihfeier aus gewissen Ursachen nicht mehr am Dreifaltigkeitstage begangen werden konnte, wurde sie mit Bewilligung des Bischofs auf den Sonntag nach Kaiser Heinrich verlegt.

Gleichzeitig wurde bei der Nikolaikirche auch ein kleiner Friedhof zur Bestattung vorzüglich für die eingebürgerten Einwohner und der als Ehrenbürger behandelten Beamten angelegt.

13. Ausscheidung der Kirchengüter.

Durch die peinlichen Erfahrungen, welche beide Confessionstheile den V Orten gegenüber bei den Verhandlungen in Baden gemacht hatten, belehrt und fast ausschließlich von der Sorge in Anspruch genommen, ihre kirchlichen Einrichtungen in bester Weise herzustellen, beflissen sich die Evangelischen und Katholischen, Allem auszuweichen, was die bürgerliche Einigkeit und die kirchliche Verträglichkeit wieder stören könnte. Der Abschluß des dreißigjährigen Krieges im westphälischen Frieden 1648 hatte ja der europäischen Christenheit die große Lehre gegeben, daß keine menschliche Gewalt den durch die Reformation entstandenen Riß zu heilen vermöge und künftighin die Verträglichkeit das einzige Mittel sei, sich im Besitze gemeinsamer Güter und Rechte zu erhalten. Was dort die Völker und Fürsten, das hatten auch in dem kleinen und beschränkten Kreise des bürgerlichen Gemeinwesens die Bewohner Frauenfelds erfahren.

Wenn auch nicht klare Einsicht, so war es doch ein nicht minder entschiedenes Gefühl der Nothwendigkeit, was sie bewog, nun auch den letzten Stein wegzuschaffen, der künftig wieder zu Mißhelligkeiten verleiten könnte: die gemeinsame Verwaltung der Kirchengüter von St. Laurenzen, St. Nikolaus und St. Johann, verbunden mit der nur provisorisch zugestandenen Benutzung einiger städtischer Gebäulichkeiten für Kirche und Schule.

Der Antrag, sich darüber auseinander zu setzen, ging von den katholischen Rathsgliedern aus, denen die Vereinigung der für ihre Kirchenreparaturen aufgelaufenen Kosten eine solche Ausscheidung zum Bedürfniß machte. Den Evangelischen war sie nicht minder erwünscht, weil bei der gemeinsamen Verwaltung der Kirchengüter ihre größere Volkszahl nicht nach Verhältniß berücksichtigt worden wäre. Wohl flossen bei den Unterhandlungen noch manche bittere Worte und machte man sich gegenseitig Vorwürfe; indessen ließen die Evangelischen sich überzeugen, daß namentlich der katholische Gottesdienst größere Opfer erheische, beschränkten daher ihre eigene Forderung auf ungefähr den dritten Theil des Gesammtgutes, das, die Gebäulichkeiten und Geräthe abgerechnet, für St. Laurenzen auf 9600, für St. Nikolaus auf 4000, für St. Johann auf 2000 Gulden sich belief. Auf diese Grundlage hin kam am 15/25. Juli 1652 ein Vertrag zu Stande, dessen wesentlichste Bestimmungen dahin lauten:

Die Katholiken bleiben in ausschließlichem Besitze der Nikolaikirche, des Glockenthurms und des dabei liegenden Kirchhofs; die Evangelischen ebenso im Besitze der Kirche St. Johann in Kurzdorf.

An die Unterhaltung der Gebäulichkeiten von St. Laurenzenkirche haben die Katholiken zwei Drittheile beizutragen; der Kirchhof wird gemeinsam benutzt, der Grasnutzen desselben und das Meßmerhaus den Katholiken überlassen, den Evangelischen die Anstellung eines besondern Meßmers und Todtengräbers zugestanden, die Verpflichtung, 15 Gulden für den evangelischen Pfarraufzug zu zahlen und Nachtmahlwein sammt Brod zu verabreichen, aufgehoben, dagegen die fernere Ablieferung von vier Mütt Kernen an den Prädikanten ausbedungen.

Andere auf den Pfründen haftende Servitute von Kernengeld und Wachs können gegenseitig abgelöst werden.

Von dem Kirchengut St. Lorenzen treten die Katholischen den Evangelischen 2500 Gulden ab und für die Ueberlassung des Meßmergutes 400 Gulden.

Dafür, daß den Katholiken die zwei obern Boden des Zeughauses zur Aufbewahrung der Kirchenornate eingeräumt werden, mögen die Evangelischen ferner die Niederstube als Schulzimmer benutzen.

Dieser Vertrag, am 24. Jenner 1653 von beiden Theilen unter=
zeichnet, erhielt am 3. September 1653 „im Interesse der Einigkeit"
die Zustimmung der regierenden Orte.

14. Die neue Constafelgesellschaft und der Straßhof.

Man hätte vermuthen mögen, daß über den kirchlichen Partei=
bestrebungen der Sinn für das gemeinsame bürgerliche Wesen erloschen
wäre. Das Gegentheil ergibt sich aus dem 1646 gefaßten Entschlusse
der beiden Constafelgesellschaften zur obern Stube und zum Wilden=
mann, zu einer gemeinsamen Trinkstube zusammen zu treten und ihre
Gesellschaftsgüter zu vereinigen. Die beiden Wappenschilder, der weiße
Schild mit dem rothen Querband, und der wilde Mann im weißen
Felde, nebeneinander gestellt, überragt von dem Wappenschilde der
Stadt, waren nun das Sinnbild der vereinigten neuen Gesellschaft der
Constafler.

Auch bei dieser vereinigten Constafelgesellschaft war die Trinkstube
als Ort geselliger Unterhaltung die Hauptsache. Das Statut der Nieder=
stube von 1616 wurde in die neue Gesellschaft mit herüber genommen,
daß jeder Handwerksmann, der Mitglied ist, für jeden aufgedungenen
Lehrling einen Gulden zahlen und ein Lehrjungenverzeichniß geführt
werden soll, damit man auch später wisse, ob die Handwerker ihr
Handwerk bei ehrlichen Meistern gelernt haben. Dadurch wurde der
Mangel einer Zunfteinrichtung ergänzt. Die Constafel, als Vorsteher
der Gesellschaft und Aufseher, hielten Ordnung, vermittelten entstehende
Streitigkeiten, büßten Excesse: auf solche Weise wurde also einer edlern
Geselligkeit, deren man in den öffentlichen Schenkhäusern nicht sicher
war, Raum gegeben. Schon 1638 war den Constaflern untersagt
worden, in der Aufnahme neuer Gesellschaftsmitglieder allzu willfährig
zu sein und allerlei verleumdeten und unverleumdeten Personen den
Beitritt zu gestatten, nur um durch ihre Einkaufsgelder größere Rech=
nungsvorschläge zu erzielen. Diese Beschränkung wurde selbstverständlich
um so mehr festgehalten, seit die Gesellschafter der Oberstube bei=
getreten waren.

Fast gleichzeitig wurde der Freihof, genannt Straßhof, verkäuflich.
Er eignete sich trefflich zur Einrichtung eines neuen Gesellschaftshauses

für den Gesammtverein der Constafler. Vor und neben dem alten Wohngebäude lag ein weiter Hofraum und Garten, der zur Erweiterung des Marktplatzes benutzt werden konnte. Eigenthum der Familie Rueplin, fiel der ganze Besitz durch Erbe dem Landschreiber Imhof von Uri zu und dem Rudolf Reding, Sohn des thurgauischen Landschreibers Franz Reding. Als Abzug von ihrem Erbe sollten sie der Stadt den zehnten Theil entrichten, baten aber, die Forderung auf den zwanzigsten Theil zu ermäßigen und anerboten zugleich, der Stadt den Straßhof und die dazu gehörige Steinscheune käuflich zu überlassen. Man verständigte sich über eine in den Protokollen nicht ausgesetzte Summe; am 13. September 1650 aber wurde laut Rathsprotokoll der Beschluß gefaßt: da auf den Martinstag die erste Zahlung geleistet werden müsse und noch andere Schulden abgetragen werden sollten, wolle man andere entbehrlich gewordene Stadtgebäude und Güter veräußern, nämlich die Oberstube, das Zeughaus, das Zwinghöfli und die Reutenen.

Das Haus zur obern Stube, bis dahin Trinkstube der ältern vornehmern Constafelgesellschaft, lag an der Ringmauer der Vordergasse, neben der Wohnung des Schultheiß Hurter, und wurde von dem Schultheiß Müller erkauft.

Das zweite zum Verkaufe bestimmte Gebäude, das Zeughaus, stand zwischen der Nikolaikirche und dem Gasthause zum Hirschen und entsprach seiner Bestimmung keineswegs mehr. Klein und an die Ringmauer zurück gedrängt, erinnerte es an die ersten noch sehr ärmlichen Bedürfnisse der Stadt, oder vielmehr an jenes Zeitalter, in welchem jedes Haus seine besondere Rüstkammer hatte. In den wenigen Jahren, seit welchen die Bürgerschaft angefangen hatte, eine gemeinsame städtische Waffensammlung anzulegen, war das Zeughaus bereits nicht mehr geräumig genug, den Waffenvorrath zu fassen. Dagegen eignete es sich namentlich seiner Nähe bei der Kirche wegen vortrefflich zur Aufbewahrung kirchlicher Paramente.

Zwinghöfle hieß der Winkel, welchen die von der Nikolaikirche bis zu dem obern Thore hinlaufende Stadtmauer einschloß, ein mitternächtlicher Abhang, der etwa als Baumgarten für die anstoßenden Caplaneihäuser diente, früher wahrscheinlich als Versteck für die Thorwache und bei kriegerischen Ausfällen benutzt, und eben deßwegen Zwinghöfchen genannt wurde.

Der vierte Eigenthumsgegenstand, der zum Verkaufe ausgeboten wurde, die Reutenen, bestand aus Weideland, das zwischen dem von dem Abhange ob Holz herunter fließenden Bache und dem Rügerholze sich ausbreitete. In der Benennung schon liegt der Beweis, daß diese Strecke Landes erst seit der Gründung der Stadt gereutet worden war.

Aller dieser Besitzungen also glaubte der Rath sich entäußern zu dürfen, um dafür den Straßhof zu erwerben und denselben für die Bedürfnisse der Stadt gehörig einrichten zu können.

So schnell kamen aber die Pläne, die mancher Rathsmann und Bürger mit dem Ankaufe des Straßhofes gefaßt haben mochte, nicht zur Ausführung. Die zwei Bürgerkriege von 1653 und 1656 im Herzen der Eidgenossenschaft lähmten den Unternehmungsgeist auch in den entfernten Gliedmaßen ihres Gebietes, so daß erst nach siebenzehn Jahren der Entschluß zur vollen Reife gelangte.

15. Der Bauernkrieg von 1653.

Kaum war dem dreißigjährigen Kriege Deutschlands durch den westphälischen Frieden ein Ende gemacht und durch diesen Friedensschluß die Unabhängigkeit der Schweiz von dem deutschen Reichsverband ausgesprochen, als die Kriegsflamme in der Eidgenossenschaft auszubrechen im Begriffe war. Veranlaßung dazu gab die Schleißung der Annacapelle in Utwil, welche die katholischen Orte als ein Verbrechen bestrafen wollten, während Zürich die Gemeinde Utwil in Schutz nahm. Von dem Landvogt aufgefordert, über ihre Gesinnungen sich zu erklären, versprachen die beiden Confessionstheile Frauenfelds, bei allfälligem Ausbruche eines Bürgerkrieges sich neutral zu verhalten, gegen einander alle bürgerliche Liebe und Treue zu beobachten. Indessen wurde der Streit vermittelt und dafür erhob sich ein Bürgerkrieg von anderer Natur, bei dem Frauenfeld sich pflichtmäßig allerdings betheiligen zu müssen glaubte.

Zu dem Bauernkriege von 1653 gaben vorzüglich zwei Dinge Veranlaßung: die Ausbildung der Stadtaristokratien in Luzern, Bern,

Solothurn und Basel, und die in Folge des dreißigjährigen Krieges eingetretene Fälschung und Entwerthung der Metallmünzen.

Schon von 1618 an hatten sowohl staatliche Münzstätten als Falschmünzer in Deutschland Geld in Umlauf gesetzt, dessen Silbergehalt kaum die Hälfte oder den dritten Theil des gesetzlichen Werthes betrug. Später kamen auch in der Eidgenossenschaft Münzen in Umlauf, die eben so schlecht waren, wie jene, zwar den Stempel von Bern trugen, aber von italienischen Falschmünzern herrührten. Für solches gefälschtes Geld wurden die probehaltigen schweizerischen Silbersorten von Geldwucherern umgewechselt und aus dem Lande geführt, so daß im Verkehr bald nur noch jene schlechte Münze erschien. Die Landleute, welche die doppelte Zahl solcher leichter Batzen für ihre Produkte erhielten, hatten ihren Gewinn dabei, aber die Stiftungen und Aemter, welche die leichte Münze statt der schweren annehmen sollten, kamen in große Verluste. Diesem Uebel zu steuern, verboten die Regierungen die Einbringung fremder Münzen, setzten den Werth der curfirenden Münzen auf drei Viertheile oder auf die Hälfte herab, forderten Einzahlung der Zinse in Batzen nach dem alten Fuße. Aber die Landleuten wollte in diesen Maßregeln nur ein Herrenspiel erkennen, das darauf ausgehe, den Landmann auszubeuten. Dieser Verdacht fand einen um so empfänglichern Boden, da seit einiger Zeit die Städteregierungen Befestigungen angelegt und dazu Steuern eingefordert, die einträglichsten Aemter und die von fremden Kriegsdiensten eingehenden Gewinnste in die Hände einzelner Familien vergeben und die Berechtigungen und Ansprüche der Untergebenen mit Geringschätzung zu behandeln sich angewöhnt hatten. Der Unwille über alles dieß fraß so tief in das Herz des Volkes, daß zuerst die Bewohner des Thales Entlibuch, dann fast alles Landvolk der Kantone Luzern, Bern, Solothurn und Basel sammt dem Freienamte, zu einem Bunde vereinigt, im Frühjahr 1653 beschloß, die Regierungen zu Abschaffung solcher Neuerungen und Mißbräuche mit Waffengewalt zu nöthigen.

Die Regierungen aber, gestützt auf die Beihülfe der Gebirgskantone und Zürichs, nahmen den Kampf auf. Auch die Bewohner der Landschaft Thurgau wurden aufgerufen, gegen die Bauern der mittlern Schweiz in das Feld zu rücken. Im Thurgau galt herkömmlich noch immer der Reichs-Münzfuß der Stadt Constanz. Eine dießfällige

Beschwerde konnte also nicht den regierenden Orten zur Last gelegt werden. Die Waffencontingente der Städte Frauenfeld, Stedborn, Bischofszell und Arbon folgten dem Kriegsrufe ihrer Herrn und Obern und sandten eine Compagnie von 100 Mann und 4 Offizieren.

In Frauenfeld wurde die zum Auszuge bestimmte Mannschaft am 3. Mai durch das Loos bezeichnet, 11 Bürger aus der Stadt, 6 Ansaßen und Bewohner der Vorstädte und 14 Gerichtsangehörige, unter dem Kommando des Hauptmanns Hans Kaspar Müller und des Lieutenants Franz Leeringer. Zu ihnen stießen 40 Mann von Stedborn, 20 von Bischofszell und 8 von Arbon mit ihren Führern. Am 18. Mai zogen sie von Frauenfeld aus, stellten sich in Zürich unter das Oberkommando des Generals Rudolf Werdmüller, wurden nach den entscheidenden Gefechten bei Mellingen und Wohlen bis nach Suhr vorgeschoben und kamen wohlbehalten am 25. Juni wieder nach Frauenfeld zurück.

Die Besoldung der dreißig Auszüger betrug anderthalb Monat= solde, den Monat für den Gemeinen auf 12 Gulden berechnet. Es mußte daher eine Steueranlage erhoben werden, wobei aber auffallender Weise der Scharfrichter, der Landschreiber und der reichenauische Amt= mann sich weigern wollten, ihr Betreffniß zu leisten.

Für die Unterthanen war die allgemeine Folge dieses Krieges die, daß die Städtearistokratien sich noch stärker befestigten, die Regie= rungszügel straffer angezogen wurden.

Zum Danke für die geleistete Hülfe erbaten und erlangten die Abgeordneten Frauenfelds von den am 3. September 1653 in Baden versammelten eidgenössischen Sendboten folgende Vergünstigungen:

1) daß die beiden Confessionen ihre Kirchengüter ferner gemeinsam verwalten dürfen;

2) daß der 1648 von der Landschaft Thurgau ausgewirkte, die Kriegssteuern, Wachten und andere Anlagen betreffende Beschluß auf Frauenfeld keine Anwendung finde;

3) daß (weil die Becher, welche die Stadt dem Landvogte gebe, von Jahr zu Jahr schwerer, die aber, welche der Landvogt der Stube gebe, kleiner werden, der Landvogt auch die Neujahr= und Fast= nachtküchlein zurückhalte) die bis dahin übliche Abendmahlzeit bei dem Aufritte des Landvogtes unterlassen werden möge;

4) daß, da die Stadt von Leibeigenschaft frei sei und mit dem Gebiete ihres Stadtgerichtes ein corpus bilde, die neuen Einzüglinge der Stadt und ihrer Gerichte, sofern sie nicht frei seien, sich frei kaufen, und wenn sie wieder wegziehen, wenigstens von den Landvögten als frei behandelt werden sollen;

5) daß, da der Landschreiber Würz der Stadt für Brunnen, Stege und Wege, Wachten u. dgl. jährlich fünf Gulden bezahlt habe, der Landschreiber Reding wegen seines angekauften Hauses und wegen des als Steuer versprochenen Wildpräts sich mit der Stadt zu vergleichen angewiesen sei;

6) daß die Stadt bestimmen möge, bis auf welchen Grad die Vatermaag in Erbschaften die Muttermaag ausschließe, und ob die Hinterlassenschaft verstorbener Kinder den Geschwistern oder nutznießungsweise den Eltern zukomme.

Elfter Abschnitt.

Vom Vilmerger Kriege bis zum Toggenburger Kriege.

1. Der Vilmerger Krieg von 1656.

Nach dem Bauernkriege von 1653 verflossen zwei Jahre und die damals so enge verbündeten Orte standen einander in zwei feindseligen Lagern gegenüber, Zürich und Bern gegen die V katholischen Orte. Ihr Streit war durch den Uebertritt einiger Familien des Dorfes Arth zur evangelischen Confession angefacht worden und beruhte auf der Frage, ob nicht die katholischen Orte laut des Landsfriedens von 1531 den Evangelischen unbeschränkte Freizügigkeit zu gestatten schuldig seien.

Als dieser Streit im Spätjahre 1655 den Ausbruch des Krieges in Aussicht stellte, waren die Räthe der Stadt Frauenfeld nicht im Zweifel, daß die von Zürich zunächst für die Convertiten von Arth geforderte Freizügigkeit nicht bloß eine politische Frage sei, sondern die Religion betreffe. In gleicher Weise wurde sie auch von dem damaligen Landvogte Wickart und den auf den 11. November nach Frauenfeld einberufenen Quartierhauptleuten des Thurgaus aufgefaßt. Dieselbe Ansicht war auch bei dem Volke verbreitet. Folgerichtig behaupteten daher manche Bürger von Frauenfeld, es bleibe Jedem freigestellt, für die Partei seiner Confession zu den Waffen zu greifen und die eigene Religion vertheidigen zu helfen. Dem Rathe gelang es, durch Zuspruch und Bützung einiger Lärmer die Ruhe zu erhalten; er wagte aber bei so bedenklicher Stimmung nicht, eine Abordnung an die Tagsatzung nach Baden zu senden und den Gesandten der regierenden Orte die Bitte um Erhaltung des Friedens an's Herz zu legen. Dagegen war man, wie schon im Jahre 1651, darin einverstanden, strenge Neutralität zu beobachten und ohne Unterschied der Confession bürgerliche Einigkeit und Treue festzuhalten.

Noch am 27. Dezember 1655 des alten oder 6. Jenner 1656 des neuen Kalenders, als Zürich den Frieden abkündigte, hoffte man im Thurgau, von dem Kriege unberührt zu bleiben. Allein schon am folgenden Tage erschienen von Elgg her 700 Zürcher vor den Mauern Frauenfelds und forderten Oeffnung der Thore, besetzten die Stadt, beriefen die Einwohner zur Eidesleistung auf das Rathhaus. Schon auf der Tagsatzung im Sommer 1655 war der Landvogt Wickart wegen untreuer Amtsverwaltung von Zürich angeklagt worden; das Mißtrauen, daß er während des Krieges sich neutral halten werde, schien also gerechtfertigt. Seine Amtleute waren den Zürchern wegen ihrer Correspondenzen mit den V Orten ebenfalls verdächtig. Sie wurden daher verhaftet und nach Zürich gesandt. Hingegen ertheilte der zürcherische Truppenkommandant die Zusicherung, daß den friedlich gesinnten Einwohnern Frauenfelds, welchen Glaubens sie sein mögen, kein Leid widerfahren werde.

Gleichwohl erfüllte die Anwesenheit der bewaffneten Uebermacht die Katholiken mit so großem Mißtrauen, daß während den ersten acht Tagen kein Geistlicher öffentlich Messe zu lesen wagte. Als nachher von Zeit zu Zeit katholischer Gottesdienst gehalten wurde, drängten sich allerdings zuweilen Neugierige ein, ohne jedoch die heilige Handlung zu stören. Dagegen wurden auf dem Kirchhofe die Tafeln und Kreuze und der Oelberg theils beschädigt, theils umgerissen, und zwar, wie behauptet wurde, von benachbarten Thurgauern. Auch die Sakristei wurde beraubt. Den angerichteten Schaden schätzte man auf 100 Gulden.

Neun Wochen lang blieb Frauenfeld von den Zürchern besetzt. Nach dem für die Berner ungünstig entschiedenen Gefechte bei Vilmergen gelang es der thätigen Friedensvermittlung der Schiedorte, namentlich der Stände Basel und Solothurn, dem weitern Kampfe ein Ziel zu setzen. Am 16. März trat in Frauenfeld, seit dem Ende des vorangegangenen Jahres zum ersten Male wieder, der Rath ordnungsgemäß zusammen. In denselben Tagen wurden auch der Landvogt Wickard und seine Amtleute von einer Abordnung der Stände Zürich, Unterwalden und Zug nach Frauenfeld zurück begleitet. Noch war aber die Residenzwohnung des Landvogtes von einer Wache besetzt, die ihm den Einlaß verweigerte, so daß er, ungeachtet der Verwendung der Abgeordneten von Schaffhausen und Appenzell, für die erste Nacht im Gasthause zur Krone Unterkunft suchen mußte. Die thurgauische Bevölkerung, die auf den folgenden Tag einberufen war, dem Landvogte wieder zu huldigen, zeigte sich auch so schwierig und ungestüm, daß die Huldigung verschoben werden mußte. Inzwischen liefen noch viele böse Worte und Drohungen auf Leib und Leben, so daß hernach der Statthalter Hirzel, der von Zürich beauftragt war, den Landvogt wieder in das Regiment einzusetzen, selbst bekannte, die Gefahr sei größer gewesen, als man sich vorgestellt. Bei dem Abzug der Thurgauer in Frauenfeld wurde in die katholische Kirche und in das Thurmdach geschossen. Wie aber, fügt der Bericht bei, unter dem verlaufenen Unwesen alle katholischen geistlichen und weltlichen Häuser übel geschädigt, in welchem Zustande des Landvogtes Residenz sammt den zugehörigen Mobilien, und besonders die Kanzlei, erfunden worden, ist nicht genugsam zu beschreiben.

Schon im Anfange der Friedensunterhandlungen mit den Schiedorten hatten am 24. Februar die V Orte erklärt, daß die Thurgauer und Lausiser, welche treulos und meineidig geworden seien, von der

Amneftie ausgeschlossen sein sollen. Wenn man bei spätern Verhand=
lungen auch nicht mehr darauf zurückkam, so lag darin doch für die
thurgauische Landvogtei ein leitender Gedanke. Die Stadt Frauenfeld
wurde zwar nicht direkte davon betroffen, wohl aber die Vögte in den
Stadtgerichten. Die Anschuldigung nämlich, daß einige Bürger Frauen=
felds die Zürcher zur Besetzung der Stadt herbei gerufen haben, wurde
von dem Landvogte Wickard selbst in Abrede gestellt. Dagegen wurden
gegen die Vögte von Huben und Felben und ihre Leute Anklagen
wegen Eigenthumsverletzungen erhoben, deren sie in Verbindung mit
den zürcherschen Kriegsleuten sich schuldig gemacht hätten, in der Statt=
halterei Lommis, in Tänikon, in Herdern, bei L. Harder in Lippers=
wilen. Zeugen wurden aufgeführt, welche die meisten dieser Klagen
als begründet erwiesen. Vogt Fischer von Huben gab zu, daß er,
freilich auf erhaltenen Befehl, wenn er mit dem Proviantwagen die
Truppen begleitete, auf jeder Station, namentlich aber im Kloster
Tänikon, das mitgeführte Weinfäßchen wieder habe füllen lassen. Ebenso
leugnete Vogt Debrunner von Felben nicht, daß er dem L. Harder
zwei Wagen weggenommen und nach Zürich geführt, Anderes von
seinen Leuten, Angehörigen von Felben und Wellhausen, weggeschleppt
worden sei. Für diese und ähnliche Vergehungen verurtheilte sie der
Rath von Frauenfeld zu Schadenersatz und Verlust des Vogtmantels.

Für die Stadt Frauenfeld hatten die durch den Vilmerger Krieg
herbeigeführten Sprüche der Schiedorte die wichtige Folge, daß der
Landfriede von 1531 von jetzt an im Sinne der V Orte erklärt, die
Caplaneistiftungen ausschließlich als katholisches Eigenthum betrachtet,
die Parität als Gleichberechtigung beider Confessionsparteien verstanden,
hiemit einer Menge Reklamationen Thür und Thor geöffnet und die
Gegensätze der Confessionen auf die schärfsten Spitzen getrieben wurden.

2. Schultheißen und Räthe.

Als im Mai 1656 nach dem Vilmerger Kriege das Stadtregiment
wieder besetzt wurde, erklärte sich die Bürgerschaft wieder für die bis=
herigen Vertrauensmänner, die Dreiräthe Müller, Locher und Engel.
Bis 1666 wechselten Müller und Locher im Schultheißenamte, als
K. Müller durch den Tod abgerufen wurde und ihm sein Sohn

Leonhard Müller im Amte folgte. In ähnlicher Weise wurde 1668 der Statthalter Engel durch seinen Sohn Heinrich Engel ersetzt, und 1674 Schultheiß M. Locher durch Karl Locher.

Bei der Erneuerungswahl von 1674 hatte sich aber zwischen den Evangelischen und Katholischen ein Zwist erhoben. Der eigentliche Vorgang ist nicht ganz klar; nur so viel geht aus den an die regierenden Orte gelangten Klagen und Antworten hervor, daß die beiden Konfessionen im Rathe gleiche Mitgliederzahl hatten, daß bis dahin die Stadtschreiberei von einem Katholiken versehen wurde, daß dieser katholische Stadtschreiber bei gleichgetheilten Stimmen im Rathe das Entscheidungsrecht ausübte und daß, da der Stadtschreiber nun zum Schultheißen gewählt werden sollte, die Evangelischen an desselben Stelle einen evangelischen Stadtschreiber verlangten. Da man sich hierüber nicht einigen konnte, zerschlug sich die Wahlversammlung; man ging auseinander, ohne einen Schultheißen gewählt zu haben. Die katholischen Orte, um Rath befragt, bestärkten die Katholiken Frauenfelds in dem Entschlusse, an der Stadtschreiberei und dem daran hängenden jus decisionis festzuhalten. Diese gingen aber noch weiter. Sie forderten Theilung der Aemter und Gleichstellung der beiden Schultheißen, so daß der alt Schultheiß jederzeit der Stellvertreter des Amtsschultheißen sei. Der letztern Forderung stand aber die ursprüngliche Verfassung entgegen, nach welcher diese Stellvertretung dem Statthalter, also dem evangelischen Drittherrn, gebührte. Um nicht die alte Ordnung zu brechen, wurde ihnen angeboten, die Statthalterstelle mit einem Katholiken besetzen zu lassen, sofern nur den Evangelischen in der Stadtschreiberei die Parität zugestanden würde. Allein der Befehl, die Schultheißenstelle ordnungsgemäß zu besetzen, schnitt die weitern Unterhandlungen ab; im Mai 1674 wurde M. Locher als Schultheiß gewählt, mit der Stadtschreiberei blieb es insofern beim Alten, daß dieses Amt von einem Katholiken versehen, der Stichentscheid aber zwischen den beiden Schultheißen alterniren solle. Es sollte ferner nach dem Abgange eines evangelischen Amtmanns oder Pflegers der gemeinsamen Pfrund- und Kirchengüter ein Katholik als Nachfolger gewählt werden.

Neben Schultheiß M. Locher wurden, mit Uebergehung des Leonhard Müller, der bisherige Statthalter Engel und Balthasar Müller als Dreiräthe ernannt. Während 1678 Heinrich Mörikofer an die Stelle des letztern trat, wechselten die ersten beiden im Schultheißen= amte, bis 1680 Konrad Rogg an Lochers Stelle befördert wurde und 1684 Dominikus Rueplin, der bis 1694 im Amte blieb. Unterdessen hatte auf evangelischer Seite Gabriel Engeler 1689 neben Rogg und Rueplin abwechselnd das Schultheißenamt versehen, um dasselbe 1690 dem Heinrich Müller (seit 1684 Dreirath und Statthalter) zu über= lassen.

Dieser Schultheiß Müller, ein Mann von lockerer Sitte, über= dies parteisüchtig und verschwenderisch, gab durch mehrfachen Ehe= bruch so großes Aergerniß, daß er im Sommer 1693 auf alle seine Ehrenstellen verzichten mußte. Ein gleichnamiger Vetter, Johann Heinrich Müller, seit 1690 Statthalter, war sein Nachfolger im Schultheißenamt. Zwei Jahre später wurde an der Stelle Rueplins katholischer Schult= heiß ein zweiter Konrad Rogg zur Krone, der mit dem evangelischen Schultheiß C. Müller abwechselnd bis tief in das folgende Jahrhundert hinein das höchste Ehrenamt des bekleidete. Neben ihnen sind als Statt= halter genannt 1694—1696 Ulrich Kappeler, 1697 Konrad, 1699 Ulrich, 1705 Konrad, 1707—1713 wieder Ulrich Kappeler.

In der ganzen Periode von 1656 an bis 1712 war es den Schultheißen und Räthen Frauenfelds sehr erschwert, ihr Ansehen gegen die Landvögte und das landvogtliche Oberamt zu behaupten. Die factiöse Parteiung der beiden Konfessionen, die manigfaltigen Feier= tagsbrüche, der fortwährende Widerstreit Zürichs und der V Orte u. s. w. riefen einer Menge von Rechtsverwahrungen und Anforderungen. Schultheiß und Rath mußten daher wieder zu dem 1653 abgeschafften Mittel der Mahlzeiten, Ehrenträuke, Becher, Letzekronen, Discretionen und Gevatterschaften greifen, um sich die Gönnerschaft der Landvögte und ihrer Räthe zu erhalten.

3. Erbauung des Straßhofes und des Brughauses. 1667—1682.

Die in Folge des Vilmergerkrieges eingetretenen Störungen des heimischen Hausfriedens drängten die bei dem Ankauf des Straßhofes gefaßten Bauprojekte so sehr in den Hintergrund, daß sie erst im

Jahre 1667 wieder aufgenommen werden konnten, dann aber auch beharrlich durchgeführt wurden.

Es galt zuerst, ein Gebäude herzustellen, das geeignet sei, eines Theils der Constafelgesellschaft, andern Theils den Räthen und Gerichten hinreichende Räumlichkeiten zu gewähren. Die alten auf der Stadtmauer ruhenden Wohngebäude blieben stehen, um als Vorrathsbehälter benutzt zu werden; dagegen sollte im Hofe ein neues Steingebäude aufgeführt werden, dessen gewölbtes Erdgeschoß feuerfeste Sicherheit für das Archiv biete.

Im Sommer 1667 wurde noch mit den Steinmetzen über die zuverläßige Erstellung des Gemäuers verhandelt, im folgenden Jahre die Tischler- und Glaserarbeit vergeben, im dritten Jahre der Bau vollendet und bezogen.

Damit verband sich die Entfernung der abschließenden Hofmauer, wurde der Garten zur Erweiterung des Marktplatzes benutzt und der Garnmarkt dahin verlegt.

Endlich wurde 1675 auch zur Erbauung eines neuen Zeughauses geschritten. Das alte Zeughaus an der Stadtmauer zwischen der Nikolaikirche und dem Gasthause zum Hirschen hatte sich als ungenügend erwiesen, seit man einen Vorrath von Handwaffen angelegt hatte und die Sammlung sich häufte. Ueberdies fehlte in der Nikolaikirche der zur Bewahrung der Paramente erforderliche Raum und wünschte der katholische Confessionstheil das so nahe und bequem gelegene Zeughaus für diesen Zweck benutzen zu dürfen. Zu einem neuen Zeughause stand im Umfange der Hofmauer des Straßhofs die passendste Stelle zu Gebote zwischen dem nunmehrigen Hintergebäude des Straßhofes und dem Schloßgraben. Wahrscheinlich stand an dieser Stelle auf der Stadtmauer schon ein älteres Gebäude, vielleicht die im Kaufvertrage erwähnte Steinscheune, so daß neben der Stadtmauer wohl auch noch andere Theile des Gemäuers, besonders das Erdgeschoß für das neue Gebäude benutzt werden konnten. Aber erst 1680 wurde die Ausführung des Baues dem als Unterbaumeister angestellten Steinmetzen verdungen, ein Gemach hoch, das Klafter Mauer drei Schuh dick für 20 Batzen, nebst einem Saum Wein als Zugabe zur ganzen Arbeit. Daß in demselben Jahre der Bau vollendet wurde, bezeugt die am Thorbogen ausgemeißelte Jahrzahl MDCLXXX.

Zwei Jahre nachher wurde der Boden des Erdgeschosses, das Klafter für 15 Kreuzer, gepflastert und nun auch das schwere Geschütz eingeräumt. Das obere Gemach sollte zur Aufbewahrung von Handwaffen dienen.

4. Der Convertit Peter Kappeler und der Streit über die Judicatur. 1660—1665.

Die Geschichtsschreiber der Schweiz pflegen den Streit um den Convertiten Peter Kappeler, Bürger von Frauenfeld, in ihren Schilderungen der konfessionellen Zerwürfnisse nach dem Vilmerger Krieg mit so vielen Umständlichkeiten zu erzählen, daß es ihren Nachfolgern willkommen sein mag, hier nicht bloß das bekannte, sondern auch noch anderes unbekanntes in der Erzählung eingeflochten zu finden.

Peter Kappeler, seines Berufes Kaufmann, war bei dem Ausbruche des Vilmerger Krieges einer von denjenigen Bürgern, die darauf drangen, für die evangelische Partei zu waffnen und den Zürchern Hülfsmannschaft zu senden. Er ehelichte ein vermögliches Landmädchen, Anna Ammann von Aadorf, die des schmucken Stadtherrn wegen ihren frühern Geliebten aufgab, und die Erinnerung an solchen Treubruch um so weniger vergessen konnte, je mehr sie in den kaufmännischen Unternehmungen ihres Gatten ihr eingebrachtes Vermögen gefährdet glaubte. Schon im Spätsommer 1660 führte sie deßwegen vor Rath Klage, Kappeler und seine Geschlechtsverwandten dagegen beschuldigten sie der Verläumdung; der Mann gestand unverholen ein, daß er die Frau mit Maultaschen traktirt, die Frau, daß sie bei ihrer letzten Kindbette in ihrer Verzweiflung über die Treulosigkeit ihres Mannes gedroht habe, sich zu erstechen oder sich auf die Straße hinunter zu stürzen. Schultheiß Müller als Beistand der Frau erklärte, für eine gute Ehe lasse sich nichts mehr hoffen und verlangte einen andern Tag, um die Scheidung einzuleiten. Von anderer Seite wurde angetragen, daß Peter Kappeler das Vermögen seiner Ehefrau aufzeigen und sicher stellen solle; dann aber geriethen die Kappeler und die Müller einander mit gegenseitigen Beschimpfungen so in die Haare, daß es der freundschaftlichen Dazwischenkunft des abgetretenen Landvogts K. Hirzel bedurfte, einen Vergleich zu Stande zu bringen, vermöge deffen fürderhin das Gut der Frau mit des Mannes Handelschaft, auch Schulden und Widerschulden, uninteressirt sein solle. Nun bietet Schultheiß Müller dem Peter Kappeler selbst Hülfe, drängende Gläubiger durch Verpfändung einiger Schuldbriefe zu befriedigen; da jedoch Kappeler seine Versprechen nicht einhält, bei der Aufzeigung des Frauengutes unannehmbare Abzüge macht, der Rath dessen ungeachtet die beiden Eheleute zusammen weiset, oder, wenn die Frau sich dessen weigere, dem Manne die Nutznießung ihres Vermögens und die Kindererziehung zuspricht, Schultheiß Müller im Namen der Frau die Appellation erklärt, tritt Kappeler zur katholischen Konfession über und der Landvogt Arnold droht, die unterdessen eingeholten Ortsstimmen der katholischen Orte mit Gewalt zu vollziehen. So standen die Sachen am Ende des Jahres 1662. Die Verwandten Kappelers hatten dem Convertirten ihren Beistand entzogen. Oeffentlich wurde er Ehebrecher gescholten. Den Katholiken, die seiner sich einnahmen, warf man den Spott ins Gesicht, daß sie durch den Uebertritt Kappelers um einen Lumpen reicher geworden seien. Die katholischen Orte jedoch beschlossen auf einer Konferenz vom 12. und 14. Februar 1663 dem katholisch gewordenen Lieutenant Kappeler gegen sein Eheweib und ihre Vormundschaft Schutz und Schirm zu geben. Verbeiständet von dem Einsiedeln'schen Obervogte Weißenbach zu Gachnang führte er am 8. März 1663 gegen jene schmählichen Zulagen Klage vor Schultheiß und Rath: dieser scheint aber derselben keine Folge gegeben zu haben, indem das Protokoll von keinem Beschlusse weiß. Dagegen hatten die V Orte am 23. April Bericht erhalten, daß das Zürcher'sche Ehegericht die Streitsache zur Hand genommen habe und durch den alt Landvogt Hirzel und zwei Pfarrer ein Vergleich getroffen und der Frau des Kappeler vergönnt worden sei, ein halbes Jahr lang von ihrem Manne getrennt zu leben. Da sich Kappeler hierüber beschwerte, verfügte die Konferenz, daß die Zinse vom Vermögen der Frau dem Manne zugestellt, ihm auch die Kinder übergeben und ihm keinerlei Zumuthungen gemacht werden sollen, der Frau, so lange sie von ihm getrennt lebe, Unterhalt zu gewähren. Am 24. Juli eröffnete ferner Schultheiß Locher dem Rathe von Frauenfeld, daß die V Orte sammt katholisch Glarus bei 500 Gulden Strafe verboten hätten, etwas von dem Eigenthume der Frau des Peter Kappeler zu alieniren; nun

aber letzten Sonntag Nachts die Kinder in das Zürichgebiet geflüchtet
und viele Fahrniſſe aus dem Hauſe Kappelers weggetragen worden
ſeien und Kappeler in das Haus geſetzt zu werden verlange. Der Rath
fand jedoch nicht angemeſſen, mehr zu thun, als nach Luzern Bericht
zu erſtatten und im Kappeler'ſchen Hauſe zu inventiren.

Schon am 28. Juli traf aber von Zürich eine Proteſtation gegen
das Verbot der V Orte ein und der Befehl, der Frau des Kappeler
die Kleider und Fahrniſſe folgen zu laſſen und ihr den gebührenden
Unterhalt zu verſchaffen. Zugleich verwandte ſich Zürich ſo nachdrücklich
bei Luzern, daß auf einer von den katholiſchen Orten am 13. und 14.
Auguſt gehaltenen Konferenz beſchloſſen wurde: Da die Streitſache
des Peter Kappeler auf letzter Jahrrechnung bereits entſchieden worden
iſt, Zürich nun aber in ſeinem Schreiben ſo gar hoch zieht, dem Weibe
allen Glimpf ſchöpft und mit ganz unbilligen Dingen in uns ſetzt,
ſoll zu Abwendung anderer böſen Conſequenzen einmal eine Demon=
ſtration gemacht, der Landvogt zur Vollziehung des Urtheils aufgefordert
und ſofern Hinderniſſe eintreten, aus jedem Orte eine doppelte Depu=
tation nach Frauenfeld geſandt, auch Bern von dem Verhalten Zürichs
benachrichtigt werden.

Der Landvogt Arnold mochte in nicht geringe Verlegenheit ge=
kommen ſein, als ihm jener Konferenzbeſchluß zukam; denn er kannte
die Geſinnung Zürichs. In welchem beſcheidenen Maße er den Be=
ſchluß vollzog, ergibt ſich aus der Beſchwerde Kappelers vom 28. Auguſt,
daß ihm, nachdem man ihm die Kinder geraubt, nun zum anderen
Male, obſchon die Thüre durch ein Vorhängeſchloß verwahrt geweſen,
aus dem Hauſe Geräthe entzogen worden ſeien, weßwegen er auf
ſtrenge Vollziehung des Baden'ſchen Beſchluſſes dringen müſſe. Indem
der Schultheiß Locher dem Rathe dieſe Beſchwerde vortrug, gab er zu
bedenken, daß über die ſchlechte Verwahrung der Stadt übel geredet
werde. Er betonte dies ſo nachdrücklich und ſtellte ſo viele Gefahren
in Ausſicht, daß beſchloſſen wurde, die Stadtwache zu verſtärken und
die in die Stadtmauern gebrochenen Hausthüren und Kelleröffnungen
zu verſchließen. Einige Tage ſpäter erklärte der Landvogt, wenn die
Stadtthore nicht beſſer verſorgt werden, ſehe er ſich veranlaßt, zu ſeiner
Sicherheit, Landvolk ins Schloß zu nehmen. Einer am 10. und 11.
September in Luzern verſammelten Konferenz der V Orte wurde

vorgetragen: Der Landvogt im Thurgau habe den Landvogt und den Landschreiber von Kyburg citirt, weil sie die dem Peter Kappeler entrissenen Kinder nicht auslieferten; Zürich wolle die Kappeler'sche Streitsache nicht als malefizisch behandeln, sondern durch sein Ehegericht entscheiden lassen und der Judicatur der regierenden Orte entziehen: der alt-Landvogt Hirzel bereise die Landschaft Thurgau, um durch glatte Worte Alles für seine Partei zu stimmen. Die Konferenz beschloß daher: Zürich sei nochmals aufgefordert, in Vollziehung des Baden'schen Entscheides dem Landvogte keine Hindernisse mehr entgegen zu stellen; die Grenzorte seien vertraulich von diesen Vorgängen in Kenntniß zu setzen; in Bremgarten, Baden, Mellingen, Klingnau und Rapperswyl seien Veranstaltungen zu ernsten Maßregeln zu treffen. Unter diesen bedenklichen Umständen floh die Frau des Kappeler mit ihren Kindern, ihr Vermögen zurücklassend, nach Schaffhausen.

Laut Erklärung der katholischen Orte handelte es sich also nicht mehr bloß um die Kappeler'sche Streitsache, sondern um ein Princip, um die Judicatur, um die Frage, ob Zürich den Aussprüchen der Mehrheit der regierenden Orte sich unterziehen müsse oder nicht. Die V Orte waren entschlossen, die Judicatur im Thurgau mit den Waffen zu behaupten.

Zürich konnte dieses Recht der Mehrheit im Allgemeinen nicht in Abrede stellen; aber da es sich in der Kappeler'schen Streitfrage um die Ehescheidung eines ursprünglich evangelischen Ehepaars und mittelbar um die Frage handelte, ob die Kinder dem Vater zugesprochen und katholisch erzogen werden sollen, glaubte sich Zürich vermöge des Landfriedens berechtigt und verpflichtet, solchem Religionszwange sich zu widersetzen, berief daher die evangelischen Orte und Zugewandten auf den 24. September zu einer Konferenz, und trug dann auch den Streithandel bei der am 24.—26. September in Solothurn versammelten allgemeinen Tagsatzung den IX uninteressirten Orten vor. Diese gaben sich alle Mühe, beide Parteien zu versöhnen, und da ihnen dies nicht gelang, mahnten sie dieselben freundeidgenössisch, sich dahin zu vergleichen, daß eine Gesandtschaft von Schaffhausen mit Zürich unterhandle und des Kappelers Frau und Kinder „fürdersam an die Orte, von dar sie abkommen, verschaffet werden."

Die unparteiischen Orte ließen es zwar nicht ermangeln, ihre Mahnungsschreiben an die beiden Parteien abzusenden. Da aber Zürich keine weitern Schritte zur Annäherung that, setzten die katholischen Orte am 5. Oktober einen Termin an: Wenn die Kappeler'schen Kinder nicht bis folgenden Dienstag Abend (6. Okt.) dem Landvogte eingeliefert seien, nicht nur die Strafexekution gegen die, welche zur Entfernung der Kinder behülflich gewesen seien, eintreten zu lassen, sondern auch mit dem Bischofe von Konstanz, mit dem österreichischen Stadhauptmann von Konstanz und mit dem Abte von St. Gallen und mit dem Erzherzoge von Oesterreich in Unterhandlung zu treten, wie sie im Falle eines Krieges mit Zürich die Landschaft Thurgau vor Zürichs Gewalt sichern möchten. Namentlich war es darauf ab= gesehen, eine katholische Besatzung in die Stadt Arbon zu legen.

Bei dieser drohenden Aussicht auf einen Friedensbruch trat endlich der Landeshofmeister des Abtes von St. Gallen, Fidel von Thurn, in den klaffenden Riß. Er wußte vermittelnd zu bewirken, daß Zürich durch den alt=Landvogt Hirzel die Kappeler'schen Kinder nach Frauenfeld bringen ließ zu unbedingter Uebergabe an den Landvogt. Nur die Mutter, erzählte er am 12. Oktober zu Luzern den versammelten Ge= sandten der V Orte, geberdete sich dabei wie taub und unsinnig. So angelegentlich indessen dem Landeshofmeister diese Vermittlung verdankt wurde, geboten die V Orte dennoch dem Landvogte, den Strafprozeß gegen die Entführer der Kinder einzuleiten, und zwar wie sagten, „zu Erhaltung unserer Judicatur und daß sonderlich andere dergleichen leichtfertige und freche Geister ein Beispiel und Exempel daran nehmen und sich nicht sobald wieder gelüsten lassen, die hohe Landesobrigkeit wieder dergestalt zu traktiren und zu übersehen.“

Die Mitschuldigen der Kinderentführung wurden verfällt, 1200 Gulden Buße zu bezahlen und den Landvogt um Verzeihung zu bitten, und auf das Schreiben Berns, den Kappeler'schen Kindern der Religion halber nichts Beschwerliches zumuthen zu wollen, noch am 12. März 1664 gar nicht geantwortet. Als daher der Wigoldinger Handel die ka= tholischen Orte und Zürich im Sommer 1664 neuerdings wegen der Judicatur gegen einander in Harnisch brachte und beide Theile wieder zum Krieg rüsteten, suchte die Frau Kappelers mit ihren Kindern abermals in Schaffhausen Zuflucht und lebte dort in solcher Dürftigkeit, daß Zürich derselben im August 1665 mit 200 Gulden zu Hülfe kommen

mußte. Später, wahrscheinlich unter der Regierung des Zürcher Landvogts Waser 1672, kehrte sie wieder nach Frauenfeld zurück, wo sie
1689 mit ihrem Sohn Ulrich den Tod ihres Mannes überlebte.

5. Anfechtung der städtischen Gerichtsbarkeit. 1672.

Bei den regierenden Orten galt der Grundsatz, daß alte Rechte
und Freiheiten zwar beibehalten und geschützt, aber nichts desto minder
neue und von den hohen Obrigkeiten ausgegangene Gesetze und Ord-
nungen befolgt, ihre Vollziehung auch von diesen Obrigkeiten und ihren
Amtleuten überwacht und gehandhabt werden sollen. Alles, was auf
den Landfrieden von 1531 und die aus demselben abgeleiteten Verträge Bezug hatte, wurde nach jenem Grundsatze behandelt. Die Verletzung des Landfriedens durch Wort oder That war als Friedensbruch mit hoher Strafe bedroht, daher auch die Vornahme von
Werktagsarbeiten an Feiertagen strenge geahndet.

Wenn das Verbot, an Feiertagen sich der Werktagsarbeiten zu
enthalten, an Orten gemischter Konfessionen seinen guten Grund hatte,
als Bedingung gegenseitiger Verträglichkeit beider Konfessionen, so wurde
ihm durch die Einführung des neuen Kalenders im Jahre 1588 der
Charakter unbilliger Härte aufgedrückt. Die Angehörigen der evangelischen Konfession, die ihre Feiertage nach dem alten Kalender begingen,
sollten dieselben Feiertage auch nach den Zeitbestimmungen des neuen
Kalenders, hiemit doppelt begehen. Es verstieß sich das gegen ihren
Glauben sowohl als gegen ihr ökonomisches Interesse.

In Frauenfeld machte die Nachsicht der Polizei die Sache erträglich,
bis in Folge des Vilmerger Krieges die Landvögte der katholischen
Orte, vom kirchlichen Parteieifer getrieben, auf strengere Bestrafung
der Feiertagsbrüche drangen und endlich die Bestrafung aller lands-
friedenswidrigen Vergehungen an sich zu ziehen versuchten. Ein solcher
Fall ereignete sich 1672. Die thurgauischen Beamten Landammann
Rueplin und Landschreiber Reding berichteten nämlich an die am 1. Dezember 1672 in Luzern versammelte Konferenz der katholischen Orte
über eine den Landfrieden verletzende Leichenpredigt des Pfarrers
Mörikofer von Frauenfeld, über die auf Abstrafung der Feiertagsbrüche
gehende Prätension der Stadt Frauenfeld, und die von Frauenfeld

gepflogene Gewalt in Bestrafung schwerer Malefizhändel, ohne Wissen und Zuthun des Landvogts und zum Nachtheile der Obrigkeit. In Folge dieses Berichtes gaben die katholischen Orte dem Landvogte den Befehl, die Feiertagsbrüche als Landfriedensverletzungen selbst zur Hand zu nehmen und in Bezug auf die andern Punkte ·den hochobrigkeitlichen Rechten „nichts verscheinen" zu lassen. Da aber der damalige Landvogt Waser ein Zürcher war und Zürichs Ansicht über Feiertagsbrüche mit den Ansichten der katholischen Orte nicht übereinstimmten, wurde zugleich auch den Beamten eine Abschrift jenes Befehls zugestellt, mit dem Auftrage, Acht zu geben, ob der Landvogt dem erhaltenen Befehle nachkomme.

Daß die Bürgerschaft von Frauenfeld in Bezug auf die Leichenpredigt des Pfarrers Mörikofer getheilter Ansicht war, die Katholiken nämlich gegen den Pfarrer Partei nahmen und jede Werktagsarbeit der Evangelischen an katholischen Feiertagen als Landfriedensbruch bestraft wissen wollten, versteht sich von selbst, ebenso, wie das Gegentheil bei den Evangelischen. Darin aber waren beide Theile einverstanden, daß, wenn ein solcher Feiertagsbruch in Frauenfeld zur Bestrafung gelangen solle, die städtische Behörde das zuständige Forum sei, nicht das Landvogteiamt oder das Landgericht. Dagegen ließ sich allerdings gerechter Zweifel erheben, ob die städtische Behörde, Repräsentant einer der Mehrheit nach protestantischen Bürgerschaft, die Verletzung der heiligen Feiertage so scharf strafen werde, wie die katholischen Landvogteibeamten zu thun als Glaubenspflicht erachteten und auch das Interesse des Fiscus zu gebieten schien. Landammann Rüeplin, als Statthalter des Landvogtes und als solcher zugleich Stabhalter des Stadtgerichtes, konnte in solcher Doppelstellung nicht vermeiden, Vergehungen gleicher Natur im Stadtgerichte als straflos, im Landvogteiamt als strafbar abwandeln zu lassen und durch diese Inkonsequenz sich selbst bloß zu stellen. Abgesehen also von allem persönlichen Ehrgeiz und von aller persönlichen Gereiztheit, die bei der herrschenden großen konfessionellen Eifersucht allerdings mit im Spiele war, ist es erklärlich, daß Landammann Rüeplin, obwohl selbst Bürger von Frauenfeld, sich bewogen fand, im Einverständnisse mit dem Landschreiber Reding, die hergebrachten Strafbefugnisse seiner vaterstädtischen

Gerichtsbehörde in Frage zu stellen und zum Zwecke einer Beschränkung derselben sich an die V katholischen Orte zu wenden.

Die Bürgerschaft von Frauenfeld dagegen, nur privatim von dem angesponnenen Handel unterrichtet, aber aller Konfessionsverschiedenheit ungeachtet darüber einverstanden, an der hergebrachten Gerichtsverfassung festzuhalten und das alte Recht nicht schmälern zu lassen, ordnete zwei Bevollmächtigte, den evangelischen Schultheißen Müller und den katholischen Stadtschreiber Locher, am 24. Februar 1673 nach Luzern ab, um bei dem katholischen Vororte sich über den Stand der Angelegenheit zu erkundigen, die angefochtenen Rechtsame der Stadt zu erläutern und zu vertheidigen und nach Gestaltsame der Sache dasselbe auch vor den Obrigkeiten der andern katholischen Orte zu thun.

Als die Abgeordneten auf ihrer Reise nach Luzern die Gelegenheit benützten, den Bürgermeister Grebel von dem Grunde und Zwecke ihrer Sendung zu unterrichten und um seinen Rath zu bitten, erhielten sie zur Antwort, daß man bereits auf Partikularwegen von dem Vorgehen der katholischen Orte Kenntniß erhalten und das Benehmen der Landvogteibeamten befremdend gefunden habe, denen es angestanden wäre, ungebührliche Vorgänge zunächst dem eidgenössischen Vororte anzumelden. Nun sei es allerdings ganz angemessen, daß die Abgeordneten von Frauenfeld sich zuerst an Luzern wenden; Zürich werde jedenfalls Frauenfeld bei seinen alten Freiheiten und Rechten bleiben lassen. In Luzern durch den ehemaligen Landvogt im Thurgau, Spitalherr Am-Rhyn, vor Rath eingeführt, erhielten sie die Vergünstigung, daß vier Rathsherren beauftragt wurden, ihr Begehren zu vernehmen und den ganzen Handel zu begutachten. Die Klage, über die sie zu antworten oder sich zu rechtfertigen hatten, bestand in drei Punkten: Abstrafung der Feiertagsbrüche; angeblich geschehene Bestrafung eines Ehemanns wegen Nothzwang eines Mädchens, und Bestrafung einer falschen Fertigung. Sie behaupteten in Bezug auf den zweiten Fall, es habe gar kein Nothzwang stattgefunden, in Bezug auf den dritten Fall, es habe sich um keinen malefizischen Fehler gehandelt, sondern um eine gütliche Verabfindung; abgesehen aber davon habe Frauenfeld alle Gerichtsbarkeit bis auf's Blut; erst wenn Schultheiß und Rath aus den Verhören sich überzeugt, daß das Leben des Malefikanten verwirkt sei, werde das eigentliche Malefizgericht angeordnet, unter

Beider Namen, des Landvogts und des Schultheißen, verbannt, und könne dann also der Fall eintreten, daß die konfiszirten Güter zwischen dem Landvogt und der Stadt getheilt werden. Auf Anfrage der Committirten, ob darüber Verträge bestehen und ob nicht im Jahre 1606 die Stadt Frauenfeld die Nichtablieferung der angesprochenen Hälfte Bußen durch die Behauptung, es seien keine Bußen eingegangen, entschuldigt, die Verpflichtung hiemit eingestanden hätte; ob endlich nicht das Stadtgericht eigentlich den regierenden Orten gehöre und der Stadt aus Gnaden zur Hälfte überlassen worden sei, — beriefen sich die Abgeordneten von Frauenfeld auf alte Briefe (1425) und Uebungen, die keine Verträge nöthig machten, und zeigten den Unterschied auf zwischen criminalia und Malefiz. Im Thurgau werde zwar beides unter dem Namen Malefiz den X Orten zugeschrieben; aber dieß gehe die Stadt Frauenfeld, die keineswegs den X Orten, sondern nur den VII Orten verpflichtet sei, nichts an, daher denn auch 1606 Landammann Ruepli von den Prätensionen in Bezug auf den Eid der Amtleute habe abstehen müssen.

Nach diesen Besprechungen und Erörterungen wurde von Luzern gut gefunden, die Sache nicht weiter bei den V Orten, wo sie angeregt worden, zu verfolgen, sondern an die badische Jahrrechnung zu weisen.

Dieselben Abgeordneten, die vor dem Rathe in Luzern die Sache Frauenfelds gegen die Amtleute der Landvogtei verfochten hatten, führten dieselbe auch bei der badischen Jahrrechnungstagsatzung, wo sie, am 12. Juli 1673 angekommen, am 14. Juli mit Landvogt Waser, Landschreiber Reding und Landammann Rueplin vor die Session berufen wurden und über jene drei Punkte Auskunft geben sollten, die zwei Landesbeamten sich auf ihr eingegebenes Memorial bezogen, die Abgeordneten von Frauenfeld ein Verdank verlangten. Indem die letztern die Gelegenheit benutzten, den Landesbeamten wegen ihrer unrichtigen Eingabe Vorwürfe zu machen, hielten sie am folgenden Tage vor versammelter Session ihren Rechtfertigungsvortrag, klagten namentlich den Landammann Rueplin der Eitelkeit und Ehrsucht an, daß er dem Vorsitz im Stadtgericht eine ungebührliche Autorität beilegen, sich wie ein Gerichtsherr gebahren wolle ɔc. Auf den Bescheid, daß Landammann Schindler ein Projekt entwerfen werde, als sie sahen, daß

Alles in favorem der Amtleute gestellt sei, hatten sie sich wieder zu
vertheidigen gegen die Angabe, daß sie die Rechtsame der Stadt nicht
spezifizirt dargebracht hätten, gegen die Zumuthung, in schweren Rechtsfällen den Landvogt und die Amtleute zu begrüßen und gegen die
Neuerung, daß es zwar in Verbannung des Stadtgerichtes bei'm Alten
bleiben, die Exekutionsbote jedoch von dem Landammann angelegt
werden sollen. Sie mußten zu diesem Zwecke die Mitglieder der Tagsatzung privatim darüber angehen und auf nochmalige Vornahme der
Angelegenheit bringen, erlangten auch so viel, daß in geschlossener
Sitzung der folgende Montag dazu bestimmt und Burgermeister Hirzel
und Landvogt Am-Rhyn mit einem neuen Projekt beauftragt wurden.
Unterdessen benützten beide Parteien die Zeit, um bei den Gesandten
nachzuwerben und wenn sie selbst einander begegneten, einander Vorwürfe zu machen. In der Montagssitzung wurde sodann Landammann
Rueplin besonders verhört und so auch die Abgeordneten von Frauenfeld. Nach der Sitzung, auf der Herberge, im Gespräche mit Landvogt Waser, ergab es sich dann, daß der Landschreiber Reding eine
Beschlußesfassung redigirt, dieselbe dem Landammann zu Handen des
Schultheißen zugestellt, der Landammann aber nicht abgegeben hatte,
weil es seiner Absicht nicht günstig war. Da diese Redaktion dem
Sinne der Abgeordneten von Frauenfeld nicht zuwider lief, erklärten
sie, einen Antragsentwurf dem Landvogt und dem Landschreiber anheim
stellen zu wollen. Dieser Antrag fand denn auch in der Session Zustimmung und wurde der Fassung des Beschlusses zu Grunde gelegt.

Welche Mittel aber, um zu einem günstigen Entscheide zu gelangen, angewendet zu werden pflegten, bezeugt ein noch vorhandenes
Schreiben des zürcherschen Bürgermeisters an den Schultheißen Leonhard Müller. Der Bürgermeister meldet demselben, daß ihm die be-
wußten 70 Dukaten und 140 Louisthaler zwar zugestellt worden seien,
er das Geld aber dem Schultheißen wieder zustelle, gleichwohl vorkommenden Falles zu Erweisung wahrer Freundschaft sich bereit erkläre.
Schließlich hofft er, daß man wegen des Pfarrers Mörikofer mit Dis-
kretion verfahren werde. — Die katholischen Orte drangen zwar wiederholt darauf, daß der Landvogt Waser von dem Pfarrer Mörikofer die
Buße beziehe; auf die Drohung der Stände Bern und evangelisch
Glarus, daß sie dann auch die katholischen Geistlichen, wenn sie in

ihren Predigten etwas Mißbeliebiges über die evangelische Konfession zu reden sich erlauben, mit derselben Buße belegen werden, wurde der Sache keine weitere Folge gegeben.

Die andere höchst wichtige Folge jedoch hatte der aus der Unverträglichkeit der beiden Religionsparteien hervorgegangene Streit, daß die Gerichtsbarkeit über Feiertagsbrüche und über Verstöße gegen den Landfrieden dem Rathe der Stadt ganz entwunden wurde und an das Landvogteiamt überging. Hatte früher das Landvogteiamt solche in Frauenfeld vorgekommene Vergehen zur Bestrafung dem Rathe verzeigt, so war jetzt dem Rathe der Weg abgeschnitten, seine Mitbürger gegen die Gerichtsbarkeit des Landvogteiamtes zu schützen. Als z. B. unter dem Landvogte Püntiner (1690—1692) drei evangelische Bürger am Fronleichnamstage ackerten und sie vom Landvogteiamt vorgeladen wurden, nach altem Rechte aber ohne vorgängige Erlaubniß des Rathes der Citation Folge zu leisten weigerten, wurden sie vom Landvogteiamte gebüßt und zuletzt blieb dem Rathe nichts Anderes übrig, als die Buße für sie aus dem evangelischen Kirchengute bezahlen zu lassen. Landvogt Reding, der Nachfolger Püntiners, gebot den Evangelischen, am Fronleichnamsfeste bis zur Mittagszeit alle Arbeit zu unterlassen. Der evangelische Rath klagte bei Zürich über solchen Zwang, Zürich sandte auch einen Abgeordneten an den Landvogt, erlangte aber mehr nicht, als daß die evangelischen Pfarrer angewiesen wurden, am Sonntag vorher das Fronleichnamsfest zu verkünden.

6. Bürgerliche Gleichheit. 1674.

Eigentliche Bürger und Gemeindsgenossen Frauenfelds waren bis 1445 nur die Einwohner der Stadt; von da an standen ihnen die Einwohner der obern Vorstadt an Rechten gleich (vgl. oben S. 95). Die übrigen Bewohner des Weichbildes innerhalb der vier Kreuze genossen zwar den Schutz der Stadt, leisteten zwar Steuern und Frohnen, nahmen auch Theil an der Benützung der Viehtrift, waren aber wenigstens seit 1582 von dem Anrechte auf Bauholz aus der Stadtwaldung ausgeschlossen. Es war ferner altes Gewohnheitsrecht, daß die Bewohner der Stadt und der Vorstadt, obwohl Bürger, bei der Räthenschenke oder Wahl der Dreiräthe nicht mitwählen durften und keine größern Stadtämter übernehmen konnten. Noch mindern Rechtes waren die Ausbürger (vgl. S. 227). Endlich wurde bei der Aufnahme des eingewanderten Seilers Rogg in das Bürgerrecht noch eine Klasse von Stadtbürgern geschaffen; weder der Vater noch seine Söhne und ihre Nachkommen sollten, ob sie gleich innerhalb der Stadtmauern wohnten und volles Bürgerrecht genossen, dennoch auf ewige Zeiten von allen Ehrenstellen und Aemtern ausgeschlossen bleiben.

So vorsichtig aber auch diese Umfriedung des Stadtbürgerrechtes angelegt war, der Zaun wurde dennoch durchbrochen. Schultheiß und Rath konnten denn doch nicht so hart sein, daß sie den Sohn eines Rathsherrn oder einen andern Vetter, der auf der Ergeten oder vor dem Holderthore einen Bau unternahm und mit der Bitte einlangte, ihm eine Beisteuer an Bauholz zu vergünstigen, ganz abwiesen und ihm nicht, wie sie ausdrücklich in das Protokoll setzen ließen, aus Gnaden einige Dutzend Baustämme oder mehr bewilligten. Was dem einen Bürger oder Bürgerssohne gewährt wurde, durfte man nachher unter gleichen Verhältnissen nicht weigern, freilich auch wieder nur aus Gnaden.

Schwieriger war es hinsichtlich der Theilnahme an Rathsstellen und Aemtern. In dieser Beziehung ging der Einbruch gerade von der verpönten Familie Rogg aus. Einige Glieder derselben waren durch Thätigkeit und Erbe zu bedeutendem Wohlstand gelangt. Schon 1633 war der Gasthof zur Krone Eigenthum des Konrad Rogg geworden. Als Ludwig Locher das neu erbaute Gasthaus zum Engel vor dem Holderthore seinem Gläubiger, der Pflegschaft des Siechenhauses, überlassen mußte, war es wieder ein Konrad Rogg, der dasselbe im Namen seines Stiefvaters um 709 Gulden an sich brachte und darauf die Wirthschaft betrieb. Da nun seit dem Verschlusse des Bürgerrechtes mehrere der angesehensten und begütertsten katholischen Familien, z. B. die Weerli und Leeringer, abgegangen, die Söhne des Schultheißen Hurter, zum Theile auch die Locher, in ökonomischen Zerfall gerathen waren, und dennoch die Hälfte der Rathsstellen und Aemter mit Katholiken besetzt werden sollte, ward es für den katholischen Theil der Bürgerschaft zum eigentlichen Bedürfniß, so tüchtige Bürger, wie die Rogg sich erwiesen, zu Ehren zu ziehen. Bereits war man über die Frage hinweg gekommen, ob die Rogg ämterfähig seien; denn schon 1660 war der Stadtfähnrich Konrad Rogg Mitglied des Großen

Rathes. Als nun aber 1672 der Engelwirth Wolfgang Rudolf Rogg auch an der Dreiräthenwahl Theil nehmen wollte, stand ihm das Hinderniß entgegen, daß er außer den Thoren wohnte. Seine Einwendung, daß er die Wirthschaft vor dem Holderthor nicht im eigenen Interesse und nur vorübergehend betreibe und wieder in die Stadt ziehen wolle, fand namentlich unter den evangelischen Bürgern beharrlichen Widerspruch. Auch solche Weise blieb hiemit der Engelwirth weder stimmfähig noch wahlfähig.

Der Engelwirth war jedoch ein freundlicher, dienstfertiger und unterhaltender Gesellschafter, seine Haus- und Gartenwirthschaft der beliebteste Versammlungsort der Rathsmänner und Honoratioren; es mußte ein Auskunftsmittel gefunden werden, dem Engelwirthe den Weg zu den städtischen Rechten und Ehren zu öffnen; und es fand sich auch. Am 29. Dezember 1674 wurde nämlich von Schultheiß, Räthen und Bürgern der Beschluß gefaßt: Alle außerhalb der Stadt wohnenden Bürger mögen für sich und ihre Nachkommen stimmfähig und wahlfähig werden, wenn sie zehn Gulden in das Stadtärar bezahlen; nur das Schultheißenamt, der Sitz im Kleinen Rath und die Stadtschreiberstelle bleiben ihnen vorenthalten.

Unverweilt machten nicht bloß der Engelwirth, sondern auch zehn andere Bürger, namentlich Bewohner der Ergeten, von dieser Vergünstigung Gebrauch. Die Schranke war gefallen, bürgerliche Gleichheit eingeführt für alle Bürger, die innerhalb der vier Kreuze wohnten.

Die bürgerliche Gleichberechtigung hatte aber auch wieder ihre Beschränkung in der Willkühr des Rathes. Durch das Beispiel der Oligarchien der schweizerischen Städte in der alten Anschauung bestärkt, daß alles Gemeinderecht auf Schultheiß und Rath beruhe, betrachtete er jedes der bürgerlichen Gesammtheit und dem einzelnen Bürger gemachte Zugeständniß als eine Gnade, die unbeschränkte Verfügung über die Gemeindegüter als sein Recht, die rücksichtlose, nach eigenem Gutfinden bestimmte Handhabung der Gesetze und Polizei als seine Pflicht: aber allzu große Strenge konnte man ihm doch in keiner Beziehung vorwerfen. So häufig z. B. Gebote und Verbote gegen Waldfrevel erlassen und die Uebertreter derselben mit Bußen belegt wurden, so wurden doch diese Bußen, namentlich bei den Bürgern, oft drei Jahre lang oder länger nicht bezogen und zuletzt halb oder ganz nachgelassen, so daß, ungeachtet fortwährender Klagen über Waldverwüstung, die Waldfreiheit des gemeinen Bürgers im Grunde wenig gehemmt war. Dagegen entschädigten sich Schultheiß und Kleiner Rath dadurch, daß sie 1675 sich jährlich drei und 1686 vier Klafter Holz voraus zuerkannten, dem Spitalpfleger 1684 eine Besoldung von 24 Gulden, später, 1702, dem Spitalpfleger und dem Siechenpfleger 36, dem Spendpfleger 25 Gulden festsetzten, von den Fastnachthühnern der Gerichtsangehörigen 1687 jedem der Treiräthe und dem Statthalter 15 Stück, und jedem Kleinrath fünf Stück zutheilten, endlich 1705 dem regierenden Schultheißen das Salar von 32 Gulden und 5 Mütt Kernen um 10 Gulden und 1 Mütt Kernen verbesserten, dem abgehenden Schultheißen zu den 22 Gulden und 5 Mütt Kernen noch 5 Gulden und 1 Mütt Kernen beifügten, beides mit dem Bedinge, daß sie keine Pflegschaften übernehmen dürfen.

7. Verschiedene Verordnungen und Rathsbeschlüsse.

1656. Schultheiß Müller legt das Verzeichniß der von seiner Tochter und ihrem Bräutigam geladenen Hochzeitgäste vor. Da laut Mandat nicht über 50 Gäste sein dürfen, werden die entfernten Verwandten gestrichen. — 1659. Der Hochzeitszedel des Herrn Teucher verzeichnet 98 nahe Verwandte, die geladen werden sollen, und wird gut geheißen.

Im Jahre 1666 befremdete es zwar den Rath, von Landvogt Erler zur Hochzeit seines Sohnes eingeladen zu werden, indem solches nicht gebräuchlich sei, wollte ihn aber doch nicht beleidigen, ordnete daher eine Deputatschaft ab mit 6 Dukaten Geschenk, ließ auch auf dem Schloß mit 12 und auf dem Oberthore mit 8 Doppelhakenschüssen das Fest verherrlichen.

Obschon um das Jahr 1667 keine ansteckenden Krankeiten, ähnlich der frühern Pest, die Gemüther in Unruhe versetzten, fanden sich gleichwohl Schultheiß und Rath im März 1667 veranlaßt, einen Stadtmedicus, den Dr. Sandholzer von Constanz, anzustellen und ihm ein jährliches Wartgeld auszusetzen, nämlich ein halbes Fuder Wein, 3 Mütt Kernen und 3 Mütt Haber und so viel Holz, als ein Rathsherr

zu beziehen pflegte. Im Jahre 1673, bei der Vorlage der Stadt=
rechnung, wurde dann zwar gerügt, daß der Doktor so viel koste; aber
wenige Tage später wurde bei der Rechnung der Siechenpflege die
Bemerkung gemacht, daß im Siechenhause keine Kranken mehr seien.
— Wenn nun auch die Anstellung des Stadtarztes und die Ent=
ledigung des Siechenhauses von Kranken in keiner ursächlichen Ver=
bindung stehen mochten, so beweisen sie doch, daß im Allgemeinen
eine bessere Gesundheitspflege und ein besserer Gesundheitszustand ein=
getreten sei.

Die ökonomischen Bedenklichkeiten des Stadtseckelmeisters von 1673
wurden auch nach Abgang Sandholzers durch das Bedürfniß über=
wogen, einen zuverlässigen Gesundheitsrath bei der Hand zu haben.
Die mit einem Dr. Wepfer 1674 gepflogenen Unterhandlungen blieben
ohne Erfolg, dagegen wurde im Mai 1675 mit dem Dr. Johann
Good ein Bestallungsvertrag abgeschlossen, der die Taxen für Besuche,
Rezepte u. s. w. genau festsetzte, ihn seines Berufes fleißig zu warten
verpflichtete und ihm sechs Viertel Kernen und sechs Eimer Wein Wart=
geld zusicherte. Dr. F. M. Pfyffer von Luzern, schon 1680 empfohlen,
wurde dennoch erst im folgenden Jahre auf Probe angenommen; 1683
trat der praktische Arzt Anligger von Bern an seine Stelle, doch mußte
er versprechen, keinem Bürger (Barbier) in seinem Berufe Eintrag zu
thun. Anligger verehelichte sich mit einer Bürgerstochter; seine Be=
werbung um das Bürgerrecht war aber erfolglos.

Als besondere Härte wurde dem Rathe angerechnet, daß er 1673,
1687 und 1688 den Müllern die Abschaffung der Bläueln gebot und
sie dadurch nöthigte, Hanfreiben zu bauen. Zuerst hatte der Pfarrer
in Kurzdorf geklagt, daß sie ihn im Studieren, dann der Gastwirth
Rathsherr Engeler, daß sie seine Gäste im Schlafe stören. Es war
also jedenfalls kein Grund vorhanden, jenes Verbot der Bläueln dem
Uebelwollen der katholischen Rathsglieder beizumessen.

1674, 16. Oktober. Auf Antrag des Schultheißen Locher wurden
zur Einrichtung eines Theaters für die von Peter Maurus eingerichtete
(geistliche) Komödie Bretter geliehen. Da die Komödie dem Rathe
dedizirt war, durfte den Actoribus nach Vollendung des Spiels ein
Trunk gegeben werden. Als aber diese geistlichen Schauspiele in den

folgenden Jahren wiederholt wurden, wollten die Evangelischen nicht gestatten, daß die Stadt die Kosten mittragen helfe.

Als 1679 der Landschreiber Reding dem neu gewählten Schult= heißen Konrad Rogg, bisherigem Prokurator bei dem Landvogtei= oberamte, den Rang streitig machte und der Landschreiber behauptete, seine Regierung habe ihn angewiesen, als Beamter der regierenden Orte dem Schultheißen der Stadt Frauenfeld den Vortritt nicht zu gestatten, ging der Rath von der Ansicht aus, die Würde eines Stadt= schultheißen stehe höher als der Schreiberdienst der Landvogtei, beschloß daher, alles aufzubieten, das Ansehen des Schultheißen zu wahren, sandte also Abgeordnete nach Zürich und Baden und brachte zuletzt eine Ausgleichung zu Stande, vermöge welcher der Schultheiß wenigstens innerhalb des Stadtgebietes den Vortritt vor dem Landschreiber habe.

1685. Wie in Dießenhofen neben dem Pfundzoll jährlich von jeder jüdischen Haushaltung ein Dukaten abgestattet wird, so soll hier jeder Jude, der Handel zu treiben hieher kommt, zwei Batzen Zoll entrichten. — Der Jude Joachim anerbietet, statt der zwei Batzen Zoll einen Jahresbeitrag von einem Reichsthaler zu zahlen.

1687. Die V Orte gaben Befehl, daß künftighin am Fron= leichnamsfeste vom Schloßthurme herunter geschossen werden solle, un= angesehen, ob der Landvogt katholisch sei oder evangelisch. Dieser Befehl wurde mit solchem Eifer vollzogen, daß die Evangelischen Be= schwerde führten, das schwere Geschütz der Stadt sei dadurch theilweise zu Grunde gerichtet.

Vielfache Wege schlägt der Ehrgeiz ein, um selbst zu Aemtern zu gelangen und Andere zu verscheuchen. Die Aemtermähler gehörten zu den Mitteln, die zu solchem Zwecke angewendet wurden. Es war Sitte geworden, daß jeder neu gewählte Schultheiß, Stadtschreiber, Statt= halter, Stadtweibel der Bürgerschaft eine Mahlzeit gebe. Diese über= schwänglich großen Kosten standen in keinem Verhältniß zu dem ge= ringen Ertrage dieser Aemter. Daher wurde 1684 der Mißbrauch abgeschafft, dagegen zugelassen, daß jene höhern Stellen jedem Bürger einen halben Gulden, der Stadtweibel aber zwei Batzen ausrichte. Ferner wurde beschlossen, daß Derjenige, welcher sich zu einem der ge= nannten Aemter aufzuwerfen suche und eine Mahlzeit verspreche, als ein

Meineidiger betrachtet und seiner Aemter verlustig erklärt werden solle. — Ein anderes Mittel, sich den Weg zu Aemtern zu bahnen, war, durch Geistliche, namentlich durch die Kapuziner, Stimmen werben zu lassen; dieses Praktiziren sollte derselben Strafe unterliegen. Statt der Mahlzeiten, welche die neu gewählten Stadtrichter dem Rathe als Wahlbehörde zu geben pflegten, sollte künftig jedem Rathsherrn ein halber Thaler gegeben werden.

1689, 9. März. Nach dem Ableben des Schultheißen Engeler wurde Rathsherr Müller zum Schultheißen und Stadtfähnrich Müller zum Statthalter gewählt, und dann auf Antrag des Schultheißen Rueplin geprüft, ob dabei nicht praktizirt worden sei, hierauf auch die Wahl des Schultheißen gut erkannt, dagegen beschlossen, acht Bürger und eine Magd zu verhören, was zur Wahl des Statthalters geschehen sei. — 16. März. Nach Abhörung der bei der Wahl des Statthalters bethätigten Unterhändler und auf ihre Versicherung, daß sie es aus sich selbst, ohne Auftrag gethan haben, wurden Melchior Leeringer, Jakob Keller und Franz Hurter auf das Bürgerstübli erkannt, Melchior Teucher und Melchior Mörikofer, der Wirth, um 10 Pfund gebüßt, die Statthalterwahl aber konfirmirt.

Eine neue Einrichtung war auch die Bestellung von Raths=prokuratoren. Die vor Rath und Gericht tretenden Parteien müssen mit der bei den Behörden üblichen Behandlungsweise der Geschäfte vertraut sein und nach derselben ihre Vorträge einrichten; denn eine verwirrte und ungeordnete Darlegung eines Rechtsstreites verursacht den Behörden doppelten Aufwand an Zeit und gibt dem Rechtsstreite oft eine ganz falsche Wendung. Häufig wurde diese Erfahrung ge=macht, wenn die Parteien ihre Sache selbst vortrugen oder sich durch Rabulisten und ungeregelte Anwälte vertreten ließen. Um diesen Nach=theilen künftig vorzubeugen, wurden 1697 vier Rathsprokuratoren bestellt, zwei von jeder Konfession, und verordnet, daß jeweilen ein evangelischer und ein katholischer Rathsprokurator im ersten, die andern beiden im zweiten Halbjahre den Dienst versehen und jedem jährlich ein Mütt Kernen Wartgeld von der Stadt gegeben werden soll. Als Für=sprecher sollten sie sich mit einer Vergütung von 2 Batzen für einen Vortrag begnügen.

Weil im Jahre 1700 die Schützengesellschaft durch den Umbau des Schützenhauses verarmt war, verordnete der Rath, daß das nöthige Geld bei der Constafelgesellschaft, die 400 Gulden müßig liegen habe, erhoben werden solle; und um jene Kosten wieder einzubringen, wurden alle Bürger, die das sechszehnte Altersjahr zurückgelegt hatten, verpflichtet, an wenigstens sechs Sonntagen jährlich bei den Schießübungen sich einzustellen, als Doppel statt des Batzens drei Schillinge zu erlegen, von denen zwei Pfenninge dem Schützenhause zufallen —; alles bei Strafe eines Thalers.

8. Das Handwerk und die Zünfte.

Bis zum Jahre 1678 hatte Frauenfeld keine Handwerkerzunft. Das Handwerk war frei, oder vielmehr nur an die in der Offnung enthaltenen polizeilichen, besonders die Metzger, Bäcker und Müller betreffenden Vorschriften gebunden, geschützt aber durch die den Ansaßen auferlegte Pflicht, kein Handwerk zu treiben, das schon durch einen Bürger besetzt sei. Zwar ist im Jahre 1605 von einer Schreinerzunft die Rede; es scheint jedoch, daß die Gesammtheit der eingebürgerten Tischler als Zunft bezeichnet war, ohne daß sie als förmliche Zunft organisirt war, oder daß sie sich wieder auflöste. Eine Art Zunft bildete freilich die Constafelgesellschaft, in welche seit 1616 jeder Handwerksmann, sofern er Mitglied des Vereins war, für jeden aufgedungenen Lehrling einen Gulden einzuzahlen hatte; allein die Lehr- und Meisterbriefe wurden im Namen des Rathes vom Stadtschreiber ausgestellt. Auch war es der Rath, der die Handwerksanstände beurtheilte und entschied. Im Interesse der Handwerker trat der Rath 1668 auch der in der Landschaft Thurgau getroffenen Polizeiverordnung zur Entfernung der Störer bei, der hausirenden Handwerker nämlich, die im Hause ihrer Kunden im Taglohn oder Stücklohn arbeiteten, wie die Keßler, Schleifer, Sattler, Schuster u. s. w. Zehn Jahre später faßte er sogar den Beschluß, eine allgemeine Handwerksordnung aufzustellen. Es findet sich jedoch keine Spur, daß das Vorhaben zur That geworden sei.

Als aber 1685 die Weber zusammentraten und bei dem Rathe Klage erhoben, daß manche Rebleute das Weberhandwerk betreiben, ohne mehr als ein oder anderthalb Lehrjahre durchgemacht zu haben, wurde ihnen zuvorkommend die Erlaubniß gewährt, sich in eine Zunft zu verbinden. Der abgetretene Schultheiß sollte ihr Obmann sein. Zwei Rebleute, die auf ihr Weberhandwerk nur ein Vierteljahr Lehrzeit verwandt hatten, durften diesen Mangel durch einen Gulden Einlage gut machen und fanden ohne weitere Leistung in dem Zunftverband Aufnahme; aber künftighin sollte kein Weber das Gewerbe selbständig betreiben, der nicht drei Jahre bei einem Meister gelernt und gedient hätte. Einige Handwerksgenossen und Stümpler, die sich nicht fügen wollten, wurden vom Rathe genöthigt, sich der Satzung des Hand= werks zu unterziehen.

Dem Vorgange der Weber folgten 1686 die Posamentirer. Es waren zwar nur drei Bürger, die dieses Gewerbe betrieben; da aber der allgemeine Handwerksgebrauch erlaubte, daß drei Meister eine Zunft errichten, so stellte ihnen der Rath kein Hinderniß entgegen.

Als 1708 die Schlosser mit der Bitte an den Rath gelangten, ihnen zu einer Zunft zu verhelfen, wurde ihnen der Rath ertheilt, sich in Konstanz nach Statuten umzusehen, die sie bei Entwerfung ihrer eigenen Statuten benutzen könnten. Es gelang ihnen aber noch nicht, sich zu einigen.

Die Kaufleute bildeten in Frauenfeld zwar keine Zunft; aber einig waren sie darin, die fremden Krämer möglichst fern zu halten. Denselben an den Markttagen den Zutritt zu wehren, ging nicht an; daher gab 1662 der Rath die Erklärung ab: Die welschen Krämer mögen wohl in der Krone einkehren und zehren, jedoch nur am Samstagswochen= markte und an den Jahrmärkten ihre Waaren auslegen und verkaufen.

Allein dem Verkauf bei geschlossenen Thüren an andern Wochen= tagen konnte um so weniger gewehrt werden, da der welsche Krämer in Bezug auf Waaren und Preise das Publikum für sich hatte. Der Rath legte sich daher die Frage vor (1671), ob es nicht gut wäre, bei den Gewerbsleuten eine Taxation vorzunehmen; gestand aber doch dem Franz Perüle gegen eine Hintersitztaxe von 20 Gulden einen offenen Kaufladen zu, sofern kein Bürger sich darüber beschwere (1676). Die= selbe Begünstigung wurde einem andern Savoyarden 1692 gewährt. Ein Dritter, der unter denselben Bedingungen sich angesiedelt hatte, mußte aber einem Bürger desselben Gewerbes weichen und seinen Verkehr in Frauenfeld auf die Markttage beschränken lassen.

Unterdessen standen die Handwerker in steter Fehde mit einander und mit dem Publikum. Bald griff der Schmied in das Schlosserhandwerk ein, bald der Zimmermann in das Tischlerhandwerk, der Bader in das Handwerk des Barbiers. Wenn der Städter bei einem auf dem Lande wohnenden Schuster wohlfeilere und bessere Arbeit beziehen wollte, so nahm der Stadtschuster dem Boten dieses Schuhwerk auf der Straße weg. Derselben Gefahr war der Landschneider, der in die Stadt arbeitete, ausgesetzt. Dennoch hielten sich die Stadtschuster und Stadtschneider zu hoch, um dem Mitbürger die Flickarbeit zu fertigen. Die Küfer behaupteten, das Privilegium allein Branntwein brennen zu dürfen und erwirkten, daß einem Manne, der nicht ihres Handwerks war, die Errichtung einer Branntweinbrennerei und der Vertrieb seines Produktes in das Ausland verboten wurde. Neben dem Schwarzfärber in der Ergeten durfte kein anderer Färber weder in der Stadt noch in den Gerichten sein Handwerk betreiben. Auf solche Weise war allen industriellen Unternehmungen der Weg versperrt.

Unter allen Handwerkern machten aber die Bäcker, Metzger und Müller dem Rathe am meisten Mühe; die Bäcker und Metzger, weil sie sich den Preisansätzen der Brod= und Fleischschätzer nicht fügen wollten; die Müller, weil sie angeschuldigt wurden, zu hohe Mahlsteuer bezogen und bei ihrem geheimen Kornhandel dem städtischen Kaufhause vorenthalten zu haben.

9. Bekehrungseifer.

Die kirchlichen und bürgerlichen Zustände im Sinne der V Orte und ihrer dem Landfrieden gegebenen Deutung zu gestalten, war eine Aufgabe, die in Frauenfeld besser als an irgend einem andern paritätischen Orte erreichbar schien. Die Landvogtei war jeweilen in Zeiträumen von 14 Jahren 11 Jahre von katholischen und nur 3 Jahre von evangelischen Landvögten besetzt, die Oberamtleute des Landvogts der katholischen Religion zugethan und zwei derselben in der Regel Mitglieder des Rathes von Frauenfeld; neben dem Pfarrherrn standen sieben Kapläne im Dienste der katholischen Kirche, unterstützt von zwölf

Kapuzinern und einigen Laienbrüdern. Wenn diese Kräfte zusammen wirkten, die evangelische Bevölkerung in den alten Glauben der Kirche zurück zu führen und die derselben bereits eingeräumten Konzessionen wieder zu erobern, so durften sie von den zwei Prädikanten und dem Schulmeister, den Vorkämpfern der evangelischen Konfession, keinen unüberwindlichen Widerstand erwarten.

Daß man dabei auf manche Schwierigkeit stoßen, daß die Evangelischen von Frauenfeld auf den Beistand Zürichs zählen, daß aber die V Orte das Uebergewicht über Zürichs Einfluß behaupten werden, hatte der Uebertritt des Peter Kappeler bereits klar an den Tag gelegt.

Ueber die bei der Bürgerschaft selbst vorherrschende Stimmung gibt ein Vorfall des Jahres 1660 ein unzweideutiges Zeugniß. Die Katholiken hatten nicht gestatten wollen, daß die Evangelischen bei den Wochenpredigten in der Nikolaikirche Psalmen singen, konnten aber nicht hindern, daß Psalmengesänge zuweilen auf der Straße angestimmt wurden. Dagegen ließen katholische Mädchen die Kirchenlitanei ertönen. Damit neckte man sich gegenseitig. Die Obrigkeit warnte vor solchen Neckereien. Als aber 1660 an dem Auffahrtstage des neuen Kalenders die Honorationen in den Gasthäusern zum Hirschen und zur Krone beim Abendtrunke saßen, dort meistens Evangelische, hier Katholische, wurde auf der Straße vor dem Hirschen wieder die Litanei angestimmt. Einige Rathsherren baten den Gesang einzustellen; der Knecht des Scharfrichters und ein Landgerichtsdiener machten Miene, den Reigen beschützen zu wollen; der erstere wurde für seine freche Antwort mit Fäusten traktirt, so daß er bei der in der Krone versammelten Gesellschaft Hülfe suchte. Nun stürzt Alles auf die Straße und es entsteht im Abenddunkel ein Getümmel, in dem mancher Schlag den unverdienten Mann trifft. Folgenden Tags wird inquirirt und nach Luzern berichtet. Landvogt Hirzel konnte nur mit Mühe bei der folgenden Tagsatzung die Gesandten der V Orte überzeugen, daß es bei diesem Handel nicht darauf abgesehen gewesen sei, die katholische Religion zu beschimpfen.

Soweit hatten sich die Gegensätze schon auseinander gestellt, als 1663 Johann Kaspar Lang von Zug die katholische Pfarre Frauenfeld antrat, ein Mann, der durch theologische Wissenschaft alle seine Vorgänger weit überragte und entschlossen war, alle ihm zu Gebote stehenden

Mittel anzuwenden, um den Glanz seiner Kirche wieder herzustellen. Als Dekan des Kapitels Frauenfeld und apostolischer Protonotar stand er in hohen Ehren; als Bürger von Zug war er der Unterstützung der V Orte gewiß; als Geschichtforscher und besonders als Kirchen= historiker war er mit den Waffen der Wissenschaft ausgerüstet, die ihn ermuthigten, mit den gelehrten Protestanten in den Kampf zu gehen.

In der Schriftstellerwelt trat er 1670 mit einem Traktate auf: „Erklärung des wunderbaren Geheimnisses des Meßopfers", dem der evangelische Pfarrer Jakob Aaberli 1674 den Traktat entgegensetzte: „Gründlicher Bericht vom heiligen Nachtmal des Herrn." Noch vor dem Erscheinen dieser Widerlegungsschrift veröffentlichte Lang die Er= klärung dreier Fragen von dem Cölibat, Einsiedeln 1673; dann 1678: „Katholischer Blumengarten," in Zug gedruckt; ferner 1680: „Hell leuchtende katholische Ampel zum heiligen Nachtmahl." Als ihm auf diese Schrift Pfarrer Aaberli noch in demselben Jahre antwortete mit der „Rettungsschrift von dem heiligen Nachtmal", begegnete ihm Dekan Lang mit seiner „Ermahnung an die Widerwärtigen." Lang's Hauptwerk war aber der „Historisch=theologische Grundriß der alt und jeweiligen christenlichen Welt bei Abbildung der alten und heutigen christlich katholischen Helvetia", nach dem Tode des Verfassers in zwei Foliobänden gedruckt, Einsiedeln 1692. Dieses reichhaltige Buch, dem er aus der schweizerischen und thurgauischen Kirchengeschichte manche Auszüge aus jetzt nicht mehr vorhandenen Urkunden beifügte, hatte den Zweck, die lateinisch geschriebene helvetische Kirchengeschichte des Zürcher Gelehrten Heinrich Hottinger zu widerlegen und den Beweis zu leisten, daß bis auf Zwingli in der Eidgenossenschaft kein anderer als der von Christus und den Aposteln gelehrte Glaube geherrscht habe. Das Buch wurde dann aber auch wieder von Jakob Hottinger, dem Sohne Heinrichs, in der vierbändigen Helvetischen Kirchengeschichte, 1698—1729, auf eine Weise bestritten, daß ein protestantischer Schrift= steller erklärt, er habe sich gar selten der so nöthigen Bescheidenheit gegen den gewiß nicht verdienstlosen Mann bedient.

In der Einleitung zum Grundriß bekennt Dekan Lang: der Irr= thum der Andersgläubigen in seiner Kirchgemeinde habe ihn geschmerzt, indem sie behaupten, die wahre, biblische, uralte christliche Religion zu besitzen; dieß habe ihn veranlaßt, das große Werk zur Widerlegung

jenes Irrthums zu schreiben, nachdem die früher herausgegebenen
Traktate wenig Frucht gebracht. Er mochte insoweit richtig geurtheilt
haben, wiefern bei dem damaligen Bildungsstande allerdings Wenige
für schriftliche Belehrungen zugänglich waren. Auch in der Klasse der
Unterrichteten, nicht bloß bei Schultheiß Müller, sondern sogar bei dem
katholischen Schultheiß Locher und andern Mitgliedern des Raths hatte
die erste jener Streitschriften einen keineswegs günstigen Eindruck gemacht, weil sie mit Recht besorgten, daß die bürgerliche Einigkeit dadurch
gestört werde. Ueber den religiösen Inhalt und Zweck jener Schriften
hingegen konnte der Katholik nur einverstanden sein: denn Besseres
ließ sich den Lehren und Behauptungen der protestantischen Geistlichen
kaum entgegen stellen, als Pfarrer Lang in seinen verschiedenen Trak-
taten darbot. Der aus der Bibel und aus der Geschichte geführte
Beweis, daß von den Zeiten der Apostel her die katholische Kirche in
der Lehre und im Gottesdienste sich gleich geblieben, die Reformation
dagegen eine unchristliche Neuerung gewesen sei,. führte zu der Folgerung, daß der Katholik bei seiner Religion beharren, der Protestant
dagegen in den Schooß der alleinseligmachenden Kirche zurückgeführt,
die entwendeten Kirchen und Kirchengüter zurück erobert werden müßten.
In beiden Richtungen entfaltete der Pfarrherr Lang seine unermüdliche
Thätigkeit.

Daß aber, um Proselyten zu gewinnen, neben der Belehrung
auch andere Mittel anwendbar seien, hatte schon der Uebertritt des
Peter Kappeler gezeigt. Ein Mittel, das vorzüglich wirksam sich erwies,
um Dürftige anzuziehen, war ferner die Stiftung eines Convertiten-
fonds durch Anna Volmer, die Wittwe des Scharfrichters von Schaffhausen, dann verehlicht an den thurgauischen Scharfrichter Johannes
Mengis von Sursee, die ihre lutherische Konfession mit der katholischen
Konfession vertauschte und 1000 Gulden zur Unterstützung armer Convertiten vergabte. Andere wurden für ihren Uebertritt durch Verleihung von Lehen, Weibeldiensten, Meßmerstellen und andere weltliche
Vortheile belohnt.

Von den Prädikanten der Stadt wurden ebenfalls die manigfaltigsten Mittel angewendet, solchen Abfällen zu wehren, Mahnungen,
Drohungen, Almosen u. s. w., je nach Umständen und Charakter der

Perſonen. Gleichwohl ſind als Convertiten, die unter der Amtsverwaltung des evangeliſchen Pfarrers Aaberli, 1654—1677, zur
katholiſchen Konfeſſion übertraten, über zwanzig Gemeindeglieder genannt, unter ihnen aus der Zahl der Stadtbürger ein Kaſpar Kappeler ſammt Frau und Kindern, zwei J. Kappeler, fünf des Geſchlechtes
Keller. Aaberlis Nachfolger, Heinrich Mörikofer, 1677—1691, konnte
gleichfalls den Uebertritt des Großraths M. Keller, des H. Walter,
des Adam Wueſt und K. Bommer nicht verhindern. Während der
Amtsführung des Pfarrers Wirz, 1691—1704, zählte man ſieben
Erwachſene nebſt dreizehn ihnen angehörigen Kindern.

Jn denſelben Jahren, 1664—1668, wurde auf Betreiben des
Pfarrherrn Lang und des Landammanns Rueplin ein Streit wegen
der Kapelle St. Leonhard erhoben, die ſeit der Reformation bis zur
Erbauung der evangeliſchen Kirche den Evangeliſchen, während der
Reparatur der Nikolaikirche den Katholiſchen als Taufkapelle gedient
hatte. Die Evangeliſchen wollten ſich um ſo weniger dazu verſtehen,
ihren katholiſchen Mitbürgern dieſe Kapelle einzuräumen, weil die evangeliſche Schule auf die Einkünfte des Leonhardgutes (das freilich nur
aus 1071 Gulden Kapital beſtand) angewieſen war; ſie fürchteten,
daß, wenn ſie auf die Kapelle verzichten, auch das Stiftungsgut gefordert und überdieß in der Leonhardskapelle manches den evangeliſchen
Kirchgenoſſen anſtößige Ceremoniel werde eingerichtet werden. Auf
katholiſcher Seite aber ſetzte man um ſo mehr Werth darauf, die
Leonhardskapelle für den katholiſchen Gottesdienſt wieder einzurichten,
weil man das Klöſterlein Murkhard hatte zerfallen laſſen. Sich
gegenſeitig zu verſtändigen gelang nicht; die Eidgenoſſen mußten entſcheiden. Die Kapelle wurde den Katholiken zugeſprochen, doch mit
der Beſchränkung, daß der evangeliſche Taufſtein nicht aus derſelben
entfernt, die Kapelle auch nicht erweitert, vielmehr außer den Stunden
gottesdienſtlicher Verrichtung verſchloſſen und in Nothfällen den Evangeliſchen zu Taufen zugänglich bleiben ſolle.

Den Hetzereien gegenüber, welche auf den Kanzeln, in Geſellſchafts-
häuſern, auf den Straßen und ſelbſt in dem Rathsſaale die Gemüther
aufreizten, war es wie ein Lichtſtrahl aus einer höhern Welt, als der
Landesſtreit von Glarus abermals die Eidgenoſſenſchaft in einen Re-
ligionskrieg zu ſtürzen drohte und am 1. September 1683 die Katholiken

durch Schultheiß Rogg ihre evangelischen Mitbürger ersuchen ließen, im Falle eines wirklich eintretenden Bruches nichts Widriges gegen sie vorzunehmen, mit dem Anerbieten, sich eben so freundlich gegen sie zu betragen. Rathsglieder beider Konfessionen, nämlich Schultheiß Engeler, Landammann Dom. Rueplin, Stadtschreiber Jos. Ignaz Rueplin und Stadtfähnrich Heinrich Müller, entwarfen am 13. September ein Uebereinkommniß, das am 15. September vom Rathe genehmigt und der Bürgerschaft zur Kenntniß gebracht, auch als Denkzeichen gegenseitiger friedliebender, ehrlicher Gesinnung und treuen Gemüthes für die Nachkommenschaft und für die ganze ehrbare Welt niedergelegt wurde. Alles versprachen sie einander zu thun, was in der gefahrvollen Zeit bürgerliche Liebe und Eintracht befestigen könne. Beten wollten sie, damit Gott das Unglück abwende; mit Leib und Gut einander schirmen, alles Mißtrauen meiden, wenn Noth über sie komme; bei den Eidgenossen das Gutheißen ihrer Vereinigung einholen und für beide Theile um gleichen Schutz ersuchen; wenn ihnen dieß versagt würde, für einander so einstehen, daß die Katholischen den Evangelischen und die Evangelischen den Katholischen Rath und Hülfe gewähren und Geistliche und Weltliche, Bürger und Ansaßen dessen genießen mögen, doch Jedem gestattet sei, auf seine Gefahr hin seine Habe anderswohin in Sicherheit zu bringen. — Nachdem Zürich dieses Uebereinkommniß beifällig aufgenommen hatte, sandten sie Rueplin und Müller nach Baden, um den Abgeordneten der Stände vertrauliche Mittheilung davon zu zu machen. Sie verweilten acht Tage daselbst, bis sie mit der fröhlichen Nachricht heimkehren konnten, daß der Glarner Streit in Güte geschlichtet sei. Von den Kosten der Sendung aber wurde ein Drittheil der Stadt, ein Drittheil den beiden Kirchen, ein Drittheil den Steuerpflichtigen auferlegt.

Allein dieses Uebereinkommniß war doch nur ein Waffenstillstand. Die Beinhauskapelle in Oberkirch, die seit der Reformation als Behälter für die Werkzeuge des Todtengräbers, zuweilen auch zum Begräbniß für katholische Geistliche benutzt und deren Gebäulichkeiten auf gemeinsame Kosten unterhalten worden waren, wurde 1686 von Schultheiß Rueplin, dem Führer des katholischen Konfessionstheiles, als Eigenthum der katholischen Konfession angesprochen. Durch diese Forderung wurden eine Menge Einwendungen und gegenseitiger Klagen

und Anschuldigungen hervorgerufen. Den Rathsgliedern der evange=
lischen Kommune deutete man es als Uebergriff in die Rechte des
gesammten Rathes aus, daß sie den Angehörigen ihrer Konfession
geboten hatten, mit dem Seitengewehr in der Kirche zu erscheinen,
weil dies zur Festkleidung gezieme. Die Katholischen ärgerten sich über
die auf dem Grabsteine eines evangelischen Bürgers angebrachte In=
schrift, in welcher der Ausdruck enthalten war „recht geglaubt", als
wäre dadurch der katholische Glaube verdächtigt. Dem Vorwurfe, daß
die Katholiken von einem für ihre Kirchenparamente benutzten Boden
des alten Zeughauses keinen Zins zahlen, stellte sich der Einwurf ent=
gegen, daß die Evangelischen von der für ihre Schule benutzten Nieder=
stube ebenfalls keinen Zins an die Stadt entrichten. Auf die Be=
hauptung der Evangelischen, daß sie gegenüber den 20 Katholiken
hundert Evangelische zählen, hiemit der Anspruch der Katholischen auf
gleiche Stellvertretung in den Aemtern unbillig sei, erwiederten die Ka=
tholischen, daß ihr Recht nicht auf der Kopfzahl beruhe, sondern auf
den Bestimmungen des Landfriedens und der Verträge. Für eine kurze
Zeit unterbrach der Wartauer Handel, in den sich die regierenden Orte
verwickelten, den Streit um den Besitz des Beinhauses und aller andern
daran sich anhängenden andern Streitigkeiten, als endlich 1696 die Ka=
tholischen via facti zugriffen, die Beinhauskapelle reparirten und zu ihrem
Gottesdienste einrichteten. Endlich ließen sich die Evangelischen auf den
Rath Zürichs zu einem Vergleiche herbei, dessen Inhalt die Katholischen
verpflichtete, die von den Pfründen St. Laurenz und St. Nikolai an
die Spendpflege schuldigen Gelder auszurichten und die Privatschuldner
der gemeinsamen Pflegschaften zur Zahlung anzuhalten, auch zu ge=
statten, daß neben der katholischen Pflegmutter im Spitale ein evan=
gelischer Abwart angestellt werde. Ferner sollten die Evangelischen für
das Schulgebäude auf dem untern Thore, die Niederstube, an die
Stadt 300 Gulden, die Katholischen für das alte Zeughaus entweder
100 Gulden oder für den von ihnen benutzten obern Stock einen bil=
ligen Zins vergüten, die Beinhauskapelle in Oberkirch den Katholischen
unter der Bedingung überlassen bleiben, daß sie dieselbe auf eigene
Kosten unterhalten, nicht erweitern, nicht mit Geläute versehen, von
derselben her auf keinerlei Weise den evangelischen Gottesdienst bein=
trächtigen.

Diese Ausgleichung war am 11. (22.) Jenner 1699 zu Stande gekommen. Um einem möglichen ähnlichen Streite über das Beinhaus bei der St. Johannkirche im Kurzdorfe vorzubeugen, ließen die Evangelischen 1703 dasselbe schleißen.

10. Die Stadtschulen Frauenfelds und die Stiftung der Lateinschule.

Seit durch den Spruch des Landvogtes Edlibach vom Jahre 1534 die evangelische Religionspartei angewiesen worden, ihre besondere Schule einzurichten, unterhielt sie fortwährend ihren eigenen Lehrer. Als Schulzimmer war ihm die Niederstube über dem Unterthore eingeräumt. Der Unterricht aber beschränkte sich auf das Nothdürftigste, auf das Lesen, auf einige Gedächtnißübung für den Religionsunterricht und Schönschrift. Es bedurfte eines fremden Gelehrten, um den Evangelischen das klare Bewußtsein beizubringen,, wie dürftig ihre Schule bestellt sei. Dieser Mann war Nikolaus Antonius Vulpius von Vettan.

Vulpius hatte nach dem Veltliner Morde als eifriger Calvinist und Gegner der spanischen Partei in Bündten neben dem Hauptführer Jenatsch zur Aufstellung des Strafgerichts von Thusis mitgeholfen. Als nachher die Oesterreicher Bündten eroberten, entzog er sich der Rache durch die Flucht und fand 1621 auf Zürichs Empfehlung in Frauenfeld als Schulmeister Anstellung. Vier Jahre hindurch versah er dieses Amt; dann erlaubte ihm die Vertreibung der Oesterreicher wieder die Rückkehr in seine Heimat. Ueber die Verdienste, die er sich in dieser kurzen Zeit um Frauenfeld erwarb, gibt das beste Zeugniß ein Schreiben, das am 23. Mai von dem evangelischen Schultheiß, Statthalter, Rath und Gemeinde von Frauenfeld und den Landleuten der Pfarre an den Antistes Breitinger in Zürich gerichtet wurde.

In diesem Schreiben baten sie, den Weggang des Vulpius bedauernd, ihnen einen andern gelehrten Schulmeister zu bezeichnen. „Wir sind, sagten sie, eines solchen sehr bedürftig; denn wir haben, Gott sei Lob, viel reicher und armer Leute Kinder, welche durch diese Mittel füglicher und mit ringern Kosten zum Studiren gebracht, hernach auch von studiis zu andern Diensten leichter denn bisher wegen Unwissenheit der Sprach leider beschehen, möchten gefördert werden, auch ein Vorschub und Beförderung der wahren Religion bringen, wenn man sieht, daß diejenigen, die etwas studirt, der evangelischen Religion zugethan wären, wie denn der gemeine Mann bei uns viel auf solches sieht und dagegen unsere Widersacher wegen der Unwissenheit der Sprachen die Unsern schumpfiren."

Mit diesem unfreundlichen Seitenblick auf die katholischen Mit= bürger anerkennt jenes Schreiben zugleich die Superiorität ihrer Schul= einrichtung. In dieser Beziehung sagt es nämlich: Es geschieht oft, daß sie in der Conversation die lateinische Sprache brauchen und die Unsern dann nicht wissen, ob sie verrathen oder verkauft sind. Wir hätten zwar solches längst gern ins Werk gerichtet, daß wir unserer Gemeinde eine zu der Schule qualifizirte Person hätten bekommen mögen, ist aber in Ansehung der geringen Pfrunden und des schlechten Kirchenvermögens nicht möglich gewesen, wogegen unsere päpstlichen Mitbürger neben sieben Pfaffen und acht Kapuzinern noch einen ge= lehrten Schulmeister erhalten können, so daß kein katholischer Bürgers= sohn ist, der nicht etwas lateinisch wüßte.

Ob und in welchem Maße der Bitte der Evangelischen um Zu= weisung eines tüchtigen Lehrers und Verabreichung eines Stipendiums an denselben von Zürich aus entsprochen worden sei, ist nicht gemeldet. Immerhin wird hinsichtlich der Besoldung des Schullehrers schon da= mals Uebung gewesen sein, was später gemeldet wird, daß er nämlich von jedem Kinde jährlich einen Gulden Schullohn erhielt, jedes Kind täglich ein Scheit Holz zur Schule brachte und darüber hinaus von der Gemeinde ein gewisses Fixum verabreicht wurde. Im Jahre 1642 bestand dieses jährliche Fixum in 52 Gulden, im Jahre 1662 war es auf 126 Gulden gesteigert. Dagegen verlangte man vom Schul= meister, daß er im Lesen, Schreiben, Arithmetik, Musik und anderen nützlichen Dingen Unterricht ertheile, auch als Prediger Hülfe leisten könne. Da aber kein Schulzwang eingeführt war, konnte der Lehrer nur bei einer kleinen Zahl von Schülern das vorgesteckte Ziel erreichen. Die Kinder der oberhalb der Stadt liegenden Höfe besuchten die Stadt= schule gewöhnlich nur während einiger Wintermonate.

Die katholische Schule wurde in den Kaplaneihäusern von St. Katharina und St. Agatha gehalten, die untere oder Primarklasse bis 1642 von einem weltlichen Lehrer besorgt, dem die Kaplaneistiftung

400 Gulden eintrug. Seine Schülerzahl stieg selten über zehn. Da das bischöfliche Ordinariat die Verleihung der Pfründe lediglich zu Schulzwecken nicht mehr gestatten wollte, mußte von 1642 an auch der Primarunterricht von einem Priester besorgt werden. Es geschah dies keineswegs zum Vortheil der Schule, denn die für den Kirchendienst aufgewendete Kraft des Lehrers wurde dem Schuldienste entzogen. Der katholische Schulmeister (im Jahre 1664 Franz Müller) führte nicht über den dürftigsten Primarunterricht hinaus.

Daß die evangelische Schule dem Unterrichtsbedürfnisse nicht genüge, wie bereits gemeldet ist, hatten die einsichtigern Bürger schon lange erkannt. Zu ihnen gehörte auch Kaspar Ludwig Kappeler, Mitglied des Großen Rathes, auch Gerichtsschreiber der Herrschaften Kefikon und Neunforn. Dieser Mann faßte den Entschluß, den ersten Schritt zu thun, dem Bedürfnisse abzuhelfen, nämlich eine Lateinschule zu stiften; denn nach damaligen Ansichten und Einrichtungen war die lateinische Sprache noch fast das ausschließliche Mittel, zu allen andern sowohl gelehrten als gemeinnützigen und bürgerlichen Kenntnissen zu gelangen oder zur Erwerbung derselben sich zu befähigen. Er setzte zu diesem Zwecke am 22. August 1686 eine Summe von 1716 Gulden aus, verbunden mit dem Wunsche, daß bei der Wahl eines Lehrers für diese Stelle die Mitglieder der Familie Kappeler oder männliche Nachkommen seiner Frau, gleiche Tüchtigkeit vorausgesetzt, andern Bewerbern vorgezogen werden möchten.

Als 1688 das Stiftungskapital den evangelischen Mitgliedern des Kleinen Rathes ausgehändigt wurde, fanden sie dasselbe denn doch nicht zureichend, die Anstalt gehörig auszustatten. Sie wollten daher das Gründungskapital vorerst noch durch auflaufende Zinse höher anwachsen lassen und hätten die Ausführung leicht noch länger aufgeschoben, wenn nicht der seit 1694 in Kurzdorf angestellte Pfarrer Jakob Hanhart von Winterthur ins Mittel getreten wäre. Nach Vollendung seiner Studien war er 1687 nach Heidelberg berufen worden, hatte dann in Folge der über die Pfalz eingebrochenen Kriegsverwüstungen die dortige Stelle wieder aufgegeben und bis zu seiner Anstellung in Kurzdorf die Hauslehrerstelle im Schlosse Elgg versehen. Diese Erlebnisse und Bethätigungen gaben neben seinen wissenschaftlichen Kenntnissen hinreichende Gewähr für seine Tüchtigkeit zum Lehrerberuf.

Als er daher am 24. März 1696 nach einer Schulprüfung sich anerbot, den Unterricht in der projektirten Lateinschule zu übernehmen
und er sich auch mit den vom Stadtpfarrer Wirz entworfenen nähern
Bestimmungen einverstanden erklärte, wurde ihm schon am 30. März
die Führung der Lateinschule übergeben, die er dann auch bis zu
seinem frühzeitgen Tode 1707 mit pflichttreuem Eifer besorgte. Er
verdiente dadurch, als der zweite Stifter der Anstalt ausgezeichnet zu
werden.

11. Die Communalräthe.

Daß von den Zeiten der Reformation her in Streitigkeiten über
kirchliche Rechte und Güter die Rathsglieder jeder Konfession zu ge-
sonderten Berathungen zusammen traten und auf solche Weise zur
Organisation der beiden evangelischen und katholischen Communen Veranlaßung gegeben wurde, ist bereits oben (S. 194) bemerkt worden.
Je schärfer dann später die konfessionellen Gegensätze sich herausstellten,
desto mehr gewann auch diese Sönderung Bestand, so daß bald dem
herkömmlichen Schultheiß, Klein und Großen Rath der Stadt die zwei
andern gleich benannten Behörden der beiden Communen gegenüber
standen. Mit andern Worten ausgedrückt, Schultheiß und Räthe der
Stadt waren in zwei konfessionelle Collegien, das eine von dem evangelischen, das andere von dem katholischen Schultheißen präsidirt, getheilt, nur mit dem Unterschiede, daß das dritte evangelische Mitglied
der Dreiräthe, seit die Stellvertretung für den regierenden Schultheißen
auf den alt-Schultheißen übergegangen war, in der evangelischen Commune die Rechte der Statthalterschaft beibehielt.

Da nicht die Bürger die Rathsglieder wählten, sondern die Räthe
sich selbst ergänzten, so waren die evangelische und die katholische Gemeinde in ihren Rathscollegien nur mittelbar vertreten, oder vielmehr
waren sie von der Oligarchie des Rathes beherrscht.

Wie die Rechte und Befugnisse des Kleinen und Großen Rathes
der Stadt nicht bestimmt von einander ausgeschieden waren, der Kleine
Rath zuweilen alle Rechte und Befugnisse sich selbst vorbehielt und den
Großen Rath bei Seite stellte, bis etwa der Große Rath sich wieder
ermannte und den Kleinen Rath in seine Schranken zurückdrängte, so

rangen immer gleichzeitig auch die Klein= und Großräthe der Com=
munen um die ihnen zustehenden Rechte und Gewalten.

Bis gegen das Jahr 1690 wurden in der evangelischen Commune
über Schul=, Kirchen= und Verwaltungssachen von den Klein= und
Großräthen gemeinsam berathen, die Pfarrer, Schullehrer, Meßmer,
Vorsinger gemeinsam gewählt. Der Kleine Rath that nichts aus sich.
Seit 1690 hielten es die Kleinräthe Kaspar und Melchior Müller,
Melchior und Adam Kappeler für eine Entwürdigung, zu den Be=
rathungen und Beschlüssen ihres Kleinen Rathes auch die Großräthe
beizuziehen. Zu einer Remonstration gegen solche Anmaßung gab den
Großräthen Veranlassung die vom Schultheiß Müller dem Pfarrer
ertheilte Erlaubniß, eine Trauung statt an einem Dienstage am Montage
vornehmen zu lassen. Daß der Schultheiß oder der Kleine Rath einer
solchen Ausnahme von der Kirchenordnung Raum geben dürfe, wurde
bestritten. Daß die Trauung dann statt in Frauenfeld in Felben vor=
genommen wurde, entwaffnete die Gegner nicht; sie klagten im Gegen=
theil bei Schultheiß und Rath der Stadt auf Satisfaction. Als die
Beklagten die Kompetenz dieser Behörde in solcher Sache nicht anerkennen
wollten, wandten sich beide Theile an Zürich. Nun gelang es zwar
dem Abgeordneten Zürichs, sie zu einem Vergleiche zu bereden; dieser
Vergleich kam jedoch nicht zu Kräften; daher wandte sich der evange=
lische Kleine Rath an den katholischen Kleinen Rath mit dem Gesuche,
über alle andern während des Streites zwischen den evangelischen Räthen
aufgetauchten Rechtsfragen zu entscheiden.

Der Spruch des katholischen Kleinen Rathes theilte dem evan=
gelischen Kleinen und Großen Rathe gemeinsam zu: Die Wahl und
Entlassung des Communschreibers und die Berathung über den Bau
von Kirchen= und Schulgebäuden und die Prüfung der von dem
Kirchenpfleger nach Vollendung seiner sechsjährigen Amtsdauer vorzu=
legenden Hauptrechnung; dem Kleinen Rathe dagegen die Prüfung der
jährlichen Kirchenrechnung mit Beiziehung des ältesten Großrathes, die
Anordnung von kleinern Reparaturen an Kirchen=, Pfründen= und
Schulgebäuden, die Besetzung der beiden Pfarrstellen, der Meßmerstellen,
der Kirchen= und Schulpflegschaft, die Festsetzung und Handhabung
der Kirchenordnung, immerhin in der Hoffnung, daß er nach früherm

Brauche bei wichtigern Sachen und bei Pfarrwahlen aus Güte Ausschüsse aus dem Großen Rathe zuziehe.

Mit diesem Spruche war nun freilich der evangelische Große Rath nicht einverstanden. Offenbar schied der katholische Kleine Rath dem evangelischen Kleinen Rathe alle die Befugnisse aus, die er selbst dem katholischen Großen Rathe gegenüber in Anspruch nahm. Einer Appellation nach Zürich wurde indessen keine Folge gegeben. Der evangelische Kleine Rath behielt die ihm zuerkannten Prärogative.

Die Sieger geriethen jedoch schon 1704 selbst miteinander in Zerwürfniß, indem bei einer Pfarrwahl drei Mitglieder für den einen, drei für den andern Aspiranten stimmten. Dem Schultheißen wollten sie den Stichentscheid ebenfalls nicht zugestehen, wandten sich daher nach Zürich. Seckelmeister Rhan, als Abgeordneter von Zürich, brachte hierauf den Vergleich zu Stande, daß der Stichentscheid bei den Mitgliedern wechseln und zum ersten Male vom Schultheißen geübt werden, dann auf den Statthalter übergehen solle u. s. w.

Dieselbe Frage, den Stichentscheid betreffend, setzte 1709 den katholischen Kleinen Rath in Bewegung, bei der Wahl eines Kaplans. Er wandte sich um Rath an den evangelischen Kleinen Rath; dieser empfahl den Vergleich von 1704, was angenommen wurde, wogegen dann freilich in einem ähnlichen Falle 1713 die Gesandten der katholischen Orte den Entscheid dem Großen Rathe zuwiesen.

Zeigten sich die beidseitigen Kleinräthe so eifersüchtig in Behauptung ihrer vermeinten Rechte, so ließen sie sich um so größere Nachlässigkeiten gegen die von ihnen freilich aus ihrer Mitte gewählten Pfleger zu Schulden kommen. Ein Kirchenpfleger legte von 1693 an bis zu seinem Tode, 1704, keine Rechnung ab. Der neue Pfleger fand den Fond in großer Unordnung, folgte aber dem Beispiel seines Vorfahren und wurde auch nie zur Rechnungsvorlage angehalten. Wie mit der Kirchenpflege in der Stadt ging es mit der Kirchenpflege von Kurzdorf. Im Jahre 1696 war seit zwölf Jahren keine Rechnung von dem Vermögen der Kirche St. Johann abgelegt worden. Bei'm Tode des Vaters ging die Pflegschaft ohne Untersuchung der Rechnung an den Sohn über und dieser erstattete erst im Jahre 1710 Rechnung. Nicht besser stand es mit den Kirchen- und Pfründenrechnungen der katholischen Commune, die im Jahre 1717 sich vorwerfen lassen mußte, seit zwanzig Jahren keine Rechnungen vorgenommen zu haben.

12. Junkholz und Rügerholz.

Durch die Erwerbung des Gutes Murkhard mit den zugehörigen Waldungen, und des Schollenholzes und Oberholzes, hatte Frauenfeld Grundbesitzungen erworben, die weit über das Weichbild der vier Kreuze sich ausdehnten. Zwischen ihnen und der Stadt lag noch fremder Grundbesitz, dessen Erwerbung zur Ausründung des Stadtbannes fast unentbehrlich schien.

Als das Oberholz und der Hof Frankenhausen von Kaspar Zum Thor der Stadt überlassen wurde, blieb der Freisitz Blumenstein sammt dem Burggute Junkholz, etwa 20 Juchart groß, im Besitze Kaspars Zum Thor und seiner Erben zu Teufen, laut Uebergabsbrief von 1462. Wie aber dieser Zweig des Geschlechtes Zum Thor erlosch, gelangten diese Güter 1558 durch Kauf an den thurgauischen Landschreiber Ulrich Locher von Frauenfeld. Wahrscheinlich war damals schon das Burg-säß Blumenstein, wenn nicht ganz zerfallen, doch in unbewohnbarem Zustande. Statt dasselbe herzustellen, zog der Landschreiber vor, im Junkholze, näher bei der Stadt, ein Sommerhaus, oder, wie er sich ausdrückte, ein Lusthäuschen, zu bauen, das er Freudenberg benannte. Im Jahre 1576 kam er dann bei den VII Orten mit dem Gesuche ein, daß sie die Freiheiten des Burgsäßes Blumenstein auf den Freuden-berg übertragen möchten, was ihm gewährt wurde. Dieß gab ihm auch das Recht, sich und seinen Nachkommen den Namen von Freuden-berg beizusetzen.

Nicht lange aber blieb das Gut im Besitze der Locher. Nach dem Tode des Schultheißen Locher 1630 ging es theils durch Erbe, theils durch Kauf an die Familie Würz über (vgl. oben S. 250) und 1659 wurde es, wenigstens theilweise, um 2647 Gulden von dem Ober-vogte Würz von Gottlieben an den Großrath Leonhard Müller ver-kauft, auch der Kauf durch Landvogt Hirzel gefertigt. Den übrigen noch dem Schultheißen Karl Locher gebliebenen Theil erwarb 1690 der Freiherr Johann Franz von Ablau, damals in Bischofszell ansässig.

Wie nun aber der Landschreiber Reding auf Geheiß des Landvogts Püntiner diesen Kauf dem Freiherrn zufertigen wollte, erhob die Stadt dagegen Widerspruch. Mochte auch der Landvogt von 1659 den frühern Verkauf darum gefertigt haben, weil die Freirechte von Blumenstein auf das Gut übergetragen waren, so konnte dadurch nach den Ansichten der Stadtbehörde dem Rathe die Gerichtsbarkeit nicht entzogen worden sein. Vermöge dieser Gerichtsbarkeit erklärte der Rath dem Freiherrn, den Kauf zu Handen der Stadt ziehen zu wollen, sofern der Landvogt auf dem Fertigungsrechte beharre. Damit dieß nicht geschehe und der Herr von Anblau das Gut in Besitz nehmen könne, verzichtete der Landvogt auf sein Fertigungsrecht und der Herr von Anblau auf die im Freiheitsbriefe von 1576 bezeichneten Berechtigungen. Dagegen erlaubte die Stadt dem Herrn von Anblau, sechs Stücke großes und zwei Stücke kleines Vieh auf die Gemeinweide Frauenfelds zu schicken. Durch diesen Vertrag war also zugleich der Gemeindebann der Stadt erweitert.

In ein ähnliches Verhältniß zur Stadt traten die Besitzer des Sedelhofes vulgo Schädelhofes, auf dem noch längere Zeit die Müller'schen Erben Zehntenrechte behielten. Daß schon zur Zeit Leonhard Müllers ein Vertrag mit Frauenfeld wegen der Gemeinweide abgeschlossen worden sei oder später, läßt sich zwar nicht nachweisen; aber wie um 1730 der Eisenherr Johannes Hofmann den Hof inne hatte und des Wohlklanges wegen desselben Namen in Schönenhof umänderte, war den Hofbesitzern erlaubt, ihr Vieh gegen eine kleine Vergütung auf die Gemeinweide zu treiben.

Wichtiger als diese mittelbare Aneignung der noch übrig gebliebenen Reste der Herrschaft Blumenstein war der Ankauf der auf dem Holderberge gelegenen reichenauischen Waldung Rügerholz.

Seit im Jahre 1668 die Reutenenwiesen dem Landammann Rueplin um 1600 Gulden verkauft worden waren, schien es gleichsam Pflicht, statt dieses veräußerten alten Erbes der Stadt durch ein anderes Stück Grundeigenthum den Verlust zu ersetzen. Da das Eichholz beinahe ganz und das Burgerholz großentheils gereutet und zur Privatbenutzung an die Bürger verliehen war, konnte der Besorgniß, daß der fortwährende Mißbrauch der Stadtwaldung endlich zum Holzmangel führen müsse, auf keine bessere Weise begegnet werden, als durch die Erwerbung des so nahe gelegenen Rügerholzes. Gelegenheit dazu bot damalige Stadtschreiber Rueplin. Von dem Bischofe von Konstanz, Herrn der Reichenau, beauftragt, die reichenauischen Gefälle des Amtes Frauenfeld bereinigen zu helfen, erkannte er, daß jene Waldung, die bis dahin nur zur Beholzung des Amtmanns und zur Verabreichung einigen Feuerungsmaterials an das Kapuzinerkloster gedient hatte, ein zu geringes Erträgniß liefere und der fürstbischöflichen Kasse ein Geldkapital willkommener sei. Der Flächeninhalt der Waldung betrug 46½ Jucharten. Im Voraus wurde bedungen, daß der Käufer die Verpflichtung übernehmen müsse, jährlich den Kapuzinern 20 und dem reichenauischen Amtmann 30 Klafter Holz abzuliefern. Der Kauf wurde im Juli 1703 um 2736 Gulden abgeschlossen, die Kapuziner überdieß für ihre Anrechte mit 600 Gulden ausgelöst, dagegen in Zürich ein Kapital von 6000 Gulden entlehnt und die Hälfte desselben im Jenner 1707 zurück bezahlt.

Zwölfter Abschnitt.

Vom Toggenburger Kriege bis zur Revolution.

1. Die Einführung des neuen Landfriedens.

Nach den manigfaltigsten Reibungen und Streitigkeiten über kirchliche und bürgerliche Rechte hatte man sich in Frauenfeld endlich so ausgeglichen, daß so zu sagen gar kein Stoff mehr übrig war, der Anlaß zu Störung des guten Einvernehmens hätte geben können; aber der zwischen den V Orten und dem Abt von St. Gallen einerseits und den Ständen Zürich und Bern anderseits wegen den evangelischen Landleuten des Toggenburgs ausgebrochene Krieg von 1712 führte zwischen den beiden Religionsparteien eine ganz andere Parität ein, als die war, die seit 1531 gegolten und als Grundlage der in Frauenfeld geschlossenen Verträge gedient hatte.

Als am 12. April 1712 der Friede aufgekündet wurde, ließ der Landvogt durch den Landammann Rueplin den Schultheiß ersuchen, den Rath zu versammeln und diesen am 13. April mahnen und bitten, daß Frauenfeld in allen Beziehungen neutral zu bleiben und die alten Verträge zu ehren sich entschließe. Er protestirte auch noch am 16. April gegen jede Ueberschreitung der thurgauischen Grenze. Wie aber die V Orte die Freiämter und Baden besetzten, sandte Zürich von Elgg aus Mannschaft nach Frauenfeld und stellte den Landvogt in seinen Amtsverrichtungen ein. Der Landammann Rueplin, dem Schuld gegeben wurde, unter dem Namen des Schultheiß Müller brieflich in Elgg bei der Hauptmannschaft angefragt zu haben, was Frauenfeld gewärtigen dürfe, wurde im Begleite von 24 Reitern nach Zürich gesandt. Indem der zürcherische Befehlshaber die Schlüssel zu den Stadtthoren und zum Zeughause abforderte, ließ er die Bewohner der Stadt den Ständen Zürich und Bern huldigen. Manche Katholiken aber hatten sich nach Wyl und Constanz begeben; sie fürchteten nicht bloß die Gewaltthätigkeit der Zürcher, sondern den Haß der eigenen Landsleute, die nach einem sich verbreitenden Gerüchte allen Katholiken den Tod geschworen hätten. Glücklicher Weise zeigten sich diese Befürchtungen als unbegründet. Wenn auch im obern und hintern Thurgau das Volk in große Bewegung gerieth und truppweise den Zürchern bei der Belagerung der Stadt Wyl sich anschloß, blieb doch in Frauenfeld alles ruhig. Nur in den Waldungen bei Murkhard wurden große Schädigungen verübt; ob sie aber von der Soldateska Zürichs oder von den Nachbarn herrührten, wurde nicht untersucht.

Als nach der Niederlage der V Orte bei Vilmergen, am 9. und 10. August, ein neuer Landfriede geschlossen und die Stadt Baden an Zürich und Bern abgetreten wurde, fiel der Stadt Frauenfeld die Begünstigung zu, daß die üblichen Jahrrechnungstagsatzungen der Eidgenossen künftig, statt in Baden, in Frauenfeld abgehalten werden sollten. Die in den Friedensverträgen von 1531 und 1656 festgestellte Parität wurde bestimmt nicht als die absolute Gleichberechtigung der beiden Religionsparteien, sondern als die nach Verhältniß der Volkszahl abgemessene Gleichberechtigung. Der Landammann, als Mitglied des Oberamtes der Landvogtei, sollte, so lange die Land= schreiberstelle von einem Katholiken versehen sei, der evangelischen Kon= fession angehören, die Beobachtung der Paritätsrechte überwachen und die Malefizvergehen durch den Großen Rath der Stadt Frauenfeld aburtheilen lassen.

In den Gemeinden der Landgrafschaft die Parität einzurichten, war von Zürich J. C. Hirzel, von Bern Abr. Tscharner beauftragt. Sie reisten von Gemeinde zu Gemeinde, um in Räthen, Gerichten, Verwaltungssachen die Verhältnisse zwischen den Evangelischen und Katholischen festzustellen. Der Stadt Frauenfeld blieb anheim gegeben, nach eigenem Belieben die Paritätsgrundsätze in Anwendung zu bringen. Hier machten sich aber entgegengesetzte Ansichten geltend. Die Katho= liken meinten, nach früherm Verkommnisse die Hälfte der Rathsstellen und Beamtungen besetzen zu können; die Evangelischen dagegen gingen von der Ansicht aus, jenes im Jahre 1656 ihnen abgedrungene Ver= kommniß sei mit dem jetzigen Landfrieden unvereinbar, müsse dem Bevölkerungsverhältnisse der beiden Konfessionstheile angepaßt werden. Ein im März 1713 gestellter Antrag, darüber in Unterhandlungen zu treten, wurde von der katholischen Rathsabtheilung mit Protest zurück= gewiesen. Auch die V Orte erklärten sich mit diesem Proteste ein= verstanden. Wiederholte Mahnungen von Seiten Zürichs und Berns blieben ohne andern Erfolg, so daß endlich die Abgeordneten dieser Stände, Bürgermeister David Holzhalb und Statthalter Andreas Meyer von Zürich, und Schultheiß J. F. Willading und Rathsherr Abraham Tscharner, am 11. August 1713 von sich aus folgende Regiments= änderungen diktirten:

1. Um in dem Rathe das landfriedliche Zahlenverhältniß von acht evangelischen und vier katholischen Mitgliedern herzustellen, sollen die zwei jüngsten katholischen Rathsglieder zurücktreten und, bis sie bei Erledigung von andern den Katholiken noch zugehörigen Rathsstellen wieder einrücken können, zuwarten, dagegen zwei neu gewählte evangelische Rathsglieder zwar im Rathe Sitz und Stimme haben, aber die Sitzungsgelder jenen zurück getretenen katholischen Rathsgliedern überlassen. Dabei wird zugleich vor= ausgesetzt, daß die Bürger alljährlich gemeinsam den Schultheiß wählen, im einen Jahre einen katholischen, im andern einen evangelischen, der stille stehende Schultheiß aber Stellvertreter des Amtsschultheißen sei.

2. Die evangelischen Räthe wählen aus sich selbst einen Stadtschreiber und stellen den Katholischen die Wahl eines Stadtschreibers ihrer Konfession anheim. Diese Stadtschreiber haben im Rathe kein Stimmrecht und in der Führung der Protokolle im Rathe und im Stadtgerichte wechseln sie miteinander jährlich ab.

3. In der Bestellung des Gerichtes wird auf gleiche Weise verfahren, wie bei dem Rathe.

4. Die Statthalterstelle hört auf, dagegen wird neben den beiden Schultheißen der älteste evangelische Rathsherr als drittes Mitglied der Dreiräthe eintreten.

5. Die von dem Kleinen Rathe versehenen Aemter, nämlich das Seckelamt, das Bauamt, das Kelleramt, die Stadtvogtei und das Bußenamt wechseln so, daß jedes derselben zwei Jahre von einem Katholischen und vier Jahre von einem Evangelischen verwaltet werde.

6. Nicht minder sollen auch die kleinen Aemter, welche von Großräthen und gemeinen Bürgern versehen zu werden pflegen, nämlich das Schmalzhaus, das Kornhaus, die Holzforsterei, der Rebleutendienst im Verhältnisse von zwei und ein Drittel bestellt, die Zolleinzieher, Werkmeister, Viehhirt nach bisherigem Herkommen gewählt werden.

7. Künftig werden die jeder Konfession zuständigen Stellen des Kleinen Rathes, des Großen Rathes, des Gerichtes und andere Beamtungen von ihren Konfessionsangehörigem ohne Einmischung der andern Konfession besetzt, mit Ausnahme des Schultheißenamtes.

8. Obwohl die Armengüter, namentlich also das Spitalgut, Spendgut und Siechengut, nach Marchzahl der Seelen getheilt werden sollten, den Katholischen hiemit ein ganz kleiner Antheil zufiele, läßt man sich es doch gefallen, daß den Katholischen der dritte Theil überlassen werde, wogegen jede Konfession ihre Armen selbst zu erhalten pflichtig ist.

9. Der Kirchhof zu Oberkirch soll nach landfriedlicher Vorschrift abgetheilt werden.

Diese von den Vollmachtträgern der Stände Zürich und Bern, allerdings nicht ohne Beirath des evangelischen Schultheiß Müller und anderer seiner Miträthe, diktirten Abänderungen griffen viel tiefer in die Stadtverfassung ein als alle andern frühern herrschaftlichen Befehle seit Gründung der Stadt. Dennoch wurde nur gegen die Aufhebung der Statthalterstelle eine schüchterne, wiewohl vergebliche Einwendung gemacht. Erst am 9. August 1713, wie die Abänderungen in Vollzug gesetzt werden sollten, gab der Amtsschultheiß Rogg im Namen des katholischen Konfessionstheiles die Erklärung ab, daß die katholischen regierenden Orte ihm und seinen Miträthen verboten hätten, bei Einführung des Landfriedens in irgend einer Weise Hand zu bieten. Ebenso entschlug sich aus demselben Grunde der Landvogt bei der Räthenschenke am 19. Jenner 1714 aller Theilnahme. Da es dem Landvogt zugekommen wäre, die Run*) bei der Schultheißenwahl aufzunehmen, mußte dieses Geschäft einer Kommission übertragen werden, um eine Wahl zu Stande zu bringen. Aber kein Katholischer erschien weder an der Wahlverhandlung des Vormittags noch an der Bürgermahlzeit. Bei der Eidesleistung am 5. Februar hielten sich die Katholiken, mit Ausnahme einiger Mitbürger, ebenfalls ferne. Sie hofften, daß es den V Orten in kurzer Zeit gelingen werde, die Last des neuen Landfriedens auf irgend eine Weise abzuschütteln und ihr früheres Uebergewicht wieder zu erringen, beharrten daher in ihrem passiven Widerstand gegen jede Neuerung und überließen unterdessen die Führung des Stadtregiments ihren evangelischen Mitbürgern. Wohl brachten sie von Zeit zu Zeit ihre Klagen und Beschwerden an die V Orte über die Unbill, die ihnen von ihren verbürgerten Stiefbrüdern angethan werde. Sie drangen entweder auf Wiederherstellung der ihnen durch den Vertrag von 1656 zugestandenen Hälfte aller Berechtigungen oder auf eine Ausscheidung des vollen dritten Theils derselben zu ihrer ausschließlichen Verfügung; sie wurden jedoch immer nur zur Geduld verwiesen, bis der gerechte Gott ein gnädiges Einsehen in das katholische Wesen überhaupt thue.

Die Evangelischen, die nun jedenfalls in den Räthen und im Gerichte die Mehrheit bildeten, ließen sich durch diese Zurückhaltung ihrer katholischen Mitbürger nicht hindern, den ordentlichen Geschäftsgang der Behörden aufzunehmen, die ihnen zugeschiedenen Aemter zu besetzen, die andern provisorisch verwalten zu lassen und durch das Loos den dritten Theil der Armengüter für den katholischen Konfessionstheil auszuscheiden.

In der sichern Erwartung, daß der katholische Konfessionstheil nicht gar zu lange auf seiner Weigerung beharren werde, sich der

---

*) Run, vom Zeitwort raunen = zuflüstern. Statt eines Stimmzebbels flüsterte man dem Wahlvorstand den Namen dessen zu, dem man das Amt zudachte.

neuen Ordnung zu fügen, wurde 1715 beschlossen, keine neue Schult=
heißenwahl vorzunehmen, sondern bis zu Austragung der bürgerlichen
Discordanz die Schultheißenstelle provisorisch fortbestehen zu lassen.

Da die acht evangelischen Räthe in der Führung ihres Amtes
sich ganz an die herkömmliche Ordnung hielten, hatte der katholische
Theil der gemeinen Bürgerschaft keine Ursache, sich zu beklagen. Die
katholischen Mitglieder des Rathes aber entbehrten die wegfallenden
Emolumente ihrer Rathsstellen sehr ungerne. Wenn sie dieselben ver=
langten, wurde stets erwidert, so wie sie den Rath besuchen, werde
ihrem Wunsche entsprochen werden. Während der Rath das Bürger=
mahl der Räthenschenke im Gasthause zum Hirschen veranstalten ließ,
vereinigten sich die Katholischen zu einer besondern Räthenschenke in
der Krone und meinten, die Rechnung für dieselbe aus dem Wein=
umgelde der katholischen Wirthe bezahlen zu können; allein der Rath
wollte die katholischen Wirthe der Zahlungspflicht an das Stadtseckel=
amt nicht entlassen. Endlich nach sechs langen Jahren, am 14. No=
vember 1720, erschienen die Rathsherren Bauherr Rogg, Landrichter
J. K. Rogg und Landrichter Konrad Rogg in der Rathsversammlung
und gaben die Erklärung ab, die gleichsam suspendirte Freundschaft
retabliren zu wollen. Zu demselben Entschlusse kam auch am 4. De=
zember der alt=Schultheiß Rogg. In Folge dessen war der Rath nach
Vorschrift des neuen Landfriedens aus acht evangelischen und vier
katholischen Mitgliedern bestellt und bei der folgenden Räthenschenke
wurde von der wieder vereinigten Bürgerschaft beider Theile der alt=
Schultheiß Rogg für 1721 zum regierenden Schultheißen ernannt.

Von dieser Zeit an fanden dann die Wahlen der Dreiräthe wieder
ihren regelmäßigen Fortgang. Wie der im September 1719 gestorbene
Schultheiß Kaspar Müller durch Melchior Müller ersetzt wurde und
dieser mit Schultheiß Rogg bis 1728 regierte, so wechselten von 1728
an Müller und Karl Joseph Locher, von 1743 an Franz Joseph
Anton Rogg und Müller, von 1748 an Andreas Sulzberger und
Rogg, von 1765 an Joseph Nikolaus Max Rogg und Sulzberger,
von 1767 an Daniel Fehr und Rogg, von 1769 an J. Ulrich Fehr
und Rogg; Salomon Fehr, gewählt 1788, und Placidus Rogg, gewählt
1795, waren die letzten Schultheißen der Stadt Frauenfeld.

2. Verhalten des Landvogtes und seiner Amtleute gegen die Behörden der Stadt.

Im Gegensatze zu der kirchlichen Parteisucht, namentlich der beiden vorangegangenen Perioden des XVII. Jahrhunderts, folgten seit der Einführung des Landfriedens von 1712 Jahre gegenseitiger Duldung und Vertragsamkeit. Einestheils war durch die Theilung der gemeinsamen Kirchen- und Armengüter der Stoff zu Streitigkeiten bis auf wenige unbedeutende Punkte aus dem Wege geräumt, andern Theils durch die vermittelnde Stellung des von Zürich und Bern gewählten Landammanns jedem Uebergriffe kirchlicher Anmaßung eine Schranke gesetzt. Der Landammann, obwohl evangelischer Konfession und namentlich beauftragt, die Angehörigen seiner Konfession im Thurgau zu schützen und über die Besorgung der Waisen derselben Oberaufsicht zu halten, war als Stellvertreter und Beirath des Landvogts sämmtlichen regierenden Orten eidlich verpflichtet; es konnte ihm hiemit eben so wenig beifallen, die Rechte der katholischen Konfession zu beeinträchtigen.

Indem nunmehr die kirchlichen Angelegenheiten, so weit sie die Evangelischen betrafen, vorzugsweise von Zürich, so weit sie die Katholiken betrafen von dem bischöflichen Ordinariate und den V Orten geleitet wurden, blieb in allen andern Beziehungen das Verhältniß des Landvogts und seiner Amtleute zur Stadt Frauenfeld unverändert. Auch Frauenfeld kam zuweilen noch in den Fall, seine Rechte gegen dieselben mit den ihm eigenthümlichen Schutzmitteln zu vertheidigen.

Landvogt Morlot, der erste Landvogt, den Bern in die Vogtei Thurgau heraussandte, machte im Frühjahre 1718 Veranstaltungen, die Wappen über den Stadtthoren Frauenfelds zu repariren und zu den Wappen der regierenden Orte auch sein eigenes Ehrenwappen zu setzen. Schultheiß und Rath ließen ihm aber durch den Stadtschreiber verdeuten, daß die Thore Eigenthum der Stadt seien, die Stadt die Wappen über ihren Thoren malen zu lassen und zu unterhalten pflege, die Stadt überhaupt ihre unverletzlichen Immunitäten habe, die der Landvogt schonen möge, sowie er denn auch nicht berechtigt sei, ihre Hebamme zu beeidigen. Der Landvogt nahm zwar diese Belehrung an, wies bei seinem Abgange auch die 45 Thaler Letzekronen nicht zurück; aber die Stadtbehörde war damit noch nicht beruhigt, sondern erbat sich bei dem nächsten Syndicat der regierenden Orte die Bestätigung für ihr ausschließliches Recht, die Wappen ihrer Stadt und der regierenden Orte über ihren Stadtthoren anbringen zu lassen. Neben anderthalb Sesselgeldern oder neun Kronen für die Herren Syndicatoren hatte sie dafür dem vortragenden Prokurator 9 Dukaten und ebensoviel oder mehr der Landeskanzlei für die Pergamenturkunde zu entrichten!

Eine nicht minder wichtige Beeinträchtigung drohte der Stadt 1723 in Bezug auf ihr Fertigungsrecht in den Stadtgerichten. Wie nämlich der Hof Huben an die Stadt Winterthur und der Zehnten von Straß an die Karthause Ittingen verkauft wurde, wollte der Landvogt Belmont diese Käufe durch den Landschreiber fertigen lassen, vorgeblich weil sie in todte Hand übergingen. Wohl gab Zürich zu verstehen, daß der Landvogt im Unrechte sei und auch von den regierenden Orten seine Anmaßung zurückgewiesen werden müsse; dennoch wagte die Stadtbehörde nicht, den Streit vor Syndicat zu bringen und große Prozeßkosten aufzuwenden, sondern tractirte mit dem Landvogt um eine Zulage zur Letzekrone, 65 Thaler für den Landvogt und eine Dublone für seine Frau.

Ein anderes Mittel, die Stadt zu besteuern, wandte Belmonts Nachfolger, Wolfgang von Flüe, an. Er bat bei der Geburt seines Söhnleins im März 1726 den Rath, Pathenstelle zu versehen. Abgesehen von dem Gepränge und den Geschützsalven mit Stücken und Doppelhaken bei der Tauffeierlichkeit, schenkten Schultheiß und Rath auf Rechnung der Stadt dem Kinde zwei Louisb'or, der Gevatterin zwei Dukaten Stiefpfenning, der Hebamme einen Thaler, dem Meßmer ¹/₂ Thaler, der Frau Landvögtin einen vergoldeten Pokal, 60 Loth schwer, mit dem städtischen Ehrenwappen geziert. Dazu kam dann noch bei dem Abschiede des Landvogtes die übliche 20 Species-Dukaten-Letze. Dieselbe Ehre wurde dem Rathe 1778 vom Landvogte Blattmann bewiesen. Sie kostete die Stadt 156 Gulden. Mit Rücksicht auf die günstige Gesinnung des Landvogts wurde auch die Frage, ob die Letzekrone gegen die Kilbi- und Knabengabe compensirt werden solle, verneint. Im Jahre 1792 vergabte der Rath bei ähnlichem

Anlaße der Frau Landvögtin von Flüe einen Porzellanservice von
6 Louisd'or an Werth.

Eine der empfindlichsten Verletzungen widerfuhr der Stadt Frauenfeld von den Landvögten des Standes Glarus. Seit 1727 hatten
die VIII regierenden Orte im Thurgau den Salzhandel als Regal an
sich gezogen und verpachtet; Frauenfeld war von dieser Maßregel verschont geblieben; aber die von Glarus gesandten Landvögte und die
Regierung dieses Standes wollten diese Ausnahme der Stadt Frauenfeld nicht zugestehen. Frauenfeld bemühte sich 1782, seine ausnahms-
weisen Verhältnisse aufzuklären und zu rechtfertigen. Es stellte den
regierenden Orten vor, daß das ökonomische Interesse des freien Salz-
handels für Frauenfeld gering sei, dagegen die Ausdehnung der thurg.
Salzabmodiation auf die Stadt Frauenfeld die rechtliche Schranke zwischen der Stadt Frauenfeld und der Landschaft Thurgau beziehungsweise
landvögtliche Regierung aufhöbe, nämlich dem Landvogt das Recht
gäbe, die Verletzung der den Salzhandel betreffenden Verbote innerhalb der Gerichtsbarkeit Frauenfelds zu bestrafen. Die Regierung von
Glarus wollte sich damit nicht zufrieden geben, sondern forderte 1782
22. Sept. (3. Okt.) Vorlegung der betreffenden Freiheitsbriefe; wiederholte diese Forderung 20./31. Okt. 1782; erklärte 18./29. Januar
1783, in den Freiheitsbriefen keine Erwähnung des Salzregals zu
entdecken, und nöthigte auf solche Weise Frauenfeld zu einer Eingabe,
in welcher die Einführung des neuen Salzregals oder Salzmonopols
als eine neue Steuer dargestellt ist, die im Widerspruch stehe mit dem
Privilegium von 1302 und 1407, welches vor jeder neuen Steuer
sichere. Hierauf wurde dem Anbringen Frauenfelds entsprochen. Den
Gesandten von Luzern, Uri, Schwyz, Unterwalden und Zug bezahlte
man jedem drei neue Louisd'or, also 396 Gulden, im Ganzen 497
Gulden 45 kr.

Anstände anderer Art ergaben sich mit dem Landammann. Der
erste von Zürich gewählte Landammann war J. Ulrich Rahholz. Er
verwaltete sein Amt bis 1716. Von ihm soll das Haus zum
Schwert erbaut worden sein, das längere Zeit Wohnung der jeweiligen Zürcher Gesandtschaft bei den eidgenössischen Tagsatzungen
blieb, daher auch als Zürcherhaus bezeichnet wurde, bis diese Bezeichnung auf ein anderes Haus in der Vordergasse überging. Vermuthlich

wurde er aber nur darum als Erbauer des Hauses bezeichnet, weil er die Baukosten vorschoß und ihm daher auch das Pfandrecht und vertragsgemäß auch für sich und seine Familie das Hausrecht zustand.

In Bezug auf die amtliche Hausfreiheit machten die Landammänner dieselben Rechte geltend, wie der Landschreiber, ohne sie jedoch auf ihr Dienstpersonal ausdehnen zu wollen. In andern Dingen wußten die von Zürich gesandten Landammänner die ehrsüchtige Empfindlichkeit des Schultheißen und des Raths immerhin besser zu schonen als die stolzen Berner.

Dem Landammann Grafenried z. B. schien es 1749 so ungehörig, daß in seiner Abwesenheit im Stadtgericht der Weibel im Namen des Rathes seine Präsidentenstelle vertrete, die Umfrage halte und den Stab führe, daß er erklärte, lieber selbst auf den Vorsitz zu verzichten, sofern ihm nicht gestattet werde, den ältesten Stadtrichter an seiner Stelle präsidiren zu lassen. Ebenso meinte Herr Grafenried, daß er durch eine Deputation des Rathes in seine erste Gerichtssitzung abgeholt werden sollte, was doch bei seinen Vorfahren auch nie geschehen war. Ein späterer Landammann Grafenried wollte sich 1778 auch nicht so weit herablassen, daß er bei Verurtheilung eines von der Stadt vor das Malefizgericht gestellten Verbrechers in eigener Person als Reichsvogt dem Schultheiß das Urtheil überbracht hätte, damit der Rath das Recht der Begnadigung ausüben möge, wessen doch andere Reichsvögte vor ihm sich nie geweigert hatten.

In eine neue Stellung war der Landammann seit 1712 zum Großen Rathe Frauenfelds getreten, indem das Blutgericht diesem Großen Rath übertragen, hiemit dem thurgauischen Landgerichte dieser Theil seiner bisherigen Befugnisse entzogen wurde. Dem Landvogte blieb also die Voruntersuchung der ihm eingelieferten Maleficanten vorbehalten; ebenso dem Rathe von Frauenfeld die Voruntersuchung der auf dem Stadtgebiete eingebrachten Maleficanten. Die Beurtheilung aber stand unter dem Vorsitze des Landammanns dem städtischen Großen Rathe zu, und die Vollziehung der Todesurtheile geschah bei den landvogteilichen Maleficanten im Namen des Landvogts, bei den Maleficanten Frauenfelds im Namen des Landvogts und des Schultheißen, immer unter Aufsicht des Reichsvogtes, nämlich des Landammanns oder seines Stellvertreters. Jene Abänderung war, sagten die regierenden X Orte, der Kommlichkeit wegen getroffen worden. Damit hing denn wohl auch zusammen, daß die Stadt es sich gefallen ließ, im Jahre 1777 zu Erbauung und Einrichtung eines Kriminalgebäudes und Herstellung des Gefängnißthurms 4916 Gulden aufzuwenden.

Damit war dann freilich für die Bestrafung der zur Haft gebrachten Verbrecher gesorgt, aber für die öffentliche Sicherheit wenig gewonnen.

Die mißtrauische, zurückhaltende Stellung, zu welcher die Stadtbehörde gegen den Landvogt und seine Amtleute sich genöthigt glaubte, hatte den nachtheiligsten Einfluß auf die Handhabung der Polizei. Man lebte damals in den Zeiten der höchsten Blüthe des Gaunerthums und der Räuberbanden, die nicht bloß in Schwaben und Bayern, sondern auch in der östlichen Schweiz ihr Unwesen trieben. Die Stadtgerichte von Frauenfeld lagen ihnen besonders günstig. Die Landgerichtsdiener des Landvogts durften nicht auf städtischem Gebiete, die Stadtdiener nicht auf thurgauischem Gebiete auf Verbrecher fahnden, ohne vorher höhere Bewilligung eingeholt zu haben: wenn also der Verbrecher von den einen verfolgt wurde, kostete es ihm gleichsam nur einen Schritt auf das Nachbargebiet, um dem Verfolger zu entgehen. In Hinter-Espi, Häuslen und andern einsamen Höfen waren sie eben so gefürchtet, wie beliebt; denn wer ihnen Unterschlauf und Herberge gewährte, mit dem theilten sie die Beute; wer sie verzeigte, war der grausamsten Rache ausgesetzt. Im Kleide ehrbarer Kleinhändler oder reisender Handwerker waren sie aber auch in den Gasthäusern oft wiederkehrende bekannte Gäste, bis etwa eine polizeiliche Nachfrage aus entfernten Gegenden ihr Gewerbe entdeckte. Gegen solche Leute halfen die sonst üblichen allgemeinen Betteljagden, bei denen sich Frauenfeld z. B. noch 1743, 1748 und 1785 mitbetheiligte, nicht mehr aus; auch der 1754—1770 angestellte Patrulwächter und Haschier der Stadt genügte nicht, die Schlupfwinkel des Verbrechens zu entdecken; das wirksamste Mittel aber, gemeinsames Vorgehen der städtischen und landvogteilichen Polizei, wurde gewöhnlich zu spät angewendet. Dies war 1749 z. B. der Fall, als der berüchtigte Kriesibub in der Stadt eines Einbruches und in Nohren eines Mordes sich schuldig machte.

Wie es aber bei diesen unvollkommenen Polizeianstalten zuweilen gelang, der Verbrecher habhaft zu werden und sie zu bestrafen, mögen zwei Beispiele zeigen. Die Stadtbehörde ermüdete nicht, dem Mörder des 1778 im Altholz erschlagenen Hauptmanns Adam Camper nachzuforschen, bis er endlich in Lörrach entdeckt und eingebracht wurde. Im Jahre 1797 gelang es der Polizei des Landvogts, eine große Zahl Gauner aufzugreifen, unter denen die vornehmsten Anführer einer auf 80 Köpfe geschätzten Räuberbande. Während sie in Verhaft lagen, wurden die Stadtwachen durch Aufbietung der Milizen verstärkt, um jeden Befreiungsversuch der Mitschuldigen zu vereiteln. Sechs der Schuldigsten erlitten an demselben Tage die Todesstrafe.

3. Bürgerliche Parteiung.

Wenige Jahre waren verflossen, seit Schultheiß und Rath beider Konfessionen sich den Vorschriften des neuen Landfriedens gemäß konstituirt hatten, als bei dem auf den 29. Jenner verschobenen Wahltage eine Anzahl Bürger dem Rathe über die Führung des Stadtregiments ihre Unzufriedenheit bezeugten und hierauf der Beschluß gefaßt wurde, daß der Kleine und Große Rath in gemeinsamer Sitzung ihre Beschwerden einvernehmen solle. Bis dieses geschehen sei, sollte der Schwörtag aufgeschoben bleiben. Die vorgetragenen Beschwerden selbst wurden von den Räthen auch so erheblich gefunden, daß eine Kommission von sechs Kleinräthen, sechs Großräthen und sechs gemeinen Bürgern mit Ausschluß der Schultheißen den Auftrag erhielt, die vorgelegten Beschwerden näher zu prüfen und zur Beseitigung derselben angemessene Anträge zu stellen.

Was zu dem außerordentlichen Vorgange Veranlaßung gegeben habe, ist im Rathsprotokolle nicht verzeichnet. Dagegen war am vorhergegangenen 5. Jenner 1724 gemeldet worden, daß es gelungen sei, mit dem Zürcher'schen Seckelamte ein Anleihen zu 3½ Prozent abzuschließen, dafür aber alle Waldungen hätten verpfändet werden müssen, ungefähr 1665 Jucharten, welche, die Juchart auf nur 30 Gulden geschätzt, die Kapitalsumme wohl fünffach verbürgen.

Es war kein bedeutendes Unternehmen obhanden, das eine solche Geldschuld gerechtfertigt hätte. Es läßt sich aber denken, daß von den Bauunternehmungen der vorhergehenden Periode, von dem Ankaufe des Rügerholzes, von den kriegerischen Vorgängen des Toggenburgerkrieges

her, sowie von der jüngst geschehenen Anschaffung einer kostbaren Feuer=
sprize und Verstärkung der gegen die Viehpest aufgestellten Wachten,
Rückstände genug angesammelt waren, um das starke Anleihen zum
Bedürfnisse zu machen. Ueberdies hatte vor wenigen Monaten der
Obervogt Rueplin ein der Stadt angeliehenes Kapital zurückgefordert,
das abzutragen die Stadt ohne fremde Hülfe außer Stande war.

Dem gemeinen Bürger war jede Einsicht in das Rechnungswesen
verschlossen. Wie es nun verlautete, daß der Rath das gesammte
nuzbringende Grundeigenthum der Stadt verpfändet habe, mußte bil=
liger Maßen jeder Antheilgenosse darüber ins Klare gesezt zu werden
wünschen, und der Klügste mochte die Zuversicht in sich tragen, daß
er im Stande gewesen wäre, einen weniger beschämenden Ausweg zu
zeigen, als den vom Rathe eingeschlagenen, Verpfändung der Stadtgüter.

Einer der härtesten Vorwürfe aber war hergenommen von der
bald zwei Jahrhunderte alten Klage über Mißbrauch und Vernach=
läßigung der Waldungen. Schultheiß und Räthe wurden beschuldigt,
dieselben zu eigenem Vortheile ausgebeutet zu haben. An der Spize
der Unzufriedenen stand der Eisenherr Johannes Hofmann. Alle
Bande des Gehorsams schienen aufgelöst. Nicht mehr an den Schult=
heiß soll man sich wenden, hieß es, sondern an den Hofmann. Der
Schuster Vogler durfte öffentlich den einen Schultheiß Lump schelten,
den andern Dieb, ohne daß Jemand für solchen Frevel Hand an
ihn legte.

Auch der Landvogt Belmont selbst kam in den Verdacht, sich den
unzufriedenen Bürgern zuzuneigen; denn er verdeutete dem Rathe, daß
der Schuster Vogler wegen der über die beiden Schultheißen aus=
gestoßenen Scheltung bei ihm abgebeten habe, es ihm daher kein Ge=
fallen wäre, wenn der Rath den Vogler darüber weiter zur Verant=
wortung zöge.

Aber die Ehre seiner Schultheißen auf solche Weise dem Land=
vogte Preis zu geben, dazu wollte der Rath am allerwenigsten Hand
bieten. Noch hatte jene Kommission ihre Untersuchungen kaum be=
gonnen, als der Rath, präsidirt vom Rathsherr Neuweiler, den Schuster
Vogler vorladen ließ, und als er auswich und vom Stadtknechte nicht
aufgefunden werden konnte, zu öffentlichem Widerruf, drei Tage Ge=
fängniß auf dem Oberthore und 20 Pfund Buße verurtheilte. Auf

eine von zehn Bürgern der Hofmann'schen Partei erhobene Einwendung, der Schuster Voglerr dürfe nicht bestraft werden, bevor der Schultheiß Rogg, der die ganze Bürgerschaft gescholten habe, zur Verantwortung gezogen sei, trat der Rath gar nicht ein, sondern ließ auf den Vogler fahnden, bis er endlich nach zweimonatlicher Frist am 25. April, begleitet von Frau und Kindern und Verwandten sich vor Rath einstellte und um Gnade bat und auf Empfehlung der Schultheißen das Urtheil dahin gemildert wurde, daß Widerruf und Abbitte bei geschlossenen Thüren geschehen solle, statt des schimpflichen Gefängnisses auf dem Oberthor dreitägige Haft im Bürgerstübli angesetzt und die Hälfte der Buße nachgelassen wurde.

Unterdessen war von Uri eine Mahnung eingelaufen, die im Wachsen begriffene Unordnung bei der Bürgerschaft zu stillen. Eine ähnliche Mahnung, die bürgerlichen Mißhelligkeiten beizulegen, war von Zürich eingegangen; ebenso von den katholischen Orten, welche riethen, über die Offnung und über die Beschränkung der katholischen Konfession auf den dritten Theil der Armengüter sich zu vergleichen. Am 3. April mahnte endlich auch Bern, die Beschwerden der Bürger billig zu erledigen. In welchem Sinne diese Zuschriften aufgefaßt wurden, zeigte das Urtheil vom 25. April über den Schuster Jakob Vogler. Die Kraft des Widerstandes war dadurch gebrochen. Eine vom Kleinen Rathe dem Großen Rathe und der Bürgerschaft zugestellte Erläuterung der Offnung führte den Streit in das Geleise bedächtlicher Unterhandlung: denn daraus ergab sich, daß der Rath jeweilen innerhalb der ihm zustehenden Befugnisse gehandelt habe und wenn Aenderungen eingeführt werden wollen, dieses auf Grund der Offnung geschehen müsse. Zum endlichen Abschluß aber gelangte der bürgerliche Streit durch die Vermittlung der Gesandten der Stände Zürich und Bern bei der Versammlung der Tagsatzung im Juli 1724, so daß am 21. Juli die bürgerliche Beeidigung vorgenommen werden konnte, die Constafelschenke aber bis zum Neujahr ausgesetzt blieb.

Daß aber der Trotz der Bürger noch nicht gebrochen sei, trat zu Tage, als der Rath im Herbste die Zeit und Ordnung der Weinlese ansetzte. Hofmann und fünf seiner Parteigenossen warteten den dazu bestimmten Tag nicht ab. Für solchen Ungehorsam belegte sie der Rath mit 100 Thalern Buße. Dagegen erhoben einige Bürgerausschüsse

nach der Wahl der Dreiräthe im Jenner des folgenden Jahres Be=
schwerde, daß die der Bürgerschaft verheißenen Aenderungen noch nicht
in allen Punkten erfolgt seien, forderten daher Aufschiebung des Schwör=
tages, um dem Rathe Zeit zu geben, die übrigen Punkte auch noch
in's Reine zu bringen; und der Rath mußte es sich gefallen lassen,
daß der Schwörtag um 14 Tage weiter hinaus gesetzt werde.

Die Bürgerausschüsse verlangten vor allem aus Verbannung der
Waldungen, worauf sie schon im früher eingegebenen Memorial ge=
drungen hätten; dann aber auch auf Erledigung der besonders für die
Evangelischen wichtigen Frage betreffend die Verwandtschaftsgrade und
Streichung des Ausdruckes Untergebene. Der Rath beeilte sich wirklich,
durch den Bauherrn einen Plan entwerfen zu lassen, nach welchem
die Waldung in jährliche Schläge eingetheilt und ein regelmäßiger
Abbau des Holzes eingeführt werden könne. Auf Erinnerung des
Landvogtes, daß einige Bürger auch die fremden Krämer entfernt
wissen wollen, beschloß der Rath ferner, das Hausiren zu verbieten,
nur den thurgauischen und eidgenössischen Krämern den Besuch der
Märkte zu gestatten und die ausländischen ganz auszuschließen, auch
die Bestrafung des eingeklagten Eichelnhandels in Gnaden abzuwandeln.
Von diesen Entschließungen wurden die Bürgerausschüsse in Kenntniß
gesetzt. Acht Bürger jedoch, die sich im Schützenhause zur Berathung
dieser Dinge versammelt hatten, erklärten sich damit noch nicht be=
friedigt; die Verwandtschaftsfrage sei ja gar nicht berührt, die den
Markt betreffende Bestimmung ungenügend; endlich dürfe es nicht
heißen Obere und Untergebene, sondern wie in der Offnung soll gesetzt
werden: Schultheiß, Räthe und gemeine Burger.

Als diese neuen Einwendungen den Räthen vorgelegt wurden,
fanden sie: Da bei den Renitenten keine Remonstration haften will,
sondern der Bürger Wille Gesetz werden soll, kann der Rath an seinen
Beschlüssen keinen Buchstaben mehr ändern und wird auf den folgenden
Tag den 12. Februar bei Eiden die Huldigung angesagt.

Die Huldigung wurde vorgenommen; aber etwa 60 Bürger blieben
aus und drei reiseten nach Zürich, dort Klage zu führen. Der Rath
verbot den Renitenten bei 20 Thalern Buße jede weitere Versammlung
und nahm die Schlüssel des Schützenhauses zu obrigkeitlichen Handen,
beantwortete dann ein von Zürich eingelaufenes Schreiben durch eine

Rechtfertigungsschrift und ließ die Renitenten auf den 20. Februar zur Verantwortung vorladen.

Schultheiß und Rath waren in voller Zwölfzahl versammelt, aber nur ein Theil der 60 Renitenten vorgeladen. Als nun der Weibel einzelne derselben in die Rathsstube eintreten hieß, schallte ihm das allgemeine Geschrei entgegen; Alle für Einen und Einer für Alle; wir lassen uns nicht söndern! Hierauf ließ der Rath auch die andern, die nicht geladen waren, herbei holen, und dann nochmals die Forderung stellen, daß einer um den andern eintreten und seine Sache vortragen solle, erhielt aber dieselbe Antwort wie früher. Es wurden also alle zusammen herein gerufen und ihnen ihr Ungehorsam vorgehalten.

Johannes Hofmann antwortete: Die Vertagung der Huldigung habe sie hoffen lassen, daß nicht bloß die zu ihrer Züchtigung dienenden Punkte, sondern auch die andern gehalten werden; dies sei nicht geschehen; man wolle sie als Untergebene behandeln, nicht als Bürger; man schirme die von Bürgern betriebenen Handwerke nicht gegen die Hintersaßen, sie müssen also einander gegenseitig schirmen und man dürfe das nicht als ein Komplot ansehen. So redeten auch Adam Müller und Andere. Sie beriefen sich auf die jüngsthin vom Rathe vorgenommene Besetzung der kleinen Aemter, als Beweis, daß der Rath die Bürger hintansetze, indem er das Lehen zu Murkhard nicht dem angemeldeten Bürger, sondern einem Fremden verliehen habe.

Ohne sich hierüber in weitere Erörterungen einzulassen, wiederholte der Rath die Frage, ob sie ohne Bedingung huldigen wollen, erhielt aber wieder zur Antwort: sie seien dazu bereit, sofern ihnen wegen des Wochenmarktes und wegen der fremden Handwerker entsprochen und der Murkharder abgeschafft werde. In den Vorsaal zurückgetreten, wurden sie nun vom Weibel aufgefordert, sich in zwei Abtheilungen zu söndern, die, welche huldigen wollen und die, welche es verweigern; sie schickten aber den Weibel zurück mit der Erklärung, daß sie bei ihrer Antwort beharren; namentlich das Wort Untergebene wollten sie absolute nicht. Jetzt verfällte sie der Rath zu 300 Thalern Buße, machte Johannes Hofmann, Heinrich Neuweiler und Adam Müller dafür haftbar und ließ eine Rechtfertigungsschrift an die regierenden Orte übersenden.

Zürich nahm sich der Sache ganz besonders an, schon als Vorort, dann aber auch, um bei dem evangelischen Theile der Bürgerschaft die Einigkeit herzustellen. In einer an die evangelische Commune gerichteten Antwort auf die Rechtfertigungsschrift empfahl Zürich, sich mit den Renitenten in Güte abzufinden und zu diesem Zwecke einige Abgeordnete nach Zürich zu senden. Auch die Renitenten schickten Abgeordnete. Das Vermittlungswerk gelang; die Renitenten versprachen, die Huldigung zu leisten. Jedoch erst am 10. Juli 1725, bei der Versammlung der eidgenössischen Tagsatzung, wurde auf Verwendung der Gesandten Zürichs von Schultheiß und Rath der Beschluß gefaßt, daß auf Bitte des Herrn Johannes Hofmann und seiner Mitschuldigen die 100 und die 300 Thaler Buße nachgelassen und statt Untergebene gesetzt werden soll: Obrigkeit, Mitverburgerte und Unterthanen. Das Protokoll fügte diesem Beschlusse die Bemerkung bei: Die Verburgerte thun für diese Gnad ganz kräftig danken und in's Künftige alle Treu und Liebe verheißen.

4. Endliche Theilung der Armengüter und des Kirchhofes.

Da beide Theile, die Evangelischen nicht weniger als die Katholischen, der Beendigung des langen Provisoriums froh waren, wichen sie Allem aus, was neue Zwietracht hätte veranlaßen können. Die beidseitigen Rathsglieder nahmen ihre Plätze nach der frühern durch den Zeitpunkt ihrer Wahl bestimmten Rangordnung ein; der katholische Stadtschreiber theilte sich mit dem evangelischen Stadtschreiber in die Protokollführung von Rath und Gericht ohne Widerspruch. Einige Jahre ließ man darüber hingehen, bis man auf die noch nicht völlig ausgetragenen Streitpunkte, die Theilung der Armengüter und des Friedhofes von Oberkirch, zurück kam, um sie ebenfalls in Güte zu erledigen.

Zwar hatte der einseitig besetzte Rath von 1713—1719 die Theilung der Armengüter, wie er meinte, mit möglichster Unparteilichkeit vorgenommen und seither für die Verwaltung des den Katholischen zugefallenen Antheils Sorge getragen; unterdessen hatte sich aber dennoch der Kapitalbestand geändert und über die Benutzung der gemeinsamen Gebäulichkeiten ließ sich ebenfalls Manches einwenden. Daher wurde

1722 eine neue Theilung der Armengüter veranstaltet. Das Spitalgut betrug nach genauer Berechnung und Schätzung 10,753 Gulden Kapital nebst 7 Gulden 3 Batzen und 1 Mütt Hafer Gülten und 1185 Gulden rückständiger Zinse; der Spendfond 3036 Gulden Kapital und 679 Gulden Zinsrückstände, das Siechengut 19,084 Gulden Kapital und 2628 Gulden Zinsrückstände, nebst drei difficilen Aktiv-posten von 1276, 456 und 1141 Gulden und 90 Gulden Passiven. Von jedem dieser Güter erhielt die katholische Konfession den dritten Theil zu besonderer Verwaltung. Die andern zwei Theile fielen der evangelischen Konfession als Eigenthum zu. Getheilt wurde wirklich, was vorhanden und verfügbar war; da jedoch seit 1650 9000 Gulden durch nachlässige Verwaltung verloren gegangen waren und neue Ver-luste gefährdet werden mußten, blieben noch mehrere Anstände übrig, die bis 1730 hingeschleppt wurden.

In diesem Jahre nämlich wandte sich der katholische Theil be-schwerend an die V Orte. Voran stand die Klage über die Theilung des Kirchhofes. Nicht weniger scharf wurde die Unbill herausgestellt, welche den Katholischen bei der Theilung des Spital- und Spendgutes und bei einigen Rechnungsanständen widerfahre. Nachdem die eid-genössischen Gesandtschaften vier Jahre hindurch sich abgemüht hatten, den Streitenden Recht zu verschaffen, verständigten sich diese endlich selbst zu einem Vergleiche, um dessen Bestätigung sie am 23. Juli 1734 in Baden einkamen.

Dieser Vergleich regelte die Benutzung des Kirchhofes in Ober-kirch und die Theilung desselben, bestimmte die untere Spitalstube zum gemeinsamen Aufenthalte für arme gesunde Reisende beider Kon-fessionen, überließ die obere Spitalstube den katholischen Kranken, stellte die Einrichtung einer evangelischen Krankenstube in Aussicht, verzichtete auf eine Theilung des Siechengebäudes, bestätigte dagegen die 1722 vorgenommene Theilung der Armen-, Sondersiechen-, Spend- und Spitalgüter, verpflichtete ferner jeden Verwalter von Stadtgütern zu Stellung zweier Bürgen, übertrug die Veralmosung der passagierenden Armen, die Bettelfuhren, die Verpflegung der fremden Kranken den Armenpflegern in der Weise, daß der katholische Armenpfleger die Geschäfte jeweilen einen Monat lang, der evangelische zwei Monate lang besorge; überbanden endlich dem Steueramte 80 Gulden, dem

katholischen Armengute 40 Gulden zur Verabreichung von Wander-
geldern für reisende Handwerksgesellen beizusteuern.

Alles Andere, was seit 1713 abgeändert oder in Uebung gekommen
war, blieb einstweilen unberührt, jedoch dem Landfrieden und den Ab-
schieden der regierenden Orte ohne Nachtheil.

Jetzt aber, nachdem die Streitigkeiten mit den Evangelischen beigelegt waren, traten erst die bei dem katholischen Konfessionstheile selbst
seit langer Zeit in das Verwaltungswesen der Stiftungsgüter ein-
gewurzelten Mißbräuche in grellster Weise an das Tageslicht. Der
Bischof klagte 1734 bei den V Orten, daß die Verwaltung des katholischen Kirchengutes und der Pflegschaften unordentlich geführt werde
und bewirkte dadurch den Beschluß, daß der Landvogt die Rechnungen
einfordern und darüber Bericht erstatten solle. Diesem Auftrage wurde
zwar Folge geleistet und laut Bericht waren die Rechnungen nicht blos
in Ordnung, sondern sie zeigten überdieß noch Vorschläge; allein bei
genauerer Untersuchung der Werthschriften ergab sich dann, daß 10,112
Gulden unversichert in der Hand des alt-Schultheiß Locher lagen und
nur der verheißene Verkauf seiner Güter Aussicht auf Deckung dieser
Schuld eröffne, daß auch fünf andere Schuldposten unversichert seien,
einzelnen Kaplänen Pfrundkapitalien bezahlt und nicht wieder aus-
geliehen oder versichert, die Zinse anderer Kapitalien bis zur Höhe der
Hauptschuld aufgewachsen seien, ja sogar Kapitalbriefe vorhanden seien,
deren Schuldner Niemand kenne. Die Untersuchung und Regulirung
dieser Rechnungs- und Verwaltungssachen schleppte sich vierzig Jahre
lang fort, bis endlich 1775 den V Orten und dem Bischofe die Versicherung gegeben werden konnte, daß, freilich nach Verzichtleistung auf
manche Forderungen, ein Urbar erstellt und alles in gehörige Ordnung gebracht sei.

5. Stadtökonomie.

Die hauptsächlichsten Vorwürfe, welche dem Rathe schon von der
durch die Einführung des neuen Landfriedens zurück gedrängten katholischen Partei, dann wieder von der Hofmann'schen Opposition gemacht
wurden, betrafen die Stadtökonomie. Es war daher eine Oeconomie-
kommission bestellt worden, welche den Vermögensstand der Stadt

untersuchen und Rathschläge ertheilen sollte, wie die Schulden getilgt, größere Ersparnisse erzielt und die Einnahmen vermehrt werden möchten. Jene Kommission brachte wirklich bis zum Spätjahr 1734 ein Projekt zu Stande; bei der ersten Vorlage am 5. November wurde aber das Eintreten verschoben, und am 20. November 1735 notirte der Stadt= schreiber: das spitzige Geschäft wurde wieder verschoben.

Inzwischen gab sich der Rath alle Mühe, von sich aus den Uebel= ständen möglichst abzuhelfen. Schon im Jahre 1726 war es ihm gelungen, aus einem Ueberschusse der Steuer, 233 Gulden betragend, dem Erlöse eines mehr als 2000 umgestürzte Stämme Holz zählenden Windfalles und einem Erbabzuge von 1416 Gulden, und aus der Hinterlassenschaft des Scharfrichters Mengis, die 5000 Gulden Zürcher Schuld auf 3000 Gulden zurück zu führen; der Weinverbrauch bei dem Kilbitrunk der Schützen wurde 1727 durch Ausschluß unberechtigter Ein= dringlinge beschränkt, die Steuer des Jahres 1728 auf 1340 Gulden Einnahmen und nach Abzug von nur 812 Gulden auf einen Ertrag von 528 Gulden gesteigert, durch die 1720 errichtete Holzkammer oder Holzkommission 1730 eine strengere Waldpolizei eingeführt, bei Zu= nahme der Branntweinbrennerei jeder Brennhafen, deren in Stadt und Gerichten 48 gezählt wurden, mit anderthalb Gulden Steuer belegt, gegen die zollflüchtigen Säumer und Fuhrleute ein Zollstock zuerst in Niederwil, dann in Gerlikon errichtet, von den Juden für ihren Handelsverkehr 1732 ein Leibzoll mit Strenge eingetrieben, die Verweigerung des Schellengeldes 1733 mit Verweigerung des Antheils am jährlichen Holzhau bestraft u. s. w. Als dann endlich 1736 und 1737 der Behandlung des ökonomischen Projekts nicht mehr aus= gewichen werden durfte, mußten es die mit fixen Besoldungen aus= gestatteten Rathsglieder und Amtleute auch noch geschehen lassen, daß ihnen der sechste Theil ihrer gesetzten Einkünfte entzogen, das Wart= geld der Hebamme von 30 Gulden auf 18, dasjenige des Stadt= physikus von 10 auf 8 Gulden herabgesetzt wurde. Dadurch wurden die 525 Gulden Ausgaben für Bedienstungen um 153 Gulden erleichtert.

Alle diese aufgezählten und andere Finanzoperationen vermochten gleichwohl der Stadtökonomie nicht so aufzuhelfen, daß nicht von Zeit zu Zeit wieder dieselben Klagen in der Bürgerschaft wie in den Räthen selbst sich erneuerten, jedoch mit dem Unterschiede, daß besonders auf eine beſſere Ueberwachung und Beforſtung der Waldung gedrungen und dieſe als die möglich ergiebigſte Quelle der Stadteinkünfte bezeichnet wurde. Allein dieſe Quelle ſo zu faſſen, daß ſie weder getrübt noch auf fremdes Erdreich abgeleitet werden möge, das war eine für jene Zeit unerreichbare Aufgabe.

Im Jahre 1743 erhoben gemäß einer bei der Conſtafelſchenke getroffenen Verabredung ſieben Mitglieder des Großen Rathes, drei Mitglieder des Gerichts und neun Bürger vor Rath Klage über die Verwüſtung der Waldung, die namentlich von den Hinterſaßen und von den benachbarten Ortſchaften herrührte, und verlangten Verbannung der Waldung. Der Rath entſprach ihrem Begehren, belegte 25 Holz= freſſer mit Strafen von 1—6 Pfunden, erneuerte ein ſchon 1715 ausgekündetes Holzmandat. Dieß half aber ſo wenig, daß am 5. Februar 1744 nicht weniger als 35 Holzfreſſer, und zwar Herren und Bürger, angezeigt, daher ſchon 1745 dieſelbe Klage erneuert und 1751 ſogar eine beſondere Kommiſſion beſtellt wurde, um zu begut= achten, wie den Waldverwüſtungen zu begegnen ſei. Dann wurde 1752 dem Holzmandat die Drohung beigeſetzt, daß nicht nur der Holz= verkäufer, ſondern auch der Käufer beſtraft werden ſolle; ferner 1753 die verzeigten 41 Holzfreſſer in ſolche unterſchieden, welche aus dem Holzdiebſtahl ein Handwerk machen, und ſolche, die nur unſchädliches Holz abhauen, und die erſtern, 17 an der Zahl, mit 10 Pfund und Gefangenſchaft beſtraft; 1755 für jede Bürde Holz 1 Pfund Pfenning Erſatz gefordert. Der Rathsherr Ulrich Fehr, ſpäter Schultheiß, be= leuchtete in einem weitläufigen Berichte den Zuſtand der Waldung, zählte nicht minder als achtzehn Urſachen ihrer Verwüſtung auf und führte den Beweis, daß es allerdings möglich wäre, die Waldungen in einen beſſern Stand zu ſetzen und größere Erträgniſſe zu erzielen, wenn nur ernſter Wille vorhanden ſei. Das von ihm entworfene Holzmandat erhielt auch die Genehmigung des Rathes; der Erfolg entſprach jedoch den Erwartungen nur mangelhaft. Dann wollte der Rath 1760 den abermaligen Klagen über Waldverwüſtung dadurch zuvorkommen, daß er ſelbſt am Wahl= und Schwörtage den Bürgern über die unſäglichen Waldverwüſtungen rapportirte und dann auf den 14. Februar eine beſondere Bürgerverſammlung zur Beſprechung der Sache veranſtaltete. Man verſtändigte ſich hierauf, daß dem Bürger zwar erlaubt bleiben soll, wie von Alters her unschädliches Holz aus dem Walde zu holen, aber nur an zwei Wochentagen, Dienstags und Freitags. Endlich konnte 1763 berichtet werden, daß der Holzfrevel nicht mehr so stark wie ehedem betrieben werde und wurde zugleich beschlossen, jedem Herrn und Bürger, wie im vorangegangenen Jahre, eine Wagenladung Holz zu gewähren und ihm sein Betreffniß durch das Loos anzuweisen. Von da an wurde es stehende Regel, den Bürgern alljährlich einen Holzhau oder dafür Holzwellen oder Scheit-holz zukommen zu lassen, zugleich aber auch statt der drei Holzförster vier anzustellen.

Da indessen der Bürger von seinem Gewohnheitsrechte, unschäd-liches Holz aus dem Walde zu holen, sich nicht ganz verdrängen ließ und der Ansaße wie der Nachbar sein Beispiel nachzuahmen fortfuhr, wurde den Ansaßen 1777 verboten, mit irgend einem schneidenden Werkzeuge die verbannte Stadtwaldung zu betreten; dabei blieb es dann auch, ohne daß eine wesentliche Verbesserung für die Waldungen eintrat.

6. Versuche zur Ausbeutung des Kohlenflözes bei Murkhard.

Die Schichte Braunkohle oder Pechkohle, welche unter den Hügeln von Murkhard zu Tage tritt, hatte schon im Jahre 1707 die Aufmerk-samkeit der Stadtbehörde auf sich gezogen. Am 25. Mai des genannten Jahres machte Schultheiß Rogg dem Rathe die Anzeige, ein unbekannter Fremder habe bei Murkhard einen Berg gefunden, der aus lauter Steinkohlen bestehe, die auch schon wirklich von den Schmieden und Schlossern approbirt worden seien, hiemit für die Bürgerschaft sehr nützlich werden könnten; neben den Steinkohlen finde man auch ein dem Wismut ähnliches Mineral und dem Sandgolde gleichende Stein-chen. Es frage sich hiemit, ob man etwa zwei Tage vierzehn Arbeiter darauf verwenden wolle, den Berg auszuräumen. Die Frage des Schultheißen wurde bejaht.

Im November wurde über den Erfolg dieser Arbeiten berichtet und zugleich mitgetheilt: Johannes Kaiser aus dem Fischinger Thale habe anerboten, in entgegengesetzter Richtung zu arbeiten; denn er sei bereits vierzehn Klafter weit hinein gedrungen und habe allerlei günstige

Zeichen gefunden, werde aber diffamirt, so daß er um obrigkeitliche
Hülfe bitten müsse. Er behauptet ferner, auch mehrere Adern Stein=
kohlen getroffen und Spuren von Gold gefunden zu haben und gibt
Hoffnung, einen Mann zu finden, der mit ihm die weitern Unter=
suchungen vornehme und das Bergwerk kaufe. — Dem Rathe schienen
aber die Angaben dieses einzelnen Mannes nicht zuverläßig genug.
Er ließ daher einige Stücke des Minerals nach Donau=Eschingen senden
und um ein Gutachten bitten.

Der Befund, der von Donau=Eschingen einkam, scheint nicht
geradezu aufmunternd gelautet zu haben. Nachdem der „Berggraber"
Kaiser noch einige Wochen lang die Arbeit fortgesetzt und dann erklärt
hatte, er könne sie nur unter der Bedingung fortführen, daß man ihm
einen Gulden Taglohn nebst Kost zusichere, wurde er am 18. Jenner
1708 mit 100 Gulden und einem Dutzend Thalern abgelöhnt. Da=
neben wurde ihm anheim gestellt, auf eigene Rechnung die Arbeit
fortzutreiben.

Die Ergebnisse dieser Unternehmung waren vergessen, als 1766
die Braunkohlenader bei Murkhard neuerdings entdeckt wurde, ohne
daß jedoch nachhaltige Untersuchungen stattfanden. Erst 1783 ermun=
terte die lohnende Ausbeutung einer Braunkohlenschicht bei Elgg, die
bei Murkhard vorgefundenen Anzeichen einer schärfern Probe auszusetzen
und zu diesem Zwecke einen erfahrnen und zuverläßigen Arbeiter aus
den dortigen Gruben anzustellen. Den Privatunternehmern kam der
Rath mit dem freilich sehr geringen Beitrage von 10 Gulden zu Hülfe.
Es genügte aber, um zu der Einsicht zu gelangen, daß die geringe
Mächtigkeit und die nesterweise Zertheilung des Kohlenflözes von Murk=
hard den Abbau nicht lohne.

Diese Ansicht hat sich denn auch bei noch spätern Versuchen
bestätigt, die 1794 vorgenommen wurden. Ein Gutachten des Seckel=
meisters Ziegler von Winterthur, Aufseher der Kohlengrube von Bir=
mensthal bei Elgg, rieth selbst von Fortsetzung der Arbeiten ab.

7. Die Joner, genannt Rueplin, als Bürger von Frauenfeld.

Seit der Name Rueplin in den Verzeichnissen der bürgerlichen
Bevölkerung Frauenfelds erscheint, standen die Rueplin in den ersten

Reihen der durch Gesinnung, Geschäftskenntniß und Thatkraft aus-
gezeichnetsten Bürger, bald im Rathe der Stadt und mit dem Schult=
heißenamte bekleidet oder mit der einflußreichen Stadtschreiberei betraut,
bald im Dienste der regierenden Orte und des Oberamtes der thur=
gauischen Landvogtei. Manche Geschlechter, mit denen sie seit mehr
als zwei Jahrhunderten diese Ehren getheilt hatten, waren erloschen;
die Rueplin aber blühten fortwährend auf kräftigem Stamme fort und
sollten auf ganz anderem Wege dem bürgerlichen Gemeinwesen ihrer
Vaterstadt · entrückt werden.

Die ursprüngliche Heimat der Rueplin soll die Steiermark gewesen
sein, von woher der Edelknecht Erasmus Joner den Grafen Hermann
von Cilli zum Concil von Constanz begleitete. Ein Nachkomme Joners,
Rueplin genannt, im Treffen bei Schwaderloh Hauptmann, in Frauen=
feld ansässig geworden, war Vater des Schultheiß Hans Rueplin (1520)
und des Abtes Joachim Joner von Kappel. Ein dritter Sohn Sig=
mund und dessen Sohn Job oder Jopp, sowie der Enkel Joachim,
verwalteten die reichenauische Amtmannschaft zu Frauenfeld; der letztere
erwarb auch 1566 einen Theil der Herrschaft Kefikon, die bis 1650
im Besitze seiner Nachkommen blieb. Er wurde auch 1592 Landammann
im Thurgau, erlangte das Landrecht im Stande Uri, erhielt für seine
Verdienste um die Errichtung des Kapuzinerklosters für sich und seine
Nachkommen von Papst Urban VIII. alle Rechte und Freiheiten eines
edlen Römers und Ritters der römischen Kirche. (Vgl. oben S. 206.)
Das Landammannamt ging auf seinen Sohn Ludwig über und dann
auf dessen ältern Sohn Karl Dominicus, der 1683 als Schultheiß
in Frauenfeld gewählt, die Landammannstelle an den jüngern Bruder
Joseph Ignaz abgab.

Im Anfange des Jahres 1712 machte der Landammann Joseph
Ignaz Rueplin, Mitglied des Rathes, seinen Rathsfreunden die freund=
schaftliche Mittheilung, daß die von seinen Ahnherren verwaltete reichen=
auische Amtmannschaft seinem jüngern Sohne übertragen worden sei,
und der Rath beglückwünschte Vater und Sohn und sich selbst zu der
Freude, diese Stelle wieder in den Händen eines Bürgers zu sehen.
Allein nach Jahresfrist mußte der Vater selbst in Folge des neuen
Landfriedens nicht nur von der Stelle des Landammanns, sondern
auch aus dem Rathe zurück treten; ebenso sein Bruder Karl Anton,

der Obervogt von Gachnang, auf die Stadtschreiberstelle in Frauen=
feld verzichten.

Auf solche Weise aus den fast erblich gewordenen Aemtern in
der thurgauischen Landvogteiverwaltung in der Stadt Frauenfeld ver=
drängt, fand sich der verabschiedete Landammann Rueplin mit seinem
Bruder Karl Anton und ihren Söhnen auf die Bedienstungen an=
gewiesen, die ihnen von geistlichen Fürsten, den Aebten von Einsiedeln
und St. Gallen und dem Bischofe von Constanz angeboten wurden.
Er selbst erhielt vom Abte von St. Gallen 1719 die Obervogtei
Romanshorn und wurde 1723 auf die Landvogtei Toggenburg be=
fördert. Sein Bruder Karl Anton verwaltete die schon von seinem
Vater versehene Obervogtei Gachnang und kaufte 1722 die Herrschaft
Wittenwil. Beide Brüder wurden auch 1722 von Kaiser Karl VI.
in den Freiherrenstand erhoben. Von dieser Zeit an wurde ihr Name
bald in herkömmlicher Weise, bald Rypplin und Rüpplin geschrieben.

Obwohl in fortwährendem Besitze ihrer ererbten Häuser und
Güter in Frauenfeld, waren sie ihrer Vaterstadt bereits entfremdet,
als 1750 Bruno und Remigius Rueplin, jener Obervogt in Bischofs=
zell, dieser Obervogt in Güttingen, an Schultheiß und Rath das Gesuch
richteten, es möchte ihr civilegium actuale in ein civilegium hono-
rarium, ihr pflichtiges Bürgerrecht in ein Ehrenbürgerrecht umgewandelt,
ihnen Freisitz, Weidrecht, Zollfreiheit und die bürgerlichen Rechte des
Kaufs, Verkaufs und Zugs, sowie der Abzugsfreiheit gegen alle mit
Frauenfeld im Vertrage stehenden Ortschaften ferner zugestanden werden,
wogegen sie auf den Zutritt zu Aemtern und deren Nutzungen für
sich und ihre Nachkommen Verzicht leisten; dieses Begehren seien sie
zu stellen bewogen, um die Stiftmäßigkeit und Rittermäßigkeit des
schwäbischen Adels zu erlangen; sie hoffen auch, es werde ihrem
Wunsche um so eher entsprochen werden, da sie im Grunde nichts
Anderes suchen, als was andere edle Geschlechter von Frauenfeld, die
Landenberg, die Gryfenberg und Giel, auch genossen hätten. Eine
Kommission von drei Mitgliedern des Kleinen und eben so vielen Mit=
gliedern des Großen Rathes erwog diese neuen Rechtsverhältnisse; der
Rath wollte auf das wiederholte Gesuch nicht eintreten. Dann erklärten
die beiden Obervögte ihren Austritt aus dem bürgerlichen Verbande
und ließen auf Verlangen des Rathes ihre Austrittserklärung durch

den Landvogt attestiren. Im Jahre 1768 aber wünschte Felix Thabäus, der Sohn Bruno's, Herr zu Wittenwil, seine Wohnung in Frauenfeld wieder zu beziehen, zugleich aber auch als bürgerrechtlicher Genosse behandelt zu werden. Das erstere konnte ihm nicht vorenthalten werden, dagegen wurde ihm das Genossenrecht streitig gemacht. Obschon er erweisen wollte, daß die Verzichtleistung auf das Bürgerrecht in seiner Abwesenheit und ohne seine Zustimmung von seinem Vater und Oheim ausgestellt worden sei und sich um einen Rechtsspruch des Syndicats der regierenden Orte bewarb, beharrte der Rath dennoch bei seiner Weigerung, ihn als berechtigt anzuerkennen, forderte überdieß einen von frühern Jahren herrührenden Erbsabzug, 100 Gulden betragend, drohte sogar, die Ritterschaft von der Sachlage in Kenntniß zu setzen. Nun ließ Rueplin seine Ansprüche fallen, blieb aber als Anfaße in Frauenfeld wohnen.

8. Zunftwesen und Gewerbe.

Wie vom Jahre 1685 an die Handwerker in Zünfte zusammen zu treten begannen, ist oben (S. 308) erzählt. Dieses Bestreben fand seit dem Anfange des XVIII. Jahrhunderts neue Nahrung.

Nachdem die Schlosser ihr Vorhaben, eine Zunft zu errichten, ausgeführt hatten, vereinigten sich einige Jahre später zu demselben Zwecke die Schmiede; denn im Jahre 1718 wurde bezeugt, daß schon seit sieben Jahren ein Zunftverband zwischen den Schmiedemeistern der Stadt und der benachbarten Landschaft bestehe. Ihnen gesellten sich 1719 auch die Büchsenschmiede und die Wagner zu. Die 1724 von den Schustern ausgesprochene Absicht, eine Zunft zu errichten, wurde wahrscheinlich ebenfalls in Ausführung gebracht, obwohl die Rathsbücher erst 1767 ihres Obmanns erwähnen. Um dieselbe Zeit mag die Bäckerzunft entstanden sein, denn im Rathsprotokoll vom 3. April 1721 wird gerügt, daß die Bäcker ihre Aufgebot in einer Schenkwirthschaft gehalten haben, nicht, wie der Gebrauch es erheischte, in einer Taferne. Auch der Sattlerzunft wird 1723 als bereits bestehend gedacht. In demselben Jahre kamen neun Bürger bei dem Rathe mit dem Gesuche ein, ihnen die Errichtung einer Kaufleutenzunft zu gestatten, fremde Krämer aber vom Hausiren abzuhalten. Die Errichtung der Zunft wurde erlaubt, ein eigentlicher Zunftverband scheint aber nie in's Leben getreten zu sein. Die Schneidermeister der Stadt bewiesen im Jahr 1755, daß sie schon 1742 mit den zünftig gewordenen Schneidermeistern der Stadtgerichte einen Vergleich eingegangen haben; das Stiftungsjahr ihrer Zunft muß also älter sein. Dagegen traten erst 1760 auch die Küfer, die Zimmerleute, die Hafner und die Maurer in eine Zunft zusammen, um ihre Lehrlinge zu fördern; und 1761 erhielten endlich auch die Metzger einen Handwerksbrief.

Infolge dieser Zünftung des Handwerks wurde nun allerdings der Rath seltener mit Streitigkeiten über die Befugnisse und Beschränkungen der einzelnen Handwerke behelligt; das Publikum dagegen um so mehr durch die Anmaßungen derselben bedrängt und auch geschädigt. Das auffallendste Beispiel hatten schon früher die Rindermetzger gegeben. Während die sogenannten Bratismetzger ihre Waare aus der Nähe beziehen konnten, muthete man den Rindermetzgern zu, namentlich zur Zeit der Tagsatzungsversammlungen, schweres Mastvieh zu schlachten, das sie sich in der Regel nur aus dem Oberlande verschaffen konnten.

Wenn dann die Fleischschätzer ihnen die niedrigeren Fleischtaxen von Stein, Dießenhofen, Winterthur vorschrieben, statt der höhern von Wyl und St. Gallen, so fanden sie oft einen solchen Widerstand, daß der Rath mehrere Male, z. B. 1753 und 1759, veranlaßt wurde, die Metzger mit Freigebung des Metzgergewerbes zu bedrohen. Dann mußte er aber 1760 in der Erläuterung der alten Metzgerordnungen von 1609, 1655, 1670, 1685, 1709, 1711, 1727, 1745 den Metzgern so weit nachgeben, daß z. B. die Privaten, Landleute und Städter, nur in den Wintermonaten November, Dezember und Jenner eigenes Vieh einschlachten und viertelweise verkaufen dürften. Es war dies nun gerade eines der Vorrechte, die den Metzgern bei Errichtung ihrer Zunft auf immer bestätigt wurden.

Eigenthümliche Begriffe von Ehre und Unehre verbanden sich mit dem zünftigen Handwerke. Wer ein Handwerk betrieb, ohne zünftig zu sein, galt als Stümper, mit dem kein ehrlicher Meister oder Geselle zu Tische saß oder in irgend welche Gemeinschaft trat.

Als 1711 der Stadtbote einen Verbrecher einzuziehen und zu thürnen befehligt wurde, weigerte er sich des Auftrages, weil dies ein unehrliches Geschäft sei, das seine Nachkommen zu einem geschenkten

Handwerke unfähig machen würde. Der Rath mußte einen andern Stadtboten anstellen, der dieses und andere unehrliche Geschäft besorge, auch die Brunnen säubere. Die Maurer, welche ·1761 die Mauer an der Hauptgrube bei dem Siechenhause ausbesserten, erklärten das Hand= werk so lange für unehrlich halten zu wollen, bis die Stadt ihnen einen Trunk gebe, worauf der Rath jedem Meister eine Maß Wein mit zwei Kreuzern für Brod bewilligte. Einem Bäcker, der die Tochter des Scharfrichters geehlicht hatte, wurde dafür das Zunftrecht entzogen, so daß er sein Brod nicht mehr auf der Brodlaube auslegen durfte und, um sein Gewerbe ungestört betreiben zu können, obrigkeitlichen Schutz anrufen mußte.

Obwohl der Rath den Zünften Obmänner aus seiner Mitte vor= setzte, gelang es diesen doch so wenig, in den Zunftverhandlungen Ordnung zu halten, daß die Ehre der Obmannschaft manchen Raths= herrn drückte, mancher sich nach kurzer Zeit des Genusses derselben wieder entledigen ließ.

Es waren dies Uebelstände, die auch andern kleinern und größern Städten und ihren Nachbarschaften nicht fremd waren. Man fühlte die Nachtheile, aber war nicht im Stande, ihnen abzuhelfen. Indem die Obrigkeiten den gemeinen Mann vor der Unbill gesteigerter Preise schützen wollten, verkannten sie oft die Bedrängnisse des Geschäfts= mannes, oder, indem sie diesen gegen die Konkurrenz des Hausirers schützen wollten, lähmten sie den Unternehmungsgeist. Erst der leise Eintritt des Baumwollengewerbes in den Stadtgerichten (in Wüsthäusli und Niederwyl) 1748 und die Einrichtung einer Seidenweberei durch die Herren Neuweiler und Fehr (in dem Badstubengebäude), konnte dem Rathe als ein thatsächlicher Beweis gelten, daß es Gewerbe gebe, die ohne Zunftzwang und ohne obrigkeitliche Regelung bestehen können oder vielmehr damit unverträglich sind.

Wie obrigkeitliche Eingriffe in das Gewerbswesen und in den Handelsverkehr das Gegentheil ihres Zweckes erreichen können, erfuhr Frauenfeld vorzüglich in Bezug auf die Kaufhausordnung und den Fruchthandel. Der Fruchtmarkt am Samstag war in der ersten Stunde nur den Stadtbürgern zugänglich; erst wenn diese sich mit ihrem Be= darfe versehen hatten, durfte der Fremde kaufen, aber jeder nur einige Ladungen. Ueberdies mußte der Fremde neben dem Kaufhauszolle noch den Transitzoll entrichten, wenn er die Waare wegführte. Die Folge war, daß keine fremden Verkäufer mehr den Markt beschickten, die benachbarten Landleute sogar den Markt von Wyl vorzogen und ihre Waare mit Umgehung des Verbotes dorthin zum Verkaufe brachten. Der Antrag eines Kaufmanns, das Kornhaus stets von Stein her mit Waarenvorrath versehen zu wollen, wenn man den Fruchtmarkt als Freimarkt erkläre und jeweilen schon am Morgen um 8 Uhr eröffne, wurde gefährlich erachtet; man zog vor, von Zeit zu Zeit das Fruchtmandat verkünden zu lassen und zu gebieten, daß die Gerichtsangehörigen ihren Kornvorrath nicht bei Hause verkaufen, sondern denselben zu Markte in das Kaufhaus bringen. Der Aufkauf von Früchten auf dem Lande wurde als trügerischer Vorkauf und Wucher gestraft. Wie im Jahre 1759 größerer Mangel eintrat, die Fruchtausfuhr aus dem Thurgau verboten, vom Abt von Fischingen ein Fruchtmarkt in St. Margarethen eingerichtet wurde, bewarb sich Frauenfeld um Herstellung des unterthurgauischen Marktkreises von 1635. Dasselbe geschah 1770. Aber die Vorräthe im eigenen Lande waren bereits erschöpft und der Großhändler in Getreide, als Wucherer betrachtet, fand den Kleinmarkt zu Frauenfeld für sein Geschäft nicht geeignet.

9. Die Theurung von 1769—1771 und die erste Kartoffelnpflanzung.

So reich gesegnet die Ernten der ersten sechsziger Jahren waren, so groß war der Mangel gegen das Ende dieses Jahrzehends. Zuerst mißrieth der Wein in den Jahren 1767 und 1768 so, daß der Stadtkeller nur geringe Vorräthe erhielt und wegen des Mangels an Wein die herkömmlichen Rathströnke am Herbst= und Nikolausmarkte, sowie bei der Weinschätzung 1768 ausgesetzt wurden. Dann verbreitete sich der Mißwachs 1769 und 1770 auch über die Getreidefelder aus. Von Woche zu Woche steigerten sich die Marktpreise. Als in der zweiten Woche des Heumonats 1770 der Bäcker Strupler auf einmal anderthalb Gulden über den gangbaren Fruchtschlag auf den Mütt Kernen bot und die andern Käufer seinem Beispiele folgten, fuhr ein allgemeiner Schrecken in die armen Leute, die sich außer Stand sahen, so hohe Preise zu zahlen. Die Kreuzerbrötchen waren so erstaunlich klein, daß die Bäcker anfingen, Schillingbrötchen und Halbbatzenbrötchen zu backen.

23

Der Bäcker Strupler wurde wegen Uebertheurung zur Verantwortung gezogen. Er entschuldigte sich mit der Behauptung, daß er für den Mütt Weißmehl in Konstanz 17 Gulden und 9 Batzen bezahlt habe. Weil jedoch sein Brod auch nicht das gehörige Gewicht zeigte, wurde er zu 20 Pfund Pfenning Buße verfällt.

Dieses strenge Verfahren hätte unter gewöhnlichen Umständen genügt, von ähnlichen Ueberschreitungen der Marktordnung abzuschrecken. Der Rath konnte es sich aber nicht verhehlen, daß diese Mittel nicht mehr ausreichen, den drohenden Mangel zu beschwören. Er ging daher den Bürgermeister Landolt von Zürich als Vorstand der eben versammelten Tagsatzung mit dem Gesuche an, bei den Tagherren die Erlaubniß auswirken zu wollen, daß der Marktkreis von 1635 neuerdings abgegrenzt werden dürfe, damit wenigstens die im Umfange desselben verkäuflichen Fruchtvorräthe dem Kaufhause von Frauenfeld verfügbar bleiben. Der Unmuth der Bürger gab sich durch Pasquille kund, die dem Bäcker Strupler und andern Bäckermeistern gelegt wurden; der Rath enthielt sich, den Urhebern nachzuspüren, ließ aber die Schmähschriften durch den Scharfrichter unter dem Pranger verbrennen.

Bei diesem Anlaße tauchte aber bei einem Mitgliede des Rathes der Gedanke auf, bei diesen theuern Zeiten den Bürgern Kartoffelpflanzfelder auszutheilen. Ohne Zweifel hatte der Antragsteller Kunde, daß die ökonomische Gesellschaft von Bern die Kartoffelpflanzung empfohlen habe und daß man auch in Zürich darin ein Mittel erkenne, den Nothstand der Armen auf künftiges Jahr zu mildern. Obwohl das Vorurtheil allgemein verbreitet war, daß diese Erdfrucht der Gesundheit nicht zuträglich sei, fand der Gedanke dennoch Anklang. Man hatte bei dem geringen Viehstande der Stadt gar viel entbehrliche Viehweide. Der Boden der obern Almende eignete sich trefflich zum Anbau; 9⅜ Juchart in 101 Plätze, 20 Ruthen groß getheilt, konnten genügen, einen ersten Versuch zu machen. Dieser Antrag bedurfte keiner breitschichtigen Berathung, um mit Beifall aufgenommen zu werden.

Während die Veranstaltung getroffen wurde, die Kartoffelplätze zu vermessen, zu reuten und durch das Loos unter die Bürger, welche solche wünschten, zu vertheilen, schritt man noch weiter. Auch bei dem Schollenholze lag eine Strecke ödes Land, 12 Juchart groß. Auch dies beschloß man zu reuten und zur Ansaat vorzubereiten. Die darauf stehenden Eichen stellten einen Erlös in Aussicht, der die Kosten deckte. Allein bis diese neuen Pflanzungen Ernten brachten, wie lange mußte das anstehen? Der wöchentliche Bedarf der Bäcker in Frauenfeld betrug 40, der Bedarf der Bürger 20 Mütt Kernen. Vorausgesetzt, daß die künftige Ernte den Fleiß des Arbeiters lohnen werde, woher konnte man für die nächsten zehn Monate Brod schaffen? Die eidgenössischen Orte hatten zwar bis zum 29. November ihre Zustimmung zur Abgrenzung des Marktkreises eingesandt; die Erkundigung nach den in den Speichern vorhandenen Vorräthen der benachbarten Klöster und Herrschaften verhieß jedoch kaum genug, um den Bedarf einer einzelnen Woche zu decken, auf dem Schlosse Wellenberg nämlich 50 bis 60 Mütt. Man wandte sich nach Ratolfszell mit dem Gesuche um wöchentliche Ablieferung eines Quantums Kernen, fand aber keine bestimmte Zusage.

In dieser trostlosen Lage wandten sich Schultheiß und Rath an die Stadt Zürich um ein Anleihen von 2000—3000 Gulden, sandten drei Rathsglieder nach Schaffhausen und Rheinau und den Schultheiß Fehr nach Mersburg zu dem Bischof von Konstanz. Zürich bewilligte die gewünschten 3000 Gulden. Mit Hülfe des Prälaten von Rheinau gelang es, in Schaffhausen zirka 50 Mütt und im Schlosse Schwäningen 108 Mütt Kernen, den Mütt zu 14³/₄—16 Gulden zu erhandeln. Der Bischof gewährte aus Mersburg eine wöchentliche Abfuhr von 8 Maltern. Kaufleute von Dießenhofen und Stein gaben Hoffnung auf Beischaffung von italienischem Weizen, wovon Frauenfeld vorläufig ein Muster von 30 Maltern erhalten sollte.

Am 22. Dezember 1770 stellte der Rath ein Regulativ über den Verkauf dieser Früchte an die Bürgerschaft auf. Fünf Rathsglieder theilten sich in das Geschäft und in die Rechnungsführung. Stets sollte ein Vorrath von 50 Mütt bereit gehalten werden. Jeweilen am Mittwoch wird jeder bürgerlichen Haushaltung auf den Kopf (die Dienstboten und Fremden nicht mitgezählt) ein Vierling Kernen gegen baare Bezahlung zugemessen, zwei Gulden unter dem Ankaufspreise. Wer das Geld nicht aufzubringen vermag, wendet sich um Hülfe an seine Konfession. Der dritte Theil des Verlustes wird von dem Konstafel-fonde getragen, die andern zwei Theile von der Stadt aus dem Erlöse der Eichen oder sonst woher bestritten.

Kaum hat das patriarchalische Stadtregiment von seinen unbeschränkten Vollmachten jemals bessern Gebrauch gemacht als damals, wie es die Hungersnoth von der Bürgerschaft abwandte und die öden Almenden der sorgsamen Pflege fleißiger Hausmütter zur Kartoffel- und Gemüsepflanzung übergab.

Als aber die evangelische Commune den Beschluß faßte, den evangelischen Mitbürgern aus ihren besondern Fondationen noch einen Geldbeitrag zu verabreichen, so daß der Mütt Kernen ihnen nur zu 10 Gulden berechnet werden müsse, entstand zwischen den beiden Konfessionen eine Entzweiung. Am 18. Jenner 1771 gaben die katholischen Rathsglieder im Namen ihrer Commune die Erklärung ab, daß ihre Gemeingüter eine solche Ausgabe nicht ertragen; und da ungleiche Ansätze des Kernenpreises wohl nur den Neid der katholischen gegen die reformirten Bürger aufstacheln würde, es besser sein werde, wenn die evangelische Commune den angeschafften Fruchtvorrath und mit demselben auch die Zürcher Schuld allein übernehme. Gegen eine solche Sönderung machten die Evangelischen alle möglichen Vorstellungen, bewirkten damit auch, daß die katholischen Rathsglieder die Sache nochmals an ihre Commune zu bringen versprachen; allein ohne Erfolg. Am 29. Jenner geschah die Ausrechnung. Der Erzeig betrug an Geld und Früchten 3491 Gulden 56¹/₂ kr. Die Zürcher Schuld 3300 Gulden Reichswährung, die Einbußen und Unkosten 192 fl. 27 kr.

Diese Sönderung übte indessen keinen störenden Einfluß auf die Urbarmachung und Anpflanzung der Almende. Gegentheils wurde am 30. April 1771 beschlossen, nachdem ein großer Theil der obern Almende umgeackert und angeblümet worden, auch noch die hintere Almende bei Murkhard und das bei Frankenhausen gelegene Stück Almende zur Herbstsaat zuzurüsten und 50—60 Stück der geringern Eichen an das Siechen- und Spitalamt zu verkaufen.

Endlich wurden auch noch im Laufe des Monats alle in den Stadtgerichten noch vorhandenen entbehrlichen Fruchtvorräthe verzeichnet und die Verordnung getroffen, in welcher Reihenfolge sie abtheilungsweise zum Verkaufe in das Kaufhaus gebracht und dem Vorkaufe der Getreidehändler entzogen werden sollen.

Wenn irgend einmal, so war in dieser klemmen Zeit auch das durch 20 Thaler Buße verschärfte Verbot gerechtfertigt, am Auffahrtsfeste und zu Pfingsten in den Wirthshäusern Spielleute zu halten. Um den häufigen Feldfreveln und Hausdiebstählen zu wehren, entschlossen sich die Mitglieder des Kleinen und des Großen Rathes, abwechselnd an den Nachtwachen persönlich sich zu betheiligen. Auf der obern Allmende wurde zum Schutze der Kartoffelpflanzungen eine Wachthütte errichtet. Damit das Korn nicht vor seiner Zeitigung abgeschnitten werde, wurde die Einheimsung desselben bis nach der Vornahme der Kornschau untersagt.

10. Die Feuersbrunst von 1771.*)

Im Jahre 1771 Freitags den 9. Juli alten, 19. Juli neuen Kalenders, wurde der obere Theil der Stadt Frauenfeld durch eine Feuersbrunst in Asche gelegt. Das Feuer brach aus Morgens zwischen 6 und 7 Uhr in der Wohnung des Bäckers Adam Müller, in der innern Häuserreihe der Vordergasse, von der ehemaligen Kanzlei an gezählt in Nummer sieben, auf dem Oberboden, vermuthlich aus unvollständig gelöschter, auf dem Dachboden verwahrter Kohle. Bevor Hülfe ankam, stand das Haus in vollen Flammen. Bald ging das Feuer von der hintern Seite her auf das nur wenige Fuß entfernte, gegenüberstehende Haus der Hintergasse über und ergriff sofort auch die nächsten Häuser, so daß, wie man sich endlich sammelte, kein anderes Mittel, der Flamme Einhalt zu thun, mehr übrig schien, als die untersten Häuser der beiden Häuserreihen bei dem Mittelgäßchen niederzureißen und dadurch dem Uebergriffe des verheerenden Elementes in den untern Stadttheil Grenzen zu setzen.

Unterdessen verbreitete sich aber die Flamme nicht nur auf beiden Seiten der zuerst in Brand gerathenen Häuser, sondern schlug auch über die Straße hinüber in das Haus des Barons Th. Rueplin, Herrn zu Wittenwyl. Ein zwischen 8 und 9 Uhr entstandener heftiger Wind erhob sich; bald von Osten, bald von Westen her getrieben, trug

---

*) Vgl. Kurzgefaßte Nachricht von dem unglücklichen Brand, so am 9. Juli 1771 den größten Theil der Stadt Frauenfeld in die Asche gelegt. Druckschrift von 8 Quartseiten mit einer Ansicht der Brandstätte von J. Hofmann. Ohne Angabe des Druckortes.

er feurige Brände auf das Helmbach der Nikolaikirche, den Thurm
des obern Thors, die Obergasse und die Häuserreihe der Hintergasse, so
daß überallher die Flammen zu einem Feuermeere zusammenschlugen, die
ausgebrannten Feuermauern mit Umsturz drohten und die muthigsten
Feuerwehrmänner verscheuchten. Die Mitglieder der zu dieser Zeit in
Frauenfeld versammelten schweizerischen Tagsatzung gaben sich Mühe,
Rath zu ertheilen und Anleitung, um die Verheerung in die bereits
eroberten Grenzen zu bannen; es eilte Hülfe herbei mit Löschgeräthen
von Winterthur, Wisendangen, Rickenbach, Dinhard, Mülheim, Ittingen,
Kefikon, Ermatingen, Thundorf, Wellhausen, Elgg, Griesenberg, aus
der ganzen Umgebung; es gelang auch wirklich der Mannschaft von
Winterthur, dem Fortschritte des Brandes bei dem Hause des Schultheißen Fehr zum Adler, und der Mannschaft von Elgg und Ellikon
bei der sehr gefährdeten evangelischen Kirche eine Grenze zu setzen.
Namentlich zeigten sich hier die Schlauchspritzen von Winterthur und
von Kefikon von vortrefflicher Wirkung.

Aber auch in der obern Vorstadt wurde mit vollem Kraftaufwande
gearbeitet; denn an fünf Orten flackerte das Feuer auf, sogar bis nach
Herten hinauf hatte der Wind brennende Trümmer getragen und ein
Haus entzündet. Wenn auch am Abend des unglücklichen Tages die
weitere Verbreitung des Feuers beseitigt schien, so mußte doch noch die
ganze Nacht hindurch die Mannschaft in angestrengter Thätigkeit
erhalten werden, um einem neuen Ausbruche zu wehren oder die auf-
lodernde Asche niederzuschlagen.

Als man am Morgen nach dem Unglückstage die Brandstätte
übersah, zählte man 68 eingeäscherte Gebäude; nämlich:

in der Vordergasse in der äußern Reihe vom Adler bis zur Kirche	14
vom Kirchgäßchen bis zur Kanzlei	15
in der Hintergasse vom Kirchgäßchen bis zum obern Eckhause	15
von der evangelischen Kirche bis zum Stock	14
in der Obergasse zwischen dem Stock und der Kirche	10

Unter diesen 68 Gebäuden waren 64 Wohnhäuser. Von denselben gehörten 41 evangelischen, 23 katholischen Besitzern an; und
obdachlos geworden waren 39 evangelische und 21 katholische Haushaltungen. Stehen geblieben waren in der Stadt waren nebst der evangelischen Kirche 48 Häuser.

Am Samstag Morgen sammelte sich das Volk um den zur Ab=
dankungsrede herbei gerufenen Pfarrer Wirz. Eingangsweise sprach er
über Kap. 1, Vers 12 der Klaglieder des Jeremias, um an dieselben
Worte des Dankes für die bewiesene Hülfe anzuknüpfen. Wegen großen
Mangels an Lebensmitteln mußten die aus der Ferne herbeigeeilten
Mannschaften fast nüchtern entlassen werden. Die Mannschaft der
benachbarten Dörfer und Höfe hatten aber noch bis Sonntags mit
Löschen und Eindämmen des rauchenden Schuttes zu thun.

Sonntags kam eine unglaubliche Menge Volks von Nahe und
Ferne, die noch rauchende Brandstätte zu besehen. Die Geschädigten
hatten sich in den nächst an der Stadt gelegenen Gärten, Wiesen und
Trotten gelagert. Einige bejammerten trostlos ihr Unglück. Andere
hüteten ihre geretteten Kleider und Mobilien oder suchten in dem
Stadtgraben ihre dahin geflüchteten Habseligkeiten zusammen. Noch
Andere suchten das, was sie nicht hätten suchen sollen.

Der ganze Schaden an Gebäuden und Geräthen wurde auf
150,000 Gulden geschätzt; aber bei näherer Untersuchung erwies es
sich bald, daß diese Summe den Werth der Verluste nicht erreichte.

Die vornehmsten von den Flammen zu Grunde gerichteten Ge=
bäude waren:

die im Jahre 1643 neugebaute Nikolaikirche sammt Geläute;

das untere Rueplin'sche Haus, dem Obervogt Baron Rueplin
in Bischofszell, und

das obere Rueplin'sche Haus, dem Baron Thad. Rueplin, Herrn zu
Wittenwyl, gehörig, beide in der Vordergasse, a. d. Ringmauer;

das doppelte Haus des reichenauischen Obervogtes Würz, in der
innern Reihe der Hintergasse gelegen;

das obere Thor sammt dem Wacht= und Gefängnißthurm und
der Feuerglocke;

das Gasthaus zur Krone neben dem obern Thore;

das Haus zur Geduld oder Berner Haus, und

das nebenan gestandene kathol. Schulhaus der Katharinapfründe;

das Haus zum Stock, auf den Trümmern des Gachnanger Stockes
von Landrichter Locher erbaut;

die Reding'sche Landeskanzlei, der Krone gegenüber;

der Gefängnißthurm in der Hintergasse an der Ringmauer.

Keines der Häuser, in denen die Gesandtschaften der eidgenössischen Orte während der Tagsatzungen zu wohnen pflegten, entging dem verderblichen Schicksale mit Ausnahme des Hauses zum Schwerte, damals das Zürcher Haus geheißen. Die Tagsatzung war eben versammelt. Nachdem sie noch im Kapuziner-Kloster eine Sitzung gehalten, verlegte sie die Fortsetzung ihrer Verhandlungen nach Baden.

Erst am dritten Tage nach dem Brande konnten Schultheiß und Rath zusammentreten, um sich über das entsetzliche Unglück, das die Vaterstadt betroffen hatte, mit Bedacht zu besprechen. Die meisten Mitglieder hatten selbst den Verlust ihrer Wohnungen und eines großen Theils ihrer Habe zu betrauern, gedachten aber auch dankbar der vielen Beweise des Mitleids und der Theilnahme, die ihnen und ihren Unglücksgenossen schon in den ersten Stunden nach der über sie hereingebrochenen schweren Prüfung waren erzeigt worden. Die Herrschaft Herdern hatte fünf Malter Mehl, die Karthause Ittingen einen Wagen Brod, die Herrschaft Wellenberg vier Säcke Mehl und drei Malter Hafer übersandte, und in den benachbarten Dörfern und Höfen jedermann zuvorkommend Obdach und Erquickung dargeboten. Auch von Dießenhofen kam eine Gabe von 174 Laiben Brod.

Was aber nun zu thun? Das dringendste sei, erklärte der Rath, den Brandbeschädigten Wohnungen auszumitteln. Eine Kommission wurde damit beauftragt. Dann müsse Veranstaltung getroffen werden, daß innerhalb drei Wochen der Brandschutt aus den Gassen weggeschafft und die Durchfahrt wieder geöffnet werde. Um diese und andere Arbeiten vornehmen und fördern zu können, sei ferner ein Geldanleihen von etwa 3000 Gulden zu suchen, das man in Zürich aufzubringen hoffte.

In Zürich fand der Abgeordnete Frauenfelds, Dr. Dummeli, nicht nur, was er zu suchen beauftragt war, bei dem kaufmännischen Direktorium ein Anleihen von 3000 Gulden im Zinsfuße von drei Prozent, sondern auch die freudigste Bereitwilligkeit zu jedem andern Dienste. Zwei Baukundige, J. E. Wirz und David Vogel, anerboten sich, unentgeltlich einen Plan zu Wegräumung des Schuttes und Wiederaufbauung der Häuser zu erstellen. Das Anerbieten wurde gerne angenommen. Vorzüglich diesen uneigennützigen Männern verdankt Frauenfeld das Ebenmaß der Straßen und Gebäude, wodurch die wieder aus der Asche hervor gestiegene obere Stadt im Vergleiche mit dem verschont gebliebenen Stadttheile sich auszeichnen sollte.

Gleichzeitig ließ der Rath es sich angelegen sein, das der Flamme entrissene, großen Theils verschleppte, zum Theile gestohlene Mobiliar wieder herbei zu schaffen und den Eigenthümern einzuhändigen. Merkwürdiger Weise wurden eine nicht geringe Anzahl solcher Gegenstände, die im Straßhofe ausgestellt wurden, von ihren Eigenthümern nicht wieder erkannt, daher versteigert und der Erlös den Brandbeschädigten im Allgemeinen verrechnet.

Einen peinlichen Eindruck machen die durch den Brand herbei geführten Strafuntersuchungen. Der Bäcker Adam Müller, der über die Entstehung des Brandes keine Auskunft zu geben wußte, doch zugeben mußte, daß er die ausgeglühten Bäckerkohlen auf dem Dachboden aufzubewahren pflegte, wurde seiner Stadtrichterstelle und aller seiner Ehren entsetzt und (allerdings gemäß herkömmlichen Rechtes der Offnung) auf 10 Jahre aus der Stadt und den Stadtgerichten verbannt. Der Kaminfeger, der möglicher Weise das Kamin vernachlässigt hatte oder den gefährlichen Kohlenbehälter hätte wahrnehmen und verzeigen sollen, wurde zur Warnung 48 Stunden bei Wasser und Brot auf das Rathhaus gesetzt. Der Meßmer Müller, der während des Brandes den Opferstock in der evangelischen Kirche mit einer Axt aufsprengte und seines Inhaltes beraubte, wurde Sonntags vor versammelter Gemeinde in den Chor der Kirche gestellt, in der rechten Hand die Axt, in der linken einen Geldbeutel haltend, neben ihm sein Weib, als Theilnehmerin des Verbrechens, mit einer Ruthe, — und nach Anhörung einer Strafpredigt zur ewigen Verbannung durch den Häscher aus der Stadt und den Stadtgerichten geführt.

Die Furcht, daß ein zweites Brandunglück aus den rauchenden Trümmern entstehen oder durch Mangel an Vorsicht besonders in den Bäckerhäusern erzeugt werden könnte, beherrschte die Gemüther. Sie fand neue Nahrung, als in zwei verschiedenen Häusern in der Stadt und in der obern Vorstadt halb verkohlte Holzstücke der Brandstätte heimlicher Weise eingetragen wurden und Feuer fingen. Die Nachbarstadt Winterthur wurde daher gebeten, eine Feuerspritze leihen zu wollen. — Da die eigenen drei Feuerspritzen bei dem Brande unbrauchbar geworden waren, ließ man durch den Mechaniker Wirz in Zürich zwei repariren, die dritte durch eine neue ersetzen.

Drei schwierige Aufgaben blieben noch zu lösen übrig, bevor zur Wiederherstellung des zerstörten Stadttheiles geschritten werden konnte: die genaue Schätzung des erlittenen Schadens, die Sammlung von Brandsteuern und die Ausmittlung des jedem Brandbeschädigten gebührenden Antheils.

Das erstere Geschäft übertrug der Rath den elf verschont gebliebenen Mitgliedern des Kleinen und Großen Rathes. Die von ihnen vorgelegte Tarirung der einzelnen eingeäscherten Gebäude erlitt mancherlei Anfechtung. Sie stieg, ohne die Häuser der Herren Rueplin, Würz und Reding, die auf Ersatz verzichteten, auf 148,600 Gulden und hätte mit Zurechnung der Fahrnisse die Summe von 192,337 Gulden erreicht. Ein so hoher Ansatz ließ sich wenigstens gegenüber den gewöhnlichen Häuserpreisen nicht rechtfertigen. Daher wurde die Schätzung zu nochmaliger genauerer Untersuchung den Elfern zurück gestellt, mit der Anweisung, daß sie dann über ihren Befund die tiefste Verschwiegenheit beobachten, die Verzeichnisse verschließen, mit ihren Petschaften versiegeln und in das Archiv niederlegen sollen. Beide Räthe verpflichteten sich mit Eiden, diese Verzeichnisse erst nach Einsammlung der Brandsteuern enthüllen zu lassen und dieselben als unwiderrufliche Taxation des Werthes der abgebrannten Gebäude anerkennen zu wollen. Es wurde dadurch einer Unzahl verwirrender Reklamationen einstweilen wenigstens vorgebeugt.

Die Sammlung freiwilliger Brand= und Liebessteuern war damals das einzige Mittel, in großen Calamitäten die Mithülfe entfernterer Kreise in Anspruch zu nehmen. Frauenfeld hatte sich auch von jeher stets bereit finden lassen, auf solchem Wege benachbarten und entferntern Orten Unterstützung zu gewähren. Seit 1714 stand der evangelische Theil der Gemeinde mit den drei Pfarrkapiteln des Thurgau's in einem solchen gegenseitigen Steuerverbande. Auf Rechnung der Stadt wurden auch Brandsteuern verabreicht 1713 nach Unterwalden, 1716 nach Lommis, 1720 nach Lindau, 1730 nach Dießenhofen, 1734 nach Surfee und nach Berlingen, 1739 nach Lungern, 1742 nach Thusis, 1743 nach Bischofszell u. s. w. Somit durfte Frauenfeld gewärtigen, daß sein Hülferuf ebenfalls offene Hände und Herzen

finden werde. Damit der konfessionelle Unterschied bei der Steuer=
sammlung und, bei ihrer Vertheilung keine Schwierigkeiten verursache,
einigte man sich, alle Beiträge in gemeinsame Rechnung zu bringen
und ohne Unterschied der Konfession zu verwenden. Unbedenklich ließen
sich die Mitglieder der beiden Räthe und des Stadtgerichtes bestimmen,
als Steuersammler die Schweiz und die Nachbarschaften Schwabens
zu bereisen. Nach Zürich, Bern, Freiburg, Solothurn wurden ab=
geordnet Rathsherr Locher und Stadtschreiber Dummelin; in die innern
Orte Rathsherr Müller und Landweibel Rogg; an den Kardinal
Bischof nach Meersburg Schultheiß Rogg und Drittrath Sulzberger;
nach Winterthur und den Rheinstrom hinunter bis Pruntrut Rathsherr
Teucher und Stadtschreiber Rogg; nach Arbon, Rorschach, St. Gallen,
Appenzell und in das Rheinthal Rathsherr Mörikofer und Stadtrichter
Keller; an die Klöster und Herrschaften des Thurgaus P. Mörikofer
zur Geduld, Landrichter Locher und Stadtfähnbrich Rogg; nach Lindau,
Isni, Memmingen, Kempten, Leutkirch, Ravensburg, Petershausen,
Salmansweiler, Zwiefalten, Ochsenhausen, Marktthal, Schussenriet,
Wangen Stadtrichter Müller und B. Keller.

Beinahe überall hatten sich die Abgeordneten einer guten Auf=
nahme zu erfreuen. Luzern ließ durch eine Deputatschaft den päpst=
lichen Nuntius bitten, die unglücklichen Einwohner dem heiligen Vater
zu einer Beisteuer zu empfehlen. Solothurn ersuchte den französischen
Ambassador, bei seinem Hofe einen Beitrag an den Versammlungsort
der schweizerischen Tagsatzung auszuwirken.

Bei Hause schlich sich unterdessen bei den Brandbeschädigten und
bei den Bürgern überhaupt das Mißtrauen ein. Die Herren des
Rathes, hieß es, schalten und walten in allen diesen Dingen ganz
nach eigenem Gutdünken, als wenn das sie allein anginge; sie ent=
lehnen Gelder auf Rechnung der Stadt, verwenden viele Gelder zu
kostbaren Reisen und verzehren voraus, was den Brandbeschädigten zu
Gute kommen sollte; sie haben den Werth der abgebrannten Häuser
abgeschätzt und machen daraus ein Geheimniß, so daß Niemand Ge=
legenheit hat, zu rechter Zeit sich gegen parteiische Unterschätzung zu
wahren. Eine solche Ausschließung der Bürgerschaft von aller Theil=
nahme an den Berathungen steht im Widerspruch mit frühern Ver=
einbarungen und ist ehrverletzlich für alle die ehrenwerthen Bürger,

denen die Ungunst den Sitz in Rath und Gericht versagt hat. Eisenhändler Vogler, Chirurg Dummelin und der Bäcker Gabriel Strupler traten am 23. September vor den Rath und trugen ihm diese Beschwerden der Bürger und besonders der Brandbeschädigten vor, und baten, daß das unglückselige Geschäft auf besserm Fuß eingerichtet werde, sonst wären sie genöthigt, sich höhern Ortes zu beklagen.

Nachdem der Rath diese Vorwürfe erwogen, erklärte er, am folgenden Tage alle Brandbeschädigten und am zweiten Tage alle verbürgerten Hausväter versammeln zu wollen. Den erstern wurde dann eröffnet, daß die Schätzung der Häuserwerthe allerdings und zwar unparteilich durch die elf ungeschädigten Rathsglieder vorgenommen, aber nur darum mit dem Eide der Verschwiegenheit als Geheimniß bedeckt sei, damit die Betheiligten nicht vor der Zeit darüber in Zank und Streit zerfallen, vielmehr in Geduld zuwarten, bis die Steuersammlung beendigt sei und bis unter Zuzug von drei Brandbeschädigten ausgerechnet werden könne, wie viel jedem von dem jedenfalls alle Hoffnung übertreffenden Ergebnisse zufalle. Als die Brandbeschädigten das vernahmen, konnten sie nicht. umhin, dem Rathe ihren Dank für solche Vorsicht auszusprechen und gelobten, auch ihrer Seits das Geheimniß zu ehren. Denselben Erfolg hatte am zweiten Tage die Versammlung der Hausväter. Um jedoch allen fernern Verdächtigungen die Wurzel abzuschneiden, gab der Rath zu, daß eine Oeconomie-Kommission bestellt werde, bestehend aus den Dreiräthen, drei andern Rathsgliedern und sechs Bürgern. Als Stellvertreter der Brandbeschädigten bei der Verrechnung der Brandsteuern wurden vom Rathe Eisenherr Vogler, Gabriel Strupler und Remig Bommer ernannt.

Damit waren nun freilich drei andere Fragen noch nicht berührt und erledigt: Wie und in welchem Verhältnisse sollen die Fahrnisse entschädigt, wie sollen Die, welche nicht mehr bauen wollen, abgefunden, und wie sollen die Armen vor Andern aus bedacht werden? Es bedurfte der Vermittlung der im Sommer 1772 versammelten Tagherren, um hierüber eine Ausgleichung zu Stande zu bringen.

Die Verrechnung zeigte folgende Posten:

Die ganze Summe des Schadens an Gebäuden, mit Ausschluß der Häuser der Herren Rueplin, Würz und Reding, war reduzirt auf 81,825 Gulden; diejenige der Fahrnisse auf 23,097 Gulden.

Die eingegangenen Steuern beliefen sich auf 57,592 fl. 13³/₄ kr.*)

Vermittelst einiger davon aufgelaufener Zinse konnten vergütet werden:

60 Prozent des Gebäudewerthes mit	fl. 43,080.
Für die Fahrnisse 19¹/₂ Kreuzer auf den Gulden	= 7,506¹/₂.
Prämie für Die, welche ihre Häuser wieder aufbauen	= 2,500.
Prämie für die Armen	= 500.
Zurückerstattung des Zürcher'schen Anleihens sammt Zinsen	= 3,448¹/₂.
Verschiedenes	= 643.
	fl. 57,678.

Unterdessen waren unter der Leitung des Baumeisters Vogel von Zürich die Zurüstungen zum Häuserbau ordnungsgemäß fortgeschritten, durch freiwillige Frohnen der Nachbargemeinden, namentlich des Langdorfs, die abgebrannten Hofstätten gereinigt, in der Stadtwaldung Rügerholz das erforderliche Bauholz gefällt und jedem Bürger, auch den Herren Rueplin und Reding, nach Maßgabe der Größe und Ausdehnung ihrer projektirten Gebäude, um die Hälfte des Verkaufspreises angewiesen. Das genannte Rügerholz entfaltete hiebei einen solchen Reichthum, daß 346 Sägeblöcke, 1396 Stämme Tramen, 1794 Stämme Riegel, 1825 Stämme Rafen, im Ganzen 5361 Stücke geschlagen werden konnten und noch der dritte Theil der Waldung übrig blieb. Vorläufig war der bezeichnete Vorrath von Tannenholz berechnet für 43 Gebäude, zu einer Länge von 50 Fuß und einer Breite von 30 Fuß.

Nicht alle Abgebrannten stellten ihre Wohnungen wieder her. Schultheiß Fehr zum goldenen Adler kaufte die Brandstätten der drei oberhalb seiner Wohnung gestandenen Häuser, hiemit auch das untere Rueplin'sche Haus, an sich, um eines Theils die eigene Wohnung zu erweitern, andern Theils durch einen Garten sein Haus auf dieser Seite frei zu stellen. Die drei folgenden Hofstätten vereinigte der Statthalter Sulzberger in seinem Besitz. Dasselbe geschah mit den zwischen dem obern Rueplin'schen Haus und dem Hirschen gelegenen

---

*) Man vergleiche das spezielle Verzeichniß der Brandsteuern im Anhange.

Hofstetten, an deren Stelle das neue Zürcherhaus errichtet wurde.. Ebenso wurde gegenüber der neben der Reding'schen Kanzlei befindliche Hausplatz von dem Landschreiber Reding erworben und mit dem Kanzleigebäude verbunden. Der Bäcker Adam Vogler, Besitzer der dritten Hofstätte dieser Häuserreihe, dehnte sein neues Haus auch auf die vierte und fünfte Hofstätte aus. Die achte, neunte, zehnte und elfte Hofstätte wurde von der katholischen Commune zur Errichtung von drei Kaplaneihäusern benutzt. Die sechszehnte oder unterste Hof-stätte aber wurde von der Stadt angekauft und nicht mehr überbaut, um dem Kirchgäßchen mehr Raum zu geben.

Ein ähnliches Schicksal hatte die innere Häuserreihe der Hinter-gasse. Die unterste Hofstätte blieb öde oder nutzte vielmehr zur Er-weiterung des Kirchgäßchens dienen. Die zwei folgenden Hofstätten wurden zu einem Eisenmagazin vereinigt. Die siebente Hofstätte ge-langte an den Eigenthümer der achten Hofstätte, Baron Rueplin, und diejenige des Würzischen Hauses wurde erst nach einem halben Jahr-hundert wieder überbaut.

In der äußern Häuserreihe der Hintergasse wurde das unterste an die evangelische Kirche anstehende Haus nicht wieder aufgebaut, sondern die Hofstätte von den Evangelischen angekauft, um auf dieser Seite die Kirche frei zu stellen und vielleicht einen Kirchhof anzulegen. Von dort ab gezählt wurde die sechste und siebente in den Besitz des Doktors Dummelin, die achte und neunte in den Besitz des Schultheiß Rogg vereinigt, das Pfrundhaus Lätare und die Badstube in ein Fabrikgebäude zusammen gezogen.

In der Obergasse wurde die neben der Krone liegende Hofstätte zur Erweiterung des Gasthofes verwendet; auf die zwei folgenden Hofstätten kam das Haus zur Palme zu stehen. Die Hofstätte des katholischen Schulhauses wurde in einen Garten umgewandelt und das anstoßende kleinere Haus dem größern Nachbar zur Geduld einverleibt.

Indem auf solche Weise einzelne Hauseigenthümer ihre Wohnungen über mehrere Hofstätten ausdehnten, ließen sich die verdrängten frühern Besitzer großentheils in den Vorstädten nieder.

11. Straßenbau. 1773—1791.

Daß Gewerbe und Handelschaft die unentbehrlichen Hülfsmittel sind, ein städtisches Gemeinwesen zur Blüthe zu bringen, wußte man in Frauenfeld so gut wie anderwärts; daher hatte man auch am Ende des XV. und in der ersten Hälfte des XVI. Jahrhunderts so große Anstrengungen gemacht, die Marktrechte auszudehnen und zweckmäßige Markteinrichtungen zu treffen. Allein der kaufmännische Verkehr war durch den Mangel wohlgebahnter Straßen gehemmt; die an den Wasser=straßen des Rheins und der Limmat gelegenen oder ihnen benachbarten Städte Rorschach, Constanz, St. Gallen, Schaffhausen, Stein, nament=lich aber Zürich, waren schon durch ihre Lage im Besitze von Vor=theilen, die einer Landstadt des Thurthales gänzlich abgingen, denn die Schifffahrt auf der Thur blieb ein allzu beschwerlicher Nothbehelf.

Die Jahre der Theurung von 1770—1772 verbreiteten endlich die Ueberzeugung, daß die Verbesserung der Verkehrsmittel, besonders die Anlegung von Straßen, zur Förderung des Wohlstandes auch des Landvolkes unentbehrliche Bedürfnisse seien. Allerdings stellte sich der=selben die hergebrachte Verpflichtung der anstoßenden Grundbesitzer, die Landstraßen zu unterhalten, mit aller Macht entgegen; denn die be=treffenden Grundbesitzer hatten weder die Kraft noch den Willen, die bisherigen Hohlgassen in fahrbare Straßen umzuwandeln oder ganz neue Straßenanlagen auszuführen, und den Gemeinden fehlte es am Gemeinsinne, denselben diese Last abzunehmen. Kein Wunder, daß zur Unterstützung solcher Weigerung auch die Ansicht herbei gerufen wurde, daß man durch Verbesserung der Straßen einen Vortheil der Landesvertheidigung einbüße. Im Thurgau war Frauenfeld die erste Gemeinde, welche diese Schwierigkeiten überwand. Kaum hatte sie sich von dem Brandunglücke von 1771 etwas erholt, als sie der von dem Landvogte Streif 1769 gemachten ersten Anregung und dem 1775 von den Quartierhauptleuten und dem Gerichtsherrenstande des Thur=gau's vereinbarten Beschlusse einer allgemeinen Straßenverbesserung im Jahre 1776 die wirkliche Ausführung eines neuen Straßenbaues in der Richtung von Frauenfeld nach Wyl an die Seite stellte. Ein schwäbischer Ingenieur wurde herbei gerufen, die neue Straße nach

den Regeln der Kunst anzulegen. Mit den anstoßenden Grundeigen=
thümern und Nachbarschaften wurde ein billiges Uebereinkommen ge=
troffen und jede verwendbare Kraft der Privaten und der Gemeinde
aufgeboten, das Werk zu erfreulichem Ende zu führen.

Wenn man nach Verfluß eines Jahrhunderts die Hohlwege be=
trachtet, durch welche die Saumrosse und die Gabelgespanne zur Höhe
von Huben sich hinaufwinden und dann erst noch durch den tiefen
Schlund des Tobelbaches im Altholz sich durchkämpfen mußten, und
die damalige neue Straßenanlage damit vergleicht, so wird man zwar
vom Standpunkte einer weiter fortgeschrittenen Zeit sich befremdet
fühlen, zu sehen, daß die neue Straße hoch neben den Abgründen der
alten Straße aufgebaut, die Hügel nicht umgangen oder durchstochen,
sondern steil überschritten wurden; aber man wird auch billig genug
sein, einzugestehen, daß dieser erste Versuch volle Anerkennung verdiente.

Auf die Bergstraße über Huben und durch das Altholz gegen
Matzingen hin wurden neben Frohnarbeiten in den Jahren 1773 bis
1777 verwendet 942 Gulden, 39 Eimer und 14 Maß Wein und
6931 Pfund Brot. Daneben wurden zugleich auch Verbesserungen
an den nach Jsliton, nach Adorf, nach Erzenholz in der Richtung
von Schaffhausen und nach Langdorf in der Richtung von Constanz
führenden Straßen vorgenommen, so daß die Gesammtausgabe sich
auf 1248 Gulden, oder mit Einrechnung von nahezu 73 Eimern
Wein und 7887 Pfunden Brot, auf 1987 Gulden zu stehen kam.
Die Constafelgesellschaft kam der armen Stadtkasse mit Vorschüssen zu
Hülfe, um diesen Aufwand bestreiten zu können.

Man hatte von Anfang an darauf gezählt, daß die regierenden
Orte für solche dem allgemeinen Verkehr zu Gute kommenden Opfer
der Stadt eine Erhöhung des bisherigen Zolls oder den Bezug eines
besondern Weggeldes auf der Straßenstrecke nach Matzingen bewilligen
werde, wandte sich daher 1777 mit diesem Gesuche an die eidgenössische
Tagsatzung, erhielt auch 1778 vorläufig auf ein Jahr die nachgesuchte
Bewilligung, mit der Einschränkung, daß die unmittelbaren Angehörigen
der regierenden Orte des Weggeldes frei sein, auch die Straßenarbeiten
fortgesetzt werden sollen. Die Ansätze des Weggeldes hielten sich zwischen
1—3 Kreuzer für das einzelne Stück Saumthier oder Zugvieh, je
nachdem es belastet war oder unbelastet.

Nach Abrechnung der Bezugskosten ertrug dieses Weggeld vom 4. November 1778 bis 2. Juni 1779 die Summe von 348 Gulden 5 Batzen. Die Tagsatzung gestattete den fernern Bezug auf zwölf Jahre, bis zum 1. August 1791. Dadurch aufgemuntert, setzte die Stadt in allen vier Richtungen ihre Straßenarbeiten fort, namentlich wurde mit großen Kosten im Altholztobel eine aufgedämmte Brücke zu Stande gebracht. Bis 1785 erstieg der Aufwand für alle seit 1774 gemachten Arbeiten 5696 Gulden, gegenüber einer Einnahme. aus Weggeldern von 3489 Gulden.

Es war Aussicht vorhanden, daß der Waaren- und Viehverkehr von Zürich nach St. Gallen und in das Toggenburg nun seinen Weg über Frauenfeld nehmen und den Ertrag der Straße Frauenfeld-Wyl steigern werde. Daher wendete man der Straße nach Islikon besondere Aufmerksamkeit zu. Als jedoch 1784 der Salzspeditor Hügard von Constanz den Salztransit über Frauenfeld nach Zürich zu leiten versuchen wollte und statt der 50 Gulden Zoll von 1000 Fässern 40 Gulden anerbot, wurde dieses Angebot zurück gewiesen und überdieß bedungen, daß er nicht mehr als fünf Fässer auf den Wagen lade; denn die Baufälligkeit der Murgbrücke gestatte keine größern Lasten. Aus diesen und andern Gründen weigerte Zürich auf seinem Gebiete die Förderung dieser Linie, begünstigte dagegen den Straßenzug über Elgg und den Tuttwiler Berg. Noch andere nachtheilige Umstände traten ein, durch welche bewogen die eidgenössischen Stände 1791 den weitern Bezug des Weggeldes bis zum Jahre 1811 erstreckten.

Allerdings war mit diesem Weggeldsbezuge ein Vortheil gesichert, der nicht unterschätzt werden durfte. Er hätte aber nach der Meinung des Rathsherrn J. C. Fehr auf der Bleiche noch besser ausgebeutet werden sollen. Die Transitirung der Kaufmannsgüter vom Bodensee herunter auf dem Rheine über Schaffhausen war so unsicher und durch die Kriegsunruhen gefährdet, daß Herr Fehr den Versuch machte, die Wasserstraße der Thur zu benutzen. Seine Ladungen auf Kähnen gelangten auch glücklich in die Fahrwasser des Rheins. Auf diesen Versuch hinweisend, stellte er in dem Rathe den Antrag, in Frauenfeld ein Grebhaus zu errichten. Dadurch hätte offenbar auch der Verkehr auf der Zürcher Straße gewonnen, sofern die Murgbrücke in bessern Stand gestellt worden wäre. Der letztere Umstand und das Mißtrauen in die Wasserstraße der Thur waren für den Rath Gründe genug, das fast abenteuerliche Projekt fallen zu lassen.

12. Unterrichtsanstalten und Künstler.

Seit die Lateinschule am Ende des vorigen Jahrhunderts in's Leben trat, erfuhr der öffentliche Schulunterricht keine wesentlichen Ver= besserungen. Bei der katholischen Konfession war die Schulaufsicht durch die Kirche, den Stadtbehörden entrückt. Auf Seite der evange= lischen Konfession beschränkte man sich darauf, die Gehalte der Lehrer nach Maßgabe steigender Bedürfnisse und eingehender Vermächtnisse oder Schenkungen aufzubessern.

Ungeachtet aber die Schulen nicht befähigt waren, ihre Zöglinge über die Anfänge der wissenschaftlichen und künstlerischen Bildung hinaus zu führen, fanden sich doch einzelne Bürgerssöhne angeregt, sich dem geistlichen Stande, der Arzneikunst und der Jurisprudenz zu widmen. Was ihnen die heimischen Schulen nicht geben konnten, ersetzte ihnen der Privatunterricht, der Besuch auswärtiger Anstalten und der eigene Fleiß. Es kann hier nicht darum zu thun sein, die= jenigen Männer aufzuzählen, die zunächst zum Dienste ihrer Vaterstadt wissenschaftliche Fachbildung erworben haben, ohne über das bescheidene Maß praktischer Brauchbarkeit hinausgeschritten zu sein; dagegen ver= dienen einige Künstler, die auswärts Beachtung gefunden haben, in Erinnerung gebracht zu werden.

J. Melchior Mörikofer, in Frauenfeld geboren 1706, ergriff zuerst das Gürtlerhandwerk, ward dann Petschaftstecher und bildete sich durch eigenen Fleiß zum Medailleur aus, so daß er als Stempelschneider in der Münzstätte Bern angestellt wurde. Eine der ersten Proben seiner Kunst ist das silberne Siegel seiner Vaterstadt, wofür ihn der Rath 1738 mit zwei Louisd'or honorirte. Er starb in Bern 1761. — Sein Bruderssohn, J. Kaspar Mörikofer, 1733 geboren, durch seinen Oheim zu derselben Kunst angeleitet und noch weiter in Paris aus= gebildet, setzte das Geschäft fort.

Um dieselbe Zeit (1754) lebte in Bern der Kunstmaler Heinrich Teucher von Frauenfeld, vorzugsweise als Landschaftsmaler geschätzt. Er beschäftigte sich in seinen spätern Jahren, 1782, mit dem Gedanken, zu feiner in Frauenfeld an Dr. Dummelin verehlichten Tochter in feine Heimat zurück zu kehren. Ein Theil feines künftlerischen Nachlasses kam in den Besitz feines Schwiegersohnes.

Ob und wie viel die Schulen Frauenfelds zur Anregung diefer Kunftjünger beigetragen haben, muß freilich dahin gestellt bleiben. Ein lebhafteres Interesse für die Verbesserung der Schulen erwachte eigentlich erst, als Zürich feine allgemeine Landschulordnung von 1778 auch im Thurgau zur Geltung brachte und Schultheiß Ulrich Fehr bei der evangelischen Commune mit Nachdruck darauf hin arbeitete, eine ähn- liche Schulordnung auch in der Stadt und den Landgemeinden Frauen- felds, Kurzdorf, Straß, Gerlikon, Buel und Felben, einzuführen. Vermöge diefer 1782 festgesetzten Schulordnung sollten z. B. die Schul- prüfungen nicht nur in Gegenwart der Pfarrer und der Eltern vor- genommen, sondern die Stadtschulen alle zwei, die Landschulen alle drei Monate durch die Pfarrer und zwei verordnete Rathsglieder unter- sucht werden. Der Eisenhändler Jakob Vogler übergab eine von feiner Gattin verheißene Gabe von 1000 Gulden, um ohne Säumniß die Stadtschulen zu reorganisiren. Es wurde ein zweiter Primarlehrer angestellt, für den einen Lehrer der Gehalt auf 182, für den andern auf 152 Gulden nebst Heizung ausgesetzt, das Schulgeld für Bürgers- kinder aufgehoben.

Vorzugsweise legte der Rath Werth darauf, die Lateinschule mit einem tüchtigen Lehrer zu besetzen. Bereits war hiefür 1781 J. Gut- mann von Zürich gewonnen und feine Leistungen waren so vorzüglich, daß man ihn durch Erhöhung feines Gehaltes zu fesseln suchte. Da man ihn nicht zurück halten konnte, feine Lehrerstelle 1785 mit der Pfarre Steckborn zu vertauschen, und fein Nachfolger, Hans Locher, ebenfalls schon nach Jahresfrist an eine Professorstelle nach Zürich be- rufen wurde, trat 1787 Georg Jakob Deggeler von Schaffhausen an die erledigte Stelle, ein Mann, der durch Lehrgeschick und Kenntnisse eben so ausgezeichnet war, wie durch Herzensgüte und edle Begeiste- rung. Als ein Hauptgewinn, den die Lateinschule diefen drei auf- einander folgenden Provisoren verdankte, wurde der Unterricht in der französischen Sprache betrachtet. Die dankbare Erinnerung, daß fie auch Herz und Gemüth ihrer Schüler für das Gute und Edle zu bilden verstanden, hat fich noch lange erhalten.

13. Die Feuersbrunst von 1788.

Der Lehrer der Lateinschule, G. J. Deggeler von Schaffhausen, erzählt in Briefen an seinen Bruder die Vorgänge der Feuersbrunst, welche Frauenfeld im Jahre 1788 betraf, in so anschaulicher und gefühlvoller Art, daß es wohl zur Rechtfertigung keines weitern Wortes bedarf, wenn sein Bericht, obwohl auszugsweise, hier wiederholt wird. Die Erzählung mag zugleich zur Charakteristik des um die Jugend Frauenfelds vielfach verdienten Schulmannes beitragen.

Es war Freitags den 24. Weinmonat 1788, als ich in Gesell= schaft hiesiger Herren, deren Absicht dahin ging, die langen Winter= abende durch trauliche Gespräche zu verkürzen, ungefähr um 7 Uhr die Sturmglocke anziehen hörte. Ich rief sogleich: Es stürmt! Alle sprachen: Es schlägt nur die Stunde; das Brandunglück des letzten Dienstags in Felben tönt noch in Ihren Ohren. Allein nach wenigen Augenblicken erschallt der Ruf: Feuer! Feuer! Es brennt in der Stadt! Die erste Frage war: Wo? Im Hause des Bäckers Sulzberger, hieß es, zunächst bei dem untern Thore. O weh, jammerten Alle; bei dem starken Winde, der eben geht, sind wir verloren! Diese Furcht war nur zu wohl begründet. Die sehr hohen, meistens nur mit Riegel= wänden von einander geschiedenen Häuser, die in den mittlern Häuser= reihen auf den hintern Seiten nur wenige Fuß voneinander abstanden, setzten bei einem Brande den Rettungsversuchen fast unüberwindliche Schwierigkeiten entgegen. Auf der genannten Stelle angekommen, sahen wir, daß nicht das Sulzberger'sche Haus brannte, sondern das nebenanstehende des Stadtwachtmeisters Teucher. Die Flamme sprühte wüthend aus dem Dachstuhle desselben. Schon wurde die Feuerspritze in Thätigkeit gesetzt, die Sturmleitern angelegt und der gelähmte Haus= eigenthümer und seine schon halb vom Feuer versengte Magd durch das Fenster heraus gehoben. Aber nach wenigen Augenblicken ergriff das Feuer, vom tobenden Winde getrieben, auch die Häuser zur Rechten und zur Linken mit solcher Macht, daß die Spritze demselben nun gar nichts anhaben konnte, die Flamme quer über die Straße flog und auf die mittlere Häuserreihe stürzte und die unterdessen angekommenen Löschmannschaften von Wellhausen, Hüttlingen, Ellikon weichen mußten.

Ganze Feuerwolken wirbelten himmelan und strömten Feuerregen aus, und dann knallte es wie das Krachen des Donners, denn es flog in einem Hause Pulver auf, dessen Dampf die Brandstätte auf Augenblicke einhüllte, bis die entstandene Finsterniß wieder der lobernden Gluth wich, welche das gräßliche Schauspiel der einstürzenden Dachstühle beleuchtete. Da das große Rathhaus ebenfalls brannte und der Sturmwind die Feuerbrände bis gegen die evangelische Kirche und die Oberstadt hin schleuderte, wurde das Herz von der namenlosen Angst erfaßt, daß die ganze Stadt dem Untergange verfallen sei.

Nur eine Hoffnung blieb übrig, daß die Feuermänner von Winterthur noch Hülfe bringen, denen vor 17 Jahren die untere Stadt es verdankte, daß der Verwüstung bei dem Hause des Schultheißen Fehr eine Grenze gesetzt wurde. Man hatte schon bei dem ersten Ausbruche des Feuers einen Eilboten nach Winterthur gesandt: aber wenn sie auch noch so sehr eilten, die guten Männer von Winterthur, werden sie dießmal nicht zu spät kommen?

In dieser Noth, als die Häuserbesitzer fast ausschließlich mit Rettung ihrer Habseligkeiten beschäftigt waren, saß der sechsundsiebenzigjährige Greis Rathsherr Mörikofer auf einer Bank vor seinem Hause und starrte weinend in das Feuermeer, das auch seinem Hause sich näherte. Wie er mich erblickte, stützte er sich auf seine zwei Stöcke, wankte mir zitternd entgegen und bat mich, ihn an einen sichern Ort zu bringen. Ich führte ihn in das Gasthaus zum Hirschen. Hier hatte auch die siebenzigjährige Frau Schultheiß Fehr Zuflucht gesucht, ängstete sich aber, daß ihr die weitere Flucht durch ihre kranken Füße unmöglich geworden sei und verlangte, vor das Thor gebracht zu werden. Alle Vorstellungen, daß die Gefahr noch nicht so nahe sei, konnten sie nicht beruhigen. Ich faßte sie unter die Arme; die heftigen Schmerzen ihrer Füße erschwerten ihr jeden Schritt. Links und rechts schrien die sich drängenden Lastträger Vorgesehen! Vorbeirollende Wagen und Spritzen drohten, uns voneinander zu reißen. Endlich gelang es, ein Haus zu erreichen, wo nichts mehr zu besorgen war.

Und endlich langten auch die Winterthurer an, 72 Mann mit drei Spritzen. Der Feuerqualm hatte ihnen nicht erlaubt, die Thorhalde hinauf zu fahren; sie mußten den Umweg um die Stadt nehmen und zogen durch das obere Thor ein; ein Einzug, unsterblichen Ruhmes würdiger, als der Triumphzug des Monarchen, der nach Hinopferung von Tausenden aus dem Schlachtgewühle in seine Hauptstadt zurück kehrt. Du kannst dir kaum vorstellen, wie bei der Ankunft dieser würdigen Männer der Muth Aller auflebte, mit welcher entschlossener Ruhe sie, vom Oberamt unterstützt, die Ordnung herstellten und wie beschämt die Kraftmännerchen zurück wichen, die es sich hatten beifallen lassen, die Landleute mit Stockschlägen zur Hülfeleistung aufzumuntern. An die Winterthurer schloßen sich die von Elgg an, von Ellikon, von Stammheim, von Luftdorf. Mit vereinten Kräften deckten sie Dächer ab, hieben sie Balken entzwei, schlugen sie die Feuerhacken ein, schafften sie Wasser herbei, verhängten sie angebrannte Stellen der evangelischen Kirche mit nassen Ochsenhäuten und Lumpen; und als ungefähr um Mitternacht auf dieser Seite die größte Gefahr beschwichtigt war, mit welchem Heldenmuth warfen sie sich in den Kampf gegen die Fortschritte des Brandes in der Vordergasse! Die Einen bestiegen die Leitern und schleuderten aus den Spritzenschläuchen Ströme Wassers auf die glühenden Balken, Andere saßen auf den Dächern und zer= schlugen mit scharfen Aexten das Balkengefüge, und wichen nie von der Stelle, bis ihnen die Flamme Haare und Kleider zu versengen drohte. Mit ungeheurer Anstrengung bis Morgens 5 Uhr gelang es ihnen, das an das Fehr'sche Haus stoßende Gebäude einzustürzen und damit auch die Lohe niederzuschlagen. Unterdessen hatte auch die Lösch= mannschaft von Thundorf mit ihren Gehülfen das kleine Rathhaus und die anstoßenden Häuser am Holderthore zu beschützen vermocht. So waren nun der obere Stadttheil und die äußere Häuserreihe der Hintergasse gerettet; den Brand der Hintergebäude, Gänge und Treppen der bereits in Asche gelegten Häuser der Vordergasse zu bewältigen, machte keine Schwierigkeiten mehr.

„Der dankbare Frauenfelder gesteht, daß nächst Gott die edlen Winterthurer und sechs fremde Zimmergesellen die Stadt vor gänz= lichem Untergange bewahrt haben." — Bei Vielen wirkte freilich ihr rühmliches Beispiel nichts; es gab vielmehr welche, die die Zeit der Verwirrung zur Ausübung wahrer Bubenstücke benutzten. Unter diesen zeichnete sich besonders ein sogenannter aufgeklärter Bube von Stande aus, der sich eine Ehre daraus machte, mit der Noth der Unglücklichen sein Spiel zu treiben. Freue dich aber mit mir, daß ich bei diesem

Anlaße auch Menschen nennen kann, die eine kräftige Widerlegung des
Satzes sind, daß die Welt im Argen liege. Es gibt wahrhaftig, un=
geachtet des Winselns und Jammerns derer, die sich einzig für die
Auserwählten halten, noch Viele, die es bei dem Herr Herr sagen
nicht bewenden lassen, sondern den Willen Dessen thun, der unser
Aller Vater ist. An die Spitze der edlen Menschenfreunde setze ich
mit Recht die Herren von Winterthur, die den Verunglückten einen
Wagen Brod und eine Menge Kleidungsstücke sandten, und sich
anerboten, die Kinder bedrängter Haushaltungen zur Pflege zu über=
nehmen; den Landvogt Graf von Weber, der in zwei Wirthshäusern
den Feuerwehrmännern Brot und Wein reichen ließ, und obwohl selbst
durch frechen Diebstahl beträchtlich geschädigt, arme Bürger mit wär=
mender Kleidung beschenkte und der Lateinschule und ihrem Lehrer im
Schlosse ein Zimmer zur Verfügung anwies; den Landschreiber Baron
Reding, welcher die Sicherung der Kanzleischriften zu seiner ersten
Pflicht machte und darüber seiner eigenen Habe verlustig zu gehen
Gefahr lief; den Landammann von Gatschet, der durch persönliche
Thätigkeit und reiche Spenden sich auszeichnete; den Landweibel Rogg,
der ungeachtet seines kränklichen Körpers Wasser herbei trug; den
Rathsherrn Rogg im Kreuz, welcher der evangelischen Schule seinen
Saal einräumte und den Landleuten ohne Entgelt Wein verabreichte;
den Kirchenpfleger Neuwiler im Hirschen, den Stadtrichter Locher, den
Landrichter Vogler im Löwen, den Kaufmann Dummelin im Schwert,
von welchen ebenfalls den Löschmannschaften reichliche Erquickungen
gewährt wurden; den Tischmacher Haag, die Zimmerleute F. A. Diez
aus der Herrschaft Bregenz und J. Erb von Ueberlingen, die durch
Muth und Geschick bei den Löscharbeiten wesentliche Dienste leisteten;
die Väter Kapuziner, die nicht nur bei dem Feuer rühmlichst mithalfen,
sondern Sachen von beträchtlichem Werth in Empfang nahmen und
den Eigenthümern sicherten. — Viele andere solcher Menschenfreunde
darf ich nicht nennen; sie begnügen sich, im Stillen die Werke der
Barmherzigkeit ausgeübt zu haben. — So weit der Bericht Deggelers.

Der Verlust, den Frauenfeld durch diese zweite Feuersbrunst
erlitten hatte, kam demjenigen von 1771 nahezu gleich. Im letzt=
genannten Brande war der Werth der eingeäscherten Gebäude auf
71,825 Gulden geschätzt worden, derjenige des Brandes von 1788

wurde auf 72,904 Gulden angesetzt, stieg aber mit den Mobilien und Vorräthen auf 159,096 Gulden. Die katholischen Einwohner waren dabei, ihren Antheil am Rathhause und Kelleramt nicht gerechnet, mit nur 16,148 Gulden betheiligt.

Es war trauriger Weise noch in lebendiger Erinnerung, welche Maßnahmen im Jahre 1771 zur Linderung der Noth der Brand=beschädigten, zur Sammlung von Liebessteuern, zur Wiederherstellung der abgebrannten Häuser waren getroffen worden; aber gerade diese Erinnerung diente auch als Wegweiser, was jetzt wieder zu thun sei. Man wandte sich bittend an die bekannten Wohlthäter und fand die gleiche Theilnahme. Einige frühere Wohlthäter, z. B. Rom und der königlich französische Hof erschienen zwar nicht wieder, dagegen aber andere. Der ganze Steuerbetrag stieg auf die Summe von 69,895 Gulden und 55¼ Kreuzer, während die Steuer von 1771 nur 66,936 Gulden und 6 Kreuzer ergeben hatte.

Auch die Stadtgemeinde hatte das Glück, den Brandbeschädigten wieder mit ausreichendem Bauholz zu Hülfe kommen zu können. Sie bezog dasselbe aus ihrer Waldung Burgerholz.

Mit noch größerer Vorsicht als 1771 ging aber die Bauaufsicht zu Werke. Sie verordnete, daß nach Wegräumung des Brandschuttes bei der mittlern Häuserreihe ein von der Straße 10 Fuß tief abstehender, in den Felsengrund gehauener, gewölbter Kanal durch die Kellerräume gezogen und unter der Straße der Vordergasse bis zum Schlachthause am Unterthore fortgesetzt und dadurch dem Grundwasser Abzug ver=schafft werden solle. Wie 1771 eine Erweiterung des Mittelgäßchens, in welchem die Hinterseiten der beiden mittlern Häuserreihen zusammen stießen, war vorgesehen worden, so wurde jetzt den neuen Häusern dieser Mittelreihen nur 40 Fuß Spannung in die Tiefe, dagegen dann ein mit Mauern umzogenes, in das Mittelgäßchen um 10 Fuß aus=laufendes Höfchen gestattet. Die auf der Stadtmauer gestandenen Häuser durften beim Wiederaufbau 44 Fuß Tiefe in die Spannung erhalten, auf dem durch Ausfüllung des Grabens entstandenen Raume aber mußte in einem Abstande von 10 Fuß von der Hinterseite der Häuser eine Straße angelegt werden, die bei allfälliger Feuersgefahr den nöthigen Zugang gewähre. Alle Häuser sollten auch in ihrer Bauart und äußern Gestalt möglichst gleichförmig erstellt werden, ein

Fuß über der Bodenfläche gemessen 27 Fuß hoch aufgemauert, eingetheilt in drei Geschoße, jedes 8½ Fuß inwendig hohl; das Dach
gerade in den Winkel gerichtet, mit Ziegeln gedeckt, die Vordächer mit
2½ Fuß Ausladung und gänzlich bestochen.

Daß ferner jedes Haus innerhalb vier Mauern gestellt, die Scheide-
mauern im Fundamente 3 Fuß, in der Mitte 2 Fuß, im Giebel 1½
Fuß dick aufgeführt, in den Küchen, Feuerheerden, Kaminen jede
Feuersgefahr vermieden werde, darauf war das sorgfältigste Augenmerk gerichtet.

Endlich wurde auch Vorsorge getroffen, daß alle Hofstätten innerhalb einer bestimmten Zeit wieder überbaut werden, und zwar bis zu
Ende des Jahres 1791. Wer bis zu dieser Frist seine abgebrannte
Hofstätte nicht vorschriftsgemäß überbaute, verwirkte nicht blos sein
Besitzrecht auf den leeren Platz, sondern noch 10 Prozent von der
ihm aus der Brandsteuer zutreffenden Entschädigung. Auf diese Weise
wurde bewirkt, daß keine Lücken in den Häuserreihen entstanden, wie
1771, und allerdings nicht zum Vortheile der Stadt, geschehen war.

Auf die 34 Hofstätten der abgebrannten Häuser wurden aber
nur 26 Wohnhäuser gebaut; hiemit die Häuserzahl der Stadt abermals
um 8, oder, wenn man die Schule auf dem Unterthore nicht zählt,
um 7 Wohngebäude vermindert.

So ergiebig auch die Liebessteuern überallher geflossen waren und
so sehr auch der Holzreichthum der Stadtwaldung den Bürgern die
Herstellung ihrer Wohnungen erleichterte, so fiel es doch den großentheils unbemittelten Eigenthümern sehr schwer, den Vorschriften der
Bauaufseher zu genügen. Nicht nur mußten sie ihre frühern Ersparnisse in ein Gebäude werfen, das ihnen die Zinse des aufgewendeten
Kapitals nicht abtrug, sondern neue Kapitalien aufbrechen. Einiger
Maßen kam jedoch wenigstens den evangelischen Bürgern der Reichthum der Pflegschaften zu Gute, aus welchen ihnen für die gemachten
Vorschüsse nur 4 Prozent Zins auferlegt und für jeden Fuß Länge
der Hausfaçade auf 10 Jahre ein Kostenbeitrag von je einem Gulden,
den Bedürftigen anderthalb Gulden, zugesichert wurden.

Dieser Kostenbeitrag wurde auch auf die im Jahre 1771 eingeäscherten und wieder aufgebauten Häuser ausgedehnt, sollte aber den
reichern Familien vorenthalten bleiben; denn die Pflegschaften, hieß es,

feien nur für die Bedürftigen beſtimmt. Freiwillig verzichteten darauf: Schultheiß Salomon Fehr, die Wittwe des Schultheißen Ulrich Fehr, Rathsherr Dr. Dummeli, Kirchenpfleger Neuwiler, Gerichtsſchreiber Neuwiler, die Wittwe des Rathsherrn Neuwiler, Landſchreiber Vogler.

Die jährlichen Koſtenbeiträge beliefen ſich auf die runde Summe von 700 Gulden.

14. Die Erbauung des neuen Rathhauſes. 1790—1793.

Nach dem Brandunglücke von 1788 waren alle Kräfte in ſolchem Maße für die Herſtellung der Privatwohnungen in Anſpruch genommen, daß man die Sorge für Wiederherſtellung des Rathhauſes auf das Jahr 1790 aufſchieben und unterdeſſen mit den Räumlichkeiten des Straßhofes und des Zeughauſes ſich behelfen mußte.

Die Aufgabe des neuen Rathhausbaues war mit verſchiedenen Schwierigkeiten verbunden. Das Vermögen der Stadt war erſchöpft. Der aus der Brandſteuer für das abgebrannte Rathhaus der Stadt zugefallene Antheil betrug nur 7000 Gulden. Es ſollte nicht nur für die Bedürfniſſe des Stadtmagiſtrats und der Bürgerſchaft und für ein Kaufhaus geſorgt, ſondern auch auf die jährlichen Verſammlungen der eidgenöſſiſchen Tagſatzungen und des Syndikats Bedacht genommen, ſollten Räumlichkeiten erſtellt werden, die für zahlreiche Behörden ge= nügen und deren Ausſtattung dem geläuterten Geſchmacke der Zeit entſprechen.

Vor allem aus war zu entſcheiden, ob das neue Gebäude wieder auf dem Platze des frühern Rathhauſes errichtet, quer über die Straße geſtellt werden ſolle. Ein gewiſſer Baumeiſter Haltinger entwarf dazu verſchiedene Bauriſſe. Die vordere Länge der Brandſtätte zwiſchen dem Eckhauſe der innern Häuſerreihe der Vordergaſſe und der Ringmauer des Schloſſes maß 74, die hintere Längenſeite 76 Fuß und 4 Zoll, die Breite oder Tiefe auf Seiten der Stadt 58 Fuß und 7½ Zoll, bei der Schloßmauer 58 Fuß und 10 Zoll. Das Erdgeſchoß konnte für das Marktbedürfniß wieder eingerichtet werden, wie es früher war, und konnte in ſolcher Eintheilung auch weiter genügen. Der alte Verſammlungsſaal im erſten Stocke enthielt zwar nur 780 Quadratfuß, während derjenige im Rathhause zu Baden 1000 Quadratfuß zeigte; aber auch in dieser Beziehung konnte man durch eine veränderte Eintheilung einen Versammlungssaal erzwecken, der noch größere Räumlichkeiten bot, als derjenige des Rathhauses in Baden. Eines zweiten Stockes bedurfte man nicht, da im Nothfalle der Straßhof und der Schützensaal auf dem Zeughause zur Verfügung standen. Der nächste und einfachste Rathschlag war also, die alte Brandstätte wieder zu benutzen und namentlich die Kaufhallen des Erdgeschosses nach früherer Einrichtung herzustellen, das Gebäude auch wieder mit einem Zeitthurme zu versehen.

Daß aber auch andere Ansichten hervortraten, konnte bei dem Zusammenfluß so vieler Fremden bei der Tagsatzung von 1789 nicht ausbleiben. Am meisten empfahl sich das durch den Baumeister des Klosters St. Urban, Purtscher von Pfaffnau, durch einen ausgearbeiteten Plan dargelegte Gutachten, das neue Rathhaus an den Straßhof anzuschließen und den letztern als rechten Flügel desselben zu benutzen und umzugestalten. Wurde das Rathhaus auf solche Weise zwischen dem Unterthore und dem Holderthore mit der Ringmauer des Schloßhofes in die Linie gestellt, so konnte die Brandstätte des alten Rathhauses in einen offenen Platz umgewandelt, eine freie weite Straße erzielt und der ganzen Umgebung eine freundlichere Gestalt verschafft werden. Daß das alte Hinterhaus des Straßhofes und das angebaute niedrige Zeughaus durch das vorangestellte neue Rathhaus dem Anblicke entrückt wurde, durfte um so weniger Bedenken machen, wenn namentlich für das Zeughaus ein offener Zugang zwischen dem Rathhause und der Ringmauer des Schlosses vorbehalten blieb. Dieser wohl überdachte Bauplan fand wirklich Beifall und sollte nun, nachdem man sich auch über die innere Einrichtung verständigt und die eidgenössischen Regierungen ansehnliche Geldbeiträge zu der schönen Unternehmung zugesichert, auch der Abt von St. Urban eine Kaution von 3000 Gulden für den Baumeister Purtscher verbürgt hatte, laut Akkord vom 3. Nov. 1790, in Ausführung gebracht werden. Gehauene Steine wurden von Staad bezogen, Mauersteine lieferten die in der Nähe befindlichen Felsenbrüche im Schindgarten und zu Murkhard, Bauholz die Stadtwaldungen. Die Leitung und Beaufsichtigung des Baugeschäftes wurde den Herren Bauherr Fehr, Statthalter Sulzberger, Rathsherr Rogg

zum Kreuz, Gerichtsschreiber Neuwiler, Stadtrichter Bommer und Pro=
kurator Strupler übertragen.

Im Spätjahre 1791 war der neue linke Flügel des Gebäudes
schon so weit aufgemauert, daß der Werkmeister bereits die Gebälke
zum Dachstuhle herbeischaffen ließ, als Mitte Novembers ein Theil des
Gemäuers zusammen stürzte. Die Untersuchung ergab und der zu
solchem Zwecke herbeigerufene Baumeister Bluntschli von Zürich be=
stätigte, daß einige zu dem Gemäuer verwandte aus dem Schindgarten=
bruche und von Murkhard bezogene weiche Bausteine als Ursache dieses
Unfalls zu betrachten seien, und die vordere Mauerecke bis auf das
Erdgeschoß abgetragen werden müsse. Der Baumeister Purtscher be=
rechnete den dadurch entstandenen Schaden auf 431½ Gulden, erklärte
sich zwar, pflichtgemäß das schadhaft gewordene Gemäuer auf seine
Kosten wieder herzustellen, forderte aber zugleich Herbeischaffung besserer
Steine. Da der Steinbrecher Senn versicherte, nun auf einen bessern
und härtern, aber aus Mangel an Geläsen schwer zu bearbeitenden
Steinsatz gekommen zu sein, auch der Steinbruch bei Misenriet besseres
Material zu liefern versprach, mußte man sich entschließen, die Löhnung
des Steinbrechers von 30 Kreuzern auf 48 Kreuzer für die Wagenlast
zu erhöhen, und dem Baumeister ein Trinkgeld von 12 neuen Louisdors
in Aussicht zu stellen. Mit doppelter Vorsicht wurde also im Früh=
jahre 1792 das Baugeschäft wieder begonnen, nach Beendigung der
Tagsatzung auch der mit Ausnahme der Seitenmauern bis auf das
Erdgeschoß hinunter abgebrochene Straßhof dem Hauptgebäude ein=
verleibt und endlich bis zur Versammlung der Tagsatzung 1793 das
Ganze ohne weitern Unfall zur Zufriedenheit der Unternehmer vollendet.
Nur der innere Ausbau des obern Stockes blieb einstweilen bis zum
Eintritte eines bessern Finanzzustandes der Stadt verschoben.

Die Holzarbeiten waren von Werkmeister Kappeler und von den
Schreinermeistern Rudolf Müller und Nikolaus Bommer, die Glaser=
arbeiten von Glaser Teucher und die Schlosserarbeiten von Schlosser
Teucher ebenfalls auf's beste besorgt worden.

Die Gesammtkosten des Rathhausbaues wurden am 1. April 1793
auf 22,156 Gulden berechnet, genauer am 5. November 1795 auf
18,219 Gulden. Die eidgenössischen Stände, deren Bedürfnisse und
Wünsche ganz besonders waren berücksichtigt worden, belohnten diese

Berücksichtigung mit reichen Beiträgen. Zu den Gaben Zürichs und Berns fügte Luzern bei 50, Unterwalden, Zug, Glarus je 18, Basel 30, Freiburg 25, Solothurn 20, Appenzell J.-Rh. 10, Appenzell A.-Rh. 15, St. Gallen Stadt 15 Louisd'ors.

Die Jahrrechnungstagsatzung der XIII und zugewandten Orte der Eidgenossenschaft des Jahres 1793 ließ dem Stadtmagistrate folgendes Schreiben einhändigen:

„Nach Verlesung des § 13 im vorjährigen Abschied zeigte sich, daß alle löbl. Stände und Orte der Stadt Frauenfeld die versprochenen großmüthigen Beiträge zu dem Bau des neuen Rathhauses und der Möblirung des Sessionszimmers entweder schon haben zustellen lassen oder noch ertheilen werden. Was aber dieses neue Sessionszimmer sowohl als die übrigen Einrichtungen zum Gebrauch der hohen Session betrifft, so wurde von den allseitigen Ehrengesandten dieselben so zweckmäßig und anständig gefunden, daß dem Magistrat der Stadt Frauenfeld durch abschriftliche Mittheilung des gegenwärtigen Abschieds-Paragraphen das beste hochobrigkeitliche Wohlgefallen und Vergnügen an dieser ganzen neuen Einrichtung bezeugt werden solle. Extrahirt den 20. Dez. 1793.

15. Die Erbauung der evangelischen Schulhäuser.
1791—1793.

Durch den Brand von 1788 hatte die evangelische Bürgerschaft auch ihr altes Schullokal auf dem untern Thore, die ehemalige Nieder-stube der Konstafler, verloren, und so war ihr die Aufgabe gestellt, ein neues Lokal anzuschaffen. Für die vor wenigen Jahren errichtete zweite Primarschule und für die Lateinschule waren ebenso weder eigene Schulhäuser noch genügende Schulzimmer vorhanden; das Bedürfniß war hiemit dreifach. Glücklicher Weise war der Vermögensstand der verschiedenen Pflegschaften so günstig, daß dem dreifachen Bedürfnisse entsprochen werden konnte, ohne die Steuerkraft der Bürger in Anspruch nehmen zu müssen; es handelte sich also vor Allem aus darum, einen wohlgelegenen Platz auszumitteln.

Zwei Plätze standen zur Verfügung, der immer noch unbebaute Brandplatz des ehemaligen Wohngebäudes des Barons Würz in der innern Häuserreihe der Hintergasse, von der Pflegschaft im Jahre 1782 angekauft für 330 Gulden, und die Brandstätte des ehemaligen Hauses der Herren von Gryfenberg, genannt Weerli, zwischen der evangelischen Kirche und dem Gefängnißthurme, ebenfalls der evangelischen Pflegschaft zugehörig. Dieser letztere Platz sammt dem anliegenden, nun ausgefüllten Theile des Stadtgrabens hatte eigentlich die Bestimmung, der evangelischen Bürgerschaft als Friedhof zu dienen, aber die katholische Bürgerschaft, obwohl sie bei der Nikolaikirche auch einen Friedhof eingerichtet hatte, wollte nie zugeben, daß die Evangelischen ihre Todten innerhalb der Stadtthore bestatten, war in dieser Weigerung auch beharrlich von den katholischen Orten unterstützt worden. Jetzt war der lange Streit über diese Todtenfrage bereits eingeschlummert und dagegen der Wunsch, gute Schuleinrichtungen zu treffen, so rege, daß im evangelischen Rathe keine Stimme mehr den frühern Plan in Schutz nahm. Obwohl nach dem Voranschlage der Kostenaufwand für die Erstellung der Schulgebäude auf der Würz'schen Brandstätte niedriger zu stehen gekommen wäre, entschied man sich dennoch, die Schule neben die Kirche auf einen von drei Seiten her freien Platz zu stellen. Damit auch die beiden Lehrer und ihre Familien weniger Veranlaßung zu Unverträglichkeiten erhalten, fand man zweckmäßig, zwei Häuser zu erstellen, beide in einem Abstande von 22 Fuß von der Kirche, hinter einander, jedes 26 Fuß breit und 38 Fuß lang.

Um nicht die von der Baukommission festgesetzte Zeitfrist, innerhalb welcher die Brandsteuer baulich verwandt werden sollte, zu versäumen, wurde der Bau zwar im Herbste 1791 beschlossen; er konnte aber, weil gleichzeitig der Bau des Rathhauses die Steinbrüche fast ausschließlich in Anspruch nahm, erst im Dezember 1792 unter Dach gebracht werden. Als Aufseher und Leiter des Baues machten sich verdient Zeugherr Neuwiler, Daniel Fehr auf der Bleiche und Johannes Sulzberger.

Später trat freilich die Nothwendigkeit ein, der ersten Primarklasse ein anderes Haus in der untern Hintergasse, dem Schwerte gegenüber anzuweisen und dafür das der Hintergasse zugewandte Schulhaus der Lateinschule einzuräumen.

16. Versuche, die Zustände zu verbessern.

Am Schlusse des Jahres 1778 proklamirte Amtsschultheiß Ulrich Fehr von seinem Ehrensitze aus in der Rathsversammlung, das Stadtwesen sei in Zerfall und schlechtem Zustande und es sollte erwogen werden, wie undeutliche Gesetze erläutert, die Schulden bezahlt, die Bürgerschaft durch Aufnahme neuer Bürger verstärkt und gekräftigt werden möchte. Niemand widersprach ihm; vielmehr wurde seine Ansicht zu näherer Prüfung an eine Kommission von 19 Mitgliedern gewiesen.

Der Schultheiß Ulrich Fehr zum Adler war ein Mann, der die Welt und das Verwaltungswesen besser kannte, als irgend ein anderer seiner Mitbürger. Als Mitglied des Rathes hatte er zwar schon 1750—55 seine Aufmerksamkeit der Forstverwaltung zugewandt und eine bessere Besorgung derselben einzuleiten sich Mühe gegeben; aber seines Berufs Kaufmann, hatte er nicht, wie viele seiner talentvollsten Mitbürger, sich auf das Prokuratorgewerbe und auf die Aemterhäscherei verlegt, um ein dürftiges Brod aus den Raths= und Gerichtsporteln und den Stadtämtern heraus zu schlagen, sondern 1752 mit den Gebrüdern G. und A. Neuwiler eine Seidenweberei gegründet, und 1770 ein eigenes Geschäft in Frauenfeld mit Filiale in Petersburg errichtet und dadurch beträchtliches Vermögen erworben. Als Schultheiß zugleich Vorstand der evangelischen Commune wandte er sein Augenmerk namentlich der Verbesserung der Schulen zu. Man hatte also keinen Grund, in sein Urtheil Mißtrauen zu setzen; aber zu bedauern ist es, daß weder er noch die zahlreiche Kommission, die über seinen Antrag berichten sollte, darüber nähere Auskunft gegeben hat. Möglicher Weise waren diese Berichte in dem verlorenen Protokollbande von 1786 bis 1789 enthalten und sind mit demselben in ewige Vergessenheit versunken.

Um jedoch einigermaßen über die Meinung des Schultheißen ins Klare zu kommen, darf man sich nur erinnern, wie ungenügend die alte Stadtordnung und das Erbgesetz für eine vorgeschrittene Zeit und wie unzusammenhängend die durch die Noth abgedrungenen Zusätze und Rathsbeschlüsse waren, um zu begreifen, daß der Schultheiß deutlichere

Gesetze wünschte. Daß die Stadt die von den Theurungsjahren und von dem Brandunglück von 1771 herstammenden Schulden noch nicht ganz abgetragen hätte, aber sich wohl mehr Mühe hätte geben können, sich der Last zu entledigen, wußte der Schultheiß ohne Zweifel am besten; auch widersprach ihm Niemand. Aber war er darauf hin berechtigt, im Vergleiche mit der frühern Zeit zu behaupten, Frauenfeld sei im Verfall? Eine eigentliche städtische Blüthezeit hatte Frauenfeld nie gehabt, nie einen drängenden Unternehmungsgeist in seinen Mauern walten gesehen, wenn man nicht etwa die ersten sechszig Jahre der eidgenössischen Schirmherrschaft, die Zeiten der Reisläuferei, durch welche einzelne Familien sich bereicherten, als die Periode der Blüthe bezeichnen will. Diese Zeit konnte der Schultheiß doch nicht zurück wünschen!

Was der Schultheiß eigentlich wünschte und seinen Mitbürgern empfehlen wollte, war Verstärkung und Kräftigung der Bürgerschaft durch Aufnahme neuer Bürger. Der seit 1608 bestandene Verschluß des Bürgerrechts sollte gehoben, die durch das Zunftwesen eingeführten Gewerbsschranken sollten abgeschafft, der Industrie sollten die Wege geebnet und auf solche Weise Wohlstand und Reichthum erworben werden. Etwas war für diesen Zweck allerdings schon geschehen und fortwährend im Werke, nämlich die Verbesserung der Straßen. Zwei wöchentliche Botengänge und die Katzenmeier'sche Landkutsche von Konstanz vermittelten schon 1771 die Verbindung mit Winterthur und Zürich, die Schaffhauser Post die Verbindung mit Schaffhausen und St. Gallen, so daß hiemit Frauenfeld für den größern Handelsverkehr keineswegs ungünstig gestellt war. Wie die Herren Neuwiler und Fehr, so hatte auch der Eisenhändler Jakob Vogler gezeigt, daß Fabrik- und Handelsgeschäfte auch in Frauenfeld gedeihen mögen. Indem der Eisenhändler Vogler die vom evangelischen Rathe eifrig betriebenen Schulverbesserungen durch Vermächtnisse unterstützte und mit seinem Freunde Biedermann von Winterthur einen Eheleutenfond stiftete, mußte auch dies für jeden strebsamen jungen Bürger ein Fingerzeig sein, auf welchem Wege Wohlstand und Ehre zu finden seien. Schultheiß Fehr aber wollte noch kräftiger einschreiten, durch Aufnahme neuer Bürger den Wetteifer wecken.

Einige Aussicht, diesen Zweck zu erreichen, war auch vorhanden. Es kam nur darauf an, die sich darbietenden Anläße recht zu benützen.

Als 1782 M. Steiner von Winterthur beabsichtigte, eine Bunt-
färberei in Frauenfeld zu errichten und zu diesem Zwecke um Erwerbung des Bürgerrechts und um den Ankauf der Schloßmühle
unterhandelte, stellten sich ihm drei Schwierigkeiten entgegen: die Ab-
neigung der Bürgerschaft, ihn als Bürger anzunehmen, das in Frauenfeld bestehende ewige Zugrecht, endlich die Besorgniß, daß bei Abgang
des einen Mühlegewerbs die andere Mühle den Bedürfnissen nicht
mehr genügen könne. Steiner anerbot nun, das Mühlegewerbe bestehen
zu lassen, statt des eigentlichen Bürgerrechts sich darauf zu beschränken,
als Bürger behandelt und auf einen Zeitraum von dreißig Jahren
gegen das Zugrecht geschützt zu werden. Allein auch das wurde ihm
nicht zugestanden und die Unterhandlung zerschlug sich.

Im Jahre 1794 empfahl der abtretende Schultheiß Salomon
Fehr, der Oekonomie der Stadt durch Errichtung einer Lotterie aufzuhelfen. Glücklicher Weise blieb dieser Antrag im Protokolle stecken,
konnte dagegen angezeigt werden, daß unter der Firma Keller u. E.
durch ihren Geschäftsführer Meyer ein neues Seidengeschäft entstanden
und ein Genfer Le Guy de Ferriers et Cie. im Begriff sei, eine
Türkischgarnfabrik bei Frauenfeld einzurichten. Die Herren Lutlens
und Rosier, die diese Rothgarnfabrik zu bauen und zu leiten unter-
nahmen, wollten dazu das von den Reutenen herunterfließende Wasser
benutzen. Von der Stadt verlangten sie zu Erbauung eines Farb-
hauses 10,000 Schuh Holz, erhielten aber nur 500, die eine Hälfte
Tramen um 6, die andere Hälfte Riegelholz um 4 Kreuzer, überdies
mit dem Bedinge, daß, wenn die Unternehmer den Ort verlassen, das
Gebäude unzerstört nur an einen Bürger verkauft werden dürfe. Weder
diese mangelhafte Unterstützung, noch die angehängten erschwerenden
Vorbehalte schreckten die Unternehmer ab, ihr Vorhaben auszuführen;
die Einwendungen des Bleichebesitzers Fehr, daß die Zuleitung des
Gewässers aus den Reutenen seinen Wiesen Gefahr bringe, wurden
auch durch die Verehelichung seiner Tochter mit Anton Joly, der bei
dem Unternehmen mitbetheiligt war, beseitigt. Die Fabrikgebäude
wurden so weit vollendet, daß die Arbeiten beginnen konnten. Nun
erklärten aber die Kaufleute von Genf, daß sie die ihnen zugesandten
Garne nicht verwenden können, weil sie nicht die geforderte türkisch-
rothe Farbe tragen; und da keine Hoffnung vorhanden war, daß der

angestellte Kunstfärber Forestier im Stande sei, das Geheimniß der
gewünschten Farbstufe zu entdecken und überdies die politischen Ereignisse
die Fortsetzung des Geschäftes nicht begünstigten, löste sich die Gesellschaft schon im Frühjahre 1796 wieder auf.

Ein von Rathsherr Fehr und Daniel Fehr mit dem Färber
Johannes Neuwiler 1794 errichtete Societät, zu welcher die ersteren
auch den Freihauptmann Grüter in Islikon beiziehen wollten, löste
sich im Anfange von 1797 ebenfalls auf.

Der Entschluß des Bürgers C. Baumer, mit Hülfe seines Schwiegersohnes Forestier die Rothfabrik im Kleinen fortzusetzen und zu diesem
Zwecke auf städtischem Boden bei der Ziegelhütte ein Gebäude zu errichten, kam ebenfalls nicht zur Ausführung. Weil bald nachher die
alle Nachbarländer und sogar die Schweiz durchtobenden Kriegsstürme
den Fortbetrieb der bestehenden Seidenfabriken hemmten, ging die Hoffnung verloren, der Bürgerschaft durch industrielle Unternehmungen
aufzuhelfen.

Aehnlich verhielt es sich mit dem Rathschlage des Schultheißen
Fehr, die Bürgerschaft durch Annahme neuer thatkräftiger Bürger zu
stärken. Bereits ist angedeutet, wie man gegen die Aufnahme M.
Steiners von Winterthur Bedenken trug. Nicht besser ging es 1796
dem neuen Gerichtseinsaßen Kaufmann Egg von Straß, als er um
die Erlaubniß einkam, an der Zürcher Straße ein Haus mit Keller-
gewölben bauen zu dürfen; alle Gast- und Schenkwirthe verwendeten
sich gegen ihn, so daß der Rath ihm die Erlaubniß nur in so weit
ertheilte, als er das neue Gebäude auf einer alten Hofstätte errichte,
wodurch es dann auch der alten Zugsgerechtigkeit ausgesetzt gewesen
wäre. Entschieden wurde aber die Hauptfrage 1797, als Schultheiß
Nogg in Erinnerung brachte, daß Frauenfeld durch beide Feuersbrünste
200,000 Gulden Verlust erlitten habe und es zur Aeufnung des gemeinen Wesens nun doch an der Zeit sein möchte, den 1779 gemachten
Rathschlag in Vollzug zu setzen und eine Anzahl rechtschaffener, indu-
striöser und bemittelter Männer als Bürger aufzunehmen. Vor einer
zu näherer Prüfung des Antrages beauftragten Kommission wurden
vorläufig als Bewerber um das Bürgerrecht Untervogt Egg von Riken
und Martini von Ravensburg genannt, ihnen gegenüber jedoch die
allgemeine Forderung gestellt, daß neben ehrlicher Herkunft, gutem

Leumbden, persönlicher Freiheit, ein Bewerber sich über den Besitz von 20,000 Gulden Vermögen ausweisen, sich in die konfessionellen Gemeindegüter einkaufen, keinen Bürger in seinem Gewerbe beeinträchtigen, lebenslänglich auf alle bürgerlichen Bedienstungen verzichten müsse; im Besondern dann müßte Egg sein bisheriges Bürger- und Landrecht aufgeben, innerhalb sechs Jahren ein Haus von drei Stock Höhe bauen, in das Stadtärar 500 Gulden, in den Militärfond 50 Gulden erlegen, der Bürgerschaft einen Trunk und jedem einzelnen Bürger einen halben Thaler geben, wogegen ihm dann die Stadt das Bauholz verabfolgen ließe. Martini endlich, der eine Bürgerstochter (von Rathsherr Rogg im Kreuz) geehlicht, hätte jedes Detailhandels sich zu enthalten und 1000 Gulden in das Stadtärar einzuzahlen.

Als diese Anträge von der Kommission der Bürgerschaft eröffnet wurden, ergaben sich nur 24 Stimmen für den Antrag, darüber einzutreten; für eine nähere Prüfung stimmten 36 Bürger; schließlich wurde eine neue Kommission von neun Mitgliedern bestellt. Dieses geschah am 7. September 1797, fünf Monate vor dem Zusammensturze der alten Eidgenossenschaft. Die neue Kommission blieb mit ihren Anträgen auf immer im Rückstande.

17. Vorboten einer neuen Zeit.

Von der großen Staatsveränderung Frankreichs, die von 1789 an mit dem Rufe der Freiheit allen Völkern Europa's eine neue Zeit verkündete, bekam man in der Schweiz erst eine nähere Vorstellung, als französische Auswanderer, Emigranten, besonders Edelleute, Priester und Beamte, von der neuen Freiheit verscheucht, diesseits der Grenze das Recht der Gastfreundschaft in Anspruch nahmen. In Frauenfeld erschienen die ersten Emigranten schon 1791, mit dem Gesuche, ihnen einen einjährigen Aufenthalt zu vergönnen, ein Chevalier de Montfredi, als Begleiter der Gräfin Callichiopoli. Denselben folgten 1792 der Comte de Gruet-Grueri mit seiner Familie aus der Provence, der Vicomte de Boissy, der Comte de Verat, die Marquise de Lusignan, der Marquis de Montbéliard. Den erstern wurde der Aufenthalt mit der Bemerkung bewilligt, daß in ihr Belieben gestellt werde, welches Entgeld sie dafür entrichten wollen; den spätern wurden dafür zwei Louisd'ors angesetzt, diese nachher auf 15 Gulden ermäßigt. In der Regel mietheten sie sich bei Privaten ein, vorzugsweise in den Häusern, in welchen die Tagsatzungsgesandten zu wohnen pflegten.

Im Jahre 1793 trafen ferner ein: der gewesene Staatsrath Le Noir, der Marquis de Nesle, die Grafen de Marsain, de Vichi, de Cotton, de Tuiglan, Sarrasin de Germainvilliers; im Jahre 1794: die Grafen de Marigni, de Brevannes, de Monbrian, die Herren Descoriale, Marque, zum Theile mit Familie und Gefolge. Ihnen schlossen sich in den beiden folgenden Jahren an die Wittwe Conau, der Bischof Chilleau von Châlons, die Familien Boisse, Marigni, Messey, Scouaille und manche andere, die nur kürzeren Aufenthalt suchten.

Ob diese Männer Frauenfeld zum Aufenthalte wählten, um hier sparsamer leben zu können, als in größern Städten, oder um in weiterer Entfernung von der französischen Grenze weniger angefochten zu werden? Beides mag der Fall gewesen sein. Zuverläßig aber ist, daß sie von Frauenfeld aus Verbindung mit Oesterreich anzuknüpfen suchten und Einige zeitweise in Konstanz sich aufhielten. Le Noir z. B. lebte, nachdem er die Schweiz verlassen, bis 1802 in Oesterreich, kehrte dann nach Frankreich zurück, erwarb sich auch den Ruhm, vorzugsweise zur Abschaffung der Tortur in Frankreich beigetragen zu haben. Die Frau de Boisse gewann in Konstanz so viel Einfluß, daß ihre Fürsprache die nach Frauenfeld bestimmte, aber zurückgehaltene Salzlieferung flott zu machen vermochte und zum Danke dafür der Rath ihr das schuldige Aufenthaltsgeld erließ.

Die Thätigkeit aber, womit die französischen Emigranten überall Mißtrauen und Feindschaft gegen die Revolutionsregierung ihres Vaterlandes auszustreuen beflissen waren, veranlaßte auch die französische Regierung zu Gegenmaßregeln, vermöge welcher namentlich der Eidgenossenschaft als Bedingung fernern friedlichen Einvernehmens die Forderung gestellt wurde, jede feindselige Demonstration der in der Schweiz sich aufhaltenden Emigrirten mit Verweisung oder Auslieferung zu bestrafen; daher wurde im Juni 1796 auch von Frauenfeld ein Verzeichniß der daselbst wohnenden Emigrirten abverlangt. Als in demselben Sommer die französischen Heere in Deutschland so große Fortschritte machten, daß im September sogar Konstanz von ihnen beſetzt wurde, mußten die Emigranten darin ein Anzeichen erblicken, daß auch die Schweiz ihnen kein ſicheres Aſyl mehr biete, daher bald auch Frauenfeld dieſe Gäſte aus ſeinen Mauern ſcheiden ſehen mußte.

Was die Bürger Frauenfelds von den Emigrirten über die neueſte Geſchichte Frankreichs erfuhren und aus dem Benehmen und den Sitten ihrer Gäſte beobachten und folgern konnten, mochte ihnen eine ziemlich richtige Anſicht von der republikaniſchen, Bewegung des Nachbarlandes und von der Nothwendigkeit geben, ſich auch in der Schweiz auf Alles gefaßt zu halten. Vorläufig handelte es ſich aber 1796 nur noch darum, durch Beſetzung der Grenzen zu verhindern, daß der zwiſchen Frankreich und Oeſterreich in Schwaben und Bayern geführte Krieg weder von der einen noch von der andern Partei in die Schweiz herüber geſpielt werde. Da ſchon im Herbſte des vorangegangenen Jahres die Schützengeſellſchaft namentlich durch einen weſentlichen Geld= beitrag des Rathsherrn Fehr zum Adler dazu aufgemuntert, die bis dahin noch übliche Muskete mit dem Stutzer vertauſcht und die Schieß= übungen mit neuer Freudigkeit wieder aufgenommen hatte, war man nicht ganz unvorbereitet, als 1796 die Aufforderung einlangte, ſich zur Grenzbewachung einzurichten, fand aber dennoch angemeſſen, einſtweilen eine Anzahl Armaturen von Winterthur zu entlehnen und aus dem Erlöſe zerbrochener Kanonen und anderer unbrauchbar gewordenen Waffen noch 150 Stück vollſtändige Infanterie=Armaturen von Bern anzuſchaffen. Den alten Ueberlieferungen treu, konnte man alſo dem Landvogte Hauſer, als er im September die Syndikatsbefehle über= mittelte, die Waffenmannſchaft in Bereitſchaft zu ſetzen, die Antwort geben, ſeit 1541 und auch in jüngſter Zeit ſei ſtets darauf Bedacht genommen worden; übrigens werde Frauenfeld ſeine Mannſchaft unter eigenem Kommando, nicht mit der Mannſchaft des Thurgaus, der Eidgenoſſenſchaft zur Verfügung ſtellen.

Wie endlich die im Oktober 1796 in Frauenfeld verſammelten eid= genöſſiſchen Repräſentanten ſich äußerten, daß möglicher Weiſe eidgenöſ= ſiſche Truppen auf ihrem Marſche an der Grenze in Frauenfeld Quartier nehmen, ermangelte der Rath nicht, auch hiefür die erforderlichen Anſtalten zu treffen, ſo daß die Proviſional=Stände im November dafür durch ein beſonderes Schreiben ihren Dank zu bezeugen ſich veranlaßt fanden.

Es war das Alles nur noch ein Vorſpiel geweſen auf ernſtere Tage.

18. Eidgenössische Tagsatzungen, Konferenzen und Syndikate zu Frauenfeld. 1713—1798.

Unter den gemeinsamen Herrschaften der Eidgenossen galt die Land-vogtei Thurgau als die bedeutsamste. Daher wurden bald nach dem Uebergange Thurgau's an die VII alten Orte die regelmäßigen Jahres-verhandlungen der eidgenössischen Stände gerne nach Frauenfeld verlegt. Es hatte dies für die regierenden VII Orte den Vortheil, daß sie neben allgemeinen Geschäften des Bundes zugleich die Jahrrechnungsgeschäfte der Landvogteien Thurgau, Rheinthal und Sargans vornehmen und die aus diesen Vogteien an sie gelangenden Zivilstreitigkeiten verhandeln konnten. Für die westlichen Stände jedoch war Frauenfeld so entlegen, daß von 1517 an bis 1712 Baden als allgemeiner Versammlungsort vorgezogen wurde. Erst als durch den Landfrieden von 1713 die Grafschaft Baden und das untere Freiamt an die Stände Zürich, Bern und Glarus abgetreten wurde, gelangte Frauenfeld wieder zu der Ehre, als Versammlungsort der regelmäßigen Jahrestagsatzungen aus-erkoren zu werden.

Diese sogenannten Jahrestagsatzungen in Frauenfeld pflegten am ersten Montag des Heumonats eröffnet zu werden, nahmen wenigstens zwei, gewöhnlich drei Wochen in Anspruch, dehnten sich zuweilen auch bis in den Anfang des Monats August aus. Nur in den Jahren 1728, 1731 und 1734, als Verhandlungen mit den Gesandtschaften des französischen und österreichischen Hofes dem Versammlungsorte Baden den Vorzug verschafften, wurden auch die Jahrrechnungsgeschäfte dort abgethan. Dagegen wurden in Frauenfeld die Ständekonferenzen über die Toggenburger Händel 1719 bis zum 15. September aus-gedehnt, und behandelten die Ständekonferenzen die Streitigkeiten zwi-schen den Harten und Linden Außerrhodens 1733 vom 15. Jenner bis zum 14. Februar und vom 29. April bis 5. Mai meistens in Frauenfeld. Solche außerordentliche Ständekonferenzen fanden wieder in Frauenfeld statt 1759 vom 30. Jenner bis zum 30. März über die Rechte des Abts von St. Gallen in der Landschaft Toggenburg, 1781 vom 25. bis 31. März und 3. bis 7. April über die Rechte des Abtes von St. Gallen in den thurgauischen Malefizgerichten,

1782 vom 29. September bis 31. Oktober über die Rechte des Bischofs von Konstanz in der Stadt Arbon; 1792 vom 14.—30. Mai über die Besitznahme der Pässe Goumois und St. Urſanne durch den franzöſiſchen General Cuſtine und über die Neutralitätsfrage; 1797 vom 13. März bis 12. April über die Vereinbarung des Stifts St. Gallen und der alten Landſchaft; endlich 1798 vom 1.—14. März über die Freilaſſung der bisherigen Landvogteien und ihre Zulaſſung als Bundesglieder der Eidgenoſſenſchaft.

Die Tagſatzungen brachten ſtets zahlreiche Gäſte nach Frauenfeld. Die Geſandtſchaften der XIII Stände waren immer doppelt beſetzt und von Weibel und Reitknecht begleitet. Wenn auch die zugewandten Orte Biel, Mülhauſen, Wallis die Verſammlungen in Frauenfeld der Entfernung wegen ſelten oder nie beſuchten, ſo waren doch gewöhnlich Stift und Stadt St. Gallen durch einzelne Geſandte und Gefolge vertreten. Nicht weniger zahlreich ſtellten ſich aber auch die Streitparteien ein, die bei den regierenden Orten Recht ſuchten, wenn die politiſchen Angelegenheiten ihnen endlich geſtatteten, ſich als Syndikat zu konſtituiren. Nicht ſelten hatte der Syndikat über 80—90 Rechtsfragen und Beſchwerden zu entſcheiden, die ihm aus den Vogteien Thurgau, Rheinthal, Sargans und dem obern Freiamte vorgebracht wurden. Meiſtens fanden ſich die Streitparteien perſönlich ein, um ihre Angelegenheiten mit Nachdruck zu betreiben. Ohne einige Tage Aufenthalt am Verſammlungsorte des Syndikats ging es alſo nicht ab.

Es war Herkommen und Rechtsgebrauch, daß die Streitparteien die Syndikatsherren in ihren Herbergen aufſuchten, ſelbſt oder durch gedungene Redner jedem einzelnen Syndikatsherrn ihr Rechtsbegehren vorlegten, dem Herrn und dem Diener ihre Sache durch alle zu Gebote ſtehenden Ueberredungskünſte und Geſchenke empfahlen. Frühe und ſpäte konnte man die Raths- und Rechtsbedürftigen in den Straßen herum wandeln ſehen. In den Vorzimmern und Hausgängen der Syndikatsherbergen drängten ſie ſich ungeduldig harrend, bis ihnen das Glück in der Geſtalt des Weibels zulächelte und den Zutritt zu dem wohlweiſen, edelgebornen, gnädigen und hochgeachteten Herrn Syndikator geſtattete.

Rath und Bürgerſchaft der Stadt Frauenfeld wußten die Ehre und die Vortheile, die ihnen durch die Verſammlungen der eidgenöſſiſchen

Standesgesandten erwuchsen, vollkommen zu würdigen. Im Frühjahr unterließen sie es nicht, namentlich die von Zürich herführende Straße ausbessern zu lassen, das Gebot, die Brunnen, den Stadtbach und die Stadtgräben rein zu halten, wurde strenger gehandhabt; den Bäckern und Metzgern wurde empfohlen, genügende und gute Waaren zu liefern; die Thorwachen wurden verstärkt und ernstlich ermahnt, das bettelnde Gesindel fern zu halten und jedem Verdächtigen den Eingang in die Stadt zu verwehren; auch die Wege um die Stadt herum, die den Tagherren als Spaziergänge dienen konnten, wurden gesäubert und verebnet. Sowie dann die Tagherren eintritten, hielten sich die Dreiräthe bereit, dieselben zu bewillkommnen, die hohe Ehre, die sie der Stadt durch ihren Besuch erwiesen, zu verdanken und nebenbei die Privilegien der Stadt ihrem Schutze zu empfehlen. Gewöhnlich waren die Gesandten der Provisionalorte Zürich und Luzern die ersten, welche eintrafen, um über die Verhandlungsgegenstände und die Reihenfolge, in welcher sie den Tagherren vorgelegt werden sollten, sich zu verständigen. Diesen Herren, als besondern Gönnern der Stadt, wurde dann auch jedes besondere Anliegen Frauenfelds vertraulich eröffnet; von ihnen hinwieder jeder Wunsch hinsichtlich der polizeilichen oder andern Anstalten ergebenst entgegen genommen.

Es konnte nicht ausbleiben, daß die Versammlungen der Tagsatzung und des Syndikats auch manche Fremde herbeilockten, die mehr auf Vergnügen und persönlichen Gewinn ausgingen, als auf Politik oder Rechtssprüche, Marionettenspieler, Schauspieler, Lotterieunternehmer und andere Leute zweideutigen Charakters beiderlei Geschlechtes. Schultheiß und Rath irrten sich aber sehr, wenn sie meinten, daß die Tagherren die Duldung solcher Leute billigen oder an ihrem Geräusche Freude hätten. Am 2. September des Jahres 1661 fand Schultheiß Rogg sich gedrungen, dem Rathe zu eröffnen, wie Bürgermeister Leu von Zürich im Namen sämmtlicher Ehrengesandten bei dem Abschiedskomplimente sich darüber geäußert habe, nämlich: man habe hier eine schlechte Polizei, indem der Sonntag mit Saufen und Tanzen und andern Ueppigkeiten, besonders im Storchen und in dem benachbarten Metzgerhause, zugebracht werde; am Sonntage die Weißgerber walken und Felle aufziehen, die Metzger Morgens in der Frühe und den ganzen Tag hindurch mit ihren Hunden ein großes Getümmel machen; daher

. dem Rathe ernstlich insinuirt werde, solche Unfugen abzustellen. In Folge dessen wurde dann auch wirklich der Storchenwirth sogleich zur Verantwortung gezogen und um 5 Pfund Pfenning gebüßt, und zugleich der Beschluß gefaßt, die Lotteristen und Komödianten auf die Zukunft abzustellen. Diesem Beschlusse wurde beharrliche Folge gegeben bis 1785, als noch im März dieses Jahres dem Schauspieler Schwager von Bamberg und Anfangs Juni der Illenbergischen und Tobler'schen Schauspielergesellschaft die Erlaubniß, während des Syndikats ihre Kunst zu produziren, verweigert, dann aber doch nach dem Schlusse des Syndikats am 6. August dem Schauspieler Schwertberger das Zeugniß des Wohlverhaltens ausgestellt wurde. Vermuthlich hatten die damaligen Tagherren selbst andere Ansichten über den Werth der schönen Kunst mitgebracht, als ihre Vorgänger gehabt hatten. Eine ähnliche Gesinnungsänderung gab sich hinsichtlich der Lotterie kund, als im Dezember 1793 der Schultheiß Salomon Fehr den Versuch empfahl, der Stadtökonomie durch eine Lotterie aufzuhelfen und 1797 dem Galanteriewaarenhändler Staub von Herisau gestattet wurde, während des Syndikats seine auf 4630 Gulden geschätzten Waaren durch 18,521 Loose zu verwerthen. Eben so ging es mit den Versuchen, den Tagherren zur Ehre die Unfugen in den Gast- und Wirthshäusern abzuschaffen; der Muthwille wußte sich für den Zwang, der ihm in der Stadt auferlegt war, in den Schenken der ländlichen Umgebung zu entschädigen, und die erlaubte Kurzweil, mit Karten oder Würfeln um Wein zu spielen, steigerte sich bei verschlossenen Thüren und in sogenannten vertrauten Zirkeln zur leidenschaftlichen Spielwuth, der sich oft die angesehensten Männer nicht zu entziehen vermochten.

Ungeachtet die Tagsatzungen jeweilen im Monate Juli in Frauenfeld viel Geld in Umlauf brachten, schufen sie doch keinen allgemeinen bürgerlichen Wohlstand. Es lag in dem ganzen Getriebe für den jungen Bürger kein Reiz zur Arbeitsamkeit und Gewerbsthätigkeit, dagegen viel Versuchung zu üppigem Genusse. Selbst der Aufschwung, der alle jugendlichen Gemüther des Thurgaus bei der im März 1798 gehaltenen letzten Tagsatzung zu Frauenfeld ergriff, als die Thurgauer sich ihre Freilassung erbaten, ließ die Herzen der Bürger Frauenfelds kalt, weil sie voraus sahen, daß bei der neuen Freiheit ein großer Theil der eigenen Herrlichkeit zum Opfer fallen werde.

Dreizehnter Abschnitt.

—

Die Revolution und die helvetische Republik.

—

1. Die Revolutionsbewegungen.

Ein vom 24. Jenner aus Aarau datirtes Schreiben der Provisionalstände Zürich und Luzern veranlaßte am 29. Jenner den Schultheißen zu außerordentlicher Versammlung des Kleinen und des Großen Rathes. Jenes Schreiben enthielt die Anzeige, daß zur Befestigung der innern Ruhe in der Eidgenossenschaft auf den 25. Jenner eine neue Beschwörung der eidgenössischen Bünde angeordnet sei und war mit einem darauf bezüglichen Aufrufe an das Volk begleitet, bei eintretendem Nothfalle Gut und Blut für die Beibehaltung der Verfassung und des Gottesdienstes, sowie für die Sicherheit der Personen und des Eigenthums willig dahin zu geben. Indessen war jedem Magistraten anheim gegeben, diesen Aufruf nach eigenem Gutfinden zu veröffentlichen. Es fragte sich also, in welcher Weise dieses Aktenstück zur Kenntniß der Bürgerschaft und der Angehörigen der Stadt Frauenfeld gebracht werden solle.

Die Räthe fanden, es würde gar zu bedenkliches Aufsehen erregen, wenn zu solchem Zwecke die Bürgerschaft und die Gerichtsgenossen versammelt würden, und hielten es für angemessener, mit dem Oberamte der Landvogtei einverstanden, jenes Mandat am folgenden Sonntage, nämlich am 4. Hornung, wie in den Kirchen des Thurgaus, so auch in Frauenfeld von den Kanzeln verlesen zu lassen. Allein schon am 30. Jenner kam Nachricht von Aarau, wie mißlich es dort aussehe, die französischen Truppen in die Waadt eingefallen seien, in Aarau selbst Freiheitsbäume errichtet werden und im Toggenburg sich Unruhen kund gegeben hätten. Jener Beschluß wurde daher abgeändert und die Bürgerschaft auf den 31. Jenner zusammen berufen.

Bei dieser Versammlung eröffnete der Amtsschultheiß Fehr den erwartungsvoll horchenden Mitbürgern, die politischen Conjuncturen seien so bedenklich, daß die .regierenden Orte selbst sich bewogen ge= fühlt hätten, ihre Angehörigen auf die dem Vaterlande drohenden Gefahren aufmerksam zu machen und zu ausharrender Treue zu mahnen; die Gemeinden der Landschaft Thurgau gehen mit der Absicht um, durch ihre Vertreter sich über die Vornahme von Neuerungen zu be= sprechen, die für Frauenfeld nachtheilig werden könnten; in letzter Nacht sei ein mit Geld beladener Wagen auf der Straße von der Karthause Ittingen nach Constanz bei Warth von einer Wache angehalten und in die Karthause zurück geführt worden, was leicht das Signal sein könne, auch gegen die andern Klöster Wachen anzuordnen. Ergänzend fügte alt=Schultheiß Rogg bei, daß jener Wagen, der den Geldvorrath der Karth..use nach Constanz bringen und dem Lande entfremden sollte, durch Kriegsmannschaft der Quartiere Warth und Tänikon und der Stadt Frauenfeld*) festgestalten und in Anwesenheit eines Landgerichts= dieners visitirt worden sei, und die Ladung nun von 50 Mann so lange bewacht werde, bis von der Hoheit nähere Anleitung einkomme; daher jetzt die dringlichere Frage die sei, ob man an den schon Morgens in Weinfelden zusammen tretenden Quartierskongreß von Seite der Stadt Jemand abordnen wolle.

Hierauf wurde sowohl diese Frage als auch andere zu treffende Vorsichtsanstalten an eine Zwölfer=Kommission gewiesen und in die= selbe gewählt: aus dem Kleinen Rathe die Dreiräthe Schultheiß Fehr, alt=Schultheiß Rogg und Statthalter Sulzberger; aus dem Großen Rathe Daniel Fehr, Ludwig Teucher und Dr. Keller; aus den Bürgern Stadtrichter Kappeler, Präzeptor Dummelin, Müller Kappeler in Kurz= dorf, R. Dummelin zum Schwert, Schreiner Bommer und Advokat D. Fehr. Diese Sicherheitskommission trat sogleich zusammen und faßte unter der Leitung des alt=Schultheißen Rogg folgende Beschlüsse:

---

*) Es waren namentlich die Fritzen, die an diesem nächtlichen Abenteuer sich bethätigten, in Folge physischer Anstrengung und Uebergenuß aber einen Mann verloren.

1) Es sei weder rathsam noch politisch, Jemand an den Kongreß abzuordnen, wohl aber dafür zu sorgen, daß man durch dritte Hand von den Verhandlungen Kenntniß erhalte;

2) eben so unthunlich sei es, vor der Hand bei dem hohen Stand Zürich, als dem eidgenössischen Vororte, einen Rath einzuholen, indem man dadurch leicht dem Lande Anstoß gäbe;

3) dagegen soll man das Ausbleiben eines Abgeordneten bei dem Kongresse damit entschuldigen, daß die Gerichtsgenossen, ohne welche kein Entschluß gefaßt werden dürfte, erst Morgens sich versammeln;

4) es soll eine doppelte Nachtwache angeordnet und derselben ein Mitglied des Rathes mit der Verpflichtung beigesellt werden, vor und nach Mitternacht die Runde mitzumachen;

5) diese nächtliche Schaarwache habe ihr Augenmerk sowohl auf Feuersgefahr oder entstehenden Lärm, als besonders auch auf den Transport verdächtiger Waaren zu richten;

6) dem Stande Zürich sei von dem Vorgange in der Karthause durch Expressen Nachricht zu geben, mit der Bemerkung, die Mannschaft Frauenfelds habe darum mitgewirkt, weil das Gotteshaus mit der Stadt im Burgrecht stehe, dadurch auch verhütet worden sei, daß Jemand insultirt würde.

Indem diese Anordnungen der Sicherheitskommission in Ausführung gebracht wurden, beschwerte sich zwar der Landvogt Hauser, daß man ihm davon nichts avisirt und besonders, daß Frauenfeldisches Militär ohne sein Vorwissen auf thurgauischen Boden gesandt worden sei, ließ sich aber durch die Versicherung des Amtsschultheißen Fehr beschwichtigen, daß es ebenfalls ohne sein Wissen geschehen sei und der Vorfall selbst sich leicht werde verantworten lassen.

Auf solche Weise stand Frauenfeld am 31. Jenner 1798 an den Pforten einer unfreiwilligen Revolution.

2. Eintritt der Deputirten Frauenfelds in das Landeskomite.

Während Donnerstags den 1. Hornung die Gerichtsangehörigen der Stadt Frauenfeld in stiller und ruhiger Versammlung die Eröffnungen des städtischen Magistrates anhörten und ohne gepflogene

Berathung wieder auseinander gingen, schwoll der verabredete thur=
gauische Quartierskongreß in Weinfelden zu einer zahllosen Volks=
versammlung an, welche mit jubelnder Einhelligkeit entschied, sich bei
den hohen Ständen Freiheit und Unabhängigkeit zu erbitten und da=
gegen mit Gut und Blut für das Vaterland einzustehen anerbot. In
Folge dessen sollten sich Sonntags den 3. Hornung alle Gemeinden
in ihren Kirchen versammeln, zwei Abgeordnete wählen und mit Voll=
machten versehen, um am 5. Hornung in Weinfelden das gemein=
schaftliche Beste berathen zu helfen.

Die Sicherheitskommission von Frauenfeld, von diesem entschei=
denden Schritte der thurgauischen Volksversammlung benachrichtigt, trat
also am 2. Hornung in Berathung, ob auch Frauenfeld sich anschließen
und Deputirte senden solle, hielt es aber für angemessener, die Ergeb=
nisse des 5. Hornung abzuwarten, immerhin in der Meinung, daß bei
Reformversuchen, bei denen die Rechte Frauenfelds geschmälert werden
sollten, so viel nachgegeben werde, als mit der Ehre und Wohlfahrt
der Stadt verträglich sei. Einem andern Berichte, daß von Seite der
regierenden Orte eine Aufforderung ergehen werde und bereits unter
der Presse sei, der Obrigkeit treu zu bleiben und allfällige Beschwerden
gemeindeweise einzugeben, stellte sich sogar die entschiedene Ansicht ent=
gegen, es sei unklug und unpolitisch, die Leute zur Eingabe von
Beschwerden aufzufordern; man veranlaße sie dadurch nur, nach Be=
schwerden zu suchen; seien wirkliche Beschwerden vorhanden, so werden
die Leute ohne besondere Aufforderung damit hervortreten.

Da man jedoch noch desselben Tages vernahm, daß in den um=
liegenden Höfen und Gemeinden die Einladung herum geboten werde,
Abends im Espi die Wachtanstalten und andere Dinge zu besprechen,
fand man angemessen, auf den folgenden Tag die Gemeindepfleger
nebst den drei Gerichtsvögten vorzubescheiden, um von ihnen zu ver=
nehmen, was über Veranstaltung der Wachen und andere Angelegen=
heiten verhandelt worden sei.

Allein am 3. Hornung gestalteten sich die Dinge so, daß die
Bürgerschaft auf Sonntag den 4. Hornung, Morgens, zusammen
berufen wurde, um zu vernehmen, daß laut eingegangenen Nachrichten
die Zürcher Mannschaft, ohne vorgängige Zusicherung der Freiheit,
weigere, ihre Dienste ferner der Regierung zu leisten; die Regierung

von Bern ihre Macht einem Bürgerausschusse und dieser den Deputirten des ganzen Landes übertragen habe; der Stadt Winterthur von
Paris aus ein Sauvegardedekret mit der Erklärung zugegangen sei,
daß sie als freie Republik die umliegende Landschaft in ihre Gemeinschaft aufnehmen möge; endlich der Vorort Zürich, statt einen Repräsentanten zu senden, dem Landvogte aufgetragen habe, die Angelegenheiten des Thurgaus durch die Quartiershauptleute besorgen zu lassen,
auch der Stadtmagistrat aufgemuntert werde, dabei nach Kräften mitzuwirken.

Die hierauf folgende Besprechung führte zu der Ueberzeugung,
daß Frankreich nicht aussetzen werde, bis die ganze Schweiz demokratisirt
sei, daher auch Frauenfeld nicht länger zögern dürfe, sich mit dem
Thurgau zu vereinigen und die Gerichtsangehörigen als gleichberechtigte
Bürger anzuerkennen.

Dieser Ueberzeugung wurde auch sogleich Folge gegeben. Die
Räthe legten ihre Stellen nieder, erhielten jedoch den Auftrag, als
provisorischer Bürgerrath noch so lange in Wirksamkeit zu beharren,
bis eine neue Organisation eintreten könne.

Nach dieser Schlußnahme wurden die in der Rathsstube wartenden
Gerichtsbürger eingeladen, in den Versammlungssaal einzutreten. Mit
aufgehobenen Händen gaben sie ihre Zustimmung zu erkennen und
nahmen sie nun an der Wahl der nach Weinfelden bestimmten Deputirten Theil. Als solche wurden ernannt: Der Amtsschultheiß Fehr
und der Stadtschreiber Rogg aus dem Kleinen Rathe; die Stadtrichter
Kaspar Müller und Jakob Wuest aus dem Großen Rathe; die Bürger
Rudolf Dummeli und Daniel Fehr; und aus den Gerichten Ulrich
Meier, Vogt im Espi, und Gemeindepfleger Kym im Kurzdorf.

Acht Mann stark erschienen diese Deputirten von Frauenfeld bei
dem thurgauischen Komite in Weinfelden und ließen sich dem Landes-
präsidenten Reinhard vorstellen. Aber sie wurden, wie sie selbst erzählten,
nicht ganz freundlich empfangen. Sie mußten zuerst manche Vorwürfe
hören, die eigentlich weder ihre Personen, noch die Stadt Frauenfeld,
sondern das landvogteiliche Oberamt angingen; dann wurde dem Stadtrichter Wuest vorgehalten, er habe einige Gemeinden abwendig zu
machen gesucht, eigne sich hiemit nicht als Deputirter in einer Sache,
die er selbst widerfechte; auch dem Stadtschreiber Rogg wurde kein

günstiger Willkomm in Aussicht gestellt. Der Deputirte Wuest ent-
gegnete zwar, er habe Niemanden abwendig gemacht, wohl aber Solchen,
die von der Unabhängigkeit nichts hören wollten, zugeredet, wenigstens
auf der Forderung der Remedur vorhandener Mißbräuche zu bestehen;
auch die andern Deputationsglieder anerboten, bis Alles genug legitimirt
sei und Wuest in einer Schutzschrift den eigentlichen Sachverhalt auseinander gesetzt habe, in Weinfelden im Sequester zu verharren; dessen
ungeachtet aber blieben die Herren Wuest und Rogg von der Empfangs-
feierlichkeit bei dem Komite ausgeschlossen.

Als der Schultheiß Fehr an der Spitze seiner übrigen Begleiter
dem Komite das mitgebrachte Creditiv mit dem Gesuch überreichte, den
Anschluß der Stadt Frauenfeld und der mit ihr verbundenen Gemeinden
zu genehmigen und ihren Deputirten die Mitwirkung bei dem gemeinsamen Befreiungswerke zu gestatten, unterstützte der Landespräsident
dieses Gesuch mit der empfehlenden Bemerkung, daß Frauenfeld durch
diesen Beitritt alle seine bisher genossenen Vorrechte der Freiheit zum
Opfer bringe. Wie dann aber die Deputirten den Saal verließen und
auf das Ergebniß der Abstimmung warteten, trat ein Vorfall dazwischen, der sie in peinliche Verlegenheit setzte.

Von alt-Schultheiß Rogg gesandt, langte in Weinfelden ein be-
rittener Eilbote an, der den Deputirten von Frauenfeld die vertrauliche
Mittheilung machen sollte, daß laut einer von Hüttwilen durch zu-
verlässige Hand eingegangenen Anzeige 40,000 Mann österreichischer
Truppen im Anzuge seien, der Stadt Stein sich zu bemächtigen und
wahrscheinlich in die Schweiz einzufallen. Der Bote konnte sein Geheimniß dem Volke nicht verbergen. Sogleich drang es auch in die
Rathsversammlung des Komites, fand hier zwar keinen Glauben, hatte
aber bei dem Volke den Argwohn erweckt, der Reiter sei ein Spion.
Er wäre arg mißhandelt worden, wenn nicht der Präsident Reinhard
dazwischen getreten wäre und ihn hätte in den Arrest abführen lassen.
Den Deputirten von Frauenfeld wurde aber zugleich angezeigt, daß
man in ihr Einstandsgesuch nicht eintrete, bis diese Sache aufgeklärt
und die Treue Frauenfelds eidlich beschworen sei; bis zur Mittagsstunde des folgenden Tages sollen die Deputirten sich darüber legitimiren.

Diese Erklärung versetzte die Deputirten in große Aufregung.
Sie begriffen, daß man den Verdacht feindseliger Hinterlist auf den

Absender der Botschaft warf und daß ein dunkler Schatten davon auch auf sie fiel. Die Mitabgeordneten Meier, Kym und Frei faßten ebenfalls Mißtrauen gegen ihre städtischen Kollegen und konnten nur mit Mühe von der Forderung zurück gehalten werden, die Gemeinschaft ihrer Landgemeinden mit der Stadt aufzuheben und sich von ihr politisch zu trennen. Endlich einigten sie sich, daß Schultheiß Fehr, Müller, Dummeli und D. Fehr, mit Zurücklassung ihrer übrigen Kollegen, in der Heimat persönliche Erkundigung über den Sachverhalt einziehen sollen.

Hier vernahmen sie von Schultheiß Rogg, daß jene Schreckensnachricht von dem Fähnrich von Hüttwilen eingebracht worden sei, daß sie aber von dem Wachtmeister Stoll herrühre, der in Warth und in der Karthause Ittingen durch lauten Ausruf sie verkündet und zur Flucht und Rettung der Habseligkeiten gemahnt habe; übereilt sei hierauf der Bote nach Weinfelden abgeschickt worden, denn bald nachher sei der Gegenbericht eingegangen, daß Alles nur Lüge sei. Auch habe man dieß sogleich wieder durch einen Eilboten nach Weinfelden anzeigen lassen, leider zu spät. Veranstaltungen, den Stoll gefänglich einzuziehen, haben bisher keinen Erfolg gehabt. Ein schriftlicher Bericht über den Hergang werde den Deputirten zu Handen des Landeskomite's mitgegeben werden, auch seien sie zur Eidesleistung bevollmächtigt.

Erleichterten Herzens begaben sich am 7. Hornung die Deputirten wieder nach Weinfelden und zu ihrer Genugthuung hörten sie unterwegs, daß Stoll eingefangen sei und eingestanden habe, durch den Pater des Klosters St. Urban in Herdern zu dem Vergehen verleitet worden zu sein. In Weinfelden selbst vernahmen sie, daß die Unschuld Frauenfelds vollständig anerkannt und das Benehmen des dortigen Magistrates belobt, von den zurück gebliebenen Deputirten auch bereits der Eid geleistet, Herr Rogg sogar zum ersten Kanzleibeamten des Landeskomites ernannt, Herr Wuest als Assessor des Komites eingetreten sei. Dem Schultheißen Fehr blieb also nur noch übrig, im Namen der Stadt Frauenfeld dem Komite seinen Dank auszusprechen und zur Besieglung wechselseitiger Freundschaft den Präsidenten zu umarmen. Die ganze Versammlung folgte diesem Beispiele.

3. Die Freilaſſung des Thurgaus.

Durch den Eintritt der zwei Deputirten Rogg und Wueſt in das Landeskomite zu Weinfelden waren die Geſchicke und Intereſſen der Stadt Frauenfeld mit denjenigen des Thurgaus verbunden, war die Stadtgemeinde Frauenfeld ſtaatsrechtlich den Landgemeinden gleich ge= ſtellt, hatte ſie keine anderen Vortheile mehr anzuſprechen, als die, zu welchen tiefere Einſicht und weltmänniſche Erfahrung und Gewandtheit ihre Repräſentanten berechtigte. Dieſer Vorzug fand auch ſchon am erſten Tage Anerkennung, indem, mit politiſchen Miſſionen betraut, Rogg nach Conſtanz und Meersburg, Dummelin in das Toggenburg abgeſandt wurde.

Frauenfeld ſelbſt beglückwünſchte ſich zu dieſer Wendung der Dinge. Daß die zwei in das Komite eingetretenen Deputirten durch andere erſetzt werden durften, war ſchon im Reglemente des Komites vor= geſehen und den Anſichten der Bürgerſchaft ebenfalls entſprechend. Um aber auch den Wünſchen der Landbevölkerung Rechnung zu tragen, wurden Vogt Meyer und Pfleger Kym dem Sicherheitskomite bei= gezogen. Dieſem Sicherheitskomite wurde auch neben der Handhabung der öffentlichen Ruhe und Sicherheit die Beſorgung aller ſtaatsrecht= lichen und in das Gebiet der neuen Landesverfaſſung einſchlagenden Gegenſtände übertragen, während den bisherigen Behörden die Schlich= tung der Zivilſtreitigkeiten und die Beſorgung der ökonomiſchen An= gelegenheiten proviſoriſch überlaſſen blieb. Dem Befehle des Landes= komites gehorchend, gab man den in der Stadt ſich aufhaltenden franzöſiſchen Emigrirten die Weiſung, anderswo Unterkunft zu ſuchen; der Wunſch, daß Frauenfeld neben der bereits beſtehenden Füſilier= kompagnie noch eine halbe Kompagnie Jäger organiſire, wurde dagegen als eine die verhältnißmäßigen Kräfte der Gemeinde überſchreitende Aufgabe abgelehnt.

Das Landeskomite hatte in ſeinem Eifer, die geſetzliche Kon= ſtituirung und Organiſation des Thurgaus möglichſt zu beſchleunigen, ſchon am 10. Hornung dem Landvogte Hauſer durch die Deputirten Wueſt von Frauenfeld und Greuter von Islikon alle weitern Amts= verrichtungen unterſagen laſſen, am 13. Hornung auf Andringen

Zürichs diese Verfügung zwar wieder zurück genommen, dabei aber um so nachdrücklicher das Gesuch wiederholt, der Landschaft Thurgau die ersehnte Freiheit und Aufnahme in den Bund nicht länger vorzuenthalten; leicht könnte sonst die Ungeduld des Volkes fremden Lockungen Gehör geben. Endlich trafen am 28. Hornung die ersten Gesandtschaften der eidgenössischen Stände in Frauenfeld ein, um über die Freilassung der Vogteien Thurgau, Sargans und Rheinthal Vorberathung zu pflegen. Am 2. März wurde den Abgeordneten dieser Landschaften gestattet, ihre Anliegen vorzubringen und in Antwort hierauf eröffnet, daß provisorisch die regierenden Stände geneigt seien, ihnen zu einer freien, auf Sicherheit der Religion und der Personen, des geistlichen wie des weltlichen Eigenthums und auf die Ehre und das Wohl des Ganzen sich gründenden Verfassung behülflich zu sein. Eine solche provisorische, verklausulirte Zusage wollte aber den Bittstellern nicht genügen. Die Thurgauer verlangten unbedingte Willfahrung und anerboten dagegen unverweilten Aufbruch ihrer Mannschaft zum Schutze des bedrohten Vaterlandes. Da gleichzeitig die bedenklichsten Berichte von den Fortschritten der Franzosen an der westlichen Grenze der Eidgenossenschaft eingingen, fanden die Gesandtschaften sich bewogen, über die Schranken ihrer Vollmachten hinweg zu schreiten. Ohne weitern Vorbehalt erklärten sie am 3. März die Landschaften Thurgau und Rheinthal frei und am 5. März auch die Landschaft Sargans. Am 9. März verabschiedeten sich die Gesandtschaften zu beschleunigter Abreise; die Nothwehr gegen die fränkischen Heere rief sie in die Heimat zurück. Der letzte Regierungsakt der VIII Orte war die Patentirung des Oberstlieutenants Rogg von Frauenfeld als Kommandant des ersten Auszuges der thurgauischen Mannschaft.

4. Kriegsrüstung und Auszug.

Mit der fröhlichen Kunde: die Vogtei hat aufgehört, Thurgau ist frei, war auch der Ruf erklungen: das Vaterland ist in Noth, eilt ihm zu Hülfe. Willig und in bester Stimmung folgte die junge Mannschaft der Mahnung. Die Auszüger aus den benachbarten Quartieren Fischingen, Tänikon und Warth, welche mit Inbegriff der

Kontingente von Steckborn und Frauenfeld nahezu 700 Mann zählten, sollten unverweilt in Bereitschaft gesetzt werden. Mit Ausnahme von wenigen Freikompagnieen aber fehlte es diesen Leuten an genügender Bewaffnung und Ausrüstung, Uebung und Ordnung. Das kleine Heer glich den Schaaren eines buntscheckigen Landsturms. Eine freiwillige Kollekte von Geld, Ueberröcken und Reisesäcken, bei mitleidigen Einwohnern Frauenfelds gesammelt, reichte nur hin, die grellsten Blößen zu decken. Daß jedoch Zürichs Zeughäuser wenigstens die noch mangelhafte Bewaffnung ergänzen werden, war verheißen.

Die Beeidigung der Wehrmannschaft war auf den 8. März angeordnet. Nachmittags 1 Uhr versammelte sie sich zum Militärgottesdienste in den beiden Stadtkirchen, stellte sich dann vor dem Rathhause auf, wo Schultheiß Fehr sie vom Balkon herab zur Eidesleistung ermunterte, Oberstlieutenant Mogg sein Befehlshaberpatent vorlas, der Vize-Präsident des Landeskomites, Kesselring von Boltshausen, die Beeidigung vornahm und nach Vollendung dieser Feierlichkeit der Ausmarsch angetreten wurde, um an der Grenze bei Islikon die weitern Befehle eines eidgenössischen Oberkommando's abzuwarten. Große Haufen von Freunden und Verwandten gaben ihnen das Abschiedsgeleite.

Noch war der Zug nicht über das Wannenfeld hinaus gekommen, als ein Reiter ihnen entgegen kam, der unter den Berner Truppen gedient zu haben behauptete und jetzt entlassen sei, weil die Stadt Bern an die Franzosen übergegangen. Mit Entrüstung wurde diese Aussage als Lüge eines verrätherischen Franzosenfreundes zurück gewiesen, der Reiter fest genommen, nach Frauenfeld eingeliefert, vom Komite verhört und, da er auf seiner Aussage beharrte, in das Gefängniß geworfen. Unbeirrt setzte die Truppe ihren Marsch fort und bezog die angewiesenen Quartiere; 150 Mann wurden in die Karthause Ittingen verlegt.

Mit dem Sinken des Tages rückte auch die Mannschaft aus den Quartieren Weinfelden, Bürglen und Ermatingen unter der Führung des Oberstlieutenant von Muralt, Gerichtsherrn zu Oetlishausen, an, und bald nachher, um 7 Uhr, die Kriegskasse, unter Bedeckung von 25 Mann Bürgerwehr von Bischofszell. Die Stärke dieser Mannschaft wurde auf 1400 Köpfe angegeben. Ihr nächtliche Unterkunft zu verschaffen, wurde Alles in Bewegung gesetzt.

Als am folgenden Morgen jener Reiter, der sich für einen Bürger von Romanshorn ausgab, ungeachtet der erfahrenen harten Behandlung seine erste Aussage festhielt und zugleich von Zürich her verlautete, daß einer den aristokratischen Regierungen zuziehenden Hülfsmannschaft der Durchzug verweigert werde, entschloßen sich die beiden Mitglieder des Landeskomites, nach Zürich zu reisen, um zuverläßige Erkundigungen einzuziehen. Ihnen folgte bald auch der Landespräsident mit einigen Genoßen, in der Hoffnung, allfällige Hinderniße oder Mißverständniße durch ihr Ansehen aus dem Wege räumen zu können. Allein noch auf der Reise wurde ihnen zu ihrer großen Ueberraschung die Wahrheit der Aussage des Reiters bestätigt. Ueberdieß begegnete ihnen die Füsilierkompagnie der Stadt St. Gallen, die auf ihrem Rückmarsche von Baßersdorf her Quartier in Frauenfeld suchen wollte, hier dann aber wegen der Ueberfülle thurgauischer Milizen weiter, nach Matzingen, verlegt wurde.

Jetzt war alle Hoffnung abgeschnitten, noch etwas zur Rettung der Eidgenoßenschaft beitragen zu können. Die einzige Genugthuung für die gemachten Anstrengungen blieb, das erkannte Rechte gewollt zu haben. Der Mannschaft wurde verkündigt, daß Jeder in seine Heimat zurück kehren möge. Den Resten der Mannschaft, die noch am 10. März vor dem Rathhaus sich versammelten, um den förmlichen Abschied zu erhalten, wurden noch, neben den Mundrationen, 30 Kreuzer Tagessold auf den Mann und ein Reichsthaler Reisegeld ausbezahlt.

In dem nach Frauenfeld einberufenen Landeskomite aber wurde beschloßen, bei der französischen Generalität um eine günstige Kapitulation einzukommen.

5. Die Landesverfassung und der Freiheitsbaum.

Nach dieser unglücklichen Wendung der Dinge machten sich im Volke dreierlei Urtheile laut: die Einen spotteten über die ohnmächtigen Anstrengungen des neuen Freistaates Thurgau; die Andern fluchten über geheimen Verrath und wälzten alle Schuld auf die Neuerungssucht der sogenannten Patrioten; noch Andere trauerten über den nahenden Untergang der alten Eidgenossenschaft und ihres Ruhmes, nährten aber im Stillen die Hoffnung, daß die Zukunft doch etwas Besseres bringen werde, als die Landvogteiherrschaft gewesen sei. Diese Hoffnung hielt auch das Landeskomite fest. In einem ernsten Mandate ermahnte es zu ruhiger Ueberlegung, warnte es vor Mißkennung und Verunglimpfung seiner Mitglieder, verlangte es gute Räthe und Beiträge zu dem Entwurfe einer republikanischen Kantonsverfassung. Es wollte nicht unthätig zuwarten, bis eine auswärtige Macht oder Behörde dem Lande eine für dasselbe ungeeignete Verfassung diktire.

Als die zur Prüfung der vom Landeskomite ausgegangenen Grundzüge der Verfassung niedergesetzte Kommission der Stadt und Gemeinde Frauenfeld am 18. März das Ergebniß ihrer Berathung vorlegte, zeigte ihr Gutachten das unverkennbare Spiegelbild der ehemaligen Stadtordnung. Namentlich sollte nach ihrer Ansicht Frauenfeld mit seinen Gerichtsangehörigen ein besonderes Quartier bilden, mit eigenem Gerichte; es sollten ferner die Beisitzer dieses Gerichtes nach Verhältniß der beidseitigen konfessionellen Volkszahl gewählt, nach demselben Verhältnisse die Offiziantenstellen des Schreibers und Weibels getheilt, ein regelmäßiger Wechsel der beiden konfessionellen Präsidenten eingeführt werden. Nach wenigen Stunden zeigte es sich aber, daß man sich unnützer Weise mit den Erörterungen über solche Anträge und Wünsche abmühe; denn die von Basel zurück gekommene Abordnung berichtete, daß nur die Annahme der vom französischen Minister Mengaud empfohlenen helvetischen Verfassung vor einer französischen Okkupation des Thurgaus bewahren werde und vorderhand die Erstellung von Freiheitsbäumen das vornehmste Mittel sei, der Einlagerung fremder Kriegstruppen zuvor zu kommen.

Während schon in den ersten Tagen des Hornung besonders im obern Thurgau und in Weinfelden und dortigen Nachbargemeinden, Freiheitsbäume errichtet und mit patriotischen Gesängen und feurigen Reden geweiht wurden, hatte Frauenfeld kaltsinnig versäumt, der Freiheit dieses Opfer zu bringen. Jetzt durfte man nicht länger zurück bleiben. Es wurde sogleich Befehl gegeben, eine hohe schlanke Rothtanne im Oberholze zu fällen und auf den Rathhausplatz zu führen, um Dienstags den 20. März in gehöriger Solennität die Feierlichkeit zu vollziehen.

Der Vorgang wird von einem Manne, der selbst dabei mitwirkte, also beschrieben:

„Als eben das Frühlings-Solstitium und damit die Sonne in den Widder trat und damit auch Tag- und Nachtgleichung eintraf, wurde auch hiesigen Ortes das Sinnbild der Freiheit und Gleichheit auf dem Platze dem Rathhause gegenüber unter folgenden Ceremonien aufgerichtet. Morgens 9 Uhr ward zur Kirche geläutet und in der katholischen Kirche von Pfarrer Biedermann, in der evangelischen von Pfarrer Zwingli passende Reden gehalten; und zwar ward in der evangelischen Kirche gesungen aus Psalm CV, V. 1, 2 und 3, der Text genommen aus 2. Korinther, 1, 24: Wir sind Mitarbeiter euerer Freunde. Nach dem Gottesdienste, dem auch das Sicherheitskomite, die Militärkompagnie nebst einigen Knaben und Mädchen beiwohnte, begann der Festzug, unter Lösung der Kanonen auf dem Wall und der Doppelhaken auf dem Schloßthurm, voran die halbe Kompagnie Miliz mit drei Tambouren und sieben Spielleuten, nach ihnen eine Schaar Knaben und Mädchen, in der Mitte das Sicherheitskomite, nebst den Gemeindepflegern von Gerlikon, Kurzdorf und Niederwil, alle in schwarzer Kleidung, mit Degen an der Seite, zum Schlusse die andere Hälfte der Miliz. Auf dem Rathhausplatze, wohin der Zug sich bewegte, prangte der Freiheitsbaum, gekrönt mit einem kupfernen, mit farbigen Bändern und Federbusch geschmückten Hut, der Stamm mit grünen Guirlanden umwunden. Nun wurden dazu Fahnen in rother und weißer Farbe aufgesteckt, darunter eine ovale Tafel befestigt, mit dem Motto: Freiheit, Gleichheit, Religion, Vaterlandsliebe. Wie das geschehen war, formirten die Knaben und Mädchen zwei Reihen und tanzten einige Male, Hand in Hand geschlungen, um den Baum herum; nachher bewegte sich auch das Militär und das Komite in feierlichem Schritte um den Baum und als es seine Stellung wieder eingenommen hatte, hielt Herr Schultheiß Fehr eine kurze Anrede, mit der schließlichen Ermunterung, zum bleibenden Gedenkzeichen dieser Festivität und der Vereinigung der Bürger und Landleute sich gegenseitig zu umarmen. Der Schultheiß ging mit gutem Beispiele voran, indem er dem Pfleger von Gerlikon den Bruderkuß gab; alle andern folgten; und als die gegenseitigen Umarmungen zu Ende waren, trennte man sich, um Abends 5 Uhr sich wieder zusammen zu finden, den Umzug um die

Stadt zu wiederholen, noch einige Male im Reigen um den Freiheits=
baum herum zu tanzen und im Rathhause bei Abendtrunk und Wurst
sich gütlich zu thun. Tanz und heitere Gespräche und andere Kurzweil
hielten die Versammlung fest bis Mitternacht.

Nachwärts sollizitirten auch die Gemeinden und Höfe Kurzdorf,
Straß, Erzenholz, Wisenriet, Oberwil, Dingenhart, Horgenbach, Wüst=
häusli u. s. w. um Freiheitsbäume aus den Stadtwaldungen. Sie
wurden ihnen gratis bewilligt."

So gewissenhaft der Berichterstatter alle Vorgänge dieser Festlich=
keiten aufzählt, so verschweigt er doch, was andere Zeugen versichern,
daß Mancher an der Feier der Freiheit und Gleichheit mit schwerem
Herzen und innerlichem Aerger Theil nahm und mancher Stadtherr
den Bauern bei der gegenseitigen Umarmung muthwillig bei den Ohren
faßte und zerrte oder bei dem Bruderkusse in die Backen biß. Der
durch phantastische Hoffnungen auf eine goldene Zukunft und durch
schlecht verhehlte Furcht vor der französischen Freiheit aufgeregte Taumel
war das Vorspiel langjährigen Elends.

Schon am 23. März war alle Hoffnung für die Thurgauer ver=
schwunden, sich nach eigenem Gutdünken eine Verfassung erstellen zu
dürfen. Das Landeskomite hatte nach allen bei der französischen
Generalität und bei den noch bestehenden Regierungen der Gebirgs=
kantone eingezogenen Erkundigungen die Ueberzeugung ausgesprochen,
daß es unausweichliche Nothwendigkeit sei, die von Frankreich em=
pfohlene helvetische Verfassung anzunehmen und laut gegebener Vor=
schrift in den Urversammlungen Wahlmänner zu ernennen, um durch
dieselben die Abordnungen in die helvetische Regierung erkiesen zu lassen.

6. Die Annahme der Konstitution und die Bestimmung des Hauptortes.

Obwohl auch bei der Bürgerschaft Frauenfelds die Ansicht fest
stand, daß die ausgekündigte Freiheit das Recht in sich schließe, nach
eigenem Ermessen eine Verfassung aufzustellen, begriffen die Führer
ganz wohl, daß man die Zumuthungen der französischen Machthaber
und ihrer helvetischen Freunde nicht werde abweisen könne. Wie der
Bericht einging, daß drei Deputirte von Basel, Erlacher, Fäsch und

Stäheli, auf dem Wege seien, einen Konstitutionsentwurf persönlich auch im Thurgau zu empfehlen, sandte man ihnen am 22. März eine Stunde weit zwei Offiziere entgegen, ließ die ganze Mannschaft unter das Gewehr treten und erwies ihnen so viele Ehrenbezeugungen, daß sie an dem geneigten Willen Frauenfelds nicht zweifeln durften. Denn in der Frage, ob Frauenfeld Hauptort des Thurgaus sein werde, hatten sie alle Zusicherung gegeben, daß den Wünschen Frauenfelds werde entsprochen werden. Daher wurden denn auch schon am 25. März durch die Gemeinde die Wahlmänner gewählt, welche laut Vorschrift der neuen Konstitution die Abgeordneten in die helvetische Regierung ernennen zu helfen bestimmt waren. Am 27. März beschloß man sogar, den Generalen Schauenburg und Brüne und dem Minister Mengaud durch einen Courier die Anzeige zu machen, daß Frauenfeld die Konstitution angenommen habe.

Eine andere Stimmung als in Frauenfeld fanden die Deputirten in Weinfelden. Hier wollte man sich keine Konstitution von Fremden aufdringen lassen und den örtlichen Mittelpunkt des Thurgaus als Hauptort bestimmt wissen. Einstweilen blieb die letztere Frage jedoch Nebensache gegenüber dem Proteste, der überallher gegen den fremden Konstitutionsentwurf einlief und zum Anschlusse an die alten demokratischen Stände aufmahnte. Von Appenzell Innerrhoden und der Landschaft St. Gallen her wurde das Volk im obern Thurgau so durch Drohungen und Hoffnungen bearbeitet, daß einige Schwärme aus der Gegend von Bischofszell und von Altnau Weinfelden überfielen und den dortigen Freiheitsbaum niederhieben, durch vom Tutwyler Berg her gekommene Berichte geschreckt Frauenfeld die Freikompagnie zum Schutze gegen die Konstitutionsfeinde aus der Umgebung von Fischingen aufbot und Winterthur und Zürich um Hülfsbereitschaft ersuchte, auch den fränkischen General Brüne von der drohenden Gefahr benachrichtigte. Glücklicher Weise ergab es sich, daß der Schrecken vor einem Ueberfall aus dem hintern Thurgau durch einen blinden Lärm hervor gerufen war, konnte also Frauenfeld ohne Bedenken 50 Mann vorläufig nach Mülheim abgehen lassen, um dem Regierungskomite zur Hülfe nahe zu sein.

Obwohl der Ueberfall von Weinfelden ohne weitere Gewaltthätigkeiten verlief und das Landeskomite seine Verrichtungen wieder ungestört fortſetzen konnte, glaubte es dennoch der kundgewordenen Mißſtimmung des Volkes Rechnung tragen und eine Geſandtſchaft nach Schwyz ab= ordnen zu ſollen, um je nach Beſchaffenheit der Umſtände mit den Gegnern der Konſtitution zum Widerſtand gegen die fränkiſche Gewalt= herrſchaft ſich zu verſtändigen. Als dieſe Geſandtſchaft durch Frauenfeld reiſete, mißrieth man ihr gar ſehr, ihren bedenklichen Auftrag auszu= richten; denn ein ſolcher Schritt werde zur nächſten Folge haben, daß die franzöſiſchen Truppen im Thurgau einrücken werden. Da man ihnen auch in Zürich dieſelben Bedenken entgegenhielt, wandten ſie ihre Schritte nach Aarau, um dort die unruhigen Vorfälle von Weinfelden nicht als einen Akt des böſen Willens der thurgauiſchen Bevölkerung, ſondern als eine Folge der von St. Gallen und Appenzell her ſtam= menden Aufreizungen und Drohungen darzuſtellen.

Der Sicherheitsausſchuß von Frauenfeld aber, der in ſeinem Be= richte an die fränkiſchen Generale nicht vergeſſen hatte, das Geſuch mit einfließen zu laſſen, dazu mitzuwirken, daß Frauenfeld zum Haupt= orte des Kantons Thurgau erklärt werde, auch bereits im Beſitze von ſchriftlichen Zuſagen war, welche der fränkiſche Geſchäftsträger Men= gaud, der Präſident Ochs und andere zu Gunſten Frauenfelds aus= geſtellt hatten, wollte die gewonnene Sache nicht der Gefahr ausſetzen, durch die Geſandtſchaft des Komites zuletzt doch noch umgeſtürzt zu werden, ordnete daher nochmals zwei Bürger, Oberſtlieutenant Rogg und Prokurator Wueſt, ab, in Zürich, in Luzern und Bern die bis= herigen Vorgänge den Behörden zu erläutern und die Anſprüche und Anrechte Frauenfelds in Erinnerung zu bringen. Mit einem ähnlichen Auftrag reiste D. Fehr nach Aarau. Beide brachten in Bezug auf die Beſtimmung des Hauptortes befriedigende Berichte zurück, aber auch die entſchiedene Forderung des Generals Schauenburg, daß die Depu= tirten der Kantone am 10. April in Aarau zuſammentreten ſollen.

Da unterdeſſen die thurgauiſchen Gemeinden ſich der Nothwendigkeit gefügt hatten, die Konſtitution anzunehmen und ihre Wahlmänner, je einen auf 100 Bürger, zu ernennen, und dieſe gemäß der Anordnung des Landeskomite's zur Wahl der Deputirten nach Aarau am 6. April in Weinfelden ſich verſammeln ſollten, erhob ſich in Frauenfeld die Frage, ob dieſes Geſchäft nicht am konſtitutionsmäßigen Hauptorte hätte vorgenommen werden ſollen. Dennoch folgten Frauenfeld's Wahlmänner der Einladung; sie wollten nicht die Schuld auf sich laden, Ursache eines Aufschubs der Verhandlung zu sein. Aber verdrießlich war für sie das Ergebniß, daß bei der allerdings unförm lichen Wahlverhandlung unter den gewählten vier Senatoren und acht Großräthen und sechs Suppleanten nur ein Angehöriger Frauenfelds, der Kanzleiverwalter Rogg, zum Mitglied des Senats gewählt und in einer zweiten und dritten Abstimmung am 9. und 13. April diese Verhandlung bestätigt wurde. Es war dies offenbar ein Mißtrauenszeugniß gegen Frauenfeld und allerdings nicht ganz unverdient. Denn durch seine fortwährenden Werbungen um den Vorzug des Hauptortes war Frauenfeld der diesfälligen freien Entschließung des Komites entgegen getreten.

Wie nun aber die Nachricht, daß im Thurgau die Konstitution angenommen und die Wahl der Repräsentanten in die helvetische Regierung vorgenommen worden seien, in die Landschaft St. Gallen gelangte, erhob sich dort ein leidenschaftlicher Sturm des Unwillens, der die Thurgauer mit Feuer und Schwert bedrohte. Aus den Grenzgemeinden kam ein Noth- und Hülferuf über den andern an das Landeskomite in Weinfelden. Auf erhaltene Mahnung rückte die ganze Freikompagnie Frauenfelds mit einer Kanone aus, sich dem Komite zur Verfügung zu stellen, kam dann zwar am folgenden Morgen wieder von Mülheim zurück, aber brach am 12. April auf eine zweite Mahnung mit 135 Mann und den Hauptleuten G. Jos. Rogg und Xaver Reding neuerdings auf, um laut Anordnung des Komite's die störrische Gemeinde Altnau zum Gehorsam zu bringen. Während die Truppen der thurgauischen Quartiere unter dem Befehle der Obersten Muralt und Brenner Arbon und die Grenze gegen die Landschaft St. Gallen besetzte, Zürich 500 Flinten und 15,000 Patronen nach Weinfelden sandte und von diesen an Frauenfeld 50 Flinten und 1200 Patronen abgegeben wurden, nahm Oberst-Lieutenant Pl. Rogg mit seiner Mannschaft am 16. April im Kloster Münsterlingen sein Hauptquartier und vollführte dann bis zum 22. Mai, ohne thätlichen Widerstand zu finden, seinen Auftrag.

Gleichzeitig mit diesen kriegerischen Operationen wurde endlich auch der Streit um die Bestimmung des Hauptortes entschieden. Ein gedrucktes Schreiben des dem General Schauenburg beigegebenen fränkischen

Regierungs-Kommiſſärs Carlier vom 27. Germinal (16. April) an die Deputirten der Stadt Frauenfeld, D. Fehr und Wueſt, belobte die Wahlmänner von Frauenfeld, daß ſie zur Vermeidung von Zer= würfniſſen an den nach Weinfelden angeordneten Wahlverhandlungen Theil genommen haben, ſprach aber zugleich die Erwartung aus, daß die Wähler, um zur Beſetzung der noch übrigen Stellen zu ſchreiten, ſich an den durch die Konſtitution bezeichneten Hauptort Frauenfeld verfügen werden. Dieſe Inſinuation Carliers benutzend, traten die Deputirten Frauenfelds vor den helvetiſchen Großen Rath in Aarau mit der Bitte, im Sinn derſelben einen beſtimmten Entſcheid auszu= ſprechen, was ihnen ungeachtet der Einwendungen Zollikofers und Diethelms gewährt wurde. Am 18. April kamen auch die thurgauiſchen Deputirten Zollikofer und Scherb in aller Eile von Aarau nach Wein= felden, dem Landeskomite hinſichtlich des Hauptortes Nachgiebigkeit anzurathen. Das Sicherheitskomite Frauenfeld aber beſchied die Wirthe, Bäcker und Metzger vor ſich und mahnte ſie, auf die bevorſtehende Wählerverſammlung nicht nur mit Speiſen und Getränken ſich wohl zu verſehen und möglichſt billige Preiſe zu ſtellen, ſondern auch jeder= mann, wer er auch ſei, mit höflichen Worten ohne einige anſtößige Reden zu begegnen.

Es war guter Grund vorhanden, den Gaſtwirthen dieſes zu em= pfehlen. Indem nämlich der Präſident der Wähler durch Zirkular vom 21. April die Verſammlung auf den 24. April nach Frauenfeld einberief, die noch übrigen konſtitutionsmäßigen Wahlen vorzunehmen, deutete er an, daß den Regierungsſitz betreffend die weitere Beſtimmung von der betreffenden Behörde noch zu erwarten ſei. Am zweiten Tage dieſer Wahlverhandlung erließ das Landeskomite (innerer Landes= ausſchuß) in Weinfelden ſogar noch eine Aufforderung an die Ge= meinden, ſich freimüthig zu erklären, ob ſie den Sitz des konſtitutions= mäßigen Kantonsgerichts und der Verwaltungskammer an einen Ort allein oder aber abwechſelnd von einer Stadt und Ort zum andern verlegt wünſchen. Es mangelte hiemit keineswegs an Stoff und Ver= anlaßungen, die Verhandlungen vom 24. und 25. April zu allerlei Friedensſtörungen zu benutzen. Indeſſen hielt man beiderſeits zurück, ſich über den Regierungsſitz öffentlich gegen einander auszuſprechen. Frauenfeld zog vor, abermals die Bürger Wueſt und Fehr nach Aarau zu senden und dort am 29. April die von Weinfelden ausgegangene Berufung auf die Gemeinden kassiren zu lassen.

Da nun der Kantonsstatthalter Gonzenbach seinen Wohnsitz in Frauenfeld nahm und die bestellte kantonale Verwaltungskammer im städtischen Rathhause sich einrichtete, schien zur vollständigen Einrichtung der in ihre Wirksamkeit eingetretenen Regierung nur noch erforderlich, eine Druckerpresse anzuschaffen, ein Bedürfniß, für dessen Befriedigung zwei Partikularen sich anerboten, Prokurator Wuest und D. Fehr.

7. Die ersten Früchte der neuen Konstitution.
Mai 1798 bis Mai 1799.

Bis dahin war als Beweggrund, warum man die helvetische Verfassung annehmen müsse, ihren Gegnern die Versicherung entgegen gehalten worden, daß dies allein das Mittel sei, der Besetzung des Landes durch fränkische Truppen auszuweichen. Kaum aber hatte man im Thurgau sich gefügt, so sah man sich auch getäuscht.

Am 4. Mai war vom Direktorium der Zentralregierung der Befehl angelangt, als helvetische Nationalfarbe auf Cocarden und Freiheitsbäumen Grün, Roth und Gelb aufzustecken; aber schon am 5. und 6. Mai zogen von Winterthur her kommende Truppen in französischen Nationalfarben unter Frauenfeld vorbei über die Aumühle nach Elgg und St. Gallen.

Am 11. und 12. Mai wurden auf höhern Befehl alle bürgerlichen Wappen an den Häusern, alle Stadtwappen an den öffentlichen Gebäuden, die Wappen der VII Orte über den Thoren und am Schloß, überhaupt alle Erinnerungszeichen an die alten aristokratischen Zustände ausgelöscht und zerstört; und am 13. Mai rückten zehn französische Kompagnien Fußvolk und Reiter in Frauenfeld ein und nahmen in der Stadt und in den benachbarten Dörfern und Höfen Quartier. Erst am 4. Juni zogen sie wieder ab, aber nur um andern Truppen Platz zu machen, die noch bis zum 28. Juni die Stadt und die Umgegend besetzt hielten.

Allerdings waren die französischen Truppen nicht als Feinde gekommen, sondern um als Reserve Stellung einzunehmen zur Unterstützung derjenigen Kolonnen, welche die Landschaften St. Gallen,

Rheinthal und Appenzell und namentlich auch den Freistaat Bündten zum Gehorsam gegen die helvetische Regierung zu nöthigen bestimmt waren. Auch beflissen sich die französischen Kommandanten, ein freund- schaftliches Einverständniß mit den Landesbehörden zu unterhalten und den Soldaten alle muthwilligen Exzesse zu wehren. So erfüllte am 28. Mai der Stadtkommandant Prost ganz bereitwillig die Bitte der städtischen Sicherheitskommission, eine militärische Polizei einzurichten und seine Truppen nach dem Zapfenstreiche in ihre Privatquartiere zu consigniren. Die lange andauernde und starke Einquartierungslast drückte aber die Quartiergeber so stark und es war so wenig Aussicht vorhanden, daß sie dafür entschädigt würden, daß Manche entmuthigt die neue Freiheit verwünschten, die Bedachtsamern aber auf ein Mittel sannen, der Noth durch Benutzung früherer Ersparnisse zu Hülfe zu kommen.

Als daher am 4. Juni bei einer Gemeindeversammlung im Schützenhause die Frage aufgeworfen wurde, was man mit den Ge- meindegütern anfangen wolle, wurde mit großer Mehrheit beschlossen, sie zu vertheilen. Man wußte, daß in den helvetischen Räthen die Neigung vorwaltete, die Stiftungs- und Korporationsgüter als Na- tionalgüter zu erklären, die Zehnten, Grundzinse und Weidgangsrechte abzuschaffen, überhaupt die bürgerrechtlichen Verhältnisse umzugestalten. Es schien hiemit ein Gebot der Klugheit, bevor die Gesetzgebung in die Gemeindegüter eingreife, selbst darüber zu verfügen. Wie und in welchem Maße das geschehen solle, wurde zur Vorberathung einer ökonomischen Kommission übertragen.

Schon am 12. Juni wurde der Anfang der Vertheilung gemacht mit dem Konstafelgut. Eine Summe von 8802 Gulden ertrug für jeden der 149 Theilhaber 59 Gulden 2½ Kreuzer. Es waren fünf Bommer, 10 Dummeli, 3 Engeler, 2 Erni, 9 Fehr, 3 Hofmann, 11 Kappeler, 5 Keller, 3 Locher; 9 Mörikofer, 16 Müller, 6 Neuwiler, 7 Rogg, 1 Senn, 1 Strupler, 16 Sulzberger, 9 Teucher, 12 Vogler, 8 Wuest, Alle Bürger der Stadt, und 13 Landbürger der Geschlechter Bötschi, Debrunner, Fischer, Kappeler, Kym, Schupli, Senn, Seiler und Wiler.

Am 16. Juni kam evangelischer Seits die Reihe an 46,201 Gulden der Siechenhausstiftung, 21,964 Gulden des Spitalgutes und

13,083 Gulden der Spendpflege, zusammen mit Einrechnung der Bruch-zahlen 81,251 Gulden 3 Kreuzer. Diese Summe wurde so vertheilt, daß jedes Ehepaar 450 Gulden, 22 Kreuzer erhielt, ein Wittwer oder majorenner Sohn die Hälfte, eine Wittwe und ein minorenner Sohn einen Drittel, eine majorenne elternlose Tochter einen Viertel, eine majorenne Tochter mit Eltern einen Sechstel, eine minorenne Tochter einen Neuntel. In ähnlicher Weise wurden die der kathol. Bürgerschaft zugefallenen Antheile der Leprosen-, Spital- und Spendgüter vertheilt.

Im August wurde zum Verkaufe vereinzelter Grundstücke und einiger entbehrlicher Fahrnisse geschritten und ein Erlös von 14,713 Gulden erzweckt. Unter den veräußerten Grundstücken waren: der Herren Einfang sammt Trotte, die Stadtreben im Gänsacker, im Lueden und bei Murkhard, die gegen Huben hin gelegenen Aecker und Wiesen des Hofes Murkhard, die Ziegelhütte. Da diese Besitzungen bei der herkömmlichen Verwaltungsweise der gemeinen Bürgerschaft im Grunde sehr wenig eingetragen hatten, wurde ihre Veräußerung auch von Wenigen bedauert.

Da unterdessen die noch widerstrebenden Gebirgsgegenden, durch die französischen Waffen gezwungen, sich der helvetischen Gesetzgebung gefügt hatten, wurde auf den 23. August ein allgemeines, helvetisches Freiheitsfest angeordnet. In Frauenfeld veranstaltete der immer noch provisorische Gemeinderath, nämlich die Sicherheitskommission, eine glän-zende Feier desselben. Der Kantonsstatthalter, sein Unterstatthalter, die sämmtlichen Mitglieder der thurgauischen Verwaltungskammer, des Kantonsgerichts und des Distriktgerichts und die innerhalb des Distrikts wohnenden Geistlichen wurden Mittags auf Kosten der Stadt bewirthet und Abends der Bürgerschaft ein Trunk gegeben mit Wurst und die Töchter von Stadt und Land zu einem Balle versammelt. Mit Zu-versicht auf eine friedliche Zukunft des wiedergeborenen Vaterlandes hinausblickend, pries man begeistert die allgemeine Freiheit und Gleich-heit und gegenseitige Bruderliebe.

Anders aber war im Rathe der Vorsehung beschlossen.

Zu rechter Zeit noch wurde durch die helvetische Gesetzgebung der weitern Vertheilung der Gemeindegüter ein Ziel gesetzt. Vertheilt durften die als Weidgang benutzten Almenden werden, aber nicht zu Eigen-thum, sondern zu Verleihung und Urbarisirung, in ähnlicher Weise, wie es schon vor Jahrhunderten und erst noch 1770 bei der Landvertheilung zu Rebgeländen, Hanfäckern und Kartoffelplätzen geschehen war. Die zu solcher neuen Vertheilung und Verleihung verwendbaren 114 Zucharten Landes waren die obere Allmende an der zwischen dem Schönenhofe und dem Hehrenberge ausgestreckten Berglehne, und das zum Theil schon entwaldete an das Burgerholz anstoßende Eichenholz. Laut Gemeindebeschluß wurden auf den Antrag der ökonomischen Kommission diese 114 Zucharten kulturfähigen Bodens in 11 Loose eingetheilt, eines dieser Loose zu künftiger Verwendung vorbehalten, die anderen 10 Loose an Gruppen von 12 Bürgern überwiesen, welche sich in das ihnen zugefallene Loos zu theilen hätten. Die weitern Bestimmungen über die Unverkäuflichkeit, die Benutzung, den Rückfall dieser Gemeindstheile waren so, daß die Kommission, welche das schwierige Geschäft durchgeführt hatte, sich mit Recht das Zeugniß geben konnte, diesen Theil ihrer Aufgabe zum Wohle der Nachkommen gelöset, diese Theile der Gemeindegüter vor Verschleuderung bewahrt zu haben.

Was dagegen an Kapitalien unter die Bürger vertheilt worden war, das fraß der folgende Winter auf. Vom 1. Oktober bis zum 19. November und vom 14. Dezember 1798 bis Mitte Mai 1799 war Frauenfeld fast ohne Unterbruch von französischem Militär besetzt. Ein Schullehrer verzeichnete vom Mai 1798 bis Mai 1799 323, ein Schuster in derselben Zeit 357, der Doktor Dummeli 469 Quartiertage, Rathsherr Fehr 417 Offiziersquartiertage. In denselben Verhältnissen waren alle Einwohner belästigt, ungefähr jeder nach Stand und Vermögen, am meisten der Mittelstand.

Vielleicht hätte auch von den Gemeindsbehörden Wesentliches zur Erleichterung der Bedrängten gethan werden können; allein fortwährend blieb die Besorgung der allgemeinen Gemeindeangelegenheiten in den Händen der Anfangs gewählten Sicherheits-Kommission. Ihre Hülfsmittel waren durch die bürgerliche Gemeindeverwaltung sehr beschränkt, ihre Hingabe vielfach mißbraucht, ihr guter Wille ermüdet. Erst im Anfange des Mai 1799 konnte ein Munizipalitätsrath gewählt, mit gesetzlichen Vollmachten ausgerüstet werden. Dieser Munizipalrath beschränkte seine Wirksamkeit auf die Stadtgemeinde und die obern Höfe. Die andern Theile der ehemaligen Stadtgerichte hatten sich als Ortsgemeinden konstituirt, die entferntern an Gachnang, Aawangen,

Westhausen angeschlossen. Dr. J. A. Keller an der Spitze des Munizipalrathes erfaßte seine Aufgabe mit Umsicht und mit dem besten Willen,
als unerwartet die Kriegsheere Oesterreichs Alles, was seit einem Jahre
aufgebaut und errungen war, wieder zu Boden schlugen.

8. Das Treffen bei Frauenfeld. 25. Mai 1799.

Was die französische Armee veranlaßt hatte, abermals in diesen
Gegenden sich festzusetzen, war nicht sowohl die Sicherung der helve-
tischen Zentralregierung gegen ihre einheimischen Gegner, als vielmehr
der Wiederausbruch des Krieges zwischen Frankreich und Oesterreich.
Allerdings lag es in den Absichten Oesterreichs, den Franzosen die
Schweiz zu entreißen; es zählte auch darauf, in der Bevölkerung, na-
mentlich der Gebirgskantone, Unterstützung zu finden; im Grunde
aber handelte es sich um die Machtstellung der beiden Regierungen
Frankreichs und Oesterreichs und war die Schweiz das unschuldige
Opfer, auf dessen Boden der blutige Kampf ausgefochten werden sollte.

Das am 23. Mai 1799 bei Frauenfeld vorgefallene Treffen ist
in seinem ganzen Verlaufe mit ganz besonderer Rücksicht auf die bezüglichen Oertlichkeiten von Ingenieur J. Sulzberger beschrieben worden.
Auf seine Beschreibung fußt sich auch die in der thurgauischen Kriegs-
geschichte enthaltene Mittheilung, welcher auszugsweise folgender Bericht
enthoben ist.

Am 19. Mai hatten die französischen und helvetischen Truppen
ihre Stellung im Rheinthale aufgegeben und vor dem Andringen des
österreichischen Generals Hotze in der Richtung nach Zürich sich zurück-
gezogen. Gleichzeitig ließ der österreichische Feldherr Erzherzog Karl
seinen General Nauendorf bis in die Nähe von Stein, den General
Pinzel bis Constanz vorrücken. Während der erste am 21. Mai bei Stein
über den Rhein setzte, die Franzosen, um von ihrer Hauptarmee nicht
abgeschnitten zu werden, von Frauenfeld nach Winterthur zurückgingen,
nahm folgenden Tages eine von General Pappenheim befehligte
Schwadron Grenzhusaren und ein ungarisches Infanterie-Regiment bei
Pfyn Stellung und besetzte Frauenfeld. Hier sollte dann auch eine
Kolonne des Generals Hotze, von Petrasch befehligt, von St. Gallen

her eintreffen, um vereinigt mit Pappenheim nach Winterthur vorzubringen.

Dieser Vereinigung der österreichischen Streitkräfte zuvorzukommen,
beauftragte der französische Obergeneral Massena die Generale Soult
und Oudinot. Soult sollte als Reserve bei Winterthur stehen bleiben,
Oudinot der von Petrasch geführten Avantgarde des Marschalls Hotze
entgegen gehen. General Oudinot hatte unter seinem Befehle ungefähr
14,000 Mann, bei denselben die helvetische Legion, geführt von General-
Adjutant Weber, und eine Kompagnie Scharfschützen, von Bleuler aus
Küsnacht. Als er am 23. Mai von Winterthur ausrückte, stießen
seine Vorposten schon um fünf Uhr Morgens zwischen Islikon und
Niederwyl auf die feindlichen Vorposten; bei weiterm Vorgehen wurden
die auf dem Wannenfelde aufgestellten Truppen Pappenheims auf die
rechte Seite der Thur und in die Stadt zurückgedrängt. Dies geschah
mit solchem Nachdrucke, daß die Franzosen den Oesterreichern unmittelbar auf dem Fuße nachfolgten und mit ihnen in die Stadt
eindrangen. Als nun der linke Flügel Pappenheims den Franzosen
ausweichend das Rügerholz und Huben besetzte, wurde der rechte Flügel
über Langdorf und Oberkirch bis an die Thur hinaus verfolgt, so daß
er sich gezwungen sah, jenseits bei Pfyn eine sichere Stellung zu suchen.
Es war dies schon um etwa halb neun Uhr Vormittags geschehen.

Unterdessen hatte eine andere Abtheilung Franzosen den linken
Flügel der Oesterreicher gezwungen, die Stellung am Rügerholz und
bei Huben aufzugeben und bis Wühl sich zurückzuziehen, als von Wyl
her die Truppen des Generals Petrasch durch das Altholz hervor-
brachen und die Franzosen nöthigten, die gewonnenen Vortheile aufzugeben. Um halb zehn Uhr hatten sich die Oesterreicher zwischen der
Murg (auf dem Luedem) und dem Horntobel (bei Spycher) so aufgestellt, daß sie von Oberhuben her mit vier Geschützen das Gefecht
eröffnen konnten. Die Franzosen, von der Verfolgung des Generals
Pappenheim siegreich zurückgekehrt, griffen sie zwar vom Horntobel her
an und General-Adjutant Weber rückte auf der Straße nach Huben
vor, auch das Rügerholz wurde von den Franzosen wieder genommen.
Allein nach zweistündigem harten Kampfe, in welchem die helvetische
Legion ihren Befehlshaber Weber durch eine feindliche Kugel verloren
hatte, mußte General Oudinot sich auf die linke Seite der Murg zurück

ziehen. Die österreichische Artillerie machte sich nur noch das Vergnügen, noch 15—20 Schüsse auf Frauenfeld loszubrennen; aber nur die Vorposten rückten bis zur Stadt vor.

Auf die Nachricht, daß General Soult zu Hülfe eile, erneuerte General Oudinot das Gefecht schon um 1 Uhr, ohne jedoch die Oesterreicher aus ihrer vortheilhaften Stellung verdrängen zu können. Erst wie um drei Uhr General Soult heran rückte, das Bataillon Bodmer (von Stäfa), über Gerlikon entsandt, die Höhen an der Murg erstieg, das auf den Hungerbühl gebrachte schwere Geschütz die auf dem Luedem aufgestellten feindlichen Kanonen zum Schweigen brachte, der Bajonnetangriff der helvetischen Legion und des Luzerner Bataillons das österreichische Zentrum bei Brotegg sprengte, war um fünf Uhr der Sieg zu Gunsten der Franzosen entschieden und zogen sich die Truppen des Generals Petrasch in fluchtähnlicher Unordnung nach Matzingen zurück. Die Franzosen machten 12—1500 Gefangene; ihr eigener Verlust wurde aber auch auf 12—1400 angegeben, unter denselben 100 Mann der helvetischen Legion und 70 des Luzerner Bataillons. Der Verlust der Oesterreicher wurde auf 2400 Mann und 100—200 Pferde geschätzt.

Ungeachtet dieses Sieges führten Oudinot und Soult ihre Truppen folgenden Morgens schon bei Tagesanbruch nach Winterthur zurück. Sie mußten das thun, weil sie in Gefahr waren, durch die österreichische Uebermacht von ihrer Hauptarmee abgeschnitten zu werden.

Als Erinnerungszeichen des 25. Mai sind einige Kanonenkugeln in den Mauern der beiden Kirchen eingesetzt, damit auch die Nachkommen des gefahrvollen Tages nicht vergessen. Den Tod Webers bezeichnet ein an der Straße nach Huben aufgerichteter Granit.

Es mag sich daran die Erinnerung knüpfen, daß die Oesterreicher bald nachher als Siegespreis die bei Schwaderloh erbeutete, mit dem österreichischen Adler bezeichnete Kanone nebst andern Geschützen dem Stadtzeughause entführten. Sie lagen im Zeughause unter der Erde verborgen; aber ein geschwätziger Bürger, der von der Verwendung dieser Geschütze bei der Fronleichnamsfeier plauderte, ward ihr Verräther.

9. Die österreichische Uebermacht im Sommer 1799.

Während des Gefechtes vom 25. Mai hatte sich das Gerücht verbreitet, daß in Frauenfeld von den Einwohnern aus den Häusern auf die kaiserlichen Truppen gefeuert worden sei. Eine größere Anzahl Gefallener vor dem Oberthore schien diesen Verdacht zu bestätigen. Hätte sich die Thatsache erweisen lassen, so war Frauenfeld kriegsrechtlich der Plünderung und der Brandfackel verfallen.

Als am Morgen nach dem Treffen die Generale Oudinot und Soult ihre Truppen wieder nach Winterthur und dann nach Zürich zurückführten, um dem Vordringen der Uebermacht des Erzherzogs Karl auszuweichen, und am Abend die Generale Rosenberg und Kaunitz in Frauenfeld Quartier nahmen, ließ General Rosenberg, von jenem Verdachte erfüllt, seinem Zorn gegen den Munizipalitätsrath freien Lauf. Zuerst schimpfte er die Munizipalität aus: nicht so dürfe sie sich nennen, sondern Magistrat. Da diktirte er folgende Lieferungen: 8000 Rationen Brod, 4000 Rationen Haber, 4000 Rationen Heu, 15 Stücke Ochsen, 10 Saum Wein, 50 Klafter Holz, 300 Päckchen Tabak, ein auserlesenes Nachtessen für 10 Generale im Hirschen, 30 Offiziere in der Krone und 30 Offiziere im Kreuz. Wenn das alles, fügte er bei, nicht geschehe, möge das Städtchen sehen, was ihm widerfahre. Den Forderungen wurde möglichst entsprochen, sagt das Protokoll der Munizipalität. Zum Glücke für Frauenfeld zogen diese begehrlichen Gäste bald weiter dem Hauptheere zu.

Nun folgte auf das Kriegsgetümmel eine ungewohnte, fast peinliche Ruhe. In Frauenfeld war kein Bewaffneter mehr, weder Franzose noch Oesterreicher. Auch kein Schweizer oder Einheimischer durfte bewaffnet erscheinen, wenn er nicht als verrätherischer Parteigänger angesehen sein wollte. In der Umgebung aber schwärmten Nachzügler umher und räuberisches Gesindel, wie es den Kriegsheeren zu folgen pflegt. Von solchen Leuten mußte das Schlimmste befürchtet werden. Man ging daher mit dem Kantonsstatthalter zu Rathe und ersuchte ihn, bei der österreichischen Generalität in Konstanz um eine Sicherheitswache für Frauenfeld zu bitten. Als gewandter Geschäftsmann, der bereits mit dem österreichischen Heerführer Verbindungen angeknüpft hatte, wußte er die Bewilligung der verlangten Sicherheitswache auszuwirken.

Am 31. Mai traf die erbetene Sicherheitswache ein, 30 Mann stark, vom ersten Linien-Infanterie-Regiment Kaiser Nr. 1, aus der in Bischofszell stationirten Kompagnie des Hauptmanns von Sauer. Der Offizier dieser Sicherheitswache hatte den Auftrag, in Frauenfeld nicht nur allen militärischen Erzessen Einhalt zu thun, sondern die Erzedenten in das Hauptquartier nach Winterthur zu liefern. Dem Begehren des Offiziers, daß ihm noch sechs (mit der Gegend bekannte) Milizen aus der Munizipalität beigegeben werden, wurde bereitwilligst entsprochen und die ganze Mannschaft im Rathhause einquartirt.

Zum Danke für diese Begünstigung und um sich völlig von dem durch die Augsburger Zeitung verbreiteten Verdachte zu reinigen, wurde eine Deputation zu Erzherzog Karl zu senden beschlossen und wieder der Kantonsstatthalter Gonzenbach sie zu begleiten gebeten. Mit ihm übernahmen den Auftrag Schultheiß Rogg, Landschreiber Reding und Stadtschreiber Vogler, nur Leute des abgetretenen Stadtregiments.

Am 10. Juni zog der Befehlshaber der Sicherheitswache, Ober-lieutenant Graf von Gallenberg, mit seiner Mannschaft wieder ab. Er hatte sich so verbindlich benommen, daß man ihm 66 Gulden Gratifikation zu geben sich verpflichtet fühlte. Er übernahm es auch, eine Widerlegung jenes verläumderischen Artikels an die Redaktion der Augsburger Zeitung zu befördern und mit eigenem Begleitschreiben zu versehen.

Diese von der österreichischen Generalität gewährte und von dem Grafen Gallendorf so dankenswerth vollzogene Begünstigung reichte jedoch nicht hin, die Bevölkerung mit den Oesterreichischen auszusöhnen. Man fand sich veranlaßt, nicht nur einzelnen Männern ihre über die-selben ausgestoßenen beleidigenden Aeußerungen zu verweisen, sondern durch eine von Haus zu Haus getragene Publikation vor solchen ge-fährdenden Ausbrüchen des Unwillens zu warnen, während zu gleicher Zeit der Munizipalrath 14 Schanzenarbeiter nach Paradies liefern mußte und bei der Gemeinde die Erklärung abgab, daß alle finan-ziellen Mittel erschöpft und die Nothwendigkeit eingetreten sei, durch eine Steuerauflage und durch Herbeiziehung der benachbarten Munizi-palitäten und der übrigen Bezirke die unentbehrlichen Gelder und Armee-lieferungen herbeizuschaffen. Diese Forderung zu stellen, glaubte der Munizipalrath um so mehr berechtigt zu sein, da die in Frauenfeld

eingelagerten österreichischen Kürassiere für den ganzen Kanton be=
stimmt seien; aber niemand weder in der Nachbarschaft noch in andern
Bezirken wollte oder konnte hülfreiche Hand bieten. Ueberall behauptete
man, bereits mehr abgegeben zu haben, als man entbehren konnte.

Neben dieser allerdings nur zu sehr begründeten Entschuldigung
wirkte mit die Aussicht, daß die von den Franzosen für empfangene
Lieferungen ausgestellten Gutscheine höchst wahrscheinlich nie eingelöst
werden, also verlorenes Kapital seien; ferner die rückgängige Bewegung
der ehemaligen Gewalthaber des Landvogteiregiments, welche die helve=
tischen Behörden zu verdrängen suchte. In Frauenfeld selbst fragten
sich sogar der Präsident und die Mitglieder des Munizipalrathes, ob
nicht die Zeitumstände dazu angethan seien, die alte Ordnung wieder
einzuführen. Auch der Kantonsstatthalter wußte keinen bessern Rath
zu geben; im Gegentheil ermunterte er die Bürgerschaft Frauenfelds,
an einer Konferenz der Gerichtsherren zur Berathung einer neuen
Landesverfassung Theil zu nehmen; nur, meinte er, sollte man dem
Landmann mehr Rechte und Freiheiten zugestehen, als er früher hatte.

Eine Gemeindeversammlung gab am 25. August diesen Ansichten
und Räthen ihren Beifall, beauftragte den Unterstatthalter Rogg, den
Schultheiß Fehr und den Munizipalitätspräsidenten Keller theils mit
der Vorberathung zum Bezuge einer Vermögenssteuer, theils mit der
Theilnahme an der Gerichtsherrenkonferenz, und faßte endlich den
durchgreifenden Beschluß, die Stadtregierung wieder an Schultheiß
und Rath übergehen zu lassen.

Nur wenige Tage jedoch leuchtete dieses Gestirn. Nach der Nieder=
lage der den Oesterreichern zu Hülfe gekommenen Russen bei Zürich
nahm Erzherzog Karl den Rückzug über den Rhein, und mit der
Wiederbesetzung des diesseits gelegenen Landes durch die Franzosen
traten auch die helvetischen Autoritäten wieder in Wirksamkeit.

Für den Munizipalrath von Frauenfeld, der seine Geschäfte eben=
falls wieder aufnahm, war unterdessen die Bürde nicht leichter ge=
worden. Allerdings waren zwei Steuern nach alter Uebung der
Selbsttaxation großen Theils bezogen, eine dritte Steuer von einer
großen Zahl der Steuerpflichtigen nicht eingeliefert worden; wenn aber
auch alle Restanzen noch erhältlich waren, so reichte das Ergebniß
nicht aus, die Schulden zu zahlen und die Kasse zu Bestreitung der

in nächster Zeit bevorstehenden Ausgaben mit Vorrath zu versehen. Die Gemeindeversammlung vom 6. November 1799 wollte aber auf alle ihr darüber gemachten Anträge nicht weiter eingehen, als zu beschließen, daß die Restanzen bezogen, diejenigen, welche zu wenig gesteuert hätten, höher angelegt und der von dem helvetischen Kriegsdepartement zurück geforderte Vorschuß von 2500 Franken für Gemeindebedürfnisse verwendet werden solle.

Mit diesen 2500 Franken verhielt es sich nämlich so. Sie waren zur Anwerbung von helvetischer Kriegsmannschaft für die 18,000 Mann Hülfstruppen bestimmt, welche die helvetische Republik vertragsgemäß der französischen Republik liefern sollte, und waren zu diesem Zwecke dem Munizipalrathe Frauenfeld eingehändigt worden, hatten aber wegen des Einfalls des österreichischen Heeres nicht mehr bestimmungsgemäß verwendet werden können und wurden nun zurück verlangt. Wiederholte Mahnungen hatte der Munizipalrath mit der Entschuldigung beantwortet, das Geld bei den unerschwinglichen Ausgaben für Einquartierungen und Naturallieferungen aufgebraucht zu haben. Der Kriegsminister beharrte jedoch auf der Zurückerstattung, setzte dazu als äußersten Zahlungstermin den 1. Jenner 1800 an und drohte mit Exekution. Einer solchen Schmach durfte Frauenfeld sich nicht aussetzen. Am 9. Dezember wandte sich der Munizipalrath abermals an den Minister Lanther, schilderte ihm neuerdings die drückende Noth, in welche die österreichische Okkupation die Gemeinde gebracht habe, versäumte auch nicht, entgegen zu halten, daß der größere Theil der Geldausgaben und Naturallieferungen nicht auf Rechnung der Gemeinde, sondern auf Rechnung des Kantons gemacht, aber von diesem auch noch nicht vergütet worden sei, auch die von Frauenfeld der helvetischen Regierung überlassenen, namentlich vom General Keller bezogenen Waffen und andere Ausrüstungsgegenstände im Anschaffungspreise ungefähr 3170 Franken betragen und wohl auch in Gegenrechnung gebracht werden möchten. Auf diese Vorstellung ging der Kriegsminister ein und verlangte vorläufig Beweise. Die zu diesem Zwecke beigebrachten Bescheinigungen zeigten, daß die abgelieferten 100 Berner Flinten und 22 Stutzer und Beigaben den Werth von 3258 Franken repräsentirten. Damit waren denn auch mit dem Anfange des Jahres 1800 die 2500 Franken ausgeglichen.

10. Fremder Druck und einheimische Hülfsbethätigung im Jahre 1800.

Die Wintermonate des Jahres 1799 auf 1800 hindurch blieb die Einquartierungslaft auf den Einwohnern des Bezirks und der Stadt Frauenfeld haften, jedoch in ziemlich erträglichem Maße; im Frühjahre aber, als sich die Kriegsschaaren der fränkischen Armee gegen Stein und Reichlingen hin zusammen drängten, um einen Rhein=übergang zu erzwingen, steigerten sich die Anforderungen wieder so, daß im Frühjahre 1800, vom 1. Mai bis zum 17. Juli, 30,051 Tage Einquartierung für die Mannschaft und 4559 Tage für die Pferde gezählt wurden und 576 Viertel Hafer, 53,034 Pfund Heu, 21,420 Pfund Stroh und 159 Klafter Holz, für 8534 Gulden Fuhr=werk und verschiedenes Andere, im Ganzen ein Werth von 42,316 Gulden, aus dem Bezirke Frauenfeld geliefert werden mußten. Indem sich der zwischen Frankreich und Oesterreich wieder ausgebrochene Krieg nach Schwaben und Italien zog, war der Schweiz, mit Ausnahme einiger Durchmärsche, wieder für einige Zeit Ruhe gegönnt.

Unterdessen war man auf verschiedenen Seiten edelmüthig bedacht, dem durch die fremden Kriegsheere herbeigeführten Elende zu steuern. In Frauenfeld trat eine Hülfsgesellschaft zusammen, die sich dieß zum Zwecke setzte. Der menschenfreundliche Kantons=Statthalter Sauter begünstigte das Unternehmen. Der damalige Lehrer der Lateinschule, nachherige Stadtpfarrer G. Kappeler war die Seele des Vereins; sehr thätige Gehülfen Dr. Sulzberger und R. Dummelin. Man besprach Zweck und Mittel öffentlich in dem seit dem Anfange des März wieder herausgegebenen thurgauischen Wochenblatte und forderte zu Beiträgen auf. Besonders wandte man sich um mildherzige Unter=stützung an den Hülfsverein der Stadt Zürich. Ein Hülfsmittel, die Noth der Armuth zu lindern, erkannte man in der Abschaffung des Straßenbettels, in der Eingrenzung der Armen in ihre Gemeinde und in der Verpflichtung jeder Gemeinde, ihren Armen Arbeit und Nahrung anzuweisen. Ein zweites Mittel, das zu benutzen dringend empfohlen und in Frauenfeld in Anwendung gebracht wurde, war die rumfordische Sparsuppe. Das dritte, besonders auf die Zukunft berechnete Mittel war die Anpflanzung der Kartoffeln und eine kluge

Sparniß in Verwendung der Gesäme. Endlich mußte der thurgauische Hülfsverein bei der Hülfsgesellschaft der Stadt Zürich zu bewirken, daß ihm bedeutende Vorräthe von Samenkartoffeln zur Vertheilung in die Gemeinden zur Verfügung gestellt wurden.

Ein solcher Hülfsverein mit seinen fremdartigen Räthen und freigebigen Anerbietungen war etwas so Neues, daß an vielen Orten das Mißtrauen seine Wirksamkeit schwächte; aber in der nächsten Umgebung, und besonders in Frauenfeld, freute man sich der dargebotenen Hülfe doppelt, weil sie es dem ärmern Bürger erst möglich machte, sein durch die Vertheilung der Almende gewonnenes Stück Land gehörig zu bepflanzen.

Dieses Beispiel, daß unter dem Drucke allgemeiner Noth der Sinn für Wohlthätigkeit neues Leben gewinnt, stand auch damals nicht vereinzelt. Auch in jenen Tagen sammelte man Verbandzeug für verwundete Krieger. Der Aufruf zur Unterstützung von 18 am 30. August 1800 abgebrannten Haushaltungen in Wuestenhäusli (Neuhausen) fand in Frauenfeld und in der Umgebung mitleidige Herzen.

Nur die unaufhörlichen Requisitionen zum Unterhalte der fränkischen Armee zu liefern, des Nothwendigsten sich zu entschlagen, ohne jemals auf Ersatz dafür hoffen zu können, dazu war den Bewohnern Frauenfelds die Geduld längst ausgegangen. Die sogenannte Requisitionskommission von Frauenfeld sollte die Lieferungen der Munizipalitäten sammeln und wenn die denselben auferlegten Lieferungen nicht eingingen, dieselben auf Rechnung der Säumigen anschaffen; allein die Rückerstattungen gingen läßig ein, die Ersatzpflicht wurde oft sogar bestritten, die von der Kommission darüber geführten Beschwerden höhern Ortes nicht gewürdigt. Dieß bewog die Requisitionskommission, als Lieferungen in das Rheinthal hinauf gefordert wurden, zu erklären: ihre Vorräthe seien erschöpft, sie nehme keine Bons oder Anweisungen mehr an, bis andere Bezirke ebenfalls entsprechende Leistungen machen. Dafür übertrug die Verwaltungskammer das Requisitionsgeschäft einem Kommissariat und kassirte die Requisitionskommission; die Präsidenten der Munizipalitäten aber erhoben gegen diese Kassation Protest und weigerten sich, die Befehle des Kommissärs zu vollziehen.

Allein was half das Alles? Eine Kompagnie in Schaffhausen stationirter schweizerischer Mannschaft wurde nach Frauenfeld und in andere störrische Gemeinden zur Exekution geschickt. Man mußte sich fügen. Vom 5. Oktober an bis Ende Novembers waren wieder alle Häuser von fränkischen Kriegern überfüllt. Gegen solche Militärgewalt war kein Protest zuläßig. Die gesammelten Vorräthe wurden lange vorher aufgezehrt, bevor die Frühlingstage des Jahres 1801 wieder aufdämmerten.

11. Centralität und Kantonalismus. 1801 und 1802.

Als im Jahre 1801 endlich durch den zu Lüneville im Februar geschlossenen Frieden der langwierige Kampf zwischen Frankreich und Oesterreich sein Ende erreichte und die schweizerische Selbständigkeit an- erkannt wurde, fiel für die fränkischen Machthaber aller Grund dahin, die Schweiz länger besetzt zu halten. Die Regierungsmänner der helvetischen Republik fanden Muße, die Mängel und Fehler des bis- herigen Regierungssystems zu besprechen und auf Verbesserung zu denken, die Gemeinden und Privaten, die erlittenen Verluste zu be- rechnen und das zerrüttete Gemeindewesen zu ordnen. Schon im Juli 1800 hatte der Obereinnehmer Dr. J. C. Freienmuth das Li- quidationsgeschäft für den Kanton Thurgau. Unschwer hielt es, die Ausweise zu sammeln, welche die Gemeinden für die erlittenen Ver- luste zu stellen hatten; jetzt sollten auch die Mittel herbeigeschafft werden, die Verluste zu decken. Der Friede sollte sie gewähren. Vorläufig aber blieb es den Gemeinden überlassen, sich aus ihren Nöthen so gut als möglich heraus zu arbeiten und die Forderungen der ein- zelnen Gemeindegenossen an die Gemeindekasse und unter sich aus- zugleichen.

Auch das ging jedoch nicht ohne neue Störungen vor sich. Um die namentlich auch vom Thurgau aus geforderte Vereinfachung der Staatseinrichtung zu erzwecken und den Kantonen mehr Selbständigkeit einzuräumen, wurde von der helvetischen Regierung eine neue Staats- verfassung in Antrag gebracht, laut welcher nur 17 Kantone bestehen und die Kantone Schaffhausen und Thurgau vereinigt werden sollten, daher im Juli 1801 aufgefordert wurden, eine gemeinsame Kantons- verfassung zu entwerfen. Obgleich von Anfang an im Thurgau keinerlei Neigung zu einer solchen Vereinigung vorhanden war, verstand man

sich dazu, eine Vereinbarung über die wesentlichsten Einigungsbeding=
nisse zu versuchen. Allein der Entwurf der beiderseitigen Abgeordneten
fand in keinerlei Weise Beifall, schon darum nicht, weil dem Grund=
satze der Trennung der öffentlichen Gewalten keine Rechnung getragen
war, dann aber auch darum nicht, weil man sich über den Regierungssitz
nicht verständigen konnte. Daß die Bevölkerung des Thurgaus einer
Verfassung, bei welcher möglicher Weise der Regierungssitz nach Schaff=
hausen verlegt würde, ihre Zustimmung verweigere, war so unzweifel=
haft vorauszusetzen, daß die Bürgerschaft Frauenfelds, die doch sonst so
eifersüchtig darauf war, den Regierungssitz festzuhalten, jeden Schritt
für überflüssig hielt, sich diesen Vorzug zu wahren.

Weil auch in andern Kantonen der neuen Konstituirung ähnliche
Mißbilligungen entgegen traten, wurde im folgenden Jahre der um=
gekehrte Weg eingeschlagen. Ein aus Abgeordneten sämmtlicher Kantone
zusammengesetzter Verfassungsrath sollte für jeden Kanton eine be=
sondere Verfassung ausarbeiten und erst, wenn diese einzelnen Kantons=
verfassungen genehmigt seien, die Verfassung für die helvetischen Ober=
behörden entwerfen. Im Thurgau fand dann aber namentlich die
Bestimmung heftigen Widerspruch, daß Dießenhofen dem Kanton Schaff=
hausen zugetheilt werden solle. Der Bezirk Dießenhofen selbst wies
dieses Ansinnen entschieden zurück. Noch weniger wollten sich die alten
Kantone in die ihnen zugedachten Einrichtungen fügen. Mehrere for=
derten die Rückkehr zu den vor 1798 bestandenen Ständeverfassungen.
Der Widerstand Berns nöthigte die helvetische Regierung, sich nach
Lausanne zurück zu ziehen.

Am 16. September erließ der Landammann Alois Reding im
Namen der demokratischen Kantone Uri, Schwyz, Unterwalden, Glarus
und Appenzell an den alt=Schultheiß Rogg in Frauenfeld eine Ein=
ladung, dafür zu sorgen, daß eine Abordnung der Stadt Frauenfeld
und eine Abordnung der Landschaft Thurgau zu einem allgemeinen
schweizerischen Kongreß auf den 26. September in Schwyz sich ein=
finden, um ohne Einfluß der helvetischen Regierung die Eidgenossen=
schaft neu zu konstituiren. Diese Einladung machte in Frauenfeld
und bei den Anhängern der alten Regierung, namentlich bei der
großen Menge der Unzufriedenen, tiefen Eindruck. Sie wurde auch
dem Regierungsstatthalter Sauter zugestellt. Da Zürich mit Reding

einverstanden war, erkannte der Regierungsstatthalter Sauter, daß ihm, da ihm die Verbindung mit der helvetischen Regierung abgeschnitten sei, kein anderes Mittel übrig bleibe, als seine Gewalt in die Hände von Abgeordneten der Distrikte niederzulegen und denselben anheim zu stellen, ob sie die Konferenz in Schwyz beschicken wollen oder nicht. Diese bestellten nun eine Interimsregierung und sandten Anderwert und den ehemaligen Regierungsstatthalter Gonzenbach nach Schwyz ab. Zur Vertheidigung der neuen Ordnung der Dinge begann man, eine Streitmacht von 20,200 Mann zu organisiren, wozu Thurgau 500 Mann stoßen lassen sollte. Die ehemaligen geistlichen und welt= lichen Gerichtsherren und die begeistertsten Freiheitsmänner waren mit= einander einverstanden, daß nunmehr die Zeit gekommen sei, die freieste und wohlfeilste Verfassung einzuführen, nämlich eine Landsgemeinde= verfassung nach dem Muster von Appenzell. Besonders im obern und hintern Thurgau rief Alles nach einer Landsgemeinde. In Frauenfeld erhob sich eine leidenschaftliche Parteisucht. Nach dem alten Regimente von Schultheiß und Rath sehnten sich zwar Wenige; aber wer das Heil nicht aus Schwyz erwarten wollte, wurde als Blinder oder als Verräther verdächtigt. So der Unterstatthalter Rogg, der Advokat Rogg, der Munizipalitätspräsident Sulzberger, der Sekretär Ammann, R. Dummelin zum Schwert, der Stadtschreiber Vogler, der Gerichts= schreiber Müller, der Präsident Neuwiler, Felix Sulzberger, die beiden Pfarrer Sulzberger und Kappeler.

Für die Konferenz von Schwyz gestimmt waren dagegen die Mitglieder der Interimsregierung, auch Major Reding, die Sekretäre Eberhard und Hirzel. Die letztern standen sogar in Verbindung mit dem in Winterthur stationirten zürcherischen Kommandanten Holzhalb und sollen mit ihm die Möglichkeit besprochen haben, die gutgesinnten Thurgauer mit einigen hundert Mann besetzen und ihre Gegner in Frauenfeld nach Zürich abführen zu lassen.

Allein der Konsul Bonaparte warf sein Machtwort dazwischen, sandte den General Rapp zum Schutze der helvetischen Regierung und forderte Abgeordnete der Kantone zu sich nach Paris, um zwischen ihnen eine Verfassung zu vermitteln. Die Konferenz von Schwyz stob auseinander und der thurgauische Regierungsstatthalter nahm mit dem Ende Oktobers seine Amtsgeschäfte wieder auf. Das Landsgemeindefieber

war vorbei. Seinem Befehle Nachdruck zu geben, ließ der Konsul
nicht nur wieder die Hauptorte der Schweiz durch fränkische Truppen
besetzen, sondern zugleich eine allgemeine Entwaffnung vornehmen. In
Frauenfeld wurden 27 Jagdflinten, 1 Doppelflinte, 6 Karabiner, 7
Musketen, 31 Ordonnanzgewehre und 4 Pistolen ausgeliefert.

Vierzehnter Abschnitt.

Neuere und neueste Zeit.

Bemerkung. Durch die Vereinigung Frauenfelds mit der Landschaft
Thurgau wurden alle hoheitlichen Rechte und Privilegien der Stadt Frauenfeld aufgehoben, die weitere Entwicklung ihrer eigenthümlichen Rechtsverfassung
hiemit abgeschnitten. Die ferneren Geschicke Frauenfelds sind nun bedingt
durch die Gesetzgebung und staatliche Entwicklung des Kantons Thurgau,
in dessen Organismus zwar Frauenfeld als Hauptort eine wichtige Stellung
einnimmt, als Ortsgemeinde aber in Rechten und Pflichten allen andern
Gemeinden gleich steht. Aus diesem Grunde kann daher auch die Geschichte
Frauenfelds von 1803 an nicht in derselben Gestalt fortgeführt werden,
wie die Geschichte der früheren Zeiträume. Die Verfassungsänderungen des
Kantons erscheinen nun als die auch für die Geschichte Frauenfelds maßgebenden Epochen fortschreitender Entwicklung des Gemeindelebens, um so
mehr, da jene Verfassungsänderungen jeweilen die Stellung der Stadt
Frauenfeld als des Hauptortes zu bedrohen und zu ändern pflegten und
gerade dadurch eine wohlthätige Reaktion in den Bewohnern Frauenfelds
hervorriefen.

1. Frauenfeld als Hauptort und Ortsgemeinde.

Als nach allen Wirren und Schwankungen der helvetischen Regierungszeit mit der von Napoleon diktirten Mediationsverfassung auch
für den Kanton Thurgau ein gesicherter Zustand eintrat, war eine der

erften Aufgaben der Kantonsregierung, das dem Kanton zugefallene Gebiet durch die Eintheilung desselben in Bezirke, Kreise, Munizipal= gemeinden und Ortsgemeinden zu organisiren.

Frauenfeld, als Hauptort des Kantons bestätigt, wurde nun zu= gleich als Hauptort des Bezirks Frauenfeld bestimmt, die Munizipal= gemeinde Frauenfeld, mit der Munizipalgemeinde Gachnang zu einer Kreisgemeinde verbunden, selbst auf die Umgrenzung der Kirchgemeinde beschränkt und in die Ortsgemeinden Frauenfeld, Huben, Herten, Lang= dorf, Kurzdorf und Horgenbach abgetheilt.

Während jene Eintheilung in Bezirke, Kreise und Munizipal= gemeinden die Bürgerrechtsverhältnisse nicht berührten, blieb in der Ortsgemeinde das Bürgerrecht die Grundlage politischer Berechtigung, war daher auch die herkömmliche Gemeindeflur für die Abgrenzung der Ortsgemeinde Frauenfeld maßgebend. Erst im Jahre 1812 wurden die Höfe und Güter Jungholz und Algisser sammt Valentinshaus, und 1849 Aumühle und Schönenhof der Stadtgemeinde Frauenfeld zu= geschieden und erhielt die Ortsgemeinde die gegenwärtig bestehende Umgrenzung.

Ausgehend von der alten Grenzmarche bei der Schmiede in Lang= dorf, in der Richtung auf die ehemalige Kreuzmarche bei der Straßen= scheide von Huben und Neuhausen, umzieht die Marchungslinie das Gut Algisser, steigt bei jener alten Kreuzmarche die Straße hinauf bis zu dem vom Hofe Brotegg herunter führenden Strößchen und ver= läuft dann in westlicher Richtung durch die Reutenen hinunter an die Murg und längs der Murg bis nahe an die Furt der Straße nach Aadorf oder bis an die Marchungen des Hofes Aumühle. Von hier überschreitet sie den Hundsrücken, setzt oberhalb dem Mühlenwehr über die Murg die Halde hinauf und wendet sich wieder westlich, weicht sodann nördlich den Hof Hungerbühl aus, biegt sich wieder nord= westlich, um das Oberholz, das Burgstall Blumenstein, das Schollen= holz und den Weiler Schönenhof einzuschließen. Von hier geht sie quer über die Winterthurer Straße auf die Ebenen des Wannenfeldes herunter und dann in fast rechtwinkliger Wendung und östlicher Rich= tung an die Murg zurück, um längs der Murg die von Langdorf herunter kommende Feldstraße zu erreichen und an derselben zu ihrem Ausgangspunkte hinauf zu steigen.

Verglichen also mit dem ursprünglichen Weichbilde innerhalb der vier Kreuze erhielt die Ortsgemeinde Frauenfeld einen ungefähr fünf= fachen Flächenraum. Ein großer Theil ihrer Gemeindegüter aber blieb außerhalb dieser Umgrenzung: das Eichholz und Burgerholz mit dem Hochgericht in der Gemeinde Kurzdorf, das Rügerholz und Murkhard in der Gemeinde Huben, das Altholz und Heiligland u. s. w. in den Gemeinden Maßingen und Aawangen.

Als Hauptort des Kantons hatte Frauenfeld gegen die Kantons= behörden hinsichtlich der Gebäulichkeiten dieselben oder vielmehr noch größere Verbindlichkeiten, als ehemals gegen das Landvogteiamt. Dem Staate war das Schloß, die einstige Residenz des Landvogtes, als Erbe zugefallen; das Reding'sche Kanzleigebäude erwarb er durch Kauf. In Ermanglung anderer Staatsgebäulichkeiten wurde also nicht nur für die Versammlungen des Großen Rathes, sondern auch für die Gerichts= und Administrativbehörden das städtische Rathhaus in An= spruch genommen; ebenso das städtische Gefangenschaftsgebäude und das Hochgericht für die Kriminalbehörde und das städtische Zeughaus für die kantonalen Waffenvorräthe. Die Bürgerschaft als Eigenthümerin aller dieser Lokalitäten ließ sich diese dem Staate gemachten Zugeständ= nisse um so lieber gefallen, da jene Gebäulichkeiten ihr theilweise ent= behrlich waren, ihr eine wenn auch kleine Entschädigung für Benützung derselben zugesichert wurde, endlich der mittelbare Vortheil, den die Bewohner Frauenfelds von dem Aufenthalte des Personals dieser Be= hörden bezog, den Werth jener Entschädigungen überwog.

Mehr als irgend ein anderer Ort des Kantons durch die Kriegs= kosten von 1798—1802 beschwert, war Frauenfeld ganz erschöpft aus den Stürmen der Revolution hervorgegangen. Einzelne Bürger mochten sich bei dem lebhaften Verkehr bereichert haben; der gemeine Bürger aber hatte seine Ersparnisse aufgebraucht und von den Gemeindegütern war wenig mehr übrig geblieben als die Grundstücke und Gebäulich= keiten nebst 55 Mütt 2½ Viertel Kernen und 4 Mütt Haber Grund= zinse und die Erträgnisse der Zölle.

Die der Stadt gehörigen Gebäulichkeiten waren: das Gemeinde= haus, das Zeughaus, das Thurmgebäude, ein Wohnhaus bei dem Oberthore, das Schützenhaus, das Spital, das Werkhaus, das Siechen= haus, der Keller mit dem Holzhaus, das Schlachthaus mit der Laube

und dem Wachthäuschen, zwei Waschhäuſer, der Thurm ſammt Laube
bei dem Holderthore, Haus und Wirthſchaftsgebäude des Scharfrichters
in Kurzdorf, Haus und Wirthſchaftsgebäude des Hofes Murkhard.
Mit dem auf 10,000 Gulden gewertheten Gemeindehauſe waren dieſe
Gebäulichkeiten alle eingeſchätzt auf 14,590 Gulden.

Die zu dieſen Gebäulichkeiten gehörigen Gärten und Wieſen
ſammt Almenden, im Ganzen 111 Jucharten, waren eingeſchätzt auf
4902 Gulden.

Die Waldungen bei Murkhard (116), im Burgerholz (66),
Schollenholz (18), Oberholz (100), Schindgarten (12), Ruegerholz
(60), zuſammen 472 Jucharten, waren eingeſchätzt auf 13,060 Gld.

Dagegen haftete auf dem Gemeindehauſe noch 6500 Gulden
Bauſchuld.

Endlich wurde die Gemeinde am 14. Juni 1803 zu Bezahlung
einer 35=fachen Anlage aufgefordert, jede angeſetzt auf 44 Gulden,
21 Kreuzer, hiemit . . . . Gldn. 1552. 15
Ferner ſollte laut Gemeindebeſchluß der dritte
Theil der geſammten Anlage der Ortsgemeinde
aus dem Stadtärar bezahlt werden . . .   „ 7849. 10

                                       9400. 25
Daran wurden abgetragen in Geld und durch
Gegenrechnung . . . .   „ 6343. 47½
So daß noch reſtirten . . . .   „ 3056. 37½
Davon gingen jedoch ab die der Munizipalität
vom Mai 1800 bis dato von der Gemeinde
gemachten Vorſchüſſe . . . .   „ 2378. —
                                        „ 678. 37½

Als am 29. Juli 1803 zwei vom Tauſend Steuer bezahlt werden
ſollten, vereinbarte man ſich mit der Munizipalität, daß, weil die
Stadtgebäude und das Haus des Scharfrichters von dem Kanton be=
nutzt werden, das Steuerkapital der Stadt auf 25,000 Gulden an=
geſetzt werden ſolle.

2. Die Jahre 1803—1813.

Wie nur wenige von den zahlreichen bürgerlichen Geschlechtern, welche bei dem Verschlusse des Bürgerrechtes vor zwei Jahrhunderten geblüht hatten, noch übrig waren, hat sich aus den Namen und Zahlen ergeben, welche (siehe S. 413) bei der Vertheilung der Bürgergüter verzeichnet wurden. Mehrere jener Geschlechter sahen ihrem Erlöschen ebenfalls entgegen.

Der frühere Grundsatz, daß nur der Bürger zum Häuserbesitz berechtigt, für den Ansaßen der Hausbesitz durch das Zugrecht des Bürgers bedingt sei, hatte der neuen Gesetzgebung weichen müssen; und wenn man jenen Grundsatz auch noch hätte festhalten wollen oder können, so waren der Bürger nicht mehr genug, um die ganze Häuserzahl zu bevölkern. Die Vorrechte, die den verbürgerten Handwerker und Geschäfts=mann vor der Konkurrenz der Ansaßen und Fremden geschützt hatten, waren abgeschafft; gesetzlich konnte keine Gemeinde mehr dem Nicht=bürger, der sich in das Bürgerrecht einkaufen wollte und unbescholtenen Rufes war, gegen Leistung der Einkaufstaxen den Zutritt verweigern. Dadurch waren die hauptsächlichsten Gründe, die unter der alten Ord=nung der Aufnahme neuer Bürger im Wege gestanden hatten, gehoben und kam bei den Bürgern der Entschluß zur Reife, das Bürgerrecht wieder zu öffnen. Schon am 27. Februar stimmte also die Gemeinde dem erneuerten Antrage bei, jedem Schweizerbürger, der den Besitz von 10,000 Gulden vorweisen könne, das Bürgerrecht für 500 Gulden in die Gemeindekasse und 100 Gulden in die Commune zu öffnen und ihm zu Erbauung eines Hauses in der Stadt alles Bauholz oder, wenn in einer Vorstadt gebaut werde, zwei Drittheile desselben un=entgeltlich anzuweisen. Man war sogar erbietig, für Gewerbsmänner diese Bedingungen noch zu ermäßigen. Ungeachtet aber mehrere An=meldungen eingingen, war kein Vertrag zu Stande gebracht, kein neuer Bürger aufgenommen worden. Endlich kam der Beschluß in auszeich=nender Weise 1807 dadurch zur Vollziehung, daß das Bürgerrecht den Regierungsräthen Morell, Anderwert, Hanhart, Freienmuth, Mahr, Reding, Scherb und Wepfer und dem Appellationsgerichts=Präsidenten Ammann als Zeichen hochachtungsvoller Huldigung für die um den

Kanton und um die Stadt Frauenfeld erworbenen Verdienste geschenkt wurde.

Die Festlichkeit, mit welcher der Eintritt der Regierungsräthe in
die Bürgerschaft gefeiert wurde, weckte bei den Bürgern die Erinnerung
an die unter der alten Ordnung der Dinge genossenen Räthenschenken
und Konstafelmähler und führte zu dem Entschluß, die Konstafel-
gesellschaft wieder herzustellen. Daß abermals eine allgemeine Trinkstube als Versammlungsort allabendlicher Unterhaltung eingerichtet
werde, schien jedoch den bestehenden Verhältnissen nicht mehr angemessen,
wohl aber ein mit der jährlichen Vorlage der Rechnungen und mit
der Wahl der Stadtverwaltung verbundener Abendtrunk. So brachte
es ja auch die allgemeine Landessitte mit, den Gemeinderechnungstag
als Bächtelistag*) zu feiern. Diesen Bürgertag in geziemender Weise
begehen zu können, wurden die Reste des alten Konstafelfondes bestimmt
und jedem Bürger, der sich dabei betheiligen wollte, die Zurückzahlung
der bei der Vertheilung des alten Fonds ihm zugefallenen Quote oder
doch eines Theils derselben zur Bedingung des Beitritts gemacht.
Dabei wurde aber zugleich in Aussicht genommen, daß dieser neue
Konstafelfond, wenn er zu Kräften komme, als bürgerlicher Hülfsfond
namentlich bei außerordentlichen Ehrenanläßen benutzt werden dürfe.

Wenn mancher bejahrtere Bürger hoffen mochte, durch die Aufnahme der Regierungsräthe und anderer einflußreicher Häupter des
thurgauischen Staatswesens bei Verleihung von Aemtern die besondere
Gunst den Bürgern Frauenfelds zuzuwenden, mußte er sich freilich in
gar vielen Fällen getäuscht sehen. Der Bewerber waren zu viele,
um die Bürger Frauenfelds vor andern aus berücksichtigen zu können.
Diese Wahrnehmung drängte zu der Frage, ob der bürgerliche Wohlstand nicht eine zuverläßigere Grundlage erhalten müßte, wenn Gewerbe
und Handel befördert, wohlhabende, unternehmende, gewerbfleißige
Ansaßen bürgerrechtlich für das Wohlergehen der Gemeinde interessirt
würden. Daher wurden, noch bevor das Gesetz von 1812 die Einkaufstaxe

---

*) Ob die Benennung Bächtelistag von dem Grafen Bertold von Zähringen
oder von der altdeutschen Göttin Bertha abzuleiten, daher Bertelistag oder Bertolds-
tag das richtigere Wort sei, haben die Geschichtsforscher noch nicht entschieden.
Immerhin war diese Benennung des Jahrrechnungstages in Frauenfeld selbst
nicht gebräuchlich, sondern die Räthenschenke richtete sich nach dem Hilariustag.

für das städtische Bürgerrecht Frauenfelds auf 800 Gulden ansetzte, schon 1810 einige Niedergelassene durch Einkauf in das Bürgerrecht aufgenommen und die Namen N. von Reding, Wyler, Ammann, Debrunner, Ehrensperger in das Bürgerverzeichniß eingereiht. Dem befreundeten Nachbar Egg, Besitzer der Aumühle, wurde 1810 und dem Fabrikbesitzer B. Grüter von Islikon, der bereits eine Filiale seines Kattungeschäftes bei der Schloßmühle zu errichten im Begriffe war, 1813 das Bürgerrecht als Geschenk dargeboten.

Gleichzeitig mit dem Einkaufe der neuen Bürger in die Pflegschaftsgüter entschloß sich die evangelische Kirchgemeinde, eine Orgel in die evangelische Kirche anzuschaffen. Herr Grüter aber glaubte, die Schenkung des Bürgerrechts nicht blos durch Erweiterung seines Filialgeschäfts in Frauenfeld, sondern auch durch Verschönerung der städtischen Umgebung verdanken zu sollen. Er erbat sich die Erlaubniß, den vom Holderthore bis zum obern Thore reichenden Wall abtragen, den sumpfigen Graben ausfüllen und bei den beiden genannten Thoren geräumige Feuerteiche anlegen zu lassen, und stellte so die Grabenpromenade her, gleichsam als ein Zeichen, daß die enge Schnürbrust, die so lange die Stadt umschlossen hielt, nun gesprengt und einer freiern Bewegung der Kräfte und des Gedankens Thüre und Thor geöffnet sei. Durch die gleichzeitige Wegräumung der den Verkehr hemmenden Vorwerke der Thore bezeugte die Bürgerschaft, daß sie selbst mit der Deutung dieser Neuerung einverstanden sei.

Der Zutritt so vieler neuer Elemente mußte auch auf das gesellige Leben einen vortheilhaften Einfluß ausüben. War die Sitte schon am Ende des vorigen Jahrhunderts gelockert, so konnte der Aufenthalt der zahlreichen namentlich französischen Kriegsmannschaft in der Revolutionsperiode die Entartung nur noch steigern. Es gehörte damals zum hohen Tone, mit französischem Leichtsinn über alle Schranken sich hinweg zu setzen, wie in den größern Städten der Schweiz, so auch in der bescheidenen Hauptstadt des Thurgau's. Durch Gesetze und Sittenmandate ließ sich hierin wenig ändern, obwohl geistliche und weltliche Behörden, wie einst Schultheiß und Rath, Versuche dazu machten. Die Spielsucht hinter verschlossenen Thüren und wilder Muthwille in den Fastnachttagen konnten nicht so leicht verbannt werden. Mehr wirkte das Beispiel der beiden Regierungspräsidenten.

Morell's schöngeistige Liebhaberei für feinere Geselligkeit im Kasino und im Liebhabertheater verbesserten den Geschmack; vor Anderwerts schonendem Ernst zog sich die rohe Ausgelassenheit schüchtern zurück.

Für die geistige Hebung der Einwohnerschaft Frauenfelds von großem Einfluße waren aber namentlich die beiden evangelischen Geistlichen, Georg Kappeler, als Stadtpfarrer, und Melchior Sulzberger, beide in Charakter und Lebensanschauung verschieden, gleichwohl einig, wo es galt, in Kirchen-, Schul- und Gemeindewesen das Gute zu fördern. Ohne das Unterrichtspersonal zu vermehren, wußte Kappeler die Primarschule so umzugestalten, daß sie einige Jahre hindurch die Stelle einer thurgauischen Normalschule oder Bildungsanstalt für Schullehrer versehen konnte. Sulzberger strebte noch Höheres an, nämlich die Lateinschule zu einem thurgauischen Gymnasium zu erweitern. Es wäre ihm vielleicht in Verbindung mit Morell damals schon gelungen, dazu den Grund zu legen, wenn es möglich gewesen wäre, den Provisor Häfeli gegen die Verfolgungen zu schützen, zu denen seine begeisterte Friedenshymne der Janustempel Veranlaßung gab, so daß er 1810 seine Lehrerstelle in Frauenfeld mit einer Predigerstelle in Bremen zu vertauschen gezwungen wurde.

Zu erwähnen ist endlich auch, daß im Jahre 1808 die Herausgabe eines thurgauischen Wochenblattes, welche seit dem Abgange des Pfarrers in's Stocken gerathen war, unter dem Titel Thurgauer Zeitung wieder aufgenommen und in Verbindung mit einem deutschen Buchhändler Pecht eine Buchdruckerei und Buchhandlung in Gang gesetzt, von dem letztern auch ein landwirthschaftliches Blatt herausgegeben wurde, von dem sich manches Gute hoffen ließ. Die Unvorsichtigkeit Pechts aber, englische Kriegsberichte über den französisch-spanischen Krieg in einem kleinen Druckhefte zusammen zu stellen und im Elsaß verbreiten zu lassen, zog ihm die Verbannung zu und die Auflösung der Buchhandlung hätte auch die Unterdrückung der Thurgauer Zeitung zur Folge gehabt, wenn nicht die schärfste Censur den Herausgeber Jakob Fehr gegen alle Preßvergehen sicher gestellt hätte.

3. Die Jahre 1813—1830.

Als nach dem Sturze Napoleons in den Wiener Konferenzen die Frage verhandelt wurde, wie die schweizerische Eidgenossenschaft für die durch Frankreich ihr zugefügte Unbill entschädigt und namentlich auch durch Erweiterung ihrer Grenzen gegen weitere Anfechtungen gekräftigt werden möge, kam auch in Berathung, ob die Stadt Konstanz der Eidgenossenschaft einverleibt und dadurch der Rhein als schweizerische Grenze dieser Gegend bezeichnet werden solle.

Diese Nachricht, nur als Gerücht in Frauenfeld verbreitet, in höhern Kreisen aber nicht widersprochen, erregte allgemeine Bestürzung; denn die nächste Folge eines solchen Beschlusses mußte sein, daß Konstanz dem Thurgau zufiel, als Hauptstadt des Thurgaus erklärt und Frauenfeld dieses Vorzuges beraubt wurde. Es handelte sich hiebei nicht bloß um die Ehre Frauenfelds, sondern um hundert andere Vortheile, welche der Regierungssitz den Bewohnern darbot. Von allen Seiten, namentlich von allen in Frauenfeld ansäßigen Kanzleiangestellten und ihren Frauen, wurden die Präsidenten und Mitglieder der Regierung bestürmt, ein solches für Frauenfeld verhängnißvolles Geschenk abzulehnen. Die Gefahr ging jedoch vorüber, bevor die thurgauische Regierung Veranlaßung bekam, darüber einen selbsteigenen Beschluß zu fassen.

Während zu gleicher Zeit in den alten Kantonen reaktionäre Bestrebungen wieder alte Vorrechte hervorsuchten, sogar im Thurgau die ehemaligen Gerichtsherren Antheil an der Landesregierung, Wiedereinsetzung in ihre frühern Rechte beanspruchten, regte sich in Frauenfeld kein Gelüste mehr, zu den frühern Zuständen zurück zu kehren. Im Gegentheil, es wurden in den bürgerlichen Verband wieder neue Familien aufgenommen, geschenksweise in Anerkennung langjähriger Verdienste 1816 Dr. Johannes Keller, einkaufsweise 1814 Seiler, 1815 Ammann, Keller, von Rueplin, Stern, 1816 Meier und Richter, 1821 Jüß.

Im Allgemeinen wurde aber jeder höhere Aufschwung durch die Jahre des Mißwachses und der Theurung von 1813—1817 zurück gehalten. Ein hauptsächliches Bemühen ging darauf aus, den Hunger der Armen durch Sparsuppe zu stillen, die in dem Schützenhause, besonders auf Betrieb und nach Anleitung des Stadtpfarrers Kappeler, bereitet wurde. Daher wurde denn auch die Errichtung zweier Baumwollenspinnereien mit Freuden begrüßt.

Da seit der Konstituirung des Kantons der Staat zur Aufbewahrung seiner Waffenvorräthe das städtische Zeughaus benutzt hatte, die größere Anhäufung derselben aber für den Staat die Nothwendigkeit herbeiführte, ein geräumigeres Gebäude zu erstellen, wurde zu diesem Zwecke 1819 das Farbgebäude außerhalb der obern Vorstadt nebst der anstoßenden Wiese angekauft, jene, um als Kaserne eingerichtet zu werden, diese, um ein kantonales Zeughaus zu erbauen. Es war dieß das erste auf Kosten des Kantons in Frauenfeld errichtete Gebäude, das aber nur nach vielfachem Widerspruch zu Stande kam und nach damaligen Ansichten jedenfalls in Bezug auf Größe über das Bedürfniß hinaus ging.

Um auch im Gefängnißwesen zeitgemäße Aenderungen zu treffen, muthete der Staat der Bürgerschaft zu, ihr städtisches Zeughaus und das hintere Rathhaus ihm abzutreten. Daß sie dieß ablehnte, konnte ihr um so weniger verargt werden, da sie 1822 das Gefangenschaftsgebäude dem Staate mit Berücksichtigung des seiner Zeit von den X Orten erhaltenen Kostenbeitrages um die kleine Summe von 2000 Gulden käuflich überließ.

Im Jahre 1820 lebte nach' langem Schlafe auch die Schützengesellschaft wieder auf. Das Schützenhaus war während der Revolution und seither bald von Gemeinde-, bald von den Staatsbehörden zu so mancherlei Zwecken in Anspruch genommen worden, als Kaserne, als Lazareth, als Küche und Vorrathshaus bei Bereitung von Sparsuppen u. s. w., daß man kaum mehr wußte, ob die Stadt, der Staat oder die erloschene Schützengesellschaft mehr Eigenthumsrecht darauf habe. Man erinnerte sich sogar nicht, wo die ehemalige Gesellschaftskasse hingekommen sei. Felix Sulzberger, der letzte Landweibel, hatte sie aufbewahrt und stillschweigend verwaltet, bis ihm 1820 die Zeit gekommen zu sein schien, den Verein wieder in's Leben zu rufen. Unverweilt schlossen sich an die wenigen ältern Mitglieder junge Männer an, das Schützenhaus wurde dem jungen Verein wieder eingeräumt und bis zum Jahre 1833 mit einem Aufwande von 1500 Gulden reparirt.

Bedauerlicher Weise war unterdessen die schönste Zierde des Schützenhauses, die große Zahl gemalter Fenster, mit denen die Schützen selbst
und benachbarte Vereine sich ein Andenken stiften wollten, zu Grunde
gerichtet worden. Der Verlust wurde indessen einiger Maßen durch
die Erwerbung von zehn gemalten Fensterscheiben ersetzt, welche in
dem morschen Schützenhause des Dorfes Wellhausen sich erhalten hatten
und für 50 Gulden dem Vereine von Frauenfeld überlassen wurden.
Sie hatten für diesen Verein um so größern Werth, weil sie großentheils Geschenke waren, die Frauenfeld seiner Zeit dem Nachbarverein
gemacht hatte.

Wie schwer es hält, eine neue Idee in's Leben zu rufen, beweist
auch die Einführung der städtischen Sparkasse. Lange schon bestanden
anderwärts Sparkassen; aber man begriff nicht, wie die Spargelder
tropfenweise eingenommen, ohne große Opfer verwaltet und verzinset
und sogar Ueberzinse und Reservefonds gewonnen werden konnten.
Zuverlässig ist es das Verdienst des Regierungsrathes Freienmuth, der
Idee in Frauenfeld zuerst Bahn gebrochen zu haben, zu gleicher Zeit,
als er bei der thurgauischen gemeinnützigen Gesellschaft den Antrag
zur Errichtung der kantonalen Ersparnißkasse stellte. Die städtische
Sparkasse, bei welcher die Bürgergemeinde mit ihrem ganzen Vermögen
die Bürgschaft übernahm, wurde am 1. Jenner 1822 eröffnet. Der
Obergerichtsschreiber und Sanitätsrath Dr. Sulzberger hat von ihrem
Anfange an ihr Gedeihen vorzugsweise gefördert.

Mit Beifall vernahm 1824 die Verwaltung, daß die fremden
Handwerksgesellen eine Unterstützungsanstalt für Kranke gestiftet haben,
beschloß daher, zur Förderung dieses Zweckes im Bauhause ein Kranken-
zimmer einrichten zu lassen.

In demselben Jahre sammelten einige Freunde des Schönen
97 Gulden, um durch diesen Beitrag den Antrag zu Einrichtung der
untern Promenade an der Murg zu unterstützen. Der Verwaltungsrath entsprach diesem Wunsche und trug dadurch nicht unwesentlich
bei, die Annehmlichkeiten der Umgebungen Frauenfelds zu vermehren.

Auf das Neujahr 1826 erhielt Frauenfeld zum ersten Male einen
auf urkundlicher Prüfung beruhenden Ueberblick seiner Geschichte, von
J. C. Mörikofer verfaßt, und mit einem genauen Kärtchen der Muni-
palgemeinde von Ingenieur Sulzberger begleitet. Dieses Neujahrblatt,

so anspruchslos es auch hervor trat, war dennoch das erste literarische
Produkt, mit dem zwei Bürger von Frauenfeld ihre Vaterstadt ehrten.
Nach ihren Angaben lebten damals 1200 Einwohner in 162 Häusern
der Stadt, belief sich die Einkaufssumme in das Bürgerrecht auf 500
Gulden, besaß die Stadt 500 Juchart Waldung und 200 Juchart
Ackerland Gemeindegüter. Von den Bewohnern Frauenfelds sagt das
Neujahrblatt ferner: Neben den Geschäften, für welche der Staat sie
in Anspruch nimmt, leben sie der Landwirthschaft und den Hand=
werken. Die Handwerker haben sich in der letzten Zeit in verschiedenen
Berufsarten rühmlich hervor gethan und selbst die Aufmerksamkeit aus
andern Kantonen auf sich gezogen. Mit vier Fabriken, wovon zwei
Baumwollenspinnereien und die Greuter'sche Cattunfärberei, ist der
Grund zu einiger Industrie gelegt, die jedoch noch wenig Aufmerksam=
keit findet. — Diese und andere Stellen des Neujahrblattes von 1826
bieten Stoff zu Vergleichungen mit der Gegenwart.

Noch bestand fortwährend die mehr als dreihundertjährige Murg=
brücke, ein ehrwürdiges Denkmal einer längst verschwundenen Zeit, aber
in täglichem Widerspruche mit den Bedürfnissen und Forderungen der
Gegenwart. So enge, daß ein durchfahrender Lastwagen den Fuß=
gänger in Gefahr brachte, erdrückt zu werden, so wenig über das Bett
der Murg erhoben, daß das Aufsteigen die Thorhalde hinauf das Zug=
vieh zu Grunde zu richten drohte, sollte sie endlich durch eine neue
Brücke ersetzt werden, — das war nach vielfachen Vorberathungen der
Verwaltung vom Jahre 1822 an, als der Staat den Bau nicht um
3000 Gulden übernehmen wollte, endlich im Jahre 1826 der löbliche
Beschluß der Bürgergemeinde. Allein über die Ausführung des Be=
schlusses war man getheilter Ansicht. Die Einen gaben einem hölzernen
Bau den Vorzug, die Andern einem steinernen. Da gute Bausteine
schwer zu beschaffen waren und die Stadtwaldungen eine genügende
Menge des besten Bauholzes liefern konnten, ergab sich der Holzbau
als das wohlfeilere Mittel. Daß auch der Holzbau Dauerhaftigkeit
gewähre, verbürgte ja das Alter der bestehenden Brücke. Somit wurde
eine hölzerne Brücke gebaut. Es war dieß ein Werk des Jahres 1828.
Der Staat gewährte einen Beitrag von 500 Gulden.

Allerlei andere gute und gemeinnützige Gedanken keimten in jener
sogenannten Reaktionsperiode auf. Sie waren die Frucht einer geistigen

Regsamkeit, die zweifelsohne mit der Einrichtung eines belehrenden Lesezirkels in Verbindung stand. Dieser Lesezirkel, von Regierungsrath Freienmuth geleitet, hatte vornehmlich die Verbreitung naturwissenschaftlicher und technischer Kenntnisse zum Zwecke, setzte in der Folge auch andere realistische und belletristische Schriften in Umlauf, erlangte später auch jährliche Beiträge von der Gemeindeverwaltung, um eine stehende Stadtbibliothek anlegen zu können.

Noch bedeutsamer war jedoch die Vereinigung der seit drei Jahrhunderten konfessionell getrennten Schulen und ihre Erweiterung zur Sekundarschule. Wenn es der maßgebenden Autorität des Landammanns Anderwert zu verdanken war, die Angehörigen der katholischen Konfession für eine solche Vereinigung gewonnen zu haben, so erwarb sich der damalige Lehrer der Lateinschule, J. C. Mörikofer, ein nicht geringeres Verdienst um die Organisation der Anstalt. Die beiden evangelischen und die katholische Primarschule sollten in eine Klassenschule vereinigt, der Unterricht in der Sekundarschule von dem bisherigen Lehrer der evangelischen Lateinschule, zwei zum Jugendunterrichte verpflichteten Kaplänen und einem Reallehrer besorgt, die gesammten Schulklassen der Aufsicht des Schulrektors unterstellt werden. Die Vorbereitungen zu diesen Schuleinrichtungen waren im Juni 1830 so weit gediehen, daß die Bürgerschaft am 18. Juni den Beschluß faßte, zur Besoldung des anzustellenden Reallehrers jährlich 400 Gulden beizutragen oder diese Beitragspflicht mit 10,000 Gulden abzulösen.

Dem neuen, umgestaltenden Geiste, der über Frauenfeld gekommen war, mußten endlich auch die beiden noch übrigen Stadtthore weichen, das obere oder Kronenthor und das Holderthor. Es war der 1. August 1830, als der Verwaltungsrath sie abtragen zu lassen beschloß, und kein Bürger war mehr vorhanden, dem es zu Sinne gekommen wäre, dagegen Einrede zu erheben.

4. Die Jahre 1830—1849.

Die Anträge zur Verfassungsrevision von 1830 fanden in Frauenfeld starken Widerspruch. Eines Theils traten den in Umlauf gebrachten überschwänglichen Neuerungsvorschlägen die Männer entgegen, welche am Staatsruder standen und bis dahin das Schifflein nach bestem

Wissen und Vermögen geleitet hatten; andern Theils die Bewohner Frauenfelds, welche nicht ohne Grund besorgt waren, daß der Regierungssitz wieder in Frage kommen werde; endlich auch Solche, bei denen weder Verlust noch Erwerbung eines Amtes in die Waagschaale fiel, die nur revidiren, nicht revolutioniren, vielmehr die richtige Mitte einhalten wollten. Die letztere Tendenz sprach sich namentlich in der Thurgauer Zeitung aus. Der Landbote, der 1831 bei Kolb ebenfalls in Frauenfeld erschien, wurde von Korrespondenten unterstützt, die das besondere Interesse der katholischen Kirche zu wahren suchten.

Von den Bewegungsmännern, die in Weinfelden ihren Zentralpunkt hatten, war Frauenfeld als ein Aristokratennest übel verschrieen. Die Tage, in welchen der Große Rath entscheiden sollte, ob die Verfassung von 1814 durch ihn revidirt, oder ob durch einen Verfassungsrath auf ganz neuer Grundlage eine andere Verfassung entworfen und zur Volksabstimmung gebracht werden solle, lockten eine so große Zahl der exaltirtesten Parteimänner nach Frauenfeld, daß die Schenk- und Gastwirthe wieder wie im Jahre 1798 allen Grund hatten, sich recht bescheiden und unverdrossen zu betragen. Ueber den Geist und Inhalt der Verfassung, die endlich aus allen diesen heftigen Bewegungen 1831 hervor ging, ist hier nicht der Ort, sich weiter auszulassen, denn in den Grundlagen der Gemeindeverfassung wurde nicht bedeutend geändert. Indessen mußte auf Frauenfeld die Bestimmung einen unangenehmen Eindruck machen, daß die Versammlungen des Großen Rathes im Sommerhalbjahre in Weinfelden Statt haben sollen. Es war dies das Werk jener Eifersucht, welche seit 1460 zwischen der Landschaft Thurgau und der Stadt Frauenfeld obwaltete und jetzt von den Führern der sogenannten liberalen oder radikalen Partei benutzt wurde, Frauenfeld als den Sitz der Aristokratie, Weinfelden dagegen als den Sammelpunkt der Freiheitsfreunde und überdieß als den geographischen Mittelpunkt und natürlichen Hauptort des Kantons zu bezeichnen.

Dieser doppelte Gegensatz der Ortsinteressen und der politischen Ansichten führte zu mehrjährigen Zeitungsfehden. Der Wächter, als neugeschaffenes öffentliches Organ der radikalen Partei, und die Thurgauer Zeitung, als ihre doktrinäre Gegnerin, machten es sich zur Aufgabe, nicht nur die kantonale und schweizerische Politik, sondern namentlich auch die· Frage zu erörtern, ob Frauenfeld wirklich der passende Ort wäre, um das Lehrerseminar, den Kantonsspital oder die Kantonsschule dahin zu verlegen. Die Thurgauer Zeitung wurde von einer Anzahl Männer unterstützt, deren Beiträge ihr auch außerhalb der Kantonsgrenze zahlreiche Leser gewannen, so daß der junge Buchhändler Ch. Beyel und seine Freunde in Zürich es wagen durften, 1836 nicht nur das Verlagsrecht und die Redaktion des Blattes zu erwerben, sondern mit der Buchdruckerei auch eine Buchhandlung zu verbinden. In den Jahren 1838—1839 erschien die Thurgauer Zeitung, zugleich als Beobachter aus der östlichen Schweiz, um in dem Straußenhandel Zürichs seine Stimme im Chore öffentlicher Besprechung geltend zu machen, vier Male wöchentlich.

Indem noch manche andere fremde Gewerbsleute in Frauenfeld sich niederließen, kauften andere, welche durch längern Aufenthalt bereits gewohnt waren, Frauenfeld als ihre Heimat anzusehen, sich in das Bürgerrecht ein, nämlich 1833 die Familien Baldin, J. und M. Hasenfratz, K. Meyer, D. Müller, K. Stein, G. Wassermann; 1834 J. Meyer, K. Neuwiler; 1836 J. Frei, J. Lieber; 1838 J. Krebser; 1841 J. Kolb; 1845 S. Gänsli und A. Stanger. In ihrem Gefolge entwickelte sich manigfacher Gewerbsfleiß. Nicht nur wurden einige öde gebliebene Brandstätten von 1771 wieder überbaut, sondern auch die Vorstädte durch neue Bauunternehmungen erweitert.

Als ein Beweis, daß die Eidgenossen auch in entferntern Kreisen diesen Aufschwung Frauenfelds ehrend anerkennen, ist es zu betrachten, daß die schweizerische gemeinnützige Gesellschaft im Mai 1840 zahlreicher als gewöhnlich in Frauenfeld sich versammelte und unter dem Präsidium von Dr. Kern nach den Zürcher Wirren eine Art Versöhnungsfest feierte. Gastfreundlich aufgenommen, bezeugten sie, daß das aufblühende Städtchen ihre Erwartungen weit übertroffen habe. Das Jahr 1840 ist noch um zweier anderer sehr ungleicher Dinge willen denkwürdig. Das Eine ist die Mädchenarbeitsschule und der weibliche Aufsichtsverein derselben, wodurch der Schulorganismus vervollständigt wurde; das Andere ist die Verlegung des Schützenhauses in den Schützengarten auf den Reutenen, wo seither außer den Schießübungen so manche schöne Festlichkeit begangen wurde. — In dieselbe Zeit fällt 1838 der Verkauf und Abbruch des Siechenhauses, 1842 die testamentarische Vergabung des neuen Armenhauses von Küfer Wiler, die Erbauung des Krankenhauses für Handwerksgesellen 1845, die Errichtung einer Krankenanstalt für weibliche Dienstboten 1846, der Verkauf des Spitals 1853.

Unter den neuen gewerblichen Einrichtungen erregte die Walzen= mühle die großartigsten Erwartungen. Sie wurde nach der Idee eines Herrn Müller von Altorf und nach den Entwürfen des Ingenieurs Sulzberger von einer Aktiengesellschaft, an deren Spitze Regierungsrath Freienmuth stand, 1832 erbaut. Die Idee, das Getreide statt mit Steinen mit eisernen Walzen, und zwar trocken, zu mahlen, und an die Stelle des Kornhandels den Mehlhandel einzuführen, statt der Kornmagazine in Zukunft Mehlmagazine zu halten und dabei allen Insekten den Zugang verschließen zu können, war so neu und sicherte so bedeutende Gewinnste, daß auch in Mainz, in Mailand, in Pesth Filialen der Frauenfelder Walzenmühle errichtet wurden. Ein Haupt= mangel konnte freilich in Frauenfeld nicht überwunden werden, daß es nämlich nicht auch Mittelpunkt des Kornhandels war, sondern sein Rohprodukt aus der Ferne beziehen mußte.

Seit Erbauung der neuen hölzernen Murgbrücke waren zehn Jahre verflossen, als die Kantonsregierung die Nothwendigkeit erkannte, die in Frauenfeld sich schneidenden Straßenlinien Zürich=Konstanz und Schaffhausen=St. Gallen einer durchgehenden Korrektur zu unterwerfen, daher nicht nur der Bestand der Murgbrücke abermals in Frage kam, sondern auch die Durchfahrt durch die Stadt. Die Vermessung der Straßenstrecke von der Laubgasse her durch die Ergeten und die Stadt bis zum obern Thore hatte nämlich folgende Steigungen ergeben: 1386 Fuß Länge mit 0, 469 mit 2, 299 mit 4, 506 mit 5, 184 mit 7⁴/₁₀ und 92 mit 9 Prozent Steigung. Diese harten Steigungen waren nicht mehr zulässig, konnten aber, wenn die Verkehrsstraße nicht neben der Stadt vorbei geführt werden sollte, nur durch Abgrabung der Thorhalde und Erhöhung der Ueberfahrt über die Murg auf das gesetzliche Maß zurück geführt werden. Damit verband sich die For= derung, die enge, nur 16¹/₂ Fuß breite Durchfahrt zwischen dem Gast= hofe zur Krone und dem Pfrundhause St. Michael um 8 Fuß zu erweitern. Die Kosten dieser Veränderungen wurden auf 16,000 bis 18,000 Franken veranschlagt. Da nun besonders der Bau der Brücke

der Stadt oblag, des Zolles wegen, den sie bezog, und die Zoll-
gerechtigkeit selbst auf einer alten obrigkeitlichen Vergünstigung beruhte,
die möglicher Weise wieder zurück gezogen werden könnte, schien es
Gebot der Klugheit, des Serviputs durch freiwillige Verzichtleistung
auf den Brückenzoll sich zu entledigen, wurde daher 1839 mit der
Regierung eine Uebereinkunft abgeschlossen, vermöge welcher der Staat
eine steinerne Murgbrücke nach dem Plane des Ingenieurs Negrelli zu
bauen übernahm, die Stadt für die hölzerne Brücke mit 1800 Gulden
entschädigt wurde, aber dem Staate den Brückenzoll überließ, immerhin
unter der Bedingung, daß der Zoll nur so lange bezogen werde, bis
die Baukosten der Brücke gedeckt seien.

Indem nun die von der Brücke in die Stadt hinauf führende
Straßenstrecke hart an dem Fuße des Burgfelsens hinauf gezogen
wurde, mußte auch die alte Schloßscheune geschlissen werden, verschwand
die Ringmauer und der Burggraben, wurde für Auge und Fuß das
Schloß wieder frei gestellt.

Auf diese eine Straßenkorrektur folgte bald die zweite und dritte,
diejenige der Straße nach Matzingen und der Straße nach Kurzdorf.
Daß die über die Höhe von Huben und durch die Schlucht im Altholz
führende Straße aufgegeben werden müsse, war allgemeine Ueberzeugung. Eine andere vortheilhaftere Richtung bot sich dar über die
Einsattelung des Höhenzuges zwischen dem Rügerholze und Huben
gegen Murkhard in das Thal der Murg hinunter; oder auch vom
Holderthore bei dem Kapuzinerkloster vorbei über den Hof Espi und
durch einen Einschnitt in den Hundsrücken. Jene obere Richtung bot
bei sanfter Steigung den Vortheil der Kürze, die untere dagegen bei
größerem Aufwande von Kräften und größerer Länge den doppelten
Vortheil der Ebene und der Einmündung in die Straße nach Elgg
und Adorf und die Verwendung der hölzernen Brücke von Frauenfeld
für den Flußübergang bei der Aumühle. Ueberdieß stellten die Geo-
logen in Aussicht, daß bei den Einschnitten in die Berglehne, besonders
bei dem Durchschnitte des Hundsrückens, festes Gestein sich werde auffinden lassen. Die Kantonsregierung entschied daher für diese untere
Linie. Zugleich wurde auch in gerader Richtung von der Thorhalde
nach Kurzdorf eine neue Straße ausgezielt, zu deren Aufdämmung die
bei der Anlegung der Hundsrückenstraße entbehrlich gewordene Erde

verwendet werden sollte. Bei der Ausführung dieses Unternehmens
wurde nun vollends weggeschafft, was vom ehemaligen Holderthore
noch übrig war, auch das evangelische Pfarrhaus geschliffen. Bei den
Einschnitten in die Berglehne wurden alle Schwierigkeiten glücklich
überwunden. Nur bei dem Angriffe auf den Hundsrücken sahen die
Arbeiter sich arg getäuscht. Von der Höhe bis zur Tiefe fanden sie
kein festes Gestein, sondern nur aufgeschwemmte nasse Thon= und
Mergelschichten. Nachdem der Akkordant sein Vermögen eingebüßt hatte,
griff die Staatsbehörde zu dem Aushülfsmittel, die kräftigsten Männer
der Strafanstalt zur Vollendung des Werkes zu verwenden, so daß
die neue Straße endlich im Jahre 1847 dem Verkehre geöffnet werden
konnte. Um dieselbe Zeit wurde auch die Straße nach Kurzdorf mit
der Murgbrücke zu Stande gebracht.

Während durch diese Straßenbauarbeiten, allerdings nicht ohne
große auf die Ortsgemeinde gefallenen Opfer, langjährige Hemmungen
des Verkehrs entfernt wurden, gelang es dem Verwaltungsrathe, eine
Aufgabe zu lösen, an welcher sich die Vorfahren von jeher vergeblich
die Köpfe zerbrochen hatten. Regierungsrath Mörikofer, der Präsident
der Verwaltung, namentlich unterstützt von Oberstlieutenant J. Rogg
und ermuntert durch die Fortschritte des Forstwesens im Kanton Zürich,
setzte endlich die Einführung einer rationellen Forstverwaltung in den
Stadtwaldungen durch. Die ersten Versuche zur Besamung öder Wald=
strecken wurden 1841 gemacht, dann Pflanzgärten und Waldstraßen
angelegt, die Waldungen in Schläge eingetheilt, auf jede Weise für
neuen Nachwuchs gesorgt. Es war das eine Goldquelle, die nach
wenigen Jahrzehnden so reichen Ertrag verbürgte, daß die Gemeinde
Unternehmungen wagen durfte, die sonst zu den Unmöglichkeiten ge=
zählt worden wären.

Bevor jedoch diese Vortheile in ihr volles Licht traten, wurde ihr
die Aufgabe gestellt, um jeden Preis die Kantonsschule zu erwerben.
Das schon seit 1836 vom Erziehungsrathe des Kantons in Arbeit
genommene Projekt, eine Kantonsschule in's Leben zu rufen, war
endlich so weit gediehen, daß die begütertsten Bezirkshauptorte auf=
gefordert werden konnten, für die Aufnahme der Anstalt das höchste
Angebot ihrer Mithülfe zu stellen. Bei solcher Konkurrenz hinter den
Mitbewerbern zurück bleiben, war für Frauenfeld gleich bedeutend mit

der Verzichtleistung auf die Ehre, Hauptort des Kantons zu sein. Die ganze Bevölkerung Frauenfelds, Ansaßen wie Bürger, erkannten die großen Vortheile, die Kantonsschule in ihrer Mitte zu haben, in solchem Maße, daß durch freiwillige Subskriptionen 11,161½ Gulden zusammen gebracht wurden und mit Hülfe dieses Beitrages die Gemeinde vor= schriftsgemäß das Schulhaus zu erstellen und die Besoldung von drei Lehrerstellen ihrer Oberklassen zur Verfügung zu überlassen anerbieten durfte. In denselben Tagen, an welchen vor neunundvierzig Jahren die Tagherren der VII regierenden Orte auf dem Rathhause zu Frauen= feld dem Thurgau seine Freilassung bewilligten, am 2. März 1847, erklärte der versammelte Große Rath des Kantons beinahe einstimmig, daß die Kantonsschule errichtet und die Anerbietungen Frauenfelds angenommen werden sollen. Als Zeichen des Dankes, für die Be= mühungen, womit der Präsident Dr. Kern die Ansprüche Frauenfelds auf die Kantonsschule vertreten hatte, wurde ihm das Ehrenbürgerrecht zuerkannt. Die Gemeinde nahm auch unverweilt die ihr gewordene Aufgabe zur Hand. Weder die Theurung noch der Sonderbundskrieg durfte die Arbeit hemmen. Schon am Ende November 1848 stand das Werk vollendet da und erwartete den freudigen Einzug der Schüler und Lehrer in das stattliche Gebäude. Daß es der sparsam dotirten Anstalt, wenn sie nur einmal in's Leben getreten sei, an den zu ihrem weitern Gedeihen erforderlichen Subsistenzmitteln nicht fehlen werde, durfte um so weniger bezweifelt werden, seit der Staat durch Auf= hebung der Klöster in den Besitz eines reichen Erbes getreten war.

Auch das arme Kapuzinerkloster zu Frauenfeld unterlag jenem Aufhebungsdekret. Seine Bewohner hatten ihr Klösterlein bereits ver= lassen, als im Sommer 1849 preußische Truppen die bewaffnete republikanische Partei Deutschlands bis an die schweizerische Grenze zurück drängten und die Flüchtlinge schaarenweise auch im Thurgau Aufnahme suchten, und mit Waffen und Gepäck im Klösterlein unter= gebracht wurden.

5. Die Jahre 1849—1870.

Die große Umgestaltung der Eidgenossenschaft, ihr Uebergang aus der staatenbündischen in die bundesstaatliche Verfassung, brachte in die

Verhältnisse Frauenfelds zum Kanton Thurgau keine Abänderung. Desto mehr wurde der Vorzug, den Frauenfeld als Regierungssitz genoß, bei der kantonalen Verfassungsrevision von 1849 angefochten; war ja doch die Dekretirung der Kantonsschule und der Aufwand, den der Staat zur Unterhaltung derselben, namentlich zu Gunsten Frauen= felds und zum Nachtheile der allgemeinen Volksschulen, übernehmen sollte, das wesentlichste Reizmittel gewesen, eine Verfassungsrevision herauf zu beschwören. Daher wurde nicht nur die Vollmacht der so willfährigen gesetzgebenden Behörde durch das Veto beschränkt, sondern zum Nachtheile Frauenfelds dem neu aufgebrachten Schwurgerichte als regelmäßiger Versammlungsort Weinfelden angewiesen. Da die Ver= fassungsrevision eine Revision des Schulgesetzes forderte, blieb einst= weilen auch die Einführung der Kantonsschule verschoben, bis am 2. Mai 1850 das Volksveto gegen die Errichtung der Kantonsschule Verwahrung einlegte, eine schmerzliche Täuschung nicht bloß für Frauen= feld, sondern für alle Freunde der Wissenschaft und höhern Bildung. Die ganze schweizerische Presse drückte ihre Mißbilligung aus. Na= mentlich erhielt dieses Urtheil lebendigen Ausdruck, als im August die schweizerische Predigergesellschaft im Saale des Kantonsschulgebäudes über die höchsten Interessen der Wissenschaft sich besprach und in der Halle des Schützengartens in lebendiger Rede die sonst so glücklichen Zustände des Thurgaus pries. Ein so verständiges Volk, wie die Thurgauer sonst seien, müsse und werde, versicherte man, von solcher Verirrung zurück kommen.

Da die Stadt Frauenfeld das Gebäude unter Vorbehalt der Ent= schädigungsklage zur Verfügung des Staates gestellt hatte, wurde es einstweilen zur Aufbewahrung der Bibliotheken und anderer Utensilien der aufgehobenen Klöster benutzt und von den zur Liquidation des Klostererbes angestellten Buralisten bevölkert.

Unterdessen kam, eingeleitet durch die thurgauische gemeinnützige Gesellschaft und von der Kantonsregierung gefördert, durch eine Aktien= gesellschaft die thurgauische Hypothekenbank zu Stande. Sie eröffnete ihre Geschäftsthätigkeit in Frauenfeld mit dem Anfange des Jahres 1852. So vortheilhaft dieses Institut namentlich für den Gewerbs= stand war, so durfte man sich doch erst von einer Eisenbahn, die von Zürich über Winterthur und Frauenfeld das Thurthal hinauf nach

Romanshorn führe, die erwünschte Entwicklung des innern Verkehrs und der Gewerbe versprechen. Der Wunsch, diese Eisenbahnstrecke zu Stande gebracht zu sehen und das Gefühl der Ohnmacht, etwas Wesentliches dazu beitragen zu können, erzeugte im Thurgau eine eigenthümliche Bewegung der Geister. Es gebührt dem Ingenieur Sulzberger die verdiente Anerkennung, daß vorzüglich er die verwirrten Vorstellungen abklärte, die bezweifelte Möglichkeit sogar durch Herbeirufung aus= ländischer Kräfte zu erweisen unternahm. Auch die damalige mit Zürich in enger Verbindung gestandene Redaktion der Thurgauer Zei= tung war unermüdlich, zur Benutzung des günstigen Augenblicks zu mahnen, um die Eisenbahn für das Thurthal zu gewinnen. Als die Vorverhandlungen so weit gediehen waren, daß Zürich für die Rich= tung das Thurthal hinauf an den Bodensee sich erklärte, St. Gallen aber auf der Richtung von Winterthur über Wyl und St. Gallen nach Rorschach bestand, hätte es Frauenfeld bei gehöriger Kraftanstrengung vielleicht dahin bringen können, daß St. Gallen sich entschlossen hätte, seine Bahn das Murgthal hinunter zu führen, um schon in Frauen= feld einzumünden und von da aus die Linie bis Schaffhausen fort= zusetzen, was für Frauenfeld und für den untern Thurgau allerdings ein unermeßlicher Vortheil gewesen wäre. Da jedoch durch diesen An= schluß an die Bahn St. Gallens die Interessen der Thurlinien durch= kreuzt worden wären und namentlich im obern Thurgau eine drohende Opposition sich regte, wurden die mit St. Gallen bereits angeknüpften Unterhandlungen abgebrochen. Vorläufig zeichnete die Stadtverwaltung Frauenfeld auf die Zürich=Bodenseebahn oder Nordostbahn 100 Aktien. Auf die von der Generalversammlung der Aktionäre am 28. Hornung 1853 gefaßten Beschlüsse wurde unverweilt der Bau der Nordostbahn in Angriff genommen und mit solchem Nachdrucke ausgeführt, daß die Linie Romanshorn=Winterthur schon am 15. Mai 1855 dem Betriebe übergeben werden konnte.

Unterdessen war die Reihe wieder an die Kantonsschulfrage ge= kommen. Zwei Umstände führten zu einem günstigen Entscheide. Einer= seits wurden den Primarschulen und Sekundarschulen erhöhte Beiträge aus dem Klostererbe zugemessen; anderseits hatte der Staat, wenn das Kantonsschuldekret verworfen wurde, der Stadt Frauenfeld für die auf= gestellten Gebäulichkeiten und aufgelaufenen Verzugszinse 145,000 Fr.

zu vergüten, ohne daß für höhern Unterricht irgend etwas gewonnen gewesen wäre. Ein dritter Umstand durfte für den Einsichtigen auch noch in Betracht kommen, daß nämlich nach den nunmehrigen Anträgen der Behörden nicht bloß, wie früher, eine untere Kantonsschule mit 3—4 Jahresklassen, sondern eine vollständige Kantonsschule mit sechs Jahresklassen, Gymnasial= und Industrieabtheilung nebeneinander, in Aussicht gestellt war. Im Großen Rathe wurde in April 1853 der Kampf glücklich durchgefochten, und merkwürdiger Weise wurde auch nicht ein Versuch gemacht, die Fahne des Veto abermals gegen die Kantonsschule aufzuwerfen.

Es war eine Art Vorfeier zur bevorstehenden Eröffnung der Kantonsschule, als am 17. Mai 1853 die Turnsektionen von Zürich, St. Gallen, Winterthur, Herisau, Schaffhausen, Bühler und Frauenfeld in der bekränzten Turnhalle der künftigen thurgauischen Kantonsschule den festlichen Wettstreit ihrer körperlichen Kraft begingen. Die Einweihung der Kantonsschule selbst war auf den Anfang des Winterhalbjahres angesetzt und erfolgte am 14. Wintermonat 1853 zu um so größerer Freude, da die Anzahl der angemeldeten und eintretenden Schüler bereits den thatsächlichen Beweis leistete, daß die Anstalt ein wirkliches Bedürfniß sei.*)

Weil die Sekundarschule Frauenfeld als Bestandtheil der untern Abtheilung in die Kantonsschule überging, sollte für den Unterricht der

---

*) In Erinnerung an den 1815 in Zürich verstorbenen Defan Kilchsperger, 1757—1799 gewesenen Pfarrer in Wigoldingen, der für eine in dunkler Ferne vorausgesehene thurgauische Kantonsschule ein Legat gestiftet hatte, und besonders zur Erinnerung an einen der letzten Herzenswünsche des 1838 verewigten Erziehungsrathspräsidenten H. Kesselring, begrüßte Defan J. G. Mörikofer die Einweihung der Kantonsschule mit der Schlußstrophe:

Bildungsstätte, mit Verlangen
Hat schon längst an dir gehangen
Manches Aug', das früh sich schloß;
Wir, die dein Erwachen schauen,
Blicken vorwärts mit Vertrauen;
Gottes Rath bestimmt dein Loos!

In welch' edlem Sinne auch der erste Rektor der Kantonsschule, U. Penter seine Aufgabe erfaßt habe, möge man in seiner von J. Huber verfaßten Biographie nachlesen. Frauenfeld, 1860.

Mädchen in der Weise gesorgt werden, daß die Fachlehrer der Kantonsschule sich in den Unterricht der Mädchenklassen theilen. Bald aber
zeigte die Erfahrung, daß diese Einrichtung den pädagogischen Anforderungen zu wenig entspreche. In Gemeinschaft mit den zu dem
Sekundarschulkreise Frauenfeld eingetheilten Schulgemeinden wurde also
eine besondere Mädchenschule so eingerichtet, daß nur für einzelne
technische Fächer von Lehrern der Kantonsschule Aushülfe geleistet
werden mußte.

Obwohl der Eisenbahnbau und die Kantonsschule die Aufmerksamkeit vollauf beschäftigten, fand doch nebenbei die Idee den lebhaf-
testen Anklang, einmal der Polizei gegen den Hausirbettel durch freie
Vereinsthätigkeit zu Hülfe zu kommen. So lange der Bettel als
Gewerbe betrieben werden kann, ist es unmöglich, ihn auszurotten;
dieser Erfahrungssatz hatte in anderen Schweizerstädten die gemeinnützige Thätigkeit in Bewegung gesetzt, und Frauenfeld wollte darin
nicht zurück bleiben. Im März 1855 erging zu diesem Zwecke von
L. Sulzberger, Regierungsrath, ein Aufruf an sämmtliche Bewohner
der Kirchgemeinde, einem Armenvereine beizutreten, der in Verbindung
mit den gesetzlichen Armenbehörden und dem Frauenvereine vorsorge
und mithelfe, daß die würdigen Armen Rath und That, die Arbeit-
losen Arbeit finden und alle Unterstützungsgenössigen unter persönlicher
Ueberwachung stehen, in außergewöhnlichen Fällen auch auswärtigen
Armen Hülfe geleistet werden könne. Um dieß zu ermöglichen, sollte
jedes Vereinsmitglied sich verpflichten, den eigentlichen Bettlern kein
Almosen mehr vor dem Hause zu geben, dagegen einen monatlichen
Geldbeitrag für die hülfsbedürftige Armuth in die Vereinskasse einzuzahlen, 25 Rappen bis 2 Franken, je nach Stand und Vermögen
und gutem Willen. Es war dieß hiemit das bekannte Schellengeld
alter Zeit. Es stellten sich den Ansichten, aus welchen der Antrag hervorgegangen war, namentlich in den Landgemeinden wieder die alten
engherzigen Vorurtheile entgegen; bei der Stadtbevölkerung aber betheiligten sich einstweilen auf 6 Monate 179 Subskriptionen mit 158¼
Franken. Nach halbjähriger Erprobung war die Ueberzeugung gewonnen, daß die ergriffenen Maßnahmen nicht nur den Forderungen
des Augenblickes entsprochen haben, sondern der Fortbestand des Vereins
auch ein Bedürfniß der Zukunft sei. Als 1857 bei der Waffenrüstung

zum Schutze des Kantons Neuenburg eine Sammlung für Unter=
stützung bedürftiger Wehrmänner oder ihrer Familien veranstaltet, aber
nur zur Hälfte verwendet wurde, fiel der Rest der Sammlung dem
Armenvereine zu, konnte also dadurch der Grund zu einem Reserve=
fond gelegt werden.

Endlich konnte auch das längst gefühlte dringende Bedürfniß nicht
länger zurück gewiesen werden, den Primarschulen bessere und ge=
räumigere Lokalitäten zu verschaffen. Glücklicher Weise hatte die Gesetz=
gebung in Bezug auf die Schulhäuser die Baupflicht von den Ge=
meindekorporationen auf die gesammte Einwohnerschaft übergetragen
und dadurch neue Hülfsmittel herbeigeführt, konnte hiemit das neue
Stadtschulhaus als ein würdiges Seitenstück neben dem Kantonsschul=
gebäude erstellt und schon im Herbste 1863 von der Schuljugend, mit
Einschluß der Mädchenschule, bezogen werden. Der 28. September
war der denkwürdige Tag der Schulhausweihe. In drei Primarklassen
getheilt, nahm die Primarschule und die weibliche Arbeitsschule von
dem neuen Gebäude Besitz; aber schon 1870 nöthigte die Zunahme
der Bevölkerung zu Einrichtung einer vierten Primarklasse. Im Wider=
spruche mit dem gegen weibliche Lehrkräfte herrschenden Vorurtheile
wurde für die jüngern Jahresklassen eine Lehrerin angestellt. Eine
seit 1868 von Privatwohlthätigkeit gestiftete Kleinkinderschule vervoll=
ständigte den Organismus der Stadtgemeindeschule.

Zu allen diesen Unternehmungen und Opfern fand die Bürger=
schaft Ermuthigung und Förderung in dem zahlreichen Beitritte neuer
Bürger. In das Bürgerververzeichniß wurden nämlich eingetragen:
1849 A. Merkle, 1851 L. Freund, A. Wehrli, 1852 K. Baumer,
1858 J. Gutersohn, K. Haffner, J. Huber, J. Meßmer, A. Ram=
sperger, K. Weber, J. Bartholdi, B. Gruner, 1859 F. Mann, L.
Wolfgang, 1860 G. Deppe, J. Traber, 1861 H. Lüthi, M. Rein=
hard, 1862 B. Haag, 1864 J. Raggenbaß, 1868 G. und K. Gruber,
K. Greuter, J. Gremminger, N. Kolb, P. Walder, 1869 F. Martini.

Nur der Zutritt so vieler fremder Elemente, ihrer Kenntnisse und
ihres Unternehmungsgeistes macht es dann aber auch erklärlich, daß
Frauenfeld bei seinen bescheidenen Kräften noch Größeres wagte. Schon
1850 war bei der Kantonsregierung das Bedürfniß zur Sprache ge=
kommen, den Militärunterricht durch Errichtung einer Kaserne zu

zentralisiren, hatte Frauenfeld, sofern die Kaserne in Frauenfeld errichtet werde, das nöthige Bauholz zu liefern anerboten, durfte aber
der Gedanke bei den Behörden zum Theile schon darum nicht weiter
verfolgt werden, weil die Frage dazwischen kam, ob eine kantonale
Kaserne wirklich in Frauenfeld an rechter Stelle wäre. Wie nun der
Bundesrath die Kantone einladen ließ, sich zu erklären, ob sie für den
Militärunterricht einzelner Waffengattungen die gehörigen Gebäulichkeiten und Uebungsplätze anzuweisen im Falle seien, wurde in der
Bürgerversammlung vom 7. April 1861 der Antrag gestellt, die Ini-
tiative zum Bau einer Kaserne auf Rechnung der Stadt zu ergreifen.
Der Verwaltungsrath, an welchen der Antrag zur Vorberathung ge-
wiesen wurde, ließ dann unter'm 18. Dezember durch Bezirksstatthalter
Debrunner, Fürsprech Anderwert und Zeugverwalter Rather den Bericht erstatten, wie auch Weinfelden und Bischofszell Aehnliches an-
streben und für die Uebernahme des Kasernenbaues durch die Gemeinde
Frauenfeld bereits so aufmunternde freiwillige Beiträge gezeichnet seien,
daß der Gemeinde empfohlen werden dürfe, für Herstellung einer auf
den Bedarf eines Bataillons berechneten Kaserne mit Reitbahn und
Stallungen für 200 Pferde auf Gemeindekosten, unter Mitbetheiligung
der Einwohnerschaft und der Munizipalgemeinden des Einquartierungs-
bezirkes, eine Summe von 100,000 Franken verfügbar zu machen.
Die freiwilligen Beiträge erreichten nämlich folgende Summen: Von
der Munizipalgemeinde Frauenfeld 30,000, von der Munizipalgemeinde
Gachnang 5000, von der Ortsgemeinde Frauenfeld 6000, von Bürgern
und Ansaßen 46,000, im Ganzen 87,000 Franken. Die Bundesbehörde selbst legte großen Werth auf die Verwirklichung des Kasernenbaues von Frauenfeld, weil die Thurebene für das gezogene Geschütz
eine Schießlinie darbot, die an Länge alle andern übertraf, die ihr in
der Eidgenossenschaft zur Verfügung standen. Dieß Alles bewog also
die Bürgergemeinde, vorläufig den Anträgen der Kommission bei-
zustimmen. Im Verfolge gingen dann freilich bei den Unterhandlungen mit der Bundesbehörde die Anforderungen weit über jenen
ersten Voranschlag hinaus; denn außer den Gebäulichkeiten der Kaserne
sollten auch Lokalitäten für Anfertigung der Munition u. dgl., eine
Straße von der Kaserne auf den Manövrierplatz und ein Manövrier-
und Schießplatz mit Zubehörden erstellt werden. Da jedoch die Bundes-

behörde einen jährlichen Pachtzins von ca. 12,000 Franken zusicherte, gewöhnlich die Einquartierungslast durch die Einlagerung der Milizen in die Kaserne um die Hälfte erleichtert, voraussichtlich die Kaserne auch für die kantonalen Uebungskurse benutzt würde, ermächtigte die Gemeinde am 30. April 1862, entgegen einem von nur 6 Stimmen unterstützten Verschiebungsantrage, den Verwaltungsrath zur Kontrahirung eines Anleihens von 400,000 Franken und zur unbedingten Ausführung des ganzen Bauunternehmens. — Am 21. März 1863 wurde der Grundstein gelegt und in denselben folgende Denkschrift eingeschlossen:

Durch Vertrag mit der Schweizerischen Eidgenossenschaft

vom 18. und 21. Mai 1862 verpflichtete sich die Bürgergemeinde Frauenfeld zur Erbauung einer Kaserne für 700 Mann, zweier Stallungen für 220 Pferde, zweier Reitbahnen und anderer Nebengebäude und zur Anweisung eines Manöverier= und Schießplatzes für die Artillerie gegen Bezahlung eines jährlichen Pachtzinses von Fr. 13,500 und verschiedenen Nebennutzungen.

An die Gesammtkosten der Unternehmung von

Fr. 620,000

wurden folgende freiwillige Beiträge geleistet:

von der Munizipalgemeinde Frauenfeld	. . . .	Fr. 30,000
„ „ „ Gachnang	. . . .	„ 5,000
„ „ Ortsgemeinde Frauenfeld	. . . . .	„ 6,000
„ Bürgern und Ansaßen	. . . .	„ 46,000
	Zusammen	Fr. 87,000

Die Bauten werden ausgeführt nach den Plänen und unter Leitung des Architekten Joachim Brenner von Weinfelden.

Das Hauptgebäude wird erstellt durch den Baumeister Heinrich Meier von Winterthur und den Zimmermeister Heinrich Kauf von Frauenfeld.

Heute Samstags den 21. März 1863

wird in Gegenwart der Mitglieder des Verwaltungsrathes und der Baukommission der Grundstein eingemauert und zur Erinnerung an dieses Ereigniß von gegenwärtiger Pergamenturkunde das eine Exemplar in den Grundstein, das andere in das Stadtarchiv niedergelegt und derselben folgende Zeitnotizen beigefügt:

Die Stadtgemeinde Frauenfeld zählt gegenwärtig 2150 Einwohner in 428 Haushaltungen, davon sind männliche 1072, weibliche 1078, Katholiken 539, Protestanten 1611, Bürger 499, Ansaßen 1651. Die Gemeinde zählt 418 Häuser im Schatzungswerthe von Fr. 2,661,530: das Steuerkapital beträgt 7,000,000; das Pfund Brot kostet 17 Rp., das Pfund Rindfleisch 48 Rp., der Zentner Erdäpfel 3 Fr., der Eimer Landwein von 1862 10 bis 20 Fr.; das Klafter Tannenholz 20 Fr., Buchenholz 28 Fr.

Der Verwaltungsrath der Bürgergemeinde besteht aus folgenden Mitgliedern:

Präsident: Herr Joh. Ludwig Sulzberger, Nationalrath und Regierungsrath ꝛc.

Bauherr: „ Leopold v. Reding-Biberegg, eidgenössischer Oberst.

Kassier: „ Jakob Hasenfratz, Professor an der Kantonsschule.

Mitglieder: „ Jakob Wüest, Bezirksrath und Kirchenvorsteher.

   „ Augustin Ramsperger, Präsident des Großen Rathes und des Obergerichts.

   „ Hermann Kappeler, Bankpräsident und Oberstlieutenant.

   „ Johannes Lieber, Ortsvorsteher.

   „ Jakob Kappeler, Gerbermeister und Schützenlieutenant.

Stadtschreiber: „ Johannes Debrunner, Bezirksstatthalter und Kommandant.

Zur Beglaubigung des Inhalts dieser Urkunde wird dieselbe von dem Präsidenten des Verwaltungsrathes und dem Stadtschreiber unterzeichnet und derselben das große Stadtsiegel angehängt.

Frauenfeld, am 21. März 1863.

Der Präsident des Verwaltungsrathes:

J. L. Sulzberger.

Der Stadtschreiber:

Debrunner.

Nach Vollendung des Baues stiegen die Ausgaben für Baukosten, Landerwerbungen und Mobiliar auf die Summe von 730,589 Fr. 87 Rp. Nachträglich ergab sich 1868 die Nothwendigkeit, die nach Vorschrift erworbenen Manöver- und Schießplätze noch zu vergrößern und zur Aufbewahrung der Artillerie noch ein Zeughaus zu bauen. Dadurch erstiegen die Gesammtkosten die Summe von 800,000 Fr., wogegen die Bundesbehörde die Verpflichtung einging, für die Jahre 1868—1888 den jährlichen Pachtzins auf 20,000 Fr. zu stellen. Mit Einrechnung der von der Kantonsregierung für thurgauische Uebungs= kurse eingehenden Entschädigung und des von der Kantine bezahlten Pachtzinses kann also die jährliche Bruttoeinnahme auf 32,000 bis 36,000 Fr. veranschlagt werden.

Diesem Mißverhältnisse zwischen den aufgewandten Kosten und dem jährlichen Erträgnisse stellte sich aber die Thatsache gegenüber, daß durch den Bau der Kaserne Frauenfeld ein Ort von eidgenössischer Bedeutung geworden und in den Kreis allgemein schweizerischen Lebens gezogen, erst recht als der Mittelpunkt des politischen und nationalen Lebens für den Kanton anerkannt ist. Dieses hat sich denn auch so= gleich bei der Erbauung des Regierungsgebäudes herausgestellt. Keine Opposition vermochte weiter in Frage zu stellen, ob dieses Gebäude und damit auch der Regierungssitz an einen andern Ort verlegt werden solle. Nur hatte Frauenfeld auch noch sich entschließen müssen, einen außerordentlichen Beitrag von 70,000 Fr. zu leisten. Die Stadt be= theiligte sich mit 50,000 Fr., die Ortsgemeinde mit 20,000 Fr.

Die Stadtbibliothek, die von dem Verwaltungsrathe mit jährlich 70 Fr. unterstützt zu werden pflegte und vertragsgemäß auch den Lehrern der Kantonsschule zu Diensten stehen sollte, war bereits 1862 der Kantonsbibliothek einverleibt und jene Beitragspflicht mit 800 Fr. ausgekauft worden.

Eine wesentliche Beihülfe leistete die Gemeinde Frauenfeld auch zu Errichtung der Thurbrücke bei Rohr, wodurch die Verbindung der weinreichen Gegenden von Ittingen, Herdern, Hüttweilen mit der Eisen= bahnstation Frauenfeld erzweckt worden ist. Die Stadt gab 5000, die Ortsgemeinde ebenfalls 5000 Franken.

Nach allen diesen schweren Opfern hatte die Gemeinde Frauen= feld begreiflicher Weise, als das ehrwürdige Schloßgebäude dann zum Verkaufe ausgeboten wurde, nicht mehr den Muth, ihre schon gedrückten Finanzen noch mit dem Ankaufe dieses alten Denkmals der ersten Gründung Frauenfelds zu belasten. Der Freund des Alterthums und der Geschichte fühlte sich aber dem Regierungsrathe zu Dank verpflichtet, daß er dem Käufer die Verbindlichkeit auferlegte, bei allfälligen Bau= veränderungen den merkwürdigen Thurm in seiner Urgestalt zu erhalten.

Er bleibt nun, um in der Handwerkssprache zu reden, das Wahr=
zeichen von Frauenfeld.

Durch die Eisenbahnstation in die Linie des großen Weltverkehrs
eingerückt, durch die eidgenössische Artillerieschule jährlich neun Monate
hindurch von einer Bevölkerung belebt, die dem Gewerbsmann viel=
fache Vortheile zuwendet, durch die Kantonsschule in den Stand ge=
setzt, nicht nur den eigenen Söhnen mit leichtern Kosten eine höhere
Bildung angedeihen zu lassen, sondern auch vermittelst Zimmervermie=
thungen und Kosthäusern den eigenen Lebensunterhalt zu gewinnen,
— reizte nun in Frauenfeld den Unternehmungsgeist auch der Privaten
in manigfaltiger Weise. Zunächst allerdings warf sich die Baulust auf
Errichtung von kleinen Gast= und Schenk= und Kaffeehäusern und
Krambuden und mancher unvorsichtige Unternehmer mußte verbluten;
Andern aber lächelte das Glück. Die Häuserpreise stiegen zu einer früher
unerhörten Höhe; die Bevölkerung nahm von Jahr zu Jahr zu.

Die merkwürdigste Unternehmung des Gewerbsfleißes jüngster Zeit
ist die Schießgewehrfabrik Martini, Tanner & Comp., errichtet an der
Stelle der äußern sogenannten Secklermühle. — Der Erfinder des
Martinigewehres, Friedrich Martini, gebürtig von Temeswar, betrieb
in Frauenfeld als Mechaniker die Schraubenfabrikation, als ihn der
europäische Wettstreit um die beste Schießwaffe eine Konstruktion ent=
decken ließ, welche namentlich in England vor allen andern den Preis
davon getragen hat. Die Gewehrfabrik beschäftigt 120 Arbeiter.

Dieser fortschreitenden Bewegung konnten selbst die kirchlichen
Einrichtungen sich nicht entziehen. Der alte Zankapfel, das Leonhard=
kirchlein, wurde geschleift und an seine Stelle ein bürgerliches Wohn=
haus gestellt. In der Nikolaikirche wurde das alte Orgelwerk durch
eine neue Orgel verdrängt. Die Pfarrpfründe Oberkirch wurde nach
Frauenfeld in das Kapuzinerkloster verlegt, dadurch die Tochterkirche
zur Hauptkirche erhoben, die beiden evangelischen Pfarrpfründen Frauen=
feld und Kurzdorf in Eine Pfarrpfründe verschmolzen.

Bei der Volkszählung von 1850 erschien die Ortsgemeinde Frauen=
feld mit 2099 Einwohnern; 1860 mit 2150 in 235 Häusern und
428 Haushaltungen; 1870 mit 2936, in 303 Häusern und 611
Haushaltungen. Wie ärmlich erscheinen gegenüber diesen Steigerungen
die Angaben von 1824: 1200 Einwohner in 162 Häusern!

Unter den 2936 Einwohnern der Stadtgemeinde sind eingebürgert
615; der evangelischen Konfession 2139, der katholischen Konfession
770 angehörig, Israeliten 27. — Kurzdorf und Langdorf, die mit
Frauenfeld zusammen hängen und als Vorstädte betrachtet werden
können, zählen, das erstere 638, das letztere 687 Seelen, mit Frauen=
feld zusammen 4261 Einwohner.

6. Die Verfassung von 1869 und die Aussteuer der Einwohnergemeinde im Jahre 1870.

Zu der Verfassungsänderung von 1869 gab allerdings die in
Zürich entstandene demokratische Strömung den äußern Anstoß; die
leitende Idee, welche im Thurgau bei der Verfassungsänderung zur
Geltung kam, war aber älter, ihrem Hauptinhalte nach schon 1857
entwickelt und ausgesprochen (s. Thurg. Zeitung 1857, Nr. 142 ff.):
Aufhebung der kantonalen Mittelbehörden und Stärkung der Regie=
rungsgewalt. Auch das Einwohnerprinzip der Ortsgemeinden hatte
schon 1861 bei den Verhandlungen der schweizerischen gemeinnützigen
Gesellschaft in Frauenfeld durch eine Abhandlung des Oberrichters
Ramsperger Boden gewonnen. Das ganz Ungewöhnliche der Revisions=
bewegung von 1869 war aber, daß das Programm derselben von
Bewohnern Frauenfelds ausging und Frauenfeld als Regierungssitz
keine neuen Beschränkungen erlitt.

Die Vollziehung der Verfassungsbestimmung des § 46, daß die
Einwohnergemeinde die Verwaltung der Gemeindeangelegenheiten besorge
und ihr daher die dazu bestimmten Güter von der Bürgergemeinde zu
Handen gestellt werden sollen, hatte, wie fast überall, so namentlich
in Frauenfeld, große Schwierigkeiten zu überwinden. Beruhte auch
die ursprüngliche Stadtverfassung lediglich auf dem Einwohnerprinzip,
so war das vorrechtliche Bürgerthum doch seit Jahrhunderten zu tief
eingewurzelt, um so leicht eine ökonomische Ausscheidung zu treffen.
Erst am 11. Dezember 1870 kam ein Vertrag zu Stande. Demselben
gemäß trat die Bürgergemeinde an die Ortsgemeinde ab: Die Bleicher=
wiese, als Marktplatz für Vieh und Obst und als Bauplatz für Wasch=
häuser und Schlachthaus; die obere Promenade; die Brunnen und

Brunnenleitungen, sammt dem bezüglichen Baumaterial und Wert=
geschirre; das zur Straßenbeleuchtung gehörige Material; die Aus=
rüstung der Wachtmannschaft und die sämmtlichen Marktrechte. Sie
gestattet ihr ferner, im Altholz und Oberholz Brunnenquellen zu suchen;
Grien, Sand und Pflastersteine in der Murg und im Hehrenberge
wegzuführen, das Rathhaus mitzubenutzen, letzteres gegen eine jährliche
Vergütung von 50 Fr., anderes gegen eine Leistung von 95 Fr. 45 Rp.
an die verbürgerten Viehbesitzer. Sie verzichtet ferner auf die mit 1871
und 1872 fälligen Beiträge an den Kasernenbau (2 × 600 = 1200
Franken) und an die vier 1871—1874 fälligen Beiträge zum Regie=
rungsgebäude (4 × 2000 = 8000 Franken). Ueberdieß stellt die
Bürgergemeinde der Ortsgemeinde ein Kapital von 100,000 Franken
zur Verfügung und erfüllt die bis dahin ihr gegen die Staats=, Be=
zirks= und Kreisgemeinden obgelegenen Verbindlichkeiten. — Dagegen
überläßt die Ortsgemeinde der Stadtgemeinde 28 Maß in der Minute
fließenden Quellwassers für die Kaserne und den Bahnhof und begibt
sich aller weitern Ansprüche auf das Bürgergut, bestreitet die allgemeinen
öffentlichen Bedürfnisse und Baukosten und wird namentlich innerhalb
vier Jahren auf Errichtung von Bauschuppen, Werkschopf, Waschhäusern,
Brunnenleitungen eine Summe von 18,000 Franken verwenden.

Nachdem hiemit das Bürgergut aller weitern Verpflichtungen zur
Betheiligung an den örtlichen Lasten ledig geworden, besteht es im
Wesentlichen noch aus dem städtischen Rathhause, der Kaserne und den
Exerzierplätzen, 539 Jucharten Waldung, 108 Jucharten Pflanzfeldern
und verschiedenen Fondationen, namentlich dem auf 90,777 Franken
angestiegenen Reservefond der städtischen Sparkasse. Diesem ganzen
Besitze, der auf 1,114,675 Franken gewerthet ist, steht zwar eine
Kapitalschuld von 670,426 Franken gegenüber, zugleich aber auch das
Interesse der Eidgenossenschaft und des Kantons und ihre Verpflichtung,
das von der Gemeinde im Vertrauen auf schweizerischen Gemeinsinn
gewagte Unternehmen des Kasernenbaues nach Verdienen zu würdigen
und die Gemeinde schadlos zu halten.

Wenige Jahrzehnde zu sechs Jahrhunderten sind verflossen, seit
das städtische Gemeinwesen Frauenfelds auf der Grundlage des Ein=
wohnerprinzips aufgebaut wurde. In kleinen, beengten Verhältnissen
hat die Bürgerschaft jederzeit ihr Recht mit kluger Beharrlichkeit fest

gehalten, oft schweres Unglück erfahren, eben so oft edle Theilnahme gefunden.

In jenen mittelalterlichen Jahrhunderten, in welchen die Leib= eigenschaft die bäuerliche Landbevölkerung gefesselt hielt, schloß die städtische Bürgerschaft als Korporation sich ab, um ihr Sonderleben für sich zu führen, durch den Zunftzwang gebunden, wie Gesetz und Gewohnheit es gebot, zu eigenem Nachtheil. Seit aber Frauenfeld seine Thore dem allgemeinen freien Bürgersinn geöffnet hat und aus sich selbst heraus getreten ist, seit die Schule der Wissenschaft und die freie Werkstätte jeder Willenskraft die Mittel an die Hand gibt, in der ihr eigenthümlichen Weise daheim oder in der Ferne ihr Lebensglück zu erringen, hat sich der Gesichtskreis erweitert und findet jeder Wohl= gesinnte seine Wünsche erfüllt in der Wohlfahrt des gemeinsamen Vaterlandes.

Eine Mahnung zu solcher Gesinnung liegt in den jüngsten Vor= gängen der Weltgeschichte.

Der Riesenkampf der Nachbarstaaten Deutschland und Frankreich, der in der zweiten Hälfte des Jahres 1870 und in den ersten Mo= naten des Jahres 1871 mit einem Aufwande von Kriegskunst und Blut geführt wurde, dem Aehnliches die ganze Weltgeschichte nicht aufzuweisen vermag, hat seine schreckhaften Schwingungen auch bis in die geringste Hütte der Eidgenossenschaft verbreitet. Die schweizerischen Wehrmänner, die im Ungestüm der Wintermonate an den Grenzen bereit standen, das Vaterland zu schützen, damit es nicht zum Kampf= platze fremder Heere werde, bedurften außerordentlicher Unterstützung und aufmunternder Beihülfe; aus dem Elsaß, aus Lothringen und Hochburgund ertönte bis in unsere friedlichen Alpenländer ein langer, allgemeiner Nothschrei von Verwundeten, von flüchtigen Wittwen und Kindern und Greisen, und überall raffte man sich auf, das Elend durch reiche Spenden zu mildern. Was Frauenfeld im Besondern dabei für die schweizerischen Wehrmänner und für die Nothleidenden beider Kriegsmächte geleistet habe, ist nicht speziell verzeichnet; Gelder und Kleidungsstücke sammelten sich aus allen Gegenden des Thurgaus zu Haufen in dem hiefür im Regierungsgebäude angelegten Magazine, um von da aus an den Bestimmungsort versandt und abgegeben zu werden. Als aber in den ersten Tagen des Februars 1871 mehr als 85,000 Mann der französischen Armee Bourbaki's, gedrängt von ihren deutschen Gegnern, Sicherheit in der neutralen Eidgenossenschaft suchten und zur Verpflegung in die Kantone vertheilt wurden, war die Kaserne Frauenfeld die Herberge, in welcher am 6. Februar, Nachts, in zwei Abtheilungen 2164 Mann, todtmüde, hungernd und frierend, Viele krank, ihre erste Erholung fanden. Die 1010 Mann, die am folgenden Tage nachrückten, und andere, die später anlangten, erhöhten die Gesammtzahl der im Thurgau Internirten auf 4174 Mann. Indem 2334 nach Katharinathal, Arbon, Bischofszell, Weinfelden, Tägerweilen verlegt wurden, blieben in Frauenfeld 1840 Mann, theils in der Kaserne, theils krank in dem zum Lazareth eingerichteten Kapuzinerkloster. Obwohl für die Verpflegung von den Oberbehörden gesorgt wurde, blieb doch so manches Bedürfniß übrig, daß der Privathülfe überall ein weites Feld offen stand, namentlich im Lazarethe. Der Frauenverein entfaltete dabei seine milde Thätigkeit in vollem Maße. Aber die zarteste und aufmerksamste Pflege konnte nicht alle Kranken und Verwundeten vom Tode erretten; 5 derselben fanden ihr Grab auf dem Friedhofe zu Oberkirch, 15 andere am Waldrande des Rügerholzes. Am 14. März kehrten aus der Kaserne 1000 Mann Internirte in ihr Vaterland zurück, gerührt und dankbar für die genossene freundliche und rettende Pflege eidgenössischer Wohlthätigkeit; die übrigen folgten nach Tagen und Wochen, je nachdem ihr Gesundheitszustand es erlaubte.

Da ein Theil dieser fremden Gäste Beschäftigung wünschte, benutzte der Verwaltungsrath diese Bereitwilligkeit, den Viehmarktplatz bekiesen und von dem Einflusse des Stadtbaches an, bei der Huber'schen Buchhandlung, einen gedeckten Kanal graben zu lassen, der durch die Obergasse und Mittelgasse hinunter das verlegene Wasser hinaus führt. Es war ein sonderbares Zusammentreffen, daß der besonders von dem Brande des Jahres 1771 herrührende Mangel einer zweckgemäßen Ableitung im Jahre 1871 mit Beihülfe von Franzosen, Savoyarden, Elsäßern und Afrikanern gehoben werden sollte.

Uebersicht

der bei den Brandunglücken von **1771** und **1788** zu Gunsten der Evangelischen und Katholischen eingegangenen Liebesgaben.

(Die Summationen der Steuern auf Seite 365, 376 und 465 stimmen nicht ganz überein. Die Differenzen haben ihren Grund theils in kleinen Rechnungsfehlern der Originalrechnungen, theils in Weglassung oder Beiziehung von Ratenzinsen.)

1771.				Klöster, Stifte, Statthallereien ic.	1788.			
Evangelisch.		Katholisch.			Evangelisch.		Katholisch.	
fl.	kr.	fl.	kr.		fl.	kr.	fl.	kr.
				A. Im Ausland.				
		—	—	Altshausen, Comthurei . . .			88	—
		66	—	St. Blasien, Stift			44	—
		12	—	Burgheim, Kloster			11	—
		45	—	Constanz, Dom-Propstei . . .			—	—
		300	—	Constanz, Dom-Kapitel . . .			200	—
		10	—	Guttenzell, Kloster			—	—
		10	—	Hattbach, Kloster			—	—
		—	—	Irrsee, Kloster			16	30
		2	24	Jsny, Stift			11	—
		7	20	Lindau, Stift			—	—
		—	—	Markthal, Kloster			88	—
		48	—	Ochsenhausen, Kloster . . .			—	—
		2	24	Ottenbeuren, Kloster			87	—
		50	—	Petershausen, Kloster			55	—
		15	—	Roth, Kloster			12	—
		50	—	Säckingen, Frauenstift . . .			50	—
		—	—	Schussenried, Frauenstift . . .			22	—
		300	—	Samannsweiler, Kloster . . .			220	—
		1	—	Tannheim, Kloster			—	—
		—	—	Wald, Kloster			11	—
		—	—	Weiblingen, Kloster			5	—
		22	—	Weingarten, Kloster			22	—
		4	—	Weßenau, Kloster			—	—
		945	08				942	30

1771.				1788.			
Evangelisch.		Katholisch.			Evangelisch.		Katholisch.
fl.	kr.	fl.	kr.		fl.	kr.	fl.	kr.
				B. Im Inland.				
		55	—	Arlesheim, Stift			55	—
		5	30	Bellelay, Kloster			—	
		75		Bischofszell, Stift			50	
		11	—	Chur, Stift			22	
				Einsiedeln, incl. Sonnenberg u.				
		600	—	Freudenfels			550	
		36	—	Engelberg, Kloster			33	
		—	—	Fahr, Kloster			27	30
		33	—	Feldbach, Kloster			44	
		533	20	Fischingen, Kloster			165	
		11	—	Herrmatsweil, Kloster . . .			22	
		500		Ittingen, Karthause			400	—
		80	—	Kalchrain, Kloster			44	
				Katharinathal, Kloster (7 Mütt				
		30	—	Kernen, 1 Wagen Brod) .			110	
		—	—	Klingenberg, Statthalterei . .			22	
		33		Kreuzlingen, Kloster			132	
		30	—	Magdenau, Kloster			30	
		—		Mariastein, Kloster			55	
		66	—	Münster, Stift			—	
		60	—	Münsterlingen, Kloster . . .			66	
		330	—	Muri, Stift			110	
		44	—	Paradies, Kloster			33	
		28	48	Pfäffers, Kloster			44	
		12	—	Pruntrut, das Ursulastift . .			—	
		190	—	Rheinau, Kloster			132	
		22	—	Schänis, Frauenstift			22	
		80	—	Sonnenberg, Statthalterei . .			—	
		100	—	Tänikon, Kloster			100	
		45	—	Tobel, Komturei			33	
		165	—	Wettingen, Kloster			132	
		66	—	Zurzach, Stift			33	
		3161	38				2466	30
				Regierungen, Städte, Gemeinden und Privaten.				
				A. Im Auslande.				
—	—	—	—	Antendorf, mehrere Privaten .	—	—	11	
10	—	10	—	Augsburg, die Stadt . . .	5	30	5	30
75	—	75	—	Augsburg, Kaufleute daselbst .	8	15	8	15
85	—	85	—	Uebertrag	15	45	24	45

| 1771. | | | | | 1788. | | | |
| Evangelisch. | | Katholisch. | | | Evangelisch. | | Katholisch. | |
fl.	kr.	fl.	kr.		fl.	kr.	fl.	kr.
85	—	85	—	Bertrag	13	45	24	45
165	—	—		Biberach, die Stadt	33		33	—
—		200		Constanz, die Stadt	—		200	—
—		1100	—	Frankreich, König	—		—	
—	—	50		Kempten, der Fürst	—		100	
25	45	—		Kempten, die Stadt und gute Freunde	55		—	
—	—	—		Zenn, Stadt	25		—	
50	—	—		Lindau	50		—	
1056	—	—		Lyon, die Schweizer Kaufleute .	—		—	
—		300		Meersburg, der Fürst . . .	—		300	
45	—	—		Memmingen, die Kaufmannschaft	44		—	
1155	—	—		Müllhausen, die Stadt . . .	1100		—	
—		—		Paris, Banquier Grand, 66, Heinrich Labhardt, 11 . .	77		—	
—	—	—		Pfullendorf, Stadt	—		35	
25	—	25		Ravensburg, Stadt	25	—	25	
—	—	1465	—	Rom, der Papst	—		—	
—	—	—		Strassburg, Prof. Schwinghauser	11		—	
—	—	—		Ulm, die Stadtparität . . .	27	30	27	30
—	—	—		Wangen	—		33	
—	—	—		Zwiefalten	—		36	
2606	**45**	**3225**			**1461**	**15**	**814**	**15**
				B. In andern Kantonen der Schweiz.				
—	—	—	—	Aarau (vide Bern)	—	—	—	—
603	17	66		Appenzell und Herisau, (incl. Herr Dörig)	1,800	—	220	
—	—	5	24	Arlesheim, incl. ein guter Freund 3 fl., Hr. Rektor Frei 2 fl. 24 kr.	—		—	
—	—	220		Baden, Stadt	—		132	
3,773	—	—		Basel, Stadt	5,006		—	
10,312	30	—		Bern (1771), incl. Aarau fl. 280, Brugg fl. 124, Lenzburg fl. 120, Zofingen fl. 350,	—		—	
55		—		Bern, Junker Tscharner . .	—		—	
27	30	—		Bern, Maler Teucher v. Frauenf.	—		—	
—	—	—		Bern, pro 1788	9,281	15	—	
—	—	—		Biel, die Stadt	220		—	
—	—	154		Bremgarten	—		132	
110	—	110		Bünden, Regierung	110	—	110	
14,881	**17**	**555**	**24**	Uebertrag	**16,417**	**15**	**594**	**—**

| 1771. | | | | | 1788. | | | |
| Evangelisch. | | Katholisch. | | | Evangelisch. | | Katholisch. | |
fl.	kr.	fl.	kr.		fl.	kr.	fl.	kr.
14,881	17	555	24	Vortrag	16,417	15	594	—
—	—	—	—	Brugg (vide Bern) . . .	—	—	—	—
50	—	—	—	Burg bei Stein am Rhein .	40	—	—	—
—	—	—	—	Burg, Herrschaft	—	—	18	—
55	—	—	—	Chur, die Stadt	55	—	—	—
—	—	—	—	Chur, Stadtvogt von Salis .	44	—	—	—
—	—	87	12	Freiamt, das untere . . .	—	—	49	30
—	—	—	—	Freiamt, das obere	—	—	159	33
—	—	1,320	—	Freiburg, Stand	—	—	1,100	—
1,000	—	819	12	St. Gallen, Stadt . . .	1,650	—	—	—
—	—	—	—	St. Gallen, Fürst und alte Landschaft	—	—	550	—
330	—	—	—	Genf, Regierung	275	—	—	—
38	09	—	—	Genf, Privaten	—	—	—	—
—	—	—	—	Gersau, Republik	—	—	50	—
575	20	287	40	Glarus, der Stand . . .	488	54	244	26
11	—	—	—	Jony, Stadt	—	—	22	—
—	—	44	—	Kaiserstuhl	—	—	22	—
66	40	33	20	Lichtensteig	66	40	33	20
—	—	4,000	—	Luzern, die Stadt, St. Urban und Münster	—	—	2,752	45
—	—	22	—	Mellingen, die Stadt . . .	—	—	44	—
—	—	22	—	Münster, der Flecken . . .	—	—	—	—
—	—	—	—	Neuenburg, die Stadt . . .	330	—	—	—
737	24	—	—	Neuenburg, die Landschaft .	477	29	—	—
66	—	—	—	Neustadt, die Stadt . . .	66	—	—	—
—	—	2	45	Pfäffikon, Kanton Luzern .	—	—	—	—
—	—	11	—	Pruntrut, die Stadt . . .	—	—	—	—
—	—	110	—	Pruntrut, der Fürst-Bischof .	—	—	110	—
—	—	125	42	Rapperswil, die Stadt . . .	—	—	66	—
197	06	197	05	Rheintal, die Grafschaft (incl. fl. 50 von Hrn. J. Schneider von Altstetten in London) .	601	17	601	17
—	—	164	14	Sargans, Grafschaft . . .	—	—	128	10
—	—	—	—	Sargans, Landammann Rascher	—	—	4	30
—	—	—	—	Sargans, ein Italiener . .	—	—	5	30
2,000	—	—	—	Schaffhausen, die Stadt . .	2,400	—	—	—
—	—	2	45	Schwarzenbach, Kanton Luzern	—	—	—	—
—	—	800	—	Schwyz, der Stand . . .	—	—	880	—
—	—	1,100	—	Solothurn, die Stadt . . .	—	—	550	—
400	—	—	—	Stein am Rhein	600	—	—	—
434	04	—	—	Toggenburg, evang. Grafschaft	1,628	—	—	—
—	—	916	32	Unterwalden, der Stand . .	—	—	825	—
—	—	845	38	Uri, der Stand	—	—	660	—
2,324	34	—	—	Winterthur, Kirchensteuer .	4,182	43	—	—
23,166	34	11,466	29	Uebertrag	29,322	18	9,448	01

1771. Evangelisch fl.	kr.	Katholisch fl.	kr.		1788. Evangelisch fl.	kr.	Katholisch fl.	kr.
23,166	34	11,466	29	Vortrag	29,322	18	9,448	01
—	—	200	—	Wyl, der Hof . . .	—	—	—	—
—	—	200	—	Wyl, die Stadt . .	—	—	200	—
12,947	35	—	—	Zürich, Kirchensteuer in der Stadt . .	18,847	43	—	—
—	—	880	—	Zug, der Stand . .	—	—	660	—
66	—	—	—	Zurzach, der Flecken .	55	—	—	—
36,180	09	12,746	29		48,225	01	10,308	01
				C. Im Kanton.				
1,229	38			Aus dem evangelischen Kapitel Frauenfeld .	1,490	22		
1,647	12			Aus dem evangelischen Kapitel Steckborn .	1,966	59½		
1,783	39½			Aus dem evangelischen Kapitel Oberthurgau .	1,551	01¼		
		250	41	Aus dem katholischen Kapitel Arbon . .			251	65½
		373	39½	Aus dem katholischen Kapitel Frauenfeld= Steckborn			417	54¼
14,660	29½	624	20½		5,008	22¾	670	—
				Rekapitulation.				
		945	08	Klöster, Stifte, Statthaltereien im Ausland			942	30
		3,161	38	Klöster, Stifte, Statthaltereien im Inland			2,466	30
2,606	45	3,225	—	Regierungen, Städte, Gemeinden und Privaten im Ausland .	1,461	15	814	15
36,180	09	12,746	29	Regierungen, Städte, Gemeinden und Privaten in der Schweiz	48,225	01	10,308	01
4,660	29½	624	20½	Regierungen, Städte, Gemeinden und Privaten im Kanton .	5,008	22¾	670	—
43,447	23½	20,702	35½		54,694	38¾	15,201	16

Total 1771:
64,149 fl. 59 kr.

Total 1788:
69,895 fl. 54¾ kr.

30

Liste der Subscribenten

auf die

Geschichte der Stadt Frauenfeld.

(Die mit einem * bezeichneten beziehen sich auf die Prachtausgabe.)

Akeret, J. J., Armenpfleger in Nuß-baumen.
Albrecht, H., Dr. in Frauenfeld.
Altenburger, Heinrich, Lehrer, Huben.
Ammann, Jb., im Algisser, Frauenfeld.
Ammann, J., Schuster.
Ammann, David, zum Wannenbuck, bei Frauenfeld. *
Ammann, G., Sekretär des Betriebs-chefs der NOB. in Zürich.
Anderwert, F., Reg.-Rath, Frauen-feld.* (2)
Aepli, Dekan, in Gachnang.
Augustin, J. L., in Frauenfeld.

Bach, Jos., Egelshofen-Kreuzlingen.
Bachmann, a. Bezirksrichter, Frauenfeld.
Bachmann, Jak., Dr., Fürsprech, in Frauenfeld. *
Bachmann, Arlb., Fürspr., Frauenfeld.*
Bachmann, Friedr., in Huben.
Bachmann, Oberrichter, in Stettfurt.
Bär, Fritz, stud. hum., Schrofen.
Bartholdi, Lehrer, Frauenfeld.* (2)
Baumer, P., Bäcker, Frauenfeld.
Baumer, J., Buchbinder, Frauenfeld.
Baumer, R., Schreiner, Frauenfeld.
Benker, L., Pfarrer, Hüttweilen.
Berger, evang. Pfarrer, Frauenfeld.
Bißegger-Bion, Dr., Weinfelden.
Böhi, Bezirksarzt, Erlen. *
Bötschi, U., Pfleger, in Kurzdorf, bei Frauenfeld.*
Braun, Reg.-Rath, Frauenfeld.

Brenner, Postpacker, Frauenfeld. *
Brenner, Friedr., Frauenfeld.
Britt, Kantonsschullehrer, Frauenfeld.
Probbeck, Telegraphist, *
Büchi, Staatskassier, *
Büchi, Gemeinde-Ammann, Niederweil.*
Bühler, R., z. Kaserne, Frauenfeld. *
Bumbacher, Caplan, *
Burkhardt-Gönöly, C., *

Challande, Oberst, Frauenfeld. *

Debrunner, Statthalter, Frauenfeld.*
Debrunner, J. H., *
Debrunner, U., Schreiner, Felben.
Denzler, Jb., Frauenfeld.
Deppe, Drechsler, Frauenfeld.
Deucher, Dr., Nationalrath, Frauenfeld.*

Egg, J., z. Aumühle, bei Frauenfeld.*
Egloff, eidg. Oberst, Tägerweilen. *
Ehrensperger, z. Schwert, Frauenfeld.
Engeler, Lisette, Jungfrau, Frauenfeld.
Engeler, A., Verwalter, Tobel.
Ernst, Frau Dekan, Frauenfeld. *
Ernst, Schuster, *
Ernst, Jean, tailleur, *
Ernst, Frau, gb. Kesselring, Winterthur.

Fehr, Eduard, Monteur, Frauenfeld.
Fehr, Pflästerer, *
Fehr, Wwe., Stadtammanns, *
Fehr, Viktor, Karthaus Ittingen.*
Fehr-Faller, Franz, Zolldirektor, Basel.*

Fischer, G., Lehrer, Altstätten (Rheinthal).
Forrer, Rud., Stadtrathsweibel, Winterthur.
Freienmuth, Ulr., Baumeister, Frauenf.
Forster, Jb., Lehrer, Wittenweil.
Frey, Wittwe, Küfers, Frauenfeld.
Frey, Joh., z. Vorsicht,
Frey, J. C., eidg. Bausekretär, Bern.
Fuchs, Joh., Lehrer an der Kantonsschule Frauenfeld.

Gägauf, J. J., Vater, Frauenfeld. *
Gägauf-Sulzberger, Frau, Frauenfeld.*
Gamper, Pfarrer, Aawangen. (2)
Gamper, J., Metzger, Frauenfeld.
Gänsli, David, Frauenfeld.
Gautschi-Tobler, Kaufm., Winterthur.*
Gentsch, Geometer, Frauenfeld.
Gentsch, Gde.-Ammann, Oberneunform.
Gilg, K., Oberlehrer, Thundorf.
Gonzenbach, A., Pfarrer, Matzingen. *
Graf, J. G., Lehrer, Berlingen.
Gremminger, Pfarrer, Altersweilen.
Gremminger, J., Notar, Frauenfeld.
Grunauer, C., Prof., Dr., Winterthur.
Gruner, Bernhard, Stadtrath, Advokat, in Dresden, Jüdenhof. *
Gubler, J., auf der Ergaten, Frauenf.
Gubler, Jb., Huben.
Gubler, H., Major, Matzingen. *
Gubl, Güterexpedient, Frauenfeld.
Guhl, U., Staatsschreiber   *
Guntersweiler, Wittwe,
Gutersohn, J., Bäcker

Häberlin, Pfarrer, Kirchberg.
Häberlin-Schaltegger, J., Frauenfeld.
Hassiner, z. Schwert,
Hassiter, Reg.-Rath,   *
Hassiter, Joh., Pfarrer, Aadorf.
Hagen, Handelsmann, Frauenfeld.
Hagmann, J., Friseur,   *
Hagmann, H.,
Hanhart, Verhörrichter,   *
Hanhart, J. C., Pfarrer, Mammern.
Hasenfratz, J., Frauenfeld. (2)
Hasenfratz, J., Livorno.
Heitz, J., Münchweilen. *
Henseler, F. A., (Rorschacherstraße Nr. 4) St. Gallen.
Herzog, J. U., Pfarrer, Güttingen.
Hofmann, J., auf der Bank, Baden. *
Horber, Heinr., Gachnang.
Horber, Joh., Tuch- und Kleiderhandlung z. Gloria, Winterthur.

Huber, Bäcker, Frauenfeld.
Huber, Andreas,   *
Huber, Joh., auf der Allmend, Frauenf.
Huber, R., Pfarrer, Hüttlingen.
Huber, Eb., Lehrer, Langdorf b. Frauenf.
Huber, Konr., a. Verwalter, Weiningen.
Hug, Dr., Fürsprech, Amriswil.
Hugentobler, Ulr., Schreiner, Frauenf.
Hunold, Gärtner, Frauenfeld.
Hunziker, D. V. D. M., Unterstraß, bei Zürich.
Hurter, G., Lithograph, Frauenfeld.

Ilg, David Heinrich, Frauenfeld.
Im Thurn, J. Heinr., Agronom, Kattenhorn bei Mammern. *
Jütz, Wilh., Maler, Frauenfeld.

Kappeler, Baumeister, Frauenfeld.
Kappeler-Keßler, Rud.,
Kappeler, Friedr., Vater   * *
Kappeler-Ammann, Fr.,   "
Kappeler, Jacques.
Kappeler, Metzger, Vater, Frauenfeld.
Kappeler, Ulr., Frauenfeld.
Kappeler-Wüst, Oberst, Frauenf. (2 Er.)
Kappeler, Pfarrer, Diepoldsau (St. Gallen). *
Kappeler, J., Müller, Zürich.
Keller, J., Lehrer Altstätten (St. Gall.).
Keller, Jb., Sohn, Berg.
Keller, Dr., A., Frauenfeld.
Keller, Dr., alt Reg.-Rath, Frauenfeld.
Keller, F., Bäcker, Frauenfeld.
Keller, Ulr., z. Ilge,   "
Keller, Lehr-Vikar,   "
Keller, Ulr., Meßner   "
Keller, J., Landwirth, Kurzdorf.
Keller, Lehrer, Wellhausen.
Kesselring, Ulr., a. Statth., Bachtobel.*
Kesselring, Präsident, Boltshausen.
Kloß, Pfarrer, Steckborn.
Kolb, Andreas, Frauenfeld.
Kolb, Jean, Schuhhdlg., Frauenfeld.
Kolb, Jos., Schuster, Frauenfeld.
Kollbrunner, Lehrer an der Kantonsschule in Frauenfeld.
Krapf, Major, Basel. *
Krebser, J., Frauenfeld.
Kübler, J.,   *
Kübler, G., Real-Lehrer, Thayngen (Schaffhausen).
Kübler-Vogler, Weibel, Frauenfeld.
Kuhn, Dekan, Frauenfeld.

Kupper, Drechsler, Frauenfeld.
Kurowski, A., Kefikon. *

Labhardt, Ferd., Basel. *
Labhart, Reg.=Rath, Frauenfeld.
Läubli, Kupferschmied,
Leutenegger, Finanzabjunkt, Frauenfeld.
Lieb, Reg.=Sekretär, Frauenfeld.
Lieber, Friedr., Frauenfeld.
Lieber, Joh.
Linnekogel=Maggi,
Litschgi, A.,
Locher, Ludwig,
Lüthi, Präsident,
Lüti=Kronauer z. Schloß Gachnang.

Mann, Rektor, Frauenfeld.
Martini, Ingenieur, Frauenfeld. *
Meier, Zolleinnehmer, Dießenhofen.
Merkle, Bankdirektor, Frauenfeld. *
Merkle=Kern
Merkle, Fürsprech,
Meßmer, Oberrichter, (2 Er.)*
Meyer, Joh., Professor,
Meyer, J., Conditor,
Meyer, J. U., Hafner
Meyer, J. Ulr., im Espi bei Frauenfeld.
Meyer, Schriftsetzer, zum Schönenhof, Frauenfeld.
Meyer, Uhrenmacher, Frauenfeld.
Meyerhans, J. Georg, im Griesen, bei Frauenfeld.
Mittwoch = Gesellschaft (Dr. Scherb) Neunforn.
Mörikofer, J. C., Dekan, Winterthur.*
Mörikofer, J., Maler, Frauenfeld. *
Mörikofer, Aug., Gilamont bei Vevey. *
Mörikofer=Sulzberger, Frau, Frauenfeld.
Mötteli, J. Jak., Baumeister, Kurzdorf.
Müller, Bäcker Frauenfeld.
Müller, Frau, Samenhdlg., Frauenfeld.*
Müller, Fräulein Mina, Erlen. *
Müller, Pfarrer, Felben.
Müller, Theophil, eidg. Stabsmajor in St. Gallen. *
Müller, Pfarrer, Pfyn.
Müller, J., Pfarrer, Schlatt.
Müller, J., Stadtarchivar, Winterthur.
Müller=Merk, J., Verwalter, St. Katharinenthal.
Mutter, Joh., Gießer, Frauenfeld.

Nabler, Dr., Apotheker, Frauenfeld. *
Nabler, Gottfried, Dingenhart.

Näher, Joh., Vater, Kurzdorf.
Nater, Balthasar, Kurzdorf.
Nater, Friedensrichter, Kurzdorf. *
Neher=Courvoisier, Ad., Locle. *
Neuweiler, Ammann, Frauenfeld. *
Neuweiler, z. Hirschen, Frauenfeld.
Nußberger, Joachim, Gemeinderath, Stettfurt.

Oehninger, Kaspar, Huben.
Osterwalder, Joh., Lehrer, in Egg bei Sirnach.
Peter, Hch., z. Falken, Frauenfeld.

Raggenbaß, Lehrer, Frauenfeld. *
Ramsperger, Ed., Oberrichter, Frauenf.*
Ramsperger, Aug., alt Nationalrath, Luzern. *
Rebstein, Jb., Professor, Frauenfeld.
Reiffer, Dr., Frauenfeld. * (2 Er.)
Reinhard, Caballeriehptm., Frauenfeld.
Reutemann, Schriftsetzer,
Rogg, Ed., alt Oberrichter, Frauenfeld. * (6 Er.)
Rogg=Fischer, Oberrichter, Frauenfeld.
Rübin, A., Kommandant, Pfyn.
Ruggli, J. U., Apotheker, Rosario de Santa=Fé.*
Rümeli, Heinrich, Dingenhart.

Sauter, Wilhelm, Frauenfeld. *
Schaltegger, Schneider, Frauenfeld.
Scherb, J., Rud., Bischofszell. *
Scherb, Fräulein Karoline, Bischofszell.
Scherb=Pol, Bischofszell.
Schiegg, Abwart, Frauenfeld.
Schiller, Franz, Frauenfeld. *
Schmid=Singer, Ed., Stein a. Rhein.*
Schoop, Lehrer an der Kantonsschule, Frauenfeld.
Schröber, G., Dr., Apotheker, Frauenf.
Schümperli, Reg.=Sekretär,
Schuppli, Spengler, Frauenfeld. *
Schuppli, M., Direktor an der neuen Mädchenschule, Bern.
Schuppli, Jak., Bettelhausen.
Schuppli, Gemeinderath, Gachnang.
Schwager, Kontr., Stecher, Frauenfeld.
Schweitzer, C. Alb., Wängi. *
Schwengeler, Schneider, Frauenfeld.
Schwyter, Forstmeister,
Seiler, Schriftsetzer,
Seiler, Schlosser,
Senn, Heinrich, Meßmer, Kurzdorf.

Stabtkanzlei Winterthur. *
Stähelin, Herm., Weinfelden. *
Stein, C. W., Apotheker, St. Gallen.*
Steinegger, Caplan, Frauenfeld. *
Steiner Schlosser, Frauenfeld.
Strafanstalt, Tobel.
Straßer, J., auf dem Buck, Nußbaumen.
Straßer, Jb., Zimmermann,   „
Strupler Postpacker, Frauenfeld. *
Strupler, alt Kreisweibel, Nro. 95,
    Langdorf.
Stürzinger, Joh. Ulr., Wylen bei
    Neunform.
Stuz, z. Schloßmühle, Frauenfeld.
Stuz, Ulr., hinter dem Ochsen, Frauenf.*
Sulzberger, Reg.=Rath, Frauenfeld. *
    (6 Ex.)
Sulzberger, Convictführer, Frauenfeld.*
    (2 Ex.)
Sulzberger, Quartiermeister, Frauenf.
Sulzberger, Daniel, Frauenfeld. *
Sulzberger, G., Pfarrer, Sewelen.
Sulzer, Dr., J., Stadtpräs., Winterth.

Tanner, H., Frauenfeld.
Teucher, Albert, Frauenfeld.
Teucher, Metzger,   „
Teucher, Rob., Winterthur.
Teucher, Tl.,   „
Thalmann, H., Frauenfeld.
Traber, G., Lieut.,   „
Traber, Kürschner,   „

Ullmann, J. M., Forsttaxator, Wat=
    tenwyl.

Vogel, Gemeindeammann, Keßweil.
Vögeli, Metzger, Frauenfeld.
Vogler, Emil, Kaufmann, Frauenfeld.
Vogler z. Kreuz, Frauenfeld.
Vogler, Rud., Bäcker, Frauenfeld.
Vogler, G., Oberrichter,   „ * (2 Ex.)
Vogler, Pfleger, Frauenfeld. * (3 Ex.)
Vogler, Gottwald, Güttingen.

Wagner, Wilh., Hutmacher, Frauenf.
Walder, P., Buchbinder, Frauenfeld.
Walder, Glaser, Frauenfeld.
Wassermann, Lithograph, Frauenfeld.
Weber, z. Schwert, Frauenfeld. *
Weber, J. J., Winterthur. * (2 Ex.)
Wegelin=Rüsch, G., auf dem Betriebs=
    Central=Büreau der V. S. B., St.
    Gallen. *
Wehrli, Major, Frauenfeld.
Wehrli, Chirurg,   „
Wehrli, Professor, Chur.
Wehrli, W., Eschikofen.
Weibel, Heinr., Frauenfeld.
Weidmann, Uhrenmacher, Frauenfeld.*
Wellauer, Zahnarzt, Frauenfeld.
Wellauer, Th., instituteur, Nyon. *
Wenny, J., Frauenfeld.
Widmann, J. B., Direktor, Bern
    (Brückfeld). *
Widmer, Th., Dekan, Wigoltingen. *
Widmer, E., Direktor, Zürich. *
Wiesendanger, Ulr., auf der Ergaten,
    Frauenfeld.
Wiesmann, P., Müllheim.
Wild, Fürsprech, Frauenfeld.
Wolfgang, Professor, Frauenfeld.
Wüest, Karl, Kanzlist, Frauenfeld. *
Wüest, Emil, Kaufmann, Frauenfeld.*
Wüest, Hermann, Frauenfeld.
Wüest, alt Postdirektor, Frauenfeld. *
Wüest, Hch., Schriftsetzer,   „
Wüest, Jos., Schriftsetzer, New-York.
Wüest, Bened., Meßmer, Frauenfeld. *
    (2 Ex.)
Wüest, Pfarrer, Warth. *

Zipfel, Jakob, Frauenfeld.
Zollikofer, Peter, am Schmalzmarkt in
    St. Gallen. *
Zublin, Inspektor, Frauenfeld.
Zulauf, Rud., Kurzdorf.
Zwicki, K., Sekundarlehrer, Frauenfeld.

Siegel der Stadt Frauenfeld
seit 1515.

l.th. v. G. Hurter.